Schwerpunkte   Degenhart · Klausurenkurs im Staatsrecht

Klausurenkurs im Staatsrecht

Mit Bezügen zum Europarecht

Ein Fall- und Repetitionsbuch

3., neu bearbeitete und erweiterte Auflage

von

Dr. Christoph Degenhart
Professor an der Universität Leipzig

CFM

C.F. Müller Verlag
Heidelberg

Bibliografische Information Der Deutschen Bibliothek
Die Deutsche Bibliothek verzeichnet diese Publikation in der Deutschen Nationalbibliografie; detaillierte bibliografische Daten sind im Internet über ‹http://dnb.ddb.de› abrufbar.

Gedruckt auf säurefreiem, alterungsbeständigem Papier aus 100 % chlorfrei gebleichtem Zellstoff (DIN-ISO 9706).

Satz: Gottemeyer, Rot
Druck und Bindung: Gulde-Druck, Tübingen
ISBN 3-8114-7314-X

Vorwort

Seit dem Erscheinen der Vorauflage im Jahr 2003 sind wiederum grundlegende Entscheidungen des Bundesverfassungsgerichts ergangen, die in die Fallbearbeitungen ebenso wie in die Repetitoriumsabschnitte einzuarbeiten waren. Zum Grundrecht der Berufsfreiheit hat sich eine ebenso reichhaltige Judikatur entfaltet wie zu den Kommunikationsfreiheiten des Grundgesetzes, zur Meinungs- und Versammlungsfreiheit. Mit den Entscheidungen zur Wohnraumüberwachung und zum Post- und Fernmeldegeheimnis sind Positionsbestimmungen im Spannungsfeld von Bürgerfreiheiten und innerer Sicherheit erfolgt; ebenso im Konflikt zwischen grundrechtlichen Schutzpflichten und Freiheitsrechten in den Entscheidungen zur Straftäterunterbringung. Die Rechtsprechung zu den Kompetenznormen der Art. 72, 75 GG hat sich weiter gefestigt; weitere Entscheidungen der Verfassungsgerichte zum Recht der politischen Parteien und zum Parlamentsrecht waren zu berücksichtigen.

Grundrechtsschutz verwirklicht sich nicht mehr allein durch das Bundesverfassungsgericht. Auch neuen Entwicklungen im Dreieck Strasbourg–Luxemburg–Karlsruhe war daher nachzugehen – so insbesondere Entscheidungen des EGMR und des Bundesverfassungsgerichts zur EMRK und zu den Grundrechten des Grundgesetzes und Entscheidungen des EuGH zu den europäischen Grundrechten, aber auch der Entscheidung des Bundesverfassungsgerichts zum europäischen Haftbefehl.

In der Neuauflage wurden daher die europarechtlichen Bezüge deutlich erweitert. Ein zusätzlicher Fall zu den Grundfreiheiten und Grundrechten des Gemeinschaftsrechts wurde angefügt, weitere Fälle wurden um Fragestellungen zum Gemeinschaftsrecht bzw. zur EMRK ergänzt; ebenso wurde in den Repetitoriumsabschnitten darauf hingewiesen. Auch i.Ü. wurden die Fallbearbeitungen durchweg aktualisiert. Neben dem neuen Fall 17 zum Gemeinschaftsrecht wurde Fall 11 durch einen aktuelleren Fall ersetzt. Schließlich wurde besonderes Gewicht auf die jeweiligen Repetitoriumsteile gelegt. Diese wurden umfassend aktualisiert, erweitert und vertieft sowie um einheitliche Vertiefungshinweise auf Ausbildungsliteratur, aktuelle (und examensverdächtige) Rechtsprechung und weitere Fälle im thematischen Zusammenhang ergänzt. Aktualisiert wurde auch der Überblick über den aus Sicht des Verfassers examensrelevanten Stoff im Staatsrecht am Ende des allgemeinen Teils, um so entsprechend dem Anliegen des Fall- und Repetitionsbuches dem Nutzer auch weiterhin eine verlässliche Hilfe für die Vorbereitung auf Zwischenprüfung und Staatsexamen an die Hand zu geben.

Der Verfasser dankt für die zahlreichen Rückmeldungen, die ihn aus der Leserschaft erreicht haben und die ihn in diesem Konzept bestärken. Hinweise, Anregungen und Kritik sind stets willkommen (degen@rz.uni-leipzig.de).

Leipzig, im August 2005 *Christoph Degenhart*

Vorwort zur 1. Auflage

Klausurenbände im öffentlichen Recht gibt es etliche. Meist handelt es sich um Lehrbücher, die den Stoff in Klausurfälle packen oder um Entscheidungssammlungen in Klausurenform. Der hier vorgelegte, auf die Schwerpunkte-Bände *Staatsrecht I. Staatsorganisationsrecht* und *Grundrechte. Staatsrecht II* abgestimmte Klausurenkurs mit Repetitorium verfolgt ein anderes Konzept: typische Musterklausuren werden exemplarisch und realitätsnah gelöst, mit dem Ziel der Einarbeitung in die Technik der Fallbearbeitung und der Einübung typischer Argumentationsmuster, wie sie gerade im Staatsrecht so wichtig sind. Die Entstehung der Lösung kann dabei Schritt für Schritt nachvollzogen werden. Jeder Musterlösung folgt ein Abschnitt „Repetitorium", in dem das Wichtigste zu besonders klausurrelevanten Problemen zusammengefasst wird.

Aufbauend auf den bewährten Schwerpunkte-Lehrbüchern, will der vorliegende Band dem Leser einen verlässlichen Leitfaden für die Vorbereitung auf die staatsrechtlichen Klausuren in der Zwischenprüfung und im Examen an die Hand geben: zunächst und vor allem durch die klausurmäßige Einübung des Stoffes der Schwerpunktebände in 16 Fällen; des Weiteren durch die Möglichkeit der vertiefenden Wiederholung unter Zugrundelegung der Staatsrechtsbände im Repetitoriumsteil zu den einzelnen Klausuren; unabhängig davon erhält schließlich der Leser die Chance, sich „in letzter Minute" noch der wichtigsten staatsrechtlichen Problemschwerpunkte zu vergewissern.

Die in diesem Band enthaltenen 16 Fälle und die ihnen zugeordneten Repetitorien vermitteln einen Kernbestand des Wissens und decken damit prüfungsrelevante Fragenkreise zu einem erheblichen Teil ab. Dies gilt für Zwischen- und Staatsprüfung, für die der staatsrechtliche Pflichtstoff ja im Wesentlichen der gleiche ist – mit dem Unterschied allerdings, dass bei Letzterer staatsrechtliche Probleme häufig in verwaltungsrechtlicher Einkleidung auftreten. Auch hierauf will dieser Band vorbereiten.

Meinen Mitarbeitern *Frau Nannette Ruß* und *Herrn Dr. Stefan Haack* danke ich für ihre Hilfe beim Lesen der Korrekturen und manches anregende Gespräch. Wie stets freue ich mich über Rückmeldungen aus dem Leserkreis (e-mail: degen@rz.uni-leipzig.de).

Leipzig, im August 2002 *Christoph Degenhart*

Inhaltsverzeichnis

2. Teil
Klausurfälle

Abkürzungsverzeichnis und Verzeichnis der abgekürzt zitierten Literatur

Im Folgenden werden neben der abgekürzt zitierten Literatur einige häufig gebrauchte Abkürzungen wiedergegeben; i.Ü. werden die üblichen Abkürzungen gebraucht.

Gesetzesbestimmungen werden in abgekürzter Schreibweise zitiert, wie sie aus Zeitgründen auch in der Klausur gebraucht werden kann, also: Art. 5 Abs. 1 S. 2 = Art. 5 I 2.

a.A.	andere(r) Auffassung
aaO	am angegebenen Orte
aF	alter Fassung
AöR	Archiv des öffentlichen Rechts
APR	Allgemeines Persönlichkeitsrecht
Baldus/Grzeszick/ Wienhues	Staatshaftungsrecht, Heidelberg 2005
Bay	Bayern
BayVerfGH	Bayerischer Verfassungsgerichtshof
BGBl.	Bundesgesetzblatt
BbgVerfG	Verfassungsgericht des Landes Brandenburg
Benda/Klein	Verfassungsprozeßrecht, 2. Aufl., Heidelberg 2001
BerlVerfGH	Berliner Verfassungsgerichtshof
BonnK	Kommentar zum Bonner Grundgesetz, Hamburg/Heidelberg 1950 ff, zit. nach Bearbeitern
BremStGH	Bremer Staatsgerichtshof
BVerfG	Bundesverfassungsgericht
BVerfGG	Bundesverfassungsgerichtsgesetz (Textbuch Nr. 20)
BWahlG	Bundeswahlgesetz (Textbuch Nr. 30)
Degenhart	Staatsrecht I – Staatsorganisationsrecht, 21. Aufl., Heidelberg 2005
DÖV	Die öffentliche Verwaltung
Dreier I, II	Grundgesetz, Bd. I, 2. Aufl. 2004, Bd. II, 1998, zit. nach Bearbeitern
DVBl	Deutsches Verwaltungsblatt
e.A.	einstweilige Anordnung
EG	Europäische Gemeinschaft; als Gesetzestext: Vertrag über die Gründung der Europäischen Gemeinschaft
EGMR	Europäischer Gerichtshof für Menschenrechte
EGV	Vertrag über die Gründung der Europäischen Gemeinschaft
EJS	Erste Juristische Staatsprüfung
EMRK	Europäische Menschenrechtskonvention
EU	Europäische Union
EuGH	Europäischer Gerichtshof
EuGRZ	Europäische Grundrechte-Zeitschrift
EU	Europäische Union; als Gesetzestext: Vertrag über die Europäische Union
f.	folgende (Seite)
FAG	Finanzausgleichsgesetz
FBA	Folgenbeseitigungsanspruch
ff.	folgenden
Fn	Fußnote
Grote/Kraus	Fälle zu den Grundrechten, 2. Aufl., München 2001

HdBStR	Isensee/Kirchhof (Hrsg.), Handbuch des Staatsrechts der Bundesrepublik Deutschland, Bd. I, 2. Aufl., Heidelberg 1995, Bd. II, 2. Aufl. 1998, Bd. III, 2. Aufl. 1996, Bd. VI, 2. Aufl. 2001, Bd. VII, 1992, Bd. VIII, 1995, Bd. IX, 1997
HdBVfR	Handbuch des Verfassungsrechts der Bundesrepublik Deutschland, 2. Aufl., Bd. I und II, Berlin/New York 1994
Hesse	Grundzüge des Verfassungsrechts der Bundesrepublik Deutschland, 20. Aufl., Heidelberg 1995, Neudruck 1999
HessStGH	Hessischer Staatsgerichtshof
Hillgruber/Goos	Verfassungsprozessrecht, Heidelberg 2004
h.M.	herrschende Meinung
Hufen	Verwaltungsprozessrecht, 6. Aufl., München 2005
idF	in der Fassung
idR	in der Regel
i.e.S.	im engeren Sinn
iFd	im Falle des
Ipsen II	Staatsrecht II, 8. Aufl., Neuwied 2005
iSv	im Sinne von
i.Ü.	im Übrigen
i.W.	im Wesentlichen
JA	Juristische Arbeitsblätter
Jarass/Pieroth	Grundgesetz, Kommentar, 7. Aufl., München 2005
Jura	Juristische Ausbildung
JuS	Juristische Schulung
JZ	Juristenzeitung
K&R	Kommunikation & Recht
Lecheler	Einführung in das Europarecht, 2. Aufl., München 2003
Leibholz/Rinck	Grundgesetz für die Bundesrepublik Deutschland, Kommentar an Hand der Rechtsprechung des Bundesverfassungsgerichts, 7. Aufl., Köln 1993 ff.
LKV	Landes- und Kommunalverwaltung
LVerfGMV	Landesverfassungsgericht Mecklenburg-Vorpommern
Maunz/Dürig	Grundgesetz, Kommentar, München 1958 ff., zit. nach Bearbeitern
Maurer	Allgemeines Verwaltungsrecht, 15. Aufl. 2004
mE	meines Erachtens
MMR	Multimedia und Recht
NJ	Neue Justiz
NJW	Neue Juristische Wochenschrift
NK	Normenkontrolle
NVwZ	Neue Zeitschrift für Verwaltungsrecht
NWVBl	Nordrhein-Westfälische Verwaltungsblätter
PartG	Parteiengesetz (Textbuch Nr. 35)
Peine	Klausurenkurs im Verwaltungsrecht, Heidelberg 2004
Pestalozza	Verfassungsprozeßrecht, 3. Aufl., München 1991
Pieroth/Schlink	Grundrechte Staatsrecht II, 21. Aufl., Heidelberg 2005
PUAG	Untersuchungsausschussgesetz (Textbuch Nr. 17)
RdE	Recht der Energiewirtschaft (Zeitschrift)
RhPfVerfGH	Verfassungsgerichtshof Rheinland-Pfalz
Rn	Randnummer
Robbers	Verfassungsprozessuale Probleme in der öffentlich-rechtlichen Arbeit, 2. Aufl., München 2005

Rspr.	Rechtsprechung
S.	Seite
s.	siehe
Sachs	Grundgesetz, Kommentar, 3. Aufl., München 2003, zit. nach Bearbeitern
SächsVBl	Sächsische Verwaltungsblätter
SächsVerfGH	Sächsischer Verfassungsgerichtshof
Schenke	Verwaltungsprozessrecht, 9. Aufl., Heidelberg 2004
Schlaich/Korioth	Das Bundesverfassungsgericht, 6. Aufl., München 2004
Schmitt Glaeser/ Horn	Verwaltungsprozeßrecht, 15. Aufl., Stuttgart 2000
Scholz, G.	Grundgesetz II, 5. Aufl., München 1987
Schweitzer	Staatsrecht III, 8. Aufl., Heidelberg 2004
Seifert/Hömig/Antoni	Grundgesetz, 7. Aufl., Baden-Baden 2003
Stein/Frank	Staatsrecht, 19. Aufl., Tübingen 2004
Stern I, II	Das Staatsrecht der Bundesrepublik Deutschland, Band I, 2. Aufl., München 1984, zit.: *Stern* I, Bd. II, München 1980, zit.: *Stern* II
Streinz	Europarecht, 6. Aufl., Heidelberg 2003
SV	Sachverhalt
Tettinger/Erbguth	Besonderes Verwaltungsrecht, 8. Aufl., Heidelberg 2005
Textbuch	Textbuch Deutsches Recht – Staats- und Verwaltungsrecht Bundesrepublik Deutschland, 40. Aufl., Heidelberg 2005
ThürVBl	Thüringer Verwaltungsblätter
ThürVerfGH	Thüringer Verfassungsgerichtshof
Übbl	Überblick
uU	unter Umständen
VA	Verwaltungsakt
vgl.	vergleiche
v. Münch II	Staatsrecht II, 5. Aufl., Stuttgart 2002
v. Münch/Kunig I-III	(Hrsg.), Grundgesetz-Kommentar, Bd. 1, 5. Aufl., München 2000, Bd. 2, 5. Aufl., München 2001, Bd. 3, 5. Aufl., München 2003, zit. nach Bearbeitern
VersG	Versammlungsgesetz (Textbuch Nr. 80)
VerwArch	Verwaltungsarchiv
vMKS	von Mangoldt/Klein/Starck, Grundgesetz, Kommentar, 5. Aufl., Bd. 1: München 2005, Bd. 2: München 2000, Bd. 3: München 2001, zitiert nach Bearbeitern
VB	Verfassungsbeschwerde
VO	Verordnung
zB	zum Beispiel
ZRP	Zeitschrift für Rechtspolitik

1. Teil

Allgemeiner Teil

1. Abschnitt

Zur Arbeit mit diesem Buch

Mit den nachstehenden 17 Klausurfällen sollen die für Zwischenprüfung und Staatsexamen wichtigsten Themenbereiche des Staatsrechts, also des Staatsorganisationsrechts und der Grundrechte abgedeckt werden, unter Einbeziehung europarechtlicher Belange. Dabei sollen auch die wichtigsten Fallkonstellationen durchgespielt werden, in denen diese Themenbereiche typischerweise zu behandeln sind. Deshalb werden in den Fällen Verfassungsbeschwerden gegen Einzelakte, gegen Gesetze und Urteilsverfassungsbeschwerden ebenso behandelt, wie Organstreitverfahren und Verfassungskonflikte im Bund-Länder-Verhältnis. Sehr häufig wird der Kandidat im Examen auch materiell verfassungsrechtlichen Fragestellungen in verwaltungsrechtlicher Einkleidung begegnen, sei es, dass Verwaltungsakte in Grundrechte eingreifen, sei es, dass ein Anspruch auf behördliches Einschreiten aus grundrechtlichen Schutzpflichten abgeleitet wird. Auch diese Fallgestaltungen werden hinreichend berücksichtigt. Mit Fall 17 wird ein im engeren Sinn europarechtlicher Fall behandelt, doch bleiben auch i.Ü. gemeinschaftsrechtliche Bezüge innerhalb staatsrechtlicher Fragestellungen selbstverständlich nicht ausgeklammert. Dies betrifft etwa Fragen der Gesetzgebung zur Umsetzung von Richtlinien ebenso wie verfassungsrechtliche Grenzen einer europäischen Integration im Fall zur europäischen Verfassung, dies betrifft auch Fragen des Grundrechtsschutzes in grenzüberschreitenden Sachverhalten und die Grundfreiheiten des Vertrags. 1

Selbstverständlich können die 17 vorliegenden Fälle nicht den gesamten examensrelevanten Stoff abdecken. Der Klausurenband musste sich insoweit auf das absolut Notwendige beschränken, kann also nicht die in den Schwerpunktebänden selbst angesprochenen Probleme umfassend behandeln. Dies ist auch nicht Sinn und Zweck dieses Buches. Es soll entsprechend der Konzeption der Reihe Schwerpunkte Klausurenkurs einen Kernbestand des Wissens enthalten. Doch dürften die in den Klausuren behandelten Probleme und die dort entwickelten, typischen Fallgestaltungen nach Einschätzung des Verf. auf der Grundlage langjähriger Erfahrung als Prüfer und als Mitglied des Prüfungsausschusses im Sächsischen Landesjustizprüfungsamt ein ausreichendes Grundwissen vermitteln und examensrelevante Fragenkreise zu einem erheblichen Teil abdecken. Zu praktisch besonders wichtigen Themenbereichen, im Grundrechtsbereich sind dies die Grundrechte aus Art. 1, 2, 3, 4, 5, 8, 12 und 14, findet sich deshalb auch im Anhang zu den Falllösungen ein Abschnitt „Repetitorium". Hier sollen verallgemeinernd die wichtigsten Probleme stichwortartig angedeutet und sollen vor allem jene Fragen behandelt werden, mit denen nach den Erfahrungen des Verf. sich die Kandidaten in der Fallbearbeitung meist be- 2 sonders schwer tun. Hier sollen auch die gerade für das Staatsrecht so wichtigen Argumentationsmuster aufgezeigt werden, deren Kenntnis für eine rechtlich strukturierte Fallbearbeitung erforderlich ist.

3 Den Einzelklausuren vorangestellt ist der allgemeine Teil, der neben Hinweisen auf typische Fallkonstellationen im folgenden 2. Abschnitt insbesondere im 3. Abschnitt die Prüfungsreihenfolgen (Aufbauschemata) für staatsrechtliche Fälle enthält, auch hier entsprechend dem Anliegen dieses Buchs, die typischen Fallkonstellationen zu erfassen. Der 4. Abschnitt bringt einen tabellarischen Überblick über die wichtigsten Problembereiche, von denen jedenfalls der Examenskandidat zumindest Grundkenntnisse haben sollte. In dieser tabellarischen Übersicht wird auf die Klausurlösungen verwiesen, in denen diese Probleme behandelt werden. Soweit sie in den Klausuren nicht enthalten sind, werden Hinweise auf die entsprechenden Fundstellen in den Schwerpunktebänden gegeben. Ferner werden die Fundstellen im vorliegenden Klausurenbuch wie auch in den Schwerpunktebänden genannt, in denen zu den hier behandelten Fragen weiter nachgelesen werden kann. Damit soll dem Leser auch ein praktikabler Arbeitsplan für die Vorbereitung auf Zwischenprüfung und Staatsexamen an die Hand gegeben werden.

4 Was den **Schwierigkeitsgrad der Aufgaben** betrifft, so ist eine eindeutige Unterscheidung von Zwischenprüfungsklausuren und Examensklausuren nicht immer sinnvoll. Denn die Besonderheit im Staatsrecht ist die, dass der Examensstoff im Wesentlichen bereits zum Zeitpunkt der Zwischenprüfung behandelt sein muss. Deshalb unterscheiden sich zumindest anspruchsvollere Zwischenprüfungsklausuren und einfachere Examensklausuren häufig nur durch ihre Länge. So könnten von einigen der hier wiedergegebenen Examensklausuren, soweit sie in mehrere Teilfragen unterteilt sind, einzelne dieser Teilfragen ohne weiteres auch in einer Zwischenprüfungsklausur auftauchen (und tatsächlich wird mitunter auch so in Zwischenprüfungen verfahren). Es wird daher im Folgenden bei jeder einzelnen Klausur auf den Schwierigkeitsgrad hingewiesen.

5 Die Darstellung der einzelnen Fälle erfolgt jeweils nach dem gleichen Muster. Dem Aufgabentext schließen sich Vorüberlegungen an, die der idealtypische Bearbeiter anstellen würde, ehe er in den Entwurf einer Arbeitsgliederung und in die schriftliche Ausarbeitung eintritt. Es folgt eine Gliederung, in der stichwortartig auch wesentliche Probleme benannt werden und die Lösung durch Symbole oder Kürzel angedeutet wird. Eine derartige Arbeitsgliederung sollte auch in der Prüfung angefertigt werden. Vorüberlegungen und Erstellung der Arbeitsgliederung sollten etwa ein Drittel, die schriftliche Ausarbeitung sollte dann etwa zwei Drittel der Arbeitszeit in Anspruch nehmen. Es folgt die eigentliche Klausurlösung, als Musterlösung nicht deshalb bezeichnet, weil sie die allein richtige Lösung darstellen soll, sondern weil sie beispielhaft das wiedergeben soll, was in der Bearbeitung erwartet würde. Die Lösung entspricht dem, was von einem guten bis sehr guten Kandidaten erwartet würde, geht aber anders als die Musterlösungen in den meisten Fallsammlungen nicht darüber hinaus. Der vorliegende Klausurenkurs soll eben gerade kein Lehrbuch in Klausurenform sein. Während die Vorüberlegungen auch Hinweise zum Aufbau enthalten, enthält der Text der Musterlösung selbst nur das, was auch in die

Klausur gehört. Hinweise zum Aufbau, wie auch vertiefende und weiterführende Hinweise sind ausschließlich in den Fußnoten enthalten. Es schließt sich dann das schon erwähnte Repetitorium zu den wichtigsten in der Klausur behandelten Themenbereichen an. Es enthält abschließend die Rubrik „Zur Wiederholung – Aus der Ausbildungsliteratur – Aktuelle Rechtsprechung – Weitere Fälle im thematischen Zusammenhang".

Zwei unterschiedliche Vorgehensweisen bieten sich an, das Buch durchzuarbeiten. **6**
Zur Vorbereitung auf Zwischenprüfung und Examen kann etwa die Stofftabelle am Ende des einführenden Teils durchgegangen werden, um gezielt die Themenbereiche einzuüben bzw. zu wiederholen, in denen Lücken gesehen werden. Oder aber die Klausuren werden der Reihe nach abgearbeitet. Bei der Durcharbeitung der einzelnen Klausuren ist es natürlich ideal, wenn zunächst in der angegebenen Zeit die Klausur bearbeitet und dann mit der Musterlösung verglichen wird, um schließlich Lücken gezielt zu schließen. Fehlt hierfür die Zeit, sollte doch zumindest für jeden Fall ohne weitere Hilfsmittel außer den Gesetzestexten eine Arbeitsskizze entsprechend der vorangestellten Gliederung erarbeitet werden.

Für die Fallbearbeitung werden nur die in den zugelassenen Textsammlungen ent- **7**
haltenen Gesetze benötigt, etwa weitere erforderliche Vorschriften werden wiedergegeben. Es wird dringend empfohlen, beim Durcharbeiten der Lösungen die angegebenen Vorschriften nachzulesen. Man wird feststellen, dass auch sehr vertraute Vorschriften mitunter überraschende Details enthalten, und man wird auf Vorschriften stoßen, die man noch nie bewusst aufgenommen hat. Wer aber in der Examenssituation zB mit einer Vorschrift wie der des Art. 87 GG konfrontiert ist und den Text der Vorschrift noch nie bewusst in sich aufgenommen hat, wird unwiederbringliche Arbeitszeit verlieren, ehe er überhaupt zu einem Textverständnis der Vorschrift gelangt; ebenso der Bearbeiter, der bei der Gesetzesprüfung erstmals staunend den Kompetenzkatalog des Art. 74 GG zu erfassen sucht.

2. Abschnitt

Staatsrecht in der Fallbearbeitung – typische Fallkonstellationen

Staatsrechtliche Klausuren lösen im Referendarexamen mitunter ein gewisses Un- **8**
behagen aus: Staatsrechtsvorlesungen und Anfängerübung bzw. Zwischenprüfung liegen schon länger zurück, in der Folgezeit standen verwaltungsrechtliches Klagesystem, polizeiliche Eingriffsnormen und Ermessensfehler im Vordergrund des Interesses – der Kandidat sieht sich staatsrechtlichen Fällen dann nicht sonderlich gut vorbereitet gegenüber. Dass es grob fahrlässig ist, das Staatsrecht aus der Examensvorbereitung auszuklammern, sollte sich mittlerweile herumgesprochen haben – annähernd jede zweite Klausur im Referendarexamen dürfte zumindest einen staats-

rechtlichen Schwerpunkt aufweisen. Dabei begegnen dem Bearbeiter staatsrechtliche Fragestellungen einerseits in rein staatsrechtlichen Fällen, andererseits aber auch in verwaltungsrechtlichen Zusammenhängen.

I. Grundrechtsprüfung – Verfassungsbeschwerde

9 Rein staatsrechtliche Klausuren werden häufig in prozessualer Einkleidung gestellt. Typische und wohl häufigste Fallgestaltung bei staatsrechtlichen Klausuren ist die Verfahrenskonstellation der Verfassungsbeschwerde. Sie ist immer dann einschlägig, wenn der Einzelne sich durch die hoheitliche Gewalt des Staates – Gesetzgebung, Rechtsprechung, Verwaltung – in seinen Grundrechten verletzt sieht, Art. 93 I Nr. 4a GG. Mit der Verfassungsbeschwerde wird die unmittelbare Bindung aller staatlichen Teilgewalten an die Grundrechte des Grundgesetzes als positiv geltendes Recht entsprechend Art. 1 III GG aktualisiert und zur Wirksamkeit gebracht. Demgemäß kann sich die Verfassungsbeschwerde gegen Akte aller staatlichen Teilgewalten richten.

10 Sie kann sich **unmittelbar gegen ein Gesetz** richten; dann ist im Rahmen der Begründetheit das Gesetz auf seine Grundrechtskonformität und hierbei generell auf seine Verfassungsmäßigkeit zu prüfen, s. dazu die Aufbauhinweise nachstehend Rn 24 ff.

11 Die Verfassungsbeschwerde kann sich auch gegen einen **Verwaltungsakt** richten, gegen den dann allerdings wegen § 90 II BVerfGG der Rechtsweg beschritten werden muss. In der Sache kann hierbei entweder die Verfassungsmäßigkeit des Gesetzes in Frage stehen, auf dem der Verwaltungsakt beruht, oder aber eine selbstständige Grundrechtsverletzung bei Erlass des Verwaltungsaktes selbst. So könnte zB das Verbot einer Versammlung deshalb verfassungswidrig sein, weil das VersG, auf das es sich stützt, verfassungswidrig ist (etwa weil es bestimmte politische Meinungen diskriminiert). Ist das Gesetz aber verfassungsmäßig, kann es immer noch in verfassungswidriger Weise angewandt worden sein (wenn etwa die Behörde eine Versammlung zu Unrecht als unfriedlich eingestuft und sie deshalb verboten hat, wenn die Polizei die Versammlung wegen einer Störung durch Dritte aufgelöst und dabei ihr Ermessen fehlerhaft gebraucht, wenn die Behörde einem muslimischen Metzger die Schächtgenehmigung verweigert hat, ohne dessen Grundrechte zu beachten).

12 Schließlich kann die Verfassungsbeschwerde sich **unmittelbar gegen eine gerichtliche Entscheidung** richten. Auch hier kann es in der Sache um die Verfassungsmäßigkeit des Gesetzes gehen, auf dem die Entscheidung beruht. Ein Grundrechtsverstoß kann aber auch in Anwendung des Gesetzes erfolgt sein. Ein derartiger Grundrechtsverstoß kann insbesondere auch darin liegen, dass das Gericht in einem Rechtsstreit zwischen Privaten die Grundrechte in ihrer objektiven, wertsetzenden Funktion (im Sinn mittelbarer Drittwirkung) verkannt hat. Bei der sog. Urteilsverfassungsbeschwerde ist stets zu vergegenwärtigen, dass das BVerfG nur Verstöße gegen spezifisches Verfassungsrecht prüft, nicht aber fehlerhafte Anwendung des einfachen Rechts.

13 Eine Grundrechtsprüfung kann auch in Normenkontrollverfahren veranlasst sein, sowohl im Fall der abstrakten Normenkontrolle nach Art. 93 I Nr. 2 GG als auch im

Fall der konkreten Normenkontrolle (Richtervorlage) nach Art. 100 I GG. Letztere ist allerdings wohl eher seltener Gegenstand staatsrechtlicher Arbeiten.

II. Staatsorganisationsrechtlicher Schwerpunkt

Für Aufgaben mit Schwerpunkt im staatsorganisatorischen Bereich ist die typische prozessuale Einkleidung die des Organstreitverfahrens. Mittelbar können hier auch grundrechtliche Fragen eine Rolle spielen, wenn hiervon das Verhalten eines Staatsorgans abhängt. So kann die Verpflichtung des Bundespräsidenten zur Ausfertigung eines Gesetzes dann entfallen, wenn dieses gegen Grundrechte verstößt. Die Verpflichtung der Bundesregierung, einem Untersuchungsausschuss des Bundestags Akten zugänglich zu machen, kann dann entfallen, wenn hierdurch schutzwürdige Grundrechtspositionen Privater, von denen in den fraglichen Akten die Rede ist, verletzt würden. **14**

III. Verwaltungsrechtliche Fallkonstellationen

Der Sache nach im Schwerpunkt staatsrechtliche, insbesondere grundrechtliche Fälle können schließlich dem Bearb. in verwaltungsrechtlicher, insbesondere auch verwaltungsprozessualer Konstellation begegnen.[1] Aufgabenstellungen, in deren Mittelpunkt die Versammlungsfreiheit des Art. 8 GG steht, knüpfen sehr häufig an verwaltungsrechtliche Versammlungsverbote an, gegen die Anfechtungsklage oder, wegen prozessualer Überholung, Fortsetzungsfeststellungsklage erhoben wird, die aber auch Gegenstand einstweiligen Rechtsschutzes sein können – tatsächlich scheint das Eilverfahren nahezu ebenso häufig in Aufgabenstellungen aufzutauchen wie das Regelverfahren.[2] Sowohl in prozessualer als auch in materiell-rechtlicher Hinsicht ist hier die verwaltungsrechtliche Fragestellung grundrechtlich determiniert. Bestimmungen der VwGO sind im Blick auf die Rechtsschutzgarantie des Art. 19 IV GG anzuwenden – dies betrifft in den Fällen des erledigten Grundrechtseingriffs das berechtigte Interesse an der Feststellung der Rechtswidrigkeit nach § 113 I 4 VwGO; neben Versammlungsverboten bei termingebundenen Veranstaltungen sind es erledigte Durchsuchungsaktionen oder auch Eingriffe in das Grundrecht aus Art. 10 GG durch Überwachungsmaßnahmen.[3] Grundrechtlich abgeleitet sind Unterlassungs- und Folgenbeseitigungsansprüche,[4] ebenso wie Abwehrklagen gegen wirtschaftliche Aktivitäten von Gemeinden[5] oder Ansprüche auf polizeiliches **15**

---

1 Beispielhaft die Examensklausuren bei *Ipsen/Epping*, NWVBl 1995, 197; *Schnellenbach*, NWVBl 1995, 236; *Rüfner*, NWVBl 1996, 35; *Tettinger/Ennuschat*, NWVBl 1997, 276; *Tettinger/Ennuschat,* NWVBl 1998, 125; *Dederer*, NWVBl 2000, 31.

2 S. etwa EJS Sachsen 2002/1, Aufgabe 6.

3 Vgl. BVerfG NJW 2005, 1855; dazu *Sachs*, JuS 2005, 646.

4 Vgl. die Examensfälle EJS Sachsen 1996/1, Aufgabe 6 und EJSBay 1996/1; EJS NRW Juli 2002, veröffentl. von *Sachs/Blasche*, NWVBl 2005, 78.

5 Vgl. den Examensfall EJS Sachsen 2001/1, Aufgabe 7, SächsVBl 2004, 170 und 193.

Einschreiten.[6] Dass ein im Schwerpunkt verfassungsrechtlicher Fall auch in strafprozessualer Einkleidung gestellt werden kann, belegt eine Fortgeschrittenenhausarbeit im öffentlichen Recht zum Thema „Der Staatsanwalt im Zeitungsverlag“.[7]

IV. Fälle ohne prozessualen Einschlag

16 Selbstverständlich ist auch zu rechnen mit Aufgaben ohne jeden prozessualen Einschlag. Hier geht es dann schlicht darum, ob ein Gesetz verfassungsmäßig ist oder ob der eine oder andere Beteiligte an einem verfassungsrechtlichen Konflikt gegen verfassungsrechtliche Pflichten verstoßen hat oder aber in seinen Rechten aus dem Grundgesetz verletzt wurde. – Erfahrungsgemäß hindert dies den einen oder anderen Bearbeiter nicht, die Bearbeitung gleichwohl mit der Prüfung der Zulässigkeit einer Verfassungsbeschwerde zu beginnen,[8] – ebenso, wie auf die Frage nach der Rechtmäßigkeit eines Verwaltungshandelns erst einmal die verschiedenen Theorien zur Rechtswegfrage ausgebreitet werden. Also: *Bearbeitervermerk lesen!*

3. Abschnitt

Allgemeine Hinweise zum Aufbau

I. Grundrechtsprüfung – Verfassungsbeschwerden

Vorbemerkung: „Schutzbereich – Eingriff – Rechtfertigung“

17 Typische Fallkonstellation bei der Grundrechtsprüfung ist die eines Grundrechtseingriffs, um dessen Abwehr es geht, meist im Wege einer Verfassungsbeschwerde gegen einen Hoheitsakt, aber auch zB im Wege einer verwaltungsrechtlichen Unterlassungsklage gegen drohende Grundrechtseingriffe.[9] Die Grundrechtsprüfung wird sich hierbei in der Regel an dem Schema „Schutzbereich – Eingriff – verfassungsrechtliche Rechtfertigung“, wie es etwa bei *Pieroth/Schlink* durchgehend verwendet wird (s. dort Rn 346 f.), orientieren. Auf der Stufe der verfassungsrechtlichen Rechtfertigung ist bei Gesetzen umfassend deren Verfassungsmäßigkeit zu prüfen: nur ein in jeder Hinsicht der Verfassung entsprechendes Gesetz kann Grundrechte in einer

---

6 Vgl. die Examensfälle EJS Sachsen 1995/2, Aufgabe 6 und 2000/2, Aufgabe 6.

7 Fall bei *Lecheler/Germelmann,* Jura 2001, 781.

8 *Kondring* und *Zilkens* berichten von einer Klausur im nordrhein-westfälischen Examen, in der eine gewisse A „um die rechtliche Begutachtung der Frage, ob das Gesetz sie in ihren Grundrechten verletzt“ bittet: 20 von 160 Verfassern brachten hier teils seitenlange Ausführungen zur Zulässigkeit einer Verfassungsbeschwerde – dies deckt sich mit Erfahrungen des *Verf.*

9 S. den Fall bei *Dietlein/Heyers*, NWVBl 2000, 77.

verfassungsrechtlich gerechtfertigten Weise einschränken. Hier ist dann auch der gegebene Anlass, Verstöße gegen Verfassungsrecht außerhalb des Grundrechtsteils zu behandeln, insbesondere die Gesetzgebungskompetenz und das Gesetzgebungsverfahren.

Wie jedes Prüfungsschema darf auch dieses Schema nicht undifferenziert und ohne **18**
Berücksichtigung der konkreten Fallkonstellation, eben nicht „schematisch" angewandt werden. Insbesondere muss davor gewarnt werden, die dritte Stufe in dieser Prüfung – also die der „verfassungsrechtlichen Rechtfertigung" – unbesehen mit einer schlichten Verhältnismäßigkeitsprüfung (geeignet – erforderlich – angemessen) gleichzusetzen; ein häufig anzutreffender Fehler. Diese Vorgehensweise ist insbesondere dort nicht sachgerecht, wo Grundrechte nicht in ihrer Funktion zum Tragen kommen, staatliche Eingriffe abzuwehren, sondern als objektive Wertentscheidungen in ihrer Bedeutung für Rechtsverhältnisse zwischen Privaten, also vor allem in Drittwirkungsfällen – etwa **Fall 13**. Hier sind kollidierende Grundrechtspositionen nach dem Grundsatz „praktischer Konkordanz" auszugleichen.[10]

Im Übrigen kann der Dreischritt „Schutzbereich – Eingriff – verfassungsrechtliche **19**
Rechtfertigung" stets nur die grobe Richtung vorgeben; für die einzelnen Grundrechte ergeben sich differenzierte Prüfungserfordernisse.[11] Auch ist dieser Dreischritt – eben weil am Grundrechtseingriff orientiert – undifferenziert nur in der klassischen Eingriffskonstellation gültig.[12] Der Prüfungsaufbau kann davon abweichen, wenn Grundrechte etwa als Ermessenskriterium im Rahmen von verwaltungsrechtlichen Fragestellungen eine Rolle spielen,[13] wenn es um grundrechtliche Leistungsansprüche geht oder wenn grundrechtliche Schutzpflichten in Frage stehen.[14] Denn hier geht es nicht darum, ob sich ein Eingriff im Rahmen des Erforderlichen bewegt und deshalb gerechtfertigt ist; hier geht es darum, ob Gesetzgeber bzw. Behörden genug getan haben, um einer Gefährdung von Grundrechten durch Dritte zu begegnen oder wenn unmittelbar aus Grundrechten Unterlassungsansprüche gegen den Staat geltend gemacht werden[15] wie in den immer wieder aktuellen Fällen von Unterlassungsansprüchen privater Wettbewerber gegen erwerbswirtschaftliche Tätigkeit öffent-

10 S. zB den Übungsfall bei *Stock/Achelpöhler*, JuS 1998, 245.

11 S. auch zB den Aufbau in der Klausurlösung von *Dietlein/Lindemann*, NWVBl 2000, 319 (321) – Verbot der Außenwerbung an Taxis –, dort zu Art. 5 I GG: Eingriff in den Schutzbereich – Schranke der allgemeinen Gesetze oder etwa den Fall bei *Dümmel*, NWVBl 2000, 111: hier liegt der Aufbau „Eingriff – Schranke – Schranken-Schranke" zugrunde.

12 Es ist für den Korrektor nur wenig erheiternd, wenn in Arbeiten, in denen es ersichtlich nicht um Grundrechts*eingriffe* geht, er stereotyp mit „Eingriff – verfassungsrechtliche Rechtfertigung" konfrontiert wird.

13 Vgl. zB Aufgabe 6 EJSBay 1994/2, BayVBl 1996, 544/572 (574), wo es um die Frage ging, ob wegen des Grundrechts der Pressefreiheit dem Kunstkritiker einer Zeitung eine kostenlose Dauerkarte für die Aufführungen des Stadttheaters erteilt werden muss; ferner den Fall bei *Dederer*, NWVBl 2000, 31: Berücksichtigung des Art. 4 GG im Rahmen einer gewerberechtlichen Verfügung als Verhältnismäßigkeitskriterium.

14 Vgl. etwa Prüfungsreihenfolge in der Fallbearbeitung *Klinge/Schlette*, Jura 1997, 642 sowie den Fall bei *Haltern/Viellechner*, JuS 2002, 1197.

15 Instruktiv Aufgabe 6 EJSBay 1996/1, BayVBl 1998, 31/60.

lich-rechtlicher Körperschaften.[16] In seiner „Glykol-Entscheidung" verzichtet das Bundesverfassungsgericht auf den Begriff des „Eingriffs" und nimmt bereits bei der Bestimmung des Schutzbereichs eine Prüfung nach Verhältnismäßigkeitskriterien vor.[17]

20 Wie alle **Aufbauschemata**, sind auch die nachstehend für die wichtigsten staatsrechtlichen Fallkonstellationen gegebenen Aufbauhinweise nicht unbedingt in allen Punkten zwingend – andererseits ist die Prüfungsreihenfolge sowohl in der Zulässigkeit als auch in der Begründetheit nicht beliebig. Denn bestimmte Prüfungspunkte stehen in einem logischen Verhältnis der Abhängigkeit voneinander; so kann zB bei der Verfassungsbeschwerde die Frage der Rechtswegerschöpfung erst dann beantwortet werden, wenn feststeht, gegen welchen Hoheitsakt sich die Verfassungsbeschwerde richtet, da hiervon der in Frage stehende Rechtsweg abhängt. Im Organstreitverfahren und im Bund-Länder-Streit ist zuerst auf Antragsteller und Antragsgegner einzugehen, um dann feststellen zu können, ob Ersterer durch eine Maßnahme des Letzteren in eigenen Rechten verletzt sein kann. Erst recht stehen bei der materiellen Prüfung bestimmte Prüfungsgesichtspunkte in einem Verhältnis der Abhängigkeit voneinander.

21 Dass unproblematische Punkte nicht in aller Breite auszuführen sind, ist bekannt. Welche Gliederungspunkte jedoch stets zumindest zu erwähnen sind, wird in den nachfolgenden Aufbauhinweisen vermerkt.

22 *Eine systematische Vorgehensweise sollte auch optisch in der klausurmäßigen Darstellung zum Ausdruck kommen. Dies bedeutet, die einzelnen Gliederungspunkte durchzunummerieren und grundsätzlich mit jedem Gliederungspunkt einen neuen Absatz zu beginnen. Eigene Zwischenüberschriften sollten grundsätzlich auf die wesentlichen Gliederungspunkte (Zulässigkeit – Begründetheit, formelle – materielle Verfassungsmäßigkeit, einzelne Grundrechte) bzw. auf die einzelnen Sachverhaltskomplexe (zB Antrag der X-Fraktion, Antrag des Abgeordneten Y) beschränkt werden.*

23 Bei Verfassungsbeschwerden sind nach dem Beschwerdegegenstand zu unterscheiden: Verfassungsbeschwerden unmittelbar gegen Gesetze, Verfassungsbeschwerden gegen Akte der Exekutive und Urteilsverfassungsbeschwerden. Der vorgeschlagene Aufbau in der Zulässigkeitsprüfung folgt dem Aufbauvorschlag bei *Pieroth/Schlink* Rn 1121 ff. – Selbstverständlich sind auch abweichende Aufbauschemata für die Prüfung der Zulässigkeit der Verfassungsbeschwerde möglich.[18]

Im Folgenden soll ein Überblick über Aufbaufragen und sich hierbei regelmäßig stellende Probleme in drei Fallvarianten gegeben werden: Verfassungsbeschwerde unmittelbar gegen ein Gesetz, gegen eine Entscheidung der Verwaltung und unmittelbar gegen eine gerichtliche Entscheidung.

---

16 S. den Fall bei *Zilkens*, NWVBl 1997, 34.

17 BVerfGE 105, 252 (272 f.); dazu instruktiv *Ruge*, ThürVBl 2003, 49.

18 Vgl. zB Aufgabe 6 EJSBay 2001/1, BayVBl 2002, 30/57 (61): Zuständigkeit, statthafter Prüfungsgegenstand, Schriftform, Beschwerdebefugnis, Subsidiarität.

1. Variante: Verfassungsbeschwerde gegen Gesetze

Ehe in die Prüfung der einzelnen Zulässigkeitsvoraussetzungen eingetreten wird, sollte zunächst kurz ausgeführt werden, warum gerade dieser Rechtsbehelf erörtert wird: Wenn ein Bürger sich durch einen Hoheitsakt in seinen Grundrechten verletzt sieht, ist die Verfassungsbeschwerde nach Art. 93 I Nr. 4a GG geeigneter Rechtsbehelf. **24**

Diese Überlegung kann auch als erster Gliederungspunkt in der Zulässigkeitsprüfung unter „Zuständigkeit des Bundesverfassungsgerichts" gebracht werden, die nachfolgend angegebenen Gliederungspunkte verschieben sich dann in der Zählung entsprechend.

Zulässigkeit **25**

I. Beschwerdeführer:
1. Beschwerdefähigkeit (= Grundrechtsfähigkeit);
2. Prozessfähigkeit.

II. Beschwerdegegenstand: Akt öffentlicher Gewalt; bei Verfassungsbeschwerde unmittelbar gegen Gesetz unproblematisch. Sowohl Bundes- als auch Landesgesetze sind zulässiger Beschwerdegegenstand: Bundes- wie Landesstaatsgewalt sind an das Grundgesetz gebunden. Kein zulässiger Beschwerdegegenstand sind Normen des (sekundären) Gemeinschaftsrechts (Richtlinien/Verordnungen), jedenfalls solange auf europäischer Ebene adäquater Grundrechtsschutz gewährleistet ist (*Degenhart* Rn 306).

III. Beschwerdebefugnis:
1. Möglichkeit der Grundrechtsverletzung;
2. Bf. muss selbst, gegenwärtig und unmittelbar betroffen sein; bei Verfassungsbeschwerde unmittelbar gegen Gesetz ist insbesondere Letzteres sorgfältig zu prüfen (*Pieroth/Schlink* Rn 1147).

IV. Rechtswegerschöpfung/Subsidiarität: gegen Gesetze ist an sich kein Rechtsweg eröffnet; gleichwohl verlangt das BVerfG – hierin nur schwer berechenbar – mitunter vom Bf., zunächst den Vollzug des Gesetzes abzuwarten und durch die Fachgerichte eine Vorabklärung und „Aufbereitung" des Verfahrensstoffs zu erreichen.[19]

V. Rechtskraft/Gesetzeskraft: hat BVerfG das Gesetz in einem anderen Verfahren (zB Normenkontrollverfahren) bereits im Tenor (also nicht nur in den Gründen) der Entscheidung für verfassungskonform erklärt, ist dies zwar keine Frage der Rechtskraft (die nur inter partes wirkt), doch ist wegen der Gesetzeskraft der Entscheidung nach § 31 II BVerfGG die Verfassungsbeschwerde in diesem Fall unzulässig.[20]

VI. Form und Frist: Schriftform, § 23 I BVerfGG; Jahresfrist des § 93 III BVerfGG.

19 Beispielhaft: BVerfGE 74, 69 (74 f.); dazu *Robbers,* S. 24; Fallbeispiel bei *Jeand'Heur/Jorczyk*, Jura 1999, 538.
20 *Benda/Klein* Rn 1316.

26 *Auf die Voraussetzungen nach I.1., II., III.1 und 2. sowie IV. sollte in der Bearbeitung jedenfalls hingewiesen werden. I.E.:*

Zur Beschwerdefähigkeit unter I.1. genügt bei natürlichen Personen idR der Hinweis, dass der Bf. als natürliche Person grundrechtsfähig und damit beschwerdefähig ist. Bei Verfassungsbeschwerden juristischer Personen ist auf Art. 19 III GG einzugehen,[21] *s. dazu* **Fall 10**. *Ausländer sind wegen Art. 2 I GG auf jeden Fall beschwerdefähig; allerdings ist bei ihnen unter III.1. – Möglichkeit der Grundrechtsverletzung – auf die Unterscheidung zwischen Menschenrechten und Deutschengrundrechten einzugehen (Pieroth/Schlink Rn 107 ff.). Auf die Prozessfähigkeit braucht nur eingegangen zu werden, wenn sich hierfür besondere Anhaltspunkte ergeben, wie zB bei Minderjährigen. Hier kann auch die Frage der Grundrechtsmündigkeit relevant werden – der minderjährige Bf. ist dann prozessfähig, wenn er in Bezug auf das gerügte Grundrecht „grundrechtsmündig" ist; dies wird vor allem bei Art. 4 GG relevant, s. Rn 755: Unterrichtsbefreiung aus religiösen Gründen.*

Dass Hoheitsakte iSv Art. 93 I Nr. 4 a GG auch Legislativakte sind, ist unter II. kurz zu erwähnen.

Unter III.1. ist zu prüfen, ob die vom Bf. gerügten Grundrechte verletzt sein können; wenn keine bestimmten Grundrechtsartikel genannt werden, ist der Antrag auszulegen. Werden sonstige Verfassungsverstöße geltend gemacht wie zB unzulässige Rückwirkung oder fehlende Kompetenz, führt dies jedenfalls unter Art. 2 I GG zur Beschwerdebefugnis. Eingehender zu prüfen ist bei Verfassungsbeschwerden gegen Gesetze stets im Rahmen der Beschwerdebefugnis das unmittelbare Betroffensein, während auf den fehlenden Rechtsweg nach IV. nur kurz hinzuweisen ist, der Gesichtspunkt der Subsidiarität allenfalls kurz gestreift werden sollte (s. **Fall 5***). Am unmittelbaren Betroffensein fehlt es, wenn das Gesetz vollziehungsbedürftig ist. Wenn aber im Gesetz vorgesehen ist, dass der Betroffene keine Kenntnis von der Maßnahme erlangen soll, so kann sich die Verfassungsbeschwerde ausnahmsweise unmittelbar gegen ein vollziehungsbedürftiges Gesetz richten.*[22] *Bei Abhörmaßnahmen und ähnlichen Eingriffen ist dies typischerweise der Fall. Für die eigene und gegenwärtige Betroffenheit reicht es dann aus, dass der Bf. darlegt, dass er mit einiger Wahrscheinlichkeit durch die auf den angegriffenen Rechtsnormen beruhenden Maßnahmen in seinen Grundrechten berührt wird.*[23]

Auf V. (Rechtskraft/Gesetzeskraft) ist nur einzugehen, wenn sich hierfür konkrete Anhaltspunkte ergeben. Andernfalls bleibt dieser Punkt unerwähnt, VI. wird dann V. Zu VI. (bzw V.) genügt im Regelfall der Hinweis, dass mangels entgegenstehender Anhaltspunkte vom Einhalten der Form- und Fristerfordernisse ausgegangen werden kann, während dann, wenn im Sachverhalt Daten genannt sind, auch ein Eingehen auf das Fristerfordernis geboten ist.

---

21 Klausurbeispiel: *Ahlers/Schroeder*, Jura 2000, 641 (in der Sache allerdings problematisch, da die Grundrechtsberechtigung einer Gemeinde aus Art. 5 III GG nur schwer vertretbar sein dürfte – richtig demgegenüber Aufgabe 6 EJSBay 1995/2, BayVBl 1997, 416/445 ff.).

22 BVerfGE 100, 313 (354); 109, 279 (306) sowie zuletzt BVerfG, U. v. 27.07.2005, www.bverfg.de, Rn 73.

23 BVerfG, U. v. 27.07.2005, www.bverfg.de, Rn 76.

B. Begründetheit der Verfassungsbeschwerde

In der Begründetheitsprüfung sind nunmehr die in Betracht kommenden Grundrechte zu prüfen, wobei das BVerfG umfassend prüft, also nicht auf die als verletzt gerügten Grundrechte beschränkt ist (Pieroth/Schlink Rn 1170). Dabei sind Freiheitsgrundrechte vor Gleichheitsgrundrechten zu prüfen, im Rahmen der Freiheitsgrundrechte diejenigen Grundrechte zuerst, auf denen der Schwerpunkt der Problematik liegt, regelmäßig also die den Sachverhalt speziell erfassenden Grundrechte – wenn es also um ein Gesetz geht, das die Tätigkeit der Presse beschränkt, Art. 5 I 2 GG vor Art. 12 GG. **27**

I. Freiheitsgrundrecht (1)

S. hierzu das Aufbauschema bei Pieroth/Schlink Rn 346. Dieses bzw. das folgende Aufbauschema kann im Prinzip der Prüfung der Freiheitsgrundrechte zugrundegelegt werden. Bei einzelnen Grundrechten ergeben sich Besonderheiten; dies betrifft zB die Frage, wo bei Art. 12 GG die Einbeziehung der Stufentheorie zu erfolgen hat. Auch ergeben sich für die grundrechtliche Abwägung bei den einzelnen Grundrechten typische, spezifische Argumentationsmuster. Auf diese grundrechtsspezifischen Besonderheiten wird bei den jeweiligen Fällen im Abschnitt „Repetitorium" eingegangen. **28**

1. Schutzbereich des Grundrechts

Vgl. *Pieroth/Schlink* Rn 346: es ist zu prüfen, ob das Gesetz Verhaltensweisen insbesondere des Beschwerdeführers (tatsächliche oder beabsichtigte) regelt, die in den Schutzbereich des in Frage stehenden Grundrechts fallen; in bestimmten Fällen ist eine gesonderte Prüfung von personalem und sachlichem Schutzbereich erforderlich, so bei Deutschengrundrechten wie Art. 12 I GG – **Fall 10**, ferner zB im Fall der Pressefreiheit, wenn es darum geht, ob Angehörige der Pressehilfsberufe (zB der Zeitungsgrossist) sich auf das Grundrecht der Pressefreiheit berufen können. **29**

2. Eingriff

Ein Eingriff unmittelbar durch Gesetz liegt dann vor, wenn dessen Regelung ein grundrechtlich geschütztes Verhalten (s. 1.: Schutzbereich) ganz oder teilweise untersagt oder mit Sanktionen belegt. **30**

Da bei Verfassungsbeschwerden unmittelbar gegen Gesetze bereits im Zusammenhang mit der Zulässigkeitsvoraussetzung des unmittelbaren Betroffenseins das Vorliegen eines Eingriffs unmittelbar gegenüber dem Bf. bedeutsam war, wird sich im Rahmen der Begründetheitsprüfung ein Eingriff idR unproblematisch feststellen lassen. Es ist auch nicht erforderlich, auf den Unterschied zwischem „klassischem" und „modernem" Eingriffsbegriff näher einzugehen, wenn hierfür keine besonderen Anhaltspunkte bestehen. Bei einem Eingriff unmittelbar durch Gesetz wird in der Regel von Eingriff iSd klassischen Eingriffsbegriffs auszugehen sein.

Qualifikation des Eingriffs: Gewisse Grundrechte differenzieren im Rahmen der Grundrechtsschranken zwischen Eingriffen unterschiedlicher Natur; so ist bei Art. 12 I GG zu unterscheiden zwischen Berufsausübungs- und Berufszulassungsregelungen, bei Art. 14 GG zwischen Inhalts- und Schrankenbestimmungen nach Art. 14 I 2 GG einerseits, Enteignungen andererseits. Je nach Art des Eingriffs ergeben sich unterschiedliche Anforderungen an dessen verfassungsrechtliche Rechtfertigung; die Qualifikation des Eingriffs kann diesbezüglich als Frage der Eingriffsbestimmung oder aber der verfassungsrechtlichen Rechtfertigung gesehen werden, also im Aufbau unter 2. oder unter 3.[24] vorgenommen werden. **31**

24 Als Beispiel s. Fall 4 – Spielbankengesetz.

3. Verfassungsrechtliche Rechtfertigung

32 Der Eingriff durch Gesetz ist dann verfassungsrechtlich gerechtfertigt, wenn das Gesetz in jeder Hinsicht verfassungsmäßig ist. Dieser ursprünglich im „Elfes-Urteil" zu Art. 2 I GG entwickelte Ansatz gilt für alle Grundrechte.

33 a) Das Gesetz muss kompetenzgerecht erlassen worden sein.

Hier ist die übliche Kompetenzprüfung vorzunehmen, vgl. das Prüfungsschema bei Degenhart Rn 186 ff.

34 b) Das Gesetz muss auch in sonstiger Hinsicht formell verfassungsmäßig sein.

aa) Es muss insbesondere verfahrensfehlerfrei erlassen worden sein; S. näher *Degenhart* Rn 195 ff.

Hierauf ist nur dann näher einzugehen, wenn sich aus dem Sachverhalt Anhaltspunkte für Verfahrensverstöße ergeben – andernfalls kann der Bearb. sich mit der Feststellung begnügen, dass mangels entgegenstehender Anhaltspunkte vom verfahrensfehlerfreien Zustandekommen des Gesetzes ausgegangen werden kann.

Zu beachten ist, dass sich das Gesetzgebungsverfahren für Gesetze eines Landes nach der jeweiligen Landesverfassung richtet. Diese aber ist nicht Prüfungsmaßstab für das Bundesverfassungsgericht; s. aber auch Fall 3.

bb) Soweit von den betroffenen Grundrechten her veranlasst, ist auf das Zitiergebot des Art. 19 I 2 GG einzugehen. Es gilt nur für die ausdrücklichen Einschränkungsvorbehalte wie Art. 2 II 3, Art. 6 III, Art. 8 II, Art. 10 II, Art. 11 II, Art, 12 II und III (nicht aber Art. 12 I 2), Art. 13 II–VII und Art. 16 I 2 GG[25] und soll nach dem U. des BVerfG vom 27.07.2005 künftig auch für die Änderung grundrechtsbeschränkender Gesetze gelten.[26]

35 c) Das Gesetz muss den materiellen Anforderungen an einen Grundrechtseingriff genügen. Es muss insbesondere als Grundrechtsschranke für das jeweilige Grundrecht in Betracht kommen.

Dies bedeutet für Grundrechte mit qualifiziertem Gesetzesvorbehalt, dass es den Qualifikationsmerkmalen entsprechen muss (*Pieroth/Schlink* Rn 255 f.). Im Fall des Art. 5 I GG muss es sich um ein allgemeines Gesetz handeln, im Fall des Art. 12 GG sind unterschiedliche Anforderungen entsprechend der Stufentheorie zu beachten (etwa Notwendigkeit eines überragend wichtigen Gemeinschaftsgutes bei Berufszulassungsregeln). Bei den vorbehaltlos gewährleisteten Grundrechten (Art. 4 I und II GG, Art. 5 III GG) muss das Gesetz dem Schutz eines Rechtsguts mit Verfassungsrang dienen. [27] Es handelt sich praktisch also um einen qualifizierten Gesetzesvorbehalt. Verfassungsimmenanten Schranken unterliegen auch die übrigen Grundrechte, zB die Meinungsfreiheit des Art. 5 I 1 GG, die deshalb auch durch Gesetze eingeschränkt werden kann, die dem Schutz kollidierender Verfassungsgüter dienen.[28]

36 d) Verhältnismäßigkeit der Grundrechtseinschränkung

S. hierzu *Pieroth/Schlink* Rn 279 ff. und *Degenhart* Rn 396 ff.

Verhältnismäßigkeit setzt zunächst voraus, dass mit dem Gesetz ein legitimer Zweck verfolgt wird; bei qualifizierten Gesetzesvorbehalten oder bei der Beschränkung der

---

25 *Jarass*, in: Jarass/Pieroth, Art. 19 Rn 3; für weiteren Anwendungsbereich *Krüger/Sachs*, in: Sachs, Art. 19 Rn. 27 ff.

26 BVerfG, U. v. 27.07.2005, www.bverfg.de, Rn 85 ff.

27 Vgl. zB BVerfGE 108, 282 (297, 302, 311); BVerfG DVBl 2004, 1230 (1232).

28 BVerfG DVBl 2004, 1230 (1232).

vorbehaltlos gewährleisteten Grundrechte wird die dahingehende Bewertung regelmäßig schon auf der vorgehenden Stufe getroffen worden sein. Die Regelung muss auch geeignet und erforderlich sein, ferner „angemessen", also verhältnismäßig i.e.S.

Beachte: Es geht um die rechtliche Bewertung der Gesetzeszwecke. Daher sollte die Bewertung möglichst in rechtlicher bzw. verfassungsrechtlicher Anknüpfung erfolgen, sich also nicht auf allgemeine Ausführungen zur Sinnhaftigkeit des Gesetzes beschränken. Wenn zB ein Gesetz einem Unternehmer Beschränkungen zum Schutz der Umwelt auferlegt, ist auf die entsprechenden Staatszielbestimmungen in Art. 20a GG und in den Landesverfassungen zurückzugreifen; für ein Gesetz, das Erwerb und Besitz von Schusswaffen beschränkt, ist zurückzugreifen auf die Schutzpflicht des Staates für die Grundrechte aus Art. 2 II GG. Eine gesetzliche Regelung, die die Berichterstattung der Medien gewissen Beschränkungen unterwirft, kann dem Schutz von Persönlichkeitsrechten dienen, aber etwa im Fall der Gerichtsberichterstattung auch dem rechtsstaatlichen Interesse an störungsfreier Rechtspflege (während dann umgekehrt das Demokratieprinzip für Gerichtsöffentlichkeit sprechen kann).

e) Weitere verfassungsrechtliche Erfordernisse, insbesondere hinreichende Bestimmtheit, ggf. Rückwirkungsverbot. **37**

II. Freiheitsgrundrecht (2)

Es folgt das an nächster Stelle zu prüfende Grundrecht; dabei gilt das gleiche Prüfungsschema mit folgenden Besonderheiten: **38**

Im Grundrechtstatbestand ist unter 1. auf das Konkurrenzverhältnis zu dem an erster Stelle geprüften Grundrecht einzugehen.

Unter 3. kann für a) und b) – also Kompetenz und Verfahren – auf die Ausführungen unter I. verwiesen werden.[29] Was die weiteren verfassungsrechtlichen Anforderungen insbesondere der Verhältnismäßigkeit betrifft, so müssen die Ergebnisse der Prüfung nicht notwendig identisch sein; andererseits sind auch Wertungswidersprüche in der Gewichtung der Interessen zu vermeiden.

III. Gleichheitsgrundrechte

Die Prüfung der Gleichheitsgrundrechte erfolgt idR in zwei Stufen:[30] **39**
Feststellung der relevanten Ungleichbehandlung,
Rechtfertigung der Ungleichbehandlung (s. Fall 1).

C. Entscheidung des Bundesverfassungsgerichts

Ist die Verfassungsbeschwerde zulässig und begründet, so wird das BVerfG idR (s. Rn 66) das Gesetz für nichtig erklären, § 95 III 1 BVerfGG. **40**

Dieser Hinweis auf die E. des BVerfG sollte abschließend gegeben werden.

---

29 Denkbar ist es übrigens auch, dann, wenn eine Reihe von Grundrechten zu prüfen sind, die Ausführungen zur Kompetenz und zum Gesetzgebungsverfahren voranzustellen, sie gleichsam vor die Klammer zu ziehen, mit dem erklärenden Hinweis, dass nur ein kompetenzgerecht und verfahrensfehlerfrei zustandegekommenes Gesetz die Grundrechte in zulässiger Weise einschränken kann.

30 Fallbeispiele: *Pieroth/Görisch,* NWVBl 2001, 282 (282 f.).

2. Variante: Verfassungsbeschwerde gegen Akte der Exekutive

41 Im Folgenden wird der Aufbau einer Verfassungsbeschwerde gegen Einzelmaßnahmen der Exekutive, insbesondere Verwaltungsakte erörtert. Soweit die Verfassungsbeschwerde sich gegen Rechtsnormen der Exekutive (Verordnungen, Satzungen) richtet, ist zu unterscheiden: liegt der Grundrechtseingriff in der Verordnung oder Satzung selbst, so ist diese Gegenstand der Verfassungsbeschwerde. Dabei ist in der Zulässigkeit wie bei der Verfassungsbeschwerde gegen Gesetze unmittelbares Betroffensein näher zu erörtern; in der Begründetheit die Verfassungsmäßigkeit des Gesetzes, auf dem die Rechtsverordnung oder Satzung beruht und die Verfassungsmäßigkeit der Rechtsverordnung oder Satzung selbst. Ergeht auf der Grundlage der Satzung eine Einzelmaßnahme, so richtet sich die Verfassungsbeschwerde gegen diese; in der Begründetheit ist auf der Rechtfertigungsebene die Verfassungsmäßigkeit des Gesetzes, der hierauf beruhenden untergesetzlichen Rechtsnorm und des Einzelaktes zu erörtern.[31]

42 **A. Zulässigkeit**

I. Beschwerdeführer

II. Beschwerdegegenstand

Wegen des Erfordernisses der Rechtswegerschöpfung wird bei Verfassungsbeschwerden gegen Akte der Exekutive (idR also Verwaltungsakte) stets eine klagabweisende letztinstanzliche Gerichtsentscheidung vorliegen. Gegenstand der Verfassungsbeschwerde sind dann regelmäßig der Verwaltungsakt und die ihn bestätigenden Gerichtsentscheidungen (wenn auch der Bf. sich auf Letztere beschränken kann, *Pieroth/Schlink* Rn 1127).

III. Beschwerdebefugnis

An dieser Stelle ist insbesondere herauszuarbeiten, wodurch der Bf. sich in seinen Grundrechten betroffen sieht: durch den Verwaltungsakt selbst oder durch das zugrundeliegende Gesetz: ein Verwaltungsakt kann insbesondere auch mit der Begründung mit der Verfassungsbeschwerde angegriffen werden, das zugrundeliegende Gesetz sei verfassungswidrig; der Bf. muss ja idR den Verwaltungsakt, durch den das Gesetz vollzogen wird, abwarten (s. IV.).

III.a) Rechtsschutzbedürfnis bei Erledigung

Bestimmte Maßnahmen der Exekutive erledigen sich typischerweise, ehe Verfassungsbeschwerde eingelegt werden kann: Durchsuchungen und andere unaufschiebbare Maßnahmen der Polizei, Versammlungsverbote, zeitlich befristete Genehmigungen oder Verbote. Dies kann als Frage des (noch) gegenwärtigen Betroffenseins erörtert werden; das BVerfG sieht hierin in seiner neueren Rspr. eine Frage des Rechtsschutzbedürfnisses und bejaht dieses dann, wenn entweder die Frage von grundsätzlicher Bedeutung ist oder die Maßnahme besonders belastend wirkt oder Wiederholungsgefahr besteht.[32] – S. dazu **Fall 14** Rn 822.

31 S. hierzu beispielhaft Aufgabe 6 EJS Bay 2001/2, BayVBl 2004, 28, 60 (Werbung der freien Berufe); ebenso der Fall bei *Kremer,* Jura 2002, 775.

32 BVerfG NJW 2002, 3691 – Rechtsschutz bei Vergabe von Standplätzen auf Jahrmärkten.

IV. Rechtswegerschöpfung/Subsidiarität

Der Bf. muss alle Rechtsmittel ausschöpfen (näher *Pieroth/Schlink* Rn 1150 ff.), die gegen die angegriffene Maßnahme der Verwaltung eröffnet sind. Wird der Sofortvollzug einer Maßnahme nach § 80 II 1 Nr. 4 VwGO angeordnet, so stellt das verwaltungsgerichtliche Eilverfahren an sich einen selbstständigen Rechtsweg dar. Liegt hier die letztinstanzliche Entscheidung vor (Beschwerdeentscheidung des OVG), so ist an sich der Rechtsweg erschöpft. Der Grundsatz der Subsidiarität der Verfassungsbeschwerde verlangt hier jedoch die Beschreitung des Rechtswegs in der Hauptsache, wenn auf diesem Wege Abhilfe erreicht werden kann. Dies muss allerdings zumutbar sein – wenn also bei Versagen des vorläufigen Rechtsschutzes ein unwiederbringlicher Rechtsverlust droht, kann die Verfassungsbeschwerde gegen die abschließende Entscheidung im Eilverfahren eingelegt werden.[33] Ausnahmsweise kann nach § 90 II 2 BVerfGG eine Vorabentscheidung getroffen werden (s. *Pieroth/Schlink* Rn 1157 ff.).

Beachte: Ehe der Bearbeiter auf einen schweren und unabwendbaren Nachteil iSv § 90 II 2 BVerfGG eingeht, muss festgestellt werden, dass der Rechtsweg noch offen steht oder der Bf. ihn bereits beschreitet, aber nicht abwarten will oder kann. Wenn also der Bf. den VA hat bestandskräftig werden lassen, kann nicht mehr unter Berufung auf § 90 II 2 BVerfGG vom Erfordernis der Rechtswegerschöpfung abgesehen werden – häufiger Fehler!

V. Rechtskraft

VI. Form und Frist

Es gilt die Monatsfrist des § 93 I 1 BVerfGG.

B. Begründetheit 43

I. Freiheitsgrundrecht (1)

1. Schutzbereich

2. Eingriff

3. Verfassungsrechtliche Rechtfertigung

Der Grundrechtseingriff durch Verwaltungsakt (oder durch sonstigen Exekutivakt) bedarf einer gesetzlichen Grundlage; das Gesetz selbst muss seinerseits verfassungskonform sein. Daher ist zunächst nach dem Bestehen einer verfassungskonformen gesetzlichen Grundlage für die beschwerdegegenständliche Maßnahme zu fragen (*Pieroth/Schlink* Rn 347).

a) Gesetzliche Grundlage (s.o. zu Verfassungsbeschwerde gegen Gesetz).

Wenn auch insoweit nur ein verfassungskonformes Gesetz als taugliche Ermächtigungsgrundlage in Betracht kommt, bedeutet dies doch nicht, dass jedes Gesetz ohne konkrete Anhaltspunkte umfassend auf seine Verfassungsmäßigkeit geprüft, etwa eine eingehende Kompetenzprüfung vorgenommen werden müsste: für Gesetze, die seit langem unbestritten zur Anwendung kommen, wie zB im Fall 15 das VersG, kann kompetenzgerechtes und verfahrensfehlerfreies Zustandekommen mangels entgegenstehender Anhaltspunkte vorausgesetzt werden; die Prüfung der materiellen Verfassungskonformität kann dann auf die Punkte beschränkt werden, die Probleme aufwerfen könnten – etwa im Fall des VersG auf die Verfassungskonformität der Anmeldepflicht.

33 Vgl. dazu den Klausurfall „Das religiöse Passbild" bei *Demel/Lochen*, JA 2002, 878.

b) Das Gesetz muss auch in verfassungsmäßiger Weise angewandt worden sein; dies setzt insbesondere voraus, dass bei Auslegung und Anwendung des Gesetzes grundrechtliche Wertungen beachtet wurden und dass die Maßnahme verhältnismäßig ist. Hierbei können u.U. auch anderweitige Grundrechtsbestimmungen herangezogen werden.

44 *Es findet hier also eine zweistufige Grundrechtsprüfung statt: sowohl im Gesetz selbst als auch in der Anwendung des Gesetzes können Grundrechtsverstöße liegen.*[34] *Wo der Schwerpunkt der Grundrechtsprüfung liegt, hängt von der konkreten Gesetzesfassung ab: wenn ein Gesetz der Verwaltung keine Handlungsalternativen belässt, kann in der Anwendung des Gesetzes auch kein selbstständiger Grundrechtsverstoß liegen, der Fehler liegt dann ggf. beim Gesetzgeber. Wenn das Gesetz demgegenüber der Verwaltung Ermessen einräumt, kann der Fehler sowohl beim Gesetz als auch in der Verwaltungsentscheidung liegen. Doch kann ein Gesetz in der Grundrechtsprüfung idR dann gehalten werden, wenn es der Verwaltung Entscheidungsspielräume belässt, um übermäßige Eingriffe zu vermeiden, wie zB Härteregelungen, Übergangsbestimmungen u.Ä.*

45 **Beispiele:** Das Schächtverbot im Tierschutzgesetz bedeutet einen Eingriff in die Berufsfreiheit muslimischer Metzger. Das Gesetz sieht jedoch die Möglichkeit vor, Ausnahmegenehmigungen zu erteilen. Für die Verfassungsmäßigkeit des Gesetzes genügt es, dass es generell legitime Ziele (Tierschutz) verfolgt, geeignet und erforderlich ist und in seinen Auswirkungen im Regelfall keine übermäßigen Belastungen mit sich bringt. Damit genügt es, dem Erfordernis der Verhältnismäßigkeit im Rahmen des Art. 12 I GG; soweit im Einzelfall die Auswirkungen des Gesetzes nicht mehr angemessen sind, muss die Verwaltung dann bei der Entscheidung über die Ausnahmegenehmigung die konkrete Abwägung vornehmen. Sähe das Gesetz demgegenüber keinerlei Ausnahmeregelung vor, müsste es als unverhältnismäßig gelten.

Ein Gesetz, das Eigentümer von denkmalwürdigen Gebäuden zu deren Erhaltung verpflichtet, muss Ausnahmeregelungen für den Fall der Unzumutbarkeit vorsehen; ein Gesetz, das insoweit die Eigentümerinteressen für unbeachtlich erklärte, wäre verfassungswidrig.

46 **II. Ggf.: Weitere Grundrechte**

C. Entscheidung des Bundesverfassungsgerichts

Der Inhalt der Entscheidung ergibt sich aus § 95 II BVerfGG. Da bei Verfassungsbeschwerden gegen Maßnahmen der Exekutive regelmäßig wegen § 90 II BVerfGG der Rechtsweg ausgeschöpft werden muss, hat das BVerfG gem. § 95 II 2. Alt. BVerfGG die bestätigende Entscheidung aufzuheben und zurückzuverweisen, wenn die Verfassungsbeschwerde zulässig und begründet ist. Ist das Gesetz, auf der die Entscheidung beruht, verfassungswidrig, so ist es für nichtig zu erklären, § 95 III 2 BVerfGG.

34 Beispielhaft etwa die Fallbearbeitung bei *Unkroth*, Jura 2004, 703: Datenschutzgesetz und Datenerhebung im Einzelfall.

3. Variante: Verfassungsbeschwerde gegen Akte der Judikative

Abgesehen von Verfassungsbeschwerden unmittelbar gegen Gesetze, richten sich Verfassungsbeschwerden wegen des Erfordernisses der Rechtswegerschöpfung notwendig auch dann gegen Akte der Judikative, wenn die eigentliche Grundrechtsverletzung in einem Akt der Exekutive liegt. Demgegenüber liegt im Fall der Urteilsverfassungsbeschwerde der Grundrechtsverstoß auf der gerichtlichen Ebene. Derartige Verfassungsbeschwerden unmittelbar gegen Akte der Judikative kommen vor allem – jedoch nicht ausschließlich – in den sog. Drittwirkungsfällen (*Pieroth/Schlink* Rn 173 ff.) in Betracht. D.h., ein Gericht entscheidet in einem Rechtsstreit zwischen Privaten, **Fall 13**, die unterlegene Partei sieht sich durch die Entscheidung in ihren Grundrechten verletzt. Dies setzt voraus, dass Grundrechte zu beachten waren: dies ist eine Frage der mittelbaren Drittwirkung der Grundrechte. Davon zu unterscheiden ist die unmittelbare Grundrechtsbindung des Gerichts (*Pieroth/Schlink* Rn 179), das insbesondere die Verfahrensgrundrechte in allen Verfahren zu beachten hat. **47**

A. Zulässigkeit der Verfassungsbeschwerde **48**

I. Beschwerdeführer

II. Beschwerdegegenstand: Urteil des Gerichts als Akt öffentlicher Gewalt

III. Beschwerdebefugnis

Hier ist regelmäßig – unter III.1. – Möglichkeit der Grundrechtsverletzung – der geeignete Ort, um die Frage der Drittwirkung anzusprechen.[35]

IV. Rechtswegerschöpfung

V. Rechtskraft

VI. Form und Frist: keine Besonderheiten

B. Begründetheit

Die Verfassungsbeschwerde ist begründet, wenn der Bf. durch die angegriffene Entscheidung in seinen Grundrechten verletzt ist. Dabei prüft das Bundesverfassungsgericht nur die Verletzung spezifischen Verfassungsrechts; es ist keine „Superrevisionsinstanz“ (näher *Pieroth/Schlink* Rn 1175 ff.). **49**

Bei Urteilsverfassungsbeschwerden empfiehlt es sich, den Obersatz um einen Hinweis auf den Kontrollmaßstab des BVerfG zu ergänzen, wie dies auch das BVerfG regelmäßig tut. Dabei ist zu beachten, dass das Gericht bei intensiven Grundrechtseingriffen (zB strafgerichtliche Verurteilung) zu einer entsprechend intensiveren Nachprüfung der gerichtlichen Entscheidung neigt und etwa auch die Frage prüft, ob das Fachgericht eine Äußerung zu Recht als Tatsachenbehauptung eingestuft hat, oder ob es sich um ein Werturteil handelte. Die Frage des Prüfungsmaßstabs kann im Aufbau auch dort ange- **50**

---

35 Dies kann aber auch als Einstieg in die Begründetheitsprüfung geschehen, s. den Aufbau bei *Stock/Achelpöhler,* JuS 1998, 245; wie hier demgegenüber im Fall einer Urteilsverfassungsbeschwerde in äußerungsrechtlichem Zusammenhang *Schulz*, Jura 2000, 528 sowie die Examensklausur Aufgabe 7 EJSBay 2000/2, BayVBl 2002, 416, 444.

sprochen werden, wo die Rechtsanwendung im Einzelfall zu beurteilen ist, also nachstehend unter I.3.b).[36]

51 **I. Freiheitsgrundrechte zwischen Privaten**

1. Schutzbereich

2. Eingriff:

Bei Entscheidungen in einem Rechtsstreit zwischen Privaten liegt der hoheitliche Eingriff darin, dass dem Bf. durch das Gericht ein grundrechtlich geschütztes Verhalten (s. 1. – Schutzbereich) verboten oder mit Sanktionen belegt wird.

52 **3. Verfassungsrechtliche Rechtfertigung**

a) Der Eingriff – also die Entscheidung nach 2. – muss auf einem verfassungskonformen Gesetz beruhen; insoweit bestehen keine Besonderheiten.

Sehr häufig geht es in den Drittwirkungsfällen um Grundrechte des Art. 5 I GG und deren Beschränkung durch Urteile auf der Grundlage des Deliktsrechts des BGB. In diesem Fall sollte die Frage, ob die Bestimmungen des BGB allgemeine Gesetze iSv Art. 5 II GG sind, nicht allzu breit ausgeführt werden; insbesondere die Verfassungsmäßigkeit der §§ 823 ff. BGB steht nicht ernsthaft in Frage.

b) Durch die gerichtliche Entscheidung selbst dürfen Grundrechte nicht verletzt sein. Dies ist nur dann der Fall, wenn spezifisches Verfassungsrecht verletzt wurde, vgl. vorstehend Rn 50 f. Dies hindert das BVerfG allerdings nicht, etwa bei Art. 5 I 1 GG mitunter tief in die Tatsachenfeststellung durch die Instanzgerichte einzusteigen. Denn wenn die Gerichte einer Äußerung eine Bedeutung beigelegt haben, in der sie unzulässig ist, aber eine andere Deutungsmöglichkeit übersehen haben, ist spezifisches Verfassungsrecht verletzt.

53 *Die Frage des Prüfungsmaßstabs kann im Rahmen der Prüfung der Entscheidung gestellt, kann aber auch der Begründetheitsprüfung insgesamt vorangestellt werden.*[37]

Die Verfassungsbeschwerde ist also dann begründet, wenn das Gericht Grundrechte des Bf. generell verkannt hat, wenn es falsche Bewertungsmaßstäbe zugrunde gelegt hat, von unzutreffenden Voraussetzungen ausgegangen ist, wie auch dann, wenn es die Bedeutung der Grundrechte des Bf. im Verhältnis zu den Belangen der Gegenseite falsch gewichtet hat.

54 Letzteres läuft auf eine Abwägung hinaus: zwischen Meinungsfreiheit und Ehre bzw. Schutz der Privatsphäre, zwischen dem Grundrecht der Berufsfreiheit und der grundrechtlichen Vertragsfreiheit bei der arbeitsvertraglichen Karenzklausel, zwischen dem Eigentumsrecht des Vermieters und der Informationsfreiheit des Mieters im „Antennen-Fall".[38]

An dieser Stelle ist vor einem zu schematischen Vorgehen zu warnen, wie es sehr häufig bei Fällen grundrechtlicher Drittwirkung zu beobachten ist: die Bearbeiter prüfen das Urteil wie einen unmittelbaren Grundrechtseingriff durch Verwaltungsakt auf seine „verfassungsrechtliche Rechtfertigung" und fragen hierbei nach Geeignetheit, Erforderlichkeit und Verhältnismäßigkeit im engeren Sinn (Angemessenheit). Dabei wird jedoch verkannt, dass bei einem Rechtsstreit zwischen Privaten sich nicht Staat und Grundrechtsträger im Über-/Unterordnungsverhältnis gegenüberstehen, sondern gleich-

36 S. beispielhaft den Aufbau der Examensklausur Aufgabe 7 EJSBay 2000/2, BayVBl 2002, 416, 444.
37 Vgl. die Klausurlösung bei *Mückl*, Jura 1998, 152 (155).
38 BVerfGE 90, 27.

geordnete Grundrechtsträger. Das Verhältnismäßigkeitsprinzip ist jedoch auf das Eingriffsverhältnis von Staat und Bürger zugeschnitten. Es passt nicht für Rechtsstreitigkeiten zwischen Privaten. Hier sind gleichgeordnete Grundrechtspositionen zueinander in Abwägung zu bringen.

II. Prozessgrundrechte

Mit Akten der rechtsprechenden Gewalt wird unmittelbar Hoheitsgewalt ausgeübt. Die Gerichte sind hierbei an die sog. Justizgrundrechte des Art. 101 I 2 GG (gesetzlicher Richter) und des Art. 103 I GG (Recht auf Gehör) gebunden (näher *Degenhart* Rn 434 ff. und 443 ff.). Aus Art. 2 I GG iVm mit dem Rechtsstaatsprinzip wird ein Grundrecht auf ein faires Verfahren abgeleitet – s. Repetitorium nach **Fall 3**. **55**

III. Freiheitsgrundrechte und Strafrechtspflege

Die strafgerichtliche Verurteilung ist der denkbar intensivste Freiheitseingriff. Hinsichtlich der tatbestandlich einschlägigen Grundrechte ist hier zu unterscheiden: zum einen werden durch die strafrechtliche Sanktion im Fall der Freiheitsstrafe das Grundrecht aus Art. 2 II GG (Freiheit der Person), sonst jedenfalls die allgemeine Handlungsfreiheit des Art. 2 I GG unmittelbar berührt. Zum anderen kann die strafgerichtliche Verurteilung den Schutzbereich desjenigen Grundrechts berühren, in dessen Ausübung das sanktionierte Verhalten erfolgte: die Verurteilung nach § 185 StGB wegen einer Meinungsäußerung bedeutet einen Eingriff in den Schutzbereich des Art. 5 I 1 GG.[39] Auch die Kunstfreiheit des Art. 5 III GG kann hier typischerweise berührt sein – wenn etwa Satire beleidigenden Charakter hat oder als Verstoß gegen § 90a StGB geahndet werden soll, muss der Tatrichter sich mit dem Kunstbegriff des Grundgesetzes auseinandergesetzt haben. Schließlich können die Grundsätze des nulla poena sine lege und des ne bis in idem als spezifische „Grundrechte des Angeklagten" betroffen sein. In all diesen Fällen ist die strafrechtliche Verurteilung dann verfassungsrechtlich nicht gerechtfertigt, wenn entweder das zugrundeliegende Gesetz verfassungswidrig ist oder aber das Gericht die verfassungsrechtlichen Garantien verkannt hat. Die Verfassungsmäßigkeit einer Bestimmung des StGB zu prüfen, ist nur dann veranlasst, wenn hierfür besondere Anhaltspunkte gegeben sind; so hat das BVerfG sich näher mit der Frage auseinandergesetzt, ob der Beleidigungstatbestand des § 185 StGB wegen mangelnder Bestimmtheit verfassungswidrig ist.[40] Das Strafgesetz wird in verfassungswidriger Weise angewandt, wenn ihm eine Auslegung gegeben wird, in der es nicht mehr ausreichend bestimmt ist (vgl. für den Nötigungstatbestand *Pieroth/Schlink* Rn 1094). **56**

C. Entscheidung des Bundesverfassungsgerichts

Ist die Verfassungsbeschwerde begründet, so hebt das BVerfG die angegriffene gerichtliche Entscheidung auf und verweist die Sache zurück, § 95 II BVerfGG. Beruht die Entscheidung auf einem verfassungswidrigen Gesetz, erklärt es dieses für nichtig, § 95 III 2 BVerfGG. **57**

39 Vgl. beispielhaft die Prüfung bei BVerfGE 93, 266 (291 f.) – Tucholsky-Zitat –.
40 BVerfG aaO.

Exkurs: Landesverfassungsbeschwerde

58 Soweit nach Landesverfassungsrecht die Verfassungsbeschwerde zum jeweiligen Landesverfassungsgericht eröffnet ist, ergeben sich Besonderheiten im Aufbau auf Grund seiner beschränkten Prüfungskompetenz.

59 (1) Dies betrifft in der **Zulässigkeit** den Beschwerdegegenstand: nur Akte der Landesstaatsgewalt können mit der Verfassungsbeschwerde zum Landesverfassungsgericht angegriffen werden (*Degenhart* Rn 855). Dies sind Landesgesetze und untergesetzliches Landesrecht, Verwaltungsakte von Landesbehörden, Entscheidungen der Gerichte des Landes,[41] jedoch nicht, wenn sie von Bundesgerichten bestätigt worden sind. Im Rahmen der Beschwerdebefugnis muss die Verletzung von Grundrechten der Landesverfassung plausibel geltend gemacht werden. An dieser Stelle könnte bei Verfassungsbeschwerden gegen gerichtliche Entscheidungen das Problem der Beachtlichkeit von Landesgrundrechten in bundesgesetzlich geregelten Verfahren (*Degenhart* Rn 859 f.) abgehandelt werden. Soweit nach Landesverfassungsrecht die Verfassungsbeschwerde zum Landesverfassungsgericht subsidiär gegenüber der Verfassungsbeschwerde zum Bundesverfassungsgericht ist (*Degenhart* Rn 836 ff.), ist hierauf in der Zulässigkeit (systematisch korrekt beim Gliederungspunkt „Subsidiarität") einzugehen.

60 (2) **Begründetheit:** Soweit die Heranziehung von Landesgrundrechten in bundesrechtlich geregelten Verfahren nicht schon in der Zulässigkeit geklärt wurde, ist sie unter dem Aspekt der dem Landesverfassungsgericht zur Verfügung stehenden Prüfungsmaßstäbe der Begründetheitsprüfung voranzustellen.

– **Urteilsverfassungsbeschwerde:** Das Landesverfassungsgericht prüft, ob bei der Entscheidung mit Bundesgrundrechten gleichlautende Garantien der Landesverfassung verletzt wurden, auch dann, wenn die Entscheidung in Anwendung von Bundesrecht erging.[42] Es kann allerdings nur die Anwendung der bundesgesetzlichen Bestimmungen prüfen, nicht deren Verfassungsmäßigkeit selbst, da Bundesrecht nur am Maßstab des Grundgesetzes gemessen werden kann.

– **Verfassungsbeschwerde gegen Gesetz:** Während das Gesetzgebungsverfahren an den diesbezüglichen Bestimmungen der Landesverfassung, die materielle Verfassungsmäßigkeit an deren Grundrechten und allgemeinen Verfassungsgrundsätzen überprüft werden kann, bestimmt sich die Gesetzgebungskompetenz nach dem Grundgesetz, das kein Prüfungsmaßstab ist (vgl. BVerfGE 103, 322). Die Landesverfassung kann jedoch die Einhaltung der Kompetenzvorschriften auch zum Gebot der Landesverfassung erklären, zB durch eine Verfassungsbestimmung des Inhalts, dass das jeweilige Land Gliedstaat der Bundesrepublik ist (so zB VerfGH RhPf NVwZ 1993, 57), s. *Degenhart* Rn 856.

---

41 Nicht aber Entscheidungen von Landesgerichten über Verwaltungsakte, die von einer Bundesbehörde erlassen wurden, SächsVerfGH NJW 1999, 51; *Degenhart* Rn 862.

42 Der HessStGH verspürt hierzu allerdings nur geringe Neigung, vgl. DÖV 1999, 388 und *Degenhart* Rn 861.

II. Normenkontrollverfahren

1. Insbesondere: abstrakte Normenkontrolle

Grundrechtliche Fragestellungen können Gegenstand auch der abstrakten Normenkontrolle nach Art. 93 I Nr. 2 GG, §§ 13 Nr. 6, 76 ff. BVerfGG sein. 61

Aufbau (zu den Einzelheiten s. *Degenhart* Rn 823 ff.).

A. Zulässigkeit 62

I. Antragsberechtigung

II. Prüfungsgegenstand

III. „Meinungsverschiedenheiten und Zweifel“: hier ist das Problem zu sehen, ob § 76 BVerfGG eine verfassungskonforme Einschränkung des Art. 93 I Nr. 2 GG bewirken kann.

IV. Klarstellungsinteresse

V. Schriftform, keine Antragsfrist

B. Begründetheit

Die Begründetheitsprüfung erstreckt sich umfassend auf die Verfassungsmäßigkeit des Gesetzes bzw. (bei Vorschriften im Rang unterhalb des formellen Bundesgesetzes) auf die Vereinbarkeit mit höherrangigem Recht.

Es handelt sich bei der abstrakten Normenkontrolle um kein spezifisches Instrument des Grundrechtsschutzes. Deshalb sind Verstöße gegen sonstiges Verfassungsrecht nicht als Frage der verfassungsrechtlichen Rechtfertigung von Grundrechtseingriffen zu behandeln, sondern als selbstständige Prüfungspunkte.

Damit ergibt sich diese Prüfungsreihenfolge für die Begründetheit:

I. Zuständigkeit

II. Verfahren

III. Vereinbarkeit mit **materiellem Verfassungsrecht** bzw. – bei Landesgesetzen – mit dem Grundgesetz und sonstigem Bundesrecht, bei untergesetzlichen Vorschriften mit höherrangigem Recht.

C. Entscheidung des Bundesverfassungsgerichts

Das BVerfG erklärt nach § 78 S. 1 BVerfGG das verfassungswidrige Gesetz für nichtig, sofern es sich nicht auf die Feststellung der Verfassungswidrigkeit beschränkt (s. zu den Besonderheiten der Normprüfungsverfahren *Degenhart* Rn 791 ff.)

Einen **Sonderfall** der Normenkontrolle regelt **Art. 93 I Nr. 2a GG**, §§ 13 Nr. 6a, 76 ff. 63
BVerfGG: Sie dient vor allem der Verteidigung der Gesetzgebungsbefugnisse der Länder im Bereich der konkurrierenden Zuständigkeit und der Rahmengesetzgebung. Folgende Besonderheiten bestehen:

Zu A.I.: Antragsberechtigt sind Landesregierungen, Länderparlamente und der Bundesrat

Zu A.II.: Nur Bundesgesetze

Zu A.III.: „Meinungsverschiedenheiten und Zweifel“ bzw. nach § 76 II BVerfGG Überzeugung von der Nichtigkeit wegen Voraussetzungen des Art. 72 II GG sowie nach § 76 II 2. HS BVerfGG auch wegen der Schranken des Art. 75 II GG

Zu B.: Prüfungsmaßstab sind nur Voraussetzungen nach Art. 72 II und Art. 75 II GG.

2. Insbesondere: konkrete Normenkontrolle

64 Auch die konkrete Normenkontrolle (Richtervorlage) ist vor allem ein Instrument des Grundrechtsschutzes: Wer sich auf Grund eines verfassungswidrigen Gesetzes in seinen Grundrechten verletzt sieht, hat wegen § 90 II BVerfGG zunächst die Gerichte anzurufen. Er hat dann im Verfahren geltend zu machen, das Gesetz, auf dem die Maßnahme beruht, sei verfassungswidrig. Gelangt das Gericht ebenfalls zu dieser Überzeugung, hat es (bei formellen Gesetzen[43]) dem BVerfG diese Frage nach Art. 100 I GG vorzulegen.

65 **A. Zulässigkeit der Vorlage** (näher *Degenhart* Rn 827 ff.).

I. Vorlageberechtigung: Gerichte
II. Gegenstand des Verfahrens: formelle, nachkonstitutionelle Gesetze
III. Überzeugung des Gerichts von der Nichtigkeit
IV. Entscheidungserheblichkeit des Gesetzes

Insbesondere zu III. und IV. werden vom BVerfG strenge Anforderungen an die Zulässigkeit der Vorlage gestellt.

B. Begründetheit der Vorlage

Die Begründetheitsprüfung erstreckt sich umfassend auf die Verfassungsmäßigkeit des Gesetzes.

C. Entscheidung des Bundesverfassungsgerichts

Ggf. Nichtigerklärung, § 82 I i.V.m. § 78 S. 1 BVerfGG

Aus der Ausbildungsliteratur: *Wernsmann,* Konkrete Normenkontrolle (Art. 100 Abs. 1 GG), Jura 2005, 328.

3. Gemeinsame Probleme der Normprüfungsverfahren

66 In allen Verfahren, deren Gegenstand die Prüfung von Gesetzen ist – also sowohl in den Verfahren der konkreten und abstrakten Normenkontrolle, als auch in Verfassungsbeschwerdeverfahren, die unmittelbar oder mittelbar gegen ein Gesetz gerichtet sind –, ergeben sich aus der Stellung des Bundesverfassungsgerichts gegenüber dem parlamentarischen Gesetzgeber bestimmte Besonderheiten, die hier in Erinnerung gerufen werden sollen (näher: *Degenhart* Rn 791 ff.): in der Begründetheitsprüfung eine gewisse Zurückhaltung gegenüber dem Gesetzgeber, was die Kontrollmaßstäbe betrifft; die Suche nach der Möglichkeit einer verfassungskonformen Auslegung, ehe die Verfassungswidrigkeit eines Gesetzes festgestellt wird; die Beschränkung im Rechtsfolgenausspruch auf die Feststellung der Verfassungswidrigkeit (*Degenhart* Rn 791 ff.). – Zum Erlass einstweiliger Anordnungen s. **Fall 1** – Elefantenrunde – und **Fall 9** – Europäische Verfassung.

---

43 Zum Gesetzesbegriff des Grundgesetzes s. *Degenhart* Rn 124 ff.

III. Staatsorganisationsrechtliche Fragestellungen

Keine vergleichbar einheitlichen und durchgängigen Aufbauregeln ergeben sich bei Fragen aus dem Staatsorganisationsrecht (eben deshalb sind sie eher unbeliebt). Zu vielgestaltig sind hier die möglichen Fallkonstellationen. Es kommt auch darauf an, ob staatsorganisatorische Fragestellungen unmittelbarer Gegenstand der Aufgabe sind, es sich also um originär staatsorganisationsrechtliche Fälle handelt – sie sind an sich nicht allzu häufig –, oder ob Fragen des Staatsorganisationsrechts unselbstständig im Rahmen grundrechtlicher Fragestellungen zu behandeln sind. Letzteres ist häufig der Fall: ob ein Gesetz ein Grundrecht in verfassungskonformer Weise einschränkt, hängt auch davon ab, ob es vom zuständigen Gesetzgeber und ob es im ordnungsgemäßen Gesetzgebungsverfahren erlassen wurde. Auch allgemeine rechtsstaatliche Grundsätze sind im Rahmen der Eingriffsrechtfertigung zu beachten, sozialstaatliche Zielsetzungen können Eingriffe rechtfertigen. **67**

In diesem Fall sind die staatsorganisatorischen Fragen jeweils an der entsprechenden Stelle in die Grundrechtsprüfung einzufügen; zum Aufbau der Kompetenzprüfung und zur Behandlung weiterer Verfassungsprinzipien wie Verhältnismäßigkeit oder Rechtssicherheit s. die diesbezüglichen Hinweise bei den einschlägigen Fällen. Handelt es sich demgegenüber um im engeren Sinn staatsorganisationsrechtliche Verfassungskonflikte, also um Streitigkeiten um wechselseitige Rechte und Pflichten von Verfassungsorganen, oder auch der Beteiligten im Bundesstaatsverhältnis, so richtet sich der Aufbau nach dem jeweiligen konkreten Verfahrensgegenstand: Geht es um die Verfassungsmäßigkeit einer Maßnahme eines Verfassungsorgans oder eines der Beteiligten im Bundesstaatsverhältnis, so muss zunächst nach einer Verfassungsnorm gefragt werden, die zu der fraglichen Maßnahme ermächtigt. Hiergegen sind dann etwaige Einwendungen zu prüfen. Will umgekehrt ein Antragsteller im Organstreitverfahren oder im Bund-Länder-Streit eine Verpflichtung der Gegenseite, eine bestimmte Maßnahme zu treffen, geltend machen, oder geht es um die gutachtliche Prüfung einer solchen Verpflichtung, so muss nach einer verfassungsrechtlichen „Anspruchsgrundlage“ gesucht, müssen wiederum etwaige Einwendungen des in Anspruch genommenen Antragsgegners geprüft werden.[44] Dabei sieht sich der Bearbeiter allerdings im Staatsrecht recht häufig damit konfrontiert, dass Verfassungsnormen sehr grundsätzlich und allgemein gehalten sind, sodass die Ableitung konkreter Rechtsfolgen erst über eine Konkretisierung dieser Verfassungsnorm möglich wird – dies gilt erst recht für allgemeine Verfassungsgrundsätze wie zB den der Bundestreue. Gerade auf diese Ableitungen kommt es dann für die Fallbearbeitung an. **68**

---

44 Beispielhaft für diese Vorgehensweise s. zB Aufgabe 6 EJSBay 2001/1, BayVBl 2002, 30/57 ff.: Prüfung der GeschOBT, des Art. 43 I GG; des Art. 38 GG und des Art. 35 I GG als mögliche Grundlagen für eine Auskunftspflicht; Prüfung von Auskunftsverweigerungsrechten aus exekutiver Eigenverantwortung und aus Grundrechten; s. Fall 7.

1. Insbesondere: Organstreitverfahren, Art. 93 I Nr. 1 GG, §§ 13 Nr. 5, 63 ff. BVerfGG

69 **A. Zulässigkeit** (näher *Degenhart* Rn 750 ff.)

I. Beteiligtenfähigkeit

1. Antragsteller (Aktivseite): neben den ausdrücklich benannten Beteiligten auch Organteile (zB der einzelne Abgeordnete oder die Fraktion des Bundestages[45]) sowie „sonstige Beteiligte" (zB politische Parteien[46]).
2. Antragsgegner (Passivseite)

II. Gegenstand des Verfahrens (Streitgegenstand) – Maßnahme oder Unterlassung.

III. Antragsbefugnis: Ast. muss Rechte aus der Verfassung, die ihm oder dem Organ, dem er angehört[47] subjektiv zustehen, plausibel als verletzt geltend machen.

III.a Rechtsschutzbedürfnis: *hierauf ist nur einzugehen, wenn besondere Umstände konkrete Anhaltspunkte für fehlendes Rechtsschutzbedürfnis liefern, so im Fall BVerfGE 90, 286: Fraktion als Antragsteller, obwohl ihre Mitglieder als Mitglieder der Bundesregierung der Maßnahme zugestimmt hatten.*

IV. Form und Frist

B. Begründetheit

Der Antrag ist begründet, wenn entweder die streitgegenständliche Maßnahme verfassungswidrig war und hierdurch der Antragsteller (oder das Organ, dem er angehört) in seinen Rechten iSv A.III. verletzt wird oder wenn die Unterlassung einer Maßnahme gegen Normen der Verfassung verstieß und der Antragsteller einen Anspruch auf Erlass dieser Maßnahme hatte.

Ein bestimmtes Aufbauschema kann hier angesichts der Vielgestaltigkeit möglicher Verfassungskonflikte nicht gegeben werden; s. aber die allgemeinen Vorb. vorstehend Rn. 67 f.

C. Entscheidung des Bundesverfassungsgerichts

Das BVerfG beschränkt sich im Organstreitverfahren auf eine feststellende Entscheidung, § 67 BVerfGG.

2. Insbesondere: Bund-Länder-Streit, Art. 93 I Nr. 3 GG, §§ 13 Nr. 7, 68 ff. BVerfGG

70 Dem Organstreitverfahren nachgebildet ist der Bund-Länder-Streit, Art. 93 I Nr. 3 GG, §§ 13 Nr. 7, 68 ff. BVerfGG: auch hier handelt es sich um ein sog. kontradiktorisches Verfahren, geht es um die Feststellung einer Rechtsverletzung zwischen den Beteiligten.

45 S. *Degenhart* Rn 759.
46 Zur Stellung der Parteien im Verfassungsprozess s. *Degenhart* Rn 96 f.
47 Es handelt sich hier um den Fall einer gesetzlich angeordneten Prozessstandschaft.

A. Zulässigkeit (näher *Degenhart* Rn 755 ff.). 71

I. Beteiligtenfähigkeit

1. Antragsteller: § 68 BVerfGG – nur Landesregierung (in Prozessstandschaft für das Land) und Bundesregierung (in Prozessstandschaft für den Bund),
2. Antragsgegner: § 68 BVerfGG, wie Antragsteller.

II. Gegenstand des Verfahrens (Streitgegenstand) – Maßnahme oder Unterlassung.

III. Antragsbefugnis: Ast. muss Rechte aus der Verfassung, die ihm subjektiv zustehen, plausibel als verletzt geltend machen.

IV. Form und Frist

B. Begründetheit

C. Entscheidung des Bundesverfassungsgerichts

Für B. und C. gelten die Anmerkungen zum Organstreitverfahren entsprechend.

IV. Verwaltungsrechtliche Fragestellungen

In verwaltungsrechtlichen Fällen können insbesondere **belastende Verwaltungsakte** in Grundrechte eingreifen: die Behörde verbietet eine Kundgebung, die Polizei durchsucht Wohnräume oder nimmt Personen in Gewahrsam. In derartigen Fällen ist nicht nach dem Schema Schutzbereich – Eingriff – Rechtfertigung zu prüfen. Vielmehr ist wie stets bei der Prüfung belastender Verwaltungsakte auszugehen von der Ermächtigungsgrundlage: jeder Eingriffsakt (zum Begriff: *Pieroth/Schlink* Rn 238 ff.) bedarf der Grundlage in einem (formellen) Gesetz (Vorbehalt des Gesetzes, vgl. *Degenhart* Rn 280 f.). Selbstverständlich muss dieses Gesetz seinerseits verfassungsmäßig sein; dies ist freilich nur dann zu prüfen, wenn sich hierfür besondere Anhaltspunkte ergeben. Die Prüfung des Gesetzes folgt dann in der üblichen Reihenfolge; Kompetenz – verfahrensfehlerfreies Zustandekommen – materielle Verfassungsmäßigkeit, insbesondere Vereinbarkeit mit Grundrechten, hinreichende Bestimmtheit usf., s. vorstehend Rn 32 ff. Es folgt die Prüfung der formellen Rechtmäßigkeit des VA (*auf die Terminologie achten: ein VA kann rechtmäßig oder rechtswidrig, ein Gesetz verfassungsmäßig oder verfassungswidrig sein; „Rechtmäßigkeit" eines Gesetzes, wie häufig in Arbeiten zu lesen, ist zumindest schief*). Schließlich ist die materielle Rechtmäßigkeit des VA zu prüfen. Zunächst sind die tatbestandlichen Voraussetzungen der Ermächtigungsgrundlage zu prüfen, dann ggf. fehlerfreie Ermessensausübung und weitere Rechtmäßigkeitsvoraussetzungen wie hinreichende Bestimmtheit u.Ä. 72

Liegt eine in diesem Sinn verwaltungsrechtliche Fragestellung vor, so ist auch konsequent ein verwaltungsrechtlicher Aufbau zu befolgen. Steht zB im Rahmen der Begründetheit einer Anfechtungsklage die Rechtmäßigkeit eines Versammlungsverbots in Frage, so ist mit der Ermächtigungsgrundlage in § 15 VersG zu beginnen und sind deren Voraussetzungen zu prüfen. Verfehlt wäre es, hier mit dem Schema 73

Schutzbereich – Eingriff – Rechtfertigung zu arbeiten.[48] *Beansprucht der Kläger ein ordnungsbehördliches Einschreiten gegen eine Gefährdung seiner Gesundheit, so sind grundsätzliche Möglichkeiten eines dahingehenden Anspruchs, die Befugnis zum Einschreiten, Ermessensreduzierung auf Null und subjektives Recht auf Einschreiten zu erörtern.*

74 **Grundrechte** können hierbei in mehrfacher Hinsicht eine Rolle spielen: zunächst bereits bei der Bestimmung des Eingriffs und der Notwendigkeit einer Ermächtigungsgrundlage, dann bei der Prüfung ihrer Verfassungsmäßigkeit, schließlich bei der Prüfung der materiellen Rechtmäßigkeit des Verwaltungsakts: hier können bereits bei der Feststellung einzelner Tatbestandsmerkmale grundrechtliche Wertungen eine Rolle spielen, ferner entscheidend bei der Ermessensprüfung, hier vor allem im Rahmen der Verhältnismäßigkeit: bei der Abwägung zwischen Eingriffsziel (öffentlichen Interessen) und den Belangen des Eingriffsadressaten, bei der Störerauswahl in polizeirechtlichen Zusammenhängen.[49]

75 Grundrechte können ebenso eine Rolle spielen, wenn es um einen Anspruch auf Erlass eines Verwaltungsaktes geht, etwa um einen Anspruch auf Zulassung zu einer behördlichen Einrichtung,[50] aber auch einen Anspruch auf ordnungsbehördliches Einschreiten, der auf grundrechtliche Schutzpflichten gestützt wird, dazu **Fall 10** und **12**.

76 Weitere typische grundrechtliche Fragestellungen sind die Geltendmachung eines (Folgen-)beseitigungsanspruchs bei fortwährender Grundrechtsbeeinträchtigung, etwa im Fall rufschädigender behördlicher Äußerungen oder Warnhinweise,[51] dazu **Fall 11**, oder von Klagen gegen wirtschaftliche Aktivitäten von Gemeinden in ihren potenziell grundrechtsrelevanten Auswirkungen;[52] – oder auch die Frage nach Grenzen gemeindlicher Satzungshoheit.[53]

Exkurs: Zur Darstellungsweise

77 Was Gutachtensstil bedeutet, wie er üblicherweise für Klausuren zugrundegelegt wird, wird hier als bekannt vorausgesetzt – hier gilt für staatsrechtliche nichts anderes als für zivilrechtliche Klausuren. Auch im Staatsrecht sind Normen auszulegen

---

48 S. etwa den schulrechtlichen Fall NWVBl 1995, 236 oder den Fall einer ordnungsbehördlichen Verfügung gegen Presse, NWVBl 1996, 35.

49 Verfügung gegen Presse, NWVBl 1996, 35.

50 Beispielhaft Aufgabe 6 EJSBay 1994/2, BayVBl 1996, 544/572 ff., wo es um den Anspruch eines Journalisten (Kritikers) auf Zulassung zu den Aufführungen des Stadttheaters ging; im Hausarbeitsfall von *Jorczyk/Duesmann*, NWVBl 1999, 477 ging es um den Zugang zu Gerichtsentscheidungen zu Veröffentlichungszwecken.

51 Vgl. den mittlerweile schon klassischen Fall der Sektenwarnung, etwa in Aufgabe 6 EJSBay 1996/1, BayVBl 1998, 31/60 ff.; S. auch den Klausurfall von *Dietlein/Heyers*, NWVBl 2000, 77.

52 Vgl. den Examensfall in NWVBl 1997, 34 oder EJS Sachsen 2001/1 (SächsVBl 2004, 170 und 193) und die Aufgabe 7 EJS Sachsen 2005/1; ferner den Examensfall von *Sachs/Blasche*, NWVBl 2005, 78, wo es um die Aufstellung eines Denkmals durch eine Gemeinde ging, dessen Gestaltung die Persönlichkeitsrechte eines Gemeindebürgers verletzte.

53 S. zB den Examensfall bei *Isensee/Jakobs*, NWVBl 2001, 323: Friedhofsbenutzungszwang.

– mit der Besonderheit, dass sehr häufig aus allgemeinen Grundsätzen die Unterprinzipien abzuleiten sind –, auch im Staatsrecht ist der Sachverhalt unter die Norm – oder eben den ungeschriebenen Rechtsgrundsatz – zu subsumieren. Der Verfasser verhehlt nicht, dass er für unproblematische Punkte den Urteilsstil vorzieht – doch sollte der Bearb. sich vergewissern, wie dies bei seinem Übungsleiter, an seiner Universität gesehen wird.

Eines möchte der Verf. jedoch den Bearbeitern besonders nahe legen: *Keine Wiederholung des Sachverhalts!* **78**

Wiederholungen des Sachverhalts ermüden nicht nur Verfasser und Leser einer Arbeit, sie kosten vor allem auch Zeit. Dies trägt nicht nur nichts zur Arbeit bei und wirkt sich dann jedenfalls nachteilig aus, wenn darüber die Argumentation vernachlässigt wird. Dies gilt auch für die Wiedergabe der Rechtsansichten der Beteiligten („A fühlt sich in seinem Eigentum verletzt, weil er ...“). Hier sollte sofort mit der juristischen Fragestellung begonnen werden; s. dazu auch **Fall 8** und dort die einleitende Fn 4. Geht es darum, die Ausführungen der Beteiligten rechtlich zu bewerten, so kann dies allerdings erforderlich machen, sie zunächst überhaupt juristisch zu formulieren. Dies sollte jedoch nicht in isolierten, der Prüfung vorausgestellten Ausführungen erfolgen, sondern in die Prüfung integriert.

Also im Fall 12 nicht: Zorn möchte gegen den Gebetsruf vorgehen. Er trägt vor, er brauche es nicht hinzunehmen, stets mit den Rufen des Muezzin konfrontiert zu werden. Zorn beruft sich auf seine negative Glaubensfreiheit … **79**

sondern:
Formulierung der Rechtsfrage: Zorn könnte durch die Gebetsrufe in seinem Grundrecht aus Art. 4 GG betroffen sein.
Norminterpretation: Hierunter fällt auch die negative Glaubensfreiheit. Diese umfasst das Recht, nicht ständig mit Glaubensbekundungen Dritter konfrontiert zu werden.
Subsumtion: Wenn Zorn, wie er ausführt, sich durch die Gebetsrufe des Muezzin, beeinträchtigt fühlt, so ist sein Grundrecht der negativen Glaubensfreiheit betroffen.
Schlussfolgerung: Der Schutzbereich des Art. 4 I und II GG ist also berührt.

4. Abschnitt

Prüfungsrelevante staatsrechtliche Fragestellungen im Überblick

Nachstehend wird ein Überblick über erfahrungsgemäß prüfungsrelevante Fragestellungen aus den Bereichen des organisatorischen Staatsrechts, der allgemeinen Grundrechtslehren, der Einzelgrundrechte und der Verfahren vor den Verfassungsgerichten gegeben, unter Hinweis jeweils auf den jeweiligen Klausurfall, in dem die Frage behandelt wird. **80**

Der Überblick kann – selbstverständlich – keinen Anspruch auf Vollständigkeit erheben. Wer jedoch mit den dort aufgeführten Fragestellungen inhaltlich und methodisch vertraut ist, dürfte keine allzu großen Schwierigkeiten haben, auch neue und unbekannte Probleme zu bewältigen.

Zum Inhalt der Tabelle:
In der 1. Spalte wird das jeweilige Problem genannt. In der 2. Spalte wird bei schwerpunktmäßiger Behandlung in einer der folgenden Klausuren auf den einschlägigen Fall hingewiesen (F 10 = Fall 10). Die 3. Spalte verweist auf schwerpunktmäßige Behandlung im Repetitorium (Rep 10 = Repetitorium nach Fall 10). In der 4. Spalte wird auf weitere Klausuren und Repetitoriumsabschnitte hingewiesen, ggf. unter Angabe der Randnummern (Rep 11/665 = Repetitorium nach Fall 11, Rn 665), in denen das Problem angesprochen, aber nicht schwerpunktmäßig behandelt wird. Für Probleme, die in diesem Buch nicht auftauchen, folgt in der 5. Spalte ein Hinweis auf die Behandlung in den *Schwerpunkte* Bänden; dabei bedeutet I 360: *Degenhart* Rn 360 und II 344: *Pieroth/Schlink* Rn 344.

81 **A. Staatsorganisationsrecht**

I. Grundlagen von Staat und Verfassung

Begriff der Verfassung	F 9			
Verfassungsgebende Gewalt	F 9			I 15 f.
Staatsbegriff	F 9			I 1 ff.
Staatlichkeit der Bundesrepublik und europäische Integration	F 9	Rep 9		
Unveränderlichkeitssperre	F 9	Rep 9	Rep 10	

II. Grundsatzfragen der demokratischen Ordnung des Grundgesetzes

Demokratische Legitimation der Staatsgewalt	F 9			
Parlamentsvorbehalte	F 5, F 10	Rep 10		
Wahlrecht	F 6	Rep 6		
Wahlrechtsgrundsätze		Rep 6		
Wahlsystem, Wahlrechtsgleichheit	F 6	Rep 6		
5 %-Klausel	F 6			
Politische Parteien	F 1	Rep 1		
Begriff und Bedeutung	F 1	Rep 1		
Gleichheit	F 1	Rep 1		
Finanzierung				I 89 ff.
Verfassungsfeindliche Parteien		F 15		
Parteien im Verfassungsprozess	F 1, F 6	Rep 1		I 96 ff.
Direkte Demokratie	F 9		Rep 9	

III. Gesetz und Gesetzgebung

Gesetzesbegriff des Grundgesetzes	F 16			
Gesetzgebungszuständigkeiten	F 3, F 4, F 5, F 8	Rep 3	F 10, F 16	
Systematik, Kompetenztypen	F 4, F 8			
Auslegung von Kompetenznormen	F 3, F 4, F 8, F 10			
Konkurrierende Zuständigkeiten	F 3, F 4, F 5			
Rahmengesetzgebungszuständigkeiten	F 8			
EU und Gesetzgebungskompetenzen – „Umsetzungsgesetzgebung“	F 8			
Gesetzgebungsverfahren	F 6		Rep 6	
Gesetzesinitiative	F 6		Rep 6	
Beschlussfassung, Bundesrat, Vermittlungsausschuss	F 6		Rep 6	
Verfahren der Verfassungsänderung				I 221 ff.
Verfahren der Volksgesetzgebung	F 9	Rep 9		
Europäisches Recht und innerstaatliche Rechtsordnung				
Gemeinschaftsrecht und GG	F 8, F 9		Rep 9, F 17	
EMRK		F 13	Rep 13	

IV. Rechtsstaatsprinzip des Grundgesetzes, rechtsstaatliche Grundsätze

Gewaltenteilung und Gesetzmäßigkeit der Verwaltung				I 265 ff.
Gewaltenteilung			F 13	I 261 ff.
Vorrang und Vorbehalt des Gesetzes	F 11, F 15			
Informationshandeln und Gesetzesvorbehalt	F 11		Rep 4/289	
Parlamentsvorbehalt und Gesetzesvorbehalt	F 5	Rep 10	Rep 4/291	
Gesetzesvorbehalt und untergesetzliches Recht		Rep 10	Rep 4/291	
Verordnungen	F 5			
Satzungsgewalt und Grundrechte			Rep 4/291	
Rechtssicherheit				
Bestimmtheitsgebot	F 13		Rep 10	
Rückwirkungsverbot und Vertrauensschutz	F 3, F 5	Rep 3	Rep 5	
Verbot rückw. Strafgesetze	F 3			

Verhältnismäßigkeitsprinzip	*alle Grundrechtsfälle auf der Rechtfertigungsebene*			
Justizgewähr und Rechtsschutz				
Gesetzlicher Richter	F 10			
Rechtsschutzgarantien	F 15	F 16		
Rechtliches Gehör und faires Verfahren			Rep 3	
EuGH als gesetzlicher Richter	F 10			
Unschuldsvermutung			F 11	

V. Bundesstaatliche Ordnung des Grundgesetzes

Begriff und Bedeutung				I 460 ff.
Bundesstaatsverhältnis				
Kooperativer Föderalismus				I 472 ff.
Bundestreue	F 7		Rep 7	
Bundesstaatliche Kompetenzordnung				
Gesetzgebung s. unter III.				
Verwaltungskompetenzen		Rep 7		
System der Art. 83 ff. GG				I 500 ff.
Auftragsverwaltung und Weisungsrechte	F 7	Rep 7		
Bundesstaatliche Finanzverfassung				I 532 ff.
Ausgabentragung und Auftragsverwaltung, Art. 104a GG	F 7			I 533 ff.
Steuergesetzgebung				I 542 ff.
Sonderabgaben				I 546 ff.
Vertragsschlusskompetenzen und auswärtige Gewalt				I 558 ff.

VI. Staatsziele

Sozialstaat – Begriff und positive rechtliche Relevanz			F 5, Rep 5	I 566 ff.
Umweltschutz				I 581 ff.

VII. Staatsorgane und Verfassungskonflikte

1. Bundestag				
Stellung der Fraktionen	F 2	Rep 2		
Vermittlungsausschuss, Besetzung			Rep 6/401	I 205 ff.
Rechte des Abgeordneten				
Parteizugehörigkeit – freies Mandat	F 6	Rep 6		I 629 ff.
Statusrechte		Rep 6		I 638 ff.
Untersuchungsausschüsse	F 7	Rep 7		

Zuständigkeiten	F 7	Rep 7		
Befugnisse gegenüber der Regierung	F 7	Rep 7		
Befugnisse gegenüber Privaten	F 7	Rep 7		
Rechtsschutz	F 7	Rep 7		
Fragerechte, Kontrollrechte		Rep 7		
Bundestagsauflösung	F 2	Rep 2		

2. Bundesrat

Zusammensetzung und Verfahren, Abstimmung	F 8			
Mitwirkung bei der Gesetzgebung – Einspruchs- und Zustimmungsgesetze	F 6	Rep 6		
Mitwirkung in EU-Angelegenheiten	F 8		F 9	

3. Bundesregierung

Bildung der Bundesregierung, Kanzlerwahl	F 2	Rep 2		
In-sich-Konflikte				I 687 ff.
Informationsaufgaben	F 11			
Vertrauensfrage s. Bundestagsauflösung				

4. Bundespräsident

Prüfungskompetenz	F 2, F 8			

B. Grundrechte

I. Allgemeine Grundrechtslehren

Grundrechtsfähigkeit				
Grundrechte juristischer Personen	F 10		F 4	
Deutschengrundrechte	F 10		Rep 8/522	
Grundrechtsmündigkeit			Rep 12	
Drittwirkung der Grundrechte	F 1, F 13	Rep 11, Rep 13		
Grundrechtliche Schutzpflichten	F 10, F 12	Rep 12		
Grundrechtsbeschränkungen				
Grundrechtseingriffe	F 17			
Eingriffsrechtfertigung	*Grundrechtsfälle-Rechtfertigungsebene*			
Gesetzesvorbehalte	F 5, F 10, F 11, F 15	Rep 10		
Verfassungsimmanente Schranken	F 12, F 15	Rep 12		
Zitiergebot			F 4	
Einzelfallgesetz			F 4, Rep 16	
Wesensgehaltsperre			F 3	
Grundrechtswesentlichkeit	F 10	Rep 10		
Rechtsschutzgarantie, Art. 19 IV GG	F 15	Rep 15		

II. Einzelgrundrechte

1. Art. 1 GG				
Begriff der Menschenwürde	F 10	Rep 10		
Menschenwürde und Schutzpflichten	F 10	Rep 10		
Grundrechte und Menschenwürdekern		Rep 10, Rep 14	F 3	
2. Art. 2 I GG				
Allgemeine Handlungsfreiheit	F 8	Rep 8		
Tatbestand und Schranken		Rep 8		
Auffanggrundrecht		Rep 8	F 11	
Allg. Persönlichkeitsrecht	F 11	Rep 11		
Schutzbereich und Einzelaspekte	F 11	Rep 11		
Staatliche Eingriffe	F 11	Rep 11		
Schutzwirkung gegen Private	F 11, F 13	Rep 11, Rep 13		
3. Art. 2 II GG				
Freiheit der Person	F 3, F 7	Rep 3		
Schutzbereich und Schranken	F 3	Rep 3		
Richtervorbehalt, Art. 104 GG	F 3, F 7	Rep 3		
Leben und körperl Unversehrtheit				
Staatl. Schutzpflichten		Rep 10	F 10	
Menschenwürdekern, Folterverbot		Rep 10		
4. Art. 3 GG	F1, F 5, F 10, F 13	Rep 1	F 3, F 4	
Struktur der Gleichheitsprüfung	F 1	Rep 1		
Willkürverbot und intensivierte Gleichheitsbindung	F 1	Rep 1		
Bindung des Gesetzgebers	F 5, F 10			
Art. 3 II GG, Gleichstellung			Rep 1	
Art. 3 III GG			Rep 1	
Staatsbürgerliche Gleichheit		Rep 1	Rep 6/389	
5. Art. 4 I, II GG	F 12	Rep 12		
Weiter Schutzbereich	F 12	Rep 12		
Verfassungsimmanente Schranken	F 12	Rep 12		
Positive und negative Glaubensfreiheit	F 12	Rep 12		
Neutralitätsgebot		Rep 12		
6. Art 5 GG	F 1, F 13, F 14			
Meinungsfreiheit – Schutzbereich	F 13			

Pressefreiheit – Schutzbereich	F 13, F 14			
Abgrenzung im Tatbestand	F 13	Rep 13		
Grundrechtsschranken – allg. Gesetze	F 13, F 14		Rep 10/ 631	
Persönlichkeitsrechte als Schranke	F 13			
Schutz vor Presseveröffentlichungen	F 13			
Informationsfreiheit			Rep 10	II 562 ff.
Rundfunkfreiheit	F 1	Rep 1	Rep 14/856	
Art. 5 III – Wissenschaft und Kunst			Rep 10, Rep 11/800	II 630 ff.
7. Art. 6 und 7 GG				
Elterl. Erziehungsrecht			Rep 12	II 636 ff.
Staatl . Schulhoheit als Schranke			Rep 12	II 670 ff.
Privatschulfreiheit				II 675 ff.
8. Art. 8 GG	F 15	Rep 15		
Schutzbereich, Versammlungsbegriff	F 15	Rep 15		
Anmeldepflicht – Spontanversammlung	F 15	Rep 15		
Öffentl. Sicherheit als Schranke	F 15	Rep 15		
Öff. Ordnung und Meinungsfreiheit	F 15	Rep 15		
Versammlungen in geschlossenen Räumen, nichtöffentl. Versammlung	F 15			
Rechtsschutzeffektivität	F 15	Rep 15		
9. Art. 9 GG				
Schutzbereich und Schranken				II 717 ff.
Negative Vereinigungsfreiheit und Art. 2 I				II 717 ff.
10. Art. 10 GG				
Tatbestand und Schranken, Menschenwürdekern			Rep 11/687, Rep 14/860	II 762 ff.
11. Art. 11 GG				II 789 ff.
12. Art. 12 GG	F 4, F 10	Rep 4		
Schutzbereich – „Beruf"	F 4, F 10	Rep 4		
Deutschengrundrecht – Art. 2 I			Rep 8/522	
Eingriff – Berufsbezogenheit	F 11	Rep 4		
Marktbezogene Informationen als Eingriff?	F 11	Rep 4		
Stufentheorie und Verhältnismäßigkeit	F 4, F 10	Rep 4		
13. Art. 13 GG				
Schutzzweck – Persönlichkeitsbezug		Rep 14		
Schutzbereich – Wohnungsbegriff	F 14	Rep 14	F 12	
Durchsuchungen – Nachschau	F 14	Rep 14		
Lauschangriff und Menschenwürdekern		Rep 14		

14. Art. 14 GG		Rep 16		
Eigentum iSv Art. 14 – Begriff und Schutzzweck	F 5, F 16			
Recht am Gewerbebetrieb	F 11		F 4, F 7	
Inhalts- u. Schrankenbestimmung – Enteignung	F 5	Rep 16		
Voraussetzungen der Inhalts- u. Schrankenbestimmung	F 5	Rep 16		
Legal- und Administrativenteignung	F 16	Rep 16		
Privatnützige Enteignung	F 16			
Art. 14 und ö-r Ersatzleistungen		Rep 16		
15. Art. 16 GG				
Auslieferungsverbot – europ. Haftbefehl			Rep 9	
(Justizgrundrechte s. A. unter IV.)				

III. Europäische Grundrechte und Grundfreiheiten

1. EMRK				
Rechtsqualität – Berücksichtigung	F 13	Rep 13	Rep 11	
2. Europ. Grundrechte				
Rechtsquellen			Rep 10	
Schutz der Menschenwürde	F 10	Rep 10		
Schutzpflichten/Drittwirkung	F 17		Rep 11	
3. Grundfreiheiten				
Warenverkehrsfreiheit	F 17	Rep 17		
Tatbestand, Beschränkungen – (Dassonville; Keck)	F 17	Rep 17	F 10	
Rechtfertigung (Cassis)	F 17	Rep 17		
Dienstleistungsfreiheit	F 10	Rep 17		
Tatbestand, Beschränkungen	F 10	Rep 17		
Diskriminierungs-/Beschränkungsverbot	F 10	Rep 17		
Niederlassungsfreiheit	F 4	Rep 17		
Diskriminierungs-/Beschränkungsverbot	F 4			
Arb.nehmerfreizügigkeit, Drittwirkung			Rep 17	
Grundfreiheiten und Schutzpflichten	F 17	Rep 17		
Grundfreiheiten und Grundrechte	F 10, F 17	Rep 17		
Vorabentscheidungsverfahren	F 4, F 10			
Diskriminierungsverbot			Rep 11/696	
4. Gemeinschaftsrechtl. Haftungsanspr.	F 17			

C. Verfassungsgerichtsbarkeit

I. Einzelne Verfahren

1. Verfassungsbeschwerde				
Zulässigkeitsvoraussetzungen	F 1, F 4, F 5, F 7, F 14, F 12			
VB gegen Gesetze	F 4, F 5			
Besonderheiten der UrteilsVB	F 1, F 13			
Bundes- und LandesVB	F 14, F 16			
KommunalVB	F 16			
2. Organstreitverfahren	F 2, F 6, F 7, F 8			
Zulässigkeitsvorsetzungen	F 2, F 6, F 7			
Beteiligtenfähigkeit – Einzelfragen	F 2, F 6, F 7, F 8			
3. Bund-Länder-Streit	F 7, F 8			
4. Abstrakte Normenkontrolle	F 6, F 9			
5. Konkrete Normenkontrolle	F 3			
6. Anklageverfahren			F 2	

II. Gemeinsame Fragen

Entscheidung im Normprüfungsverfahren	F 3			
Einstw. Anordnungen	F 1, F 9			
Sekundäres Gemeinschaftsrecht		Rep 9		
Gemeinschaftsrechtl. determinierte Normen		Rep 9		

Anhang: Verfassungsrecht in verwaltungsrechtl. Zusammenhängen

Öffentl. Sicherheit und Ordnung als Grundrechtsschranke	F 10, F 15, F 12			
Grundrechtlicher Unterlassungs- und Beseitigungsanspruch	F 11		Rep 12/756	
Kommunale Selbstverwaltung	F 16			
Abwehrrechte gegen Gemeindeunternehmen			Rep 16	
Anspruch auf behördl. Einschreiten	F 12			
Grundrechte und einstw. Rechtsschutz	F 11			
Grundrechte und Rechtsschutzinteresse	F 15			

2. Teil

Klausurfälle

Fall 1

Die Elefantenrunde

Schwierigkeitsgrad: Anfängerübung, Zwischenprüfung, 2 Std.

82 Für die Wahlen zum Deutschen Bundestag im Jahr 200X konkurrieren die im Bundestag vertretene A-Partei, B-Partei, D-Partei, E-Partei und S-Partei, daneben einige kleinere Parteien, denen keine ernsthaften Chancen eingeräumt werden. Spitzenkandidat der A-Partei ist der Ministerpräsident des Landes L, Dr. Sigmund Streng. Spitzenkandidatin der B-Partei ist die amtierende Bundeskanzlerin Gerda Brioni. A-Partei und B-Partei erzielen bei den Bundestagswahlen regelmäßig Stimmanteile um die 40 %. Die D-Partei, die bei zurückliegenden Wahlen meist zwischen 6 und 8 % Stimmanteil erzielt hat, sich auf Grund günstiger Meinungsumfragen aber jetzt „10 % + X" erhofft, zieht mit ihrem Spitzenkandidaten, dem Bundestagsabgeordneten Frido Föhnwelle (F) in den Wahlkampf. F gibt an, das Amt des Bundeskanzlers anzustreben. E-Partei und S-Partei lagen in der Vergangenheit teils knapp oberhalb, teils knapp unterhalb der 5 %-Hürde. Der von der KrachMedia AG betriebene Fernsehsender KrachTV kündigt für einen Samstagabend vier Wochen vor dem Wahltermin zur besten Sendezeit unter dem Titel „Das Duell – Amtsinhaberin und Herausforderer" eine Diskussion zwischen Dr. Streng und Gerda Brioni an. KrachTV zählt mit einem Marktanteil von 22 % zu den beiden großen privaten Fernsehsendern. F möchte an dieser Sendung teilnehmen. KrachTV lehnt dies ab. Der Versuch der D-Partei, KrachTV gerichtlich zu verpflichten, ihren Spitzenkandidaten zu berücksichtigen, scheitert zunächst: der Antrag auf Erlass einer einstweiligen Verfügung wird durch Beschluss des Landgerichts B im Land L, wo KrachTV seinen Sitz hat, zurückgewiesen. Zur Begründung wird ausgeführt, die D-Partei habe schon deshalb keinen Anspruch auf Berücksichtigung in der Wahlsendung, weil der Veranstalter in seiner Programmgestaltung frei sein müsse. Jedenfalls aber habe KrachTV sich zu Recht auf die Spitzenkandidaten der beiden großen Parteien beschränkt. Demgegenüber hatte die D-Partei sich auf ihr Recht auf Gleichbehandlung sowie auf § 25 Rundfunkstaatsvertrag berufen. Diese Bestimmung, die in L als Landesgesetz gilt, lautet:

> „Im privaten Rundfunk ist inhaltlich die Vielfalt der Meinungen im Wesentlichen zum Ausdruck zu bringen. Die bedeutsamen politischen, weltanschaulichen und gesellschaftlichen Kräfte und Gruppen müssen angemessen zu Wort kommen. Auffassungen von Minderheiten sind zu berücksichtigen."

Das Gericht vertritt jedoch die Auffassung, es handle sich hierbei um keine Schutznorm zugunsten der D-Partei: die Verpflichtung, u.a. die politischen Gruppen gleichgewichtig zu Wort kommen zu lassen, bestehe im Interesse der freien Meinungsbildung und der Information der Allgemeinheit, nicht aber im Interesse der einzelnen Gruppierungen selbst.

Diese legt gegen den Beschluss Rechtsmittel ein, gleichzeitig aber, da eine Entscheidung vor dem Termin der Wahlsendung äußerst unwahrscheinlich ist, form- und fristgerecht Verfassungsbeschwerde zum Bundesverfassungsgericht. Sie beruft sich auf den Gleichheitssatz, der sie als politische Partei berechtige und den auch ein privater Fernsehsender beachten müsse. KrachTV beruft sich auf seine Programmfreiheit.

Hat die Verfassungsbeschwerde Aussicht auf Erfolg?

Zusatzfrage:
2 Tage vor Ausstrahlung der Sendung liegt noch keine Äußerung des Bundesverfassungsgerichts vor. Was könnte die D-Partei unternehmen?

Vorüberlegungen

83 Die Aufgabe beruht auf einem aktuellen Vorfall während des Bundestagswahlkampfs 2002, die ihren Niederschlag in einer Entscheidung des BVerfG gefunden hat.[1] Die Thematik sollte daher für den Bearbeiter nicht völlig überraschend kommen. Derartige aktuelle Verfassungskonflikte finden sich meist über kurz oder lang in Klausurtexten wieder. So auch hier, wenngleich leicht modifiziert. Denn der Antrag auf Zulassung zum Fernsehduell richtet sich hier gegen einen privaten Fernsehveranstalter, während das BVerfG sich mit einer entsprechenden Sendung einer öffentlich-rechtlichen Rundfunkanstalt zu befassen hatte. Mit dieser im Sachverhalt doch hinreichend klar zum Ausdruck gebrachten Feststellung wird auch klar, dass es hier um einen typischen Drittwirkungsfall geht. Grundrechte werden von Privaten eingefordert. Für private Rundfunkveranstalter aber kann es jedenfalls keine unmittelbare Grundrechtsbindung geben. Wie sich dies bei öffentlich-rechtlichen Rundfunkanstalten verhält, spielt in diesem Fall keine Rolle. Ebenso wenig stellt sich hier die Frage nach dem Verhältnis von öffentlich-rechtlichem und privatem Rundfunk. Es geht schlicht um die Frage, ob ein privater Rundfunkveranstalter an Grundrechte gebunden sein kann. Eine solche Bindung kann sich, wie auch sonst gegenüber Privaten, nur mittelbar ergeben.[2] Wenn hier im Sachverhalt nicht näher ausgeführt wird, auf Grund welcher Rechtsvorschriften des Privatrechts hier überhaupt ein Anspruch auf Zulassung zur Wahlsendung begründet werden könnte, so muss sich auch der Bearbeiter hierüber nicht weiter auslassen. Es kommt allein darauf an, ob das Fachgericht die Bedeutung der Grundrechte verkannt hat.

84 Auf welche Grundrechte die Partei sich berufen kann, dies sollte bekannt sein. Chancengleichheit der Parteien im politischen Wettbewerb folgt aus Art. 21 I GG in Verbindung mit Art. 3 I GG. Die Partei ist hierbei über die Grundrechtsnorm des Art. 3 I GG auch beschwerdefähig. Soweit die Parteien dieses Recht auf Chancengleichheit geltend machen, sind sie auf den Weg der Verfassungsbeschwerde verwiesen, während sie dann, wenn es um ihre Stellung als Institutionen des Verfassungslebens geht, sie ja parteifähig im Organstreitverfahren sind; eine Differenzierung, die nicht immer ganz einsichtig sein mag, aber in der Rechtsprechung zugrundegelegt wird (näher *Degenhart* Rn 96 f).

85 Im Aufbau wird die Drittwirkungsproblematik zweckmäßigerweise bereits in der Zulässigkeit behandelt. M.E. handelt es sich hierbei um ein Problem der Beschwerdebefugnis. Denn die Möglichkeit einer Grundrechtsverletzung setzt voraus, dass auf der anderen Seite Grundrechtsbindung besteht. Deshalb sollte zu diesem Punkt dargelegt werden, dass eine Grundrechtsverletzung hier möglich ist, obwohl es sich um einen Rechtsstreit zwischen Privaten handelt, da hier eine mittelbare Drittwirkung der Grundrechte geltend gemacht werden könnte. Es ist aber auch nicht falsch,

1 Beschluss vom 30.08.2002, NJW 2002, 2939; s. jetzt EJS Sachsen und RhPf 2005/2, wo ein ähnlicher Fall gestellt wurde (Fernsehduell bei öffentl.-rechtl. Rundfunk).

2 Eine ganz ähnlich gelagerte Fragestellung, was die Stellung der Parteien im Verhältnis zu Privaten betrifft, wird aufgeworfen, wenn eine Bank einer radikalen Partei ein Girokonto verweigert bzw. kündigt – für öffentlich-rechtliche Kreditinstitute dürfte § 5 PartG gelten, vgl. OVG Münster NVwZ-RR 2004, 795 und BGH DVBl 2003, 942.

darauf bereits einzugehen, wenn das zivilgerichtliche Urteil als geeigneter Beschwerdegegenstand bewertet wird.

Auf jeden Fall aber muss der Bearbeiter sich stets klar darüber sein, dass es im Verfahren der Verfassungsbeschwerde nur um die Verletzung spezifischen Verfassungsrechts geht. Dass er sich darüber im Klaren ist, sollte er auch deutlich machen, sinnvollerweise mit einigen kurzen (nicht lehrbuchartigen) Bemerkungen zum Prüfungsmaßstab, der dem BVerfG zur Verfügung steht, zu Beginn der Begründetheitsprüfung (s. Rn 50 f.). **86**

Die Begründetheit selbst wirft hier keine unüberwindbaren Probleme mehr auf. Es geht darum, den Gleichbehandlungsanspruch der Partei einerseits, die Programmfreiheit des Rundfunkveranstalters andererseits nach den bekannten Grundsätzen praktischer Konkordanz in Ausgleich zu bringen. In die verfassungsdogmatischen Grundsatzfragen der Rundfunkfreiheit braucht hier nicht eingestiegen zu werden. Dass private wie öffentlich-rechtliche Rundfunkveranstalter sich in der Frage, wie sie ihr Programm gestalten wollen, also auch in der Frage, wen sie hierzu einladen wollen, sich uneingeschränkt auf das Grundrecht der Rundfunkfreiheit als Programmfreiheit berufen können, ist unstrittig und hier unproblematisch. Dies sollte ebenso bekannt sein, wie die Erkenntnis, dass bei der Chancengleichheit politischer Parteien durchaus nach ihrer Bedeutung abgestuft werden kann. Dieser für die Wahlwerbung im Rundfunk entwickelte Grundsatz kann auf den vorliegenden Fall übertragen werden. **87**

Die Aufgabe enthält noch ein besonderes Zulässigkeitsproblem. Laut Sachverhalt hat die Beschwerdeführerin hier den Rechtsweg noch nicht erschöpft. Hier aber haben wir es mit einem Fall zu tun, in dem nun tatsächlich die meist von den Bearbeitern viel zu vorschnell herangezogene Ausnahme des schweren und unabwendbaren Nachteils greift. Denn wenn die Wahl vorüber ist, oder auch schon dann, wenn die Wahlsendung stattgefunden hat, nützt eine positive Entscheidung der Partei nichts mehr. Es handelt sich hier auch um einen relevanten Nachteil angesichts der Bedeutung der Chancengleichheit politischer Parteien. **88**

Im Übrigen ist der Aufbau durch den Sachverhalt vorgegeben: da bereits Verfassungsbeschwerde eingelegt ist, ist in der üblichen Reihenfolge Zulässigkeit – Begründetheit zu prüfen. **89**

Mit der Zusatzfrage wird auf die Möglichkeit einer einstweiligen Anordnung (e.A.) durch das BVerfG angespielt. Diese ist vorgesehen in § 32 BVerfGG und in allen Verfahrensarten möglich. Hinsichtlich der Zulässigkeit des Antrags stellt sich hier – wie stets im einstweiligen Rechtsschutz – vor allem das Problem einer Vorwegnahme der Hauptsache; für die Begründetheitsprüfung sollte bekannt sein, dass das Gericht nach eigenem Bekunden nur auf Grund einer Folgenabwägung entscheidet, also anders als im verwaltungsgerichtlichen Eilverfahren regelmäßig keine „Anprüfung" der Hauptsache stattfindet. Doch gibt es auch hiervon Ausnahmen (zB bei der „Schleyer-Entführung", BVerfGE 46, 160, eine auch zeitgeschichtlich lesenswerte Entscheidung), wenn etwa der Antrag in der Hauptsache offensichtlich unzulässig oder unbegründet ist – wie überhaupt in der Entscheidungspraxis des Gerichts die Entscheidung nach § 32 BVerfGG und die Entscheidung im Hauptsacheverfahren **90** fahren meistens kongruent ausgefallen sind.[3] – Im Ausgangsfall stellte sich für das BVerfG das Problem der Erledigung in der Hauptsache nicht mehr: mit der Zurückweisung der Verfassungsbeschwerde erledigte sich der Antrag auf Erlass einer e.A. Damit wurde dem Grundsatz entsprochen, dass eine e.A. dann nicht ergeht, wenn die Hauptsache entscheidungsreif ist. – Für die Prüfung der Zulässigkeitsvoraussetzungen besteht kein vergleichbar ausdifferenziertes Prüfungsschema wie für die Verfassungsbeschwerde selbst – das BVerfG muss in der Hauptsache zuständig, die Verfassungsbeschwerde darf nicht offensichtlich unzulässig (zB verfristet) sein, Antragsberechtigung muss entsprechend der Beschwerdebefugnis gegeben sein, das allgemeine Rechtsschutzbedürfnis kann im Einzelfall entfallen.

91 Gliederung

A. Zulässigkeit der Verfassungsbeschwerde

- I. Beschwerdeführerin: D-Partei (+) beschwerdefähig? (+) Art. 3 I GG i.V.m. Art. 21 I GG, nicht Organstreit
- II. Beschwerdegegenstand: Beschluss des Landgerichts
- III. Beschwerdebefugnis
  1. Grundrechtsverletzung: Art. 21 I GG i.V.m. Art. 3 I GG – Drittwirkung (+)
  2. Betroffensein
- IV. Rechtswegerschöpfung: Vorabentscheidung nach § 90 II 2 BVerfGG
- V. Form und Frist

B. Begründetheit der Verfassungsbeschwerde

- I. Vorbemerkung: Prüfungsmaßstab
- II. Art. 3 I GG i.V.m. Art. 21 I GG
  1. Ungleichbehandlung
     a) Gleichheitsbindung (+)
     b) Programmfreiheit der Rundfunkveranstalter
  2. Rechtfertigung der Ungleichbehandlung
     a) Berücksichtigung nur von Amtsinhaber(in) und Herausforderer
     b) Differenzierung nach der Bedeutung der Parteien (+)

C. Zusatzfrage

- I. Zulässigkeit des Antrags auf Erlass einer e.A.
  - Zuständigkeit des BVerfG in der Hauptsache (+)
  - VB nicht offensichtlich unzulässig
  - Gegenstand des Antrags – keine Vorwegnahme der Hauptsache (zw).
  - Antragsberechtigung: entspr. Beschwerdebefugnis
  - Rechtsschutzbedürfnis – Entscheidungsreife der Hauptsache?
- II. Begründetheit des Antrags

---

3 In versammlungsrechtlichen Eilfällen will BVerfGE 111, 14 auch die erkennbaren Erfolgsaussichten einer Verfassungsbeschwerde berücksichtigen.

Musterlösung

A. Zulässigkeit der Verfassungsbeschwerde

I. Beschwerdeführerin

Die D-Partei müsste als politische Partei beschwerdefähig sein. Beschwerdefähig ist gem. Art. 93 I Nr. 4a GG, § 90 I BVerfGG „jedermann", der Träger von Grundrechten bzw. grundrechtsgleichen Rechten sein kann. Beschwerdefähigkeit setzt also Grundrechtsfähigkeit voraus. Für juristische Personen und Personenvereinigungen folgt die Grundrechtsfähigkeit aus Art. 19 III GG. Die Grundrechte müssen ihrem Wesen nach auf sie anwendbar sein. Für politische Parteien ist dies an sich zu bejahen, doch könnte hier dagegen sprechen, dass die Parteien als „Institutionen des Verfassungslebens" in der organisierten Staatlichkeit wirken und ihre Rechte dann im Organstreitverfahren wahrzunehmen haben. Hier geht es jedoch um die Chancengleichheit der D-Partei im politischen Wettbewerb. Dieses Recht folgt aus Art. 3 I GG i.V.m. Art. 21 I GG und verleiht den Parteien einen grundsätzlichen Anspruch auf Gleichbehandlung. Wenn die D-Partei diesen Anspruch hier gegenüber dem Zivilgericht geltend gemacht hat, so ist sie insoweit nicht in ihrem Status als Institution des Verfassungslebens betroffen, sondern in ihrem grundrechtlichen Status gegenüber Trägern hoheitlicher Gewalt. Insoweit ist sie wegen Art. 19 III GG grundrechtsfähig und beschwerdefähig im Verfahren der Verfassungsbeschwerde.[4] Auf die Rechtsform der Partei kommt es dabei nicht an.[5] Die Partei muss durch ihren gesetzlichen Vertreter im Verfahren vertreten sein. 92

II. Beschwerdegegenstand

Voraussetzung für die Zulässigkeit der Verfassungsbeschwerde ist weiterhin, dass diese sich gegen einen geeigneten Beschwerdegegenstand richtet, also gegen einen Akt öffentlicher Gewalt. Hier wendet sich die D-Partei gegen den Beschluss des Landgerichts. Hierbei handelt es sich um einen Akt der öffentlichen Gewalt: Hierunter fallen alle Akte der Exekutive, der Legislative und der Judikative.[6] Dass die Entscheidungen in einem Rechtsstreit zwischen der Partei als Privatrechtssubjekt und dem privaten Fernsehsender KrachTV ergangen ist, ändert hieran nichts. 93

III. Beschwerdebefugnis

Die D-Partei muss weiterhin gem. Art. 93 I Nr. 4a GG, § 90 I BVerfGG beschwerdebefugt sein. 94

1. Grundrechtsverletzung

Dies setzt zunächst die plausible Geltendmachung einer Grundrechtsverletzung voraus. Im vorliegenden Fall kommt eine Verletzung des Gleichheitssatzes aus Art. 3 I 95

4 Näher *Degenhart* Rn 96 f.; *Pieroth/Schlink* Rn 469.
5 Vgl. *Benda/Klein* Rn 457.
6 Vgl. zB *Robbers*, S. 17.

GG in Betracht. Das Recht der politischen Parteien auf Chancengleichheit im Wettbewerb ist in Art. 21 I GG i.V.m. Art. 3 I GG verankert und kann über Art. 3 I GG als Grundrecht im Wege der Verfassungsbeschwerde geltend gemacht werden.

96 Gegen die Möglichkeit einer Grundrechtsverletzung kann allerdings sprechen, dass KrachTV als privater Fernsehveranstalter nicht unmittelbar an die Grundrechte gebunden ist. Doch müssen die Gerichte auch im Rahmen von Rechtsstreitigkeiten zwischen Privaten in Anwendung der Normen des Zivilrechts der wertsetzenden Bedeutung der Grundrechte Rechnung tragen.[7] Insoweit könnte sich die D-Partei als Grundrechtsträgerin auf die sog. mittelbare Drittwirkung der Grundrechte[8] berufen. Dass in Anwendung der für den Rechtsstreit zwischen ihr und KrachTV entscheidungserheblichen Normen – etwa der Bestimmung des Rundfunkstaatsvertrags, wenn es sich hierbei um eine Schutznorm handeln sollte – das Recht der Beschwerdeführerin auf Chancengleichheit nicht hinreichend berücksichtigt wurde, kann jedenfalls nicht ausgeschlossen werden.

2. Betroffensein

97 Die D-Partei ist dadurch, dass ihrem Vorsitzenden die Teilnahme an der Wahlsendung verweigert wird, auch unmittelbar und als Partei des Ausgangsverfahrens auch selbst in ihren Rechten aus Art. 21 I i.V.m. Art. 3 I GG betroffen. Sie ist gegenwärtig betroffen, da die Sendung noch bevorsteht.

IV. Rechtswegerschöpfung

98 Nach § 90 II 1 BVerfGG muss die D-Partei zunächst den Rechtsweg ausschöpfen. Dies hat sie noch nicht getan; sie hat Rechtsmittel eingelegt, über die jedoch noch nicht entschieden ist. Ausnahmsweise könnte jedoch eine Vorabentscheidung nach § 90 II 2 BVerfGG in Betracht kommen. Auf die Ausschöpfung des Rechtswegs kann im Einzelfall dann verzichtet werden, wenn dem Beschwerdeführer ein schwerer und unabwendbarer Nachteil entstünde, würde von ihm verlangt, den Rechtsweg zu beschreiten. Wenn die D-Partei bei Ausschöpfung des Rechtswegs eine Entscheidung erst nach der Wahlsendung erlangen könnte, so wäre eine etwaige Verletzung ihres Rechts auf Chancengleichheit nicht mehr reparabel. Dies stellt einen schweren und unabwendbaren Nachteil für die D-Partei in ihren wegen Art. 3 I GG und Art. 21 I GG schutzwürdigen Interessen dar. Deshalb ist hier, da der Rechtsweg noch offen ist,[9] eine Vorabentscheidung zu treffen.[10]

---

7 Vgl. grundlegend BVerfGE 7, 198 (209).

8 Vgl. *Pieroth/Schlink* Rn 194; gegen den Begriff der mittelbaren Drittwirkung in diesem Zusammenhang *Ipsen* II Rn 59.

9 Dies ist Voraussetzung: hat der Bf. die Entscheidung rechtskräftig werden lassen, hilft auch § 90 II 2 BVerfGG ihm nicht weiter: hiernach kann nur auf die Erschöpfung des Rechtswegs verzichtet werden, nicht aber auf dessen Beschreiten.

10 Vgl. *Benda/Klein* Rn 611; BVerfGE 14, 121 (130).

V. Form und Frist

Das Formerfordernis des § 23 I BVerfGG und die Monatsfrist des § 93 I 1 BVerfGG sind lt. Sachverhalt gewahrt. **99**

Die Verfassungsbeschwerde ist also zulässig.

B. Begründetheit der Verfassungsbeschwerde

I. Vorbemerkung: Prüfungsmaßstab

Die Verfassungsbeschwerde ist begründet, wenn die D-Partei als Beschwerdeführerin durch die angegriffene Entscheidung in ihrem Grundrecht aus Art. 3 I i.V.m. Art. 21 I GG verletzt ist. Bei der Auslegung und Anwendung des einfachen Rechts müssen die Gerichte den in den Grundrechten zum Ausdruck gebrachten Wertmaßstäben Rechnung tragen. Gerade in der Nichtbeachtung aber muss die Verletzung liegen, objektive Rechtsfehlerhaftigkeit bedeutet nicht immer auch eine Verletzung *spezifischen Verfassungsrechts*[11]. Für die Begründetheit der Verfassungsbeschwerde kommt es also entscheidend darauf an, ob das Landgericht in dem angegriffenen Beschluss dadurch, dass es einen Anspruch der D-Partei auf Berücksichtigung ihres Spitzenkandidaten in der Wahlsendung verneint hat, deren Grundrechte aus Art. 3 I GG i.V.m. Art. 21 I GG hinreichend beachtet hat. **100**

II. Art. 3 I GG i.V.m. Art. 21 I GG

Art. 3 I GG kann dann verletzt sein, wenn hier zulasten der D-Partei eine Ungleichbehandlung erfolgt ist und diese verfassungsrechtlich nicht gerechtfertigt werden kann. **101**

1. Ungleichbehandlung

Dies setzt zunächst voraus, dass eine relevante Ungleichbehandlung erfolgte – was dann nur der Fall ist, wenn überhaupt für KrachTV eine Verpflichtung zur Gleichbehandlung bestand. **102**

a) Eine Verpflichtung des KrachTV als eines privaten Fernsehsenders, Parteien bestimmte Rechte, Sendezeiten oder Programmplätze einzuräumen, ergibt sich noch nicht aus § 5 PartG. Denn diese Bestimmung gilt nur im Verhältnis zu Trägern öffentlicher Gewalt und kann angesichts der unterschiedlichen Interessenlage auch nicht analog angewandt werden: diese sind grundrechtsverpflichtet, können also im Verhältnis zu politischen Parteien gleichheitsgebunden sein. Private sind dies nicht. Ob § 25 Rundfunkstaatsvertrag eine Verpflichtung der Rundfunksender zur Gleichbehandlung begründen kann, ist zunächst eine Frage der Auslegung des einfachen Rechts. Doch könnte eine Verpflichtung zur Gleichbehandlung sich über eine mittelbare Drittwirkung des Gleichheitssatzes ergeben. Ist dies der Fall, so müsste dies **103**

11 Dazu eingehend *Pieroth/Schlink* Rn 1172 ff.; vgl. vorstehend Rn 50 f.

vom Fachgericht berücksichtigt werden, etwa über die Auslegung der Bestimmung des Rundfunkstaatsvertrags, die hier streitentscheidend war.

104 Insbesondere dann, wenn eine Monopolstellung eines Rundfunkveranstalters besteht, könnte sich eine Verpflichtung zur Gleichbehandlung nach den Grundsätzen der mittelbaren Drittwirkung ergeben. Eine Monopolstellung besteht nach dem Sachverhalt jedoch nicht. KrachTV hat etwa 20 % Marktanteil, schon die Programme der öffentlich-rechtlichen Anstalten schließen eine Monopolstellung aus. Andererseits hat auch ein bundesweites Programm mit rund 20 % (oder hier: 22 %) Marktanteil bereits eine erhebliche Machtstellung inne auf Grund seiner besonderen Breitenwirkung und der damit verbundenen Möglichkeiten der Einflussnahme. Ebenso wie dann, wenn etwa Wahlwerbezeiten verweigert werden, kann auch der Ausschluss von Wahlsendungen wie der hier in Frage stehenden „Elefantenrunde“ unter Umständen eine nicht wiederaufzuholende Einbuße im Wettbewerb um Wählerstimmen bringen. Deshalb kann eine prinzipielle mittelbare Gleichheitsbindung bejaht werden.

105 b) Dem könnte jedoch die Programmfreiheit der Rundfunkveranstalter entgegenstehen. Diese folgt aus der Gewährleistung der Rundfunkfreiheit in Art. 5 I 2 GG. Rundfunkfreiheit ist vor allem Programmfreiheit; dies gilt für private und öffentlich-rechtliche Rundfunkveranstalter gleichermaßen. Der Programmfreiheit der Rundfunkveranstalter zuzurechnen sind auch redaktionell gestaltete Wahlsendungen wie Diskussionsrunden vor Wahlen.[12] Dies bedeutet aber auch, dass der Programmveranstalter bei der Gestaltung derartiger Sendungen grundsätzlich redaktionelle Gestaltungsfreiheit haben muss. Dies ist bei der Feststellung, ob eine Ungleichbehandlung unterschiedlicher Parteien vorgenommen werden durfte, maßgeblich zu berücksichtigen.

2. Rechtfertigung der Ungleichbehandlung

106 Das Fachgericht hat eine prinzipielle Verpflichtung zur Gleichbehandlung verneint. Es hat sich darüber hinaus jedoch auch mit der Frage auseinandergesetzt, ob hier KrachTV die D-Partei und ihren Vorsitzenden F von der Diskussionsrunde ausschließen durfte und dies bejaht. Nur wenn die hierfür tragenden Erwägungen die Bedeutung der Chancengleichheit der D-Partei in Abwägung mit der Programmfreiheit des KrachTV verkannt haben, also spezifisches Verfassungsrecht verletzt wurde, liegt hierin auch ein Grundrechtsverstoß.

107 a) Die Diskussionsrunde soll unter dem Motto „Das Duell“ laufen; gemeint ist ersichtlich ein Duell zwischen Amtsinhaber(in) und Herausforderer um das Bundeskanzleramt. Diese Konzeption der Sendung wurde vom Veranstalter im Rahmen seiner Programmgestaltungsfreiheit entwickelt. Ihr entspricht es, eben diese Wettbewerber und damit diejenigen Kandidaten der Parteien zu der Sendung einzuladen, die in erster Linie als Bewerber um das Kanzleramt in Betracht kommen. Dass auch F diesen Anspruch erhebt, muss ihm unbenommen bleiben, doch kann der Rundfunkveranstalter nicht verpflichtet sein, hier allein auf den subjektiven Anspruch der Wahlbewerber abzustellen.

---

12 S. dazu OVG Hamburg NJW 1988, 928; BayVGH ZUM 1992, 209; VGH BW DÖV 1997, 345; StGH Bremen DÖV 1997, 347.

b) Wenn nur die Spitzenkandidaten der beiden großen Parteien und nicht die der kleineren, im Bundestag vertretenen Parteien zu der Diskussionsrunde – dem Fernsehduell – eingeladen werden, so wird damit eine Differenzierung nach der Bedeutung der Parteien vorgenommen. Dies ist ein sachgerechter Differenzierungsgrund. Es entspricht dem Grundsatz der Chancengerechtigkeit im politischen Wettbewerb, wenn Leistungen, die den Parteien zur Verfügung gestellt, und Wirkungsmöglichkeiten, die ihnen eingeräumt werden, nach den Ergebnissen bemessen werden, die die Parteien in diesem Wettbewerb erzielt haben. Dass hierin ein sachgerechtes Differenzierungskriterium liegt, wird auch durch die – hier nicht unmittelbar anwendbare – Regelung des § 5 I 2 PartG bestätigt. Wenn bei redaktionell gestalteten Sendungen private Rundfunkveranstalter nach Kriterien der Bedeutung der Parteien differenzieren, so würde es auch ihrer Programmfreiheit widersprechen, diesem Kriterium die Anerkennung zu versagen. Wenn dann die kleineren Parteien beim Duell der Kanzlerkandidaten gänzlich unberücksichtigt bleiben, so ist dies wiederum notwendige Konsequenz aus der redaktionellen Konzeption der Sendung. **108**

Im Ergebnis liegt also eine sachgerechte, von der Programmautonomie des Veranstalters und damit seiner Rundfunkfreiheit getragene Differenzierung vor. Das Gericht hat die Bedeutung des Gleichheitssatzes im Ausgleich mit der Rundfunkfreiheit des Veranstalters nicht verkannt. Die Verfassungsbeschwerde ist unbegründet. **109**

C. Zusatzfrage

Wenn eine Entscheidung des Bundesverfassungsgerichts vor dem Termin der Sendung nicht mehr zu erwarten ist, so könnte die Beschwerdeführerin einen Antrag auf Erlass einer einstweiligen Anordnung (e.A.) nach § 32 BVerfGG stellen. Gegenstand des Antrags wäre die Verpflichtung des Beklagten des Ausgangsverfahrens, also des KrachTV, die Klägerin des Ausgangsverfahrens, die D-Partei, an der Sendung zu beteiligen. **110**

I. Zulässigkeit des Antrags auf Erlass einer e.A.

Das Bundesverfassungsgericht müsste hierfür in der Hauptsache zuständig sein; dies ist nach den vorstehenden Ausführungen zu bejahen. Die Verfassungsbeschwerde (VB) ist auch nicht offensichtlich unzulässig. Insbesondere steht die Tatsache, dass das verwaltungsgerichtliche Verfahren noch nicht abgeschlossen ist, der Zulässigkeit der VB nicht entgegen, s.o. zur VB unter A. IV. (Rn 98). **111**

Dem Antrag könnte jedoch entgegenstehen, dass mit einer Zulassung der Partei zur Fernsehsendung bereits die Hauptsache vorweggenommen würde: nimmt die Partei an der Sendung teil, so hat sie ihr Rechtsschutzziel erreicht. Andererseits würde im umgekehrten Fall, wenn die Partei ausgeschlossen bliebe, deren Rechtsschutzziel endgültig vereitelt, auch wenn die VB in der Hauptsache begründet wäre. Für diesen Fall muss wegen der Notwendigkeit effektiven Rechtsschutzes eine Ausnahme vom Verbot der Vorwegnahme der Hauptsache gelten. Dies bedeutet aber andererseits, dass die Erfolgsaussichten in der Hauptsache im Zweifel berücksichtigt werden müssen. **112**

113 Die Antragstellerin ist auch antragsberechtigt, da sie auch im Hauptsacheverfahren beschwerdebefugt ist und sie gerade auch durch den Nichterlass einer e.A. in ihren Grundrechten beeinträchtigt würde. Ihr Rechtsschutzbedürfnis ist zu bejahen, da keine andere Möglichkeit besteht, das Rechtsschutzziel zu erreichen. Der Antrag ist also zulässig.

II. Begründetheit des Antrags auf Erlass einer e.A.

114 Der Antrag ist begründet, wenn der Erlass der e.A. zur Abwehr schwerwiegender Nachteile für den Antragsteller dringend geboten ist. Dabei ist wegen der weitreichenden Folgen einer e.A. ein strenger Maßstab anzulegen. Dies gilt insbesondere im vorliegenden Fall, in dem mit Erlass der e.A. die Hauptsache bereits vorweggenommen würde.

115 Wenn die Antragstellerin in der Hauptsache Erfolg hätte, die e.A. aber nicht erlassen würde, so würde sie eine erhebliche und nicht rückgängig zu machende Beeinträchtigung ihrer verfassungsrechtlich geschützten Chancengleichheit als politische Partei erfahren. Würde andererseits die e.A. erlassen, in der Hauptsache aber die verwaltungsgerichtliche Entscheidung bestätigt, das beklagte Rundfunkunternehmen also obsiegen, so würde dies einen erheblichen Eingriff in dessen grundrechtlich geschützte Programmfreiheit bedeuten, also in dessen Rundfunkfreiheit, die ja im Kern Programmfreiheit ist. Für den Erlass der e.A. könnte hier nun sprechen, dass mit der Beteiligung der D-Partei im Ergebnis ein Mehr an Meinungsvielfalt erzielt wird. Andererseits muss aber berücksichtigt werden, dass KrachTV als privates Rundfunkunternehmen hier keinen verfassungsrechtlichen Bindungen im Verhältnis zur D-Partei unterliegt und es sich um eine redaktionell gestaltete Sendung handelt. Da die Folgenabwägung allein zu keinem eindeutigen Ergebnis führt, andererseits materiell die Rundfunkfreiheit des KrachTV höheres Gewicht haben dürfte und wegen der Vorwegnahme der Hauptsache ein strenger Maßstab anzulegen ist, ist davon auszugehen, dass das BVerfG den Erlass einer e.A. ablehnen wird.

Ergebnis: der Antrag auf Erlass einer e.A. ist unbegründet (a.A. gut vertretb.).

Repetitorium

I. Der Gleichheitssatz in der Fallbearbeitung

1. Struktur der Gleichheitsprüfung

116 Art. 3 I GG gebietet, „*Gleiches gleich und Ungleiches ungleich*" zu behandeln – aber: zwei Sachverhalte sind nie in allen Elementen gleich, in allen Elementen ungleich – deshalb ist nur *wesentlich* Gleiches/Ungleiches gleich/ungleich zu behandeln. Ob zwei Sachverhalte in diesem Sinn gleich sind, ist bei Ungleichbehandlung durch den Gesetzgeber zunächst von diesem zu entscheiden; d.h., es liegt im Ermes-

sen des Gesetzgebers, an die gleichheitsbegründenden oder an die ungleichen Elemente eines Sachverhalts anzuknüpfen. Erst wenn hierfür kein sachlicher Grund besteht, ist die gesetzgeberische Entscheidung gleichheitswidrig. – Entsprechendes gilt für Ungleichbehandlung durch die Exekutive – deren Ermessensspielraum ist aber enger, da durch die Wertungen des Gesetzgebers begrenzt.

Dies bedeutet für die Gleichheitsprüfung: zunächst ist eine relevante Ungleichbehandlung festzustellen, dann nach einem rechtfertigenden Grund zu fragen; entsprechend gilt dies für Gleichbehandlungen – die aber idR auch als Ungleichbehandlung erfasst werden können, *Pieroth/Schlink* Rn 436 – je nach Wahl des Vergleichspaars – s. aber **Fall 6**. Abweichend vom üblichen Grundrechtsschema wird also Art. 3 I GG zweistufig geprüft: **117**

(1) Ungleichbehandlung,
(2) Rechtfertigung der Ungleichbehandlung.

(zu 1) Ungleichbehandlung

Eine relevante, d.h. an Art. 3 I GG zu messende Ungleichbehandlung liegt dann vor, wenn zwei Sachverhalte bzw. zwei Personen oder Personengruppen in unterschiedlicher Weise rechtlich behandelt werden, also insbesondere unterschiedl. Rechtsfolgen unterworfen werden, dies in Anknüpfung an Bezugspunkte, die in beiden Vergleichsgruppen gleichermaßen gegeben sind (vgl. *Pieroth/Schlink* Rn 433: gemeinsamer Oberbegriff). **118**

NB: Der Gleichheitssatz bindet einen Hoheitsträger nur innerhalb seines Kompetenzbereichs – also nicht Land A im Verhältnis zu Land B, Gemeinde X im Verhältnis zu Gemeinde Y!

(zu 2) Rechtfertigung einer Ungleichbehandlung

– Intensität der Ungleichbehandlung

Zur Rechtfertigung der Ungleichbehandlung entwickelt das BVerfG eine nach Regelungsgegenstand und Differenzierungsmerkmalen abgestufte Skala von Prüfungsmaßstäben.[13] Die Unterscheidung zwischen der Ungleichbehandlung von Sachverhalten und der Ungleichbehandlung von Personengruppen ist eines von mehreren Wertungskriterien, wobei für die Ungleichbehandlung von Personen bzw. Personengruppen strengere Anforderungen gelten (*Pieroth/Schlink* Rn 438), während die Ungleichbehandlung von Sachverhalten lediglich willkürfrei sein muss – sofern nicht aus anderen Gründen eine intensivierte Gleichheitsbindung gilt. Dies kann dann der Fall sein, wenn die Ungleichbehandlung sich im Schutzbereich anderer Grundrechte auswirkt;[14] schließlich gelten bei Belastungen strengere Bindungen als bei Begünstigungen. **119**

---

13 Vgl. hierzu BVerfG NJW 2005, 1923, 1924.

14 Aktuelles Beispiel: BVerfGE 107, 27 zur Frage der Berücksichtigungsfähigkeit der Aufwendungen für doppelte Haushaltsführung: die hierfür maßgeblichen Gründe müssen vom Gesetzgeber auch im Lichte der betroffenen Grundrechte bewertet werden.

Beispiel: Erfasst der Gesetzgeber bestimmte Verhaltensweisen durch Straf- oder Ordnungswidrigkeitentatbestände, so liegt eine Ungleichbehandlung von Sachverhalten vor; richtet sich ein Tatbestand aber nur an bestimmte Adressatengruppen, an andere nicht, so liegt eine Ungleichbehandlung von Personengruppen vor. Die Unterscheidung ist allerdings nicht immer eindeutig zu treffen: so hat BVerfGE 104, 74 für die unterschiedliche Behandlung von Fällen förmlicher Enteignung von Grundstücken in der DDR und Fällen erzwungenen Eigentumsverzichts auf die betroffenen Eigentümer abgestellt und deshalb eine Ungleichbehandlung im Verhältnis von Personengruppen angenommen – gleichwohl nur einen hinreichend gewichtigen sachlichen Grund gefordert (und im Ergebnis verneint, vor allem wegen der Systemwidrigkeit der nachteiligen Regelung). Für die weniger strenge Gleichheitsbindung bei Vergünstigungen kann beispielhaft auf die Entscheidung zur sog. Ökosteuer verwiesen werden, BVerfGE 110, 274.

– Gleichheitsbindung als Willkürverbot

120 Hier ist nicht zu fordern, dass der Gesetzgeber die jeweils gerechteste und zweckmäßigste Regelung gefunden hat; ausr. ist irgendeine sachl. vertretb., „willkürfreie" Erwägung; dabei ist ein Verstoß gegen verfassungsrechtliche Wertungen Indiz für einen Gleichheitsverstoß, ebenso eine Systemwidrigkeit im Gesetz selbst. Die Exekutive ist darüber hinaus an Vorgaben des Gesetzgebers gebunden; die Selbstbindung der Exekutive ist zu beachten.

– Intensivierte Gleichheitsbindung

121 Wenn eine Ungleichbehandlung von Personengruppen stattfindet, oder generell intensivierte Gleichheitsbindung besteht, ist differenzierter zu untersuchen:

- Wird mit der Ungleichbehandlung ein legitimer Zweck verfolgt? Hierbei ist insbesondere auf verfassungsrechtl. Wertungen abzustellen (zB Sozialstaatsgebot); im Steuerrecht: Steuergerechtigkeit;
- Eignung, Erforderlichkeit und „Angemessenheit" der Differenzierung;

Damit wird die Prüfung der Verhältnismäßigkeitsprüfung bei Eingriffen in Freiheitsgrundrechte angenähert, allerdings kann die Zweck-Mittel-Relation idR nicht mit gleicher Eindeutigkeit wie bei Eingriffsgesetzen festgestellt werden, so dass weitere Wertungskriterien erforderlich werden, insbesondere Sachgerechtigkeit mit Blick auf die Gegebenheiten des Regelungssachverhalts, Folgerichtigkeit und Widerspruchsfreiheit, Individualgerechtigkeit und Typisierung, Orientierung am Gerechtigkeitsgedanken, an verfassungsrechtlichen Wertungen.

2. Rechtsfolgen des Gleichheitsverstoßes

122 Besondere Aufmerksamkeit ist den Rechtsfolgen eines Gleichheitsverstoßes zu widmen. Hier besteht Ermessen des Gesetzgebers in der Frage der Beseitigung des Gleichheitsverstoßes, d.h. bei ungleicher Belastung ist diese jedenfalls als gleichheitswidrig aufzuheben, nur ausnahmsweise die Gesamtregelung; bei gleichheitswidrig vorenthaltener Begünstigung erfolgt idR nur die Feststellung des Verfassungsverstoßes, anders, wenn ein Verfassungsauftrag besteht oder aber der Gleichheitsverstoß nur durch Ausdehnung der Begünstigung zu beheben ist.

3. Spezielle Gleichheitssätze

Eine Reihe spezieller Differenzierungsverbote führen zu einer intensiveren Gleichheitsbindung. **123**

a) Gleichberechtigung von Mann und Frau, Art. 3 II 1, III 1 GG

Art. 3 II 1, III 1 GG verbietet Ungleichbehandlungen, die an das Merkmal des Geschlechts anknüpfen; dieses kann also keinen sachl. Differenzierungsgrund begründen. Soweit Ungleichbehandlung von Mann und Frau gleichwohl erfolgt, muss diese ihren Grund haben in obj. unterschiedl. Lebensumständen, bzw. obj. biologischen Unterschieden – aber: keine Festschreibung tradierter Rollenverteilung (etwa durch Festschreibung typischer Männer- oder Frauenberufe). Der **Gleichstellungsauftrag** des **Art. 3 II 2 GG** bezeichnet einen Verfassungsauftrag zur Herstellung tatsächlicher Gleichheit; str. ist, ob zugunsten der Frau Ungleichbehandlungen zulasten von Männern gerechtfertigt sein können (*reversed discrimination*), insbesondere über **Quotenregelungen** (dazu *Pieroth/Schlink* Rn 452). Als ein Problem geschlechtsbezogener Diskriminierung wird zT auch das Kopftuch der islamischen Lehrerin gesehen: das Verbot seines Tragens im Unterricht richtet sich typischerweise an Frauen (*Michael* JZ 2003, 256 in einer Anm. zum U. des BVerwG vom 04.07.2002). Der EGMR (für Art. 14 EMRK) hat dies allerdings verneint: die Anordnung, beim Unterricht auf dieses Glaubenssymbol zu verzichten, knüpfe nicht an das Geschlecht an (NJW 2001, 2871). **124**

b) Diskriminierungsverbote nach Art. 3 III GG

Ebenso wie das Merkmal des Geschlechts dürfen die weiteren in Art. 3 III 1 GG genannten Kriterien nicht zur Begründung von Ungleichbehandlung herangezogen werden; zul. sind aber wegen Art. 3 III 2 GG Ungleichbehandlungen zugunsten Behinderter (zur Drittwirkung s. Rn 47, 96). Ein besonderes Differenzierungsverbot enthält schließlich Art. 6 I GG: der Gesetzgeber darf Ehe und Familie nicht benachteiligen, zB durch nachteilige Regelungen im Sozialrecht oder im Steuerrecht. Darüber hinaus fordert Art. 6 I GG „besonderen Schutz“ für Ehe und Familie – dies rechtfertigt es, sie rechtlich zu begünstigen – hierin liegt die Problematik einer Gleichstellung anderer Lebensgemeinschaften (vgl. BVerfGE 105, 313 und dort die Sondervoten *Papier* und *Haas*). **125**

c) Staatsbürgerliche Rechte und Pflichten

Art. 33 I GG verbietet Ungleichbehandlung insbesondere nach Landeszugehörigkeit. **126**

Art. 33 II GG schließt für den Zugang zu öffentlichen Ämtern alle Differenzierungskriterien außer Eignung, Leistung und Befähigung aus, wobei insbesondere auch die Kriterien des Art. 3 II, III GG nicht herangezogen werden dürfen – auch hier ist die Zulässigkeit von Quotenregelungen str.

Im Sinn formaler Gleichheit sind die Wahlrechtsgleichheit des Art. 38 I 1 GG und das Recht der politischen Parteien auf Chancengleichheit zu verstehen. **127**

4. Aufbauhinweise – Gesetzesprüfung

128 In der Grundrechtsprüfung im Rahmen einer Verfassungsbeschwerde wird Art. 3 I GG idR im Anschluss an die Prüfung der Freiheitsgrundrechte erörtert (so dass keine erneuten Ausf. zur formellen Verfassungsmäßigkeit erforderlich sind – das kompetenzwidrig belastende Gesetz verstößt auf jeden Fall auch gegen Art. 2 I GG).

1. Ungleichbehandlung
   a) Feststellung der relevanten Ungleichbehandlung,
   b) Vergleichssachverhalte
2. Rechtfertigung der Ungleichbehandlung
   a) Intensität der Ungleichbehandlung,
   b) Nach Art. 3 II, III GG ausgeschlossene Differenzierungsgründe?
   c) Rechtfertigung der Ungleichbehandlung nach Art. 3 I GG
      aa) Sachl. Differenzierungsgrund bzw. – bei intensivierter Gleichheitsprüfung – legitimer Zweck der Differenzierung
      bb) bei intensivierter Gleichheitsprüfung: Eignung und Erforderlichkeit, Angemessenheit i.Ü.?
4. Wenn Gleichheitsverstoß bejaht wird: Klärung der Rechtsfolge

129 Eine **Ungleichbehandlung durch die Exekutive** kommt idR nur als Frage der Ermessensausübung in Betracht (nur wo die Verwaltung Ermessen in der Entscheidung hat, stellt sich ihr die Frage der Gleichbehandlung). Hier gilt das vorstehende Prüfungsschema, wobei unter 2.c) zu beachten ist, dass nur solche Differenzierungszwecke verfassungsrechtlich gerechtfertigt sein können, die im Rahmen des Gesetzeszwecks liegen. Im Verhältnis zur Exekutive stellt sich auch das Problem der „Gleichheit im Unrecht", wenn es um ein Einschreiten der Verwaltung zur Herstellung rechtmäßiger Zustände geht – hier insbesondere bei Anordnungen gegen illegale Bauvorhaben.

Zur Wiederholung: *Pieroth/Schlink* Rn 428–500.

Aus der Ausbildungsliteratur: *Odendahl,* Der allgemeine Gleichheitssatz, JA 2000, 170; *Selmer*, Besprechung des Urteils des BVerfG zur Ökosteuer, JuS 2004, 813; *Scherzberg/Mayer*, Die Prüfung des Gleichheitssatzes in der Verfassungsbeschwerde, JA 2004, 137.

Aktuelle Rechtsprechung: BVerfGE 110, 274 (Ausnahmen von der Ökosteuer); BVerfG NJW 2005, 1923 (Kindergeld – anzurechnendes Einkommen und Sozialabgaben).

Weitere Fälle im thematischen Zusammenhang: *Oldiges*, Fall EJS Sachsen 2001/2, Aufgabe 7, SächsVBl 2004, 72 und 92; *Müller-Franken*, Frauenförderung im Subventionswesen, JuS 2005, 723.

II. Rundfunkfreiheit

1. Besonderheiten der Grundrechtsinterpretation und Rundfunkorganisation

130 Das BVerfG legt die Rundfunkfreiheit des Art. 5 I 2 GG prinzipiell abweichend von anderen Grundrechten, auch denen aus Art. 5 GG aus. Denn *„unter den Medien kommt dem Rundfunk wegen seiner Breitenwirkung, Aktualität und Suggestivkraft*

besondere Bedeutung zu".[15] Deshalb ist die Rundfunkfreiheit, so das BVerfG, „dienende Freiheit": „*Sie dient der freien individuellen und öffentlichen Meinungsbildung (vgl. BVerfGE 57, 295 [319], st.Rspr.). Diesem Charakter würde ein Verständnis von Art. 5 Abs. 1 Satz 2 GG, das sich in der Abwehr staatlicher Einflussnahme erschöpfte und den Rundfunk im Übrigen den gesellschaftlichen Kräften überließe, nicht gerecht. Der Rundfunk bedarf vielmehr einer gesetzlichen Ordnung, die sicherstellt, dass er den verfassungsrechtlich vorausgesetzten Dienst leistet.*"[16] Er bedarf einer „positiven Ordnung".

Daraus folgt: der Gesetzgeber hat eine verfassungskonforme Rundfunkorganisation **131** zu schaffen. Diese muss sicherstellen, dass Rundfunk staatsfrei, aber auch frei von einseitiger gesellschaftlicher Beherrschung bleibt. Es darf keine Meinungsmonopole geben, alle gesellschaftlichen Gruppen müssen sich im Rundfunk wiederfinden können, das Programm muss meinungsmäßige und gegenständliche Vielfalt gewährleisten. Dabei hat der Gesetzgeber Gestaltungsfreiheit in der Frage, wie der Rundfunk organisiert sein soll. Deshalb war das bis 1984 bestehende öffentlich-rechtliche Monopol verfassungskonform.

Aber auch die jetzige „duale" Rundfunkordnung, in der private und öffentlich-recht- **132** liche Veranstalter tätig sind, ist verfassungsgemäß. Die privaten Rundfunkveranstalter weisen allerdings, so das BVerfG, strukturelle Defizite auf. Auf Grund der kommerziellen Zwänge, denen sie unterliegen, können sie die notwendige Programmvielfalt und damit die demokratische Funktion des Rundfunks, seinen Programmauftrag, nicht in gleicher Weise gewährleisten, wie die gebührenfinanzierten öffentlich-rechtlichen Rundfunkanstalten. Deren Bestand und deren Entwicklung muss daher, so das BVerfG, gewährleistet sein, ebenso ihre Finanzierung. Dies rechtfertigt die Erhebung von Rundfunkgebühren. – Inwieweit die „neuen Medien" (Online-Dienste) unter den Rundfunkbegriff fallen, ist str.[17]

2. Eingriffe in die Rundfunkfreiheit

Gesetze, die diese positive Ordnung des Rundfunks schaffen, greifen nicht in die **133** Rundfunkfreiheit ein, sondern gestalten sie aus.

Für Eingriffe in die Rundfunkfreiheit gelten demgegenüber die allgemeinen Grund- **134** sätze, wie sie auch zB für die Pressefreiheit Anwendung finden.

a) Dabei ist in der Frage des subjektiven Schutzbereichs zu beachten, dass jeder **135** Rundfunkveranstalter und auch der Bewerber um die Zulassung zum Rundfunk[18] sich auf das Grundrecht der Rundfunkfreiheit berufen kann – im vorliegenden Fall also KrachTV. Die öffentlich-rechtlichen Rundfunkanstalten sind zwar juristische Personen des öffentlichen Rechts. Sie sind jedoch gerade zur Wahrnehmung der

---

15 BVerfGE 90, 60 (87).

16 BVerfGE 87, 181 (197 f.) unter Bezugnahme auf E 57, 295 (320); 83, 238 (296).

17 Zur Rundfunkfreiheit in der Rspr. des BVerfG s. den Beitrag von *Bullinger* in der BVerfG-Festschrift 2002.

18 Vgl. BVerfGE 97, 298 (310).

Rundfunkfreiheit geschaffen worden und deshalb Träger dieses Grundrechts – nicht aber zB des Art. 12 GG, wenn sie sich gewerblich betätigen. BVerfGE 107, 299 gestattet ihnen darüber hinaus auch die Berufung auf das Fernmeldegeheimnis des Art. 10 GG, wenn es um den Informantenschutz und das Redaktionsgeheimnis geht, so beim Zugriff auf Telekommunikationsverbindungsdaten.

136 b) In der Sache ist die Rundfunkfreiheit vor allem Programmfreiheit; geschützt ist die gesamte Programmtätigkeit des Rundfunks von der Informationsbeschaffung bis zur Verbreitung des Programms in all seinen Bestandteilen; hierfür gilt nichts anderes wie für die Presse, Rn 856.

Weitere Fälle im thematischen Zusammenhang: *Marx/Schwarz*, Hausarbeit im öffentlichen Recht: „Der Schutz der deutschen Sprache", NdSVBl 2003, 307.

III. Das Recht der politischen Parteien in der Fallbearbeitung

1. Art. 21 GG

137 Zentrale Verfassungsnorm für das Recht der politischen Parteien ist Art. 21 GG. Insbesondere aus Art. 21 I 1 GG ergeben sich deren wesentliche verfassungsrechtliche Funktionen, auf die immer dann abzustellen ist, wenn Parteien ihre spezifischen verfassungsmäßigen Rechte geltend machen. Art. 21 I 2 GG enthält den Grundsatz der Freiheit, insbesondere auch der **Staatsfreiheit** der politischen Parteien, der zuletzt im NPD-Verbotsverfahren zur Einstellung des Verfahrens führte (BVerfGE 107, 339; näher *Degenhart* Rn 82, 450). Schließlich ist das sog. **Parteienprivileg** des Art. 21 II 2 GG immer dann von Bedeutung, wenn staatlicherseits die mangelnde Verfassungstreue einer Partei bzw. die Verfassungswidrigkeit ihres Programms geltend gemacht wird. Es gilt gegenüber allen Trägern öffentlicher Gewalt – auch gegenüber einer grundrechtsgebundenen öffentlich-rechtlichen Sparkasse, wenn diese wegen Verfassungsfeindlichkeit einer Partei dieser das Giro-Konto kündigen will.[19] Der Grundsatz der **Gleichheit** der politischen Parteien, insbesondere ihrer Chancengleichheit im politischen Wettbewerb, folgt verfassungsrechtlich aus Art. 21 I i.V.m. Art. 3 I GG (*Pieroth/Schlink* Rn 466 ff.). Art. 21 GG kann sowohl in verwaltungsrechtlichen als auch in staatsrechtlichen Fallkonstellationen bedeutsam werden.

2. Verwaltungsrechtliche Fragestellungen

138 Art. 21 GG wirkt negatorisch bei **Eingriffen** in die Betätigungsfreiheit von Parteien. Das Verbot einer Parteiversammlung nach VersG kann unmittelbar auch gegen Art. 21 GG verstoßen (Verstoß gegen höherrangiges Recht); wird zur Begründung die Verfassungswidrigkeit der Partei bzw. ihres Programms herangezogen (Fall 15), so verstößt dies gegen das Parteienprivileg des Art. 21 II 2 GG.

19 BGH DVBl 2003, 942.

Art. 21 GG kann **anspruchsbegründend** wirken: wenn eine Partei im Wahlkampf Informationsstände u.Ä. im öffentlichen Verkehrsraum aufstellen will, benötigt sie hierfür eine *Sondernutzungserlaubnis*, die nach den jeweiligen Straßengesetzen der Länder im Ermessen der Behörde steht. Die verfassungsrechtliche Stellung der Partei ist dann entscheidendes Argument, um einen Anspruch auf Erteilung dieser Erlaubnis zu begründen – rechtstechnisch im Wege einer Ermessensreduzierung auf Null. Ein Anspruch auf Zurverfügungstellung öffentlicher Einrichtungen besteht i.Ü. nach Maßgabe des § 5 PartG als Anspruch auf **Gleichbehandlung** (so in den *Stadthallenfällen*, *Degenhart* Rn 75, 83); dieser hat wiederum wegen Art. 21 I i.V.m. Art. 3 I GG Verfassungsrang. 139

Rechtsverstöße durch die Verwaltung können im Wege der **Verfassungsbeschwerde** gerügt werden – Art. 21 I GG ist zwar in Art. 93 I Nr. 4a GG nicht ausdrücklich genannt, doch sind Gleichheitsverstöße über Art. 21 I i.V.m. Art. 3 I GG rügefähig, während sich die Parteien gegenüber Versammlungsverboten unmittelbar auf das Grundrecht des Art. 8 GG berufen können. 140

3. Staatsrechtliche Fragestellungen

Aus Art. 21 I GG ergeben sich unmittelbare Anforderungen an die **Verfassungsmäßigkeit von Gesetzen**, die die Stellung politischer Parteien berühren. Typische Konfliktfälle sind: 141

- das Wahlrecht: hier muss nicht nur der Erfolgswertgleichheit der Stimmen Rechnung getragen werden, sondern auch dem Gebot der Chancengleichheit der politischen Parteien
- das Recht der Parteienfinanzierung – näher *Degenhart* Rn 89 ff.

Art. 21 GG kann Bedeutung erlangen innerhalb staatsorganisatorischer Konflikte. 142

- Dies kann insbesondere die Rechtsstellung der **Fraktionen** betreffen: dass diese anerkannt sind als Einrichtungen des Verfassungslebens, folgt auch aus der verfassungsrechtlichen Stellung der **Parteien** nach Art. 21 GG.
- Für die Rechtsstellung des **Abgeordneten** ist das *Spannungsverhältnis zwischen freiem Mandat und parteienstaatlicher Demokratie* als typisches Argumentationsmuster bedeutsam: Vorschriften bzw. Maßnahmen des Parlaments müssen Konkordanz zwischen Art. 38 I 2 GG und Art. 21 I GG herstellen (wobei aber letztlich das freie Mandat idR Vorrang haben muss).

Da es in diesen Verfassungskonflikten um die Stellung der Parteien als Einrichtungen des Verfassungslebens geht, ist das **Organstreitverfahren** einzuschlagen (*Degenhart* Rn 97 f.). 143

4. Innerparteiliche Konflikte

Im Verhältnis der politischen Partei zu ihren Mitgliedern gelten Grundrechte nach den Grundsätzen mittelbarer grundrechtlicher Drittwirkung – Fallbeispiel: *Degenhart* Rn 95 zu BVerfG DVBl 2002, 968 (Parteiausschlussverfahren wegen Scientology-Mitgliedschaft). Sie sind dann in Ausgleich zu bringen mit der Freiheit der 144

Partei nach Art. 21 I GG – aus der auch ihre Autonomie in Fragen der Organisation abzuleiten ist.

Zur Wiederholung: *Degenhart* Rn 75–100.

Aus der Ausbildungsliteratur: *Heinig*, Parteirecht – zu BVerfGE 111, 54, JA 2005, 336; *ders.*, Bespr. von BVerfG NJW 2004, 1473, JA 2005, 574.

Aktuelle Rechtsprechung: BVerfGE 111, 382 (Drei-Länder-Quorum für Parteienfinanzierung); BVerfGE 111, 54 (Sanktionen bei Verstößen gegen Rechenschaftspflicht); OVG Bremen NVwZ-RR 2003, 651 (redaktionelle Wahlsendungen); Bundesparteigericht der CDU, NVwZ 2005, 480 (Parteiausschluss wegen antisemitischer Äußerungen – Fall Hohmann).

Weitere Fälle im thematischen Zusammenhang: *Kotzur*, Parteifreund auf Abwegen, JuS 2001, 54.

Fall 2

Kanzlerwahl

Schwierigkeitsgrad: Zwischenprüfung, evtl. Fortgeschrittenenübung, 3 Std.

Nach den Wahlen zum Deutschen Bundestag im Jahr 200X beträgt die Mitgliederzahl des Bundestags 600. In ihm sind diese Parteien mit folgender Sitzverteilung vertreten: Die A-Partei mit 250 Mandaten, die B-Partei mit 230 Mandaten, die D-Partei mit 45 Mandaten, E-Partei mit 40 Mandaten und die S-Partei mit 35 Mandaten. Die Regierungsbildung gestaltet sich schwierig. B-Partei, D-Partei und E-Partei, die zunächst Koalitionsverhandlungen führen, können sich weder auf ein gemeinsames Programm noch auf die Verteilung der Ministerien einigen. Nach dem Scheitern der Gespräche verhandelt die D-Partei mit der A-Partei, sowie die B-Partei mit der E-Partei jeweils über die Bildung einer Minderheitenregierung. Die S-Partei wird hieran trotz erheblichen Interesses an einer Zusammenarbeit mit B-Partei und E-Partei nicht beteiligt, da die B-Partei vor der Wahl eine Koalition mit ihr definitiv ausgeschlossen hatte. Gleichwohl kündigt die S-Partei an, sie werde die B-Partei unterstützen, wenn dies erforderlich sei, um eine Regierungsbeteiligung der A-Partei zu verhindern. Noch ehe die Verhandlungen zwischen A-Partei und D-Partei abgeschlossen sind, teilt die B-Partei dem Bundespräsidenten mit, sie habe sich mit der E-Partei geeinigt und habe von der S-Partei die Zusage ihrer Unterstützung erhalten; deshalb sei die Wahl ihrer – der B-Partei – Spitzenkandidatin Gerda Brioni zum Bundeskanzler sicher. Der Bundespräsident schlägt jedoch zur allgemeinen Überraschung den der B-Partei angehörigen ehemaligen Ministerpräsidenten des Landes M, August Stark zur Wahl als Bundeskanzler vor. Dieser habe bereits eine Koalition zwischen B-Partei und S-Partei geführt, könne also am ehesten auf eine dauerhafte und stabile Basis im Bundestag rechnen und sei zudem als ehemaliger Ministerpräsident eines ostdeutschen Bundeslandes besonders integrationsfähig. **145**

1. Die Fraktion der A-Partei, die glaubt, als stärkste Fraktion einen Anspruch darauf zu haben, den Bundeskanzler zu stellen, hält das Vorgehen des Bundespräsidenten für verfassungswidrig. Sie ersucht um eine rechtsgutachtliche Bewertung dieses Vorgehens und fragt auch an, ob sie eine verfassungsgerichtliche Klärung herbeiführen könne.

August Stark wird im ersten Wahlgang mit 303 Stimmen der B-Partei, der E-Partei und der S-Partei zum Bundeskanzler gewählt und bildet eine Regierung aus B-Partei E-Partei und S-Partei. In der Folgezeit erweist sich seine Mehrheit jedoch als schwankend. Nachdem wiederholt Gesetzesvorlagen der Bundesregierung im Bundestag gescheitert sind, nimmt der Bundeskanzler die bevorstehende Abstimmung über ein in der E-Fraktion und der S-Fraktion überwiegend abgelehntes Gesetz zum Anlass, diese Abstimmung mit der Vertrauensfrage zu verbinden. Die Abgeordneten können nur einheitlich abstimmen. Das Abstimmungsergebnis ist 298 : 297 für das Gesetz und den Antrag des Bundeskanzlers, ihm das Vertrauen auszusprechen. Daraufhin ersucht der Bundeskanzler den Bundespräsidenten, den Bundestag aufzulösen.

2. Der Bundespräsident fragt an, ob er dem nachkommen muss oder überhaupt darf. Er hält Neuwahlen im gegenwärtigen Zeitpunkt für nicht sinnvoll, da diese angesichts der aktuellen Weltwirtschaftskrise zu einer gefährlichen Destabilisierung der Bundesrepublik führen könnten. Auch habe die seiner Auffassung nach verfassungsfeindliche „Partei der Entrechteten“ (PDE) mit Parolen wie „Arbeit für Deutsche statt Lohndumping durch Fremdarbeiter!“ bei den letzten Kommunalwahlen in mehreren Bundesländern bedenkliche Stimmengewinne erzielt. Neuwahlen könnten ihr die nicht im Interesse demokratischer Stabilität liegende Chance zum Einzug in den Bundestag eröffnen. – Was ist dem Bundespräsidenten zu raten?

Vorüberlegungen

Der Fall behandelt im ersten Teil einen bisher noch nicht praktisch gewordenen Verfassungskonflikt, der aber gelegentlich im Vorfeld unsicherer Wahlausgänge diskutiert wurde. Wie aber die Vorfälle bei der Abstimmung im Bundesrat über das Zuwanderungsgesetz gezeigt haben, können auch derartige Lehrbuchfälle gelegentlich unerwartete Aktualität erlangen. **146**

Für Verfassungskonflikte der vorstehenden Art gibt es keine festen Prüfungsschemata, die abgearbeitet werden könnten. Der Bearbeiter wird daher zunächst nach einschlägigen Normen suchen, die ihm einen Einstieg in den Fall ermöglichen könnten. Dies ist hier Art. 63 GG, der das Vorgehen bei der Kanzlerwahl regelt. Der Bundeskanzler, so heißt es lapidar in Art. 63 I GG, wird auf Vorschlag des Bundespräsidenten ohne Aussprache vom Bundestag gewählt. Damit ist klar: Der Bundespräsident hat ein Vorschlagsrecht, über das offensichtlich auch nicht weiter im Bundestag debattiert werden soll. Also kann auch der Bundespräsident entscheiden, wen er vorschlagen will. Andererseits geht es ja bei der Wahl des Bundeskanzlers durch den Bundestag darum, den Wählerwillen nachzuvollziehen. In der Wahl wird über die Zusammensetzung des Bundestags entschieden. Also wird sich die Ausübung des Vorschlagsrechts an den Kräfteverhältnissen im Bundestag zu orientieren haben. Andererseits: Für eine positive verfassungsrechtliche Verpflichtung in diese Richtung gibt der Normtext nichts her. Im Gegenteil: Wer ein Vorschlagsrecht hat, der hat jedenfalls Ermessen darin, wie er es ausüben will. Die Frage ist dann nur, inwieweit dieses Ermessen rechtlich gebunden ist. Hier hilft eine systematische Interpretation weiter. Beachtet man im systematischen Zusammenhang die Befugnisse des Bundespräsidenten, so wird deutlich, dass er in Fragen der Regierungsbildung durchaus eine relevante verfassungsrechtliche Funktion hat. Er kann nach Art. 63 IV 3 GG nach seinem Ermessen den mit einfacher Mehrheit gewählten Bundeskanzler entweder ernennen, oder aber den Bundestag auflösen. Er hat auch ein Auflösungsrecht dann, wenn der Bundeskanzler sich nach einer Vertrauensfrage nicht mehr auf die Mehrheit der Abgeordneten stützen kann. In all diesen Fällen, soweit sollte der Bearbeiter mit der Rechtsstellung des Bundespräsidenten vertraut sein, geht es darum, Regierungsstabilität zu sichern. In Situationen, in denen diese Stabilität gefährdet ist, kommt die politische Verantwortung des Bundespräsidenten zum Tragen. Man spricht hier von seiner „Reservekompetenz". Damit aber wird die entscheidende Leitlinie für die Ausübung des Vorschlagsrechts deutlich. Der Bundespräsident hat sich an der Leitlinie stabiler Mehrheitsverhältnisse zu orientieren. Hiernach hat er sein Vorschlagsrecht auszuüben. Da es hierbei aber um Fragen der Einschätzung der politischen Situation geht, wird man ihm auch eine gewisse Einschätzungsprärogative zubilligen müssen, wie dies das Bundesverfassungsgericht in seiner Entscheidung zur Bundestagsauflösung 1982 hier dargelegt hat. Im Urteil vom 25.08.2005 zur Bundestagsauflösung 2005 – www.bverfg.de, Absatz-Nrn. 155 ff., 180 ff. wird dieser Gesichtspunkt noch stärker betont (BVerfGE 62, 1; *Degenhart* Rn 685, 725). **147**

Wenn die Mehrheitsfraktion fragt, ob sie die Vorgehensweise zur verfassungsgerichtlichen Überprüfung bringen kann, so ist hier das Organstreitverfahren nächstliegende Verfahrensart. Hier geht es dann um die Frage, ob der Verpflichtung des Bundespräsi- **148** denten, sich im Rahmen seines Ermessens an dem Ziel gesicherter Regierungsstabilität auszurichten, auch rechtlich geschützte Interessen einzelner Fraktionen entsprechen können. Die maßgebliche Ausrichtung des Ermessens eben an dem Ziel der Regierungsstabilität spricht hier aber dafür, dass dem nicht so ist. – Die eher theoretische Möglichkeit der Präsidentenanklage braucht nur am Rande erwähnt zu werden.

149 Der zweite Teil der Aufgabe behandelt demgegenüber ein Standardproblem, verbunden mit aktuellen Verfassungskonflikten: der Vertrauensfrage des Bundeskanzlers Schröder im Herbst 2001 und der Vertrauensfrage vom Juli 2005. Hier muss die etwas versteckte Vorschrift des Art. 81 I 2 GG gesehen werden, wonach der Antrag auf Abstimmung in einer Sachfrage mit der Vertrauensfrage verbunden werden kann. Im Übrigen sind die Voraussetzungen für ein Auflösungsrecht des Bundespräsidenten nach einer Vertrauensfrage zu prüfen, wobei an Missbräuchlichkeit gedacht werden könnte, das von BVerfGE 62, 1 entwickelte ungeschriebene Tatbestandsmerkmal der Situation einer politischen Instabilität bekannt sein muss, hier in der Sache aber keine Schwierigkeiten bereitet. Im Übrigen geht es bei diesem Fall nur darum, in Anknüpfung an die einschlägigen positiven Normen des Grundgesetzes eine vernünftige, an der verfassungsrechtlichen Stellung des Bundespräsidenten und an seinen Funktionen ausgerichtete Argumentation zu entwickeln.

150 Gliederung

1. Teil: Kanzlerwahl

A. Verfassungsmäßigkeit des Vorgehens des Bundespräsidenten

- I. Vorschlagsrecht
- II. Einschätzungsbefugnis
- III. Rechtliche Bindungen?
  Ermessen – Zielsetzung stabiler Mehrheitsverhältnisse als Leitlinie – keine Verpflichtung auf bestimmten Bewerber

B. Zulässigkeit eines Antrags zum BVerfG – Organstreitverfahren

- I. Beteiligtenfähigkeit
  1. Antragsteller: Fraktion (+)
  2. Antragsgegner: Bundespräsident (+)
- II. Verfahrensgegenstand: Vorschlag
- III. Antragsbefugnis (–): Ausübung des Vorschlagsrechts – keine subjektiven Rechte
- IV. Rechtsschutzbedürfnis (–): Wahlvorgang

C. Präsidentenanklage?

2. Teil: Auflösung des Bundestags?

- I. Tatbestandliche Voraussetzungen
  1. Vertrauensfrage: Verbindung mit Gesetzesvorlage (+): Art. 81 I 2 GG, zulässige Gestaltung
  2. Mehrheit: verfehlt
  3. Auflösungsantrag
  4. Normzweck des Art. 68 GG – materielle Auflösungslage (+)
- II. Rechtsfolge: Ermessen

Musterlösung

1. Teil: Kanzlerwahl

A. Verfassungsmäßigkeit des Vorgehens des Bundespräsidenten

I. Vorschlagsrecht

Ob die Vorgehensweise des Bundespräsidenten verfassungsmäßig war, bestimmt **151** sich nach denjenigen Normen des Grundgesetzes, die Grundlage für sein Handeln sind. An erster Stelle kommt hier Art. 63 I GG in Betracht. Wenn hiernach der Bundespräsident die Person des Bundeskanzlers vorschlägt und der Bundestag ohne weitere Aussprache in den Wahlvorgang einzutreten und über den Vorschlag des Bundespräsidenten abzustimmen hat, so ergeben sich allein hieraus noch keine rechtlichen Bindungen, abgesehen davon, dass der Vorgeschlagene überhaupt die Voraussetzungen für das Amt des Bundeskanzlers aufweisen muss. Daran bestehen hier keine Zweifel; Mitgliedschaft im Bundestag insbesondere ist nicht erforderlich. Wenn in der Praxis bisher der Bundespräsident sich seinerseits an den Wahlvorschlägen der Parteien orientiert und stets den Spitzenkandidaten derjenigen Partei vorgeschlagen hat, die auf der Grundlage der Koalitionsvereinbarungen sich auf eine Mehrheit im Bundestag stützen konnte, so folgt auch allein hieraus noch keine gewohnheitsrechtliche Bindung. Doch wird aus dieser Staatspraxis deutlich, woran sich das Vorschlagsrecht des Bundespräsidenten orientiert. Es geht entscheidend um die Mehrheitsfähigkeit des Kandidaten als Voraussetzung auch für das Zustandekommen einer mehrheitsfähigen Regierung. Derartige Entscheidungen hat der Bundespräsident auch in anderem Zusammenhang zu treffen, etwa iFd Art. 63 IV 3 GG bei der Entscheidung, ob er den „Minderheitskanzler" ernennen oder den Bundestag auflösen will, oder iFd Art. 68 I 1 GG.

II. Einschätzungsbefugnis

In allen diesen Fällen, in denen der Bundespräsident eine Entscheidung zur Siche- **152** rung der politischen Stabilität, des Bestehens stabiler Mehrheitsverhältnisse zu treffen hat, muss ihm jedoch auch die Befugnis zugestanden werden, eine eigene Einschätzung der politischen Lage vornehmen zu dürfen. Andernfalls könnte er seine Rolle als integrierender Faktor nicht wahrnehmen. Ihm wird daher auch in der Frage, wer als Bundeskanzler über den erforderlichen parlamentarischen Rückhalt verfügen wird, eine vorrangige Beurteilungskompetenz zukommen müssen.

III. Rechtliche Bindungen?

Wenn allerdings die im Bundestag vertretenen Parteien dem Bundespräsidenten sig- **153** nalisieren, ein bestimmter Kandidat könne eine ausreichende Mehrheit erwarten, so könnte dies einer eigenen Einschätzung durch den Bundespräsidenten die Legitimation entziehen. Auch könnte dann für eine Bindung des Bundespräsidenten gerade auch der Gesichtspunkt der Regierungsstabilität sprechen. Denn einen anderen Kandidaten vorzuschlagen, könnte in der Tat desintegrierend wirken.[1] Im Verfassungstext haben diese Gesichtspunkte jedoch keinen Ausdruck gefunden. Dort ist schlicht von einem Vorschlag die Rede, wird also ein rechtlich nicht ausdrücklich gebundenes Vorschlagsrecht normiert. Dies spricht dafür, den Vorschlag eines bestimmten Kandidaten für die Wahl zum Bundeskanzler dem politischen Ermessen des Bundespräsidenten zu überantworten. Das politische Kräftespiel, wie es sich bei der Wahl des Bundeskanzlers vollzieht, muss nicht notwendig umfassend rechtlich gebunden sein.

154 Diese Überlegungen sprechen dafür, die Ausübung des Vorschlagsrechts des Bundespräsidenten grundsätzlich in sein Ermessen zu stellen. Er hat sich hierbei an der Zielsetzung stabiler Mehrheitsverhältnisse als maßgeblicher Leitlinie für sein Ermessen zu orientieren, wobei ihm in der Einschätzung der Kräfteverhältnisse ein weitgehender Beurteilungs- oder Einschätzungsspielraum zuzugestehen ist.[2] Beurteilt man hiernach die Entscheidung des Bundespräsidenten, so ist die Einschätzung, der vorgeschlagene Kandidat könne auf eine stabile Basis rechnen, jedenfalls plausibel. Der Gesichtspunkt, es handle sich um einen Kandidaten aus einem ostdeutschen Bundesland, könnte, für sich genommen, noch keine hinreichende Basis für die Ausübung des Vorschlagsrechts bilden; doch handelt es sich hier nur um eine zusätzliche Erwägung, um den tragenden Gesichtspunkt der Mehrheitsfähigkeit zu stützen.

155 Damit hat der Bundespräsident sein Vorschlagsrecht nach sachgerechten Überlegungen ausgeübt. Weitergehenden rechtlichen Bindungen unterlag er nicht. Insbesondere war er nicht gehalten, einen Kandidaten der stärksten Fraktion vorzuschlagen, dies schon deshalb, weil es für die Ausübung des Vorschlagsrechts nur darauf ankommen kann, ob der Vorgeschlagene die Aussicht hat, die erforderliche stabile Mehrheit zu bekommen. Dies muss je nach parteipolitischer Gruppierung nicht notwendig bei einem Kandidaten der stärksten Fraktion der Fall sein.

B. Zulässigkeit eines Antrags zum BVerfG – Organstreitverfahren

Die A-Fraktion könnte einen Antrag im Organstreitverfahren nach Art. 93 I Nr. 1 GG, §§ 13 Nr. 5, 63 ff. BVerfGG beim Bundesverfassungsgericht gegen den Bundespräsidenten stellen.

I. Beteiligtenfähigkeit

1. Antragsteller

156 Wer Partei eines Organstreitverfahrens sein kann, bestimmt sich nach Art. 93 I Nr. 1 GG i.V.m. § 63 BVerfGG. Fraktionen im Bundestag sind durch das GG als notwendige Institutionen des Verfassungslebens anerkannt[3] und durch die GeschOBT mit eigenen Rechten ausgestattet. Sie sind daher nach § 63 BVerfGG beteiligtenfähig im Organstreitverfahren.

1 *Schenke*, BonnK, Art. 63 (1977) Rn 52.
2 So auch *Achterberg/Schulte*, in: vMKS II, Art. 63 Rn 27.
3 *Degenhart* Rn 604 ff.

2. Antragsgegner

Der Antrag kann gegen den Bundespräsidenten als oberstes Verfassungsorgan gerichtet werden. Seine Beteiligtenfähigkeit ergibt sich unmittelbar aus § 63 BVerfGG. **157**

II. Verfahrensgegenstand

Erforderlich für die Zulässigkeit des Antrags ist weiterhin, dass ein Streit um gegenseitige Rechte und Pflichten aus dem Grundgesetz vorliegt. Es müssen insoweit rechtserhebliche Maßnahmen oder Unterlassungen des Antragsgegners geltend gemacht werden, § 64 I BVerfGG. Der Vorschlag des Bundespräsidenten, den Ministerpräsidenten a.D. August Stark zum Bundeskanzler zu wählen, könnte eine solche Maßnahme darstellen. Er müsste dann rechtserheblich sein. Nach Art. 63 I GG ist sein Vorschlag für den Bundestag insoweit verbindlich, als dieser ohne weitere Aussprache in den Wahlvorgang einzutreten und über den Vorschlag des Bundespräsidenten abzustimmen hat. Er stellt damit eine rechtserhebliche Maßnahme dar, die geeigneter Streitgegenstand im Organstreitverfahren ist. **158**

III. Antragsbefugnis

Die A-Fraktion muss gem. § 64 I BVerfGG plausibel geltend machen, dass sie oder das Organ, dem sie angehört, also der Bundestag in verfassungsrechtlich gewährleisteten Rechten verletzt ist, d.h. der Sachvortrag muss die Verletzung als möglich erscheinen lassen. **159**

Wenn die A-Fraktion geltend macht, sie habe als die stärkste Fraktion im Bundestag einen Anspruch darauf, den Bundeskanzler zu stellen oder doch an erster Stelle beim Vorschlag des Bundespräsidenten berücksichtigt zu werden, so müsste es sich hierbei um ein Recht aus der Verfassung handeln. Tatsächlich vollzieht sich die Willensbildung des Bundestags ganz maßgeblich über die Fraktionen. Dies ist Konsequenz aus der Entwicklung zur parteienstaatlichen Demokratie; demgemäß folgt die Anerkennung der Fraktionen als Einrichtungen des Verfassungslebens auch aus der Anerkennung der Rolle der Parteien und damit auch aus Art. 21 GG. Daraus folgt der Anspruch auf gleichberechtigte Mitwirkung an den Funktionen des Parlaments. Einem Anspruch darauf, dass der Bundespräsident bei der Ausübung seines Vorschlagsrechts nach Art. 63 I BVerfGG einen Kandidaten aus ihren Reihen benennt, steht jedoch die prinzipielle Entscheidungsfreiheit des Bundespräsidenten in dieser Frage entgegen. Dieser ist zwar gehalten, einen Kandidaten vorzuschlagen, bei dem die Aussicht einer hinreichenden stabilen Mehrheit besteht, doch ist er nicht gehalten, einen bestimmten Kandidaten vorzuschlagen oder eine bestimmte Fraktion vorrangig zu berücksichtigen. Die Verpflichtung des Bundespräsidenten besteht zudem im Interesse der Herstellung stabiler Regierungsverhältnisse, aber nicht im Interesse einzelner Fraktionen. Die Ausübung des Vorschlagsrechts kann auch deshalb nicht in die verfassungsmäßigen Rechte einzelner Fraktionen eingreifen. Diese können ihre politischen Ziele im Wahlvorgang verfolgen. Aber auch der Bundestag als Ganzes kann seine verfassungsrechtlichen Befugnisse hierbei wahrnehmen und ist nicht gehalten, dem Vorschlag des Bundespräsidenten zu folgen. Deshalb kann die Aus- **160** übung des Vorschlagsrechts grundsätzlich auch nicht in Rechte des Bundestags eingreifen. Die A-Fraktion kann hier also auch nicht als Teil des Verfassungsorgans Bundestag dessen Rechte wahrnehmen. Es fehlt somit an der Antragsbefugnis.

IV. Rechtsschutzbedürfnis

161 Doch selbst wenn man diese bejahen wollte, fehlt es am Rechtsschutzbedürfnis. Denn der Bundestag und dessen Fraktionen können ihre verfassungsrechtlichen Befugnisse, wie dargelegt, im Wahlvorgang selbst wahrnehmen.

Ein Antrag der A-Fraktion im Organstreitverfahren wäre also unzulässig.

C. Präsidentenanklage?

162 Eine Präsidentenanklage nach Art. 61 GG wäre nur wegen vorsätzlicher Verletzung des Grundgesetzes möglich. Die A-Fraktion könnte nach Art. 61 I 2 GG den Antrag auf Erhebung der Anklage zwar stellen, da sie mehr als ein Viertel der Mitglieder des Bundestags umfasst. Sie müsste dann aber für die Anklage eine Mehrheit von zwei Dritteln der Mitglieder des Bundestags hinter sich bringen. Auch kann dem Bundespräsidenten, selbst wenn er seine Befugnisse überschritten haben sollte, doch keine vorsätzliche Verletzung des Grundgesetzes vorgeworfen werden. Die Möglichkeit einer Präsidentenanklage scheidet also aus.

2. Teil: Auflösung des Bundestags?

163 Der Bundespräsident könnte hier nach Art. 68 I 1 GG zur Auflösung des Bundestags berechtigt sein, weil der Bundeskanzler auf seinen Antrag, ihm das Vertrauen auszusprechen, nicht die Mehrheit der Mitglieder des Bundestags gefunden hat.

I. Tatbestandliche Voraussetzungen

164 Die verfahrensmäßigen Voraussetzungen für die Entscheidung des Bundespräsidenten nach Art. 68 GG sind nach dieser Bestimmung die Vertrauensfrage des Bundeskanzlers an den Bundestag, der Beschluss des Bundestags, durch den dem Bundeskanzler das Vertrauen verweigert wird und der Antrag des Bundeskanzlers an den Bundespräsidenten, den Bundestag aufzulösen. Darüber hinaus muss vom Instrument der Vertrauensfrage in einer Weise Gebrauch gemacht werden, die dem Zweck des Art. 68 GG entspricht. Es geht um die Stabilität der Regierung. Also muss eine materielle Auflösungslage bestehen, eine Situation politischer Instabilität, für die die Möglichkeit der Vertrauensfrage gedacht ist. Andernfalls könnte sie dazu genutzt werden, den Bundestag vorzeitig durch Mehrheitsbeschluss aufzulösen, obwohl das Grundgesetz ihm gerade kein Selbstauflösungsrecht einräumt.

1. Vertrauensfrage

Die Vertrauensfrage wurde gestellt. Sie wurde mit der Abstimmung über eine Gesetzesvorlage verbunden. Dass dies zulässig ist, ergibt sich aus Art. 81 I 2 GG. Hiernach kann der Bundeskanzler mit einer Gesetzesvorlage den Antrag nach Art. 68 GG verbinden. Gegen die Verbindung dieser Anträge könnte hier allenfalls eingewandt werden, sie sei in missbräuchlicher Weise nach politischem Kalkül erfolgt. Ein dahingehender Einwand geht aber an der positiven Regelung des Grundgesetzes vorbei. Wenn die Verfassung den Verfassungsorganen derartige Möglichkeiten der Gestaltung des parlamentarischen Verfahrens einräumt, so kann es grundsätzlich nicht missbräuchlich sein, wenn sie sich im Spiel der politischen Kräfte dieser Möglichkeiten auch bedienen. Es geht hier um Fragen des politischen Zusammenwirkens der Verfassungsorgane, die nicht abschließend in verfassungsrechtliche Kautelen eingebunden werden können. **165**

2. Mehrheit

Auch wenn der Gesetzesbeschluss, für den einfache Mehrheit genügt, zustande gekommen ist, fehlt es an der für die Vertrauensfrage notwendigen absoluten Mehrheit. Diese liegt, wenn die gesetzliche Mitgliederzahl des Bundestags wie im Ausgangsfall 600 beträgt, bei 301 Stimmen und wurde hier um drei Stimmen verfehlt. **166**

3. Auflösungsantrag

Der Antrag des Bundeskanzlers, den Bundestag aufzulösen, wurde lt. SV gestellt. **167**

4. Normzweck des Art. 68 GG – materielle Auflösungslage

Der Bundeskanzler könnte hier die Vertrauensfrage nur zu dem Zweck gestellt haben, das fehlende Selbstauflösungsrecht des Bundestags zu umgehen und zu einem ihm opportun erscheinenden Zeitpunkt Neuwahlen zu ermöglichen. Dies würde im Widerspruch zum Normzweck des Art. 68 GG stehen, die Stabilität der Regierung zu sichern. Grundsätzlich ist daher zu fordern, dass eine materielle Auflösungslage besteht. Andernfalls würde die Regelung des Grundgesetzes umgangen, nach der der Bundestag kein Recht auf Selbstauflösung hat. Wenn allerdings schon wiederholt Regierungsvorlagen abgelehnt worden sind, dürfen der Bundeskanzler und der Bundespräsident eine Situation der politischen Instabilität i.S.d. Art. 68 GG annehmen.[4] Sie durften also auch im vorliegenden Fall davon ausgehen, dass eine die Regierung tragende Mehrheit nicht mehr gegeben war. Darauf kommt es für die eine dem Normzweck des Art. 68 GG entsprechende Vertrauensfrage entscheidend an. Damit war die Einschätzung zunächst des Bundeskanzlers nicht fehlerhaft. Dann hatte auch der Bundespräsident insbesondere die insoweit durch den Bundeskanzler getroffene **168**

4 Vgl. BVerfG, U. v. 25.08.2005, www.bverfg.de, Absatz-Nrn. 150 f.; im Fall der Vertrauensfrage des Bundeskanzlers Schröder vom 01.07.2005 war dies nicht der Fall, doch begnügte sich das BVerfG hier mit der Prognose des Kanzlers, dies könnte künftig der Fall sein.

Einschätzung zu respektieren. Denn dass sie ersichtlich fehlsam wäre,[5] dafür ergeben sich hier angesichts des Geschehens im Bundestag keine Anhaltspunkte.

II. Rechtsfolge: Ermessen

169 Über die Auflösung kann der Bundespräsident nach seinem Ermessen entscheiden. Er hat sich hierbei an der Leitlinie der Herstellung stabiler Regierungsverhältnisse und am Gemeinwohl zu orientieren. Die Erwägung allerdings, eine bestimmte, vom Bundesverfassungsgericht nicht für verfassungswidrig erklärte Partei vom Parlament fern zu halten, ist dem zur parteipolitischen Neutralität verpflichteten Bundespräsidenten verwehrt. Die Befürchtung einer aktuellen Destabilisierung der politischen Verhältnisse in der Bundesrepublik stellt demgegenüber einen legitimen Gemeinwohlaspekt dar. Der Bundespräsident, dem in der Einschätzung der politischen Verhältnisse auch insoweit ein Einschätzungsspielraum zuzubilligen ist, könnte also in ermessensfehlerfreier und damit verfassungskonformer Weise davon absehen, den Bundestag aufzulösen.

Repetitorium

I. Vertrauensfrage

170 Nach Art. 68 I GG kann der Bundespräsident iFd Vertrauensfrage den Bundestag auflösen. Die Voraussetzungen hierfür sind:

formell:
- die *Vertrauensfrage* des Bundeskanzlers an den Bundestag;
- *keine Mehrheit der Mitglieder des Bundestages* für die Vertrauensfrage; *Antrag des Bundeskanzlers* an den Bundespräsidenten, den Bundestag aufzulösen (der Bundeskanzler braucht diesen Antrag nicht zu stellen; er kann zurücktreten oder aber weiter regieren).

materiell: Stellung der Vertrauensfrage in Übereinstimmung mit dem *Normzweck des Art. 68 GG*, Bestehen einer *Auflösungslage* im Sinn politischer Instabilität; BVerfGE 62, 1; BVerfG, U. v. 25.08.2005.

Typische Fallkonstellation ist dann das Organstreitverfahren – s. dazu die Falllösung *Degenhart* Rn 625. Zu beachten ist hier für den Prüfungsmaßstab:

171 Den zuständigen Verfassungsorganen, Bundeskanzler und Bundespräsident, kommt in der Beurteilung dieser Voraussetzungen durch die politische Natur der zu entscheidenden Fragen eine *Einschätzungsprärogative* zu, wie insbesondere das

5 Er ist auf eine Evidenzkontrolle beschränkt, vgl. BVerfG aaO, Absatz-Nrn. 130, 155 ff., 186; *Oldiges*, in: Sachs, Art. 68 Rn 33 – s. auch zum materiellen Prüfungsrecht bei der Ausfertigung von Gesetzen Fall 8.

BVerfG in seinem U. vom 25.08.2005 betont. Der Bundespräsident kann also die vom Bundeskanzler getroffene Einschätzung übernehmen, wenn sie auf gesicherter Tatsachengrundlage beruht und in den Folgerungen und Prognosen nicht evident fehlerhaft ist. Im Fall der Vertrauensfrage des Bundeskanzlers Schröder vom 01.07.2005 war durchaus zweifelhaft, ob diese Grenzen gewahrt wurden: die reibungslose Verabschiedung von Gesetzen im Bundestag nur wenige Tage vor der Vertrauensfrage belegt an sich eine tragfähige Mehrheit, auf die sich die Bundesregierung im Bundestag stützen konnte. Das BVerfG gestattet jedoch dem Bundeskanzler, die Vertrauensfrage gleichsam präventiv zu stellen.

Aus der Ausbildungsliteratur: *Reimer*, Vertrauensfrage und Bundestagsauflösung bei parlamentarischer Anscheinsgefahr, JuS 2005, 680.

Aktuelle Rechtsprechung: BVerfG, U. v. 25.08.2005, www.bverfg.de.

II. Fraktionen als Untergliederungen des Bundestags

Fraktionen sind Zusammenschlüsse von Abgeordneten des Bundestags, die grund- 172
sätzlich der gleichen Partei oder jedenfalls gleichgerichteten Parteien angehören müssen, § 10 GeschOBT. Im Grundgesetz sind die Fraktionen lediglich in Art. 53a Abs. 1 S. 2 über den Gemeinsamen Ausschuss im Verteidigungsfall erwähnt. Wenn es um Rechte der Fraktion geht, müssen diese also im Wege der Verfassungsinterpretation aus dem Grundgesetz abgeleitet werden.

Ausgangspunkt ist ihre verfassungsrechtliche Funktion: sie sind notwendige Einrichtungen des Verfassungslebens. Denn die politische Willensbildung im Bundestag erfolgt maßgeblich über sie – dies ist Konsequenz aus der Funktion der politischen Parteien. Aus deren Anerkennung in Art. 21 GG folgt damit auch die Anerkennung der Fraktionen als Einrichtungen des Verfassungslebens.

Hieraus folgt für die Rechte der Fraktionen: sie haben einen verfassungsrechtlichen 173
Anspruch auf **Gleichbehandlung**, also auf gleichberechtigte Teilhabe an der parlamentarischen Arbeit des Bundestags; wie für die Stellung der Parteien, ist auch für die der Fraktionen der Gleichheitssatz in einem streng formalen Sinn zu verstehen. Sie haben ein verfassungsrechtlich fundiertes **Antragsrecht**, also einen Anspruch darauf, dass das Parlament über ihren Antrag berät und hierüber Beschluss fasst. Die Rechte der Fraktion sind also Rechte, die dieser auch gegenüber dem Bundestag selbst zustehen, insbesondere gegenüber Mehrheitsbeschlüssen, durch die die Rechte einer Faktion verkürzt werden.

Aus der materiell-rechtlichen Stellung der Fraktion folgt ihre Beteiligtenfähigkeit im 174
Organstreitverfahren (näher *Degenhart* Rn 750).

Zur Wiederholung: *Degenhart* Rn 604 ff.

Aus der Ausbildungsliteratur: *Schwind,* Besprechung von BVerfG NJW 2005, 203, JA 2005, 580.

Aktuelle Rechtsprechung: BVerfG NJW 2005, 203 (Besetzung des Vermittlungsausschusses).

Weitere Fälle im thematischen Zusammenhang: *Kotzur*, Parteifreund auf Abwegen, JuS 2001, 54.

Fall 3

Sicherungsverwahrung

Schwierigkeitsgrad: Zwischenprüfung, 3 Std.

175 Der Abgeordnete des Landtags von L Alois Hinterbänkler tritt seit langem für verschärftes Vorgehen gegen Straftäter ein. Angesichts einiger aufsehenerregender Gewaltverbrechen rückfälliger Straftäter schätzt H die Situation günstig für sein Vorhaben ein, zumal von höchster Stelle die Forderung „Wegschließen für immer!" in die Öffentlichkeit gedrungen war. Er bringt – parlamentarischer Einzelkämpfer, der er ist – im Landtag L den Entwurf für ein „Gesetz über die nachträgliche Sicherungsverwahrung" ein.

Es gelingt ihm, das Plenum des Landtags zu überzeugen. Der Gesetzentwurf geht den Weg der parlamentarischen Gesetzgebung, das Gesetz wird beschlossen und tritt schließlich am 01.07.2003 in Kraft. Eine bundesgesetzliche Regelung für eine nachträgliche Sicherungsverwahrung bzw. Unterbringung existiert zu diesem Zeitpunkt nicht; die einschlägige Regelung des StGB sieht Sicherungsverwahrung nur bei richterlicher Anordnung im Strafurteil selbst vor; verschiedene Initiativen zur Einführung der nachträglichen Sicherungsverwahrung in den Jahren 1995–2000 waren gescheitert.

Zentrale Vorschrift der nunmehrigen landesgesetzlichen Regelung ist § 1 I SiVerwG, der die Voraussetzungen wie folgt regelt:

„§ 1 Voraussetzungen

(1) Gegen einen Strafgefangenen, der in einer Justizvollzugsanstalt des Bundeslandes unter den Voraussetzungen von § 66 I Nrn. 1 und 2, II bis IV StGB eine zeitige Freiheitsstrafe verbüßt, kann das Gericht die Unterbringung in einer Justizvollzugsanstalt anordnen, wenn auf Grund von Tatsachen, die nach der Verurteilung eingetreten sind, davon auszugehen ist, dass von dem Betroffenen eine gegenwärtige erhebliche Gefahr für das Leben, die körperliche Unversehrtheit, die Freiheit der Person oder die sexuelle Selbstbestimmung anderer ausgeht, insbesondere weil er im Vollzug der Freiheitsstrafe beharrlich die Mitwirkung an der Erreichung des Vollzugsziels (§ 2 StVollzG) verweigert, namentlich eine rückfallvermeidende Psycho- oder Sozialtherapie ablehnt oder abbricht."

Im Weiteren sind die Dauer, Zuständigkeit und Verfahren, Vollzug usw. geregelt. Danach kann die Unterbringung befristet oder unbefristet durch Entscheidung der Strafvollstreckungskammer, die auf Antrag der Justizvollzugsanstalt tätig wird, in der der Betroffene einsitzt, angeordnet werden. Die Entscheidung ist regelmäßig zu überprüfen. Schließlich werden die eingeschränkten Grundrechte zitiert.

Haarmann, der in der Justizvollzugsanstalt in S im Bundesland L eine achtjährige Haftstrafe wegen versuchten Totschlags verbüßt und auch bereits zuvor zu einer zehnjährigen Jugendstrafe wegen Mordes verurteilt worden war, sieht seiner Haftentlassung am 01.02.2004 entgegen. Da er sich während der Haftzeit jedoch nicht reumütig gezeigt und jegliche Therapiemaßnahmen abgelehnt hat, beantragt der Leiter der JVA bei der zuständigen Strafvollstreckungskammer die nachträgliche Sicherungsverwahrung. Diese kommt zur Auffassung, die Voraussetzungen nach dem Gesetz seien an sich gegeben, hält aber das Gesetz für verfassungswidrig. Sie legt durch Beschluss das Gesetz dem Bundesverfassungsgericht vor. Im Vorlagebeschluss wird ausgeführt, an sich lägen die Voraussetzungen für die Verwahrung eindeutig vor. Man sehe aber die Zuständigkeit des Landes nicht als gegeben. Auch handle es sich um einen Fall unzulässiger Rückwirkung. Schließlich sei das Verbot der Doppelbestrafung verletzt. Die Sicherungsverwahrung nach Verbüßung der Straftat stelle zudem einen unverhältnismäßigen Eingriff in die persönliche Freiheit dar. Auch verstoße es gegen das Gebot der Gleichbehandlung, wenn Straftäter in den einzelnen Bundesländern unterschiedlich behandelt würden.

Der Vertreter des Landes betont, es gehe hier allein um die Prävention gegenüber künftigen Straftaten und um den Schutz der Gesellschaft. Da der Bund seiner Verpflichtung hierzu nicht nachkomme, müsse das Land handeln. Das Bundesverfassungsgericht möge auch bedenken, dass bei einer Nichtigerklärung des Gesetzes eine Reihe in L einsitzender hochgefährlicher Straftäter in Freiheit entlassen werden müssten.

Wie wird das BVerfG entscheiden? Es ist davon auszugehen, dass im Zeitpunkt der Entscheidung des Bundesverfassungsgerichts sich die Rechtslage auf Bundesebene nicht geändert hat.

Vorüberlegungen

176 Der Fall greift die aktuelle Diskussion um eine nachträgliche Sicherungsverwahrung auf, die u.a. in den Ländern Bayern und Sachsen-Anhalt durch Landesgesetz eingeführt wurde – die jedoch von BVerfGE 109, 190 wegen fehlender Kompetenz des Landesgesetzgebers (Sperrwirkung des Bundesrechts, Art. 72 I GG) für nichtig erklärt wurden.

Der Fall ist in die prozessuale Konstellation der Richtervorlage nach Art. 100 I GG eingebunden. Diese ist auf ihre Zulässigkeit und Begründetheit hin zu überprüfen. Die Zulässigkeitsvoraussetzungen bereiten keine Schwierigkeiten. Dass auch Landesgesetze dem Bundesverfassungsgericht vorgelegt werden können, damit dieses sie am Maßstab des Grundgesetzes überprüft, geht aus Art. 100 I GG ja unmittelbar hervor.

177 In der Begründetheit ist eine klassische Normprüfung nach Kompetenz, Verfahren und materieller Verfassungsmäßigkeit vorzunehmen. Dass hier ein Schwerpunkt auf der Kompetenzprüfung liegt, wird aus dem Sachverhalt ohne Weiteres deutlich werden. Denn dass hier die Länder möglicherweise in die Strafrechtskompetenz des Bundes eingreifen, liegt auf der Hand, wenn zusätzlich zu den im StGB vorgesehenen Maßregeln der Sicherung und Besserung ein Sicherungsinstrument eingeführt wird, das sich in der Sache an der Sicherungsverwahrung im Strafgesetz orientiert. Der Bearbeiter hat demgemäß eine sorgfältige Kompetenzprüfung vorzunehmen, sich dabei zu vergegenwärtigen, dass es um die Zuständigkeit für den Erlass eines Landesgesetzes geht, also dann, wenn eine konkurrierende Zuständigkeit vorliegt, sich die Voraussetzungen für die Inanspruchnahme der Kompetenz durch das Land aus Art. 72 I GG ergeben: Es darf keine Kompetenzsperre eingetreten sein.

178 Etwas irreführend könnte zunächst der Hinweis auf den Ablauf des Gesetzgebungsverfahrens sein. Der Bearbeiter wird sich sofort an das Standardproblem der Einbringung der Gesetzesvorlage durch einen einzelnen Abgeordneten entgegen der Geschäftsordnung erinnern. Hier ist Aufmerksamkeit verlangt: Es geht um die Überprüfung eines Gesetzes am Maßstab des Grundgesetzes. Für Landesgesetze regelt sich aber das Gesetzgebungsverfahren nach der jeweiligen Landesverfassung, diese ist jedoch kein Prüfungsmaßstab für das Bundesverfassungsgericht. Sich mit dieser Feststellung zu begnügen, wäre im Rahmen der Klausurlösung völlig ausreichend. Ein guter Bearbeiter wird möglicherweise auf einen weiterführenden Gedanken stoßen. Die Bestimmungen über das Gesetzgebungsverfahren und die Anforderungen hieran sind ja letztlich auch ein Ausdruck des Demokratieprinzips und des Rechtsstaatsgebots: Das Gesetzgebungsverfahren muss Erfordernissen demokratischer Willensbildung und Erfordernissen der Rechtssicherheit Rechnung tragen. So könnten etwa eklatante Verfahrensverstöße auch einen Verstoß gegen diese auch nach dem Grundgesetz verbindlichen Verfassungsprinzipien bedeuten. Bei Fehlern im Stadium der Gesetzesinitiative wird aber diese Stufe sicher noch nicht erreicht sein.

179 Bei der Prüfung der materiellen Verfassungsmäßigkeit wird man in erster Linie an die grundlegende rechtsstaatliche Garantie des Art. 103 II GG denken: nulla poena

sine lege, also zunächst an das Rückwirkungsverbot. Rückwirkende Strafgesetze sind unzulässig, dies ist bekannt. Bekannt ist auch, dass sich das Rückwirkungsverbot auf den Straftatbestand wie auch auf die Folgen der Straftat erstreckt. Die Frage ist dann nur, ob es sich bei der nachträglichen Sicherungsverwahrung noch um eine Sanktion für die Straftat handelt, oder um eine rein präventive Maßnahme. Wer die Bestimmung über die nachträgliche Sicherungsverwahrung in kompetenzmäßiger Hinsicht als Strafrechtsnorm qualifiziert, wird dazu neigen, demgemäß die Maßnahme eben auch als Sanktion für die Straftat einzuordnen und damit einen Fall des Art. 103 II, III GG zu bejahen – so auch der Verf. in der Vorauflage. Das BVerfG stellt jedoch auf die unterschiedliche Zielsetzung der Kompetenznorm einerseits und der rechtsstaatlichen Garantienorm des Art. 103 II, III GG andererseits ab und fasst unter Strafrecht iSd Art. 74 I Nr. 1 StGB die tradierte Kompetenzmaterie unter Einschluss der herkömmlich im Strafrecht enthaltenen Regelungen, während es für die rechtsstaatliche Garantie des Art. 103 II GG auf das eigentliche Strafübel, die Strafe als missbilligende staatliche Reaktion abstellt.

Wenn schließlich ein unverhältnismäßiger Eingriff in die persönliche Freiheit gerügt **180** wird, so wird damit das Grundrecht der Freiheit der Person, Art. 2 II 2 GG angesprochen. Dieses Grundrecht kann jedoch durch Gesetz eingeschränkt werden, wobei sich die näheren Voraussetzungen aus Art. 104 GG ergeben. Hier ist eine Verhältnismäßigkeitsprüfung vorzunehmen, wobei die maßgebliche Abwägung im Einzelfall nur das Gericht selbst vornehmen kann. Deshalb wird man hier zu dem Ergebnis kommen, dass das Gesetz selbst noch keinen unverhältnismäßigen Eingriff erwirkt. Der Hinweis auf die unterschiedliche Behandlung in einzelnen Bundesländern spielt schließlich auf das Standardproblem der Bindung durch Art. 3 GG nur innerhalb des Kompetenzbereichs eines Hoheitsträgers an.

Der Aufbau ist durch die prozessuale Konstellation vorgegeben: Zulässigkeit und **181** Begründetheit. Ein Bearbeiter, der die Zulässigkeit verneinen wollte, hat dann die Begründetheit hilfsweise zu prüfen.

Mit dem Hinweis des Landes auf die demnächst drohende Entlassung höchst gefähr- **182** licher Straftäter wird auf die Entscheidung des BVerfG über die für verfassungswidrig erklärten Landesgesetze hingewiesen: es beschränkte sich auf die Feststellung der Verfassungswidrigkeit und ordnete eine befristete Fortgeltung an.

Gliederung **183**

A. Zulässigkeit der Vorlage
- I. Vorlageberechtigung: Gericht (+)
- II. Gegenstand des Verfahrens: SiVerwG (+) formelles, nachkonstitutionelles Gesetz
- III. Überzeugung des Gerichts von der Nichtigkeit des Gesetzes (+)
- IV. Entscheidungserheblichkeit (+)
- V. Form

B. Begründetheit der Vorlage

I. Gesetzgebungskompetenz
  1. Grundsatz: Art. 70 I GG
  2. Ausschließliche Gesetzgebungskompetenz (–); konkurrierende Kompetenz des Bundes – Art. 74 I Nr. 1 GG?
    a) Auslegung des Art. 74 I Nr. 1 GG: Maßregeln der Sicherung und Besserung (+)
    b) Zuordnung der Regelung: Prävention bei Straftaten – Strafrecht
  3. Sperrwirkung des Art. 72 I GG (+): Kodifikation

II. Gesetzgebungsverfahren: Landesverfassungsrecht

III. Materielle Verfassungsmäßigkeit[1]
  1. Rückwirkungsverbot, Art. 103 II GG (–)
    a) Reichweite des Art. 103 II GG: „Strafe"
    b) Geltung für § 1 SiVerwG (–): Maßregeln der Sicherung und Besserung
  2. Rechtsstaatliches Vertrauensschutzprinzip
  3. Verbot der Mehrfachbestrafung, Art. 103 III GG (–)
  4. Freiheit der Person, Art. 2 II 2 GG i.V.m. Art. 104 GG
    a) Eingriff: Freiheitsentziehung
    b) Die verfassungsrechtliche Rechtfertigung?
      aa) § 1 SiVerwG hinreichend bestimmt? (+)
      bb) Verhältnismäßigkeit
      (1) Legitime Zielsetzung: Schutzpflichten
      (2) geeignet, erforderlich (+)
      (3) Abwägung: intensiver Grundrechtseingriff – hochrangige Rechtsgüter Dritter – Zurechenbarkeit
      cc) Wesensgehaltsperre und Menschenwürdekern
      dd) Der Richtervorbehalt, Art. 104 II GG: regelmäßig Prüfung (+)
  5. Gleichheitssatz des Art. 3 I GG

C. Entscheidung des Bundesverfassungsgerichts

Nichtigerklärung, § 82 I i.V.m. § 78 S. 1 BVerfGG oder bloße Feststellung der Verfassungswidrigkeit

---

1 Kein Hilfsgutachten: alle Nichtigkeitsgründe werden vom BVerfG geprüft und seiner Entscheidung zugrundegelegt.

Musterlösung

Es handelt sich bei dem Beschluss der Strafvollstreckungskammer um einen Vorlagebeschluss nach Art. 100 I GG, §§ 13 Nr. 11, 80 ff. BVerfGG. Dieser hat Aussicht auf Erfolg, wenn er zulässig und begründet ist. **184**

A. Zulässigkeit der Vorlage

I. Vorlageberechtigung

Den Antrag nach Art. 100 I GG können nur Gerichte stellen; auch die Strafvollstreckungskammer, die in richterlicher Unabhängigkeit entscheidet, ist Gericht iSv Art. 100 I GG. **185**

II. Gegenstand des Verfahrens

Das SiVerwG ist als formelles und nachkonstitutionelles Gesetz zulässiger Verfahrensgegenstand. Landesgesetze sind insbesondere dann im Wege der konkreten Normenkontrolle dem BVerfG vorzulegen, wenn das Gericht sie im Widerspruch zum Grundgesetz sieht. Dies ist hier der Fall. Ob daneben auch ein Verstoß gegen Landesverfassungsrecht in Betracht kommt und deshalb eine Vorlage zum Landesverfassungsgericht zulässig wäre, berührt die Zulässigkeit der Vorlage zum Bundesverfassungsgericht nicht. Denn die Prüfungsmaßstäbe sind unterschiedlich. **186**

III. Überzeugung des Gerichts von der Nichtigkeit des Gesetzes

Das vorlegende Gericht ist von der Nichtigkeit des § 1 SiVerwG wegen Verstoßes gegen das Grundgesetz überzeugt und hat dies in seinem Vorlagebeschluss auch hinreichend darlegt.[2] **187**

IV. Entscheidungserheblichkeit

Nur dann darf das Gericht die Verfassungsmäßigkeit des Gesetzes zur Überprüfung durch das BVerfG bringen, wenn es hierauf für seine Entscheidung ankommt, wenn also die Entscheidung bei Gültigkeit der Norm anders ausfallen würde als bei Ungültigkeit. Auch dies hat die Strafvollstreckungskammer in ihrem Vorlagebeschluss dargelegt. **188**

V. Form

Die Strafvollstreckungskammer hat durch Beschluss über die Vorlage zum BVerfG entschieden. Von einer Begründung gem. § 80 II BVerfGG kann nach dem SV ausgegangen werden. Ein entsprechender Antrag des Haarmann war gem. § 80 III BVerfGG nicht erforderlich. **189**

Die Vorlage nach Art. 100 I GG ist also zulässig.

---

2 Das BVerfG stellt hier regelmäßig strenge Anforderungen an die Begründung des Vorlagebeschlusses.

B. Begründetheit der Vorlage

190 Die Vorlage ist begründet, wenn das Gesetz gegen das Grundgesetz oder gegen sonstiges Bundesrecht verstößt. Dabei prüft das Bundesverfassungsgericht die vorgelegte Norm umfassend am Maßstab des Grundgesetzes – ein Verstoß gegen sonstiges Bundesrecht kommt hier nicht in Betracht.

I. Gesetzgebungskompetenz

191 Zu prüfen ist zunächst, ob das Land L für den Erlass des SiVerwG zuständig war. Dies richtet sich nach Art. 70 ff. GG.

192 1. Grundsätzlich ist nach Art. 70 GG das Land zuständig, wenn nicht ausdrücklich dem Bund die Gesetzgebungskompetenz zugewiesen ist.

193 2. Eine ausschließliche Gesetzgebungskompetenz des Bundes nach Art. 71, 73 GG bzw. an anderer Stelle des GG kommt nicht in Betracht. Keiner der Kompetenztitel des Art. 73 GG ist einschlägig. Es könnte jedoch eine konkurrierende Gesetzgebungskompetenz des Bundes nach Art. 74 I Nr. 1 GG in Betracht kommen; dann müsste es sich um „Strafrecht" handeln. Dies könnte deshalb zweifelhaft sein, weil es bei der nachträglichen Sicherungsverwahrung nicht mehr in erster Linie um die Ahndung der Straftat geht, sondern um Prävention gegenüber künftigen Straftaten. Es kommt also darauf an, wie der Begriff des Strafrechts i.S.v. Art. 74 I Nr. 1 GG zu verstehen ist.

194 a) Es handelt sich hierbei um einen normativen Begriff. Das Grundgesetz nimmt für die Bestimmung der Gesetzgebungskompetenz hierauf Bezug. Wird die Kompetenzmaterie durch eine derartige Bezugnahme auf eine bestimmte Rechtsmaterie bezeichnet, die das Grundgesetz vorgefunden hat, so ist davon auszugehen, dass der Grundgesetzgeber eben das als Strafrecht zugrundelegen wollte, was er als Strafrecht vorgefunden hat.[3] Zum Strafrecht aber zählte stets die Regelung aller, auch nachträglicher, repressiver oder präventiver staatlicher Reaktionen auf Straftaten, die also an die Begehung einer Straftat anknüpfen und gerade für den Straftäter wegen seiner Tat gelten.[4] Dazu zählten herkömmlich auch Maßregeln der Sicherung und Besserung, die zwar eine Präventivfunktion haben, die aber eine Anlasstat voraussetzen.

Wenn aber derartige Maßregeln herkömmlich im Kriminalstrafrecht enthalten sind, so ist die Kompetenzmaterie des Strafrechts in Art. 74 I Nr. 1 GG in diesem Sinn zu verstehen.[5]

---

3 Vgl. *Degenhart* Rn 153, 156: normative Prägung der Kompetenzmaterie; s. auch BVerfGE 109, 190 (218).
4 BVerfG a.a.O.
5 Vgl. die an „Wortlaut, Gesetzesgeschichte, Systematik und Normzweck orientierte Auslegung" bei BVerfG a.a.O. – in der Klausurbearbeitung können jedoch diese unterschiedlichen Auslegungsmethoden nicht i.E. ausgeführt werden.

b) Hiervon ausgehend, ist nunmehr die konkrete kompetenzmäßige Zuordnung des Gesetzes vorzunehmen,[6] also der Sicherungsverwahrung bzw. Unterbringung, wie sie konkret vorgesehen ist. Zwar geht es hierbei um Prävention gegenüber Gefahren für die Allgemeinheit. Auch erfolgt die Unterbringung nach der Fassung der Norm nicht wegen einer bestimmten Straftat, sondern auf Grund der während der Haft erstellten Gefährlichkeitsprognose. Andererseits spricht der Normzweck[7] maßgeblich für eine Zuordnung zum Strafrecht. Denn Anlass und Rechtfertigung für die Sicherungsverwahrung ist nicht die abstrakte Gefährlichkeit des Täters, sondern vielmehr seine durch die Straftat indizierte konkrete Gefährlichkeit. Ohne die vorgehenden Straftaten gäbe es keine Sicherungsverwahrung. So geht es also primär darum, die nach § 66 StGB möglichen strafrechtlichen Sanktionen zu ergänzen. Die Begehung schwerer Straftaten in der Vergangenheit hat begründende Funktion für die Unterbringung, die damit vor allem auch eine – wenn auch zeitlich verzögerte – Reaktion auf die Straftat darstellt. Dass es dabei um Prävention geht, steht nicht entgegen, denn der Präventionsgedanke ist dem Strafrecht nicht fremd. Das Gesetz ist also nach seiner Zielsetzung und seinem Schwerpunkt dem Strafrecht zuzuordnen. Es fügt sich in die Grundstrukturen des Strafrechts mit seinem System der Tatfolgen. Es fällt also in die konkurrierende Zuständigkeit nach Art. 74 I Nr. 1 GG. **195**

3. Dann aber ist das Land nur insoweit zuständig, als keine bundesgesetzliche Regelung vorliegt, die die Sperrwirkung des Art. 72 I GG auslöst. Eine nachträgliche Sicherungsverwahrung, wie sie im SiVerwG vorgesehen ist, kennt das Bundesrecht zwar nicht. Doch ist der Bundesgesetzgeber im Bereich des Strafrechts bereits vielfältig und umfassend tätig geworden. In diesem Fall ist das Land dann von eigener Gesetzgebung ausgeschlossen, wenn der Bundesgesetzgeber eine abschließende Regelung treffen wollte, im Sinn einer „Kodifikation". Die Folgen von Straftaten sind jedoch im StGB umfassend geregelt. Dies gilt auch für Maßregeln der Sicherung und Besserung in §§ 66 ff. StGB. Wenn zudem entsprechende Initiativen auf Bundesebene wiederholt gescheitert sind, zeigt auch dies, dass der Bund insoweit eine abschließende Regelung treffen wollte. Eine solche umfassende Kodifikation führt zu einer Kompetenzsperre. Das Land war also für den Erlass des SiVerwG nicht zuständig. **196**

II. Gesetzgebungsverfahren

Das Gesetzgebungsverfahren richtet sich nach Landesverfassungsrecht. Dieses steht dem Bundesverfassungsgericht nicht als Prüfungsmaßstab zur Verfügung. Eine Ausnahme könnte dann gelten, wenn ein fehlerhaftes Gesetzgebungsverfahren zugleich einen Verstoß gegen grundsätzliche Erfordernisse der Demokratie oder der Rechtsstaatlichkeit bedeuten würde. Ein solcher Verstoß gegen Erfordernisse des Art. 20 GG ist auch vom Bundesverfassungsgericht zu prüfen. Davon kann aber bei möglichen Fehlern im Initiativstadium, die nach dem Grundgesetz ohne Folgen für die Verfassungsmäßigkeit des Gesetzes bleiben, nicht die Rede sein. **197**

6 Vgl. *Degenhart* Rn 160 ff.
7 Zu diesem Aspekt vgl. *Degenhart* Rn 163.

III. Materielle Verfassungsmäßigkeit[8]

1. Rückwirkungsverbot, Art. 103 II GG

198 a) § 1 SiVerwG könnte, soweit es auch für Straftäter gilt, deren Taten vor Inkrafttreten des Gesetzes begangen wurden, gegen das Rückwirkungsverbot des Art. 103 II GG verstoßen. Hiernach darf niemand aus einem Gesetz bestraft werden, das zum Zeitpunkt der Tat noch nicht in Kraft war. Dies gilt nicht nur für die die Strafbarkeit begründenden Normen, also die Straftatbestände nach dem StGB und anderen Gesetzen. Nicht nur die Strafbarkeit einer Tat muss also im Zeitpunkt ihrer Begehung, auch die Strafe selbst muss gesetzlich bestimmt sein. Bestimmung der Strafbarkeit iSd Art. 103 II GG bedeutet die Festlegung des gesetzlichen Tatbestandes – nullum crimen sine lege – und der Rechtsfolgen, soweit sie Strafen im dargelegten Sinn sind.

199 b) Sieht man in der nachträglichen Sicherungsverwahrung angesichts ihrer vergleichbaren Wirkung für den Betroffenen eine strafrechtliche Sanktion für die Tat, so würde § 1 SiVerwG gegen das strafrechtliche Rückwirkungsverbot verstoßen: an eine Straftat werden dann nachträglich Rechtsfolgen angeknüpft, die zum Zeitpunkt der Tat nicht galten. Dagegen könnte sprechen, dass nicht an die Straftat, sondern an das resozialisierungsunwillige Verhalten des Täters während der Haft angeknüpft wird und auf die mangelnde Resozialisierbarkeit des Täters mit präventiven Maßnahmen reagiert werden soll. Auch dann ist aber die Straftat Grund für die Sicherungsverwahrung. Dies könnte dafür sprechen, auch Maßregeln der Sicherung und Besserung in den Anwendungsbereich des Grundsatzes des *nulla poena sine lege* in Art. 103 II GG einzubeziehen.[9] Doch spricht andererseits Art. 103 II GG davon, dass eine Tat nicht „bestraft" werden kann. Wenn auch das Strafrecht herkömmlicher Weise Maßregeln der Sicherung und Besserung umfasst, bedeutet dies nicht, dass diese Maßregeln auch „Strafe" sind – das Strafrecht umfasst die Kriminalstrafe und die Maßregeln der Sicherung und Besserung. Dies spricht dafür, unter Strafe i.S.v. Art. 103 II GG nur die eigentliche Bestrafung, also die missbilligende Reaktion auf strafbares Unrecht zu verstehen. Dafür spricht auch der Schutzzweck des Art. 103 II GG. Der Bürger soll unbedingt darauf vertrauen können, dass sein im Einklang mit den Gesetzen erfolgendes Handeln nicht nachträglich mit einer hoheitlichen Strafsanktion belegt wird. Diese Strafe soll also durch Art. 103 II GG ausgeschlossen werden.[10]

2. Rechtsstaatliches Vertrauensschutzprinzip

200 Ist also Art. 103 II GG nicht anwendbar, so könnte die gesetzliche Regelung doch gegen das allgemein-rechtsstaatliche Vertrauensschutzprinzip verstoßen. Während rückwirkende Strafgesetze schlechthin unzulässig sind, sind rückwirkende Gesetze auch im Übrigen nicht uneingeschränkt zulässig. Denn stets kann hier das Vertrauen des Bürgers in die Beständigkeit der Rechtsordnung gegenüber nachträglicher Neu-

8 Kein Hilfsgutachten: s. Fn 1.
9 Ebenso *Pieroth/Schlink* Rn 1086.
10 BVerfGE 109, 133 (171 f.).

bewertung betroffen sein. Rechtsstaatlichkeit bedeutet Rechtssicherheit. Hieraus folgen Schranken für rückwirkende Gesetze. Vertrauensschutzgebot ist immer dann berührt, wenn der Gesetzgeber die Rechtsfolgen eines der Vergangenheit zugehörigen Verhaltens nachträglich belastend ändert. Dabei ist zwischen echter und unechter Rückwirkung zu unterscheiden. Im Fall des SiVerwG wirkt die nachträgliche Sicherungsverwahrung jedoch nicht auf einen Zeitpunkt vor Inkrafttreten der Neuregelung zurück und knüpft keine neuen Rechtsfolgen an einen bereits abgeschlossenen Sachverhalt, sondern knüpft an einen zwar in der Vergangenheit begonnenen, aber noch nicht abgeschlossenen Sachverhalt Rechtsfolgen für die Zukunft. Dies stellt einen Fall unechter Rückwirkung dar. Diese ist dann zulässig, wenn das schutzwürdige Vertrauen der betroffenen Normadressaten schwerer wiegt als das mit der Neuregelung verfolgte gesetzgeberische Ziel. Auf Seiten des Straftäters steht seine Erwartung auf Entlassung nach Vollzug der Freiheitsstrafe. Dem steht die Pflicht des Staates zum Schutz potenzieller Opfer vor Verletzungen durch potenzielle Straftäter gegenüber. Sie ist umso intensiver, je konkretisierter und individualisierter die Gefährdung ist. Daher muss dann, wenn mit hinreichender Wahrscheinlichkeit schwere Straftaten mit erheblichen Folgen für die potenziellen Opfer drohen, trotz des hohen Wertes des Grundrechtes der Betroffenen aus Art. 2 II 2 GG dieses hinter das öffentliche Interesse zurücktreten.[11]

3. Verbot der Mehrfachbestrafung, Art. 103 III GG

Die nachträgliche Sicherungsverwahrung könnte gegen das Verbot der Mehrfachbestrafung in Art. 103 III GG verstoßen. Denn mit deren Anordnung wird erneut eine strafrechtliche Sanktion ausgesprochen. Auch hier ist eigentlicher Anlass die ursprüngliche Tat. Wie Art. 103 II GG, spricht jedoch auch Art. 103 III GG davon, dass niemand mehrfach „bestraft" werden kann. Der Begriff des „Bestrafens" ist daher in Art. 103 III GG in gleicher Weise auszulegen, wie in Art. 103 II GG. Sieht man also in der nachträglichen Anordnung der Sicherungsverwahrung keine „Bestrafung", so verstößt das Gesetz auch nicht gegen Art. 103 III GG. **201**

4. Freiheit der Person, Art. 2 II 2 GG i.V.m. Art. 104 GG

Die nachträgliche Sicherungsverwahrung nach § 1 SiVerwG könnte schließlich generell, also auch dann, wenn sie nur für künftige Taten gelten soll, gegen das Grundrecht auf Freiheit der Person nach Art. 2 II 2 GG i.V.m. Art. 104 GG verstoßen. **202**

a) Die nachträgliche Sicherungsverwahrung bewirkt einen Eingriff in das Grundrecht der Freiheit der Person nach Art. 2 II 2 GG. Dabei handelt es sich um einen Fall der Freiheitsentziehung nach Art. 104 II GG, also ein „Festhalten auf eng umgrenztem Raum". Hierunter fallen alle Fälle der Haft wie auch der Verwahrung in geschlossenen Anstalten, mithin auch der Verwahrung in einer Haftanstalt. **203**

b) Die verfassungsrechtliche Rechtfertigung von Freiheitsentziehungen richtet sich nach Art. 2 II 3 GG i.V.m. Art. 104 I, II GG. **204**

---

11 BVerfGE 109, 133 (182 ff.).

Voraussetzung ist zunächst ein formelles Gesetz, das den Voraussetzungen des Art. 104 I GG entsprechen und auch i.Ü. verfassungsgemäß sein muss. Gefordert ist insbesondere hinreichende Bestimmtheit. Da ein Gesetz, das zu Freiheitsentziehungen ermächtigt, einen besonders intensiven Eingriff in grundrechtliche Freiheiten bewirkt, sind an seine Bestimmtheit strenge Anforderungen zu stellen, ähnlich wie für die Bestimmtheit eines Straftatbestandes nach Art. 103 II GG erhöhte Anforderungen gelten.[12] Ebenso ist der Grundsatz der Verhältnismäßigkeit strikt zu beachten.

205 aa) Ob die Fassung des § 1 SiVerwG hinreichend bestimmt ist, könnte fraglich sein angesichts der Verwendung von unbestimmten Rechtsbegriffen im Normtext. Doch ist der Begriff der erheblichen gegenwärtigen Gefahr in der Rechtsordnung hinreichend bestimmt. Auch sind die Rechtsgüter, die zu schützen sind, ebenso benannt, wie die Straftaten, an die angeknüpft werden kann. Insbesondere die Anknüpfung an die Voraussetzungen des § 66 StGB lässt den Anwendungsbereich des Gesetzes deutlich werden. Aus dem Gesetzeswortlaut ist also erkennbar, in welchen Fällen und unter welchen Voraussetzungen die nachträgliche Sicherungsverwahrung verhängt werden kann. Eine derartige Bezugnahme auf eine anderweitige Norm hebt die Bestimmtheit des Gesetzes nicht auf. Gegen die Bestimmtheit der Vorschrift könnte allenfalls sprechen, dass der Richter in der Frage der Dauer der Verwahrung erheblichen Ermessensspielraum hat. Dies ist jedoch erforderlich, um den Gegebenheiten des Einzelfalles und insbesondere auch dem Gebot der Verhältnismäßigkeit Rechnung tragen zu können.

206 bb) Der grundrechtliche Rang der Freiheit der Person erfordert eine strikte Wahrung der Verhältnismäßigkeit.

(1) Dies bedingt zunächst eine verfassungslegitime, auch gegenüber dem Freiheitsanspruch des Grundrechts beachtliche Zielsetzung des Gesetzgebers. Die Erwägung, Gefahren für die Allgemeinheit durch erheblich rückfallgefährdete Straftäter zu begegnen, ist angesichts des Verfassungsranges der zu schützenden Rechtsgüter verfassungsrechtlich legitim. Insbesondere obliegt dem Staat insoweit eine Schutzpflicht für die Grundrechte des Bürgers gegenüber Straftätern. Der Rechtsstaat bedingt den Schutz der Rechte des Bürgers.

207 (2) Eine sichernde Verwahrung gefährlicher Straftäter ist auch grundsätzlich geeignet, Gefahren durch Rückfalltaten zu begegnen. Sie ist dann erforderlich, wenn eine Resozialisierung nicht möglich ist. Erforderlich ist auch die Unterbringung in einer Justizvollzugsanstalt, da nur auf diese Weise der Sicherungszweck erreicht werden kann. Führungsaufsicht wäre nicht gleichermaßen geeignet.

208 (3) Die nachträgliche Sicherungsverwahrung als intensiver Grundrechtseingriff muss schließlich in einem angemessenen Verhältnis zum Gesetzeszweck stehen. Hier ist auf der einen Seite das Grundrecht auf Freiheit der Person zu berücksichtigen, in das nachhaltig eingegriffen wird. Der Grundrechtseingriff wirkt umso schwerer, als er ja zu dem der Freiheitsstrafe wegen der Straftat selbst noch hinzu-

12 S. dazu **Fall 7** – parlamentarischer Untersuchungsausschuss/Erzwingungshaft, Rn 450 f.

tritt, andererseits die strafrechtliche Schuld des Täters durch die Verbüßung der Freiheitsstrafe bereits als abgegolten zu betrachten ist. Dem stehen aber hochrangige Rechtsgüter Dritter gegenüber. Wenn diese aktuell bedroht sind und nicht anderweitig geschützt werden können, kann eine Sicherungsverwahrung jedenfalls dann nicht als unverhältnismäßig gelten, wenn der Täter selbst in zurechenbarer Weise die Ursachen für die Gefährdung setzt, weil er insbesondere sich resozialisierenden oder therapierenden Maßnahmen verweigert. Die Verhältnismäßigkeit der Freiheitsentziehung auch im Einzelfall zu wahren, ist dann Aufgabe der Gerichte in Anwendung des Gesetzes, die hierbei hinreichend Entscheidungsspielraum haben, um den Gegebenheiten des Einzelfalles gerecht werden zu können. Dabei sind umso höhere Anforderungen an die Begründung der Verwahrung zu stellen, je länger die Freiheitsentziehung bereits andauert.

cc) Die Möglichkeit einer auch unbefristeten Freiheitsentziehung könnte gegen die Wesensgehaltgarantie des Art. 19 II GG verstoßen. Dies ist jedoch dann nicht der Fall, wenn gewichtige Schutzinteressen Dritter den Eingriff zu legitimieren vermögen und insbesondere der Grundsatz der Verhältnismäßigkeit gewahrt ist.[13] Auch der Menschenwürdekern des Grundrechts ist nicht verletzt. Dies wäre nur dann der Fall, wenn der Betroffene ohne Chance auf Wiedereingliederung „verwahrt" und so zum Objekt staatlichen Handelns würde. Dies ist aber nach der konkreten Ausgestaltung der Maßnahme nicht der Fall.[14] **209**

dd) Der Richtervorbehalt des Art. 104 II GG wird durch das Gesetz gewahrt. Soweit das Grundrecht der Freiheit der Person erfordert, dass die Entscheidung über eine Freiheitsentziehung aus präventiven Gründen regelmäßig überprüft wird, ist auch dem hier genügt. **210**

Das SiVerwG enthält also keinen eigenständigen Verstoß gegen das Grundrecht der Freiheit der Person. Es ist jedoch wegen fehlender Kompetenz des Landesgesetzgebers als Ganzes nichtig und kann deshalb keine verfassungsmäßige Einschränkung der Freiheit der Person bewirken.

5. Gleichheitssatz des Art. 3 I GG

Ein Verstoß gegen das Grundrecht auf Gleichbehandlung nach Art. 3 I GG kommt schon deshalb nicht in Betracht, weil der Gleichheitssatz einen Kompetenzträger nur innerhalb seines Kompetenzbereichs bindet. Ein Land ist also durch Art. 3 I GG nicht verpflichtet, ein Gesetz der Regelung in einem anderen Bundesland anzupassen. Andernfalls hätten Befugnisse der Länder zur Gesetzgebung auch keinen Sinn. **211**

13 BVerfGE 109, 133 (156).

14 BVerfGE 190, 133 (150) prüft hier Art.1 I GG als selbständiges Grundrecht und nicht im Rahmen des Art. 2 II 2 GG.

C. Entscheidung des Bundesverfassungsgerichts

212 Das Bundesverfassungsgericht stellt in seiner Entscheidung grundsätzlich die Unvereinbarkeit des Gesetzes mit dem Grundgesetz fest und erklärt es für nichtig, § 82 Abs. 1 BVerfGG verweist diesbezüglich auf § 78 BVerfGG. Wenn demgegenüber von Seiten des Landes auf die Folgen einer Nichtigerklärung für die Sicherheit im Land verwiesen wird, so könnte dem dadurch Rechnung getragen werden, dass das Bundesverfassungsgericht sich auf die bloße Feststellung der Verfassungswidrigkeit des Gesetzes beschränkt und auf die Nichtigerklärung verzichtet.[15] Aus Gründen der Rechtssicherheit kann das Gericht dahingehend entscheiden und eine befristete Fortgeltung eines Gesetzes anordnen. Im vorliegenden Fall ist jedoch zu berücksichtigen, dass es hier um Freiheitsentziehungen geht, die nach Art. 104 I 1 GG nur auf gesetzlicher Grundlage zulässig sind. Würde das BVerfG nun die Fortgeltung des Gesetzes anordnen, so könnte eingewandt werden, dass dann eine Freiheitsentziehung nicht auf der Grundlage eines Gesetzes, sondern letztlich auf Grund einer gerichtlichen Entscheidung erfolgen würde. Dem kann jedoch entgegengehalten werden, dass jedenfalls eine, wenn auch fehlerhafte, gesetzgeberische Anordnung vorliegt und das Gericht lediglich die Fehlerfolgen differenzierend bestimmt, wenn es eine befristete Fortgeltung anordnet. Dies gilt umso mehr, als nunmehr die Gesetzgebungszuständigkeit feststeht und damit eine bundesgesetzliche Regelung erfolgen kann. Das Gericht wird angesichts der durch L geschilderten Gefährdungslagen sich auf die Feststellung der Verfassungswidrigkeit des Gesetzes beschränken und eine befristete Fortgeltung anordnen.[16]

Repetitorium

I. Gesetzgebungskompetenzen

213 Der vorliegende Fall ist beispielhaft für eine schulmäßige Kompetenzprüfung, für die immer diese drei Schritte zu vollziehen sind:

(1) Grundregel des Art. 70 I GG,
(2) Feststellung eines Kompetenztitels für das Gesetz,
(3) Prüfung der Voraussetzungen für die Wahrnehmung der Kompetenz durch Bund oder Land entsprechend dem jeweiligen Kompetenztypus.

Die maßgebliche Weichenstellung erfolgt unter (2), wenn geprüft wird, ob ein Gesetz unter einen bestimmten Kompetenztitel fällt. Zunächst werden die Kataloge der Art. 73, 74, 75 GG durchgemustert. Kommt einer der dort genannten Kompetenztitel in Betracht, so ist zu subsumieren: fällt das Gesetz unter die entsprechende Ziffer des Katalogs?

15 Vgl. näher *Degenhart* Rn 794 ff.
16 A.A. gut vertretb., s. das Sondervotum zu BVerfGE 109, 190 und *Gärditz*, NVwZ 2004, 693.

Der vorstehende Fall macht auch deutlich, dass hierfür zwei gedankliche Schritte erforderlich sind: **214**

(a) Auslegung der Verfassungsnorm (was ist „Strafrecht" iSd Art. 74 I Nr. 1 GG?) und
(b) Zuordnung des Gesetzes (will das Gesetz hier „strafen"?).

Die Prüfung unter (3) ist dann die Konsequenz aus der Zuordnung unter (2). Bei konkurrierender Zuständigkeit muss dabei unterschieden werden: geht es um ein Bundesgesetz? – dann Art. 72 II GG – oder geht es um ein Landesgesetz? – dann Art. 72 I GG –. Bei Rahmengesetzen des Bundes müssen zwei Punkte erörtert werden: Voraussetzungen des Art. 72 II GG (wegen Art. 75 I 2 GG) und Beachtung der Schranken des Art. 75 II GG – dazu Fall 8.

Nie darf (3) vor (2) erörtert werden: aus der Erforderlichkeit einer bundesgesetzlichen Regelung allein folgt noch keine Zuständigkeit – häufiger (und schwerer!) Fehler.

Insbesondere zur Auslegung von Kompetenznormen hat das BVerfG in mehreren Grundsatzentscheidungen detaillierte Grundsätze entwickelt, unter besonderer Betonung der historischen Auslegung, so in seinem Urteil zum Altenpflegegesetz vom 24.10.2002, BVerfGE 106, 62 (105) und in seinem Urteil zu den Unterbringungsgesetzen der Länder vom 10.02.2004, BVerfGE 109, 190 (218); bestimmt die Kompetenznorm ihren Gegenstand normativ wie dies der Fall ist bei „Strafrecht", so gilt dieser grundsätzlich mit dem Bedeutungsgehalt, den der Grundgesetzgeber vorgefunden hat.

Zu den Voraussetzungen des Art. 72 II GG hat sich seit BVerfGE 106, 62 eine gefestigte Rechtsprechung entwickelt. Damit die Zielvorgabe der **Gleichwertigkeit der Lebensverhältnisse** eingreift, müssen sich die Lebensverhältnisse in den Ländern in einer das bundesstaatliche Sozialgefüge beeinträchtigenden Weise auseinander entwickelt haben oder es muss sich konkret abzeichnen, dass sie sich so zu entwickeln drohen; die Zielvorgabe der **Rechtseinheit** greift nicht schon dann ein, wenn in den Ländern unterschiedliches Recht gilt, sondern erst bei unzumutbaren Behinderungen im länderübergreifenden Rechtsverkehr, während die **Wirtschaftseinheit** erst bei wirtschaftlich bedrohlichen Auswirkungen unterschiedlichen Rechts betroffen ist, vgl. BVerfGE 106, 62 (142 ff.). Das BVerfG hat zudem klargestellt, dass entsprechend den Intentionen der Verfassungsänderung 1994 die Erforderlichkeit nach Art. 72 II GG ein voll überprüfbarer unbestimmter Rechtsbegriff ist; auch wenn dem Gesetzgeber hinsichtlich künftiger Entwicklungen wie stets ein Prognosespielraum, zuzuerkennen ist. **215**

Gesetze aus der Zeit vor 1994, die nach Art. 72 II GG aF erlassen worden waren, gelten fort. Für sie gilt die Übergangsregelung des Art. 125a II GG (*Degenhart* Rn 180) – auch dazu gibt es mittlerweile Rechtsprechung: für erforderlich werdende Änderungen dieser Gesetze gilt Art. 72 II GG aF; es darf sich jedoch nur um einzelne modifizierende Änderungen handeln, nicht um eine grundlegende Neukonzeption, BVerfGE 111, 10. **216**

Zur Wiederholung: *Degenhart* Rn 146–185 mit Prüfungsschema Rn 186–187.

Aus der Ausbildungsliteratur: *Waldhoff,* Studiengebühren im Bundesstaat, JuS 2005, 391.

Aktuelle Rechtsprechung: BVerfGE 106, 42 (Altenpflegegesetz); BVerfGE 109, 190 (landesrechtliche Unterbringungsgesetze); BVerfGE 111, 10 (Ladenschluss); BVerfGE 111, 226 (Juniorprofessor); BVerfG, U. v. 26.01.2005 = NJW 2005, 493 (Studiengebühren).

Weitere Fälle im thematischen Zusammenhang: *Winkler,* Das Altenpflegegesetz, JA 2004, 631; *Kube/Seiler,* Bildung im Vorschulalter, Jura 2005, 567.

II. Das Recht auf Freiheit der Person

217 Art. 104 GG ergänzt das Grundrecht der Freiheit der Person in Art. 2 II 2 GG durch zusätzliche verfahrensmäßige Sicherungen, die traditionell unter dem Begriff des habeas corpus zusammengefasst werden und zu den ältesten Grundrechtsgarantien überhaupt zählen. Es sind dies insbesondere ein formeller Gesetzesvorbehalt, verbunden mit weiteren Verfahrensgarantien, für jede Art von Freiheitsbeschränkungen, Abs. 1 S. 1, sowie ein Richtervorbehalt, verbunden wiederum mit weiteren Verfahrensgarantien, für bestimmte, qualifizierte Freiheitsbeschränkungen in Form der Freiheitsentziehung, Abs. 2–4. Mit der besonderen materiellen und verfahrensmäßigen Absicherung, die die persönliche Bewegungsfreiheit durch Art. 2 II 2 GG und Art. 104 I GG erfährt, soll insbesondere auch die Einhaltung eines fairen und rechtsstaatlichen Verfahrens garantiert werden.

218 Das Grundrecht auf Freiheit der Person kann zum einen Maßstabsnorm in der **Gesetzesprüfung** sein.

Hier sollte das Problem des polizeilichen Unterbindungsgewahrsams bekannt sein, auch sollte der Examenskandidat sich in etwa vorstellen können, worum es bei der Diskussion um die sog. nachträgliche Sicherungsverwahrung geht.

Hier ist wie folgt aufzubauen:

219

1. Schutzbereich
2. Eingriff und Qualifikation des Eingriffs: Freiheitsentziehung oder -beschränkung?
3. Verfassungsrechtliche Rechtfertigung
   a) formelles Gesetz
   b) formelle Verfassungsmäßigkeit, insbesondere: Kompetenz (kann wegen der Abgrenzung Strafrecht/Sicherheitsrecht im Einzelfall problematisch sein)
   c) materielle Verfassungsmäßigkeit, insbesondere:
   Bestimmtheit des Gesetzes, Art. 104 I GG: ähnlich wie bei Art. 103 II GG strenge Anforderungen – starre Strafandrohungen aber nicht gefordert;
   Verhältnismäßigkeit: hier etwa Problem der Dauer des Unterbindungsgewahrsams

Bei **Eingriffen durch Exekutive oder Judikative** sind im Rahmen der verfassungsrechtlichen Rechtfertigung zu erörtern:

220

a) Verfassungsmäßige Ermächtigungsgrundlage? – wie vorstehend 3. –
b) Anwendung der Ermächtigungsgrundlage
   aa) Richtervorbehalt
   bb) Beachtung der vorgeschriebenen Formalien
   cc) Verhältnismäßigkeit?

Zur Wiederholung: *Pieroth/Schlink* Rn 411–427.

Aus der Ausbildungsliteratur: *Ruß,* Urteil des BVerfG vom 5.02.2004, JA 2004, 710.

Aktuelle Rechtsprechung: BVerfGE 109, 133 und 190 (Sicherungsverwahrung).

III. Justizgrundrechte

Als „Justizgrundrechte" werden die grundrechtsgleichen Garantien der Art. 101–Art. 104 GG bezeichnet. Sie betreffen die Stellung der an einem gerichtlichen Verfahren Beteiligten und ganz allgemein des Bürgers, der der Justiz unterworfen ist. Der Zugang zum Gericht ist demgegenüber Gegenstand der Rechtsschutzgarantie des Art. 19 IV GG, soweit es um Rechtsschutz gegen die öffentliche Gewalt geht, und wird i.Ü. durch den rechtsstaatlichen Justizgewährsanspruch garantiert.[17] Sowohl Art. 19 IV GG als auch der Justizgewährsanspruch fordern effektiven Rechtsschutz. Für die Gestaltung des gerichtlichen Verfahrens sind das Recht auf Gehör nach Art. 103 I GG und ein allgemein-rechtsstaatliches Gebot eines „fairen" Verfahrens bestimmend. Das Recht auf den gesetzlichen Richter in Art. 101 I 2 GG ist vor allem für die Gerichtsorganisation bedeutsam: der für den konkreten Fall zur Entscheidung berufene Richter muss nach abstrakt-generellen Kriterien durch Gesetz (und Geschäftsverteilungspläne) im Voraus bestimmt sein. Zum Entzug des gesetzlichen Richters durch Verletzung einer Vorlagepflicht s. **Fall 10**, Rn 613. **221**

1. Insbesondere: Recht auf Gehör

Art. 103 I GG als das Recht auf Gehör ist die verfassungsrechtliche Grundnorm für das gerichtliche Verfahren.[18] Sie ist Maßstab sowohl für die Ausgestaltung des Prozessrechts als auch für dessen Anwendung. Die „Gehörsrüge" hat im Verfahren der Urteilsverfassungsbeschwerde erhebliche praktische Bedeutung. **222**

Typische Fallkonstellation ist die **Verfassungsbeschwerde gegen eine gerichtliche Entscheidung,** durch die der Beschwerdeführer sein Recht auf Gehör verletzt sieht. Hier ist folgende Prüfungsreihenfolge angezeigt.[19] **223**

1. Zunächst ist zu fragen, ob das Recht auf Gehör verkürzt wurde; hier ist zu vergegenwärtigen, dass das Recht auf Gehör sich in verschiedenen Stufen realisiert:[20] **224**
– Mitteilungspflichten des Gerichts (keine Überraschungsentscheidungen!);
– Äußerungsrechte des Verfahrensbeteiligten;
– Berücksichtigungspflichten des Gerichts;

Auf der 1. Stufe kann das Gehörsrecht durch eine Überraschungsentscheidung verkürzt werden, auf der 2. Stufe durch Anwendung einer Präklusionsnorm, durch übersteigerte Anforderungen an die Einhaltung von Fristen u.Ä., s. dazu *Degenhart*, Fälle 51 und 52.

17 Näher *Degenhart* Rn 418 ff.

18 Näher *Degenhart* Rn 443 ff.

19 Das Schema Schutzbereich – Eingriff – Rechtfertigung passt hier nicht recht, wenn, wie *Pieroth/Schlink* Rn 1081 darlegen, jedes Zurückbleiben hinter den verfassungsrechtlichen Anforderungen einen Eingriff darstellt und jeder Eingriff eine Grundrechtsverletzung.

20 Vgl. *Degenhart*, in: Sachs, Art. 103 Rn 8 ff.; *Pieroth/Schlink* Rn 1077; *Degenhart* Rn 443 ff.

Die Gerichte sind trotz § 184 GVG verpflichtet, sprachbedingte Verständigungsschwierigkeiten zu beheben,[21] wie dies auch in § 185 GVG zum Ausdruck kommt. Auf der 3. Stufe kann die Nichtberücksichtigung eines Beweisantrags oder eines in zulässiger Weise eingereichten Schriftsatzes das Gehör verkürzen.

2. Verletzung spezifischen Verfassungsrechts: nicht jeder Verfahrensfehler bewirkt einen Grundrechtsverstoß:
a) durch Verfassungswidrigkeit der Verfahrensnorm selbst
b) durch verfassungswidrige Handhabung der Verfahrensnorm.

225 Ein Verfassungsverstoß nach a) kann zB dann gegeben sein, wenn eine Präklusionsnorm übersteigerte Anforderungen an die Einhaltung von Äußerungsfristen stellt – hier ist abzuwägen: Rechtsschutz des Verfahrensbeteiligten – Verfahrensbeschleunigung als legitime Zielsetzung des Prozessrechts. Ein Verfassungsverstoß nach b) würde vorliegen, wenn das Gericht die Norm einseitig zulasten der Partei auslegt. Ein Verstoß gegen § 185 GVG bedeutet im Regelfall einen Verstoß auch gegen Art. 103 I GG.

2. Recht auf faires Verfahren

226 Insbesondere für den **Strafprozess** entwickelt die Rspr. aus Art. 2 I GG i.V.m. dem Rechtsstaatsgebot ein Recht auf „faires Verfahren“, das auch ein Recht auf wirksame Verteidigung einschließt. Aus Art. 2 II 2 GG folgen weitere rechtsstaatliche Bindungen – so etwa das Erfordernis tatangemessener strafrechtlicher Reaktion. Für den Zivilprozess wird aus Art. 2 I GG i.V.m. dem Rechtsstaatsgebot ein Recht auf wirksamen Rechtsschutz abgeleitet. Auch hier betont die Rechtsprechung des BVerfG das Gebot eines rechtsstaatlich-fairen Verfahrens.[22] Für den Verwaltungsprozess ist insbesondere Art. 19 IV GG als Garantie wirksamen Rechtsschutzes zu beachten. Ein Anspruch auf „gerechtes, zügiges und öffentl. Verfahren“ und „Recht auf Verteidigung“ wird zB in Art. 78 III SächsVerf ausdrücklich anerkannt. Es entspricht dem Recht auf „faires Verfahren“.

Schließlich sind für das gerichtliche Verfahren die Garantien der **EMRK** zu beachten. Art. 6 EMRK wird insbesondere zur Auslegung der Verfahrensgarantien des Grundgesetzes mit herangezogen. Dies gilt auch für die Unschuldsvermutung nach Art. 6 EMRK.[23]

227 Zum Gebot eines „fairen Verfahrens“ im **Verfassungsprozess** s. BVerfGE 107, 339 zum NPD-Verbotsverfahren: die Unterwanderung der Parteispitze durch V-Leute des Verfassungsschutzes begründete ein rechtsstaatliches Verfahrenshindernis (aaO 363), näher *Degenhart* Rn 450.

---

21 Vgl. *Jarass/Pieroth*, Art. 103 Rn 35 f.
22 Vgl. zB BVerfGE 93, 99 (107).
23 BVerfGE 82, 106 (120).

3. Nulla poena sine lege, Art. 103 II GG

Art. 103 II GG wirkt in zweifacher Weise als Begrenzung der Strafgesetzgebers: **228**
(1) als Bestimmtheitsgebot;
(2) als Rückwirkungsverbot;

zu (1) s. **Fall 13** – 2. Teil –,

zu (2) s. den vorstehenden Fall; zu möglichen Ausnahmen bei der Verfolgung staatlichen Unrechts s. *Degenhart* Rn 372.

Zur Wiederholung: *Degenhart* Rn 418–452.

Aus der Ausbildungsliteratur: *Britz*, Das Grundrecht auf den gesetzlichen Richter in der Rechtsprechung des Bundesverfassungsgerichts, JA 2001, 573.

Aktuelle Rechtsprechung: BVerfGE 101, 397; 103, 44 (Bild- und Tonaufnahmen im Gericht); BVerfGE 104, 42 (Parteiverbot); BVerfGE 107, 395 (rechtliches Gehör).

Fall 4

Spielbankengesetz

Schwierigkeitsgrad: ohne Zusatzfrage Zwischenprüfung,[1] *3 Std., mit Zusatzfrage Vorgerücktenübung, evtl. Examensklausur, 4 Std.*

229 Die Veranstaltung von Glücksspielen unterliegt in der Bundesrepublik Deutschland umfangreichen gesetzlichen Restriktionen. So ist insbesondere ihre Veranstaltung ohne Erlaubnis in § 284 StGB unter Strafe gestellt. Dem liegt die Intention zugrunde, dass das Glücksspiel grundsätzlich von der Rechtsordnung zu missbilligen sei, dies im Hinblick auf die Gefahr der Förderung und Ausnutzung der Spielleidenschaft sowie von Manipulationen, denen die Spieler ausgesetzt sind. Dass kein generelles Verbot erfolgt, wird dadurch erklärt, dass sich der natürliche Spieltrieb des Menschen nicht vollständig unterdrücken lässt. Daher soll die wirtschaftliche Ausnutzung der natürlichen Spielleidenschaft unter staatliche Kontrolle genommen werden, auch im Hinblick darauf, dass kriminelle Elemente, insbesondere auch Kreise der organisierten Kriminalität sich gerade auf diesem Felde gern betätigen. Der wirtschaftliche Ertrag soll auch für die Allgemeinheit fruchtbar gemacht werden.

Dementsprechend können im Bundesland X nach dessen Landesspielbankengesetz (LSpBG) – wie auch in einigen der anderen Bundesländer – mit Erlaubnis des Innenministeriums Spielbanken sowohl in öffentlicher als auch in privater Trägerschaft betrieben werden. Private Spielbankunternehmer unterliegen einer Spielbankabgabe von idR 60 % des Gewinns, die zur Verfügung des Bundeslandes steht. Die einzige Spielbank in privater Trägerschaft im Bundesland X betreibt die Jackpot-GmbH (J) in Glücksstadt auf Grundlage der Spielbankerlaubnis, die ihr bis zum 31.03.2005 erteilt wurde.

Das Bundesland X nimmt den Ablauf der Spielbankerlaubnis der J als willkommene Gelegenheit, um die Verstaatlichung der Spielbanken zu betreiben. Es änderte daher zum 01.01.2005 § 1 III Landesspielbankengesetz (LSpBG) wie folgt:

„Die Erlaubnis darf nur einem Unternehmen in einer Rechtsform des privaten Rechts erteilt werden, dessen sämtliche Anteile unmittelbar oder mittelbar vom Land gehalten werden.“

Mit der Änderung des Landesspielbankengesetzes soll zum einen erreicht werden, dass die Einnahmen der Spielbanken zugunsten öffentlicher sozialer und gemeinnütziger Zwecke abgeschöpft werden können und zum anderen soll die Bevölkerung vor den Gefahren der Ausbeutung der natürlichen Spielleidenschaft so wirksamer geschützt werden.

Der Jackpot-GmbH (J) kann nunmehr aufgrund der Änderung des § 1 III LSpBG eine neue Spielbankerlaubnis nicht erteilt werden. Sie fühlt sich durch diese Regelung in ihren Grundrechten aus Art. 12, 14, 3 GG verletzt. Spielbanken in öffentli-

1 Der Fall wurde in Leipzig als Zwischenprüfungsklausur gestellt und hat dafür einen eher höheren Schwierigkeitsgrad; er könnte aber auch ohne weiteres Teil einer umfangreicheren Examensklausur sein. – Er beruht auf BVerfGE 102, 197.

cher Trägerschaft bedeuteten ersichtlich keinen besseren Schutz vor den mit dem Spielbankbetrieb verbundenen Gefahren als in privater Trägerschaft, auch habe es in der von ihr privat geführten Spielbank noch nie Anlass zu Beanstandungen gegeben. Bereits jetzt würden die Gewinne aus dem Spielbankenbetrieb weitgehend abgeschöpft. Grundsätzlich sei überhaupt der Bund, auch wenn er noch kein Bundesspielbankengesetz erlassen hat, zur Regelung dieses Rechtsbereiches zuständig und nicht das Land. Darüber hinaus könnten ja auch in den anderen Bundesländern Spielbanken in privater Trägerschaft betrieben werden. Sie habe zudem in den letzten Jahren mit erheblichem Einsatz die Spielbank in Glücksstadt zu einem florierenden Gewerbebetrieb aufgebaut und werde jetzt auf kaltem Wege enteignet. Das Gesetz betreffe nur sie und sei deshalb ein unzulässiges Einzelfallgesetz; auch würden die hierdurch eingeschränkten Grundrechte im Gesetz nicht genannt.

Die Jackpot-GmbH erhebt daher sogleich nach Inkrafttreten, ohne zunächst eine neue Spielbankerlaubnis zu beantragen bzw. notfalls gerichtlich zu erzwingen, Verfassungsbeschwerde zum Bundesverfassungsgericht.

Wie sind die Erfolgsaussichten?

Zusatzfrage

Das Spielbankengesetz des Bundeslandes L (LSpBG), in dem es noch nie eine privat betriebene Spielbank gegeben hat, enthält in § 2 eine mit § 1 III des Spielbankengesetzes von X identische Regelung. Die in Großbritannien ansässige und dort erfolgreich eine Kette von Spielcasinos betreibende „Las Vegas Ltd.“ möchte ihr Know-how auch auf dem bundesdeutschen Markt nutzen und beantragt die Konzession für den Betrieb eines Casinos im dortigen Boomstadt. Gegen den ablehnenden Bescheid klagt sie vor dem zuständigen Verwaltungsgericht. Nachdem das Gericht einen Antrag auf Vorlage des LSpBG zum BVerfG abgelehnt hat, da es die Norm für verfassungskonform hält, macht Rechtsanwalt Gambler für die Las Vegas Ltd. Gemeinschaftsrechtswidrigkeit des Gesetzes geltend. Den in einem anderen Mitgliedstaat erfolgreich und ohne jede Beanstandung tätigen Betreibern dürfe es nicht verwehrt werden, auch in L tätig zu werden, zumal dort die landeseigene Glücksspielgesellschaft mehrere Spielbanken betreibe und dies dank massiver Werbung auch sehr erfolgreich.

Welche Überlegungen wird das Gericht anstellen?

Vorüberlegungen

230 Ein klassischer Grundrechtsfall: ein Rechtssubjekt des Privatrechts – die GmbH – erhebt Verfassungsbeschwerde gegen ein Gesetz, in dem eine Grundrechtsverletzung gesehen wird. Damit ist der Aufbau bereits vorgezeichnet: Zulässigkeit und Begründetheit der Verfassungsbeschwerde sind entsprechend den allgemeinen Aufbauhinweisen abzuarbeiten, im Rahmen der Begründetheitsprüfung die hier in erster Linie in Betracht kommenden Art. 12 und Art. 14 GG, ergänzend Art. 3 GG.

231 Die Zulässigkeit sollte keine besonderen Probleme aufwerfen; näher einzugehen ist wie stets bei Verfassungsbeschwerden juristischer Personen auf die Grundrechtsfähigkeit sowie, wie stets bei Verfassungsbeschwerden unmittelbar gegen Gesetze, im Rahmen der Beschwerdebefugnis, auf unmittelbares Betroffensein. Näher einzugehen ist auch auf die Subsidiarität der Verfassungsbeschwerde (dazu o. Rn 25), die im Sachverhalt auch angesprochen ist: muss der Beschwerdeführer ungeachtet unmittelbaren Betroffenseins zunächst vor den Fachgerichten die Art und Weise und die Intensität dieses Betroffenseins näher abklären?

232 In der Begründetheit liegt der Schwerpunkt ersichtlich auf dem Grundrecht der Berufsfreiheit, Art. 12 GG. Im Schutzbereich stellt sich ein in der Praxis eher seltenes, in der Lehrbuchliteratur dafür umso häufiger angesprochenes Problem: sind Tätigkeiten, die von der Rechtsordnung in der einen oder anderen Weise „missbilligt" werden, gleichwohl geschützter Beruf iSd Art. 12 I GG? – Die Frage stellte sich jüngst auch im Fall des bayerischen „Sonderwegs" im Recht des Schwangerschaftsabbruchs (BVerfGE 98, 265): hier war zu entscheiden, ob die Vornahme strafloser, aber rechtswidriger Abtreibungen eine grundrechtlich geschützte Tätigkeit ist.[2] Auf der Rechtfertigungsebene ist bei der Frage eines verfassungsmäßigen Schrankengesetzes näher auf die Gesetzgebungszuständigkeit des Landes einzugehen; auch dies wird im Sachverhalt hinreichend deutlich nahe gelegt. Die Problemstellung ist hier möglicherweise nicht ganz einfach zu erkennen: das Spielbankenrecht könnte einerseits als Recht der Wirtschaft (konkurrierende Zuständigkeit) eingeordnet werden, andererseits wegen seiner gefahrenabwehrenden Zielsetzung als Recht der öffentlichen Sicherheit und Ordnung. Im Übrigen kann Art. 12 GG hier ganz schulmäßig erörtert werden; zur Anwendung der Stufentheorie s. Repetitorium. Im Sachverhalt deutlich angesprochen ist weiterhin zu Art. 14 GG das Recht am Gewerbebetrieb. Zu Art. 3 GG beschränkt sich die Aufgabenstellung auf die Binsenweisheit, dass ein Hoheitsträger (hier also der Gesetzgeber X) nur innerhalb seines Hoheitsbereichs zur Gleichbehandlung verpflichtet ist. – Die Aufgabenstellung wurde angeregt durch BVerfGE 102, 197.[3] Die Kenntnis der Entscheidung war jedoch in keiner Weise Voraussetzung für eine erfolgreiche Bearbeitung der Klausur.

233 Die Zusatzfrage bezieht sich auf die gemeinschaftsrechtliche Seite des Falles, die nach der Entscheidung des EuGH vom 06.11.2003 in der Rs. Gambelli (NJW 2004,

2 Dazu *Büchner*, NJW 1999, 833.
3 S.a. *Ennuschat*, NVwZ 2001, 771; *Muckel*, JA 2001, 460; *Sachs*, JuS 2001, 913.

139) besondere Aktualität erhalten hat. Entsprechend der Fallfrage zu den Überlegungen des Gerichts empfiehlt es sich, hier zunächst die materiell-rechtliche Problematik zu prüfen, um dann den prozessualen Konsequenzen, insbesondere einer möglichen Vorlage zum EuGH nachzugehen. Die Einschlägigkeit der Niederlassungsfreiheit war hier unschwer zu erkennen; die Unterscheidung zwischen Diskriminierungs- und Beschränkungsverbot setzt allerdings europarechtliches Grundwissen voraus.

Gliederung 234

A. Zulässigkeit der Verfassungsbeschwerde

- I. Beschwerdeführer
  - 1. Beschwerdefähigkeit – Art. 19 III GG
  - 2. Prozessfähigkeit – § 35 I GmbHG –
- II. Beschwerdegegenstand: Gesetz
- III. Beschwerdebefugnis
  - 1. plausible Grundrechtsverletzung (+) – Art. 12, 14, 3 I GG
  - 2. Bf. selbst, gegenwärtig und unmittelb. betroffen? – in absehbarer Zeit hinreichend konkretisierbar, kein weiterer Vollzugsakt
- IV. Rechtswegerschöpfung/Subsidiarität: Rechtsweg (–); Subsidiarität der VB? – Antrag auf Erlaubnis – offensichtlich aussichtslos
- V. Form und Frist

  Ergebnis: VB zulässig.

B. Begründetheit der Verfassungsbeschwerde

- I. Berufsfreiheit, Art. 12 I GG
  - 1. Schutzbereich
    - a) sachlich: Beruf (+) – „verbotene" Tätigkeit? (–)
    - b) subjektiv: Art. 12 I i.V.m. Art. 19 III GG
  - 2. Eingriff (+)
  - 3. Verfassungsrechtliche Rechtfertigung
    - a) Art. 12 I 2 GG – einheitl. Schrankenvorbehalt
    - b) Kompetenz
      - aa) Art. 70 I GG
      - bb) ausschließliche Gesetzgebungskompetenz (–),
      - cc) konkurrierende Gesetzgebungskompetenz Art. 74 I Nr. 11 GG? – Recht der Wirtschaft: Auslegung/Zuordnung – Recht der Sicherheit und Ordnung? Entscheidender Schwerpunkt: Recht der Wirtschaft
      - dd) Art. 72 I GG – Sperrwirkung § 284 StGB (–)
    - c) Materielle Verfassungsmäßigkeit
      - aa) legitimes Regelungsziel: Berufswahlregelung, wichtiges Gemeinschaftsgut (+)

bb) Geeignetheit, Erforderlichkeit (+)
cc) Verhältnismäßigkeit i.e.S (–)
d) Einzelfallgesetz, Zitiergebot (–)

II. Eigentumsgarantie des Art. 14 GG: Gewerbebetrieb (–) – Vorrang des Art. 12 I GG
III. Allgemeine Handlungsfreiheit, Art. 2 I GG: subsidiär
IV. Allgemeiner Gleichheitsgrundsatz, Art. 3 I GG (–): nicht im Verhältnis zu anderen Ländern

C. Entscheidung des Bundesverfassungsgerichts

Zusatzfrage

A. Erwägungen zur materiellen Rechtslage – Niederlassungsfreiheit

I. Tatbestand
  1. Fall des Art. 43 I 2 EG
  2. Ausnahme nach Art. 45 EG ? (–)

II. Beschränkung
  1. Beschränkungs- oder Diskriminierungsverbot?
  2. Beschränkung (+)

III. Rechtfertigung
  1. Formale Diskrminierung ? (–)
  2. zwingende Gründe des Gemeinwohls? (–): Land wirbt selbst für Spielbanken
  3. Verhältnismäßigkeit? (–)

B. Prozessuale Konsequenzen: Vorabentscheidung, Art. 234 EG

Musterlösung

Die Verfassungsbeschwerde (VB) der J hat Aussicht auf Erfolg, wenn sie zulässig und begründet ist. **235**

A. Zulässigkeit der Verfassungsbeschwerde

I. Beschwerdeführer

1. Die J müsste **beschwerdefähig** sein. Beschwerdefähig ist gem. Art. 93 I Nr. 4a GG, § 90 I BVerfGG „jedermann", der Träger von Grundrechten bzw. grundrechtsgleichen Rechten sein kann. Die Beschwerdefähigkeit entspricht der Grundrechtsfähigkeit. Grundrechtsfähig ist grundsätzlich jede natürliche Person. Aber auch juristische Personen des Privatrechts können nach Art. 19 III GG grundrechtsfähig sein, wenn die als verletzt gerügten Grundrechte ihrem Wesen nach auf die GmbH anwendbar sind. Dies ist der Fall, wenn die von dem Grundrecht geschützte Tätigkeit nicht nur individuell, sondern auch kooperativ von juristischen Personen ausgeübt,[4] das Grundrecht auch im arbeitsteiligen Verbund einer juristischen Person verwirklicht werden kann. Eine juristische Person kann jedenfalls ein Gewerbe, also einen Beruf ausüben und sie kann auch Eigentum haben. Die J ist somit beschwerdefähig.[5] **236**

2. Die J müsste auch **prozessfähig** sein. Das BVerfGG enthält keine Regelung zur Prozessfähigkeit. Insoweit wird auf den Rechtsgedanken in anderen Verfahrensordnungen zurückgegriffen, § 52 ZPO, § 62 VwGO,[6] wonach unter Prozessfähigkeit die Fähigkeit verstanden wird, Prozesshandlungen selbst oder durch einen selbst bestimmten Vertreter vor Gericht vornehmen zu können. Für die Prozessfähigkeit wird an die Geschäftsfähigkeit angeknüpft bzw. auf die einzelnen in Anspruch genommenen Grundrechte abgestellt. Die J-GmbH ist, vertreten durch ihren Geschäftsführer (§ 35 I GmbHG), prozessfähig. **237**

II. Beschwerdegegenstand

Die VB der J ist gem. Art. 93 I Nr. 4a GG, § 90 I BVerfGG statthaft, wenn sie sich gegen einen Akt der öffentlichen Gewalt des Bundes oder eines Landes richtet. Zu den Akten der öffentlichen Gewalt zählt jede öffentlich-rechtliche Tätigkeit des Staates oder seiner Untergliederungen, also alle Akte der Legislative, Exekutive und Judikative. Die J richtet ihre VB gegen die Regelung des § 1 III LSpBG, einen Akt der Legislative des Landes X und somit einen zulässigen Beschwerdegegenstand. **238**

---

4 BVerfGE 42, 212 (219).

5 Möglich ist auch diese Aufbauvariante: zur Beschwerdefähigkeit wird ausschließlich auf die prinzipielle Grundrechtsfähigkeit abgestellt; hiernach ist die (inländische) juristische Person wie die natürliche Person beschwerdefähig; ob sie Träger der konkret gerügten Grundrechte sein kann, wird dann im Rahmen der Beschwerdebefugnis geklärt.

6 BVerfGE 72, 122 (132 f.).

III. Beschwerdebefugnis

Die J muss weiterhin beschwerdebefugt sein.

239 1. Das setzt zunächst voraus, dass die J plausibel geltend machen kann, durch die Regelung des § 1 III LSpBG in ihren Grundrechten verletzt zu sein; d. h. nach ihrem Vortrag muss eine Grundrechtsverletzung bzw. eine Verletzung eines grundrechtsgleichen Rechts möglich erscheinen. Das ist dann der Fall, wenn die behauptete Grundrechtsverletzung nicht offensichtlich ausgeschlossen ist.[7] Vorliegend beruft sich die J darauf, durch § 1 III LSpBG in ihren Grundrechten aus Art. 12, 14 und 3 GG verletzt zu sein. Eine Verletzung dieser Grundrechte erscheint hier nicht von vornherein ausgeschlossen. Denn[8] die J wird jedenfalls an ihrer bisherigen wirtschaftlichen Betätigung gehindert, sodass eine Verletzung des Art. 12 GG in Betracht zu ziehen ist; ebenso wie ein Eingriff in das Recht am Gewerbebetrieb und damit in das Grundrecht aus Art. 14 GG als möglich erscheint.

240 2. Die Zulässigkeit einer VB unmittelbar gegen ein Gesetz setzt des Weiteren voraus, dass die J durch die angegriffene Norm selbst, gegenwärtig und unmittelbar in ihren Grundrechten betroffen ist.

Die Beschwerdeführerin J ist als Spielbankbetreiberin Adressat der Vorschrift in § 1 III LSpBG und somit selbst betroffen. Sie ist gegenwärtig betroffen, wenn die angegriffene Vorschrift auf ihre Rechtsstellung aktuell „schon oder noch" einwirkt. Das erscheint vorliegend problematisch, da die J derzeit noch nicht der Erteilung einer Erlaubnis bedarf. Es genügt jedoch insoweit, wenn die Vorschrift die Beschwerdeführerin mit Blick auf ihre künftig eintretende Wirkung zu später nicht mehr korrigierbaren Entscheidungen zwingt oder wenn klar abzusehen ist, dass und wie die Beschwerdeführerin in der Zukunft von der Vorschrift betroffen sein wird.[9] Nach Ablauf der bereits erteilten Spielbankerlaubnis nach dem 31.03.2005 bedarf es deren Neuerteilung. Die Grundrechtsbetroffenheit der J ist somit in absehbarer Zeit hinreichend konkretisierbar – die J folglich auch gegenwärtig betroffen.

241 Der Beschwerdeführer muss weiterhin durch den angegriffenen Hoheitsakt auch unmittelbar betroffen sein. Dies ist bei einem Gesetz dann der Fall, wenn die angegriffene Regelung, ohne eines weiteren Vollzugaktes zu bedürfen, seine Rechtsstellung verändert.[10] Für die J steht bereits jetzt ohne weiteren Vollzugsakt fest, dass sie nach Änderung des § 1 III LSpBG keine Chance mehr hat, eine Spielbank im Land X zu betreiben. Sie erfüllt nicht die Erlaubnisvoraussetzungen nach § 1 III LSpBG, weil ihre Anteile nicht vollständig vom Land X gehalten werden. Sie ist also auch unmittelbar betroffen.

Die J ist daher beschwerdebefugt.

---

7 *Pieroth/Schlink* Rn 1129.

8 Zur Darstellungsweise: da es sich hier um unproblematische und zügig abzuarbeitende Punkte handelt, wird der Urteilsstil und nicht der Gutachtensstil gewählt.

9 BVerfGE 102, 197 (207).

10 BVerfGE 53, 366 (389); 70, 35 (50 f.).

IV. Rechtswegerschöpfung/Subsidiarität

Grundsätzlich muss gem. § 90 II BVerfGG vor Erhebung der VB der Rechtsweg erschöpft sein. Unmittelbar gegen Gesetze ist allerdings kein Rechtsweg eröffnet. Das Erfordernis der Rechtswegerschöpfung steht also der Zulässigkeit der VB nicht entgegen. **242**

Ihr könnte jedoch der in § 90 II BVerfGG zum Ausdruck kommende Grundsatz der Subsidiarität der VB entgegenstehen. Dieser Grundsatz besagt, dass eine VB trotz eigener, gegenwärtiger und unmittelbarer Betroffenheit unzulässig sein kann, wenn der Beschwerdeführer vor Anrufung des BVerfG in zumutbarer Weise Rechtsschutz durch die allgemein zuständigen Gerichte erlangen kann.[11] Damit soll neben der Entlastung des BVerfG erreicht werden, dass dieses nicht auf ungesicherter Tatsachen- und Rechtsgrundlage entscheiden muss.[12] Die VB der J könnte also deshalb unzulässig sein, weil diese ungeachtet der gesetzlichen Regelung zunächst ein behördliches Erlaubnisverfahrens mit anschließendem verwaltungsgerichtlichen Verfahren vor der Erhebung der Verfassungsbeschwerde anstrengen könnte. Dies müsste ihr jedoch zumutbar sein. Dagegen spricht, dass diese Vorgehensweise nun offensichtlich aussichtslos wäre,[13] weil nach § 1 III LSpBG die Erteilung einer Spielbankerlaubnis für die J nicht mehr möglich ist. Der für die Erteilung zuständigen Behörde ist weder ein Ermessens- noch ein Beurteilungsspielraum eingeräumt. Der Misserfolg würde von vornherein feststehen. Auch war weder in tatsächlicher noch in rechtlicher Hinsicht eine Vorklärung des Beschwerdevorbringens durch die dafür zuständigen Gerichte geboten. Der Grundsatz der Subsidiarität steht also der Zulässigkeit der Verfassungsbeschwerde nicht entgegen. **243**

V. Form und Frist

Die VB der J muss gem. § 23 I BVerfGG schriftlich abgefasst und gem. § 92 BVerfGG begründet sowie gem. § 93 III BVerfGG innerhalb eines Jahres seit Inkrafttreten des Gesetzes erhoben werden. Die Jahresfrist ist hier noch nicht abgelaufen. **244**

Ergebnis: Die VB der J ist zulässig.

B. Begründetheit der Verfassungsbeschwerde

Die VB der J ist begründet, wenn die J durch § 1 III LSpBG in ihren Grundrechten aus Art. 12 I, 14 I, 2 I, 3 I GG verletzt ist.[14] **245**

---

11 Vgl. BVerfGE 71, 305 (336 ff.); 74, 69 (74).

12 BVerfGE 79, 1 (20); 97, 157 (165).

13 BVerfGE 79, 1 (20).

14 Zum Aufbau der Prüfung im Rahmen der Begründetheit: Die Lösungsskizze folgt im Aufbau der Prüfung einer Grundrechtsverletzung. Denkbar ist auch dieser Prüfungsablauf: I. Formelle Verfassungsmäßigkeit – II. Materielle Verfassungsmäßigkeit. Dann sind im Rahmen der materiellen Verfassungsmäßigkeit Verstöße gegen Grundrechte zu prüfen.

I. Berufsfreiheit, Art. 12 I GG

1. Schutzbereich

246 a) Der sachliche Schutzbereich der Berufsfreiheit des Art. 12 I GG müsste eröffnet sein. Dies ist dann der Fall, wenn es sich bei der Tätigkeit der J, also dem Betreiben einer Spielbank, um einen Beruf iSv Art. 12 I GG handelt.

Der Begriff „Beruf" ist weit auszulegen. Er erfasst dabei jede Tätigkeit, die auf Dauer angelegt ist und der Schaffung und Erhaltung einer Lebensgrundlage dient. Bei einer juristischen Person bedeutet dies die Sicherung ihrer wirtschaftlichen Grundlage. Der Betrieb einer Spielbank ist eine Tätigkeit, die ihrer Art nach jedenfalls auf einen längeren Zeitraum und in diesem Sinne auf Dauer angelegt ist. Die Betätigung als Spielbankunternehmer dient auch der Erzielung von Gewinnen, die zur Schaffung und Erhaltung der wirtschaftlichen Grundlage des Betreibers verwendet werden können. Die Merkmale des verfassungsrechtlichen Berufsbegriffs sind insoweit erfüllt.[15]

247 Fraglich könnte allerdings sein, ob der Schutz des Art. 12 I GG hier deshalb entfällt, weil das Glücksspiel eine von der Rechtsordnung prinzipiell verbotene und nur ausnahmsweise erlaubte Tätigkeit ist. Allein der Umstand, dass eine bestimmte Tätigkeit vom Gesetzgeber verboten wird, kann jedoch den Grundrechtsschutz noch nicht aufheben. Denn dann würde der Berufsbegriff und damit das Grundrecht zur Disposition des Gesetzgebers gestellt werden.[16] Doch wird man jedenfalls verlangen müssen, dass es sich um keine schlechthin verbotene Tätigkeit handelt.[17] Das Glücksspiel ist zwar an sich strafbar. Es kann jedoch mit behördlicher Genehmigung veranstaltet werden. Wenn der Gesetzgeber die Veranstaltung von Glücksspielen durch konzessionierte Spielbankbetreiber als ein Instrument vorsieht, um das an sich missbilligte Glücksspiel zu kanalisieren und dessen Risiken in Griff zu nehmen, so ist auch der einzelne Betreiber hierdurch in das gesetzliche Konzept eingebunden.[18] Dann kann ihm andererseits nicht der Schutz der Rechtsordnung mit der Begründung versagt werden, er übe eine von der Rechtsordnung „missbilligte" Tätigkeit aus.

248 Aber auch dann, wenn man neben schlechthin verbotenen auch solche Tätigkeiten aus dem Schutzbereich der Berufsfreiheit herausfallen lässt, die als sozial- oder gemeinschädlich gelten,[19] ist jedenfalls die Tätigkeit des konzessionierten Spielbankbetreibers nicht in diesem Sinn als sozialschädlich einzustufen. Dies gilt umso mehr, als der Betrieb von Spielbanken jedenfalls vom GG in Art. 106 II Nr. 6 GG, wonach den Ländern das Aufkommen aus der Spielbankabgabe zusteht, vorausgesetzt wird. Auch deshalb kann somit eine Sozial- bzw. Gemeinschädlichkeit nicht

15 BVerfGE 102, 197 (214).
16 *Schoch*, DVBl 1991, 667 (669).
17 *Pieroth/Schlink* Rn 810.
18 Ähnlich ist dies bei der Tätigkeit des Abtreibungsarztes, der zwar eine an sich rechtswidrige (wenn auch nicht strafbare) Tätigkeit ausübt, die jedoch in das gesetzliche Schutzkonzept eingebunden ist, vgl. BVerfGE 98, 265 (297).
19 BVerwGE 22, 286 (289); kritisierend *Pieroth/Schlink* Rn 810.

angenommen werden. Das Betreiben einer öffentlichen Spielbank durch die J ist somit auch Ausübung eines Berufs im Verständnis des Art. 12 I GG.[20]

b) Auch der subjektive Schutzbereich des Grundrechts müsste eröffnet sein. Dass das Grundrecht des Art. 12 I GG auch auf juristische Personen des Privatrechts anwendbar ist, wurde dargelegt. Die Jackpot-GmbH kann sich folglich als inländische juristische Person auf Art. 12 I GG i.V.m. Art. 19 III GG berufen. **249**

2. Eingriff

In das Grundrecht der J aus Art. 12 I GG müsste durch das Gesetz eingegriffen worden sein. Das Spielbankengesetz des Landes X in seiner Neufassung behält in § 1 III den Betrieb von Spielbanken dem Staat bzw. staatlichen Unternehmen vor. Damit wird aber der J als privater Betreiberin einer Spielbank diese Tätigkeit unmöglich gemacht. Hierin liegt ein Eingriff. Denn hierunter fällt jedes staatliche Verhalten, das dem Einzelnen ein grundrechtlich garantiertes Verhalten ganz oder teilweise unmöglich macht.[21] Da diese Wirkung final und unmittelbar mit rechtlicher Verbindlichkeit eintritt, sind bereits die Voraussetzungen des „klassischen" Eingriffsbegriffs erfüllt, sodass es auf dessen Weiterungen hier nicht ankommt. Ein Eingriff in das Grundrecht der Berufsfreiheit liegt insbesondere dann vor, wenn eine hoheitliche Maßnahme sich final und unmittelbar auf die berufliche Betätigung bezieht oder doch zumindest eine objektiv berufsregelnde Tendenz verfolgt.[22] Wenn allerdings eine berufliche Tätigkeit vom Staat monopolisiert wird, so bedeutet dies, dass private Grundrechtsträger keine Chance mehr haben, diese Tätigkeit selbstständig auszuüben. Die Regelung bezieht sich also unmittelbar auf die berufliche Tätigkeit des privaten Spielbankunternehmers. Ein Eingriff in die Berufsfreiheit liegt somit vor.[23] **250**

3. Verfassungsrechtliche Rechtfertigung

Um verfassungsrechtlich gerechtfertigt zu sein, müsste der Grundrechtseingriff durch Grundrechtschranken gedeckt sein.

a) Das Grundrecht der Berufsfreiheit wird nicht unbegrenzt gewährleistet. Nach Art. 12 I 2 GG kann die Freiheit der Berufsausübung durch Gesetz oder auf Grund eines Gesetzes beschränkt werden; sie unterliegt also einem Gesetzesvorbehalt. Ein Gesetz, das dem Grundrechtsträger eine bestimmte berufliche Tätigkeit jedoch generell verschließt, betrifft nicht nur die Freiheit der Berufsausübung, betrifft nicht nur das „wie" einer beruflichen Betätigung, sondern das „ob". Das Gesetz greift damit in die Freiheit der Berufswahl ein. Diese unterliegt nach dem Wortlaut des Art. 12 I 1 GG an sich keinem Gesetzesvorbehalt. Doch sind die Wahl eines Berufes und dessen Ausübung beides Aspekte einer einheitlichen Freiheit beruflicher Betätigung,[24] da **251**

20 BVerfGE 102, 197 (213).
21 *Pieroth/Schlink* Rn 240.
22 BVerfGE 13, 181 (185 f.).
23 Der Bearbeiter kann bereits hier und nicht erst im Rahmen der Rechtfertigung die Stufe des Eingriffs prüfen.
24 *Pieroth/Schlink* Rn 808.

die Berufswahl sich in der Berufsausübung immer neu bestätigen muss und mit der Berufswahl die Berufsausübung beginnt. Deshalb wirkt auch eine Beschränkung der Berufsausübung auf die Berufswahl zurück. Es ist also von einem einheitlichen grundrechtlichen Schutzbereich und demgemäß auch von einem einheitlichen Schrankenvorbehalt auszugehen. Eingriffe in die Freiheit der Berufswahl unterliegen jedoch strengeren Anforderungen als Eingriffe in die Freiheit der Berufsausübung, da sie intensiver die Freiheit der beruflichen Betätigung beschränken. Für die verfassungsrechtliche Rechtfertigung kommt es also entscheidend darauf an, auf welcher Stufe eingegriffen wird. Erforderlich aber ist in jedem Fall zunächst eine gesetzliche Grundlage für den Eingriff.

b) § 1 III LSpBG müsste insbesondere **kompetenzgerecht** erlassen worden sein.

252 aa) Grundsätzlich ist nach Art. 70 I GG das Land zuständig, wenn nicht ausdrücklich dem Bund die Gesetzgebungskompetenz zugewiesen ist. Zu prüfen ist also, ob das Gesetz in eine ausschließliche, eine konkurrierende oder eine Rahmenkompetenz des Bundes fällt.

253 bb) Eine **ausschließliche** Gesetzgebungskompetenz des Bundes nach Art. 71, 73 GG bzw. an anderer Stelle des GG kommt nicht in Betracht. Keiner der Kompetenztitel des Art. 73 GG ist einschlägig.

254 cc) Es könnte jedoch eine **konkurrierende** Gesetzgebungskompetenz des Bundes nach Art. 74 I Nr. 11 GG bestehen. Dann müsste das Spielbankenrecht zum Recht der Wirtschaft iSd Art. 74 I Nr. 11 GG zählen.

255 Der Kompetenztitel wird weit ausgelegt. Unter **Recht der Wirtschaft** werden alle das wirtschaftliche Leben und die wirtschaftliche Betätigung als solche regelnden Normen zu begreifen sein. Vor allem die Vorschriften, die sich in irgendeiner Form auf die Erzeugung, Herstellung und Verteilung von Gütern des wirtschaftlichen Bedarfs beziehen, sind Recht der Wirtschaft.[25] Dafür spricht dann im Fall des Betriebs einer Spielbank, dass diese auf Gewinn gerichtet ist und damit auch auf die Erzielung wirtschaftlich verwertbarer Leistungen. Dagegen könnte sprechen, dass der Spielbankbetrieb sich deshalb nicht mit der Erzeugung, Herstellung oder Verteilung von Gütern des wirtschaftlichen Bedarfs befasst, weil Spielbanken keinen wirtschaftlichen Bedarf decken und der Gewinn der Spielbank auch nicht – wie bei gewerbetreibenden – das Ergebnis der Tätigkeit des Spielbankbetreibers, sondern das Zufallsprodukt des wechselnden Spielverlaufs ist.[26] Andererseits kann der Begriff der Wirtschaft nicht auf die traditionellen Arten einer wirtschaftlichen Betätigung begrenzt werden. Auch eine atypische Betätigung kann als wirtschaftliche Betätigung angesehen werden. Da der Begriff weit zu fassen ist, müssen auch ständig neu entstehende Wirtschaftsformen erfasst werden können. Der Besuch einer Spielbank wird zunehmend als eine Form der Unterhaltung gesehen, für die, wie für andere Formen der Unterhaltung auch, ein Entgelt entrichtet wird, das in der Erbringung des Einsatzes für das Spiel liegt. Das bedeutet für den Betrieb von Spiel-

---

25 *Degenhart*, in: Sachs, Art. 74 Rn 37.
26 BVerfGE 28, 119 (146 ff.); 102, 197 (214).

banken, dass auch dieser als wirtschaftliche Betätigung anzusehen ist, da er einen Bedarf, der wirtschaftlicher Bedarf ist, an Unterhaltungsmöglichkeiten und Vergnügungen deckt. Wenn zudem der Betrieb einer Spielbank zu den von Art. 12 I GG geschützten Tätigkeiten zählt, kann ihm die Einordnung als wirtschaftliche Betätigung nicht abgesprochen werden.

Von seiner Zielsetzung her könnte das Landespielbankengesetz jedoch auch als Recht der öffentlichen **Sicherheit und Ordnung** gesehen werden. Denn es geht hierbei entscheidend darum, typische Gefahren aus dem Spielbankenbetrieb zu begrenzen. Wenn insbesondere dem Gesetz die Erwägung zugrundeliegt, dass das Glücksspiel herkömmlich zwielichtige, wenn nicht gar kriminelle Elemente anzieht, so geht es auch um Gefahrenabwehr im herkömmlich polizeirechtlichen Sinn. **256**

Kommt somit eine Zuordnung zu unterschiedlichen Kompetenzmaterien in Betracht,[27] so ist auf den primären Normzweck und ergänzend auf den Schwerpunkt der Regelung abzustellen. Danach könnte für eine Einordnung als Sicherheitsrecht sprechen, dass es dem Gesetzgeber primär um die Abwehr von Gefahren geht. Dies ist aber auch sonst bei wirtschaftsregelnden Gesetzen der Fall, die zB den Schutz der Kunden in bestimmten Wirtschaftszweigen zum Ziel haben, etwa im Recht der Banken- oder Börsenaufsicht. Unmittelbarer Gegenstand des Spielbankenrechts ist eben der Betrieb von Spielbanken als auch wirtschaftlicher Vorgang. Es geht um die Ingriffnahme dieses speziellen Wirtschaftszweigs des Entertainment-Sektors. Daher ist vom Schwerpunkt, vom unmittelbaren Gegenstand und von der Spezialität der Materie her Recht der Wirtschaft anzunehmen. **257**

dd) Soweit eine konkurrierende Gesetzgebungskompetenz gegeben ist, steht dem Land X die Gesetzgebungskompetenz nach **Art. 72 I GG** aber nur zu, wenn und soweit der Bund nicht von seiner Gesetzgebungskompetenz Gebrauch gemacht hat. Es darf also die Sperrwirkung eines Bundesgesetzes nicht wirksam geworden sein. Der Bundesgesetzgeber hat jedoch bisher – wie auch im Sachverhalt ausdrücklich erwähnt wurde – noch kein Spielbankengesetz erlassen. Eine Kompetenzsperre könnte also nur durch die strafrechtliche Regelung in § 284 StGB eingetreten sein. Dies wäre jedoch nur der Fall, wenn hierin eine abschließende bundesgesetzliche Kodifikation des Spielbankenrechts liegen würde. Dagegen spricht jedoch, dass mit der Formulierung des § 284 StGB, wonach „ohne Erlaubnis“ kein Glücksspiel betrieben werden darf, die Erteilung der Erlaubnis in ihren Voraussetzungen noch näher zu konkretisieren ist und deshalb wesentliche Fragen noch zur Regelung anstehen. Es liegt also keine bundesgesetzliche abschließende Regelung vor, die eine Sperrwirkung begründen könnte. Das Bundesland X war also für den Erlass des Gesetzes zuständig. **258**

c) Des Weiteren muss die Regelung **materiell verfassungsmäßig**, insbesondere verhältnismäßig sein. **259**

aa) Zu fordern ist zunächst ein legitimes Regelungsziel. Dies hängt entscheidend davon ab, ob hier eine Berufswahl- oder eine Berufsausübungsregelung vorliegt. Für

---

27 Hierzu s. *Degenhart* Rn 165 ff.

Letztere genügen vernünftige Erwägungen des Gemeinwohls, für Erstere sind die Anforderungen an ein legitimes Regelungsziel entsprechend höher.

260 Da hier jedoch, wie dargelegt, der Zugang zu einer bestimmten beruflichen Betätigung generell ausgeschlossen wird, liegt ein Eingriff auf der Stufe der Berufswahlregelung vor. Zu prüfen ist, ob es sich um eine subjektive oder eine objektive Berufswahlregelung handelt. Hier wird durch § 1 III LSpBG der Zugang zum „Beruf" des Spielbankbetreibers staatlichen Gesellschaften vorbehalten. Da hierdurch bestimmte Anforderungen an die Rechtsform und die Beteiligungsverhältnisse aufgestellt werden, könnte dies für eine subjektive Zulassungsvoraussetzung sprechen. Doch bedeutet die Beschränkung auf staatliche Gesellschaften in der Sache ein staatliches Monopol: kein privater Grundrechtsträger hat die Möglichkeit, die fragliche berufliche Tätigkeit aufzunehmen. Damit aber wird eine Zulassungsschranke errichtet, die kein Grundrechtsträger überwinden kann. Es handelt sich also – wie stets im Fall eines staatlichen Monopols – um eine objektive Zulassungsschranke. Voraussetzung hierfür ist ein taugliches Schrankengesetz.[28] Da hier, wie dargelegt, eine Grundrechtsbeschränkung auf der Stufe einer objektiven Berufswahlregelung vorliegt, ist zu fordern, dass diese zur Abwehr nachweisbarer oder höchstwahrscheinlicher schwerer Gefahren für ein überragend wichtiges Gemeinschaftsgut geboten ist.[29] Hierbei ist auf die Gegebenheiten des jeweiligen Wirtschaftsbereichs abzustellen. Dabei kann nicht unberücksichtigt bleiben, dass der Betrieb einer Spielbank eine an sich unerwünschte Tätigkeit ist, die der Staat gleichwohl erlaubt, um das illegale Glücksspiel einzudämmen, dem nicht zu unterdrückenden Spieltrieb des Menschen staatlich überwachte Betätigungsmöglichkeiten zu verschaffen und dadurch die natürliche Spielleidenschaft vor strafbarer Ausbeutung zu schützen.[30] Dabei ist die Zahl der zugelassenen Spielbanken herkömmlich und verfassungsrechtlich unbedenklich in erheblichem Maße beschränkt.

261 Diesen Besonderheiten des Spielbanken„marktes" ist Rechnung zu tragen, wenn der Staat Eingriffe in das Recht der freien Wahl des Berufs des Spielbankunternehmers vornimmt. Bereits die Abwehr der typischen Gefahren aus dem Spielbankbetrieb dient dem Schutz überragend wichtiger Gemeinschaftsgüter und der Abwehr ihnen drohender schwerer Gefahren. Die Verknappung des Marktes und die Eigentümlichkeiten des Gegenstandes der beruflichen Tätigkeit erfordern hier einen breiteren Regelungs- und Gestaltungsspielraum des staatlichen Gesetzgebers. Ausreichend, im Interesse eines wirksamen Grundrechtsschutzes allerdings auch notwendig ist deshalb, Beschränkungen des Zugangs zu jenem Beruf nur davon abhängig zu machen, dass mit der im Einzelfall beabsichtigten Beschränkung der weitestmögliche Ausschluss der Gefahren aus dem Glücksspiel und die weitestgehende Beschränkung seiner von der Rechtsordnung ja generell missbilligten Auswirkungen angestrebt wird, mithin wichtige Gemeinwohlbelange verfolgt werden. Auch derartige Beschränkungen erfordern aber die strikte Beachtung des Verhältnismäßigkeitsgrundsatzes.

---

28 Zum Aufbau: die folgenden Überlegungen könnten auch bei der Prüfung der Verhältnismäßigkeit im engeren Sinn, im Zuge der Abwägung gebracht werden (vgl. *Pieroth/Schlink* Rn 858).

29 Vgl. BVerfGE 7, 377 (408).

30 Vgl. BVerfGE 28, 119 (148); 102, 197 (215).

262 Mit der Regelung ist zum einen beabsichtigt, die Einnahmen der Spielbanken weitgehend für die Förderung öffentlicher Zwecke abzuschöpfen, die Spielerträge also möglichst vollständig zugunsten der Allgemeinheit zu verwenden. Darin findet einer der für die Zulassung von Spielbanken maßgeblichen Grundgedanken seinen Ausdruck. Zum anderen wird mit der Regelung angestrebt, die Bevölkerung vor den Gefahren der Ausbeutung der natürlichen Spielleidenschaft zu schützen. Diese Zielsetzungen sind verfassungsrechtlich nicht zu beanstanden und stellen wichtige Belange des Gemeinwohls dar. Sie können angesichts der Besonderheiten des fraglichen Wirtschaftsbereichs im Grundsatz auch objektive Zulassungsschranken legitimieren.

263 bb) Die gesetzliche Regelung muss des Weiteren auch **geeignet und erforderlich** sein, diese legitimen Ziele der Regelung zu verwirklichen.

Soweit dem Gesetz die Erwägung zugrundeliegt, die Erträge aus dem Glücksspiel, wenn dieses schon von der Rechtsordnung missbilligt wird, doch zumindest für gemeinnützige Zwecke nutzbar zu machen, so ist die Regelung geeignet, da Gewinne in privater Hand nicht mehr entstehen können. Nichts anderes gilt auch für die ordnungspolitische Zielsetzung, den Spielbankenbetrieb so zu organisieren, dass den von einem solchen Betrieb ausgehenden Gefahren für Spieler und Allgemeinheit wirksamer begegnet werden kann. Denn mit der ausschließlichen Zulassung von Unternehmen in staatlicher Hand wird der Gefahr begegnet, dass sich die befürchteten kriminellen Elemente, insbesondere aus Kreisen der organisierten Kriminalität, auf diesem Feld etablieren könnten. Zwar ist andererseits nicht zu verkennen, dass es auch beim Betrieb staatlicher Spielbanken zu Missständen kommen kann, wie zahlreiche Spielbankenskandale der Vergangenheit gezeigt haben.[31] Doch ist es Sache des Gesetzgebers, die Eignung unterschiedlicher Maßnahmen zur Erreichung eines bestimmten Zwecks zu beurteilen;[32] erst bei offensichtlicher Fehlsamkeit einer gesetzgeberischen Prognose darf das Verfassungsgericht dieser die Anerkennung verweigern.

264 Darüber hinaus muss der Ausschluss privater Spielbankbetreiber zur Erreichung der wichtigen Gemeinwohlziele erforderlich sein. Erfolgt ein Eingriff in das Grundrecht der Berufsfreiheit auf der Stufe einer objektiven Berufszulassungsschranke, so darf das Regelungsziel nicht ebenso effektiv auf einer niederen Stufe erreicht werden können und es darf auch sonst kein milderes Mittel bestehen.

265 Hinsichtlich des Ziels der Gewinnabschöpfung ist dies fraglich, denn statt der absoluten Zugangssperre für Spielbankunternehmen in privater Trägerschaft könnte es mildere Mittel auf niederer Stufe geben, die zur Zielerreichung gleichermaßen geeignet wären, die Träger jener Unternehmen aber weniger belasten. Eine ebenso geeignete, aber weniger belastende und zudem lediglich die Berufsausübung regelnde Vorgehensweise läge etwa in der Gewinnabführung durch eine Spielbankenabgabe,

---

31 Hinweis für den Bearbeiter: auch hier zeigt es sich erneut, dass aufmerksames Verfolgen des tagespolitischen Geschehens in der Presse das Argumentationsarsenal für die Fallbearbeitung gerade im Staatsrecht durchaus bereichern kann.

32 *Degenhart* Rn 401 f.

wie sie auch bisher galt. Auch wenn hierdurch nicht der volle Gewinn an den Staat abgeführt würde, ist doch zu berücksichtigen, dass auch bei staatlich betriebenen Spielbanken ein vergleichbarer Anteil des Gewinns im Spielbankenunternehmen belassen werden müsste, um dessen wirtschaftlichen Bestand zu sichern. Die Regelung ist somit diesbezüglich nicht erforderlich.

266 Hinsichtlich des Gesetzeszwecks der Gefahrenabwehr kann allerdings die Erforderlichkeit der angegriffenen Regelung nicht grundsätzlich in Abrede gestellt werden. Dem Gesetzgeber ist auch bei Grundrechtsbeschränkungen der vorliegenden Art ein Beurteilungs- und Prognosespielraum eingeräumt. Ihm steht insbesondere in Bezug auf die Bewertung und die Auswahl der für das beabsichtigte Regelungsvorhaben in Erwägung zu ziehenden Maßnahmen ein weiter Bereich des Ermessens zu, das sich auch auf die Einschätzung der späteren Wirkungen der gesetzlichen Normierung erstreckt. Infolge dieser Einschätzungsprärogative können Maßnahmen, die der Gesetzgeber zum Schutz eines wichtigen Gemeinschaftsgutes wie der Abwehr der Gefahren, die mit dem Betrieb und dem Besuch öffentlicher Spielbanken verbunden sind, für erforderlich hält, verfassungsrechtlich nur beanstandet werden, wenn nach den dem Gesetzgeber bekannten Tatsachen und im Hinblick auf die bisher gemachten Erfahrungen feststellbar ist, dass Beschränkungen, die als Alternativen in Betracht kommen, die gleiche Wirksamkeit versprechen, die Betroffenen indessen weniger belasten. Dass es beim Betrieb der Spielbank der Beschwerdeführerin nicht zu irgendwelchen Missständen gekommen ist, kann, für sich gesehen, allerdings die Erforderlichkeit der Regelung noch nicht grundsätzlich in Frage stellen. Denn der Gesetzgeber muss eine typisierende Betrachtungsweise zugrundelegen. Dies in Rechnung gestellt, kann davon ausgegangen werden, dass der Gesetzgeber die Regelung auch insoweit für erforderlich halten durfte.

267 cc) Fraglich ist jedoch, ob die Regelung, soweit sie auf das Ziel der Gefahrenabwehr gestützt ist, wegen ihrer weit reichenden Folgen für private Spielbankunternehmer, im engeren Sinne verhältnismäßig, also **angemessen** ist. Verhältnismäßig ist die Regelung, wenn der mit ihr verbundene Nachteil nicht außer Verhältnis zum angestrebten wichtigen Gemeinwohlziel steht.

268 Der Eingriff in die freie Berufswahl durch die Regelung wiegt schwer. Schwere und Nachhaltigkeit des Grundrechtseingriffs ergeben sich aus den Konsequenzen, zu denen § 1 III LSpBG führt. Diese Regelung schließt künftig jeden, der im Land X eine öffentliche Spielbank in privater Allein- oder Mitträgerschaft betreiben will, von der Wahl und Ausübung des Berufs eines Spielbankunternehmers aus, weil ihm schon die Chance einer Bewerbung um Zulassung zu diesem Beruf genommen wird, und sei es auch in Konkurrenz zu einem staatlichen oder ganz oder teilweise in öffentlicher Trägerschaft geführten Unternehmen. Der vollständige Ausschluss einer solchen Chance ist angesichts des Umstands, dass die privat geführte Spielbank im Bundesland X seit Jahren beanstandungsfrei, ja erklärtermaßen vorbildhaft betrieben wird, Missstände und Unregelmäßigkeiten als Auslöser für die mit dem Spielbankenbetrieb verbundenen Gefahren also nicht erkennbar geworden sind, unangemessen. Schließlich wird der Eingriff in seiner Intensität dadurch verstärkt, dass die J auf der Grundlage der gegebenen Gesetzeslage erhebliche Dispositionen getroffen, in den Spielbankenbetrieb investiert hat. Sie konnte davon ausgehen, dass sie unter gleich bleibenden Verhältnissen den Betrieb würde weiterführen können. Für Inhaber von Spielbank-Lizenzen führt also die Neuregelung auch dazu, dass sie eine bereits ausgeübte wirtschaftliche Tätigkeit – die als solche in den Schutzbereich des Art. 12 I GG fällt – beendigen müssen.

Dass der Kreis der Betroffenen klein ist – derzeit ist nur die J betroffen –, ändert an dieser Beurteilung nichts. Abgesehen davon, dass nicht bekannt ist, wie viele private Interessenten sich um eine Spielbankerlaubnis für den Betrieb der Spielbanken im Land X bewerben werden, wenn die Möglichkeit dazu wieder geschaffen wird, mindert die geringe Zahl von Betroffenen nicht die Schwere des den Einzelnen treffenden Eingriffs. Diese wird auch nicht durch die angestrebte Verbesserung der Gefahrenabwehr aufgewogen. So wirkungsvoll und erfolgversprechend, dass die Schwere des Grundrechtseingriffs ausgeglichen und damit gerechtfertigt werden könnte, ist diese Verbesserung nicht.[33] Die Grenze der Zumutbarkeit wird bei einer Gesamtabwägung zwischen der Schwere des Eingriffs und dem Gewicht der ihn rechtfertigenden Gründe im Ergebnis nicht mehr gewahrt. Selbst wenn man jedoch die staatliche Monopolisierung des Spielbankbetriebs grundsätzlich noch für angemessen und deshalb gerechtfertigt erachten wollte, müsste zumindest gegenüber den aktuellen Betreibern die Intensität des Eingriffs durch Übergangsregelungen abgemildert werden. **269**

d) Es könnte sich bei dem Gesetz um ein unzulässiges **Einzelfallgesetz** handeln, da die J bei Inkrafttreten des Gesetzes einzige Betreiberin einer Spielbank in X ist. Das Gesetz gilt jedoch allgemein. Es gilt auch für alle künftig in Betracht kommenden Spielbankbetreiber, gilt also generell und abstrakt. Dass im Zeitpunkt seines Inkrafttretens nur ein Betreiber unmittelbar betroffen ist, steht nicht entgegen.[34] Das Gesetz verstößt auch nicht gegen das Zitiergebot des Art. 19 I 2 GG. Dieses gilt nach dem Wortlaut der Norm nur für Grundrechte, die unter einem Gesetzesvorbehalt in dem Sinn stehen, dass sie „durch Gesetz oder auf Grund eines Gesetzes" eingeschränkt werden können. Für Grundrechte, die von vornherein im Rahmen der allgemeinen Rechtsordnung gelten, wie dies nach Art. 12 I 2 GG auch für die berufliche Betätigung gilt, gilt das Zitiergebot demgegenüber nicht. **270**

Sonstige Verfassungsverstöße sind nicht ersichtlich. Auf Grund ihrer unverhältnismäßigen Eingriffswirkung verletzt die Regelung des § 1 III LSpBG jedoch das Grundrecht der Berufsfreiheit der J aus Art. 12 I GG. **271**

II. Eigentumsgarantie des Art. 14 GG

Fraglich erscheint, ob ein Eingriff in den Schutzbereich der Eigentumsgarantie aus Art. 14 GG vorliegt. Hier könnte der Schutzbereich des Grundrechts insbesondere unter dem Gesichtpunkt des Rechts am eingerichteten und ausgeübten Gewerbebe- **272**

33 BVerfGE 102, 197 (221 f.).
34 *Degenhart* Rn 127 f.

trieb als Schutzgegenstand des Art. 14 I GG betroffen sein.[35] Der Schutz dieses Rechts geht allerdings nicht weiter, als der Schutz der zum Unternehmen gehörenden Sachen und Rechte.[36] Das Recht der J am eingerichteten und ausgeübten Gewerbebetrieb „Spielbank" könnte dadurch betroffen sein, dass auf Grund der gesetzlichen Regelung ihre Spielbankenkonzession nicht erneuert werden kann und hierdurch ihr Betrieb entwertet wird. Ob gewerberechtliche Genehmigungen als öffentlich-rechtliche Positionen in den Schutzbereich des Eigentumsgrundrechts fallen können,[37] erscheint fraglich, da Art. 14 GG grundsätzlich nur vermögenswerte private Rechte schützt, öffentlich-rechtliche Positionen nur dann, wenn sie durch eigene Leistungen erdient sind. Dies kann aber dahinstehen, da die Geltungsdauer der Konzession befristet war. Auch wenn ihre Verlängerung erwartet werden durfte, handelte es sich dabei doch jedenfalls nur um künftige Erwerbsmöglichkeiten und Gewinnchancen und -erwartungen. Diese fallen jedoch nicht unter Art. 14 I GG. Maßgeblich ist insoweit allein die Berufsfreiheit des Art. 12 I GG. Art. 14 GG schützt lediglich den Bestand des Unternehmens, das durch unternehmerische Tätigkeit bereits Erworbene, nicht dagegen den Vorgang des Erwerbs als solchen; insoweit greift allein Art. 12 GG.[38] Der Schutzbereich des Art. 14 I GG ist also nicht berührt.

III. Allgemeine Handlungsfreiheit, Art. 2 I GG

273 Das Grundrecht auf allgemeine Handlungsfreiheit aus Art. 2 I GG wird vom spezielleren Grundrecht der Berufsfreiheit aus Art. 12 I GG hier verdrängt.

IV. Allgemeiner Gleichheitsgrundsatz, Art. 3 I GG

274 Ein Verstoß gegen den allgemeinen Gleichheitsgrundsatz aus Art. 3 I GG setzt zunächst voraus, dass eine Ungleichbehandlung von wesentlich Gleichem vorliegt, d.h. dass verschiedene Personen, Personengruppen oder Sachverhalte vergleichbar sind, die jedoch durch dieselbe Rechtsetzungsgewalt ungleich behandelt werden. Die J als privater Spielbankbetreiber fühlt sich hier ungleich behandelt gegenüber privaten Spielbankbetreibern aus anderen Bundesländern. Allerdings erfolgt die Ungleichbehandlung nicht durch dieselbe Rechtsetzungsgewalt, sondern jeweils durch die einzelnen Bundesländer und somit unterschiedliche Rechtsetzungsgewalten. Ein Verstoß gegen den allgemeinen Gleichheitssatz aus Art. 3 I GG kommt somit nicht in Betracht.

C. Entscheidung des Bundesverfassungsgerichts

275 Die Verfassungsbeschwerde ist zulässig und begründet. Das Bundesverfassungsgericht wird eine Verletzung des Art. 12 I GG feststellen und das Gesetz für nichtig erklären, § 95 III 1 BVerfGG.

---

35 BGH, BVerwG und hL, offenlassend BVerfGE 87, 363 (394).
36 *Pieroth/Schlink* Rn 905.
37 Die Frage spielt eine Rolle bei der verfassungsrechtlichen Diskussion um den „Atomausstieg".
38 BVerfGE 88, 366 (377).

Zusatzfrage:

A. Erwägungen zur materiellen Rechtslage – Niederlassungsfreiheit

Das Spielbankenmonopol in L könnte gegen die Niederlassungsfreiheit nach Art. 43 EG verstoßen, wenn hierdurch Spielbankunternehmer aus anderen Mitgliedstaaten gehindert werden, in L Niederlassungen zu gründen. **276**

I. Tatbestand

1. Dann müsste zunächst der Tatbestand der Niederlassungsfreiheit eröffnet sein. Da die Las Vegas Ltd. bereits in einem anderen Mitgliedstaat eine Reihe von Spielcasinos betreibt und in der Bundesrepublik eine weitere Zweigniederlassung eröffnen will, ist Art. 43 I 2 i.V.m. I 1 EG einschlägig. Hiernach sind Beschränkungen der Gründung von Zweigniederlassungen durch Angehörige eines Mitgliedstaates, die im Hoheitsgebiet eines Mitgliedstaates ansässig sind, unzulässig. Die Gesellschaft „Las Vegas Ltd." ist im Vereinigten Königreich ansässig und ist als britische Gesellschaft auch „Angehörige" dieses Mitgliedstaates. Sie kann sich also für die beabsichtigte Gründung einer Zweigniederlassung in Deutschland auf die Niederlassungsfreiheit nach Art. 43 EG berufen. **277**

2. Wenn nach Art. 45 EG für die Ausübung öffentlicher Gewalt eine Bereichsausnahme vorgesehen ist, so könnte angesichts der ordnungsrechtlichen Zielsetzungen des Rechts des Glücksspiels in der Bundesrepublik Deutschland und angesichts des Umstandes, dass diese in L dem Staat vorbehalten ist, die Anwendung dieser Bestimmung erwogen werden. Dagegen spricht jedoch bereits, dass Spielbanken von privatrechtlich organisierten Gesellschaften betrieben werden, mithin gerade keine hoheitlichen Funktionen wahrnehmen. Es handelt sich um eine wirtschaftliche, auf Gewinnerzielung angelegte Tätigkeit, die in keiner Weise mit der Ausübung öffentlicher Gewalt verbunden ist, mag der Gesetzgeber auch ordnungsrechtliche Zielsetzungen verfolgen. Die Bereichsausnahme des Art. 45 EG greift hier also nicht ein. **278**

II. Beschränkung

1. Der Annahme einer Beschränkung der Niederlassungsfreiheit könnte entgegenstehen, dass das Verbot des Betriebs einer privaten Spielbank für in- und ausländische Bewerber in gleicher Weise gilt. Grundsätzlich wirkt die Niederlassungsfreiheit des Art. 43 EG als ein Diskriminierungsverbot, das den EG-Bürgern einen Anspruch auf Gleichbehandlung mit Inländern einräumt. Dies ergibt sich aus dem Zusammenhang mit Art. 43 II EG, wonach die Niederlassungsfreiheit die Aufnahme selbstständiger Erwerbstätigkeiten und die Gründung und Leitung von Unternehmen nach den Bestimmungen des Aufnahmestaates für seine eigenen Angehörigen umfasst. Allerdings bezieht sich Absatz 2 in Art. 43 EG seinem Wortlaut nach nicht auf die in Absatz 1 Satz 2 genannten Aspekte, insbesondere die Gründung von Zweigniederlassungen. Hier muss daher ein Beschränkungsverbot gelten, wie dies aus der Formulierung des Art. 43 I 2 EG hervorgeht. Weitergehend noch ist nach der Rechtspre- **279**

chung des EuGH ein Beschränkungsverbot immer dann anzunehmen, wenn die Aufnahme einer Tätigkeit generell verhindert wird.[39]

280 2. Damit aber bedeutet die Regelung im LSpBG eine Beschränkung der Niederlassungsfreiheit. Denn Unternehmen aus anderen Mitgliedstaaten kann hiernach keine Konzession erteilt werden. Dass auch inländische Unternehmen keine Konzession erhalten, ändert hieran nichts.

III. Rechtfertigung

281 1. Die Regelung wirkt nicht formal diskriminierend, da sie ja in- und ausländische Unternehmen gleichermaßen ausschließt. Damit sind Beschränkungen nicht nur aus Gründen des öffentlichen Wohls zulässig, sondern auch aus zwingenden Gründen des Gemeinwohls.

282 2. Die ordnungsrechtlichen Zielsetzungen des Gesetzes könnten einen derartigen zwingenden Grund des Gemeinwohls darstellen. Denn die Eindämmung des Glücksspiels stellt eine legitime Gemeinwohlerwägung dar. Es müsste dann entscheidend darum gehen, die Gelegenheiten zum Spiel zu vermindern. Dagegen spricht aber im vorliegenden Fall, dass das Land L selbst lt. SV eine Reihe von Spielbanken betreibt und zu deren Besuch durch massive Werbung ermuntert. Tatsächlich dürfte es also mit dem Spielbankenmonopol zumindest gleichrangig das Ziel verfolgen, Einnahmen für den Staatshaushalt zu erzielen. Solange die Behörden eines Mitgliedstaates die Verbraucher dazu anreizten und ermunterten, an Lotterien, Glücksspielen oder Wetten teilzunehmen, damit der Staatskasse daraus Einnahmen zufließen, können sie sich nicht auf zwingende Gründe des Gemeinwohls berufen, um Beschränkungen der Niederlassungsfreiheit zu rechtfertigen.[40]

283 3. I.Ü. ist auch die Verhältnismäßigkeit der Beschränkung zu verneinen. Wie schon zu Art. 12 I GG ausgeführt wurde, könnten die gesetzgeberischen Zielsetzungen, soweit sie legitimiert sind, mit weniger eingreifenden Mitteln erreicht werden.

B. Prozessuale Konsequenzen

284 Das Verwaltungsgericht wird erwägen, die Frage der Vereinbarkeit der gesetzlichen Regelung mit Art. 43 EG dem EuGH im Vorabentscheidungsverfahren nach Art. 234 EG vorzulegen. Hierzu ist es nach Art. 234 II EG befugt, wenn eine Frage nach Art. 234 I EG entscheidungserheblich ist. Voraussetzung[41] ist zunächst eine zulässige Vorlagefrage; dies ist hier die Frage, ob Art. 43 EG einem nationalen Spielbankenmonopol entgegensteht, Art. 234 I lit. a EG. Erforderlich ist weiterhin Entscheidungserheblichkeit der Vorlagefrage; das Gericht müsste also darlegen, dass dann, wenn die Beschränkung der Konzessionierung auf Gesellschaften in staatlicher

39 Vgl. *Lecheler*, § 8, S. 264 f.

40 So auch EuGH, Rs. V – 243/01 (Gambelli), NJW 2004, 139 für strafrechtliche Beschränkungen der Vermittlung von Sportwetten.

41 Näher *Streinz* Rn 558 ff.

Hand gemeinschaftsrechtswidrig ist, es diese Beschränkung nicht anwenden, sondern Gesellschaften in privater Hand gleich behandeln würde.[42]

Da das VG nicht in letzter Instanz entscheidet, ist es zur Vorlage nach Art. 234 II EG berechtigt, aber nach Art. 234 III EG nicht verpflichtet. Es wird jedoch, nicht zuletzt in Anbetracht der Gambelli-Entscheidung des EuGH, im Interesse der Verfahrensökonomie eine Vorabentscheidung einholen.[43] Dies entspricht auch den Grundsatz der Gemeinschaftstreue. **285**

Repetitorium

I. Das Grundrecht der Berufsfreiheit in der Fallbearbeitung – „Stufen-Theorie“ und Grundrechtsprüfung

Die Prüfung des Art. 12 GG in der Klausur wird vor allem durch die sog. Drei-Stufen-Theorie des Bundesverfassungsgerichts bestimmt. Sie enthält als „frühe Konkretisierung“ des Verhältnismäßigkeitsprinzips Elemente sowohl der Erforderlichkeit (Eingriff auf der untersten geeigneten Stufe) als auch der Verhältnismäßigkeit i.e.S (Unterscheidung der Stufen mit unterschiedlichen Rechtfertigungsanforderungen). Daher ist es möglich die Drei-Stufen-Theorie selbstständig neben der Verhältnismäßigkeit zu prüfen oder in die Prüfung zu integrieren.[44] Vorzugswürdig erscheint Letzteres, da dann Unstimmigkeiten und Widersprüche vermieden werden.[45] **286**

1. Schutzbereich: Da Träger des Grundrechts nur Deutsche sind, ist auf der Schutzbereichsebene zwischen personellem (subjektivem) und sachlichem (objektivem) Schutzbereich zu unterscheiden – freilich nur, wenn sich hierfür Anhaltspunkte im Sachverhalt ergeben; zu Art. 2 I GG als Auffanggrundrecht (BVerfGE 104, 337) s. Repetitorium Fall 8. Beim EU-Ausländer ist allerdings zu erörtern, ob das Diskriminierungsverbot des EU-Vertrags den Schutz des Art. 12 I GG erfordert. Der sachliche Schutzbereich ist eine Frage des Berufsbegriffs (dazu *Pieroth/Schlink* Rn 810 f.). Die Definition sollte vertraut sein: auf Schaffung und Unterhaltung einer Lebensgrundlage gerichtete und auf Dauer angelegte Tätigkeit; zum Kriterium des Erlaubten Rn 247 f.[46] **287**

---

42 Der EuGH prüft insoweit, anders als das BVerfG im Verfahren nach Art. 100 I GG, nur nach Evidenzkriterien, vgl. *Streinz* Rn 560.

43 Zur Notwendigkeit einer Vorabentscheidung s. auch BVerfG, B. v. 27.04.2005 (Sportwettenvermittlung).

44 S. dazu *Manssen*, BayVBl 2001, 642.

45 Der Verfasser hat es nie als nachteilig gewertet, wenn Bearb. die Stufentheorie nicht ausdrücklich erwähnt, sondern von vornherein eine entsprechend strukturierte Verhältnismäßigkeitsprüfung vorgenommen haben – dies wird jedoch nicht immer so gesehen.

46 Die im Zusammenhang häufig angesprochene Frage nach der Bewertung der Prostitution ist mittlerweile durch das Prostitutionsgesetz vom 20.12.2001 entschieden; dazu und zu den gemeinschaftsrechtlichen Aspekten *Stiebig*, BayVBl 2004, 545 ff.: es gilt die Dienstleistungsfreiheit des EGV; s. dazu die drei Urteile des EuGH vom 27.09.2001, Slg. 2001 I, 6369 ff., 6427 ff. und 6557 ff. sowie U. v. 20.11.2002, Slg. I, 8615 ff.

288 **2. Eingriff:** Jede Maßnahme bzw. gesetzliche Regelung, die gerade auf die Berufsregelung zielt (subjektiv berufsregelnde Tendenz) oder aber bei neutraler Zielsetzung sich tatsächlich mit erheblichem Gewicht auf die berufliche Betätigung auswirkt (objektiv berufsregelnde Tendenz). Ist eine Beeinträchtigung der beruflichen Betätigung nur mittelbare Folge eines Gesetzes (Beispiel: Abgabengesetze), so ist diese objektive berufsregelnde Tendenz erforderlich.[47]

Berufsbezogen sind zB Änderung der Betriebsgenehmigung für einen Flughafen (Nachtflugverbot) gegenüber Luftfrachtunternehmen;[48] nicht ist dies die Rechtschreibreform gegenüber Verlagen, die dadurch zu betrieblichen Dispositionen veranlasst werden: sie richtet sich nicht speziell an Verlage oder Druckereien; Verkehrsverbote für bestimmte Produkte[49] greifen einerseits final in die Berufsfreiheit des Herstellers ein, mittelbar auch dadurch, dass sie ihn zur Produktumstellung zwingen und haben auch objektiv berufsregelnde Tendenz. Dies gilt auch für ein Gesetz, das Tierversuche beschränkt oder verbietet, wenn es im Schwerpunkt solche Aktivitäten betrifft, die gewerblich ausgeübt werden, zB Tierversuche in der Kosmetikindustrie.[50] Einen faktischen Eingriff kann die Offenlegung von Betriebsinterna bedeuten.[51] Keine berufsregelnde Tendenz haben steuerliche Regelungen dann jedenfalls nicht, wenn sie, wie die sog. Ökosteuer, grundsätzlich alle Verbraucher treffen, mögen sie sich auch gegenüber einzelnen Berufsgruppen nachteilig auswirken, vgl. BVerfGE NVwZ 2004, 846.

289 Die Frage der Berufsbezogenheit stellt sich insbesondere auch bei faktischen (mittelbaren) Eingriffen i.S.d. „modernen" Eingriffsbegriffs. Für **staatliche Informationstätigkeit** ist jedoch die „Glykol-Entscheidung" BVerfGE 105, 252 zu beachten,[52] wonach „marktbezogene Informationen" keine Grundrechtsbeeinträchtigung darstellen (näher Rn 632): Informationen, die der Markttransparenz dienen, berühren den Schutzbereich der Berufsfreiheit auch dann nicht, wenn sie sich auf die Wettbewerbsposition eines Unternehmens nachteilig auswirken. Demgegenüber schützt Art. 12 Abs. 1 GG Unternehmen in ihrer beruflichen Betätigung vor inhaltlich unzutreffenden Informationen oder vor Wertungen, die auf sachfremden Erwägungen beruhen oder herabsetzend formuliert sind. Die Einordnung der Entscheidung in den klassischen Aufbau der Grundrechtsprüfung bereitet hier Schwierigkeiten, da Grundrechtseingriff und Eingriffsrechtfertigung unter dem Oberbegriff der „Grundrechtsbeeinträchtigung" ineinander übergehen und die sachliche Richtigkeit bereits als Frage des Schutzbereichs behandelt wird. M.E. kann hier zumindest im Ansatz am herkömmlichen Aufbau festgehalten werden; Schwerpunkt der Prüfung wäre dann das Vorliegen eines Grundrechtseingriffs; s. auch **Fall 11**, dort zu einem öffentlich-rechtlichen Unterlassungsanspruch.

Auf dieser Ebene der Prüfung kann bereits die Zuordnung zu einer der „Stufen" i.S.d. Stufentheorie vorgenommen werden, sofern man diese Prüfung nicht der Ebene der

---

47 Vgl. *Jarass/Pieroth*, Art. 12 Rn 12.
48 Examensfall NW, *Pieroth/Görisch*, NWVBl 2001, 282.
49 Vgl. BGHZ 111, 349.
50 Hierzu den Hausarbeitsfall bei *Wernsmann*, Jura 2001, 106.
51 S. dazu auch Examensfall 6 EJS Bay 2001/1, BayVBl 2002, 30/57 ff.
52 Fallbeispiel: *Grote/Kraus* – Fall 2; die dort lehrbuchartig ausgeführte Entwicklung zum „modernen" Eingriffsbegriff kann in einer Klausur nicht dargestellt werden.

verfassungsrechtlichen Rechtfertigung vorbehalten will.[53] *Letzteres erscheint vorzugswürdig: die Stufentheorie ist nichts anderes als das auf das Grundrecht des Art. 12 hin formulierte Verhältnismäßigkeitsprinzip.*[54]

3. Verfassungsrechtliche Rechtfertigung

Variante a) – Eingriff (nur) durch Gesetz: Gesetzesprüfung 290

a) Schranken des Grundrechts/Einschränkbarkeit auf allen „Stufen“:
hierbei sollte erwähnt werden, dass Berufswahl und -ausübung ein einheitliches und einem einheitlichen Schrankenvorbehalt unterliegendes Grundrecht darstellen, verbunden mit der Feststellung, dass für Eingriffe auf jeglicher Stufe eine gesetzliche Grundlage erforderlich ist; auch an dieser Stelle könnte geprüft werden, auf welcher „Stufe“ i.S.d. Stufentheorie sich das Gesetz bewegt – sofern man diese Feststellung nicht der Prüfung der Verhältnismäßigkeit vorbehalten will.

b) Formelle Verfassungsmäßigkeit des Schrankengesetzes;

c) Materielle Verfassungsmäßigkeit, insbesondere Verhältnismäßigkeit:

aa) Stufentheorie: Eingriff auf welcher Stufe? Legitimer Zweck?
Sofern nicht vorstehend unter a) oder auch schon vorstehend bei der Feststellung des Eingriffs die Zuordnung zu einer der „Stufen“ getroffen wurde, hat dies jetzt zu erfolgen.
Wenn Berufsausübungsregelung: „vernünftige Erwägungen des Gemeinwohls“;
wenn Berufswahlregelung: „wichtige“ bzw. „überragend wichtige Gemeinschaftsgüter“.

bb) Geeignetheit? Erforderlichkeit – Regelung auf niedrigerer Stufe ausreichend?
Auch diese letztere Frage ist Konsequenz aus der Stufentheorie.

cc) Verhältnismäßigkeit im engeren Sinn: Das Gesetz muss auch i.Ü. den verfassungsrechtlichen Anforderungen genügen, wie zB denen des Parlamentsvorbehalts für grundrechtswesentliche Fragen, dazu **Fall 10**. Dies gilt auch dann, wenn, wie häufig im Berufsrecht der freien Berufe, die Berufsausübung durch **Satzung** geregelt wird (näher *Degenhart* Rn 291, 342 und Fall 37 Rn 340) – werden hier Regelungen, die der Gesetzgeber treffen müsste, in der Satzung entschieden, so ist diese insoweit verfassungswidrig. I.Ü. ist in der neueren Rspr. des BVerfG eine Tendenz zu intensiverer Prüfung rechtfertigender Gemeinwohlgründe zu erkennen, vgl. beispielhaft BVerfGE 107, 186 (Impfstoffversand an Ärzte); BVerfGE 108, 150 (Sozietätswechsel).

Variante b) – Eingriff durch die Exekutive[55] 291

a) Schranken des Grundrechts – wie bei Variante a) – Gesetzesprüfung

b) Verfassungsmäßiges Schrankengesetz
aa) formelle Verfassungsmäßigkeit
bb) materielle Verfassungsmäßigkeit – Verhältnismäßigkeit entspr. Stufentheorie
cc) wenn der Eingriff unmittelbar auf eine untergesetzliche Rechtsvorschrift zurückgeht, insbesondere eine berufsständische Satzung: Beachtung des Parlamentsvorbehalts, Entscheidung der grundrechtswesentlichen Fragen durch Gesetz (s.o. zu Variante b); in

53 Dafür zB der Fall einer Altersgrenze für kommunale Wahlbeamte bei *Kelm*, Jura 2001, 611, dort auch zum Verhältnis von Art. 12 I und Art. 33 GG; für eine Einordnung nach Stufen bereits bei Feststellung des Eingriffs s. demgegenüber den Fall bei *Pieroth/Görisch*, NWVBl 2001, 282 (284).

54 So auch *Pieroth/Schlink* Rn 861.

55 Instruktiv für die Methodik der Fallbearbeitung: *Kellner*, Jura 2002, 775.

dieser Fallkonstellation ist nach der Prüfung des Gesetzes und vor der Prüfung des Einzelfalles die untergesetzliche Norm zu prüfen.[56]

c) Anwendung des Schrankengesetzes:
Hier wie stets bei der Prüfung im Einzelfall ist darauf abzustellen, inwieweit eine gebundene, inwieweit eine Ermessensentscheidung zu treffen ist: wenn etwa ein Gesetz zur Gewerbeuntersagung oder zu Auflagen ermächtigt, ist die Stufentheorie auch auf die behördliche Entscheidung anzuwenden.

Zur Wiederholung: *Pieroth/Schlink* Rn 806–870.

Aus der Ausbildungsliteratur: *Krimms,* Das Grundrecht der Berufsfreiheit in der Fallbearbeitung, JuS 2001, 664; *Buchinger/Peifer*, Art. 12 I, 19 IV GG: Sofortiger Vollzug des Widerrufs der Approbation einer Apothekerin, JA 2004, 437.

Aktuelle Rechtsprechung: BVerfGE 106, 181 (Werbung von Ärzten); BVerfGE 107, 186 (Impfstoffversand an Ärzte); BVerfGE 108, 150 (Sozietätswechsel); BVerfGE 110, 141 (Kampfhunde); BVerfGE 111, 10 (Ladenschluss); BVerfG 111, 191 (Zugang zum Notarberuf); BVerfGE 105, 232 (marktbezogene Informationen); OVG Saarlouis, NVwZ-RR 2004, 740 (Spielautomatenkonzession).

Weitere Fälle im thematischen Zusammenhang: *von Hübenett,* Von verrückten Weihnachtsgänsen, Jura 2005, 268; *Elicjer,* Der Streit um die Anerkennung als medizinisch-psychologische Untersuchungsstelle, JA 2003, 311; *Wolffgang/Lee*, Öffentlich-rechtliche Klausur: „Apotheken-Drive-In“, NWVBl 2004, 439; *Kremer*, Erlaubnis zum Betrieb einer Spielbank, Jura 2004, 1135; *Kellner*, Prüfungen ohne Ende: Qualitätskontrollen bei der Anwaltschaft?, Jura 2002, 775; Aufgabe 6 EJS Bay 2001/2, BayVBl 2004 28, 60 (Werbung der freien Berufe); *Kelm*, Zu alt als Bürgermeister?, Jura 2001, 611; *Pieroth/Görisch,* Nachtflugbeschränkungen und Grundrechte von Luftverkehrsunternehmen, NWVBl 2001, 282; *Wernsmann,* Wassertiere in der Waschmittelforschung: Problematische Tierversuche, Jura 2001, 106; *Ennuschat,* Das Kupier-Verbot, NWVBl 2000, 439; *Frotscher,* Altershöchstgrenze für Notare, JuS 2000, L 21; *Lang,* Die Hühnerfarm, NWVBl 2000, 111.

II. Grundfreiheiten des EG-Vertrags

292 Staatliche Maßnahmen, die aus der Sicht des Grundgesetzes eine Beschränkung der Berufsfreiheit nach Art. 12 GG darstellen, können aus gemeinschaftsrechtlicher Sicht, wenn die in Frage stehenden Tätigkeiten einen Gemeinschaftsbezug haben, die Grundfreiheiten des EG-Vertrags beeinträchtigen; s. für die Dienstleistungsfreiheit Fall 10 – Laserdrome – und für die Warenverkehrsfreiheit Fall 17 – Verkehrsblockade –; die Grundstruktur der Prüfung ist vergleichbar der Grundrechtsprüfung: tatbestandliche Anwendbarkeit (Schutzbereich) – Vorliegen einer Beeinträchtigung (Eingriff) – Rechtfertigung. In der Frage einer Beeinträchtigung ist zwischen Diskriminierungs- und Beschränkungsverboten zu unterscheiden, vgl. zur Zusatzfrage unter A.II.1., Rn 79; in der Frage der Rechtfertigung werden neben den ausdrücklich normierten Gründen auch wichtige Gemeinwohlgründe anerkannt; diese müssen aber diskriminierungsfrei angewandt werden; näher zur Thematik s. im Repetitoriumsteil zu **Fall 17**.

56 Beispielhaft: Aufgabe 6 EJS Bay 2001/2, BayVBl 2004 28, 60 (Werbung der freien Berufe).

Fall 5

Mietbindungsgesetz

Schwierigkeitsgrad: Examensklausur, 4–5 Std., Aufgabenteile auch als Zwischenprüfungsklausur

Die Bundesregierung ist besorgt über einen sich drastisch verschärfenden Wohnungsmangel und exorbitante Mietpreissteigerungen für Wohnraum in einigen süddeutschen und westdeutschen Ballungsräumen. Sie legt im Januar 2005 den Entwurf eines Mietbindungsgesetzes vor. Es lautet in seinen wesentlichen Bestimmungen: **293**

§ 1 Gesetzeszweck
Das Gesetz dient einer sozialverträglichen Begrenzung der Wohnraummieten in Gemeinden, in denen die ortsüblichen Vergleichsmieten mehr als 20 v.H. über dem Bundesdurchschnitt liegen oder in denen ein Mangel an Wohnraum besteht.

§ 2 Mietpreisbindung
Die bei Inkrafttreten des Gesetzes geltenden Mieten für Wohnraum werden bis zum 31.12. 2010 festgeschrieben. Bei Neuvermietungen nach In-Kraft-Treten dieses Gesetzes dürfen die zum Zeitpunkt seines Inkrafttretens geltenden Miethöhen nicht überschritten werden. Nach diesem Zeitpunkt kann eine Anpassung entsprechend der vom statistischen Bundesamt festgestellten Entwicklung des Index der Lebenshaltungskosten vorgenommen werden.

§ 3 Härteklausel
Liegt die nach § 2 maßgebliche Miete bei Inkrafttreten dieses Gesetzes um mehr als 20 v.H. unter der ortsüblichen Vergleichsmiete, so kann die Miete nach Maßgabe der allgemeinen Bestimmungen bis zur Höhe der Vergleichsmiete erhöht werden, wenn dies zur Vornahme unaufschiebbarer Investitionen zur Erhaltung bestehenden Wohnraums erforderlich ist. Die Mieterhöhung bedarf der Genehmigung durch das zuständige Wohnungsamt.

§ 4
Der Bundesminister für Städtebau und Wohnungswesen bestimmt durch Rechtsverordnung die Gemeinden nach § 1.

In den Monaten nach Bekanntwerden des Entwurfs ist in zahlreichen Gemeinden, die für die Anwendung des Gesetzes in Betracht kommen, eine Welle von Mieterhöhungen festzustellen. Bei Neuvermietungen werden Steigerungen von bis zu 50 % festgestellt. Unter dem Eindruck dieser Entwicklungen wird in 2. Lesung der Gesetzesvorlage am 05.05.2005 § 2 wie folgt neu gefasst:

§ 2 Mietpreisbindung
Die am 01.02.2005 geltenden Mieten für Wohnraum werden bis zum 31.12.2010 festgeschrieben. Für Neuvermietungen nach dem 01.02.2005 sind die am 01.02.2005 geltenden Mieten maßgeblich. Nach diesem Zeitpunkt vereinbarte höhere Mieten sind anzupassen. Nach dem 31.12.2010 kann eine Anpassung entsprechend der vom statistischen Bundesamt festgestellten Entwicklung des Index der Lebenshaltungskosten vorgenommen werden.

In dieser Fassung beschließt der Bundestag das Gesetz am 01.07.2005. Der Bundesrat wird ordnungsgemäß beteiligt. Das Gesetz tritt nach Ausfertigung und Verkündung am 01.08.2005 in Kraft. Am gleichen Tag verkündet der Bundesminister für

Städtebau und Wohnungswesen eine Rechtsverordnung über die Anwendung des Mietbindungsgesetzes (MietVO) diesen Inhalts:

Auf Grund von § 4 des Mietbindungsgesetzes vom 25.07.2005 wird festgestellt, dass in den folgenden Gemeinden die Voraussetzungen des § 1 dieses Gesetzes gegeben sind:
(es folgt die Aufzählung einer Reihe von Großstädten in Süd- und Westdeutschland und angrenzender Gemeinden).

Der praktische Arzt Dr. Erwin Eisenbarth (E) ist Eigentümer eines Mehrfamilienhauses mit 8 Wohnungen in der Großstadt S, die in der Verordnung genannt ist. Die Wohnraummieten in S liegen je nach Kategorie zwischen 30 und 100 % über dem bundesdeutschen Durchschnitt. Beim Wohnungsamt sind 20 000 Wohnungssuchende gemeldet, denen nur wenige frei werdende Wohnungen gegenüberstehen.

E hat das Haus im Jahr 2003 errichtet und die Wohnungen zum 01.09.2003 vermietet. Er hat hierbei im Einklang mit den geltenden gesetzlichen Bestimmungen Staffelmieten vereinbart: Die Miethöhe betrug hiernach zunächst € 10,00/m² und sollte dann alle zwei Jahre bis 2009 um jeweils € 1,00/m² steigen, erstmalig also zum 01.09.2005.

E fühlt sich durch das Gesetz enteignet. Er werde an einer wirtschaftlichen Nutzung seines Eigentums gehindert, da ihm die Möglichkeit entzogen werde, die ihm gehörenden Wohnungen zu angemessenen Bedingungen zu vermieten. Er habe von vornherein die Staffelmieten in seine Kalkulation einbezogen und müsse nun bis zum Jahr 2009 mit einer Miete von € 10,00 auskommen, obschon die örtliche Vergleichsmiete bei € 11,50 liege. Zwei im April frei gewordene Wohnungen habe er für € 13,00 neu vermietet; nunmehr verlangten die Mieter eine Anpassung auf die vorher geltende Miete von € 10,00.

E hat ferner ein Einfamilienhaus in S geerbt, das er vermietet hat. Die Miete betrug am 01.02.2005 sehr günstige € 1500,00; E hatte vor, sie zum Ende des Jahres entsprechend den gesetzlichen Vorschriften auf die ortsübliche Vergleichsmiete anzuheben. Er sieht sich nun in dieser Erwartung getäuscht, was ihn umso mehr erbittert, als er bisher in seiner Mietforderung besonders moderat gewesen sei.

E legt Verfassungsbeschwerde zum BVerfG ein und rügt Verletzung seiner Grundrechte aus Art. 14 I, 2 I und 3 I GG. Unter Berufung auf den dargelegten Sachverhalt legt er dar, er fühle sich in seinen Rechten als Eigentümer verletzt. Er habe insbesondere darauf vertraut, auf Grund der Staffelmieten gesicherte Mieteinnahmen erwarten zu können und sich darauf in seinen finanziellen Dispositionen eingerichtet. Auch würden durch das Gesetz alle Mieter willkürlich dem gleichen Dirigismus unterworfen. Ohnehin seien derartige planwirtschaftliche Eingriffe in den Markt sinnlos.

Der Vertreter der Bundesregierung erwidert, das Gesetz sei notwendig und sinnvoll, um einen überhitzten Markt zu beruhigen. Hierfür sei es auch erforderlich gewesen, die Mietpreisentwicklung – von Härtefällen abgesehen – generell zu stoppen; man habe hier nicht auf jedes einzelne Mietverhältnis abstellen können. Im Übrigen könne kein Eigentümer darauf spekulieren, immer höhere Renditen aus seinem Eigentum erzielen zu können.

Die Erfolgsaussichten der Verfassungsbeschwerde sind darzulegen.

Vorüberlegungen

Die zentrale materiell-verfassungsrechtliche Thematik des Falles wird beim Durchlesen des Sachverhalts rasch klar werden. Im Mittelpunkt steht die Eigentumsgarantie des Art. 14 GG, im Mittelpunkt steht weiterhin das rechtsstaatliche Rückwirkungsverbot. Die prozessuale Konstellation ist die der Verfassungsbeschwerde unmittelbar gegen ein Gesetz. Der Bearbeiter wird sich hier sorgfältig mit der Unmittelbarkeit des Grundrechtsbetroffenseins und der Subsidiarität der Verfassungsbeschwerde auseinandersetzen müssen. Er wird sich daran erinnern, dass das Bundesverfassungsgericht gelegentlich bei Verfassungsbeschwerden gegen Gesetze vom Beschwerdeführer verlangt, zunächst eine Vorabklärung des Sachverhalts und seines konkreten Betroffenseins durch die Fachgerichte auch dann herbeizuführen, wenn er bereits durch das Gesetz unmittelbar betroffen ist. So könnte hier erwogen werden, dass der Beschwerdeführer zunächst seine Rechte als Mieter vor den Zivilgerichten verfolgen muss, hierbei etwa darlegen könnte, dass die Wirkungen des Gesetzes die von ihm abgeschlossenen Mietverträge nicht erfassen. Angesichts der eindeutigen Zielsetzung des Gesetzes, einen generellen Mietstopp herbeizuführen, wird es im Ergebnis zu verneinen sein, doch wäre es durchaus vertretbar, die Verfassungsbeschwerde hier an einer Subsidiarität scheitern zu lassen. Dann müsste der Bearbeiter die Begründetheit hilfsgutachtlich prüfen. Es handelt sich hier allerdings schon um Feinheiten des Verfassungsprozessrechts. Ein guter Bearbeiter kann also entsprechend „punkten", doch würde es nicht gravierend gewertet werden, wenn diese Frage hier nicht behandelt wird, der Bearbeiter sich auf die Darlegung des unmittelbaren Betroffenseins beschränkt. **294**

Die Begründetheitsprüfung macht deutlich, dass bei aller Komplexität der Eigentumsrechtsdogmatik des Bundesverfassungsgerichts und des BGH es hier doch um die zentrale Funktion des Grundrechts geht: seine Wirkung als Abwehrrecht gegen Grundrechtsbeschränkungen, seine Struktur also als Freiheitsgrundrecht, wie andere Grundrechte auch. Deshalb kann hier auch ganz schulmäßig mit der Prüfung von Schutzbereich – Eingriff – Rechtfertigung vorgegangen werden. Zum Schutzbereich muss gesehen werden, dass auch die Nutzung des Eigentums, etwa durch Vermietung, unter Art. 14 I GG fällt. Dass hier eine Inhalts- und Schrankenbestimmung vorliegt, ist unproblematisch: Bestimmungen des sozialen Mietrechts sind ein klassischer Fall einer generellen Bestimmung von Rechten und Pflichten der Eigentümer. **295**

Auf der Rechtfertigungsebene liegt der Schwerpunkt auf der Gesetzesprüfung. Ein Gesetz, dass eine verfassungsmäßige Inhalts- und Schrankenbestimmung vornimmt, muss in jeder Hinsicht verfassungsmäßig sein. Keine Schwierigkeiten dürfte hier die Kompetenzprüfung bereiten. In der Prüfung der materiellen Verfassungsmäßigkeit werden die vom Bundesverfassungsgericht entwickelten prinzipiellen Anforderungen an Inhalts- und Schrankenbestimmungen relevant. Das Gesetz muss einen legitimen Zweck verfolgen, es muss geeignet und erforderlich sein, und es muss als Ausdruck der Angemessenheit einen sachgerechten Ausgleich zwischen Eigentümerbefugnissen und legitimen Belangen der Allgemeinheit vornehmen. Dabei sind die für Art. 14 GG entwickelten typischen Argumentationsfiguren zugrundezulegen. Es muss die Eigenart des Eigentumsobjekts berücksichtigt werden, sein spezifisch so- **296** zialer Bezug, wie es sich gerade bei Eigentum an Wohnraum daraus ergibt, dass jeder auf Wohnraum angewiesen ist. Mit der im Gesetz enthaltenen Härteklausel wird ein sehr häufig verfolgter und grundsätzlich auch gebilligter Weg zur Herstellung der Angemessenheit eingeschlagen. Wird so die Abwägung vernünftig und vor allem normativ strukturiert, wobei auch die sozialstaatliche Legitimation des Gesetzes herangezogen werden kann, so ist sie im Ergebnis doch offen. Mit tragfähiger Argumentation kann man hier durchaus zu unterschiedlichen Ergebnissen gelangen. Zwei Problemkreise müssen in die Begründetheitsprüfung noch eingebaut werden: Zum einen der Umstand, dass hier der Gesetzgeber es dem Verordnungsgeber überlassen hat, über die Anwendung des Gesetzes in bestimmten Gemeinden zu entscheiden. Ob er dies tun durfte, ist eine Frage des grundgesetzlichen Parlamentsvorbehalts, der wiederum in Art. 80 I 2 GG für Verordnungsermächtigungen seinen konkreten Ausdruck gefunden hat. Zu prüfen ist also die Bestimmtheit der Verordnungsermächtigung. Zum anderen muss die Rückwirkungsproblematik behandelt werden. Sie ist hier nicht isoliert zu prüfen, sondern im Rahmen des Art. 14 GG. Denn wenn ein eigentumsbindendes Gesetz in jeder Hinsicht verfassungsmäßig sein muss, so kann es dann, wenn es eine unzulässige Rückwirkung bewirkt, eben keine verfassungsmäßige Eigentumsbindung darstellen. Im Sachverhalt enthaltene Differenzierungen geben hinreichend Anlass, hier die Rückwirkungsdogmatik zu entfalten. Die Unterscheidung zwischen echter und unechter Rückwirkung zumindest sollte bekannt sein.

297 Schwierigkeiten bereitet die Entscheidung des Bundesverfassungsgerichts dann, wenn das Gesetz nur insoweit als verfassungswidrig erachtet wird, als es gegen das Rückwirkungsverbot verstößt. Das Gesetz kann dann nicht als Ganzes für nichtig erklärt werden. Andererseits können auch nicht einzelne Teile des Gesetzes ausgegliedert werden. Hier mag der Bearbeiter sich daran erinnern, dass gelegentlich das Bundesverfassungsgericht sich damit begnügt, die Verfassungswidrigkeit festzustellen und den Gesetzgeber zur Nachbesserung aufzufordern, ohne das Gesetz als Ganzes für nichtig zu erklären.

298 Gliederung

A. Zulässigkeit der Verfassungsbeschwerde

I. Beschwerdeführer

II. Beschwerdegegenstand: Gesetz/RVO

III. Beschwerdebefugnis

1. Plausible Geltendmachung einer Grundrechtsverletzung: Art. 14 I GG (+)
2. E selbst, gegenwärtig und unmittelbar betroffen? Grundrechtsbetroffensein: Gesetz

IV. Rechtswegerschöpfung/Subsidiarität

Rechtsweg (–)

Subsidiarität der VB? Möglicherweise Vorabklärung durch die Fachgerichte, ob E durch Gesetz erfasst; aber: Intention des Gesetzes eindeutig

V. Form und Frist (+) – SV

B. Begründetheit der Verfassungsbeschwerde

I. Art. 14 I GG
1. Schutzbereich
Eigentum iSv Art. 14 I GG (+); auch: Nutzung
2. Eingriff (+) – Inhalts- und Schrankenbestimmung
3. Verfassungsmäßigkeit der Inhalts- und Schrankenbestimmung
a) Inhalts- und Schrankenbestimmung durch Gesetz
aa) Zuständigkeit:
(1) Art. 74 I Nr. 1 GG – bürgerliches Recht –, Art. 74 I Nr. 18 GG – Wohnungswesen
(2) konkurrierende Zuständigkeit: Art. 72 II GG (+): gleichwertige Lebensverhältnisse
bb) Zustandekommen (+): SV
b) Parlamentsvorbehalte – Bestimmtheit
aa) Art. 80 I 2 GG; Inhalt: Rechtsfolgen (+); Zweck (+) Entscheidung des Gesetzgebers „ob überhaupt"; Ausmaß (+)
bb) Parlamentsvorbehalt – wesentliche Fragen (+)
c) Materielle Verfassungsmäßigkeit
aa) legitimer Zweck (+): sozialstaatl. Anliegen; Eignung, Erforderlichkeit (+) – Einschätzungsspielraum
bb) Angemessenheit? sozialer Bezug – Existenzsicherung Eigentümer; kein verschlechternder Eingriff
cc) Härteregelung (+).
d) Insbesondere: Rückwirkung
aa) Rückanknüpfung im Gesetz
bb) „echte" und „unechte" Rückwirkung
cc) zu unterscheiden:
(1) vereinbarte Mietsteigerungen: unechte Rückwirkung, – Vertrauen vorrangig? (+)
(2) Zeitraum Stichtag – Inkrafttreten: echte Rückwirkung, aber: Ankündigung der Neuregelung
(3) Erwartung von Mietsteigerungen: Vertrauen (–)
Ergebnis: Verstoß gegen Art. 14 I 2 GG, soweit bestimmte Miethöhe festgelegt
4. Rechtsverordnung (–)

II. Art. 2 I GG: subsidiär – auch für Vertragsfreiheit

III. Art. 3 I GG
1. Eigentümer in unterschiedlichen Gemeinden? (–)
2. Stichtagsregelung
a) Unterschiedliche Belastung
b) Rechtfertigung: Typisierung

Ergebnis: VB teilweise begründet.

C. Entscheidung des Bundesverfassungsgerichts – Problem: Nichtigerklärung?

Musterlösung

A. Zulässigkeit der Verfassungsbeschwerde

I. Beschwerdeführer

299 E ist als natürliche Person grundrechtsfähig und damit beschwerdefähig; er ist auch prozessfähig.

II. Beschwerdegegenstand

300 Die VB des E ist gem. § 90 I BVerfGG statthaft, wenn sie sich gegen einen Akt der öffentlichen Gewalt des Bundes oder eines Landes richtet. Zu den Akten der öffentlichen Gewalt zählen Akte der Legislative, Exekutive und Judikative. E wendet sich gegen das Mietbindungsgesetz, also einen Akt der Legislative des Bundes, somit einen zulässigen Beschwerdegegenstand. Soweit sich die Verfassungsbeschwerde auch auf die Rechtsverordnung des Wohnungsbauministers erstreckt, ist diese als Akt der Exekutive gleichermaßen geeigneter Beschwerdegegenstand.

III. Beschwerdebefugnis

E muss weiterhin beschwerdebefugt sein.

301 1. Das setzt zunächst voraus, dass er plausibel geltend machen kann, durch das Mietbindungsgesetz in seinen Grundrechten verletzt zu sein. Da E als Eigentümer von Wohnraum betroffen ist und die Vermietung als Nutzung des Eigentums in den Schutzbereich des Eigentums fällt, ist eine Verletzung von Art. 14 I GG jedenfalls nach dem Vortrag des E nicht ausgeschlossen. Auch ist ein Eingriff in seine Vertragsfreiheit nach seinem Vortrag möglich, sodass auch insoweit eine Verletzung seines Grundrechts aus Art. 14 I GG bzw. aus Art. 2 I GG – je nach grundrechtstatbestandlicher Zuordnung der Vertragsfreiheit – als möglich erscheint. Ein etwaiger Verstoß gegen das rechtsstaatliche Rückwirkungsverbot kann als Verstoß gegen Art. 2 I GG i.V.m. dem Rechtsstaatsgebot oder als Verstoß gegen Art. 14 I GG zu bewerten sein; auch insoweit erscheint eine Grundrechtsverletzung als möglich.

302 2. Die Zulässigkeit einer VB unmittelbar gegen ein Gesetz setzt des Weiteren voraus, dass der E durch die angegriffene Norm selbst, gegenwärtig und unmittelbar in seinen Grundrechten betroffen ist. E ist durch das Gesetz unmittelbar betroffen, da es ihn daran hindert, die im Mietvertrag vereinbarten Mietsteigerungen durchzusetzen. Allerdings wird erst durch den Erlass der RVO des Wohnungsbauministers, durch die u.a. die Stadt S als Gebiet mit überdurchschnittlichem Mietpreisniveau bzw. Wohnungsfehlbestand benannt wird, die Geltung der Bindungen des MietbindungsG gegenüber E ausgelöst. Das maßgebliche Grundrechtsbetroffensein ist jedoch ausschließlich dem Gesetz zuzuordnen. Dieses betrifft den E also unmittelbar in seinen Grundrechten. Er ist auch gegenwärtig betroffen, da die Auswirkungen des Gesetzes ihn in unmittelbarer Zukunft betreffen.

IV. Rechtswegerschöpfung/Subsidiarität

Unmittelbar gegen das Gesetz ist kein Rechtsweg eröffnet, so dass auch das Erfordernis der Rechtswegerschöpfung der Zulässigkeit der VB nicht entgegensteht. Insbesondere ist gegen die Verordnung, da sie auf Grund von Bundesrecht erlassen wurde, kein verwaltungsgerichtliches Normenkontrollverfahren nach § 47 VwGO statthaft. Denn eine durch eine Stelle des Bundes erlassene und deshalb als Bundesrecht geltende Rechtsverordnung steht nicht im Rang unterhalb des Landesrechts, wie dies § 47 I Nr. 2 VwGO fordert. **303**

Es könnte jedoch der Grundsatz der Subsidiarität der VB entgegenstehen. Wenn die Auswirkungen eines Gesetzes erst im Rahmen einer Vorabklärung durch die Fachgerichte eindeutig festzustellen sind und diese Vorabklärung dem Beschwerdeführer zumutbar ist, kann eine VB trotz an sich gegebener, eigener, gegenwärtiger und unmittelbarer Betroffenheit unzulässig sein. E könnte gehalten sein, zunächst vor den Fachgerichten die Durchsetzung der vereinbarten Staffelmiete zu versuchen. Er müsste sich dann auf den Standpunkt stellen, die vereinbarte Staffelmiete werde durch das Gesetz nicht berührt, die sich hieraus ergebende Miete einfordern und ggf. gerichtlich durchzusetzen versuchen. Dann müsste das Gesetz dahingehend ausgelegt werden, dass geltende Miete iSv § 2 auch die hier vereinbarte Miete in ihrer gestaffelten Höhe sein soll. Dies könnte auch Ergebnis einer verfassungskonformen Auslegung sein. Dem stünde allerdings die eindeutige Intention des Gesetzes entgegen, die zum Stichtag geltenden Mieten festzuschreiben. Daher ist hier eine Vorabklärung durch die Fachgerichte nicht sachdienlich.[1] Dies gilt auch im Hinblick auf die Härteklausel des Gesetzes. Da diese ersichtlich nicht zur Anwendung kommt, wie auch von E vorgetragen wird, kann von E nicht verlangt werden, er müsste zunächst im Wege einer Inanspruchnahme eben dieser Härteklausel die Schwere seines Betroffenseins fachgerichtlich klären. Der Grundsatz der Subsidiarität der Verfassungsbeschwerde steht deren Zulässigkeit also im Fall des E nicht entgegen. **304**

V. Form und Frist

Die Verfassungsbeschwerde wurde lt. Sachverhalt form- und fristgerecht eingelegt. **305**

B. Begründetheit der Verfassungsbeschwerde

I. Art. 14 I GG

1. Schutzbereich

Das Eigentum des E an dem Mehrfamilienhaus wie auch an dem Einfamilienhaus ist zweifelsfrei Eigentum iSv Art. 14 I GG. Dem Schutzbereich der Eigentumsgarantie unterfällt dabei auch die Nutzung des Eigentums, sei es im Wege der Eigennutzung, sei es durch Vermietung. Zur eigentümerischen Nutzungsbefugnis ist insbesondere auch das Recht des Eigentümers zu zählen, selbst über die Nutzung durch Vermie- **306**

1 Eine abw. Auffassung ist hier aber durchaus vertretbar.

tung und deren Bedingungen zu entscheiden. Der Schutzbereich des Eigentums ist also durch Mietpreisbindungen, wie sie hier vorliegen, berührt. Es handelt sich hierbei auch nicht nur um bloße Erwartungen und Gewinnchancen, die eigentumsrechtlich nicht geschützt sind. Dies würde gelten für die Erwartung, etwa in Zukunft eine besonders günstige Miete erzielen zu können. Davon zu unterscheiden ist jedoch die rechtliche Befugnis, autonom die Miethöhe als Element der Eigentumsnutzung vereinbaren zu können. Sie ist mit dem Eigentum als Rechtsposition verbunden und wird durch normative Mietpreisbindungen berührt.

2. Eingriff

307 Da der Rechtsinhaber auch zwingend an der Wahrnehmung dieser Rechtsposition gehindert, sie ihm teilweise entzogen wird, wird seine eigentümerische Nutzungsbefugnis beschränkt. Derartige Beschränkungen, wie sie in Bestimmungen des sozialen Mietrechts enthalten sind, bewirken eine generelle Bestimmung und auch Beschränkung der Rechte des Eigentümers, bedeuten aber keinen Zugriff auf ein konkretes Eigentumsobjekt. Es liegt also eine Inhalts- und Schrankenbestimmung vor, wie sie dem Gesetzgeber nach Art. 14 I 2 GG obliegt, aber keine Enteignung nach Art. 14 III GG. Sie wird vorgenommen durch die gesetzliche Regelung des MietbindungsG i.V.m. der Bestimmung der Stadt S durch die RVO des Wohnungsbauministers. Doch auch wenn es unmittelbar die Verordnung ist, durch die die Eigentumsbindung für den E ausgelöst wird, ist diese doch in der gesetzlichen Regelung angelegt. Diese bewirkt also die maßgebliche Inhalts- und Schrankenbestimmung. Sie ist dann verfassungsmäßig, wenn sie einen angemessenen Ausgleich der Interessen des Eigentümers mit denen der Allgemeinheit bewirkt und auch i.Ü. auf einem verfassungsmäßigen Gesetz beruht.

3. Verfassungsmäßigkeit der Inhalts- und Schrankenbestimmung

a) Inhalts- und Schrankenbestimmung durch Gesetz

308 Voraussetzung für eine verfassungsrechtliche Rechtfertigung des mit der Mietbindung verbundenen Eingriffs in das Eigentum des E ist also zunächst, dass die Inhalts- und Schrankenbestimmung durch ein formelles **Gesetz** erfolgte, das in verfahrensfehlerfreier Weise und kompetenzgerecht erlassen wurde.

aa) Der Bund müsste also **zuständig** für den Erlass des Gesetzes gewesen sein. Grundsätzlich sind nach Art. 70 GG die Länder für die Gesetzgebung zuständig, wenn nicht eine ausdrückliche Bundeszuständigkeit besteht.

309 (1) Während von den Kompetenztiteln des Art. 73 GG ersichtlich keiner einschlägig ist, könnte eine konkurrierende Zuständigkeit des Bundes nach **Art. 74 I Nr. 1 GG** für bürgerliches Recht oder nach **Art. 74 I Nr. 18 GG** für das Wohnungswesen in Betracht kommen. Für die Maßgeblichkeit von Nr. 1 spricht, dass das Mietrecht und auch das „soziale Mietrecht“ Bestandteil des bürgerlichen Rechts ist und herkömmlich auch dort geregelt wurde. Unter Wohnungswesen dürften wohl vor allem jene staatlichen Maßnahmen verstanden werden, die der Bereitstellung und Sicherung von Wohnraum dienen. Darunter könnte auch die Sicherung von Wohnraum zu sozial tragbaren Bedingungen zählen, wie sie Ziel des Gesetzes ist. Da aber das zentrale Instrument des Gesetzes die Beschränkung der Vertragsfreiheit im Mietrecht ist, das Gesetz unmittelbar auf die Vertragsgestaltung Zugriff nimmt, ist es vorrangig dem bürgerlichen Recht nach Art. 74 I Nr. 1 GG zuzurechnen, kann aber daneben auch auf Nr. 18 gestützt werden.[2]

(2) Da das Gesetz also in die konkurrierende Zuständigkeit fällt, war der Bund für **310** den Erlass des Gesetzes unter den Voraussetzungen des **Art. 72 II GG** zuständig. Hier könnte die 1. Zielvorgabe des Art. 72 II GG einschlägig sein. Dann müsste eine bundesgesetzliche Regelung erforderlich sein zur Herstellung gleichwertiger Lebensverhältnisse. Dies setzt voraus, dass sich die Lebensverhältnisse in den Ländern der Bundesrepublik erheblich auseinander entwickelt haben oder dass sich eine derartige Entwicklung konkret abzeichnet, so dass hierdurch das bundesstaatliche Sozialgefüge beeinträchtigt wird.[3] Wenn in einzelnen Teilregionen der Bundesrepublik ein drastisch erhöhtes Mietpreisniveau im Vergleich zum übrigen Bundesgebiet besteht, dann sind die Lebensverhältnisse unter diesem wichtigen Aspekt deutlich ungleichwertig: da es sich hierbei um Bedürfnisse handelt, auf die der Einzelne existenziell angewiesen ist, ist hier auch das bundesstaatliche Sozialgefüge berührt. Die Störung ist auch bereits eingetreten. Deshalb ist hier der Bundesgesetzgeber befugt einzugreifen. Ob mit dem Instrumentarium des MietbindungsG diese Störung tatsächlich beseitigt oder abgemildert werden kann, dies ist eine Frage auch der Einschätzung der künftigen Entwicklung. Unter verfassungsrechtlichen Gesichtspunkten kommt es dann darauf an, dass der Gesetzgeber eine fehlerfreie Prognoseentscheidung getroffen hat. Im vorliegenden Fall ist nicht ersichtlich, dass der Gesetzgeber etwa falsche Tatsachen zugrundegelegt oder die Entwicklung evident fehlsam eingeschätzt hätte. Von der Erforderlichkeit im Sinn der 1. Zielvorgabe des Art. 72 II GG ist also auszugehen.

bb) Vom verfahrensfehlerfreien **Zustandekommen** des Gesetzes ist mangels entge- **311** genstehender Angaben im Sachverhalt auszugehen.

b) Parlamentsvorbehalte – Bestimmtheit

Das Gesetz könnte jedoch deshalb den verfassungsrechtlichen Anforderungen an ein **312** inhalts- und schrankenbestimmendes Gesetz iSv Art. 14 I 2 GG nicht genügen, weil es die Frage der Bestimmung derjenigen Gebiete, in denen es zur Anwendung kommen soll, dem Verordnungsgeber, also der Exekutive im Wege der **Rechtsverordnung** überlassen hat.

aa) Welche Regelungen der parlamentarische Gesetzgeber selbst zu treffen hat, wel- **313** che er dem Verordnungsgeber überlassen darf, dies bestimmt sich nach Art. 80 I 2

---

2 Während die Zuordnung zur konkurrierenden Gesetzgebung oder zur ausschließlichen Landeszuständigkeit eindeutig sein muss, kann innerhalb des Art. 74 I GG ein Gesetz auch auf mehrere Kompetenztitel gestützt werden.

3 BVerfGE 106, 62 (142), s. *Degenhart* Rn 175; die Entscheidung ist auch deshalb besonders lesenswert, weil sie einen vorzüglichen Übbl. über die Methoden der Verfassungsauslegung gibt.

GG. Für Verordnungsermächtigungen in einem Bundesgesetz gilt hiernach das Gebot der **Bestimmtheit** nach Inhalt, Zweck und Ausmaß. Dies bedeutet[4], dass bereits aus dem ermächtigenden Gesetz selbst hinreichend deutlich vorhersehbar sein muss, in welchen Fällen und mit welcher Tendenz von der Ermächtigung Gebrauch gemacht werden wird und welchen Inhalt die Verordnungen haben können. Was den Inhalt der zu erlassenden Verordnungen betrifft, so ist § 4 MietbindungG eindeutig: Dem Wohnungsbauminister bleibt nur festzustellen, dass die Voraussetzungen nach § 1 des Gesetzes erfüllt sind. Die Rechtsfolgen ergeben sich dann eindeutig aus dem Gesetz. Der Gesetzgeber muss auch selbst den sachlichen Regelungsbereich für den Verordnungsgeber umgrenzen, also festlegen, in welchen Fällen eine Verordnung zu erlassen ist. Dies ergibt sich hier ebenfalls aus § 4 i.V.m. § 1 MietbindungsG. Dem Verordnungsgeber wird hierbei kein Ermessen eingeräumt. Dass hinsichtlich der Voraussetzungen des § 1 MietbindungsG der Gesetzgeber auch unbestimmte Rechtsbegriffe verwendet und hierbei der Verordnungsgeber einen Beurteilungsspielraum haben könnte, würde der Bestimmtheit der Verordnungsermächtigung ihrem Zweck nach nur dann entgegenstehen, wenn im Ergebnis der Verordnungsgeber darüber entscheiden würde, ob das Gesetz überhaupt zur Anwendung kommt. Denn ob für den fraglichen Sachbereich überhaupt eine Regelung getroffen wird, diese Frage darf nicht der Exekutive überantwortet werden; vielmehr ist sie im Rahmen des politischen Gestaltungswillens des Gesetzgebers zu entscheiden. Diese Entscheidung hat hier der Gesetzgeber aber getroffen, da bei Vorliegen der gesetzlichen Voraussetzungen Verordnungen zu erlassen sind. Die Verwendung unbestimmter Rechtsbegriffe ist zulässig. Auch ein begrenzter Beurteilungsspielraum des Verordnungsgebers ist nicht ausgeschlossen.

314 Die Verordnungsermächtigung ist also bestimmt nach ihrem Inhalt: die Rechtsfolgen sind in § 4 eindeutig bestimmt. Sie ist bestimmt nach ihrem Zweck: der Gesetzgeber selbst hat die Entscheidung über die Anwendung der Regelung getroffen. Sie ist auch bestimmt nach ihrem Ausmaß: in welchen Fällen eine VO zu erlassen ist, geht aus dem Gesetz hinreichend deutlich hervor.

315 bb) Auch im Übrigen[5] ist den Anforderungen des Parlamentsvorbehalts genügt. Denn die wesentlichen Fragen der Eigentumsbindung sind im Gesetz selbst geregelt; der Gesetzgeber hat also selbst den grundrechtlich geforderten Ausgleich von Eigentümerinteressen und Gemeinwohlbelangen vorgenommen.

c) Materielle Verfassungsmäßigkeit

316 Inhalts- und Schrankenbestimmungen nach Art. 14 I 2 GG sind dann verfassungsmäßig, wenn sie einen sachgerechten Ausgleich der unterschiedlichen Interessen nach Verhältnismäßigkeitskriterien bewirken, unter Berücksichtigung insbesondere des personalen Bezugs des Eigentums einerseits, seiner Sozialbindung andererseits, der Eigenart des jeweiligen Gutes und seiner Bedeutung für den Eigentümer wie die Allgemeinheit.

---

4 So eine häufig wiederkehrende Formel der Rspr. seit BVerfGE 1, 14 (60), vgl. zB E 58, 257 (277).

5 Für die Verordnungsermächtigung ist Art. 80 I 2 GG Ausdruck eines Parlamentsvorbehalts.

aa) Dabei muss das Gesetz einen legitimen Zweck verfolgen. Mietpreisbindungen, wie sie im Wohnungswesen schon wiederholt zur Anwendung kamen, verfolgen den legitimen Zweck, in Fällen eines gestörten Gleichgewichts im Verhältnis zwischen Mietern und Vermietern einer einseitigen Anwendung der Vertragsfreiheit zulasten Ersterer zu begegnen. Hier ausgleichend tätig zu werden, ist legitimes Anliegen des Sozialstaats, der eben auch auf sozialen Ausgleich und den Schutz des sozial Schwächeren im Privatrechtsverkehr ausgerichtet ist. Die grundsätzliche Eignung der im Gesetz vorgesehenen Maßnahmen zur Erreichung dieses Ziels ist zu bejahen, auch wenn man über die Zweckmäßigkeit derartiger dirigistischer Eingriffe durchaus geteilter Meinung sein kann: dies zu beurteilen ist Sache des Gesetzgebers;[6] seiner Einschätzung kann das Bundesverfassungsgericht nur bei offensichtlicher Fehlsamkeit entgegentreten. Zur Begrenzung der Mietsteigerungen über einen begrenzten Zeitraum – darum geht es dem Gesetzgeber –, ist die Maßnahme auch erforderlich. Anderweitige Maßnahmen wie zB verstärkte Förderung des Wohnungsbaus könnten nur längerfristig wirken, sofern sie überhaupt im gegenwärtigen Zeitpunkt möglich wären. Die Überlegung, eine einstweilige Beruhigung des Marktes herbeizuführen, erscheint insoweit sachgerecht. **317**

bb) Entscheidend ist dann für die Verfassungsmäßigkeit die Angemessenheit der Regelung. Der Gesetzgeber muss Eigentümerinteressen und die von ihm verfolgten Gemeinwohlziele in einen angemessenen Ausgleich gebracht haben. Hier spricht zunächst für die gesetzliche Regelung, dass gerade das Eigentum an Wohnraum in einem besonderen sozialen Bezug steht. Denn auf Wohnraum ist der Einzelne existenziell angewiesen. Wohnraum ist auch ebenso wie Grundstücke nicht beliebig vermehrbar, da seine Schaffung vom Vorhandensein ausreichender Grundstücksflächen abhängig ist. Je stärker der soziale Bezug ist, desto weiter reicht die Gestaltungsfreiheit des Gesetzgebers. Andererseits ist nicht nur das selbstgenutzte Wohneigentum schutzwürdig. Der Schutzzweck des Eigentums, dem Einzelnen einen Freiraum persönlicher Daseinsgestaltung zu schaffen, greift auch dann etwa ein, wenn das Eigentum, wie hier, zur Alterssicherung dient, gerade dann, wenn die sozialen Sicherungssysteme diese Funktion nicht ausschließlich übernehmen können. Er greift auch dann ein, wenn es dem Eigentümer schlicht um die wertbeständige Anlage seines Vermögens geht. Denn eben hierdurch wird für ihn ein Freiraum persönlicher Daseinsgestaltung materiell abgesichert. Dies gilt auch für solche Eigentumsobjekte, die der Eigentümer ohne eigene Leistung, etwa im Wege der Erbfolge, erworben hat. Auch sie können gleichermaßen der Existenzsicherung dienen und sind angesichts der Anerkennung auch des Erbrechts in Art. 14 GG deshalb nicht weniger schutzwürdig. Die durch das Gesetz betroffenen Eigentümerinteressen sind also in ihrer Schutzwürdigkeit zu sehen. Dem steht auch nicht entgegen, dass das Gesetz nicht ausschließlich Fälle wie die des E betrifft, in denen der personale Bezug des Eigentums deutlich hervortritt. Es handelt sich hier nicht um atypische Einzelfälle, die zu vernachlässigen wären. Schutzwürdig sind i.Ü. gleichermaßen auch etwa institutionelle Anleger, wie Versicherungen, die hierdurch das Geld der Versicherten verwalten und anlegen. **318**

---

6 Näher *Degenhart* Rn 401 ff.

319 Wägt man diese Gesichtspunkte gegeneinander ab, so erscheinen Miethöhenbegrenzungen auch gegenüber berechtigten Eigentümerbelangen dann noch hinnehmbar, wenn sie den Eigentümer nicht generell an der wirtschaftlichen Nutzung seines Eigentums hindern, ihn nicht zwingen, in die Eigentumssubstanz einzugreifen. Im vorliegenden Fall werden die geltenden Mieten nicht herabgesetzt, sondern in ihrer Geltung über einen begrenzten Zeitraum festgeschrieben. Eigentümer, die bisher aus den Erträgen ihres Eigentums dessen Lasten abdecken und eine angemessene Rendite erzielen konnten, können dies auch weiterhin. Der Gesetzgeber will eine einstweilige Beruhigung eines aktuell überhitzten Marktes erreichen. Die Erwartung, aus einer aktuellen Knappheitssituation besonderen Nutzen ziehen zu können, ist insoweit von geringerer Schutzwürdigkeit. Insoweit kann von einem noch angemessenen Ausgleich von Eigentümer- und Gemeinwohlbelangen ausgegangen werden.

320 cc) Für Fälle in Anwendung des Gesetzes, in denen die Eigentümerinteressen nicht mehr angemessen gewahrt sind, ist allerdings eine Härteregelung vorzusehen. Dies ist mit der Bestimmung in § 3 des Gesetzes erfolgt. Sie erfasst insbesondere diejenigen Fälle, in denen der Eigentümer sein Eigentumsobjekt nicht mehr aus dessen Erträgen erhalten könnte, er also an einer angemessenen Nutzung auf Dauer gehindert würde. Diese Härteklausel trägt hier zu einem sachgerechten Interessenausgleich bei.

d) Insbesondere: Rückwirkung

321 Das Gesetz könnte jedoch einen Fall unzulässiger Rückwirkung darstellen. Sie könnte sich daraus ergeben, dass das Gesetz an Tatbestände anknüpft, die vor seinem Inkrafttreten begründet wurden.

322 aa) Das Gesetz bezieht sich auch auf Tatbestände, die in einem Zeitraum vor seinem Inkrafttreten begründet wurden. Es knüpft an Miethöhen an, die vor seinem Inkrafttreten vereinbart wurden. Soweit bestehende Mietverträge Mieterhöhungsklauseln enthalten, werden diese unwirksam. Soweit in der Vergangenheit eine höhere Miete für einen späteren Zeitraum vereinbart worden war, wie insbesondere auch im Fall der Staffelmiete, wird diese Vereinbarung ebenfalls entwertet. Im Zeitraum nach dem Stichtag getroffene Vereinbarungen sind ggf. rückgängig zu machen. Zu prüfen ist daher, ob und inwieweit das Gesetz deshalb Rückwirkung entfaltet und ob die Voraussetzungen, unter denen rückwirkende Gesetze zulässig sind, hier vorliegen.

323 bb) Für die verfassungsrechtliche Beurteilung ist dabei ausschlaggebend, ob es sich um einen Fall „echter" oder „unechter" Rückwirkung handelt[7]. Denn echte Rückwirkung ist regelmäßig verfassungswidrig, unechte Rückwirkung nur ausnahmsweise. Echte Rückwirkung liegt vor, wenn an einen in der Vergangenheit liegenden und in der Vergangenheit abgeschlossenen Tatbestand neue Rechtsfolgen geknüpft werden. Unechte Rückwirkung liegt vor, wenn an einen in der Vergangenheit begonnenen,

---

7 In der Terminologie der neueren Rechtsprechung des 2. Senats: Rückbewirkung von Rechtsfolgen oder tatbestandliche Rückanknüpfung, vgl. BVerfGE 72, 200; näher *Degenhart* Rn 375 ff.

aber noch nicht abgeschlossenen Tatbestand mit Wirkung für die Zukunft neue Rechtsfolgen geknüpft werden.

cc) Danach ist hier zu unterscheiden:

(1) Soweit das Gesetz sich dahingehend auswirkt, dass wie im Fall des E eine bereits **324** vereinbarte gestaffelte Miete nicht zum Tragen kommt oder dass Mieterhöhungsklauseln unwirksam werden, könnte ein Fall echter Rückwirkung vorliegen. Denn der Vertragsschluss ist in der Vergangenheit erfolgt. Ihm wird rückwirkend eine neue Rechtsfolge beigelegt, wenn den im Vertrag enthaltenen Staffelungen der Miete oder Mieterhöhungsklauseln die Anerkennung versagt wird. Hierin könnte auch eine Rückbewirkung von Rechtsfolgen zu sehen sein. Andererseits treten diese Rechtsfolgen erst für die Zukunft ein. Denn erst für einen Zeitraum in der Zukunft wirkt sich die Begrenzung und Festschreibung der zulässigen Miethöhen aus. Es handelt sich beim Mietvertrag um ein Dauerschuldverhältnis, in dessen Fortführung eingegriffen wird. Deshalb ist hier im Ergebnis von einer tatbestandlichen Rückanknüpfung oder unechten Rückwirkung auszugehen.[8]

Unechte Rückwirkung ist grundsätzlich zulässig, soweit nicht ausnahmsweise das **325** Vertrauen des Einzelnen auf die Fortgeltung der bestehenden Rechtslage die Interessen der Allgemeinheit, die mit der Regelung verfolgt werden, überwiegt. Wenn für den Ausgleich zwischen Gemeinwohl- und Eigentümerinteressen hier die grundsätzliche Angemessenheit der vom Gesetzgeber vorgenommenen Wertung festgestellt werden konnte, so kann dies prinzipiell auch gegenüber der hierbei vorgenommenen tatbestandlichen Rückanknüpfung gelten. Andererseits kann nicht verkannt werden, dass Vermieter wie E hier die ursprüngliche Miethöhe im Vertrauen auch auf ihre vertraglich begründete Befugnis festlegten, dass diese sich während der Laufzeit des Vertrags nach der vorher festlegten Staffelung erhöhen würden. Es geht also nicht nur um das Vertrauen auf den Fortbestand einer günstigen Rechtslage, das grundsätzlich nicht geschützt ist. Es geht vielmehr um das Vertrauen darauf, dass eine getroffene vertragliche Vereinbarung von der Rechtsordnung anerkannt bleibt. Dieses Vertrauen muss im Hinblick auf das rechtsstaatliche Gebot der Rechtssicherheit hier als schutzwürdig gelten. Denn Rechtsstaatlichkeit bedeutet vor allem Rechtssicherheit und damit den Schutz des Vertrauens des Einzelnen auf den Bestand der Rechtsordnung. Der Bürger muss sich darauf verlassen können, dass sein im Einklang mit der Rechtsordnung stehendes Handeln anerkannt bleibt. Die Härteklausel im Gesetz bringt für derartige Fälle keinen Ausgleich. Insoweit verstößt das Gesetz also gegen Art. 14 I GG i.V.m. dem rechtsstaatlichen Rückwirkungsverbot. Dies betrifft Staffelmietverträge wie den vorliegenden des E und Verträge mit Indexklauseln; bloße Mieterhöhungsklauseln, die auf die geltende Rechtslage verweisen, genügen insoweit jedoch nicht.

(2) Soweit das Gesetz für den Zeitraum zwischen dem festgelegten Stichtag und **326** dem Inkrafttreten des Gesetzes die Verpflichtung zur Anpassung der Mietverträge

---

8 A.A. sehr gut vertretb. – wenn nicht vorzugswürdig; angesichts der Tendenz des BVerfG, bei Eingriffen in bestehende Dauerschuldverhältnisse nur unechte Rückwirkung anzunehmen, wird dem hier gefolgt.

begründet, liegt ein Fall echter Rückwirkung vor. Denn für diesen Zeitraum werden an abgeschlossene Sachverhalte, die in diesem Zeitraum liegenden Mietperioden neue Rechtsfolgen angeknüpft.

327 Echte Rückwirkung ist bei belastenden Gesetzen grundsätzlich unzulässig. Der Bürger muss sich darauf verlassen können, dass sein von der Rechtsordnung anerkanntes Handeln nicht nachträglich neu bewertet wird. Rückwirkende Gesetze sind nur ausnahmsweise zulässig, wenn kein schutzwürdiges Vertrauen besteht. Dies könnte hier insbesondere deshalb der Fall sein, weil mit einer Neuregelung gerechnet werden musste und auch gerechnet wurde, wie das Verhalten der Betroffenen nach Ankündigung des Gesetzes belegt. IdR gilt zwar erst ab dem Zeitpunkt des Gesetzesbeschlusses, dass kein schutzwürdiges Vertrauen mehr entstehen kann. Eine Ausnahme von diesem Grundsatz wird jedoch dann anerkannt, wenn die Intention der Neuregelung dadurch unterlaufen würde, dass nach **Ankündigung der Neuregelung** im Zeitraum während des Gesetzgebungsverfahrens in großem Umfang Vertrauenstatbestände in Ausnutzung der noch geltenden Regelung geschaffen würden. Dies darf der Gesetzgeber durch eine rückwirkende Regelung, also durch eine tatbestandliche Rückanknüpfung verhindern. Dem Gesetzesadressaten ist es zuzumuten, sich vom Zeitpunkt der Ankündigung der Gesetzesänderung an hierauf einzustellen und jedenfalls nicht mehr in Ausnutzung der noch geltenden Regelung Dispositionen für die Zukunft zu treffen. Insoweit liegt kein Verstoß gegen das Rückwirkungsverbot vor.[9]

328 (3) Soweit die Gesetzesadressaten sich lediglich in ihrer Erwartung getäuscht sehen, auch in der Zukunft Mietsteigerungen vornehmen zu können, geht es lediglich um das Vertrauen in den Fortbestand einer günstigen Rechtslage. Dieses ist in aller Regel nicht geschützt. Zwingende Gründe dafür, dass dies hier ausnahmsweise zulässig sein sollte, sind nicht dargetan.

Im Ergebnis verstößt das Gesetz also gegen Art. 14 I 2 GG, soweit es auch solche Mietverhältnisse erfasst, für die bereits vertraglich eine bestimmte Miethöhe für die Zukunft festgelegt war.

4. Rechtsverordnung

329 Verfassungsverstöße, die in der RVO selbst begründet wären, sind nicht ersichtlich.

II. Art. 2 I GG

330 Art. 2 I GG tritt hier als subsidiär zurück. Dies gilt auch unter dem Gesichtspunkt der Vertragsfreiheit. Denn Mietverträge werden in Wahrnehmung eigentümerischer Nutzungsbefugnisse abgeschlossen. Hierfür ist also das spezielle Grundrecht des Art. 14 I GG einschlägig.[10]

---

9 Man gelangt hier also zu dem ungewöhnlichen Ergebnis, dass ein Fall unzulässiger unechter, aber zulässiger echter Rückwirkung vorliegt – doch bezieht sich dies auf unterschiedliche Tatbestände; – zur Bedeutung der Ankündigung einer Neuregelung s. BVerfGE 97, 67 (83 f.); *Degenhart* Rn 382 f.

10 *Pieroth/Schlink* Rn 370.

III. Art. 3 I GG

1. Eigentümer in unterschiedlichen Gemeinden?

Soweit eine Ungleichbehandlung darin gesehen wird, dass nur die Eigentümer von Wohnraum in den durch die RVO benannten Gemeinden den Bindungen des Gesetzes unterliegen, ist diese sachlich gerechtfertigt durch die Zielsetzung des Gesetzgebers, Gebiete zu erfassen, in denen Fehlentwicklungen auf dem Wohnungsmarkt auszumachen sind. **331**

2. Stichtagsregelung

a) Unterschiedliche Belastung

Ein Verstoß gegen den Gleichheitssatz könnte aber auch darin liegen, dass hier in den betroffenen Gemeinden alle Eigentümer unterschiedslos von der Mietfestschreibung erfasst werden, unabhängig davon, ob gerade sie besonders hohe Mieten vereinbart haben. Dies bedeutet umgekehrt, dass Eigentümer, die zu dem im Gesetz genannten Stichtag noch niedrigere Bestandsmieten hatten, nachhaltiger durch das Gesetz betroffen sind, als Eigentümer, die zu diesem Zeitpunkt schon höhere Mieten verlangten. Insofern wirkt die unterschiedslose Erfassung aller Mietverhältnisse als Ungleichbehandlung. Diese muss verfassungsrechtlich gerechtfertigt sein.[11] **332**

b) Rechtfertigung

Der Gesetzgeber hat jedoch das Ziel verfolgt, durch einen generellen Mietstopp eine Marktberuhigung herbeizuführen. Dies ist jedenfalls eine sachgerechte Überlegung. Wenn dabei – von Härtefällen abgesehen – alle Mietverhältnisse einbezogen wurden, so liegt dies im Rahmen zulässiger gesetzgeberischer Typisierung. Eine auf jeden Einzelfall abstellende Regelung wäre nicht nur nicht praktikabel, sondern könnte die Verwirklichung des Gesetzeszwecks erheblich behindern. Stichtagsregelungen führen notwendig zu unterschiedlichen Belastungen der Betroffenen. Dies ist jedoch hinzunehmen, wenn die Stichtagsregelung als solche notwendig und verfassungsrechtlich gerechtfertigt ist. **333**

Ein Verstoß gegen Art. 3 I GG ist also zu verneinen.

Ergebnis:

Die Verfassungsbeschwerde ist teilweise begründet.

C. Entscheidung des Bundesverfassungsgerichts

Das Gesetz ist (nur) insoweit verfassungswidrig, als es auch solche Mietverhältnisse erfasst, für die bereits vertraglich eine bestimmte Miethöhe für die Zukunft festgelegt war. Das BVerfG müsste also das Gesetz insoweit für nichtig erklären. Damit **334**

11 Vgl. hierzu *Pieroth/Schlink* Rn 436 f. – im vorliegenden Fall lassen sich die Probleme der Gleichbehandlung als solche der Ungleichbehandlung erfassen.

aber steht es vor der Schwierigkeit, dass hier keine klar ausscheidbare Bestimmung des Gesetzes für nichtig erklärt werden kann.[12] Es wird daher in seiner Entscheidung den Verfassungsverstoß feststellen, verbunden mit der Maßgabe, dass das Gesetz auf die Fälle, die in verfassungswidriger Weise erfasst werden, nicht anzuwenden ist. Es kann auch lediglich die Verfassungswidrigkeit feststellen und den Gesetzgeber verpflichten, das Gesetz insoweit zu korrigieren.

Repetitorium

I. Rechtsverordnungen

335 Aus dem ermächtigenden Gesetz selbst muss hinreichend deutlich vorhersehbar sein, in welchen Fällen und mit welcher Tendenz von der Ermächtigung Gebrauch gemacht werden wird und welchen Inhalt die Verordnungen haben können, dahingehend können die Bestimmtheitsanforderungen des Art. 80 I 2 GG umschrieben werden. Art. 80 I 2 GG ist konkreter Ausdruck des rechtsstaatlichen und demokratischen Parlamentsvorbehalts; deshalb sind die Anforderungen umso höher, je intensiver die RVO in Grundrechte eingreift, müssen die grundrechtswesentlichen Fragen in der VO-Ermächtigung entschieden werden.

Die Frage nach der Gültigkeit einer RVO kann sich in unterschiedlichen Fallkonstellationen stellen. So kann insbesondere eine RVO Gegenstand eines Normenkontrollverfahrens oder einer Verfassungsbeschwerde sein. Es sind dann die einzelnen Gültigkeitsvoraussetzungen der RVO abzuarbeiten. Dabei ist zunächst auf die Ermächtigungsnorm einzugehen; diese muss den Anforderungen des Art. 80 GG entsprechen und auch i.Ü. verfassungsmäßig sein. Die RVO muss sich dann im Rahmen der Ermächtigung halten und darf auch sonst nicht gegen höherrangiges Recht verstoßen. Es ergibt sich also folgende Prüfungsreihenfolge (näher *Degenhart* Rn 336):

336

1. Ermächtigungsgrundlage
   Kompetenz
   a) formelle Verfassungsmäßigkeit
   b) Art. 80 I 2 GG: Bestimmtheit
   c) Ermächtigungsadressat: Art. 80 I 1 GG
   d) materielle Verfassungsmäßigkeit
2. RVO
   a) Zuständigkeit
   b) Verfahren (evtl bes. Verfahrenserfordernisse aus Ermächtigungsnorm), Bekanntmachung
   c) Art. 80 I 3 GG: Angabe der Ermächtigungsnorm
   d) Vereinbarkeit mit der Ermächtigungsnorm – bleibt die RVO in deren Rahmen?
   e) Vereinbarkeit mit höherrangigem Recht, insbesondere Grundrechten

12 Zu diesen Problemen s. *Benda/Klein* Rn 1264.

Geht es um den auf der Grundlage einer RVO erlassenen Verwaltungsakt, so ist zu beachten, dass die Verordnung allein nicht zu einer Eingriffsmaßnahme ermächtigen kann, diese vielmehr in einem Gesetz enthalten sein muss. Das Gesetz muss also vorsehen, dass bei Verstößen gegen die RVO bestimmte Maßnahmen ergriffen werden können. Und es muss – wegen des Parlamentsvorbehalts – die wesentlichen Fragen selbst regeln. **337**

Derartige Maßnahmen können dann auf ihre verfassungsrechtliche Rechtfertigung zu prüfen sein; hier sind auf der Rechtfertigungsebene zuerst das Gesetz, dann die auf der Grundlage des Gesetzes ergangene RVO und schließlich der Einzelakt auf jeweils spezifische Verfassungsverstöße zu prüfen.

Für die Prüfung der Gültigkeit einer RVO kann beispielhaft auf das Verbot politischer Werbung an Taxen durch § 26 BOKraft (RVO über gewerblichen Kraftverkehr, erlassen auf der Grundlage des Personenbeförderungsgesetzes) verwiesen werden. **338**

Ermächtigungsgrundlage: § 57 I Nr 2b PBefG, wonach aus Gründen der öffentlichen Sicherheit und Ordnung Anforderungen im Wege der RVO gestellt werden können; dieser Begriff ist hinreichend bestimmt;
RVO – form. Rechtmäßigkeit
RVO – mat. Rechtmäßigkeit, insbesondere:
Ermächtigungszweck: VO muss aus Gründen der ö. Sicherheit und Ordnung ergangen sein: Vermeidung von Auseinandersetzungen, aber auch Wettbewerbsgesichtspunkte;
höherrangiges Recht:
Art. 5 I 1 GG: Beschränkung der Meinungsäußerungsfreiheit; VO als „allgemeines Gesetz"; Abwägung: kein intensiver Eingriff – andererseits rechtfertigende Gründe, auch negative Freiheit Dritter;
Art. 12 I GG: Berufsausübungsregelung, durch die gleichen Gründe des Gemeinwohls gerechtfertigt;
Art. 3 I GG – Ungleichbehandlung mit wirtschaftl. Werbung: gerechtfertigt durch spezif. Konfliktpotenzial politischer Werbung. –

Verstößt nun ein Fahrer gegen das Verbot, so kann die zuständige Behörde ihn auffordern, die entsprechende Werbung zu entfernen. Dieses Verbot muss auf einer gesetzlichen Eingriffsgrundlage beruhen, zB der pol. Generalklausel. Im Rahmen einer Verfassungsbeschwerde wäre dann zu prüfen, ob dieser Grundrechtseingriff verfassungsrechtlich gerechtfertigt ist: Voraussetzung ist zunächst eine gesetzliche Grundlage – also zB das Polizeigesetz, das hier aber als allgemeines Gesetz unbedenklich ist; da dessen Anwendung auf Verstöße gegen die RVO abstellt, ist diese auf ihre Vereinbarkeit mit Grundrechten zu prüfen, schließlich deren Anwendung.

Zur Wiederholung: *Degenhart* Rn 321–339.

Aus der Ausbildungsliteratur: *Hermanns*, Besprechung von BVerwG DVBl 2001, 931 (NaturschutzVO), JA 2002, 26.

Aktuelle Rechtsprechung: BVerfGE 101, 1 (LegehennenVO).

Weitere Fälle im thematischen Zusammenhang: *Pleyer*, Die gesetzesändernde Änderungsverordnung, JA 2001, 226; *Dietlein/Lindemann*, Examensklausur im Öffentlichen Recht – Streit um Taxiwerbung, NWVBl 2000, 319.

II. Eigentum

339 Das Wichtigste zu Art. 14 GG wird im Anschluss an **Fall 16** behandelt. Im vorstehenden Fall, der einen klassischen Fall einer Inhalts- und Schrankenbestimmung behandelt, werden typische Argumentationsmuster deutlich: sozialer Bezug bestimmter Eigentumsobjekte (Wohnraum, Grundeigentum), Schutzzweck des Eigentums, dem Einzelnen einen Freiraum persönlicher Daseinsgestaltung zu schaffen. – Gerade der vorstehende Fall macht aber auch deutlich, dass es ein Fehlschluss wäre, den Schutz des Art. 14 GG nur auf das „kleine Eigentum", auf Reihenhaus, Vorgarten und Gartenzwerg zu beschränken: auch das wirtschaftlich genutzte Eigentum dient der Daseinssicherung.[13]

III. Sozialstaat

340 Der vorstehende Fall lässt einen wesentlichen – und wohl den in der Klausurpraxis wichtigsten – Aspekt des Sozialstaatsprinzips deutlich werden: Der Gesetzgeber kann zur Verwirklichung sozialpolitischer Ziele in bestehende Rechte eingreifen, den Bürger belasten. Dies muss dann durch öffentliche Interessen gerechtfertigt sein, sie sind gegen Belange Betroffener abzuwägen. Dass diese öffentlichen Interessen der Verwirklichung der Sozialstaatlichkeit dienen, verstärkt dann ihr Gewicht in der Abwägung. Dabei sollten die wesentlichen Zielsetzungen bekannt sein: soziale Sicherung, soziale Gerechtigkeit – insbesondere auch durch sozialen Ausgleich und durch Vorkehrungen zum Schutz des „Schwächeren" bei struktureller Ungleichheit. – Näher: *Degenhart* Rn 565 ff.

IV. Rückwirkung und Vertrauensschutz

341 Grundlage des Rückwirkungsverbots (genauer: der nur eingeschränkten Zulässigkeit belastender, rückwirkender Gesetze) ist das Rechtsstaatsgebot. Es gilt diese Ableitung: Rechtsstaatsgebot – Rechtssicherheit – Vertrauensschutz – Rückwirkungsverbot. Es geht also der Sache nach immer um Vertrauensschutz. Wer sich dieses Grundprinzips bewusst ist, wird Rückwirkungsfälle erfassen können. Positiv gewusst werden sollte allerdings, dass die Rechtsprechung diese Fälle unterscheidet:

– **Echte Rückwirkung** liegt vor, wenn der Gesetzgeber nachträglich in Tatbestände eingreift, die in der Vergangenheit begonnen und abgeschlossen wurden und nunmehr an diese bereits abgeschlossenen Tatbestände andere Rechtsfolgen knüpft, als die bisherige Regelung; der Begriff der Rückbewirkung von Rechtsfolgen bringt dies zum Ausdruck.
– **Unechte Rückwirkung** liegt vor, wenn vom Gesetzgeber in Tatbestände eingegriffen wird, die in der Vergangenheit begonnen, jedoch noch nicht abgeschlossen

13 Ob entscheidend darauf abgestellt werden darf, ob das Eigentum seinen Wert „durch Arbeit und Leistung" gewonnen hat, wie dies *Pieroth/Schlink* Rn 956 tun, erscheint mir zw., zumal diese Faktoren und Faktoren außerhalb der Einwirkungsmöglichkeiten des Eigentümers regelmäßig zusammenwirken müssen.

wurden; hier kann auch von tatbestandlicher Rückanknüpfung gesprochen werden (näher *Degenhart* Rn 476).

Beispiele: *Degenhart* Rn 377. Im vorstehenden Fall wurde die Unterscheidung deutlich: ein Eingriff in ein Dauerschuldverhältnis mit Wirkung für die Zukunft entfaltet unechte Rückwirkung; werden auch für die Vergangenheit neue Rechtsfolgen gesetzt, liegt insoweit echte Rückwirkung vor – hier also nur für den Zwischenzeitraum; wird die bloße Erwartung enttäuscht, dass alles so bleibt, wie es ist, so ist dies kein Fall der Rückwirkung; instruktiv: BVerfG NJW 2002, 3009.

Zur klausurmäßigen Prüfung:

Das Rückwirkungsverbot folgt aus dem Rechtsstaatprinzip. Wird ein Verstoß durch 342
ein belastendes Gesetz gerügt, kann dies über Art. 2 I GG auf Grund seiner „Vehikelfunktion" für die VB gerügt werden (das unzulässig rückwirkende Gesetz ist kein Bestandteil der verfassungsmäßigen Ordnung i.S.v. Art. 2 I GG). Im vorstehenden Fall handelte es sich um ein eigentumsbegrenzendes Gesetz: deshalb war die Prüfung im Rahmen des Art. 14 GG vorzunehmen.

Bei der Prüfung ist etwa wie folgt vorzugehen:

1. Einordnung des Gesetzes: echte oder unechte Rückwirkung?
2. Rechtfertigungsebene;
   - a) bei echter Rückwirkung: nur ausnahmsweise Zulässigkeit (näher *Degenhart* Rn 374), wenn:
   - (1) für den Rückwirkungszeitraum mit der Regelung zu rechnen war (s. vorstehend);
   - (2) die bisherige Rechtslage „unklar und verworren" war;
   - (3) lediglich Bagatellbelastungen gegeben sind;
   - (4) in besonders gelagerten Ausnahmefällen *„zwingende Gründe des öffentlichen Wohls"* die Regelung erzwingen – zw.).
   - b) bei unechter Rückwirkung: Abwägung zwischen Vertrauensschutz und Zielsetzung des Gesetzgebers.

Liegt kein Fall der Rückwirkung vor, so kann ausnahmsweise Vertrauensschutz 343
eingreifen, doch ist die Rspr. hier restriktiv: darauf, dass eine bestimmte Rechtslage erhalten bleibt, kann grundsätzlich nicht vertraut werden. – Zur Prüfung in diesem Fall s. das Prüfungsschema bei *Degenhart* Rn 388.

Zur Wiederholung: *Degenhart* Rn 365–395.

Aktuelle Rechtsprechung: BVerfGE 105, 17 (Sozialpfandbriefe); BVerfGE 109, 133 (unbefristete Sicherungsverwahrung).

Weitere Fälle im thematischen Zusammenhang: *Kellner*, Prüfungen ohne Ende: Qualitätskontrollen bei der Anwaltschaft?, Jura 2002, 775; *Solf/Kaltenborn*, Probleme bei der Wohnungsbauförderung, NWVBl 1999, 359; *Gundel/Schubert,* Der Atomkonsens auf dem Prüfstand: Verfassungsrechtliche Anforderungen an den vereinbarten Ausstieg aus der Kernenergie, Jura 2001, 847; s. auch Fall 3.

Fall 6

Wahlrechtsänderung

Schwierigkeitsgrad: Examensklausur, 5 Std.
(Teil 1 isoliert auch als Zwischenprüfungsklausur)

344 In der laufenden Wahlperiode des Deutschen Bundestages haben wiederholte Parteiaustritte und Fraktionswechsel von Abgeordneten erheblichen Unmut erregt. Die Bundesregierung, die von den Fraktionen der A-Partei und der B-Partei im Bundestag getragen wird, legt nunmehr einen Entwurf eines Gesetzes zur Änderung des Bundeswahlgesetzes (BWahlGÄndG) vor, um künftig Änderungen der Mehrheitsverhältnisse im Bundestag auf Grund von Parteiaustritten vorzubeugen.

Nr. 1 des Gesetzes lautet:

„In § 46 Abs. 1 Nr. 5 BWahlG wird der Punkt durch ein Komma ersetzt. Es werden folgende Ziffern angefügt:

‚6. Beendigung der Parteimitgliedschaft, wenn der Abgeordnete über die Landesliste der Partei in den Bundestag gewählt wurde,

7. Beendigung der Parteimitgliedschaft, wenn der Abgeordnete direkt in den Bundestag gewählt wurde, er im Zeitpunkt der Wahl Mitglied einer Partei war und dieser gegenüber sich vor der Wahl schriftlich dazu verpflichtet hat, im Fall der Beendigung der Mitgliedschaft auf sein Mandat zu verzichten.‘

In § 47 Abs. 1 Nr. 2 BWahlG wird die Formulierung ‚im Falle der Nummern 2 und 5‘ ersetzt durch die Formulierung ‚im Falle der Nummern 2, 5, 6 und 7‘.“

Auf Drängen des kleineren Koalitionspartners, der B-Partei, die in der Vergangenheit wiederholt sehr knapp an der 5 %-Prozent-Hürde gescheitert ist, wird ferner folgende Nr. 2 in das Gesetz aufgenommen:

„§ 6 Abs. 6 Satz 1 BWahlG wird wie folgt geändert:

‚Bei Verteilung der Sitze auf Landeslisten werden nur Parteien berücksichtigt, die mindestens 4 vom Hundert der im Wahlgebiet abgegebenen gültigen Zweitstimmen erhalten haben.‘

Der zweite Halbsatz entfällt.“

Auch diese Änderung entspricht einem Wunsch der B-Partei, die sich daran gestört hat, dass die oppositionelle S-Partei regelmäßig drei bis vier Direktmandate in ihren Hochburgen im Bundesland A erworben hat und damit nach § 6 VI 1 2. HS BWahlG bei der Verteilung auf Landeslisten auch dann berücksichtigt wurde, wenn sie die 5 %-Hürde nicht überwunden hatte.

Um das Gesetzgebungsverfahren abzukürzen, lässt die Bundesregierung den Gesetzentwurf durch die Fraktion der A-Partei in den Bundestag einbringen. Der Bundestag beschließt das Gesetz mit der Mehrheit der Fraktionen der A-Partei und der B-Partei. Die D-Partei kann sich dabei mit einem Antrag, eine Änderung des § 6 V 2 BWahlG in das Gesetz aufzunehmen, nicht durchsetzen. Sie hatte bei den beiden vorangehenden Bundestagswahlen keine Überhangmandate errungen, während bei der A-Partei bei der vorletzten Bundestagswahl 8 und bei der letzten Bundestagswahl sogar 12 Überhangmandate verblieben waren. Die D-Partei meint, bei so krassen Verschiebungen in den Mehrheitsverhältnissen müssten den anderen Parteien zumindest Ausgleichsmandate zugesprochen werden; deshalb sei der Gesetzgeber verpflichtet, § 6 V 2 BWahlG entsprechend zu ändern.

Der Gesetzesbeschluss erfolgt am 01. Februar 200X. Zwei Tage später geht der Gesetzesbeschluss beim Bundesrat ein. Dieser berät hierüber am 15. Februar 200X. Der Bundesrat, der politisch durch Landesregierungen dominiert wird, die durch die E-Partei gestellt werden, stellt sich auf den Standpunkt, zum Zustandekommen des Gesetzes sei seine Zustimmung erforderlich und versagt dem Gesetz ausdrücklich seine Zustimmung. Der Vermittlungsausschuss wird nicht angerufen. Weitere zwei Wochen später fasst der Bundestag, der den Standpunkt des Bundesrats nicht teilt, Beschluss über die „Zurückweisung des Einspruchs des Bundesrats". Der Beschluss wird mit einer Mehrheit von 300:288 getroffen; dem Bundestag gehören zum fraglichen Zeitpunkt 610 Abgeordnete an (598 laut BWahlG und 12 Überhangmandate).

Der Bundestag vertritt mehrheitlich die Auffassung, das Gesetz sei auf jeden Fall zustandegekommen, der Bundesrat habe es versäumt, seine Rechte wahrzunehmen. Der Bundespräsident fertigt das Gesetz am 30. März 200X aus; es wird im Bundesgesetzblatt vom 3. April verkündet.

Im September des gleichen Jahres finden Bundestagswahlen statt. Da 14 Überhangmandate vergeben werden, gehören dem neugewählten Bundestag 612 Abgeordnete an. Alle 14 Überhangmandate entfallen auf die A-Partei, die so auf insgesamt 278 Mandate kommt. Die B-Partei kommt auf 4,5 % der gültigen Zweitstimmen und erreicht 30 Sitze. A-Partei und B-Partei bilden die Regierung. Die S-Partei erringt 3 Direktmandate, aber nur 3,9 % der gültigen Zweitstimmen. Die D-Partei erringt keine Überhangmandate und kommt auf 268 Mandate. Weitere 33 Mandate erringt die E-Partei mit 5,1 % der gültigen Zweitstimmen.

Die Abgeordneten der D-Partei sind über die, wie sie meinen, Verfälschung des Wählerwillens empört. Sie beauftragen Ende Oktober des gleichen Jahres den angesehenen Staatsrechtler Karl Schmied, ein Rechtsgutachten zur Verfassungsmäßigkeit des BWahlGÄndG zu erstellen. Die D-Partei möchte wissen, ob sie bzw. ihre Abgeordneten gegen die auf der Grundlage dieses Gesetzes stattgefundene Wahl vorgehen oder doch zumindest für künftige Wahlen über das Bundesverfassungsgericht eine Änderung, vor allem hinsichtlich der Auswirkungen der Überhangmandate, erreichen könnte.

Vorüberlegungen

345 Ein klassischer Fall aus dem Staatsorganisationsrecht: Wahlrechtsgleichheit, freies Mandat, Gesetzgebungsverfahren sind die thematischen Schwerpunkte der Arbeit. Es geht um Standardprobleme: der Abgeordnete, der seine Fraktion verlässt, ist dem Kandidaten ebenso vertraut, wie der Fall des vor der Wahl unterschriebenen Verzichtsrevers (s. *Degenhart* Rn 635, 647).

Zu behandeln sind Grundfragen des geltenden Wahlrechts, mit dessen Grundprinzipien, wie dem der personalisierten Verhältniswahl, der Bedeutung von Erst- und Zweitstimme, der Wahl nach Landeslisten, der 5 %-Klausel und Grundmandatsklausel, der Bearbeiter vertraut sein sollte. Die beiden Wahlrechtsentscheidungen des Bundesverfassungsgerichts im 95. Band (BVerfGE 95, 335 und 408) wurden im juristischen Schrifttum und in der Ausbildungsliteratur hinreichend aufgearbeitet, auch wenn sich die Feinheiten etwa in der unterschiedlichen Beurteilung der Überhangmandate durch die Richter des 2. Senats dem unbefangenen Leser vielleicht nicht sofort in allen Einzelheiten erschließen.

346 Um derartige Details geht es in der Aufgabe freilich nicht. Die Bearbeiter werden zunächst recht deutlich auf die Prüfung der Verfassungsmäßigkeit des Änderungsgesetzes hingeführt. Dieses ist im ersten Hauptteil des Falles zu prüfen, wobei der Bearbeitervermerk eindeutig ist: Das Gutachten soll insoweit zunächst nur die Verfassungsmäßigkeit des Gesetzes selbst beurteilen, also nicht etwa die Zulässigkeitsvoraussetzungen eines Normenkontrollantrags prüfen. Es ist immer wieder nicht nur in Übungen, sondern auch im Examen selbst festzustellen, dass die Bearbeiter auch bei einem so klar formulierten Bearbeitervermerk so im prozessualen Schema verhaftet sind, dass sie auch dann die Zulässigkeit einer Verfassungsbeschwerde oder eines Normenkontrollantrags erörtern, was die Qualität der Arbeit zumindest nicht hebt, sie aber absenkt, wenn darüber Zeit und Energie für die Sachprobleme verloren gehen.

347 Die Probleme im Gesetzgebungsverfahren sind im Sachverhalt angesprochen. Zunächst geht es um die bekannte Frage des 1. Durchgangs beim Bundesrat. Dies sollte keine Schwierigkeiten bereiten. Schwieriger zu beurteilen allerdings ist dann die Frage, ob die Zustimmung des Bundesrates fehlt. Die Zustimmungspflichtigkeit des Bundeswahlgesetzes selbst gehört wohl nicht zum Standardwissen. Das Grundprinzip sollte jedoch bekannt sein. Zustimmungspflichtig sind diejenigen Gesetze, für die das Grundgesetz dies ausdrücklich anordnet. Die wichtigsten diesbezüglichen Regelungen sind einerseits in den Bestimmungen der Finanzverfassung, andererseits in den Bestimmungen der Art. 83 ff. GG über die Verwaltungszuständigkeiten enthalten. In Art. 84 I GG wird der Bearbeiter dann fündig. Ob es sich aber wirklich um einen Fall des Art. 84 I GG handelt, also um die Ausführung von Bundesgesetzen als eigene Angelegenheit der Länder, dies dürften wohl nur bessere Bearbeitungen als Problem erkennen. Daran scheitert die Arbeit aber nicht. Denn die Frage der Zustimmungspflicht für das Wahlgesetz selbst ist deshalb im Ergebnis nicht ausschlaggebend, weil hier jedenfalls eine nicht zustimmungspflichtige Änderung vorliegt. Bei der Frage der Zustimmungspflicht für die Änderung des Zustimmungsgesetzes in seinem nicht die Zustimmungspflicht auslösenden Inhalt handelt es sich dann wieder um ein Standardproblem. Dies gilt wohl auch für die Frage, was es für das Zustandekommen des Gesetzes bedeutet, wenn der Bundesrat fälschlich von einem Zustimmungsgesetz ausgeht, und es deshalb versäumt, rechtzeitig den Vermittlungsausschuss anzurufen.

Ein Standardproblem stellt auch die Frage nach der Bedeutung an der Beendigung der Parteimitgliedschaft für das Mandat dar. Hier muss aus dem Spannungsverhältnis zwischen freiem Mandat und parteienstaatlicher Demokratie argumentiert werden. Die gängigen Argumentationsmuster dürften insoweit vertraut sein. Dies gilt auch für die Frage der Verzichtserklärung. **348**

Nr. 2 des Entwurfs – Absenkung der 5 %-Klausel, Grundmandate, Überhangmandate – berührt verfassungsrechtliche Grundfragen des geltenden Wahlrechts. Zur 5 %-Klausel sollten dem Verf. die gängigen Argumentationsmuster bekannt sein. Hier geht es um den Ausgleich zwischen Chancengleichheit der Parteien einerseits, dem Anliegen an stabilen Mehrheitsverhältnissen auf der anderen Seite. Auch Sinn und Zweck der Grundmandatsklausel dürften vertraut sein, wobei der Bearbeiter sehen sollte, dass sie verfassungsrechtlich legitim sein mag, deshalb aber nicht zwingend gefordert ist. Schwieriger ist dann wieder die Frage nach den Überhangmandaten. Aus der aktuellen Diskussion wird zumindest bekannt sein, auf welchem Wege Überhangmandate entstehen, und dass sie die Erfolgswertgleichheit beeinträchtigen. Die etwas gewundenen Erklärungen des Bundesverfassungsgerichts für die Rechtfertigung von Überhangmandaten im geltenden Wahlrecht brauchen nicht nachvollzogen zu werden. Der Bearbeiter muss lediglich einige brauchbare Argumente zu der Frage bringen, ob hier eine Nachbesserung der geltenden Regelung geboten sein kann. **349**

Im zweiten Teil geht es um prozessuale Fragen, um die Zulässigkeit eines Antrags im Organstreitverfahren bzw. eines Normenkontrollantrags. Angesichts der zeitlichen Angaben im Sachverhalt sollte auch gesehen werden, dass hier ein Fristenproblem besteht.

Gliederung **350**

1. Teil: Verfassungsmäßigkeit des Gesetzes

I. Gesetzgebungskompetenz: Art. 38 III GG

II. Gesetzgebungsverfahren
  1. Einleitungsverfahren: Umgehung des Art. 76 II 1 GG? (–)
  2. Beteiligung des Bundesrates
    a) Fehlende Zustimmung?
      aa) Zustimmungspflichtigkeit Art. 84 I GG – Verwaltungsverfahren?
      bb) Akt der Staatsorganisation durch den Bund?
      cc) Streitentscheidung entbehrlich – Änderungsgesetz nicht zustimmungspflichtig

b) Einspruch des Bundesrats? Umdeutung (+), aber: Art. 77 II 1 GG – keine Anrufung des Vermittlungsausschusses

III. Materielle Verfassungsmäßigkeit

1. Nr. 1 des Gesetzes

a) § 46 I Nr. 6 BWahlG: Art. 38 I 2 GG – Art. 21 GG

b) § 46 I Nr. 7 BWahlG

2. Nr. 2 des Gesetzes

a) Absenkung der 5 %-Klausel

aa) Sperrklauseln und Gleichheit der Wahl

(1) 5 %-Hürde als Einschränkung der Erfolgswertgleichheit

(2) Rechtfertigung

bb) 5 %-Klausel als Obergrenze

cc) 4 %-Grenze: Funktionsfähigkeit des Parlaments

b) Abschaffung der Grundmandatsklausel

aa) Zulässigkeit der Grundmandatsklausel (+): Integrationscharakter der Wahlen

bb) Abschaffung: gesetzgeberisches Ermessen

c) Überhangmandate: Gleichheitsverstoß – Möglichkeiten einer Beseitigung

2. Teil: Zulässigkeit eines Antrags beim BVerfG

A. Organstreitverfahren

I. Beteiligtenfähigkeit

1. Antragsteller: Parteien als „andere Beteiligte“ (+)

2. Antragsgegner: Bundestag

II. Streitgegenstand: Unterlassung einer gesetzlichen Regelung – Ausgleich der Überhangmandate

III. Antragsbefugnis: Art. 38 I i.V.m. 21 I GG

IV. Form und Frist – Fristbeginn: Bekanntmachung des Gesetzes (+) oder Durchführung der Bundestagswahl (–)?; Ergebnis: Antrag verfristet

B. Abstrakte Normenkontrolle

I. Antragsberechtigung: D-Partei (–), ein Drittel der Mitglieder des Bundestags (+), Landesregierung (+)

II. Antragsgegenstand: BWahlG idF des BWahlGÄndG (+)

III. „Meinungsverschiedenheiten und Zweifel“

IV. Form und Frist: Antrag nicht fristgebunden

Musterlösung

1. Teil: Verfassungsmäßigkeit des Gesetzes

I. Gesetzgebungskompetenz

Gegenstand des Gesetzes ist eine Änderung des BWahlG. Die Zuständigkeit des Bundes für das Wahlrecht folgt aus Art. 38 III GG. Die Formulierung „Das Nähere bestimmt ein Bundesgesetz" bedeutet eine ausschließliche Gesetzgebungszuständigkeit des Bundes.[1] Hierin ist die Kompetenzgrundlage für den Erlass des BWahlG zu sehen und damit auch für dessen Änderung. 351

II. Gesetzgebungsverfahren

Das Gesetzgebungsverfahren könnte deshalb fehlerhaft sein, weil im Stadium des Einleitungsverfahrens die Bundesregierung das Gesetz nicht an den Bundesrat geleitet hat. Das Gesetz könnte ferner deshalb nicht fehlerfrei zustandegekommen sein, weil der Bundesrat nicht ordnungsgemäß beteiligt wurde. 352

1. Einleitungsverfahren

Gesetzesvorlagen der Bundesregierung sind gem. Art. 76 II 1 GG zunächst dem Bundesrat zuzuleiten. Laut Sachverhalt hat die Bundesregierung jedoch den Gesetzentwurf „über die A-Fraktion" an den Bundestag geleitet. Hierin könnte ein Verstoß gegen die Bestimmung des Art. 76 II 1 GG liegen. Wenn andererseits die A-Fraktion den Gesetzentwurf dem Bundestag zugeleitet hat, könnte die Vorlage „aus der Mitte" des Bundestags eingebracht worden sein, wie dies Art. 76 I GG vorsieht. Nach § 76 I GeschOBT sind Vorlagen dann ordnungsgemäß von Mitgliedern des Bundestags eingebracht, wenn sie von einer Fraktion unterzeichnet sind. Dies ist hier der Fall. Die Mitglieder der A-Fraktion könnten also von ihrem Initiativrecht Gebrauch gemacht haben. Dass sie eine Vorlage der Regierung übernommen haben, steht dem nicht entgegen. Denn das Initiativrecht des Bundestags ist sachlich nicht begrenzt, etwa auf Vorlagen, die auch in der Fraktion ausgearbeitet wurden. Vielmehr kann nur gefordert werden, dass die Fraktion sich einen bestimmten Gesetzentwurf zu eigen gemacht hat. Dies ist hier der Fall. 353

Dem könnte noch entgegengehalten werden, hierdurch würde die Bestimmung des Art. 76 II 1 GG über den „ersten Durchgang" beim Bundesrat umgangen. Dieser Einwand kann nicht schon deshalb zurückgewiesen werden, weil es sich hier um eine bloße Ordnungsvorschrift ohne materiellen Gehalt handle. Denn der frühe „erste Durchgang" soll dem Bundesrat die Möglichkeit geben, bereits in einem frühen Verfahrensstadium seine Vorstellungen einzubringen. Vor allem aber ist die Grundgesetznorm eindeutig und klar gefasst: Gesetzesvorlagen der Bundesregierung sind dem Bundestag zuzuleiten. Gleichwohl kann dann, wenn eine Gesetzesvorlage, die ursprünglich von der Bundesregierung stammt, von einer Fraktion ein- 354

---

1 *Degenhart* Rn 150.

gebracht wird, nicht von einer Umgehung gesprochen werden. Denn die Einbringung durch die Bundesregierung ist nicht zwingend; es bestehen unterschiedliche Möglichkeiten für die Bundesregierung und die sie tragenden parlamentarischen Gruppierungen, ein Gesetz einzubringen. Wenn die Fraktion eine Vorlage der Regierung zu ihrer eigenen macht, so macht sie damit Gebrauch von einer im Grundgesetz selbst angelegten Gestaltungsmöglichkeit. Dafür sprechen auch Gesichtspunkte der Rechtssicherheit. Wollte man nicht auf den formalen Akt der Einbringung abstellen, sondern danach fragen, von wem ein Entwurf ursprünglich herrührt, so würde dadurch ein Moment der Unsicherheit in das Gesetzgebungsverfahren getragen, das auf Formalisierung und Rechtssicherheit in besonderem Maße angewiesen ist.

Im Stadium der Gesetzesinitiative sind also keine Verfahrensfehler unterlaufen.

2. Beteiligung des Bundesrates

a) Fehlende Zustimmung?

355 Der Bundesrat hat das Gesetz als zustimmungspflichtig behandelt[2] und seine Zustimmung ausdrücklich verweigert. Dies würde dann das Zustandekommen des Gesetzes hindern, wenn es sich tatsächlich um ein zustimmungspflichtiges Gesetz handelte. Dies setzt voraus, dass entweder für das BWahlG selbst Zustimmungspflicht bestand und das vorliegende Gesetz als Änderungsgesetz hiervon umfasst wird, oder aber, dass das vorliegende Änderungsgesetz selbst zustimmungspflichtige Vorschriften enthält.

356 aa) Für das BWahlG könnte sich **Zustimmungspflichtigkeit** nach Art. 84 I GG daraus ergeben, dass im Gesetz auch detaillierte Vorgaben für seine Ausführung auf Landesebene enthalten sind. So wird mit den Bestimmungen über die Wahlorgane die Einrichtung der für die Ausführung des Gesetzes zuständigen Behörden geregelt, §§ 8 f. BWahlG. Die Bestimmungen über die Vorbereitung der Wahl, die Wahlhandlung und die Feststellung des Wahlergebnisses enthalten nähere Regelungen über das Verfahren bei der Durchführung des BWahlG. Nach Art. 84 I GG können Bundesgesetze aber nur mit Zustimmung des Bundesrates die Einrichtung der Behörden und das Verwaltungsverfahren regeln.

357 bb) Doch ist fraglich, ob auf die Vorbereitung und Durchführung der Wahl zum Bundestag überhaupt die vom Grundgesetz getroffene allgemeine Kompetenzverteilung der staatlichen Aufgaben zwischen Bund und Ländern nach Art. 30, 83 ff. GG übertragen werden kann. Denn es geht hier um die Organisation der Wahlen als **Akt der Staatsorganisation durch den Bund** selbst. Bei Gesetzen, die das Verwaltungsverfahren und die Einrichtung der Behörden betreffen, ist Grund für die Zustimmungspflicht, dass hier an sich mit der Ausführung der Bundesgesetze eigene Angelegenheiten der Länder betroffen sind. Die Organisation der Bundestagswahl

2 In der Staatspraxis entspricht dies der wiederholt geäußerten Rechtsauffassung der Bundesregierung; vgl. zB BT-Drucks. 7/2873, S. 53; BT-Drucks. 8/361, S. 13 u. S. 24; BT-Drucks. 8/2806, S. 26; BT-Drucks. 9/1913, S. 27.

kann aber nicht als eine „eigene Angelegenheit" der Länder iSd Art. 84 I GG aufgefasst werden. Dies spricht dafür, das BWahlG von der Zustimmungspflicht auszunehmen.

cc) Eine **Streitentscheidung** könnte jedoch **entbehrlich** sein, wenn jedenfalls die durch das Änderungsgesetz vorgenommene Änderung des BWahlG nicht der Zustimmung durch den Bundesrat bedürfte. Das Änderungsgesetz enthält keine Aussagen zum Verfahren bei der Durchführung des Gesetzes oder zur Einrichtung der „Behörden", also vor allem der Wahlorgane. Es ändert vielmehr das BWahlG nur in Teilen, die ihrerseits nicht die Zustimmungspflicht auslösten. Es kommt also darauf an, ob auch die Änderung eines Zustimmungsgesetzes in jenen Teilen, die nicht die Zustimmungspflicht auslösten, zustimmungspflichtig ist. Dafür spricht, dass der Bundesrat mit seiner Zustimmung die Verantwortung für das Gesetz *als Ganzes* übernommen hat, dass er seine Ermessensentscheidung über die Zustimmung im Hinblick auf den gesamten Inhalt des Gesetzes getroffen hat, und dass im Fall des Art. 84 I GG verfahrens- und materiellrechtliche Bestimmungen in ihrem Zusammenhang zu sehen sind. Dagegen spricht jedoch der Gesichtspunkt der gesetzgebungstechnischen Einheit: Für jedes Gesetz sind hiernach die verfahrensmäßigen Voraussetzungen gesondert zu prüfen; es kommt dann nur darauf an, ob das jeweils in Frage stehende Gesetz seinem Inhalt nach die Zustimmungsbedürftigkeit auslöst. Ist dies nicht der Fall, so löst die Tatsache, dass durch das Gesetz ein ursprünglich seinem ganzen Inhalt nach zustimmungsbedürftiges Gesetz geändert wird, für sich allein noch nicht die Zustimmungsbedürftigkeit des ändernden Gesetzes aus.[3] **358**

Das BWahlGÄndG war also nicht zustimmungspflichtig.

b) Einspruch des Bundesrats?

Die Erklärung des Bundesrates, dem Gesetz nicht zustimmen zu wollen, könnte jedoch als Einspruch aufzufassen sein. Eine dahingehende **Umdeutung** ist nach dem argumentum a maiore ad minus zulässig. Denn in der Erklärung, die Zustimmung zu verweigern, liegt auch die Kundgabe des Willens, in jedem Fall das Zustandekommen des Gesetzes hindern zu wollen. Ein wirksamer Einspruch des Bundesrates würde hier dazu führen, dass das Gesetz nicht ordnungsgemäß zustandegekommen wäre. Denn es würde dann an einer wirksamen Zurückweisung des Einspruchs fehlen. Der Bundestag muss den Einspruch mit der Mehrheit seiner Mitglieder zurückweisen, Art. 77 IV 1 GG. Mit Mehrheit der Mitglieder ist die Mehrheit der gesetzlichen Mitgliederzahl gemeint, Art. 121 GG. Diese ergibt sich aus dem BWahlG. Nach dessen § 1 I 1 besteht der Bundestag aus 598 Abgeordneten, jedoch vorbehaltlich der sich aus dem Gesetz selbst ergebenden Abweichungen. Derartige Abweichungen ergeben sich von Fall zu Fall insbesondere aus § 6 V 2 BWahlG. Hiernach erhöht sich die Mitgliederzahl um die sog. Überhangmandate, von denen es laut Sachverhalt zum Zeitpunkt der Abstimmung 12 gab. Die gesetzliche Mitgliederzahl betrug daher 610. Dann aber wurde der Einspruch des Bundesrats nicht mit der nach Art. 77 IV 1 GG erforderlichen Mehrheit zurückgewiesen. **359**

3 BVerfGE 37, 363 (382).

360 Dies könnte jedoch dann unschädlich sein, wenn der Einspruch des Bundesrates selbst in verfahrensfehlerhafter Weise und deshalb nicht wirksam erfolgt ist. Dies könnte sich daraus ergeben, dass hier nicht der Vermittlungsausschuss angerufen wurde. Dies aber ist bei Einspruchsgesetzen nach Art. 77 II 1 GG zwingend vorgeschrieben. Wenn der Bundesrat nicht innerhalb von drei Wochen den Vermittlungsausschuss anruft, ist das Gesetz zustandegekommen, Art. 78, 2. Variante GG.[4] Eben dies war hier der Fall. Die Verweigerung der Zustimmung kann auch nicht in die Anrufung des Vermittlungsausschusses umgedeutet werden. Denn der Erst-Recht-Schluss gilt hier, anders, als bei der Umdeutung in einen Einspruch, nicht: die Anrufung des Vermittlungsausschusses ist im Verhältnis zur verweigerten Zustimmung etwas sachlich anderes, ein aliud, kein minus. Denn beim Vermittlungsverfahren nach Art. 77 II GG geht es um sachliche Änderungen am Gesetz. Für das Stadium, in dem das Gesetzgebungsverfahren im Bundesrat angelangt ist, gilt, dass bei Nicht-Zustimmung (unterstellt: bei einem Einspruchsgesetz) die Frist des Art. 77 II GG ohne Anrufung des Vermittlungsausschusses verstreicht, so dass das Gesetz nach Art. 78 GG zustandekommt, obwohl der Bundesrat bei richtiger juristischer Bewertung Mittel in der Hand gehabt hätte, das Zustandekommen zumindest hinauszuschieben. Dass der Bundestag glaubte, nochmals über den Einspruch – bzw. die als Einspruch gedeutete verweigerte Zustimmung – abstimmen zu müssen, ändert an der einmal eingetretenen Tatsache des Zustandekommens des Gesetzes nichts.

Das Gesetz ist also verfahrensfehlerfrei zustandegekommen.

III. Materielle Verfassungsmäßigkeit

1. Nr. 1 des Gesetzes

a) § 46 I Nr. 6 BWahlG

361 § 46 I Nr. 6 BWahlG idF des BWahlGÄndG könnte gegen Art. 38 I 2 GG verstoßen. In dieser Verfassungsnorm ist der Grundsatz des freien Mandats niedergelegt. Dieser Grundsatz des freien Mandats bedeutet, so die Formulierung des Art. 38 I 2 GG, dass der Abgeordnete in seinen Entscheidungen in Ausübung seines Mandats frei und nur seinem Gewissen unterworfen ist. Freies Mandat bedeutet dann aber auch, dass der Abgeordnete die Möglichkeit haben muss, aus seiner Partei auszutreten, wenn er deren Politik nicht mehr mit seinem Gewissen verantworten kann, ohne dass dies zum Verlust des Mandats führen dürfte. Dies würde faktisch einen erheblichen Einfluss auf die Mandatsausübung haben, würde dazu führen, dass der Abgeordnete in der Freiheit seiner Entscheidungen beschränkt würde. Auch würde eine Verknüpfung der Parlaments- mit der Parteizugehörigkeit die demokratische Legitimation des Mandats durch die Wahlentscheidung berühren. Denn der Abgeordnete erlangt sein Mandat durch die Entscheidung des Wählers in allgemeinen, unmittelbaren, freien und gleichen Wahlen, wie sie Art. 38 I 1 GG vorschreibt. Sein Mandat wird ihm nicht erst von der Partei verliehen. Durch die Wahl wird der Abgeordnete

4 *Degenhart* Rn 205.

legitimiert, „das Volk" zu vertreten. Er ist dabei, wie dies Art. 38 I 2 GG klar zum Ausdruck bringt, Vertreter des „ganzen Volkes", also nicht nur einer Partei und nicht nur derjenigen Wähler, die für diese Partei gestimmt haben. § 46 I Nr. 6 BWahlG idF des BWahlGÄndG berührt also nicht nur den Grundsatz des freien Mandats, sondern auch den der demokratischen Legitimation des Abgeordneten durch die Wahlen und des repräsentativen Prinzips, also der Stellung des Abgeordneten als Vertreter des ganzen Volkes.

Das Gesetz berührt also die Grundsätze des Art. 38 I GG. Wenn nach Art. 38 III GG **362** der Gesetzgeber das Nähere zu Art. 38 I GG regeln kann, so bedeutet dies nicht, dass er die Grundsätze des Art. 38 I GG durchbrechen darf. Art. 38 III ermächtigt nur zu einer näheren, verfassungskonformen Ausgestaltung des Wahlrechts.[5] Soweit hierbei die Grundsätze des Art. 38 I GG eingeschränkt werden, muss dies unmittelbar aus Verfassungsrecht gerechtfertigt werden. Eine solche Rechtfertigung könnte sich hier aus der Erwägung ergeben, dass der Abgeordnete in seiner politischen Tätigkeit auch Repräsentant der Partei ist, der er angehört, und das parlamentarische System des Grundgesetzes maßgeblich auch auf der Mitwirkung der Parteien bei der politischen Willensbildung aufbaut. Dieser Aspekt einer „Parteiendemokratie" findet in Art. 21 GG sichtbaren Ausdruck. Zwischen Art. 38 I 2 GG und Art. 21 GG besteht also ersichtlich ein Spannungsverhältnis.

Dieses Spannungsverhältnis ist im Konfliktfall in verfassungskonformer Weise aufzulösen. **363** Art. 21 GG könnte jedenfalls dann Vorrang einzuräumen sein, wenn der Abgeordnete sein Mandat über die Landesliste erworben hat. Ausschlaggebend könnte in diesem Fall die Überlegung sein, dass der Abgeordnete, der über die Landesliste in den Bundestag gewählt wurde, sein Mandat in stärkerem Maße der Partei verdankt, als etwa der direkt gewählte Abgeordnete (auch wenn bei diesem die Parteizugehörigkeit in aller Regel entscheidendes Moment der Wahlentscheidung bleibt). Der Wähler, der mit seiner Zweitstimme für die Landesliste einer Partei stimmt, wählt primär die Partei und nicht die Person der Abgeordneten. Dies könnte dafür sprechen, zumindest bei den über die Landesliste gewählten Abgeordneten das Mandat mit der Parteizugehörigkeit zu verknüpfen, um das Mandat der Partei zu erhalten. Dies würde auch der Wählerentscheidung bei der Stimmabgabe für Landeslisten entsprechen und die gewählte Zusammensetzung des Parlaments erhalten. Dagegen spricht jedoch, dass das Grundgesetz weder in Art. 38 I 2 GG noch anderweitig zwischen Abgeordneten mit Direktmandat und mit Listenmandat unterscheidet. Beide Gruppen von Abgeordneten können sich in gleicher Weise auf den Grundsatz des freien Mandats berufen. Beide gelten dem Grundgesetz gleichermaßen als Vertreter des ganzen Volkes. Dies spricht entscheidend gegen eine Rechtfertigung des Mandatsverlusts bei Beendigung der Parteizugehörigkeit entsprechend § 46 I Nr. 6 BWahlG idF des BWahlGÄndG. Für Konfliktfälle ist Art. 38 I 2 GG letztlich der Vorrang der Entscheidungsfreiheit des Abgeordneten zu entnehmen.[6]

5 *Pieroth/Schlink* Rn 1037.
6 *Degenhart* Rn 633.

364 Ein weiterer Einwand gegen die Bestimmung ergibt sich schließlich daraus, dass dort pauschal vom „Ende der Parteimitgliedschaft" die Rede ist. Ein solches Ende kann aber nicht nur durch freiwillige Maßnahmen des Betroffenen herbeigeführt werden, sondern auch durch Parteiausschluss. Damit aber würde das Mandat letztlich zur Disposition der Parteien gestellt werden können. Über den Hebel des Parteiausschlusses könnte so ein Mandatsverlust bewirkt werden. Dies aber läuft Art. 38 I 2 GG ersichtlich zuwider.

Im Ergebnis greifen die verfassungsrechtlichen Bedenken gegen § 46 I Nr. 6 BWahlG idF des BWahlGÄndG aus Art. 38 I 2 GG durch.[7]

b) § 46 I Nr. 7 BWahlG

365 Auch § 46 I Nr. 7 BWahlG idF des BWahlGÄndG könnte gegen den Grundsatz des freien Mandats verstoßen. Zwar knüpft die Bestimmung an eine vom Abgeordneten freiwillig einzugehende Bindung an. Gleichwohl ergeben sich aus Art. 38 I 2 GG Bedenken. Zum einen erscheint die tatsächliche Entscheidungsfreiheit des Abgeordneten im Stadium der Kandidatenaufstellung fraglich. Gerade dann kann die Verpflichtung durch politischen Druck der Partei bewirkt werden. Dies wäre ein erster Verstoß gegen den Grundsatz des freien Mandats. Zum anderen würde Art. 38 I 2 GG zur Disposition zwischen einzelnen Abgeordneten und Fraktionen gestellt werden können. Verfassungsrechtliche Kompetenzen sind aber nicht disponibel. Art. 38 I 2 GG ist zwingendes Recht.

2. Nr. 2 des Gesetzes

a) Absenkung der 5%-Klausel

366 aa) **Sperrklauseln** wie die bisher geltende 5 %-Klausel des § 6 VI 1 BWahlG beschränken den Grundsatz der Gleichheit der Wahl dadurch, dass der gleiche Erfolgswert jeder Stimme nicht gewahrt bleibt. Durch die Änderung des BWahlG wird das geltende Quorum von 5 % jedoch abgesenkt. Wenn bereits das bisherige Quorum von 5 % verfassungskonform ist, muss dies jedoch erst recht gelten für das in § 6 VI 1 BWahlG idF des BWahlGÄndG enthaltene niedrigere Quorum. Zu prüfen ist also zunächst, ob die bisher geltende 5 %-Klausel des § 6 VI 1 BWahlG verfassungskonform ist.

367 (1) Mit dem bisherigen Quorum, also der 5 %-Hürde, wird der Grundsatz der Wahlrechtsgleichheit eingeschränkt. Er folgt aus Art. 38 I 1 GG[8] und fordert, dass jede

---

7 Die Gegenauffassung ist vertretbar, allerdings wohl kaum noch für den Fall des Parteiausschlusses; insoweit könnte noch eine verfassungskonforme Auslegung der Bestimmung erwogen werden, dahingehend, dass diese nur den freiwilligen Verlust der Parteimitgliedschaft erfasst; die Problematik wurde vor allem in den 70er und 80er Jahren des 20. Jahrhunderts intensiv diskutiert, nicht zuletzt auch auf Grund wiederholter Austrittswellen anlässlich der politischen Richtungswechsel 1969 und 1982; vgl. etwa *Kriele*, ZRP 1969, 241 f.; *Schröder*, ZRP 1971, 97 ff.; *Säcker*, DVBl 1970, 567 ff.; *Tsatsos*, DÖV 1971, 253 ff.; *Azzola*, JuS 1972, 561 ff.; *Sendler*, NJW 1985, 1425 ff.

8 BVerfGE 51, 222 (234).

Wählerstimme nicht nur gleich viel zählt (Zählwertgleichheit), sondern auch bei der Umsetzung der Stimmen in die Zuteilung von Parlamentssitzen gleiches Gewicht hat (Erfolgswertgleichheit).[9] Die Erfolgswertgleichheit wird durch die Sperrklausel insoweit berührt, als die für eine an der Fünf-Prozent-Hürde gescheiterte Partei abgegebenen Zweitstimmen ohne Erfolgswert bleiben, im Gegensatz zu den Stimmen, die für die erfolgreichen Parteien abgegeben wurden. Eine Ungleichbehandlung findet auch zu Lasten der Partei statt, die an der Fünf-Prozent-Hürde gescheitert ist. Denn für das passive Wahlrecht bedeutet Gleichheit der Wahl die Chancengleichheit aller Wahlbewerber[10] und damit auch aller Parteien. Dieses Recht der Parteien resultiert aus ihrem in Art. 21 I GG umschriebenen verfassungsrechtlichen Status und aus der Bedeutung, die der darin verbürgten Freiheit der Parteigründung und dem Mehrparteienprinzip für die freiheitliche Demokratie zukommt.

(2) Diese Ungleichbehandlung wird verfassungsrechtlich gerechtfertigt aus dem **368**
Anliegen des Gesetzgebers, über die Ausgestaltung des Wahlrechts die Entstehung regierungsfähiger Mehrheiten zu ermöglichen.[11] Denn ohne derartige Hürden bestünde die Gefahr, dass es auch kleinen Gruppen mit zerstreuter Wählerschaft oder reinen Interessenorganisationen ermöglicht würde, in das Parlament einzuziehen, es zu einer übermäßigen Parteienzersplitterung kommen und dies eine Regierungsbildung erschweren oder gar unmöglich machen würde. Regierungsstabilität zu sichern, ist aber ein wesentliches Anliegen des Grundgesetzes. Mithin hat auch das gesetzgeberische Anliegen, das der bisherigen 5 %-Hürde zugrundelag, Verfassungsrang und rechtfertigt prinzipiell eine Einschränkung der Wahlrechtsgleichheit. Ob eine Erhöhung dieser Hürde zulässig wäre, braucht hier nicht entschieden zu werden, denn mit dem BWahlGÄndG wird die 5 %-Hürde abgesenkt.

bb) Verfassungswidrig könnte dies nur sein, wenn das grundgesetzliche Anliegen **369**
stabiler Mehrheitsverhältnisse im Parlament unter Vermeidung einer übermäßigen Zersplitterung das Fortbestehen der 5 %-Hürde erzwingt. Der Gesetzgeber könnte sich jedoch auch auf den Standpunkt stellen, bei der zwischenzeitlich erreichten politischen Stabilität des Gemeinwesens sei es nicht mehr erforderlich, die Wahlchancen kleinerer oder neuer Parteien in einem Maße zu beeinträchtigen, wie es Sperrklauseln der hier in Frage stehenden Art, mögen sie nun bei 4 oder 5 % liegen, bewirken, und diese generell abschaffen. Auch dies braucht hier nicht entschieden zu werden, denn die bisherige 5 %-Klausel stellt jedenfalls eine Obergrenze dar. Sie ist verfassungsrechtlich nicht zwingend geboten.

cc) Dann könnte gegen die Neuregelung allenfalls noch eingewandt werden, auch **370**
4 % seien zu viel. Der Gesetzgeber hat jedoch, wenn er sich für eine Sperrklausel entscheidet, abzuwägen zwischen seinem Anliegen, stabile Regierungsmehrheiten zu ermöglichen, und den Erfordernissen der Wahlrechtsgleichheit und der Integrationsfunktion der Wahlen. Gelangt er hierbei zu der Einschätzung, die bisherige Höhe eines Quorums sei nicht mehr erforderlich, so muss er doch in der Einschät-

---

9 BVerfGE 82, 332; *Degenhart* Rn 53 ff.
10 BVerfGE 71, 81 (94).
11 BVerfGE 51, 222 (234 ff.).

zung der künftig erforderlichen Quoren einen gewissen Einschätzungsspielraum haben. Andererseits ist es unter dem Gesichtspunkt der Funktionsfähigkeit des Parlaments nach wie vor gerechtfertigt, bei der Sitzverteilung nur solche Parteien zu berücksichtigten, die einen Mindeststimmanteil erreicht haben. Dieser kann nicht arithmetisch genau bestimmt werden. Wenn der Gesetzgeber sich dafür entscheidet, die Grenze bei 4 % zu ziehen, so ist dies nicht zu beanstanden. Das Interesse des Staates an der Funktionsfähigkeit des Parlaments und der Bildung regierungsfähiger Mehrheiten als Voraussetzung für das Funktionieren der Demokratie rechtfertigt daher die Einschränkung der Wahlrechtsgleichheit und der Chancengleichheit der Parteien aus Art. 38 I und 21 I GG durch die Sperrklausel des § 6 VI 1 BWahlG in der Neufassung. Dicse ist verhältnismäßig. Es ist jedenfalls nicht sachwidrig, wenn das bisherige Quorum nur vorsichtig zurückgenommen wird. Dass ein Quorum von 4 % verfassungsrechtlich nicht gerechtfertigt ist, kann also nicht angenommen werden.[12]

b) Abschaffung der Grundmandatsklausel

371 Die ersatzlose Aufhebung der Grundmandatsklausel des § 6 VI 1 2. Halbsatz BWahlG durch Nr. 2 des BWahlGÄndG wäre nur dann verfassungswidrig, wenn diese Klausel ihrerseits verfassungsrechtlich zwingend wäre.

aa) Dies setzt zunächst voraus, dass sie überhaupt verfassungsrechtlich zulässig ist. Die Grundmandatsklausel berührt sowohl Erfordernisse der Wahlrechtsgleichheit, da Parteien, die sonst an der Sperrklausel des 1. Halbsatzes scheitern würden, nunmehr bei der Sitzvergabe nach Landeslisten berücksichtigt werden – was zugleich eine Beeinträchtigung der Wahlrechtsgleichheit zulasten derjenigen Parteien bedeutet, die keine Direktmandate erringen. Diese Ungleichheit im Erfolgswert der Stimmen wird jedoch daraus gerechtfertigt, dass Parteien, die mehrere Direktmandate erringen, hierdurch eine spezifische Verankerung in der Bevölkerung belegen. Gegen die Grundmandatsklausel könnte sprechen, dass hierdurch das ja an sich legitime Anliegen der Fünf-Prozent-Klausel wiederum abgeschwächt, die Bildung von Splitterparteien gefördert wird. Für die Besserstellung derjenigen Parteien, die mindestens drei Direktmandate errungen haben, könnte sprechen, dass diese besondere Resonanz deshalb finden, weil sie Anliegen mit besonderer Akzeptanz in der Bevölkerung vertreten. Häufig wird es sich auch um Parteien handeln, die einen regionalen Schwerpunkt haben und dort besonders integrierend wirken. Diese Gesichtspunkte durfte der Gesetzgeber berücksichtigen und insoweit die Fünf-Prozent-Klausel abmildern, um den Integrationscharakter der Wahlen zu sichern.[13] Dies entspricht auch in besonderer Weise dem Anliegen der personalisierten Verhältniswahl.[14]

---

12 Dies kann angesichts der erneuten Bestätigung der 5 %-Klausel durch BVerfGE 95, 408 (418) wohl als gesichert gelten; wer – was mit entspr. Begründung jedoch vertretb. ist – die 5 %-Klausel für verfassungswidrig hält und auch bei 4 % noch Zweifel hat, muss sich mit der methodisch interessanten Frage befassen, inwieweit eine Neuregelung, auch wenn sie, für sich gesehen, nicht verfassungskonform ist, doch deshalb gehalten werden kann, weil sie eine Annäherung an den verfassungsmäßigen Zustand bewirkt.

13 BVerfGE 95, 408 (420 f.).

14 BVerfGE 6, 84 (96).

bb) Dass die Grundmandatsklausel verfassungsrechtlich gerechtfertigt war, bedeutet noch nicht, dass sie auch verfassungsrechtlich zwingend geboten wäre. Der Wahlgesetzgeber war daher berechtigt, die Grundmandatsklausel abzuschaffen. Der Gesetzgeber stellt hierdurch die Wahlrechtsgleichheit zwischen jenen Parteien wieder her, die die Schwelle für eine Berücksichtigung bei der Mandatsvergabe über die Landeslisten nicht überwinden. Er hat sie bisher ungleich behandelt, je nachdem, ob sie die erforderlichen „Grundmandate" erreichten. Dieser Gesichtspunkt rechtfertigte eine Ungleichbehandlung. Nunmehr erfolgt insoweit eine Gleichbehandlung. **372**

Diese wäre dann verfassungswidrig, wenn es sich um wesentlich ungleiche Sachverhalte handeln würde, sodass der Gesetzgeber gehindert wäre, sie gleich zu behandeln. Insoweit muss auch die Gleichbehandlung verfassungsrechtlich gerechtfertigt sein.[15] Die bisherige Grundmandatsklausel bewirkte sowohl eine Einschränkung der Wahlrechtsgleichheit im Verhältnis der kleineren Parteien, als auch eine Beschränkung der legitimen Zielsetzungen der 5 %-Klausel bzw. nunmehr der 4 %-Klausel. Diese Erwägungen rechtfertigen jedenfalls eine Gleichbehandlung der Parteien, die diese Hürde nicht überschreiten. Diese Entscheidung des Gesetzgebers ist also sachlich ebenso gerechtfertigt, wie dies die Beibehaltung der Grundmandatsklausel wäre. Insoweit hat der Gesetzgeber Ermessen in der Ausgestaltung des Wahlrechts. **373**

c) Überhangmandate

Dadurch, dass der Gesetzgeber die Regelung der Überhangmandate in § 6 V BWahlG unangetastet ließ, könnte er dann gegen Verfassungsrecht verstoßen haben, wenn sich hieraus eine Verpflichtung zum Handeln in diesem Punkt ergab. **374**

Sie könnte sich aus einer Verfassungswidrigkeit der geltenden Regelung über die Überhangmandate ergeben. Diese bewirkt dadurch eine Einschränkung in der Erfolgswertgleichheit der Stimmen, dass eine Partei mehr Mandate erhält, als ihr an sich nach dem Verhältnis der gültigen Zweitstimmen entsprechend § 6 II und III BWahlG zustünden, § 6 V 1 BWahlG.

Diese Möglichkeit ist allerdings im geltenden System des Wahlrechts angelegt, nach dem eine Hälfte der Mitglieder des Bundestags direkt gewählt wird.[16] Versteht man die Wahlrechtsgleichheit nach Art. 38 I 1 GG in erster Linie als Gleichheit in den Erfolgschancen, so könnte die mit den Überhangmandaten bewirkte Verschiebung in der Erfolgswertgleichheit der Stimmen verfassungsrechtlich gerechtfertigt sein, wenn sie eben notwendige Konsequenz aus dem geltenden Wahlsystem ist. Ob sie jedoch eine solche notwendige Konsequenz darstellt, ist fraglich. Denn durch Ausgleichsmandate, die die geltende Regelung des § 6 V 2 BWahlG explizit ausschließt, könnte die Erfolgswertgleichheit wieder hergestellt werden. Zwar kann vom Gesetzgeber nicht gefordert werden, von vornherein alle Eventualitäten im Wahlverlauf zu **375**

15 Vgl. hierzu *Pieroth/Schlink* Rn 436 f. – im vorliegenden Fall lassen sich die Probleme der Gleichbehandlung wohl nicht als solche der Ungleichbehandlung erfassen, so dass auf die Aussage des BVerfG – E 98, 365 (385) – zurückzugreifen ist, dass wesentlich Ungleiches nicht willkürlich gleich behandelt werden darf.

16 Vgl. dazu und zum Folgenden BVerfGE 95, 335 (354 ff.).

berücksichtigen. Wenn sich jedoch nachhaltig und kontinuierlich erhebliche Verschiebungen im Gewicht der Wählerstimmen ergeben, ist der Gesetzgeber zur Nachbesserung verpflichtet. Dies war bereits im Zeitpunkt der Änderung des BWahlG erkennbar. Deshalb liegt darin, dass der Gesetzgeber keine Korrektur der Regelung hinsichtlich der Überhangmandate vorgenommen hat, ein verfassungsrechtlich nicht mehr zu rechtfertigender Eingriff in den Grundsatz der Wahlrechtsgleichheit.

376 Wie der Gesetzgeber den Gleichheitsverstoß beseitigt, liegt in seinem Ermessen. Ausgleichsmandate für Überhangmandate sind die nächstliegende Lösung. Es kämen aber auch andere Möglichkeiten in Betracht. So könnten die Überhangmandate innerhalb der verbundenen Landeslisten einer Partei ausgeglichen werden, denkbar wäre auch an Stelle der bisherigen Landeslisten eine Verteilung der Listenmandate über eine Bundesliste. Auch hierdurch würde wegen der bundesweiten Verrechnung der Mandate die Entstehung von Überhangmandaten begrenzt.

2. Teil: Zulässigkeit eines Antrags beim BVerfG

A. Organstreitverfahren

377 Die Partei könnte einen Antrag im Organstreitverfahren nach Art. 93 I Nr. 1 GG, §§ 13 Nr. 5, 63 ff. BVerfGG stellen oder aber Verfassungsbeschwerde wegen Verletzung ihres Rechts auf Chancengleichheit einlegen. Es geht der Partei hier jedoch um ihren verfassungsrechtlichen Status als politische Partei. Zur Verteidigung ihres durch Art. 21 I GG gewährleisteten Rechtsstatus als Institution des Verfassungslebens ist einer politischen Partei der Weg des Organstreitverfahrens eröffnet.[17] Dies gilt insbesondere auch dann, wenn sie eine Verletzung ihres verfassungsrechtlichen Status durch die rechtliche Ausgestaltung des Wahlverfahrens geltend machen will.[18]

I. Beteiligtenfähigkeit

1. Antragsteller

378 Wer Partei eines Organstreitverfahrens sein kann, bestimmt sich nach Art. 93 I Nr. 1 GG i.V.m. § 63 BVerfGG. Da die politischen **Parteien** zwar mit verfassungsrechtlichem Status ausgestattet, aber keine obersten Bundesorgane sind, können sie nur als **andere Beteiligte**, die durch das Grundgesetz mit eigenen Rechten ausgestattet sind, parteifähig sein. Der D-Partei als Antragstellerin wird als einer politischen Partei durch Art. 21 I GG ein verfassungsrechtlicher Status gewährt.[19] Sie ist mithin mit eigenen Rechten ausgestatteter „anderer Beteiligter" iSd Art. 93 I Nr. 1 GG.

---

17 Vgl. BVerfGE 4, 27 (36); 44, 125 (137).
18 BVerfGE 1, 208 (218); 4, 27 (36).
19 BVerfGE 41, 399 (416).

2. Antragsgegner

Der Antrag kann gegen den **Bundestag** gerichtet werden. Der Bundestag hat das Bundeswahlgesetz beschlossen. Gemäß § 63 BVerfGG ist er oberstes Bundesorgan iSd Art. 93 I Nr. 1 GG. **379**

II. Streitgegenstand

Erforderlich für die Zulässigkeit des Antrags ist weiterhin, dass ein Streit um gegenseitige Rechte und Pflichten aus dem Grundgesetz vorliegt. Es müssen insoweit rechtserhebliche Maßnahmen oder Unterlassungen des Antragsgegners geltend gemacht werden, § 64 I BVerfGG; eine solche Maßnahme kann auch in dem Erlass eines Gesetzes liegen, wenn dieses durch die Nichtbeachtung einer höherrangigen Norm Rechte eines Beteiligten verletzt.[20] Im Streit stehen vorliegend jedoch die Unterlassung einer gesetzlichen Regelung. Denn die Antragstellerin forderte die Aufnahme einer Regelung zum Ausgleich der Überhangmandate in das BWahlG, durch die sie sich in ihrer Chancengleichheit zw. der Wahlrechtsgleichheit aus Art. 38 I i.V.m. 21 I GG verletzt sah. Auch ein gesetzgeberisches Unterlassen kommt jedoch als Streitgegenstand in Betracht.[21] Hierzu muss eine Handlungspflicht geltend gemacht werden. Da die D-Partei hier eine Nachbesserung des BWahlG durch Ausgleich oder anderweitige Verrechnung der Überhangmandate fordert, ist dies zu bejahen. **380**

III. Antragsbefugnis

Die D-Partei muss gem. § 64 I BVerfGG plausibel geltend machen, in ihren verfassungsrechtlich gewährleisteten Rechten verletzt zu sein, dh der Sachvortrag muss die Verletzung als möglich erscheinen lassen. Sie kann vortragen, dass der fehlende Ausgleich der Überhangmandate sie regelmäßig in ihren Wahlchancen benachteiligt. Dieses Vorbringen lässt eine Verletzung der D-Partei in ihren Rechten aus Art. 38 I i.V.m. 21 I GG als möglich erscheinen, insbesondere auch unter dem Gesichtspunkt der Chancengleichheit politischer Parteien. **381**

IV. Form und Frist

Der Antrag muss gem. §§ 23 I, 64 II BVerfGG schriftlich unter Angabe von Gründen, ferner gem. § 64 III BVerfGG binnen sechs Monaten, nachdem die beanstandete Maßnahme oder Unterlassung bekannt geworden ist, gestellt werden. Diese Vorschrift enthält eine gesetzliche Ausschlussfrist, nach deren Ablauf im Organstreitverfahren Rechtsverletzungen nicht mehr geltend gemacht werden können.[22] Diese Frist könnte hier überschritten sein, weil die Neufassung des Bundeswahl- **382**

---

20 BVerfGE 1, 208 (220); zuletzt E 82, 322 (335).
21 *Degenhart* Rn 751; BVerfGE 92, 80; s. auch LVerfG MV: Unterlassene Überprüfung der 5 %-Klausel, NJ 2001, 138.
22 BVerfGE 92, 80 (87).

gesetzes bereits am 3. April 200X im Bundesgesetzblatt verkündet wurde. Spätestens zu diesem Zeitpunkt ist das Gesetz allgemein bekannt geworden.[23] Dass es hier um eine unterlassene gesetzliche Regelung geht, führt zu keiner anderen Beurteilung. Denn mit dem Erlass des BWahlGÄndG spätestens ist erkennbar geworden, dass der Bundestag keine Korrektur der bestehenden Ungleichheit im Wahlrecht vornehmen wollte. Die Frist für die Antragstellung lief also am 3. Oktober ab. Ein nach diesem Zeitpunkt gestellter Antrag der D-Partei wäre demnach verfristet.

383 Zu einer anderen Einschätzung könnte man gelangen, wenn man auf die Durchführung der Bundestagswahl im September 200X als Zeitpunkt des Bekanntwerdens der Maßnahme abstellen wollte. Dafür könnte sprechen, dass erst die Ergebnisse der Bundestagswahl die rechtliche Betroffenheit der D-Partei haben manifest werden lassen. Andererseits wurde sie als politische Partei schon durch die Vorschriften des Bundeswahlgesetzes selbst unmittelbar betroffen. Da der grundsätzliche Wille, an Wahlen in Bund und Ländern teilzunehmen, Voraussetzung für den verfassungsrechtlichen Status der Partei ist, werden sie hierin durch Wahlgesetze selbst betroffen, ohne dass ein konkreter Zusammenhang mit einer bestimmten Wahl bestehen müsste.[24] Die Durchführung der Wahl berührt den Status der Partei nicht, sie bringt lediglich im Wahlrecht angelegte Vor- und Nachteile zur Geltung.[25]

Ein Antrag im Organstreitverfahren wäre mithin infolge des verfristet gestellten Antrags unzulässig.[26]

B. Abstrakte Normenkontrolle

Es könnte jedoch auch ein Antrag auf Normenkontrolle nach Art. 93 I Nr. 2 GG, §§ 13 Nr. 6, 76 ff. BVerfGG gestellt werden.

I. Antragsberechtigung

384 In diesem Verfahren wäre die D-Partei als solche jedoch nicht antragsberechtigt. Der Antrag könnte jedoch von den der D-Partei angehörenden Mitgliedern des Bundestags gestellt werden. Diese müssten dann mindestens ein Drittel der Mitglieder des Bundestags ausmachen. Dies ist lt. Sachverhalt der Fall. Auch eine von der D-Partei getragene Landesregierung könnte den Antrag stellen.

II. Antragsgegenstand

385 Das BWahlG idF des BWahlGÄndG ist geeigneter Antragsgegenstand. Soweit es um den unterlassenen Ausgleich für die Überhangmandate geht, kann die ausdrückliche Regelung des § 6 V 2 BWahlG, wonach ein solcher Ausgleich nicht stattfindet, zur Prüfung durch das BVerfG gestellt werden.

---

23 BVerfGE 13, 1 (10); 24, 252 (258); 92, 80 (87).
24 BVerfGE 92, 80 (88).
25 BVerfGE 92, 80 (89).
26 A.M. vertretb.

III. „Meinungsverschiedenheiten und Zweifel"

Da die Antragstellerin von der Verfassungswidrigkeit dieser Regelung überzeugt ist, und damit auch die gegenüber Art. 93 I Nr. 2 GG engeren Voraussetzungen des § 76 BVerfGG erfüllt sind, stellt sich hier nicht die Frage, ob § 76 BVerfGG eine verfassungskonforme Einschränkung des Art. 93 I Nr. 2 GG bewirken kann. **386**

IV. Form und Frist

Die Schriftform des § 23 BVerfGG ist zu wahren. Der Antrag ist nicht fristgebunden. **387**

Ein Antrag im Verfahren der abstrakten Normenkontrolle wäre also zulässig, wenn er von den nach I. antragsberechtigten Antragstellern gestellt wird. Er wäre auch begründet. Das BVerfG würde den Gleichheitsverstoß feststellen, es jedoch der Entscheidung des Gesetzgebers überlassen, wie er Gleichheit herstellen will.

Repetitorium

I. Wahlrecht

1. Problemkonstellationen, Maßstabsnormen

Staatsrechtliche Fälle mit wahlrechtlichem Bezug können sich auf das geltende Wahlrecht beziehen – dann geht es entweder abstrakt um die Verfassungsmäßigkeit bestimmter Vorschriften oder, häufiger, um die Verfassungsmäßigkeit eines konkreten Wahlaktes (aus dem sich ja meist erst die Auswirkungen des geltenden Wahlrechts beurteilen lassen). Doch kann auch gefragt sein, ob das geltende Wahlrecht in bestimmter Weise geändert werden könnte (zB durch das in letzter Zeit viel diskutierte Familienwahlrecht, s. *Degenhart* Rn 44, 53). In dieser Fallgestaltung ist der Prüfungsmaßstab zu vergegenwärtigen: für Änderungen des Wahlrechts auf Bundesebene ist dies Art. 38 I 1 GG, der die maßgeblichen Wahlrechtsgrundsätze enthält. Stehen diese einer Wahlrechtsänderung entgegen, so kommt noch eine Änderung des Art. 38 I GG selbst in Betracht. Maßstab hierfür ist nur Art. 79 III GG – die Änderung der Wahlrechtsgrundsätze müsste also gegen die demokratischen Grundsätze des Grundgesetzes verstoßen. Allerdings: die Wahlrechtsgrundsätze des Art. 38 I 1 GG sind unmittelbarer Ausdruck des Demokratieprinzips – deshalb ist etwa die Wahlrechtsgleichheit auch für den verfassungsändernden Gesetzgeber nicht disponibel. **388**

2. Insbesondere: Wahlrechtsgleichheit

Nach Art. 38 III GG ist es Sache des Bundesgesetzgebers, das Wahlrecht für den Bundestag näher auszugestalten (hieraus folgt auch die Zuständigkeit). Er hat hierbei die Grundsätze des Art. 38 I GG zu beachten – dabei ist es vor allem der der Wahlrechtsgleichheit, der typischerweise Probleme aufwirft. **389**

390 a) Wahlrechtsgleichheit bedeutet Zählwert- und Erfolgswertgleichheit. Erstere ist unproblematisch festzustellen – Erfolgswertgleichheit hängt demgegenüber vom jeweiligen Wahlsystem ab. Dies bedeutet auch, dass Verschiebungen in der Erfolgswertgleichheit dann gerechtfertigt sind, wenn sie die Konsequenz aus der Entscheidung für ein bestimmtes Wahlsystem sind. In dieser Entscheidung ist der Gesetzgeber frei. Auch ein reines Mehrheitswahlsystem wäre zulässig; dass in diesem Fall in jedem Wahlkreis die für den dort unterlegenen Bewerber abgegebenen Stimmen im Ergebnis erfolglos sind, ist notwendige Konsequenz aus diesem Wahlsystem. Im geltenden Wahlrecht wird die Erfolgswertgleichheit zB durch das Entstehen von **Überhangmandaten** beeinträchtigt – auch sie sind noch Konsequenz aus dem System der personalisierten Verhältniswahl (s.o.). Das BVerfG sieht dabei Erfolgswertgleichheit in erster Linie als Gleichheit der Erfolgschancen (und fordert deshalb auch annähernd gleiche Wahlkreise).

391 b) Die Ausgestaltung des Wahlrechts ist auch bedeutsam für die Erfolgschancen der politischen Parteien. Diese können im Wege des Organstreitverfahrens geltend machen, durch Bestimmungen des Wahlrechts in diesem Recht verletzt zu sein.

392 c) Für die Ausgestaltung des Wahlrechts auf Landesebene ist Maßstab die jeweilige Landesverfassung. Ein Landeswahlgesetz kann damit nicht unter Berufung auf den Gleichheitssatz des Art. 3 I GG vor dem BVerfG angegriffen werden.

Zur Wiederholung: *Degenhart* Rn 43-70.

Aus der Ausbildungsliteratur: *Lechleitner,* Das Wahlsystem des BWahlG, Jura 2002, 602.

Aktuelle Rechtsprechung: BVerfGE 95, 335 und 408 (Wahlrecht); BVerfGE 97, 317 (Listennachfolge).

Weitere Fälle im thematischen Zusammenhang: *Berg/Dragunski,* Die Partei der Nichtwähler, JuS 1995, 238.

II. Die Rechtsstellung des Abgeordneten

393 Grundnorm für die Rechtsstellung des einzelnen Bundestagsabgeordneten ist Art. 38 I 2 GG. Hierin kommt der Grundsatz des freien Mandats ebenso zum Ausdruck, wie der der gleichberechtigten Teilhabe des Abgeordneten an den Funktionen des Bundestags. Hieraus ist in konkreten Verfassungsstreitigkeiten, sei es innerhalb des Bundestags, sei es zwischen Abgeordneten und anderen Verfassungsorganen, zu argumentieren.

Um das freie Mandat des Abgeordneten geht es, wenn – wie im vorstehenden Fall – das Innehaben des Mandats von der Parteizugehörigkeit abhängig gemacht werden soll; das „Spannungsverhältnis“ zwischen freiem Mandat (Art. 38 I GG) und parteienstaatlicher Demokratie (Art. 21 GG), das in derartigen Fällen in der Argumentation zu behandeln ist, ist hier zugunsten des freien Mandats aufzulösen.

Dieses „Spannungsverhältnis“ bestimmt auch die aktuelle Thematik des Fraktionsausschlusses. Das freie Mandat ist hier in Ausgleich zu bringen mit der verfassungsrechtlichen Stellung der Fraktion, die auch ein Recht auf Selbstorganisation umfasst und die wiederum durch die verfassungsrechtliche Stellung der politischen Parteien bestimmt ist.

Das freie Mandat des Abgeordneten und sein hieraus folgendes Recht auf gleichberechtigte Teilhabe am parlamentarischen Verfahren ist berührt, wenn dem Abgeordneten die Beteiligung an parlamentarischen Gremien u.Ä. verweigert wird; hierfür müssen besondere rechfertigende Gründe gegeben sein, denn grundsätzlich bestimmen sich die Rechte des Abgeordneten nach dem Prinzip formaler Gleichheit.

Aus der grundsätzlichen verfassungsrechtlichen Stellung des Abgeordneten, wie sie in Art. 38 I GG zum Ausdruck kommt, sind auch Frage- und Informationsrechte des Abgeordneten zu bestimmen. Um den Bestand seines Mandats geht es bei einer Auflösung des Bundestags durch den Bundespräsidenten etwa im Fall der Vertrauensfrage; die Rechte des Abgeordneten ergeben sich hier aus Art. 38 I 2 GG, der auch den Bestand des Mandats schützt, i.V.m. Art. 39 I 1 GG, der die Wahlperiode auf vier Jahre festlegt.

Soweit Statusrechte des Abgeordneten im Grundgesetz (bzw. einer Landesverfassung) ausdrücklich geregelt sind, ist hierauf zurückzugreifen; dies betrifft die Immunität des Abgeordneten oder auch das Zeugnisverweigerungsrecht nach Art. 47 GG sowie seine Rechte nach Art. 48. Auch hier kann jedoch in der Argumentation auf den Grundsatz des freien Mandats und die gleichberechtigte Stellung der Abgeordneten zurückzugreifen sein. **394**

In **prozessualer** Hinsicht ist zu beachten, dass der Abgeordnete seine Rechte aus dem Grundgesetz im Weg des Organstreitverfahrens – auch gegenüber dem Bundestag selbst – geltend machen, ausnahmsweise aber auch Verfassungsbeschwerde in Betracht kommen kann – dann, wenn keine andere Verfahrensart eröffnet ist (BVerfGE 108, 254; *Degenhart* Rn 756). **395**

Zur Wiederholung: *Degenhart* Rn 629–645.

Aus der Ausbildungsliteratur: *Witt,* Das Immunitätsrecht im Grundgesetz, Jura 2001, 585.

Aktuelle Rechtsprechung: BVerfGE 104, 310 (Immunität); BVerfGE 108, 254 (Durchsuchung des Abgeordnetenbüros).

Weitere Fälle im thematischen Zusammenhang: *Mückl*, Das ruhende Mandat, Jura 2001, 704; *Tsatos/Stoklossa,* Der renitente Abgeordnete, NWVBl 1991, 32; *Sachs*, Abgeordneter unter Druck, NWVBl 2004, 79.

III. Gesetzgebungsverfahren

Probleme des Gesetzgebungsverfahrens begegnen dem Bearbeiter häufig als Teil der Normprüfung, sei es im Rahmen der Verfassungsbeschwerde oder im Normenkontrollverfahren. Bekannt sein sollten hier zum einen die wesentlichen Schritte des Gesetzgebungsverfahrens, zum anderen die hierbei typischerweise auftretenden Standardprobleme. **396**

Das Gesetzgebungsverfahren auf Bundesebene wird üblicherweise in diese drei Stadien aufgegliedert:

(1) Gesetzesinitiative – Einleitungsverfahren;
(2) Beschlussfassung durch Bundestag und Bundesrat;
(3) Abschlussverfahren.

Dabei sind es vor allem die Rechte des Bundesrats, die in der Praxis Probleme aufwerfen. Für die Gesetzgebung auf Landesebene entfällt dieses Problem; der Kandidat sollte sich jedoch mit den jeweiligen landesverfassungsrechtlichen Bestimmungen über die Gesetzgebung im Wege von Volksentscheid und Volksbegehren vertraut machen.

1. Einleitungsverfahren

397 In Stufe 1– **Einleitungsverfahren** – kann eine fehlerhafte Initiative etwa darin liegen, dass nur wenige oder gar ein einziger Abgeordneter die Vorlage einbringen, obschon dies nach Art. 76 I GG „aus der Mitte des Bundestags" zu geschehen hat. § 76 der Geschäftsordnung schreibt dann vor, wie viele Abgeordnete dies sein müssten: 5 v.H. des Bundestages bzw. eine Fraktion. Hier kann allerdings als gesichert gelten, dass ein Verstoß gegen diese Geschäftsordnungsbestimmung nicht zur Nichtigkeit des Gesetzes führt. Vorschriften der Geschäftsordnung sind nicht Vorschriften des Grundgesetzes (näher *Degenhart* Rn 195). Um einen Verstoß gegen das Grundgesetz handelt es sich demgegenüber, wenn entgegen Art. 76 II 1 GG der erste Durchgang beim Bundesrat versäumt wird (*Degenhart* Rn 199). Vermeidet die Bundesregierung aber diesen ersten Durchgang dadurch, dass sie durch eine Fraktion im Bundestag die Vorlage einbringen lässt, so liegt hierin keine unzulässige Umgehung, sondern ein zulässiges Gebrauchmachen von einer möglichen Verfahrensgestaltung (*Degenhart* Rn 200).[27] Auch die Aufspaltung eines Gesetzentwurfs in diesem Stadium, etwa um Zustimmungserfordernisse des Bundesrats zu umgehen, wie dies bei dem Gesetz über die Homosexuellenehe erfolgte, ist verfassungsrechtlich unbedenklich (BVerfGE 105, 313 – LS 2).

2. Beschlussverfahren – insbesondere: Beteiligung des Bundesrats

398 a) In Stufe 2 – **Beschlussfassung** – dürfte der Gesetzesbeschluss des Bundestages selbst in aller Regel keine Probleme bereiten.[28]

399 b) Sehr wohl gilt dies aber für die konfliktträchtige Frage der Beteiligung des Bundesrats. Hier sollte zum einen in Grundzügen bekannt sein, wann ein Gesetz zustimmungspflichtig ist: wenn dies vom Grundgesetz so vorgesehen ist. Wichtigste Fälle sind: Gesetze, die das Verwaltungsverfahren regeln, Art. 84 GG, sowie Gesetze, die die Finanzverfassung des Grundgesetzes berühren. Steuergesetze werden in Examensklausuren seltener relevant werden, Leistungsgesetze, bei denen der Bund nicht zumindest ¾ der Kosten trägt, vgl. Art. 104a III GG, schon eher (*Degenhart* Rn 508). Im vorstehenden Fall war die zentrale Frage, ob das Bundeswahlgesetz einen Fall des Art. 84 I GG darstellt (was verfassungsgerichtlich bisher nicht geklärt wurde, vom Bundesrat in der Praxis aber angenommen wird). Zustimmungspflichtig ist

---

27 ME sollte deshalb hier auch nicht der Begriff der „Organtreue" ins Spiel gebracht werden – so aber die Klausurlösung von *Nolte/Tams,* SächsVBl 2003, 27, 49 (50).

28 S. dort auch zur Behandlung der Beschlussfähigkeit nach § 45 GeschOBT und zu weiteren, etwas konstruierten Fragen der Beschlussfassung.

jeweils das Gesetz als Ganzes – diese sog. Einheitsthese, vgl. *Degenhart* Rn 659 ff., sieht sich jedoch zusehends der Kritik ausgesetzt. Das BVerfG hat in den Verfahren um das HRG angedeutet, die Frage überdenken zu wollen, Aussagen hierzu jedoch vermieden.[29]

Ein Standardproblem im Hauptverfahren bildet die Frage der Zustimmungspflichtigkeit eines Gesetzes, das ein ursprünglich als Zustimmungsgesetz erlassenes Gesetz ändert, dabei aber nur diejenigen Teile erfasst, die, isoliert betrachtet, nicht die Zustimmungspflicht auslösten. Hier gilt: Jedes Gesetz ist als „gesetzgebungstechnische Einheit" zu betrachten, dies ist der entscheidende Gesichtspunkt, dieser Begriff sollte auch gebracht werden. Enthält ein Gesetz also auch nur einzelne zustimmungspflichtige Vorschriften, ist es als Ganzes zustimmungspflichtig, kann aber, siehe zu Stufe 1, in zwei selbstständige Gesetze aufgeteilt werden. Für das Änderungsgesetz kommt es dann nur darauf an, ob dieses selbst Vorschriften enthält bzw. ändert, die eine Zustimmungspflicht auslösen; ansonsten ist es nicht zustimmungspflichtig. **400**

Der Streit um das Zuwanderungsgesetz hat die Aufmerksamkeit auf Fragen des Abstimmungsverfahrens im Bundesrat gelenkt; dazu Fall 8. Bedingt durch die stete Ausweitung des Anteils der zustimmungspflichtigen Gesetze, hat die Bedeutung des Vermittlungsausschusses entsprechend zugenommen – und damit auch die Frage nach den Grenzen seiner Befugnisse.[30]

3. Abschlussverfahren

Es folgt die 3. Stufe – **Abschlussverfahren**. Hier muss festgestellt werden, dass das Gesetz zustandegekommen ist. Wann ein Gesetz zustandekommt, ist zusammenfassend in Art. 78 GG geregelt. Das Einspruchsgesetz kommt zustande, wenn es der Bundesrat „passieren lässt", wenn er entweder den Vermittlungsausschuss nicht fristgerecht anruft, oder aber, nachdem das Verfahren vor dem Vermittlungsausschuss durchgeführt wurde, keinen Einspruch einlegt; die Fristen ergeben sich aus Art. 77 GG. Wird ein Einspruch eingelegt, muss dieser mit qualifizierter Mehrheit zurückgewiesen werden. Wird der Einspruch mit 2/3 Mehrheit eingelegt, muss sich im Bundestag eine doppelt qualifizierte Mehrheit finden: 2/3 der Abstimmenden; diese müssen mindestens die Hälfte der gesetzlichen Mitgliederzahl ausmachen. Geht der Bundesrat fälschlich von einem Zustimmungsgesetz aus und ruft deshalb nicht den Vermittlungsausschuss an, so trägt er das Risiko: Das Gesetz kommt nach Art. 78 GG eben deshalb zustande, weil der Vermittlungsausschuss nicht angerufen wurde. Das Abschlussverfahren kann zu einer weiteren Problemstellung führen: dem Prüfungsrecht des Bundespräsidenten, dazu **Fall 8**. **401**

29 S. dazu *Sachs*, JuS 2005, 557 (560).
30 Dazu BVerfGE 101, 297.

Zur Wiederholung: *Degenhart* Rn 193–220.

Aus der Ausbildungsliteratur: *Elicker,* Examensrelevante Probleme aus dem Bereich der Gesetzesinitiative und des Vorverfahrens, JA 2005, 513.

Aktuelle Rechtsprechung: BVerfGE 101, 297 (Vermittlungsausschuss); BVerfGE 106, 310 (Zuwanderungsgesetz); BVerfG NJW 2005, 203 (Zusammensetzung des Vermittlungsausschusses).

Weitere Fälle im thematischen Zusammenhang: *Nolte/Tams,* Übungen im Öffentlichen Recht für Anfänger, SächsVBl 2003, 27, 49; *von Hübbenet*, Von verrückten Weihnachtsgänsen, Jura 2005, 268; *Kube/Seiler,* Bildung im Vorschulalter, Jura 2005, 567.

Fall 7

Untersuchungsausschuss

Schwierigkeitsgrad: Examensklausur, 5 Std., einzelne Teile auch isoliert als Zwischenprüfungsklausur

Ein Bundesgesetz zur Förderung der ökologischen Landwirtschaft (FÖLG) aus dem Jahr 2004 sieht finanzielle Hilfen für Landwirtschaftsbetriebe vor, die sich auf ökologische Landwirtschaft umstellen. Im Gesetz ist weiterhin vorgesehen, dass die Aufwendungen hierfür vom Bund getragen werden. **402**

Im Februar 2005 berichtet ein öffentlich-rechtlicher Rundfunksender in einer Magazinsendung über Missstände beim Vollzug des Gesetzes im Bundesland L. Der Bundestagsabgeordnete Dinkel, der aus L stammt und dort seinen Wahlkreis – einen ländlich strukturierten Wahlkreis mit einer überdurchschnittlichen Anzahl landwirtschaftlicher Großbetriebe – als Abgeordneter hat, soll auf die für den Vollzug des Gesetzes zuständigen Behörden des Landes L massiv eingewirkt haben, um den Landwirten in seinem Wahlkreis Fördermittel zukommen zu lassen; diese hätten im Gegenzug in erheblichem Umfang Futtermittel von dem bundesweit tätigen Bio-Futtermittelkonzern „Segen der Erde" bezogen, an dem die Familie des Dinkel beteiligt sei. Insbesondere habe Dinkel, als die Landesbehörden sich zögerlich verhielten, eine Weisung des Bundeslandwirtschaftsministeriums veranlasst. Die Fördermittel seien dann auch reichlich geflossen, obschon sich in der Sache nicht viel geändert habe. Auch sei die ökologische Unbedenklichkeit der von „Segen der Erde" gelieferten Futtermittel keineswegs sicher.

Im März 2005 beschließt der Bundestag auf Antrag von 200 Abgeordneten der Oppositionsfraktionen die Einsetzung eines Untersuchungsausschusses FÖLG. Dieser soll entsprechend dem Einsetzungsbeschluss die bisherige Vollzugspraxis der Behörden des Landes L und das Verhalten der Bundesregierung in diesem Zusammenhang untersuchen. Er soll ferner untersuchen, ob Dinkel in sachwidriger Weise auf das Bundeslandwirtschaftsministerium und auf die Behörden in L eingewirkt habe. Auch die Rolle des Futtermittelkonzerns „Segen der Erde" soll untersucht werden.

Die Arbeit des Ausschusses gestaltet sich schwierig. Er verlangt zunächst vom Bundeslandwirtschaftsminister Vorlage der Akten, betreffend die Wahrnehmung der Aufsicht über den Vollzug des FÖLG. Dieser holt die Entscheidung des Kabinetts ein, da die Angelegenheit Zuständigkeiten auch anderer Ressorts berührt. Die Bundesregierung weigert sich dann, die Akten herauszugeben. Hierdurch würden Betriebsinterna der geförderten Betriebe in unzulässiger Weise preisgegeben. Im Übrigen sei die Einsetzung des Ausschusses verfassungswidrig. So dürfe die Rolle des Abgeordneten Dinkel schon deshalb nicht untersucht werden, weil dieser als Mitglied des Bundestags Indemnität und Immunität genieße. Regierungsinterna dürften nicht ausgeforscht werden, ebenso wenig Vorgänge im privaten Bereich. Angelegenheiten des Landes entzögen sich ohnehin der Untersuchung durch den Bundestag.

Mit dieser Begründung verweigert auch die Landesregierung von L die Vorlage von Akten und weigert sich die Geschäftsführerin Ceres von „Segen der Erde“, vor dem Ausschuss auszusagen.

Der Untersuchungsausschuss erwägt, beim Bundesverfassungsgericht auf Herausgabe der Akten durch die Bundesregierung zu klagen und bittet um ein Gutachten zu den Erfolgsaussichten einer solchen Klage. Er möchte ferner wissen, ob auch eine Verfassungsklage gegen die Landesregierung L Aussicht auf Erfolg hätte und wer hier klagen könnte. Gegenüber der C, die sich durch Zwangsgelder nicht hat beeindrucken lassen, verhängt der Ermittlungsrichter beim BGH eine achtwöchige Erzwingungshaft. Eine dagegen eingelegte Beschwerde bleibt ohne Erfolg. Ungeachtet einer noch am Tage der Zustellung des Beschlusses erhobenen Verfassungsbeschwerde zum BVerfG wird die Haft auch vollstreckt. Gleichwohl hält die C an ihrer Verfassungsbeschwerde fest. Auch deren Erfolgsaussichten sind gutachtlich zu prüfen.

Vorüberlegungen

Die Aufgabe besteht aus drei weitgehend selbstständig zu bearbeitenden Teilen, die jedoch dadurch verbunden sind, dass es jeweils entscheidend darauf ankommt, ob hier ein Untersuchungsausschuss des Bundestags verfassungskonform eingesetzt wurde. Die differenzierte Beschreibung des Untersuchungsthemas im Sachverhalt deutet darauf hin, dass hier ein Schwerpunkt der Aufgabenstellung liegt. Diese müsste jedenfalls im ersten Teil vertraut wirken: Vorbild ist der bekannte Fall „Flick-Untersuchungsausschuss" (BVerfGE 67, 100; *Degenhart* Fall 72a), der zum Pflichtstoff zu zählen ist. Der zweite Teil führt auf unbekanntes Terrain: Untersuchungsausschüsse des Bundestags zur Untersuchung von Vorgängen, die sich (auch) auf der Länderebene abgespielt haben, dürften dem Bearb. nicht vertraut sein. Hier liegen auch keine Präzedenzfälle aus der Rechtsprechung zugrunde – was für den Bearbeiter den Vorzug hat, hier seine juristische Fantasie einsetzen zu können. Eine entscheidende Weichenstellung sollte allerdings nicht übersehen werden; sie ist im Sachverhalt angesprochen, wenn auch nicht sofort ins Auge springend: es liegt hier ein Fall der Auftragsverwaltung vor. Dies folgt daraus, dass hier der Bund die Ausgaben für den Vollzug eines Leistungsgesetzes trägt; in diesem Fall wird wegen Art. 104a III 2 GG das Gesetz „im Auftrage des Bundes durchgeführt". Hieraus erschließt sich dann die Frage, ob ein Untersuchungsausschuss des Bundestags auch auf die Landesebene Zugriff nehmen kann, was für die Verfassungsmäßigkeit des Untersuchungsgegenstandes von Bedeutung ist, und ob er auch von der Landesregierung Aktenvorlage verlangen kann. Für das Verhältnis Bundestag – Bundesregierung ist jetzt die Pflicht zur Aktenvorlage durch das PUAG (Untersuchungsausschussgesetz vom 19.06.2001, BGBl. I S. 1142, Textbuch Nr. 17) positiv geklärt, wobei die verfassungsrechtlichen Gesichtspunkte aus BVerfGE 67, 100 nach wie vor für die Frage der verfassungsrechtlichen Grenzen dieses Herausgabeverlangens Gültigkeit haben. Für das Verhältnis Bund – Land sagt das PUAG nichts, hierzu gibt es auch keine Rechtsprechung. Die Lösung des Falles soll in diesem Punkt nur beispielhaft deutlich machen, wie in einem solchen Fall vorzugehen ist: zunächst wird nach positiven Aussagen im Verfassungstext gesucht (hier vor allem Art. 85 IV 2 GG – Aktenvorlage im Rahmen der Bundesaufsicht), um dann zu überlegen, ob der dort zum Ausdruck gebrachte Rechtsgedanke auf den vorliegenden Fall übertragen werden kann; hier kann auch mangels positiver Regelung im Grundgesetz auf den Grundsatz des bundesfreundlichen Verhaltens zurückgegriffen werden. Im dritten Teil geht es schließlich um die bekannte Problematik (*Degenhart* Fall 72b, beruhend auf BVerfGE 77, 1) der Befugnisse eines Untersuchungsausschusses gegenüber Privaten. Sie sind nunmehr im PUAG im Grundsatz positiv niedergelegt, müssen jedoch in verfassungskonformer Weise zur Geltung gebracht werden. Dies ist die Thematik des dritten Teils. **403**

Erkannt werden musste auch, dass sich hier ein privater Grundrechtsträger hoheitlichen Eingriffen durch den Ausschuss ausgesetzt sieht und deshalb die Verfassungsbeschwerde der statthafte Rechtsbehelf ist. Im ersten Teil wird der Bearb. sofort an das Organstreitverfahren denken, muss sich allerdings vergegenwärtigen, dass § 18 III PUAG ausdrücklich eine Zuständigkeit des BVerfG begründet. Es handelt **404** sich hier um einen besonderen Fall des Organstreitverfahrens, sodass auf dessen Zulässigkeitsvoraussetzungen zurückzugreifen ist. Anders im zweiten Teil: für den Verfassungskonflikt zwischen Bund und Land kommt nur der Bund-Länder-Streit in Betracht (in dem freilich nur die Bundesregierung für den Bund auftreten kann).

405 Gliederung

1. Teil: Aktenvorlage durch die Bundesregierung

A. Zulässigkeit eines Antrags im Organstreitverfahren

I. Beteiligtenfähigkeit: Untersuchungsausschuss (+)
II. Verfahrensgegenstand: Weigerung der Bundesregierung
III. Antragsbefugnis: Art. 44 GG, § 18 III i.V.m. § 18 I PUAG
IV. Form und Frist

B. Begründetheit eines Antrags im Organstreitverfahren

I. Anspruchsgrundlage: § 18 I PUAG – Untersuchungsauftrag aus GG
II. Verfassungsmäßigkeit des Ausschusses
  1. Formelle Verfassungsmäßigkeit
    a) Beschluss des Bundestages
    b) Bestimmtheit
  2. Materielle Verfassungsmäßigkeit
    a) Vollzugspraxis L? – kein allgemeines Aufsichtsrecht – aber Auftragsverwaltung
    b) Immunität/Indemnität (–)
    c) Futtermittelkonzern (+): öffentliches Interesse
III. Verfassungsmäßigkeit des Herausgabeverlangens
  1. Erforderlichkeit der Vorlage
  2. Kernbereich der Exekutive?
  3. Rechte Dritter?
    a) Betriebsinterna? – Art. 12 GG (–)
    b) Recht am Gewerbebetrieb, Art. 14 GG? (–)

C. Entscheidung des BVerfG

2. Teil: Antrag gegen die Landesregierung L

A. Zulässigkeit eines Antrags im Bund-Länder-Streit

I. Beteiligtenfähigkeit: Bundesregierung – Landesregierung
II. Verfahrensgegenstand: Weigerung der Landesregierung
III. Antragsbefugnis: aus Auftragsverhältnis?
IV. Rechtsschutzbedürfnis – entgegenstehendes Weisungsrecht? (–)
V. Form und Frist

B. Begründetheit eines Antrags im Bund-Länder-Streit

I. Anspruchsgrundlage: Bundestreue, Art. 44 GG (+)
II. Anspruchsvoraussetzungen

C. Entscheidung des BVerfG

3. Teil: Erzwingungshaft gegen C

A. Zulässigkeit der Verfassungsbeschwerde

I. Beschwerdeführer
II. Beschwerdegegenstand: Beschluss des Ermittlungsrichters beim BGH
III. Beschwerdebefugnis: Art. 2 I i.V.m. Art. 104 GG; Erledigung?
IV. Rechtswegerschöpfung
VI. Form und Frist

B. Begründetheit der Verfassungsbeschwerde

I. Freiheit der Person
  1. Schutzbereich und Eingriff
  2. Verfassungsrechtliche Rechtfertigung
    a) Ermächtigungsgrundlage für Eingriffe: § 27 II PUAG
      aa) formelle Verfassungsmäßigkeit (+): Zuständigkeit: Art. 74 I Nr. 1 GG (–); Natur der Sache (+)
      bb) materielle Verfassungsmäßigkeit
      (1) Art. 2 II 3 GG und Art. 104 I 1 GG – besondere Anforderungen
      (2) Bestimmtheit der Norm
      (3) Verhältnismäßigkeit
    b) Anwendung der Ermächtigungsgrundlage
      aa) Richtervorbehalt, Art. 104 II 1 GG
      bb) verfassungsrechtliche Anforderungen an Untersuchungsausschuss; – Zeugnisverweigerungsrecht (–)
      cc) Freiheitsentziehung verhältnismäßig? (+)
II. Weitere Grundrechte?

Musterlösung

1. Teil: Aktenvorlage durch die Bundesregierung

A. Zulässigkeit eines Antrags im Organstreitverfahren

406 Eine „Klage" zum Bundesverfassungsgericht könnte als Antrag im Organstreitverfahren nach Art. 93 I Nr. 1 GG, §§ 13 Nr. 5, 63 ff. BVerfGG i.V.m. § 18 III PUAG zulässig sein. Nach § 18 III PUAG entscheidet das Bundesverfassungsgericht auf Antrag des Untersuchungsausschusses oder eines Viertels seiner Mitglieder über die Rechtmäßigkeit der Ablehnung einer Vorlage von Beweismitteln. Der Gesetzgeber hat damit die Frage, ob der Untersuchungsausschuss oder eine qualifizierte Minderheit im Wege des Organstreitverfahrens die Vorlage von Beweismitteln verlangen können, positiv entschieden. Beim Verfahren nach § 18 III PUAG handelt es sich um einen besonderen Fall des Organstreitverfahrens nach Art. 93 I Nr. 1 GG, für den die Zulässigkeitsvoraussetzungen besonders geregelt sind.

I. Beteiligtenfähigkeit[1]

407 Der Antrag kann vom **Untersuchungsausschuss** oder von einer Minderheit der Abgeordneten im Untersuchungsausschuss gestellt werden. Dies ist in § 18 III PUAG ausdrücklich geregelt. Es handelt sich auch im Fall des § 18 III PUAG um ein kontradiktorisches Verfahren. Der Antrag muss sich also gegen einen beteiligtenfähigen Antragsgegner richten. Die Bundesregierung als Verfassungsorgan ist bereits nach Art. 93 I Nr. 1 GG beteiligtenfähig. Von der Beteiligtenfähigkeit auch auf der Passivseite ist also auszugehen.

II. Verfahrensgegenstand

408 Gegenstand des Verfahrens ist die **Weigerung der Bundesregierung**, die Akten zu dem zu untersuchenden Vorgang herauszugeben. Ob eine derartige Unterlassung generell Gegenstand eines Organstreitverfahrens sein kann, braucht hier nicht entschieden zu werden. Denn für die Weigerung der Bundesregierung, einem Untersuchungsausschuss des Bundestages Beweismittel vorzulegen, folgt dies bereits aus § 18 III PUAG.

III. Antragsbefugnis

409 Dass die antragstellenden Mitglieder des Untersuchungsausschusses geltend machen können, durch die Verweigerung der Aktenvorlage durch die Bundesregierung in ihren Rechten verletzt zu sein, ergibt sich wiederum aus § 18 III i.V.m. § 18 I PUAG. Die Bestimmungen des PUAG konkretisieren hier die verfassungsrechtliche Verpflichtung der Bundesregierung und die entsprechenden verfassungsrechtlichen Be-

1 Zum Aufbau: Da dieser Punkt in der Zulässigkeitsprüfung keine Schwierigkeiten bereitet, wird die Beteiligtenfähigkeit auf Aktiv- und Passivseite in einem Gliederungspunkt behandelt.

fugnisse aus Art. 44 GG. Damit können die antragstellenden Mitglieder des Untersuchungsausschusses auch geltend machen, in ihren Rechten aus dem Grundgesetz verletzt zu sein. Denn sie sind hier befugt, die verfassungsmäßigen Kontrollrechte des Untersuchungsausschusses gegenüber der Bundesregierung einzufordern.

IV. Form und Frist

Auch im Verfahren nach § 18 III PUAG dürfte die Frist des § 64 III BVerfGG **410**
einzuhalten sein. Der Antrag ist also innerhalb von sechs Monaten nach Bekanntwerden der Weigerung der Bundesregierung zu stellen. Das Schriftformerfordernis des § 23 I BVerfGG ist zu beachten.

Ein Antrag im Organstreitverfahren ist zulässig.

B. Begründetheit eines Antrags im Organstreitverfahren

Der Antrag ist begründet, wenn die Weigerung der Bundesregierung verfassungs- **411**
widrig war, wenn also der Untersuchungsausschuss einen Anspruch auf Herausgabe der Akten gegen die Bundesregierung hatte.

I. Anspruchsgrundlage

Die Bundesregierung müsste dann verpflichtet sein, die vom Ausschuss angeforder- **412**
ten Unterlagen diesem herauszugeben. Eine grundsätzliche Verpflichtung der Bundesregierung zur Aktenvorlage folgt aus § 18 I PUAG. Hiernach hat sie vorbehaltlich verfassungsrechtlicher Grenzen auf Ersuchen des Untersuchungsausschusses sachliche Beweismittel vorzulegen. Auch hierbei handelt es sich um einen Anspruch, der seine Grundlage im verfassungsrechtlichen Untersuchungsauftrag hat.

II. Verfassungsmäßigkeit des Ausschusses

Das Bestehen eines Anspruchs setzt zunächst voraus, dass der Untersuchungsaus- **413**
schuss in verfassungsmäßiger Weise eingesetzt wurde. § 18 I PUAG ist Ausdruck des verfassungsrechtlichen Auftrags des Untersuchungsausschusses aus Art. 44 GG.[2] Der Ausschuss muss also, um diese Rechte geltend machen zu können, in verfassungsrechtlich zulässiger Weise tätig sein. Dies setzt voraus, dass er formell ordnungsgemäß eingesetzt wurde[3] und dass er einen zulässigen Untersuchungsgegenstand behandelt.

1. Formelle Verfassungsmäßigkeit

Der Untersuchungsausschuss muss in formell ordnungsgemäßer Weise eingesetzt **414**
worden sein.

---

2 Dazu *Degenhart* Rn 622.
3 Näher *Degenhart* Rn 613.

a) Dies ist lt. Sachverhalt der Fall. Der Untersuchungsausschuss ist in formell ordnungsgemäßer Weise durch **Beschluss des Bundestages** eingesetzt worden, § 1 II PUAG. Der Antrag hierauf wurde von 200 Mitgliedern des Bundestages, also einer qualifizierten Minderheit von mehr als einem Viertel der Mitglieder des Bundestages gestellt, wie dies Art. 44 I 1 GG und § 1 I PUAG vorsehen.

b) Der Untersuchungsgegenstand muss im Einsetzungsbeschluss hinreichend **bestimmt** bezeichnet worden sein.[4]

2. Materielle Verfassungsmäßigkeit

415 Der Untersuchungsauftrag des Ausschusses müsste sich weiterhin in materieller Hinsicht auf einen zulässigen Untersuchungsgegenstand beziehen. Grenzen für das parlamentarische Untersuchungsrecht ergeben sich zunächst aus der Kompetenzordnung des Grundgesetzes selbst: der Untersuchungsausschuss kann nicht mehr an Rechten haben als der Bundestag selbst. Schließlich muss am Untersuchungsgegenstand ein öffentliches Interesse bestehen: rein private Vorgänge entziehen sich dem Untersuchungsrecht des Parlaments.[5]

416 a) Unzulässig könnte es sein, die **Vollzugspraxis** der Behörden des Landes L zum Gegenstand eines Untersuchungsauftrags zu machen. Hierin könnte ein Übergriff in den Zuständigkeitsbereich des Landes liegen. Denn die Kontrolle der vollziehenden Gewalt des Landes im Rahmen von Untersuchungsausschüssen ist Sache des jeweiligen Landtags und nicht des Bundestags. Dies gilt auch für den Vollzug von Bundesgesetzen. Denn diese werden von den Ländern als eigene Angelegenheit ausgeführt, Art. 83 GG. Es besteht kein allgemeines Aufsichtsrecht des Bundes.

417 Etwas anderes könnte aber deshalb gelten, weil es sich hier um ein Leistungsgesetz iSv Art. 104 a III 1 GG handelt, in dem festgelegt ist, dass die Kosten für die Ausführung des Gesetzes vollständig vom Bund getragen werden. Nach Art. 104 a III 2 GG wird in diesem Fall das Gesetz im Auftrag des Bundes ausgeführt. Es liegt also ein Fall der Bundesauftragsverwaltung nach Art. 85 GG vor. Dies bedeutet, dass, anders als im Regelfall der Art. 83, 84 GG, die Länder den Weisungen des Bundes unterstehen. Dies könnte ein Untersuchungsrecht des Bundestages auch gegenüber den Behörden des Landes zur Folge haben. Dagegen spricht allerdings, dass auch im Fall der Auftragsverwaltung der Bund nicht selbst verwaltend tätig wird, es also keine Verwaltungstätigkeit des Bundes zu untersuchen gibt. Dafür spricht andererseits, dass jedenfalls die Art und Weise, wie der Bund seine Aufsichtsbefugnisse wahrnimmt, der parlamentarischen Kontrolle durch den Bundestag zugänglich sein muss.[6] Diese Kontrolle aber muss notwendig die Vollzugspraxis der den Weisungen des Bundes unterstehenden Landesexekutive einschließen. Andernfalls würde sich auch die Aufsichtspraxis des Bundes einer Bewertung entziehen. Wenn zudem die

4 Dieser Punkt kann im Aufbau sowohl als Frage eines formell ordnungsgemäßen Einsetzungsbeschlusses als auch eines zulässigen Untersuchungsgegenstands behandelt werden: das Bestimmtheitsgebot ist formeller wie materieller Natur.
5 Vgl. zum PUAG *Wiefelspütz*, NVwZ 2002, 10.
6 Vgl. *Achterberg/Schulte*, in: vMKS II, Art. 44 Rn 49.

Aufwendungen für den Vollzug des Gesetzes weitgehend oder, wie im vorliegenden Fall, vollständig vom Bund getragen werden, muss jedenfalls auch die Art und Weise, wie diese Mittel verwendet werden, der Bewertung im Rahmen parlamentarischer Kontrollrechte des Bundes zugänglich sein. Denn nur dann kann auch die Aufsichtspraxis des Bundes bewertet werden. Daher ist im vorliegenden Fall die Vollzugspraxis durch die Behörden des Landes L ein geeigneter Untersuchungsgegenstand. Es darf allerdings zu keiner undifferenzierten Kontrolle der Landesverwaltung kommen. Insoweit ist der Einsetzungsbeschluss verfassungskonform dahingehend auszulegen, dass das Untersuchungsrecht soweit reichen soll, als dies zur Bewertung des Gesetzesvollzugs erforderlich ist.[7]

b) Ob die Bundesregierung sich darauf berufen kann, das Verhalten des Abgeordneten Dinkel dürfe nicht zum Gegenstand eines Untersuchungsausschusses gemacht werden, ist fraglich, da es insoweit um die Rechtsstellung des Abgeordneten und nicht um Organbefugnisse der Regierung geht. Doch ist die Regierung nur dann zur Vorlage von Beweismitteln verpflichtet, wenn der Untersuchungsausschuss in verfassungskonformer Weise eingesetzt wurde. Dies ist nur dann der Fall, wenn ein zulässiger Untersuchungsgegenstand vorliegt. Dies ist umfassend zu prüfen, auch soweit das Verhalten von Dinkel in Frage steht. Dieses ist geeigneter Untersuchungsgegenstand. Denn es geht um Vorgänge, die seine Tätigkeit als Abgeordneter betreffen. Hieran besteht ein relevantes öffentliches Interesse. Das Untersuchungsrecht des Parlaments kann sich auch auf parlamentsinterne Angelegenheiten beziehen,[8] also auch auf das Verhalten einzelner Abgeordneter. Dem stehen auch weder die Indemnität des Abgeordneten entgegen, noch dessen Immunität. Denn die Indemnität des Abgeordneten bedeutet nur, dass er nicht gerichtlich oder dienstlich oder sonst außerhalb des Bundestages zur Verantwortung gezogen werden kann. Und auch die Immunität wirkt nach außen und nicht innerhalb des Parlaments. **418**

c) Ob auch die Verwicklung des Futtermittelkonzerns in die Affäre Gegenstand eines Untersuchungsauftrags sein kann, könnte deshalb fraglich sein, weil es sich hier um ein privates Unternehmen handelt. Vorgänge im nichtstaatlichen Bereich[9] können jedoch dann in Untersuchungsausschüssen behandelt werden, wenn an ihnen ein besonderes öffentliches Interesse besteht. Ein derartiges öffentliches Interesse wird hier dadurch begründet, dass der Konzern in erheblichem Umfang zumindest mittelbar Nutznießer öffentlicher Mittel ist. **419**

Der Untersuchungsausschuss wurde also in verfassungsmäßiger Weise eingesetzt; er betrifft auch in allen Punkten[10] einen zulässigen Untersuchungsgegenstand.

---

7 Aus ähnlichen Erwägungen bejaht BVerwG NVwZ 2002, 988 die Befugnis des Bundesrechnungshofs nach Art. 114 GG, bei Landesbehörden Erhebungen durchzuführen – s. dazu *Winkler*, JA 2002, 931.

8 Vgl. *Achterberg/Schulte*, in: vMKS II, Art. 44 Rn 21.

9 *Degenhart* Rn 620.

10 Wird in einem der Punkte ein zulässiger Untersuchungsgegenstand verneint, so kommt es darauf an, ob die übrigen Punkte noch selbständig Gegenstand einer parlamentarischen Untersuchung sein können.

III. Verfassungsmäßigkeit des Herausgabeverlangens

420 Da der Untersuchungsausschuss in verfassungsmäßiger Weise eingesetzt wurde und einen zulässigen Untersuchungsgegenstand betrifft, ist die Bundesregierung gemäß § 18 I PUAG zur Vorlage der Akten verpflichtet, dies jedoch vorbehaltlich verfassungsmäßiger Grenzen.

1. Erforderlichkeit der Vorlage

421 Sie kann hiergegen nicht einwenden, die Akten seien zur Durchführung des Untersuchungsauftrags nicht erforderlich. Dies zu beurteilen, ist Sache des Ausschusses selbst. Er könnte seinen Untersuchungsauftrag nicht wirksam wahrnehmen, wenn er insoweit auf die Einschätzung derjenigen Stellen angewiesen wäre, die er gerade kontrollieren soll.

2. Kernbereich der Exekutive?

422 Das Verlangen auf Aktenvorlage wäre dann unzulässig, wenn es einen Kernbereich exekutivischer Eigenverantwortung betreffen würde, der auch gegenüber der Ausforschung durch parlamentarische Untersuchungsausschüsse geschützt ist. Ein derartiger Kernbereich könnte dann betroffen sein, wenn es um Vorgänge regierungsinterner Willensbildung geht, für die ein rechtlich anerkanntes Geheimhaltungsinteresse besteht. Im vorliegenden Fall geht es jedoch um Fragen des verwaltungsmäßigen Vollzugs von Gesetzen durch die Landesbehörden und, im Rahmen des Aufsichtsrechts der Bundesregierung bei Bundesauftragsverwaltung, durch die Bundesregierung. Der Ausnahmefall eines Kernbereichs exekutivischer Eigenverantwortung ist also nicht gegeben. Durch nachträgliche Kontrolle von Subventionen wird der Initiativ-, Beratungs- und Handlungsbereich der Regierung[11] nicht berührt.

3. Rechte Dritter?

423 Schließlich könnte das Herausgabeverlangen verfassungsrechtlich deshalb unzulässig sein, weil schutzwürdige Rechte Dritter entgegenstehen. Denn wie alle Staatsorgane ist auch die Bundesregierung hier zur Beachtung insbesondere der Grundrechte Dritter verpflichtet.

424 a) Die Vorlage der Akten kann dazu führen, dass betriebliche Vorgänge, **Betriebsinterna**, Abrechnungsdaten und andere Informationen aus dem betriebsinternen Bereich der geförderten landwirtschaftlichen Betriebe und sonstigen Unternehmen offen gelegt werden. Unter diesem Gesichtspunkt kann die Vorlage der Verwaltungsvorgänge im Verhältnis zu den betroffenen Betriebsinhabern den Schutzbereich ihres Grundrechts aus Art. 12 GG berühren. Hierin liegt noch kein Eingriff iSd klassischen Eingriffsbegriffs, doch könnte zumindest eine faktische Grundrechtsbeeinträchtigung vorliegen, die einem klassischen Grundrechtseingriff gleichzustellen ist. Dies ist bei der Offenlegung von Betriebsinterna schon wegen der Auswirkungen auf die Wettbewerbsfähigkeit der Unternehmen grundsätzlich zu bejahen.

---

11 Vgl. BVerfGE 67, 100 (139).

Der Eingriff kann hier jedoch durch das parlamentarische Untersuchungsrecht gerechtfertigt sein. Dieses hat Verfassungsrang, wie sich aus Art. 44 GG ergibt. Es ist Instrument der Kontrollfunktionen des Parlaments als eines wesentlichen Elements der parlamentarischen Demokratie des Grundgesetzes. Ihm stehen hier Grundrechte der betroffenen Unternehmen gegenüber. Diese kollidierenden Verfassungsgüter sind hier im Wege praktischer Konkordanz zum Ausgleich zu bringen. Dabei ist jedoch zu berücksichtigen, dass den Unternehmen in erheblichem Umfang öffentliche Mittel zugewandt worden sind. Wer aber öffentliche Mittel in Anspruch nimmt, muss es grundsätzlich auch hinnehmen, dass deren Verwendung zum Gegenstand öffentlichen Interesses wird und er diesbezüglich auch Rechenschaft ablegen muss. Deshalb ist der Grundrechtseingriff gegenüber den betroffenen Unternehmen in seiner Intensität eher gering zu bewerten. Dem steht das Untersuchungsinteresse des Parlaments in einer Angelegenheit von hohem öffentlichen Interesse gegenüber. Im Übrigen ermöglicht auch das Verfahren vor dem Untersuchungsausschuss, berechtigten Geheimhaltungsinteressen Rechnung zu tragen, wie sich aus der Möglichkeit des Ausschlusses der Öffentlichkeit nach § 14 PUAG und des Geheimnisschutzes nach § 15 PUAG ergibt. Hieraus ergibt sich andererseits, dass schutzwürdige Geheimhaltungsinteressen in der Regel die Erhebung von Beweisen nicht ausschließen können, die betroffenen Unternehmen hier nicht unzumutbar belastet werden. Der verfassungsrechtlich begründete Untersuchungsauftrag des Untersuchungsausschusses ist also vorrangig. Die Verweigerung der Aktenvorlage ist im Ergebnis verfassungsrechtlich nicht gerechtfertigt. **425**

b) Ob die fraglichen Betriebsinterna dem Recht am eingerichteten und ausgeübten Gewerbebetrieb zuzurechnen und deshalb auch durch Art. 14 GG geschützt sind, kann hier dahinstehen, da Art. 14 GG insoweit jedenfalls keinen weitergehenden Schutz vermittelt. Soweit für das Recht auf informationelle Selbstbestimmung auf das allgemeine Persönlichkeitsrecht aus Art. 2 I GG i.V.m. Art. 1 I GG zurückzugreifen ist, ist für betriebliche Daten Art. 12 GG bzw. Art. 14 GG die speziellere Norm. **426**

C. Entscheidung des BVerfG

Das Bundesverfassungsgericht wird auf Antrag des Ausschusses feststellen, dass die Bundesregierung mit ihrer Weigerung, dem Untersuchungsausschuss die Akten vorzulegen, gegen ihre Verpflichtung aus Art. 44 GG, § 18 I PUAG verstoßen hat. **427**

2. Teil: Antrag gegen die Landesregierung L

A. Zulässigkeit eines Antrags im Bund-Länder-Streit

Der Untersuchungsausschuss des Bundestags als Teilverfassungsorgan des Bundes wendet sich hier gegen die Landesregierung L als Verfassungsorgan des Landes, durch die er sich in seinen verfassungsmäßigen Aufgaben behindert sieht. Da hier Organe des Bundes und des Landes beteiligt sind, scheidet ein Organstreitverfahren nach Art. 93 I Nr. 1 GG aus, da hierfür Streitigkeiten zwischen Verfassungsorganen des Bundes Voraussetzung sind. Für Streitigkeiten um wechselseitige Rechte und **428**

Pflichten im Bundesstaatsverhältnis könnte hier jedoch ein Antrag nach Art. 93 I Nr. 3 GG, §§ 13 Nr. 7, 68 ff. BVerfGG im Verfahren des Bund-Länder-Streits zulässig sein.

I. Beteiligtenfähigkeit

429 Fraglich ist zunächst, ob der Untersuchungsausschuss hier Verfahrensbeteiligter sein kann. Nach Art. 93 I Nr. 3 GG, § 68 BVerfGG können jedoch nur der Bund und das Land Verfahrensbeteiligte sein. Für sie treten die jeweiligen Regierungen auf. Für den Bund müsste hier also die Bundesregierung auftreten. Nur sie wäre ein geeigneter Antragsteller. Der Antrag wird also dann erst zulässig, wenn er von der Bundesregierung eingereicht wird. Die Landesregierung ist geeigneter Antragsgegner für das Land L.

II. Verfahrensgegenstand

430 Verfahrensgegenstand ist die Weigerung der Landesregierung L, dem Untersuchungsausschuss Akten zu überlassen, also eine Unterlassung, die möglicherweise gegen eine Rechtspflicht verstoßen könnte. Derartige Unterlassungen können Gegenstand eines Bund-Länder-Streitverfahrens sein.

III. Antragsbefugnis

431 Die Bundesregierung müsste geltend machen können, dass die Bundesrepublik als Verfahrensbeteiligte durch das Land in ihr zustehenden Rechten aus dem Bundesstaatsverhältnis verletzt worden sei. Aus dem PUAG ergeben sich keine unmittelbaren Ansprüche des Bundes bzw. von Untersuchungsausschüssen des Bundestages auf Vorlage von Beweismitteln durch das Land. Der Ausschuss hat dahingehende Rechte nur gegenüber Behörden des Bundes. Eine Verpflichtung der Landesregierung könnte sich jedoch daraus ergeben, dass sie im Rahmen der Auftragsverwaltung den Weisungen des Bundes unterliegt. Dann kann im Rahmen dieses Rechtsverhältnisses auch eine Verpflichtung plausibel geltend zu machen sein, einem Untersuchungsausschuss, der eben dieses Rechtsverhältnis zum Gegenstand hat, Beweismittel vorzulegen.

IV. Rechtsschutzbedürfnis

432 Fraglich könnte sein, ob hier ein Rechtsschutzbedürfnis gegeben ist. Wird ein Bundesgesetz durch die Länder, wie hier, im Auftrag des Bundes durchgeführt, so kann die Bundesregierung nach Art. 85 IV 2 GG die Herausgabe der Akten im Rahmen der Bundesaufsicht verlangen. Dies könnte bedeuten, dass das Rechtsschutzziel des Antragstellers auf einfachere Weise erreicht werden kann. Dagegen spricht jedoch, dass auch in diesem Fall bei einer Weigerung der Landesregierung das Bundesverfassungsgericht angerufen werden müsste. Ein einfacherer Weg, das Antragsbegehren zu verwirklichen, steht also nicht zur Verfügung. Das Rechtsschutzbedürfnis entfällt nicht.[12]

12 A.A. vertretb.

V. Form und Frist

Der Antrag muss innerhalb der Frist nach § 69 BVerfGG i.V.m. § 64 III BVerfGG gestellt werden; von der Einhaltung der Schriftform nach §§ 23 I, 64 II BVerfGG ist auszugehen. **433**

Der Antrag der Bundesrepublik ist unzulässig, solange der Untersuchungsausschuss selbst für den Bund als Antragsteller auftritt; der Bund kann jedoch Verfahrensbeteiligter sein, sodass der Antrag dann zulässig ist, wenn er innerhalb der genannten Frist von der Bundesregierung gestellt wird.

B. Begründetheit eines Antrags im Bund-Länder-Streit

Der Antrag ist begründet, wenn das Land L durch seine Weigerung Pflichten aus dem Bundesstaatsverhältnis verletzt hat.

I. Anspruchsgrundlage

Eine Verpflichtung des Landes zur Herausgabe von Akten könnte sich unmittelbar aus dem Untersuchungsauftrag des Art. 44 I GG ergeben. Hierbei handelt es sich allerdings um ein organschaftliches Recht des Ausschusses und noch um kein unmittelbares Recht der Bundesrepublik gegenüber dem Land. Eine entsprechende Berechtigung ergibt sich auch nicht aus der Verpflichtung zur Amtshilfe nach Art. 44 III GG, § 18 IV 1 PUAG. Sie begründet keine selbstständige Verfassungspflicht und ist begrifflich auf das Verhältnis zwischen Verfassungsorganen nicht anwendbar.[13] **434**

Eine Verpflichtung zur Aktenvorlage könnte sich jedoch daraus ergeben, dass hier ein Fall der Auftragsverwaltung vorliegt. Im Bereich der Auftragsverwaltung kann nach Art. 85 IV 2 GG die Bundesregierung die Vorlage von Akten verlangen. Auch wenn die Vorschrift nicht unmittelbar einem Untersuchungsausschuss Rechte verleiht, wird hieraus doch deutlich, dass die Länder im Bereich der Auftragsverwaltung der Aufsicht durch den Bund unterliegen und hieran mitwirken müssen, insbesondere durch Aktenvorlage. Soweit sich aber der verfassungsrechtliche Auftrag des Untersuchungsausschusses auch gegen die Landesregierung richtet, muss man dem Ausschuss die notwendigen Befugnisse zuerkennen, um diesen Auftrag wahrzunehmen. Soweit also die Landesexekutive der Aufsicht durch den Bund unterliegt, ist eine Verpflichtung zur Aktenvorlage auch an den Ausschuss zu bejahen. Auch aus dem Gebot des bundesfreundlichen Verhaltens kann ein derartiger Anspruch abgeleitet werden. Es begründet zwar keine selbstständigen Verfassungspflichten. Es kann jedoch Nebenpflichten in einem bestehenden Verfassungsrechtsverhältnis begründen. Wie einerseits im Bereich der Auftragsverwaltung **Bundestreue** den Bund verpflichtet, vor Erteilung von Weisungen die Länder zu hören und die Verständigung mit ihnen zu suchen,[14] können andererseits die Länder gehalten sein, dem Bund die **435**

---

13 BVerfGE 67, 100 (128 ff.); *Achterberg/Schulte*, in: vMKS II, Art. 44 Rn 183.
14 *Degenhart* Rn 486 f.

zur Wahrnehmung seiner Aufsichtsfunktionen erforderlichen Informationen zu geben, auch über die ausdrückliche Verpflichtung des Art. 85 IV 2 GG hinaus. Mithin ist aus dem Verfassungsrechtsverhältnis der Bundesauftragsverwaltung i.V.m. dem Gebot bundesfreundlichen Verhaltens ein grundsätzlicher Anspruch auf Herausgabe der Akten anzuerkennen, den hier die Bundesregierung geltend machen kann.

II. Anspruchsvoraussetzungen

436 Voraussetzung für eine Verpflichtung zur Aktenvorlage ist zunächst, dass der Untersuchungsausschuss in verfassungskonformer Weise eingesetzt wurde und insbesondere einen verfassungsrechtlich zulässigen Gegenstand behandelt. Schranken für das Untersuchungsrecht des Bundes könnten sich aus der grundgesetzlichen Kompetenzverteilung ergeben. Da aber hier ein Fall der Auftragsverwaltung vorliegt, kann der Bundestag durch seinen Untersuchungsausschuss Vorgänge auf Landesebene jedenfalls insoweit untersuchen, als die Bundesaufsicht in der Auftragsverwaltung reicht; auf die Ausführungen im ersten Teil wird hierzu verwiesen. Ob die Einsichtnahme in die Verwaltungsvorgänge zur Wahrnehmung des verfassungsrechtlichen Untersuchungsauftrags erforderlich ist, hat der Ausschuss in eigener Verantwortung zu entscheiden. Schutzwürdige Rechte Dritter stehen ebenso wenig entgegen, wie beim Herausgabeverlangen gegenüber der Bundesregierung. Dafür, dass das Herausgabeverlangen missbräuchlich erfolgte und deshalb seinerseits gegen den Grundsatz des bundes- bzw. länderfreundlichen Verhaltens verstößt, ergeben sich keine Anhaltspunkte.

C. Entscheidung des BVerfG

437 Das Bundesverfassungsgericht wird auf Antrag der Bundesregierung feststellen, dass die Landesregierung L mit ihrer Weigerung, dem Untersuchungsausschuss die Akten vorzulegen, gegen ihre Verfassungspflichten aus dem Verfassungsrechtsverhältnis der Bundesauftragsverwaltung i.V.m. dem Gebot bundesfreundlichen Verhaltens verstoßen hat.[15]

3. Teil: Erzwingungshaft gegen C

A. Zulässigkeit der Verfassungsbeschwerde

438 Der Antrag der C könnte als Verfassungsbeschwerde zulässig sein. Denn sie wendet sich gegen Maßnahmen der öffentlichen Gewalt, durch die sie sich in ihren Grundrechten beeinträchtigt sieht.

I. Beschwerdeführer

439 Die C ist als natürliche Person grundrechts- und damit beteiligtenfähig iSv Art. 93 I Nr. 4a GG.

15 A.A. hier gut vertretb.

II. Beschwerdegegenstand

Die Verfassungsbeschwerde der C richtet sich gegen den **Beschluss des Ermittlungsrichters** beim BGH, die Erzwingungshaft anzuordnen. Es handelt sich hierbei um einen Akt der öffentlichen Gewalt. Der Ermittlungsrichter übt rechtsprechende Gewalt aus. Öffentliche Gewalt iSd Art. 93 I Nr. 4a GG ist auch die rechtsprechende Gewalt. **440**

III. Beschwerdebefugnis

C als Beschwerdeführerin muss beschwerdebefugt sein. **441**

Sie muss plausibel geltend machen können, durch die angegriffenen Hoheitsakte in ihren Grundrechten verletzt zu sein. Da sie in Erzwingungshaft genommen wurde, ist eine Verletzung ihres Grundrechts aus Art. 2 II 2 i.V.m. Art. 104 GG jedenfalls nicht ausgeschlossen.

C müsste weiterhin durch die angegriffenen Hoheitsakte selbst, gegenwärtig und unmittelbar betroffen sein. Da die Anordnung der Erzwingungshaft eine unmittelbare Grundrechtsbeeinträchtigung bewirkte, ist sie unmittelbar und als Adressatin der Maßnahmen auch selbst betroffen. Ob sie auch im Zeitpunkt der verfassungsgerichtlichen Entscheidung noch gegenwärtig betroffen ist, könnte fraglich sein, da die Maßnahmen bereits vollzogen wurden, mithin Erledigung eingetreten sein könnte. Bei kurzfristigen Freiheitsentziehungen ist die unmittelbare Grundrechtsbeeinträchtigung regelmäßig bereits erledigt, wenn eine verfassungsgerichtliche Überprüfung erfolgt. Gleichwohl ist auch dann noch von einer fortwirkenden Grundrechtsbeeinträchtigung auszugehen, zumal sonst keine verfassungsgerichtliche Kontrolle erfolgen würde. Gegenwärtiges Betroffensein der C ist deshalb zu bejahen.

IV. Rechtswegerschöpfung

C müsste weiterhin gemäß § 90 II 1 BVerfGG den Rechtsweg gegen den angegriffenen Hoheitsakt ausgeschöpft haben. Die gegen den Beschluss des Ermittlungsrichters beim BGH nach § 36 III PUAG eingelegte Beschwerde blieb ohne Erfolg. Damit aber war der Rechtsweg erschöpft. **442**

VI. Form und Frist

Die Monatsfrist des § 93 I 1 BVerfGG wurde lt. Sachverhalt eingehalten; von formgerechter Einlegung der Verfassungsbeschwerde nach § 23 I BVerfGG ist auszugehen. **443**

Die Verfassungsbeschwerde der C ist also zulässig.

B. Begründetheit der Verfassungsbeschwerde

Die Verfassungsbeschwerde der C ist begründet, wenn sie durch die Anordnung der Erzwingungshaft in ihren Grundrechten oder grundrechtsgleichen Rechten verletzt ist. **444**

I. Freiheit der Person

445 Durch die Anordnung der Erzwingungshaft könnte die C in ihrem Grundrecht auf Freiheit der Person aus Art. 2 II 2 GG i.V.m. Art. 104 GG verletzt worden sein.

1. Schutzbereich und Eingriff

446 Durch Anordnung und Vollstreckung der Erzwingungshaft wurde in das Grundrecht der C auf Freiheit der Person aus Art. 2 II 2 GG i.V.m. Art. 104 GG eingegriffen.[16] Dabei handelt es sich um eine Freiheitsentziehung iSv Art. 104 II GG. Hierunter fallen alle Formen der Haft wie Untersuchungshaft, Strafvollzug, aber auch die Erzwingungshaft, durch die die Erfüllung einer Aussagepflicht im Verfahren vor dem Untersuchungsausschuss erzwungen werden soll.

2. Verfassungsrechtliche Rechtfertigung

a) Ermächtigungsgrundlage für Eingriffe

447 Die Freiheit der Person steht nach Art. 2 II 3, 104 I 1 GG unter Gesetzesvorbehalt. Dem entspricht § 27 II PUAG, wonach im Fall grundloser Aussageverweigerung die Erzwingungshaft angeordnet werden kann. Das Gesetz muss dann seinerseits verfassungskonform sein, um eine taugliche Rechtsgrundlage für die Verhängung der Erzwingungshaft zu bilden.

448 aa) Von der **formellen Verfassungsmäßigkeit** des Gesetzes ist auszugehen. Insbesondere war der Bund zuständig für den Erlass des Gesetzes. Zwar findet sich hierfür keine ausdrückliche Kompetenzgrundlage im Grundgesetz. Es handelt sich nicht um ein gerichtliches Verfahren iSv Art. 74 I Nr. 1 GG. Denn der Untersuchungsausschuss ist kein Gericht, sondern ein eigenständiges Verfassungsorgan. Der Bund hat jedoch eine ungeschriebene Zuständigkeit aus der Natur der Sache. Denn das Verfahren, nach dem der Bundestag als Verfassungsorgan des Bundes und dessen Ausschüsse tätig werden sollen, kann begriffsnotwendig nur vom Bund und nicht von den Ländern geregelt werden.

449 bb) Die Bestimmung des § 27 II PUAG über die Anordnung der Erzwingungshaft muss auch **materiell verfassungsmäßig** sein.

450 (1) Dass der Gesetzgeber Beschränkungen des Grundrechts vorsehen kann, ergibt sich aus Art. 2 II 3 GG und Art. 104 I 1 GG. An die Verfassungsmäßigkeit derartiger gesetzlicher Beschränkungen sind jedoch besondere Anforderungen zu stellen. Da ein Gesetz, das zu Freiheitsentziehungen ermächtigt, einen besonders intensiven Eingriff in grundrechtliche Freiheiten bewirkt, sind an seine Bestimmtheit strenge Anforderungen zu stellen, ähnlich wie für die Bestimmtheit eines Straftatbestandes nach Art. 103 II GG erhöhte Anforderungen gelten.[17] Ebenso ist der Grundsatz der Verhältnismäßigkeit strikt zu beachten.

---

16 Da hier der Eingriff völlig klar zutage liegt – Haft ist die denkbar klarste Form der Beschränkung der Freiheit der Person –, erschiene in der Darstellung die weitere Unterscheidung zwischen „Schutzbereich“ und „Eingriff“ gekünstelt.

17 Näher *Degenhart*, in: Sachs, Art. 104 Rn 10.

(2) Die Fassung des § 27 II PUAG ist hinreichend bestimmt. Aus dem Gesetzeswortlaut ist klar erkennbar, in welchen Fällen und unter welchen Voraussetzungen die Erzwingungshaft verhängt werden kann. Ebenso ist ihre Höchstdauer bestimmt. Gegen die Bestimmtheit der Vorschrift könnte allenfalls sprechen, dass der Richter in der Frage der Dauer der Erzwingungshaft erheblichen Ermessensspielraum hat. Dies ist jedoch erforderlich, um den Gegebenheiten des Einzelfalles und insbesondere auch dem Gebot der Verhältnismäßigkeit Rechnung tragen zu können. Ebensowenig wie das Bestimmtheitsgebot des Grundgesetzes starre Strafandrohungen erzwingt, steht es einem gerichtlichen Ermessen in der Dauer der Erzwingungshaft entgegen. **451**

(3) Die gesetzliche Regelung muss auch dem Grundsatz der **Verhältnismäßigkeit** **452**
genügen. § 27 II PUAG dient der Durchsetzung des parlamentarischen Enquêterechts nach Art. 44 GG, also einem verfassungsmäßigen Recht des Parlaments als einem Verfassungsorgan. Entsprechenden Verfassungsrang hat auch die Aussagepflicht vor dem Untersuchungsausschuss. Ob die Erzwingungshaft geeignet ist, die Aussagepflicht durchzusetzen, hat der Gesetzgeber zu beurteilen. Mit der Einschränkung, dass die Erzwingshaft nicht über die Dauer des Untersuchungsverfahrens hinaus angeordnet werden darf, wird sichergestellt, dass sie nur zur Erreichung des Untersuchungszwecks als Zwangsmittel eingesetzt wird. Sie darf jedenfalls nur ultima ratio sein. Schließlich fordert der Grundsatz der Verhältnismäßigkeit unter dem Gesichtspunkt der Angemessenheit, also der Verhältnismäßigkeit im engeren Sinn, dass die Dauer der Erzwingungshaft begrenzt ist und auch nicht außer Verhältnis zum Untersuchungszweck steht. Letzterem ist im Rahmen der Einzelfallentscheidung des Ermittlungsrichters Rechnung zu tragen. Mit der Höchstgrenze von 6 Monaten ist im Übrigen das Erfordernis der Angemessenheit angesichts des Verfassungsranges des parlamentarischen Untersuchungsauftrags gewahrt.

Die Anordnung der Erzwingungshaft gegenüber der C beruht also auf einer tauglichen, da verfassungsmäßigen gesetzlichen Grundlage.

b) Anwendung der Ermächtigungsgrundlage

aa) Für Freiheitsentziehungen ist der **Richtervorbehalt** des Art. 104 II 1 GG zu **453**
beachten. Dieser ist lt. Sachverhalt gegenüber der C gewahrt worden. Der Ermittlungsrichter beim BGH ist Richter iSd Art. 92 GG. Dafür, dass im Gesetz vorgesehene Formalien nicht beachtet wurden, ergeben sich keine Anhaltspunkte.

bb) Die Voraussetzungen für die Anwendung der Ermächtigungsgrundlage im Ein- **454**
zelfall müssen gegeben sein. Dies bedeutet, dass eine Aussagepflicht vor dem Untersuchungsausschuss bestehen musste. Das Bundesverfassungsgericht prüft insoweit zwar nur die Verletzung von spezifischem Verfassungsrecht.

Hierzu zählen aber jedenfalls auch die **verfassungsrechtlichen Anforderungen** an die Einsetzung eines Untersuchungsausschusses. Dieser muss also in verfassungskonformer Weise eingesetzt worden sein. Würde sich der Untersuchungsauftrag auf einen verfassungsrechtlich unzulässigen Untersuchungsgegenstand beziehen, dann wäre es verfassungsrechtlich nicht gerechtfertigt, die C vor den Ausschuss zu laden und mit Zwangsmitteln ihre Aussagepflicht durchzusetzen. Wie aber bereits gegenüber den Einwänden der Bundesregierung festgestellt wurde, bezieht sich der Untersuchungsauftrag des Ausschusses auf einen verfassungsrechtlich zulässigen Gegenstand. Dies gilt auch, soweit er sich auf Vorgänge im Bereich von „Segen der Erde" als eines privaten Unternehmens bezieht. Denn auch insoweit besteht ein relevantes öffentliches Interesse an der Klärung der Vorgänge.

455 Dafür, dass vom Untersuchungsausschuss bzw. vom Ermittlungsrichter die Voraussetzungen eines Zeugnisverweigerungsrechts gem. § 27 I PUAG in verfassungswidriger Weise verkannt worden wären, bestehen keine Anhaltspunkte. Damit waren die Voraussetzungen gegeben, gegenüber der C zur Erzwingung des Zeugnisses die Haft anzuordnen, § 27 II PUAG.

456 cc) Auch die Anwendung der Ermächtigungsgrundlage für Freiheitsentziehungen im Einzelfall, also die Anordnung der konkreten Freiheitsentziehung, muss **verhältnismäßig** sein. Sie konnte vom Ausschuss bzw. vom Ermittlungsrichter grundsätzlich als geeignet angesehen werden, um die Aussagebereitschaft der C zu erzwingen. Sie war, da andere Zwangsmittel nicht zum Erfolg führten, auch erforderlich. Angesichts der Bedeutung der Angelegenheit und des öffentlichen Interesses an der Aufklärung der Vorgänge einerseits, des Umstandes, dass die vom Gesetz vorgesehene Höchstdauer deutlich unterschritten wurde andererseits, war die Maßnahme auch nicht unangemessen, war also verhältnismäßig im engeren Sinn. Sie ist damit verfassungsrechtlich gerechtfertigt.

II. Weitere Grundrechte?

457 Weitere Grundrechte der C, die hier verletzt sein könnten, sind nicht ersichtlich. Insbesondere Art. 2 I GG tritt als subsidiär zurück.

Die Verfassungsbeschwerde der C ist also unbegründet.

Repetitorium

I. Parlamentarische Kontrolle – insbesondere: Untersuchungsausschüsse

1. Parlamentarische Kontrollrechte – verfassungsrechtliche Fragestellungen

458 Das Recht, Untersuchungsausschüsse einzusetzen, ist eines der wesentlichen Instrumente der Kontrolle der Regierung durch das Parlament. Verfassungskonflikte und Untersuchungsausschüsse beschäftigen häufig die Rechtsprechung und sind auch verhältnismäßig häufig Gegenstand staatsrechtlicher Aufgabenstellungen.[18] Allerdings hat das PUAG eine Reihe von Streitfragen geklärt;[19] ältere Aufgabenstellungen

18 S. zB Examensfall 7 EJS Bay 1993/2, BayVBl 1995, 543/571 ff.

19 Zu diesem Gesetz s. *H.P. Schneider*, NJW 2001, 2604.

und Falllösungen sind daher nur noch bedingt aussagekräftig. Weiterhin relevant bleiben die Aussagen der Rechtsprechung zu Art. 44 GG (bzw. zu den entsprechenden landesverfassungsrechtlichen Bestimmungen). Der Gesetzgeber hat die Ergebnisse der Rechtsprechung weitgehend in das Gesetz übernommen; für die Auslegung der gesetzlichen Bestimmungen, wenn es etwa um die Frage geht, ob einem Herausgabeverlangen die Wahrung des „Kernbereichs exekutivischer Eigenverantwortung" oder Rechte Dritter entgegenstehen, ist dann nach wie vor auf den verfassungsrechtlichen Auftrag der Untersuchungsausschüsse, wie er von der Rechtsprechung zu Art. 44 GG entwickelt wurde, zurückzugreifen. – Vergleichbare Problemlagen können sich ergeben, wenn das Parlament in Ausübung seines Fragerechts von der Regierung die Vorlage von Akten verlangt: dem Frage- und Informationsrecht der Abgeordneten entspricht eine Antwortpflicht der Regierung.[20] Denn auch parlamentarische Anfragen sind ein Instrument der Kontrolle der Regierung durch das Parlament.

In all diesen Fällen ergibt sich immer wieder ein typisches verfassungsrechtliches Organisationsmuster: **459**

> Auf der einen Seite steht das parlamentarische Begehren, das, wie im Rahmen des PUAG, sich auf eine explizite gesetzliche Grundlage stützen oder aber unmittelbar aus dem Grundgesetz abgeleitet werden kann. Seine verfassungsrechtliche Bedeutung, auf die es auch bei der Anwendung positiver Regelungen des einfachen Rechts ankommt, folgt in jedem Fall aus dem verfassungsrechtlich begründeten Kontrollauftrag des Parlaments. Ihm stehen gegenüber die Belange der zu kontrollierenden Regierung, die sich auf einen ebenfalls verfassungsrechtlich geschützten „Kernbereich" exekutivischer Eigenverantwortung berufen wird, ferner ggf. schutzwürdige Rechte Dritter, vor allem Persönlichkeitsrechte.

2. Rechte des Untersuchungsausschusses

Typische Fallkonstellation ist die des ersten Teils der vorstehenden Aufgabe: der Ausschuss macht seine Rechte gegenüber anderen Verfassungsorganen geltend. **460**

> 1. In diesen Fallgestaltungen ist stets zu prüfen, ob der Untersuchungsausschuss in verfassungskonformer Weise eingesetzt wurde. Dies setzt i. E. voraus:
>   a) Der Ausschuss muss verfahrensfehlerfrei eingesetzt worden sein (*Degenhart* Rn 613); erforderlich ist ein Beschluss des Bundestags, § 1 II PUAG; der Untersuchungsgegenstand muss hinreichend bestimmt bezeichnet sein (*Degenhart* Rn 614).
>   b) Der Untersuchungsgegenstand muss verfassungsrechtlich zulässig sein:
>   aa) Aufklärung von Tatsachen
>   bb) Zuständigkeit des Bundestages (§ 1 III PUAG), hier sind zu beachten:
>   – bundesstaatliche Kompetenzverteilung
>   – „Kernbereich exekutivischer Eigenverantwortung"

20 S. dazu den Examensfall 6 EJS Bay 2001/1, BayVBl 2002, 30/57 ff.

cc) öffentliches Interesse am Untersuchungsgegenstand
- *diese ungeschriebene Voraussetzung ist nur zu prüfen, wenn sich besondere Anhaltspunkte ergeben, so insbesondere dann, wenn Vorgänge außerhalb des staatlichen Bereichs untersucht werden sollen; dass jedenfalls auch derartige Vorgänge Untersuchungsgegenstand sein können, darf mit BVerfGE 77, 1 als gesichert gelten.*[21]

2. Die Befugnisse des Untersuchungsausschusses ergeben sich aus seinem verfassungsrechtlichen Auftrag und aus der positiven Regelung insbesondere des § 18 I PUAG (s. *Degenhart* Rn 622).

3. Verfassungsrechtliche Einwände – auf die § 18 I PUAG Bezug nimmt – sind durch Herstellung praktischer Konkordanz zwischen dem verfassungsrechtlichen Auftrag des Ausschusses und entgegenstehenden Rechten anderer Verfassungsorgane und privater Dritter zu behandeln; s. dazu die Falllösung unter Rn 425, 456.

461 Was den **Geheimnisschutz** betrifft, so wurde in der Fallbearbeitung ein **Argumentationsmuster** deutlich, das auch im Rahmen des Art. 2 I GG beim Recht auf informationelle Selbstbestimmung bzw. beim allgemeinen Persönlichkeitsrecht zum Tragen kommt: wer durch sein Verhalten oder auch durch seine Funktion im öffentlichen Leben besonderes öffentliches Interesse auf sich zieht, muss weitergehende Einschränkungen hinnehmen, ggf. auch die Benennung eines Untersuchungsausschusses mit seinem Namen.[22]

462 Weitere Streitfragen, die zB das Verhältnis von Mehrheit und Minderheit im Ausschuss betreffen (s. dazu das U. des BVerfG zum Parteispendenausschuss vom 08.04.2002[23]) sind durch das PUAG positiv geklärt. So ist das Recht der Ausschussminderheit, Beweise zu erheben, in § 17 II PUAG ausdrücklich anerkannt. Das BVerfG aaO hatte hierfür noch unmittelbar auf Art. 44 I GG zurückgegriffen: dem Recht einer Minderheit von Abgeordneten, die Einsetzung eines Untersuchungsausschusses zu verlangen, entsprach hiernach das Recht der Ausschussminderheit, eine Beweiserhebung zu fordern. Neuere Landesverfassungen enthalten zT ausdrücklich entsprechende Rechte (zB Art. 54 III SächsVerf, Art. 64 III 1 ThürVerf); andernfalls ist auf etwaige einfachgesetzliche Regelungen im Land und in deren Ermangelung auf die zu Art. 44 GG entwickelten Grundsätze als Ausdruck der parlamentarischen Demokratie zurückzugreifen. Auch die Frage, ob die Mehrheit den Untersuchungsgegenstand verändern oder erweitern darf,[24] ist in § 2 II PUAG positiv entschieden. Die Aussagen des BVerfG unmittelbar zu Art. 44 GG bleiben aber bedeutsam: sie stellen klar, dass es sich insoweit um Rechte mit **Verfassungsrang** handelt. Sie können also im Organstreitverfahren geltend gemacht werden.[25] Soweit § 18 III PUAG die Zuständigkeit des BVerfG vorsieht, handelt es sich um einen beson-

21 Vgl. dazu die Fallbearbeitung von *Ortmann*, Jura 2003, 847 – es handelt sich um eine Hausarbeitslösung, die dort aufgeführten Literaturauffassungen können für die Klausur nicht als bekannt vorausgesetzt werden.
22 Instruktiv: SaarlVerfGH NVwZ 2003, 393.
23 BVerfGE 105, 197; dazu instruktiv: *Wiefelspütz*, NJ 2002, 398.
24 S. dazu die Fallbearbeitung von *Mager/Siebert*, Jura 2003, 490.
25 Zu den Zulässigkeitsvoraussetzungen s. die Fälle bei *Mager/Siebert*, Jura 2003, 490 und *Nettesheim/Vetter*, JuS 2004, 219.

deren Fall des Organstreitverfahrens. Für die Begründetheit des Antrags kommt es also darauf an, dass Rechte nach dem Grundgesetz verletzt sind – die Rechte des Untersuchungsausschusses nach Art. 44 GG werden jedoch durch das PUAG konkretisiert – Prüfungsmaßstab ist also Art. 44 GG i.V.m. § 18 PUAG.[26] Wann jener **„Kernbereich exekutivischer Eigenverantwortung"** betroffen ist, der sich einer Ausforschung entzieht, ist nicht abschließend geklärt – jedenfalls fällt die interne Entscheidungsvorbereitung der Regierung darunter, darf der Untersuchungsausschuss nicht in laufende Verfahren eingreifen.[27]

Der Untersuchungsausschuss kann hoheitliche Befugnisse auch gegenüber Privaten ausüben – s. 3. Teil des vorstehenden Falles. Dies ist dann die Verfahrenskonstellation der Verfassungsbeschwerde: der Private, der etwa dem Aussagezwang unterworfen wird, ist Adressat einer Maßnahme der öffentlichen Gewalt. **463**

3. Fragerechte

Fragerechte der Abgeordneten sind in einigen, meist neueren Landesverfassungen ausdrücklich geregelt (*Degenhart* Rn 631). Ist dies, wie nach dem Grundgesetz, nicht der Fall, muss auf allgemeine Grundsätze, also das Demokratieprinzip und das hieraus folgende Prinzip der parlamentarischen Verantwortlichkeit der Regierung zurückgegriffen werden. Eine analoge Anwendung der landesverfassungsrechtlichen Bestimmungen ist unzulässig – zulässig ist es jedoch, vergleichend auf sie zu verweisen. Die Regierung hat Anfragen vollständig und nach bestem Wissen zu beantworten. Unvollständige Antworten bedürfen einer besonderen Rechtfertigung – die auch hier aus dem Gesichtspunkt eines „Kernbereichs exekutivischer Eigenverantwortung" erfolgen kann. **464**

Zur Wiederholung: *Degenhart* Rn 597–599, 611–628, 631.

Aus der Ausbildungsliteratur: *Gusy*, Parlamentarische Kontrolle, JA 2005, 395.

Aktuelle Rechtsprechung: BVerfGE 110, 199 (Aktenvorlage durch Regierung); BVerfG DVBl 2005, 1038 (Visa-Untersuchungsausschuss); SaarlVerfG NVwZ-RR 2003, 393 (Benennung des Untersuchungsausschusses mit dem Namen eines Politikers); zu parlamentarischen Fragerechten aus jeweils landesverfassungsrechtlicher Sicht s. VerfGH MV NJW 2003, 815; ThürVerfGH LKV 2003, 422; BayVerfGH NVwZ 2002, 715; BbgVerfG DÖV 2001, 164 sowie BVerfG NVwZ 2004, 1105 als Landesverfassungsgericht SH.

Weitere Fälle im thematischen Zusammenhang: *Mager*, Streit um den Untersuchungsausschuss, Jura 2003, 490; *Kirste*, Stasi-Unterlagen im Untersuchungsausschuss, JuS 2003, 61; *Ortmann*, Der umstrittene Untersuchungsausschuss?, Jura 2003, 847; EJS Sachsen 1999/1 – Aufgabe 6: parlamentarisches Fragerecht, SächsVBl 2001, 180 (Text), 202 (Lösung); EJS Bayern 2000/1 – Aufgabe 6, BayVBl 2002, 30 (Text) und 57 (Lösung) – parlamentarisches Fragerecht.

---

26 Vgl. auch den Fall bei *Nettesheim/Vetter*, JuS 2004, 219 (220).
27 Vgl. *Nettesheim/Vetter*, JuS 2004, 219 (222).

II. Bund-Länder-Verhältnis, Auftragsverwaltung, Bundestreue

465 Fragen, die sich aus der Ausführung von Bundesgesetzen im Auftrag des Bundes ergeben, waren im vorstehenden Fall mittelbar relevant: aus den Aufsichts- und Weisungsrechten des Bundes im Rahmen der Auftragsverwaltung ergab sich hier die Befugnis, auf Vorgänge im Bereich der Landesverwaltung Zugriff zu nehmen.

Mit diesen Fragen zumindest sollte der Bearb. vertraut sein:

(1) *Was bedeutet Auftragsverwaltung*: Die Verwaltung bleibt beim Land – **Wahrnehmungskompetenz** –, das Land führt zunächst die Gesetze aus und trifft die erforderlichen Entscheidungen in der Sache. Der Bund kann jedoch jederzeit diese an sich ziehen, indem er nach Art. 85 III GG Weisungen erteilt: Inanspruchnahme der **Sachkompetenz**. Es handelt sich um eine Reservekompetenz: der Bund muss deutlich machen, dass er die Sachkompetenz an sich zieht.

(2) *Wann findet Bundesauftragsverwaltung statt?* Dies muss im Grundgesetz ausdrücklich geregelt sein. Neben der Verwaltung der Bundesfernstraßen (Art. 90 II GG) und dem Vollzug des Atomgesetzes (Art. 87c GG i.V.m. § 24 I AtG) ist hier vor allem eine – gern übersehene – Bestimmung aus der Finanzverfassung (*Degenhart* Rn 534 f.) relevant: Art. 104a III 2 GG, wonach Leistungsgesetze dann im Auftrag des Bundes ausgeführt werden, wenn dieser mindestens die Hälfte der Kosten trägt.

(3) *Welche Rechte haben die Beteiligten?* Der Bund kann Weisungen erteilen; er ist hierbei aber an bestimmte verfahrensmäßige Voraussetzungen gebunden, die sich auch aus dem Grundsatz der Bundestreue ergeben. Die Weisungen ergehen im Verhältnis Bund – Land. Der Bund kann also nicht nach außen hin Entscheidungen treffen: die Wahrnehmungskompetenz bleibt beim Land.

Allerdings ist dem Bund nicht jede Kontaktaufnahme mit den Maßnahmenadressaten verschlossen: er darf bei diesem (also zB dem Betreiber des Kernkraftwerks) Sachaufklärung insoweit betreiben, als dies der Vorbereitung einer Weisung dient. Dies ist von seiner Sachkompetenz gedeckt.[28]

466 **Typische Fallkonstellation** ist die der Weisung des Bundes an das Land, eine bestimmte Entscheidung zu treffen (s. *Degenhart* Fall 63, Rn 499, 508). Hier ist wie folgt zu prüfen:

1. Weisungsbefugnis: Art. 85 III 1 i.V.m. Art. 85 IV 1 GG, wenn Fall der Bundesauftragsverwaltung
2. Formelle Voraussetzungen:
   a) Zuständigkeit, Art. 85 III 1 GG
   b) richtiger Weisungsadressat: Art. 85 III 2 GG
   c) Erklärung der Übernahme der Sachkompetenz durch Bund
   d) „Anhörung“ des Landes: Bundestreue bzw. länderfreundl. Verhalten.

28 BVerfGE 104, 249.

3. Materielle Verfassungsmäßigkeit:
   a) Gegenstand einer Weisung: umfassend im Rahmen der Sachkompetenz
   b) Einwendungen des Landes: nicht gegen Wahrnehmung der Sachkompetenz; also nicht aus Rechtswidrigkeit der dann vom Land zu treffenden Entscheidung
   c) Bundestreue: kein missbräuchliches Ausüben des Weisungsrechts.

Der vorstehende Fall ließ auch die Wirkungsweise des Gebots der **Bundestreue** deutlich werden: es begründet keine selbstständigen Befugnisse, wohl aber Nebenpflichten im Rahmen bestehender Rechtsverhältnisse – hier: der Auftragsverwaltung. **467**

Zum Begriff der Bundestreue s. *Degenhart* Rn 481: allgemeines Gebot der Zusammenarbeit, Abstimmung, Koordination, gegenseitiger Information und Rücksichtnahme; Rechtsfolgen: **Kompetenzschranke** im Einzelfall, Verfahrenspflichten, Nebenpflichten. Der Grundsatz der Bundestreue ist akzessorischer Natur.

Er kann also grundsätzlich nicht selbstständig Rechte und Pflichten begründen, kann also zB nicht als Anspruchsgrundlage für Schadensersatzpflichten im Bund-Länder-Verhältnis herangezogen werden, wenn der Bund wegen Verletzung von EG-Recht durch die Länder bei diesen Regress nehmen will (vgl. *Dederer*, NVwZ 2001, 258); er begründet auch keine Anspruchsgrundlage für die Länder, als diese sich wegen ihrer Steuerausfälle auf Grund der UMTS-Versteigerung beim Bund schadlos halten wollten – obschon das Verhalten des Bundes durchaus nicht „länderfreundlich" war: Einnahmen beim Bund von DM 100 Mrd. standen Steuerausfälle in Höhe von annähernd DM 40 Mrd. gegenüber, diese aber waren zur Hälfte von den Ländern zu tragen. Doch fielen diese Beträge mangels positiver Regelung nicht in die Masse des Finanzausgleichs; eine eigenständige Anspruchsgrundlage ergab sich aus dem Prinzip der Bundestreue nicht.[29]

Zur Wiederholung: *Degenhart* Rn 476–514.

Aus der Ausbildungsliteratur: *Hebeler*, Die Ausführung der Bundesgesetze, Jura 2002, 162; *Janz*, Inhalt, Grenzen und haftungsrechtliche Dimension des Weisungsrechts nach Art. 95 III GG, Jura 2004, 227.

Aktuelle Rechtsprechung: BVerfGE 104, 249 (KKW Biblis); BVerfGE 105, 185 (UMTS-Erlöse).

Weitere Fälle im thematischen Zusammenhang: *Maierhöfer*, Übungsklausur – Öffentliches Recht: Verwaltungskompetenzen im Bundesstaat und grundrechtliche Schutzpflichten, JuS 2004, 598; *Tappe*, Der praktische Fall – Öffentliches Recht: Leitlinien im Atomrecht, JuS 2003, 887.

29 BVerfGE 105, 185.

Fall 8

Richtlinienfall

Schwierigkeitsgrad: Examensklausur, 5 Std.

468 Forstämter und Naturschutzbehörden in den EG-Mitgliedstaaten sind zunehmend besorgt über Schäden in den Wäldern, die von einer steigenden Zahl häufig organisierter Beeren- und Pilzsammler verursacht werden. So veranstalten süddeutsche Reiseunternehmen Bustouren nach Österreich und Norditalien, gewerbsmäßige belgische Sammler werden in großer Zahl in den deutschen Mittelgebirgen angetroffen, italienische und französische Sammler schwärmen in großer Anzahl in die Nachbarländer aus. Der Rat der Europäischen Gemeinschaft will deshalb eine Richtlinie verabschieden, die sich mit dieser Problematik befasst. Vorgesehen sind Bestimmungen über vollständige Sammelverbote und Schonzeiten für bestimmte Sorten, Reservate, in denen nicht gesammelt werden darf, Vorschriften über Mindestgrößen der sammelfähigen Exemplare, ferner Mengenbegrenzungen für Sammler und Bestimmungen über das In-Verkehr-Bringen von Beeren und Pilzen. Die entsprechenden Schutzbestimmungen in den Mitgliedstaaten werden als völlig unzureichend gesehen.

Die Bundesregierung will der Richtlinie zustimmen. In einigen Bundesländern sieht man im Richtlinienvorschlag ein weiteres Beispiel zentralistischer Brüsseler Regulierungswut und will die Richtlinie verhindern. Eine Mehrheit im Bundesrat lehnt denn auch die Richtlinie ab. Der Bundesregierung gelingt es nicht, ein Einvernehmen mit den Ländern herzustellen. Darauf kommt es im Bundesrat zur erneuten Abstimmung. Hierbei beharrt der Bundesrat auf seiner ablehnenden Haltung: mit 51 : 18 Stimmen wird die Bundesregierung aufgefordert, der Richtlinie nicht zuzustimmen. Gleichwohl stimmt die Bundesregierung im Rat der Europäischen Gemeinschaft der Richtlinie zu. Sie fühlt sich an den Beschluss des Bundesrates nicht gebunden. Ohnehin falle die Angelegenheit in die Zuständigkeit des Bundes und nicht der Länder. Außerdem sei die Abstimmung im Bundesrat ungültig gewesen. Bei den 51 Stimmen für die Mehrheit seien auch die 4 Stimmen des Landes B mitgezählt worden. Das Land B habe aber uneinheitlich votiert. Sein Ministerpräsident habe zwar, ebenso wie ein weiteres Kabinettsmitglied, für den Antrag gestimmt. Der Landwirtschaftsminister und der Europaminister von B hätten jedoch dagegen gestimmt. Für das Land C sei lediglich dessen Landwirtschaftsminister anwesend gewesen. Dieser habe die vier Stimmen des Landes zwar für den Antrag abgegeben, sich hierbei jedoch zu einer Weisung des Kabinetts von C in Widerspruch gesetzt. Der Bundesrat habe angesichts dieser Unregelmäßigkeiten bei der Abstimmung überhaupt keinen gültigen Beschluss fassen können, jedenfalls sei aber keine Zwei-Drittel-Mehrheit für den Beschluss, die Bundesregierung solle der Richtlinie nicht zustimmen, zustandegekommen. Aber selbst wenn eine solche vom Gesetz geforderte Zwei-Drittel-Mehrheit bejaht werden sollte, könne hierdurch die Bundesregierung nicht zwingend gebunden sein. Denn laut Grundgesetz müsse sie zwar die Auffassung des Bundesrates berücksichtigen, mehr aber auch nicht. Daran könne auch der

Gesetzgeber nichts ändern. Im Übrigen habe sie durchaus das Anliegen des Bundesrates vertreten, in der Abstimmung sich jedoch im Rahmen ihres politischen Ermessens für die Zustimmung entschieden.

Der Bundesrat und die Landesregierung des Landes A – die bei der Abstimmung im Bundesrat gegen die Mehrheit gestimmt, sich also für die Richtlinie ausgesprochen hat – stellen wenige Tage nach der entscheidenden Abstimmung im Rat der Europäischen Gemeinschaft einen Antrag zum Bundesverfassungsgericht, dieses möge feststellen, dass die Bundesregierung durch ihr Abstimmungsverhalten ihre Rechte aus Art. 50 und Art. 23 GG verletzt habe.

Die Erfolgsaussichten dieser Anträge sind gutachtlich zu prüfen. Dabei ist auf alle aufgeworfenen Rechtsfragen einzugehen.

Es ist davon auszugehen, dass die geltenden Naturschutz- und Forstgesetze des Bundes und der Länder keine entsprechenden Regelungen enthalten.

Nachdem der Rat der Europäischen Gemeinschaft die Richtlinie verabschiedet hat, legt die Bundesregierung den Entwurf eines Gesetzes zum Schutz wild wachsender Waldfrüchte und Pilze (Waldfrüchteschutzgesetz – WFSG) vor. Das Gesetz setzt die Richtlinie umfassend um. Es enthält detaillierte Regelungen über geschützte Arten, Schonzeiten, begrenzt die Mengen der von einem Sammler zu sammelnden Beeren und Pilze, enthält ein strafbewehrtes Verbot von organisierten Touren und ermächtigt die Landesregierungen, weitere geschützte Arten zu benennen sowie im Wege der Rechtsverordnung Schutzgebiete festzulegen. Der Bundestag beschließt das Gesetz, der Bundesrat ruft den Vermittlungsausschuss an. Nach erfolgloser Durchführung des Vermittlungsverfahrens legt der Bundesrat Einspruch ein. Der Einspruch wird mit 48 zu 21 Stimmen beschlossen. Diesmal werden die 4 Stimmen des Landes C uneinheitlich abgegeben. Der Ministerpräsident und ein weiterer Vertreter von C stimmen für den Einspruch, die beiden anderen Vertreter von C dagegen. Alle 4 Stimmen des Landes werden als Stimmen für den Einspruch gezählt. Der Bundestag weist den Einspruch zurück. An der Abstimmung nehmen 465 der 606 Mitglieder[1] des Bundestages teil; der Einspruch wird mit 305 : 160 Stimmen zurückgewiesen.

Der Bundespräsident zögert mit der Ausfertigung des Gesetzes. Er ist sich nicht sicher, ob der Bundestag den Einspruch des Bundesrates mit der erforderlichen Mehrheit zurückgewiesen hat. Er hat weiterhin Zweifel an der Gesetzgebungskompetenz des Bundes. Es bestehe wohl nur eine Rahmenzuständigkeit, deshalb sei fraglich, ob der Bund eine so weitreichende Regelung habe treffen dürfen, auch wenn den Ländern immerhin ergänzende Regelungen im Wege der Rechtsverordnung verblieben. Andererseits sei auch die Einlassung der Bundesregierung nicht von der Hand zu weisen, sie sei zur Umsetzung der Richtlinie verpflichtet und da „dürfe man das mit den Kompetenzen nicht so eng sehen", zumal man auf EG-Ebene ohnehin „wegen des ständigen Kompetenzgerangels" belächelt werde. Schließlich bestünden auch in der Sache Bedenken. So hätte der Bundesverband der pilzverar-

1 Fiktive Zahl: die gesetzliche Mitgliederzahl beträgt ab 15. WP 598, § 1 I 1 BWahlG, zuzügl. Überhangmandate, § 6 V 2 BWahlG.

beitenden Betriebe e.V. (BVPVB) geltend gemacht, eine Reihe von Betrieben müsse „dicht machen", sollte das Gesetz so verabschiedet werden und deshalb Verfassungsbeschwerde angekündigt. Auch sei es verfassungsrechtlich bedenklich, wenn zahlreiche Bürgerinnen und Bürger in ihrer Freizeitbetätigung so stark eingeschränkt würden; das Beerensammeln und Pilzsuchen im Walde sei schließlich nicht weniger schutzwürdig als das Reiten im Walde.

Der Bundespräsident bittet um Erstellung eines Rechtsgutachtens, ob er zur Ausfertigung des Gesetzes verpflichtet sei.

Das Rechtsgutachten für den Bundespräsidenten ist zu erstellen.

Vorüberlegungen

Die Arbeit bringt mit der zweiten Frage einen staatsrechtlichen „Klassiker“: das Prüfungsrecht des Bundespräsidenten, während im ersten Teil sich der Bearbeiter mit der nicht sonderlich geglückten und zT auch schwer verständlichen Vorschrift des Art. 23 GG auseinandersetzen muss. Dabei mussten die Bearb. das Gesetz über die Zusammenarbeit von Bund und Ländern in Angelegenheiten der Europäischen Union (EuZBLG)[2] finden, das zwar im Sachverhalt angedeutet, aber nicht ausdrücklich genannt wird, und dessen Verhältnis zu Art. 23 GG klären.[3] **469**

Dass es sich beim Antrag des Bundesrats um einen Antrag im Organstreitverfahren handelt, war nicht schwer zu erkennen. Die Zulässigkeitsprüfung ist unproblematisch, in der Begründetheit kommt es entscheidend darauf an, dass sich der Bearb. stets klar macht, worum es im Organstreitverfahren geht: um die Verletzung von Rechten aus dem Grundgesetz. Es genügt also nicht, einen Verstoß gegen das EuZBLG festzustellen: dann erst, wenn hierin auch ein Verstoß gegen das Grundgesetz liegt, ist der Antrag begründet.[4] Damit wird ein erster zentraler Problemschwerpunkt der Arbeit erkennbar: die Bedeutung des sog. „Beharrungsbeschlusses“ des Bundesrats im Verfahren nach Art. 23 GG/EuZBLG. Hier sagt das Grundgesetz: die Bundesregierung hat die Stellungnahme des Bundesrates *maßgeblich zu berücksichtigen*. Das EuZBLG aber sieht unter bestimmten Voraussetzungen eine Bindung der Bundesregierung vor. Die Frage ist also, ob hier das einfache Gesetz noch als Konkretisierung der Verfassungsnorm gewertet werden kann, oder aber darüber hinausgeht. **470**

Was den Beharrungsbeschluss selbst betrifft, so ist für dessen Wirksamkeit auf den bei der Abstimmung zum Einwanderungsgesetz unerwartet aktuell gewordenen „Lehrbuchfall“ (*Degenhart* Rn 655) der uneinheitlichen Stimmabgabe im Bundesrat einzugehen. Das Problem stellt sich dann auch beim Einspruch des Bundesrates gegen das Gesetz zur Umsetzung der Richtlinie. Dieses wirft Kompetenzfragen auf. Der Bearb. muss mit der Systematik der Kompetenzprüfung vertraut sein. Er muss ferner mit dem Begriff der Rahmenkompetenz etwas anfangen können; an sich ist hier schon der Wortlaut des Art. 75 GG aussagekräftig. Wer jedoch sich im Examen zum ersten Mal mit der Norm befasst, wird meist überfordert sein. – Den Bearb. weniger vertraut wird das im Sachverhalt angesprochene Problem der Gesetzgebungskompetenzen bei der „Umsetzungsgesetzgebung“ sein. Worum es hierbei geht, dürfte aber erkennbar sein: können die Anforderungen an die Wahrnehmung bestehender Gesetzgebungskompetenzen des Bundes modifiziert werden, wenn es um die Umsetzung von Richtlinien geht? **471**

---

2 Textbuch Nr. 16.

3 Dazu *Streinz*, in: Sachs, Art. 23 Rn 109 ff.

4 *Häufiger Fehler!*

472 Gliederung

1. Teil: Antrag des Bundesrats

A. Zulässigkeit

I. Beteiligtenfähigkeit (+)
II. Verfahrensgegenstand: Abstimmungsverhalten der Bundesregierung bzw. ihres Vertreters im Rat
III. Antragsbefugnis: Art. 23 V GG
IV. Form und Frist

B. Begründetheit

I. Rechte aus Art. 50 GG (–) nur Aufgabenzuweisung
II. Rechte aus Art. 23 GG: Art. 23 V 2 GG
 1. Angelegenheiten der Europäischen Union: Rechtsetzungsakte (+)
 2. Gesetzgebungsbefugnisse der Länder
  a) Gesetzgebungsbefugnisse der Länder oder Gesetzgebungsrecht des Bundes?
   aa) Grundregel des Art. 70 GG
   bb) Kompetenztitel: Art. 74 I Nr. 17 GG (–), Art. 75 I 1 Nr. 3 GG (+)
   cc) Voraussetzungen nach Art. 75 I 1 i.V.m. Art. 72 II, Art. 75 II GG (–)
  b) im Schwerpunkt? (+)
 3. Maßgebliche Berücksichtigung: Art. 23 V 2 GG
  a) Wortlaut: mehrdeutig
  b) § 5 EuZBLG
  c) Rechte aus dem Grundgesetz? (+) – Konkretisierungsfunktion
  d) Beharrungsbeschluss
   aa) uneinheitl. Stimmabgabe B: Ungültigkeit der Stimmen B
   bb) Stimmen C? Außenverhältnis: tatsächliche Stimmabgabe
  e) § 5 II 5 EuZBLG (+) – wenn verfassungsrechtlich zulässige Konkretisierung des Art. 23 V GG: Rechtsverletzung, gesamtstaatliche Verantwortung (–)

C. Entscheidung des Bundesverfassungsgerichts

2. Teil: Antrag der Landesregierung A

A. Zulässigkeit

I. Beteiligtenfähigkeit
II. Verfahrensgegenstand
III. Antragsbefugnis
 Art. 23 GG: Rechte des Landes? (–); Bundestreue? (–)
IV. Rechtsschutzbedürfnis – widersprüchliches Verhalten? (–)

B. Hilfsgutachten: Begründetheit des Antrags

3. Teil: Ist der Bundespräsident zur Ausfertigung der Gesetze verpflichtet?

A. Problemstellung[5]

B. Formelle Bedenken

I. Prüfungskompetenz
II. Gesetzgebungskompetenz
  1. Grundsatz: Länderzuständigkeit
  2. Kompetenztitel für den Bund?
  3. Voraussetzungen für Rahmengesetzgebung
    a) Art. 72 II GG – Umsetzungsgesetzgebung?
    b) Art. 75 II GG – Umsetzungsgesetzgebung? (–)
III. Gesetzgebungsverfahren: Zurückweisung des Einspruchs: Art. 77 IV 1 GG (+), Art. 77 IV 2 GG (–); Bundesrat: Stimmen C ungültig, keine 2/3-Mehrheit

C. Materielle Bedenken

I. Prüfungskompetenz? Evidenzkontrolle
II. Evidente Verfassungswidrigkeit?
  1. Art. 12 I GG? (–): keine berufsregelnde Tendenz
  2. Art. 2 I GG: Schutzbereich (+); aber verfassungsmäßig

Alternativlösung

5 Zum Aufbau: Die Formulierung des Problems wird hier der Übersichtlichkeit wegen vor die Klammer gezogen, könnte aber auch in die folgenden Punkte der Gliederung integriert werden. Jedenfalls sollte sofort mit der Formulierung der Problemstellung begonnen werden, s. auch Fn 25.

Musterlösung

1. Teil: Antrag des Bundesrats

A. Zulässigkeit

473 Der Antrag des Bundesrats könnte als Antrag im Organstreitverfahren nach Art. 93 I Nr. 1 GG, §§ 13 Nr. 5, 63 ff. BVerfG zulässig sein.

I. Beteiligtenfähigkeit[6]

474 Der Bundesrat ist als oberstes Bundesorgan nach Art. 93 I Nr. 1 GG, § 63 BVerfGG beteiligtenfähig. Gleiches gilt für die Bundesregierung als Antragsgegner.

II. Verfahrensgegenstand

475 Gegenstand des Verfahrens ist das Abstimmungsverhalten der Bundesregierung bzw. ihres Vertreters im Rat der Europäischen Gemeinschaft; dessen Abstimmungsverhalten ist der Bundesregierung zuzurechnen. Ob dieses Gegenstand eines Organstreitverfahrens sein kann, das Streitigkeiten über Rechte und Pflichten aus dem Grundgesetz betrifft,[7] könnte deshalb fraglich sein, weil es sich hier um eine Maßnahme handelt, die die Bundesregierung bzw. deren Vertreter als Mitglied eines Organs der Europäischen Gemeinschaft getroffen hat. Doch wurde hierbei auch für die Bundesregierung gehandelt. Das Abstimmungsverhalten bedeutet also einerseits die Beteiligung an einer Entscheidung der Europäischen Gemeinschaft, gleichzeitig aber auch die Umsetzung der innerstaatlichen Willensbildung auf Gemeinschaftsebene. Wenn hierbei ein Votum des Bundesrats übergangen wurde, so liegt hierin eine Maßnahme auch diesem gegenüber; der Begriff der Maßnahme ist insoweit weit zu fassen.[8] Entscheidend ist die Rechtserheblichkeit des Handelns. Diese folgt hier daraus, dass die gegenteilige Beschlussfassung im Bundesrat negiert wurde. Es liegt also eine rechtserhebliche Maßnahme vor, die geeigneter Gegenstand eines Organstreitverfahrens ist.

III. Antragsbefugnis

476 Der Bundesrat als Antragsteller muss gem. § 64 I BVerfGG geltend machen können, durch die Zustimmung zur Richtlinie der EG in seinen Rechten aus dem Grundgesetz verletzt zu sein. Rechte aus dem Grundgesetz können sich hier aus Art. 23 GG ergeben. Insbesondere Art. 23 V GG verleiht dem Bundesrat ein Recht auf Berücksichtigung seiner Stellungnahme durch die Bundesregierung, wenn im Schwerpunkt Gesetzgebungsbefugnisse der Länder betroffen sind. Dass dieses Recht verletzt ist,

---

6 Zum Aufbau: Da dieser Punkt in der Zulässigkeitsprüfung keine Schwierigkeiten bereitet, wird die Beteiligtenfähigkeit auf Aktiv- und Passivseite in einem Gliederungspunkt behandelt.

7 *Degenhart* Rn 751.

8 Vgl. BVerfGE 68, 1 (66): völkerrechtliche Zustimmung zur Aufstellung von Waffensystemen im Verhältnis zum Bundestag.

erscheint jedenfalls möglich. Ob auch Art. 50 GG entsprechende Rechte verleiht, kann im Rahmen der Zulässigkeit dahinstehen. Der Bundesrat ist also antragsbefugt.

IV. Form und Frist

Die Frist des § 64 III BVerfGG ist lt. Sachverhalt bei einem Antrag „wenige Tage" nach der Abstimmung eingehalten. Von der Wahrung des Schriftformerfordernisses des § 23 BVerfGG und ausreichender Begründung nach § 64 II BVerfGG ist auszugehen. **477**
Ein Antrag im Organstreitverfahren ist zulässig.

B. Begründetheit

Der Antrag ist begründet, wenn der Bundesrat in seinen Rechten aus dem Grundgesetz verletzt ist. **478**

I. Rechte aus Art. 50 GG

Soweit der Bundesrat sich auf Art. 50 GG beruft, kommt eine Verletzung in verfassungsmäßigen Rechten nicht in Betracht. Denn Art. 50 GG beschreibt nur in allgemeiner Form die Aufgaben des Bundesrates. Seine konkreten Befugnisse ergeben sich aus den spezielleren Vorschriften, die, wie zB Art. 77 GG, die Rechte des Bundesrates im Gesetzgebungsverfahren oder eben, wie Art. 23 GG, in Angelegenheiten der Europäischen Union betreffen. **479**

II. Rechte aus Art. 23 GG

Der Bundesrat könnte durch das Verhalten der Bundesregierung in seinen Rechten aus Art. 23 V 2 GG verletzt sein. Hiernach ist die Auffassung des Bundesrats maßgeblich zu berücksichtigen, wenn im Schwerpunkt Gesetzgebungsbefugnisse der Länder betroffen sind. Dagegen könnte die Bundesregierung hier bei der Abstimmung auf europäischer Ebene dadurch verstoßen haben, dass sie von der Stellungnahme des Bundesrates abgewichen ist. **480**

1. Angelegenheiten der Europäischen Union

Voraussetzung ist zunächst, dass das angegriffene Verhalten der Bundesregierung Angelegenheiten der Europäischen Union betrifft. Denn die Mitwirkungsbefugnisse der Länder über den Bundesrat nach Art. 23 GG betreffen Angelegenheiten der Europäischen Union, wie sich aus Art. 23 II GG ergibt. Dass hierunter auch Rechtsetzungsakte fallen, ergibt sich aus Art. 23 III GG. Dass Art. 23 GG von Angelegenheiten der „Europäischen Union" spricht, während es sich im vorliegenden Fall um Rechtsetzungsakte der Europäischen Gemeinschaft handelt, steht nicht entgegen. Denn die Europäische Union umfasst die Europäischen Gemeinschaften und handelt durch diese. Rechtsetzungsakte der Europäischen Gemeinschaft sind also Rechtsetzungsakte der Europäischen Union iSv Art. 23 II, III GG. Hierzu zählen insbesondere auch Akte des Sekundärrechts der EG, also Verordnungen und Richt- **481** linien. Damit kommt hier Art. 23 GG und insbesondere auch dessen Absätze 4–6 über die Mitwirkung der Länder an Rechtsetzungsakten zur Anwendung. Gerade um den Verlust an Länderkompetenzen durch Übertragung von Hoheitsrechten auf die Europäischen Gemeinschaften auszugleichen, wurden die Mitwirkungsrechte des Art. 23 GG geschaffen.

2. Gesetzgebungsbefugnisse der Länder

482 Eine Verfassungspflicht zu maßgeblicher Berücksichtigung besteht dann, wenn im Schwerpunkt Gesetzgebungsbefugnisse der Länder betroffen sind.

a) Durch die Richtlinie könnten Gesetzgebungsbefugnisse der Länder betroffen sein.

483 aa) Es müssten also die in der Richtlinie vorgesehenen Regelungen, bezogen auf die Kompetenzverteilung der Art. 70 ff. GG, in den Zuständigkeitsbereich der Länder fallen. Nach der Kompetenzverteilungsregel des Art. 70 GG ist dies immer dann der Fall, wenn das Grundgesetz nicht ausdrücklich dem Bund die Zuständigkeit verliehen hat.

484 bb) Eine ausschließliche Bundeszuständigkeit nach Art. 73 GG ist ersichtlich nicht gegeben. Aus dem Katalog für die konkurrierende Zuständigkeit von Bund und Ländern in Art. 74 I GG könnte hier allenfalls Nr. 17 – Förderung der land- und forstwirtschaftlichen Erzeugung – in Betracht kommen. Dagegen spricht jedoch, dass wild wachsende Waldfrüchte und -pilze nicht land- oder forstwirtschaftlich „erzeugt“ werden; auch die Sicherung der Ernährung ist nicht primärer Zweck der Vorschriften. Es geht vielmehr in erster Linie darum, die Natur gegen Zerstörungen durch menschliche Eingriffe zu schützen, also um klassischen Naturschutz. Hier hat der Bund nur eine Rahmenzuständigkeit, Art. 75 I 1 Nr. 3 GG. Die Länder sind also für die Gesetzgebung zuständig, haben hierbei aber etwaige Rahmenvorschriften des Bundes zu beachten.

485 cc) Derartige Rahmenvorschriften des Bundes existieren lt. SV nicht. Dann könnten an sich die Länder entsprechende Regelungen erlassen. Andererseits könnte auch der Bund im Wege der Gesetzgebung dann tätig werden, wenn die Voraussetzungen hierfür nach Art. 75 Abs. 1 i.V.m. Art. 72 I GG bzw. nach Art. 75 II GG gegeben sind. Ist dies der Fall, so könnte es bei der Regelung des Art. 23 V 1 GG verbleiben, so dass der Bundesrat allenfalls das Recht zur „schlichten“ Mitwirkung hätte. Dafür spricht in der Tat der Wortlaut des Art. 23 V 1 GG. Denn hiernach kommt es darauf an, dass der Bund das Recht zur Gesetzgebung hat, nicht notwendig darauf, dass er es bereits wahrgenommen hat. Auch der bundesstaatliche Schutzzweck des Art. 23 V GG spricht dafür. Denn wenn der Bund die Materie ohnehin durch Gesetz regeln könnte, wird den Ländern nichts an Zuständigkeiten genommen, wenn der Bund zunächst sich auf europäischer Ebene am Zustandekommen einer Richtlinie beteiligt, um diese dann durch ein Bundesgesetz, für das er ohnehin zuständig wäre, umzusetzen. Damit ist also eine hypothetische Prüfung der Gesetzgebungszuständigkeit für ein entsprechendes Bundesgesetz vorzunehmen.

486 Voraussetzung ist hierfür nach Art. 75 I 1 i.V.m. Art. 72 II GG zunächst die Erforderlichkeit einer bundesgesetzlichen Regelung. Naturschutzrechtliche Regelungen über das Sammeln von Beeren und Pilzen, wie sie hier in Frage stehen, sind jedoch für das bundesstaatliche Sozialgefüge unerheblich, berühren also nicht die Gleichwertigkeit der Lebensverhältnisse entsprechend der ersten Zielvorgabe des Art. 72 II GG. Ebensowenig ist der Rechtsverkehr im Bundesstaat betroffen; auch zur Wahrung der Rechtseinheit ist eine bundesgesetzliche Regelung nicht erforderlich. Und auch die Einheit des Wirtschaftsraums ist nicht berührt. Es fehlt also schon an der Erforderlichkeit einer bundesgesetzlichen Regelung. Hinzu kommt: der Bund ist im Naturschutz auf Rahmenvorschriften beschränkt und darf nur ausnahmsweise Regelungen treffen, die in die Einzelheiten gehen. Eben derartige Detailregelungen betrifft ganz überwiegend die Richtlinie. Es erscheint zweifelhaft, ob der Bund bei Umsetzung der Richtlinie überhaupt den Anforderungen des Art. 75 II GG genügen könnte, den Ländern Spielraum für substanzielle eigene Regelungen zu belassen. Die Richtlinie betrifft also in erheblichem Umfang Gegenstände, für die der Bund auch nach Maßgabe des Art. 75 II GG nicht das Recht zur Gesetzgebung hätte.

b) Gesetzgebungsbefugnisse der Länder müssten auch **im Schwerpunkt** betroffen **487**
sein. Die Richtlinie bezieht sich i.W. auf Fragen des Natur- und Landschaftsschutzes, für die der Bund nach Art. 75 Abs. 2 i.V.m. Art. 72 II GG nicht das Recht zur Gesetzgebung hat, für die vielmehr die Länder zuständig sind. Sie betrifft zudem überwiegend Detailfragen, deren Regelung der Bund auch nach Art. 75 II GG den Ländern überlassen muss. Damit aber sind Gesetzgebungsbefugnisse der Länder im Schwerpunkt betroffen. Die Mitwirkung des Bundesrats bestimmt sich also nach Art. 23 V 2 GG.

3. Maßgebliche Berücksichtigung

Die Bundesregierung hatte also die Stellungnahme des Bundesrates „maßgeblich“ **488**
zu berücksichtigen. Hiergegen könnte sie verstoßen haben; dies wäre dann der Fall, wenn „maßgebliche“ Berücksichtigung eine rechtliche Bindung an die Entscheidung des Bundesrats bedeutet.

a) Der **Wortlaut** des Art. 23 V 2 GG ist insoweit nicht eindeutig. Etwas zu „berück- **489**
sichtigen“, bedeutet, es in die Entscheidung einzubeziehen, nicht aber notwendig, es zu befolgen. Andererseits unterscheidet Art. 23 V GG die „maßgebliche“ Berücksichtigung nach Satz 2 von einer „einfachen“ Berücksichtigung nach Satz 1. „Maßgeblich“ könnte in diesem Zusammenhang und nach der Systematik der Norm dann auch iSv „bindend“ aufzufassen sein.

b) Eine Bindung der Bundesregierung an die Stellungnahme des Bundesrates könn- **490**
te sich jedoch aus § 5 EuZBLG[9] ergeben. Nach § 5 II EuZBLG ist dann, wenn bei einem Vorhaben im Schwerpunkt Gesetzgebungsbefugnisse der Länder betroffen sind, die Auffassung der Bundesregierung aber nicht mit der Stellungnahme des Bundesrates übereinstimmt, ein Einvernehmen anzustreben, § 5 II 3 EuZBLG. Kommt dieses Einvernehmen nicht zustande, so ist für die Bundesregierung die Stellungnahme des Bundesrates dann maßgebend, wenn dieser seine Auffassung mit

9 Gesetz über die Zusammenarbeit von Bund und Ländern in Angelegenheiten der Europäischen Union vom 12.03.1993, BGBl. I S. 313, Textbuch Nr. 16.

einer Mehrheit von zwei Dritteln seiner Stimmen bestätigt, § 5 II 5 EuZBLG. Ein solcher Beharrungsbeschluss des Bundesrates könnte hier vorliegen. Ist dies der Fall, so hätte die Bundesregierung gegen § 5 II 5 EuZBLG verstoßen.

491 c) Dies allein führt jedoch noch nicht zur Begründetheit des Antrags. Denn im Organstreitverfahren geht es um die Verletzung von Rechten aus dem Grundgesetz. Ein Verstoß gegen das EuZBLG genügt also nicht: dann erst, wenn hierin auch ein Verstoß gegen das Grundgesetz liegt, ist der Antrag begründet. Während jedoch § 5 II 5 EuZBLG von einem Letztentscheidungsrecht des Bundesrates ausgeht, geht dies aus Art. 23 V GG, wie vorstehend unter a) dargelegt, nicht eindeutig hervor. Wenn aber andererseits nach Art. 23 VII GG der Gesetzgeber das Nähere zur Zusammenarbeit von Bundesregierung und Bundesrat zu regeln hat, so kann dies als eine Ermächtigung an den Bundesgesetzgeber aufgefasst werden, den Begriff der maßgeblichen Berücksichtigung in Art. 23 V GG näher zu konkretisieren.

492 d) Dann müsste jedoch ein wirksamer **Beharrungsbeschluss** vorliegen. Dieser müsste mit einer Mehrheit von zwei Dritteln der 69 Stimmen des Bundesrates getroffen worden sein. Es müssten also mindestens 46 Stimmen[10] für den Beharrungsbeschluss abgegeben worden sein. Ob ein solcher Beharrungsbeschluss mit ausreichender Mehrheit wirksam getroffen wurde, könnte zweifelhaft sein angesichts der Vorfälle bei der Abstimmung.

493 aa) Die Vertreter des Landes B haben entgegen Art. 51 III 2 GG ihre Stimmen nicht einheitlich abgegeben. Dass deshalb die Abstimmung insgesamt unwirksam wäre und wiederholt werden muss,[11] wie von Seiten der Bundesregierung eingewandt wird, geht jedoch zu weit. Denn dann hätten es die Vertreter eines Landes in der Hand, die Abstimmung im Bundesrat zu blockieren – was nicht Sinn der Regelung sein kann. Es könnte dann jedoch die Stimme des Ministerpräsidenten als des „Stimmführers" entscheidend sein.[12] Dann würden die vier Stimmen des Landes B so gezählt, als seien sie alle für den Beharrungsbeschluss abgegeben worden. Dagegen spricht jedoch, dass sie tatsächlich nicht so abgegeben worden sind. Die alleinige Maßgeblichkeit der Stimmabgabe durch den Ministerpräsidenten („Stimmführer") ist auch aus dem Grundgesetz schwerlich begründbar: ein Vorrang des Kabinettsvorsitzenden vor den übrigen Mitgliedern der Landesregierung ist dort nicht erkennbar, auch kann eine ablehnende Stimme nicht als Zustimmung gewertet werden und umgekehrt. Dann aber verbleibt nur die Möglichkeit, von der Ungültigkeit aller abgegebenen Stimmen des Landes auszugehen.[13] Denn wegen des zwingenden Gebots der einheitlichen Stimmabgabe dürfen sie jedenfalls nicht unterschiedlich gezählt werden. Auch drängt sich bei einem Verstoß gegen eine zwingende Verfahrensvorschrift die Rechtsfolge der Ungültigkeit auf. Die Stimmen des Landes B dürfen also nicht gezählt werden.[14]

10 Dies auszurechnen, bereitete in einer Examensklausur einem nicht unerheblichen Teil der Bearb. kaum überwindbare Schwierigkeiten – *judex non calculat*?

11 So noch *von Mangoldt/Klein*, Art. 51, Anm. III 4b in der Zweitaufl. des Kommentars – diese Auffassung wird nicht mehr vertreten.

12 *Stern* II, § 27 III 2 a, b; *Blumenwitz*, BonnK, Art. 51 Rn 29.

13 S. *Degenhart* Rn 655.

14 A.A. vertretb.; – denkbar wäre auch, auf die Streitentscheidung zu verzichten, wenn jedenfalls von der Gültigkeit der Stimmen von C ausgegangen werden kann.

bb) Wenn auch die Stimmen des Landes C nicht gezählt werden dürften, wären nur noch 43 Stimmen für den Beharrungsbeschluss abgegeben worden. Dafür könnte sprechen, dass der Vertreter des Landes im Bundesrat entgegen einer Weisung gehandelt hat. Eine Weisungsgebundenheit ergibt sich daraus, dass die Stimmen eines Landes nur einheitlich abgegeben werden können. Dies setzt notwendig voraus, dass vorher eine Festlegung auf eine einheitliche Position erfolgt. Dass die Mitglieder des Bundesrates weisungsgebunden sind, ergibt sich auch im Umkehrschluss aus Art. 77 II 3 GG, wonach die Bundesratsmitglieder im Vermittlungsausschuss ausdrücklich von Weisungen freigestellt werden. Die Stimmen des Landes C wurden also entgegen einer verbindlichen Weisung abgegeben. Es fragt sich nun, welche Rechtsfolge sich daraus ergibt. Eine Umdeutung in weisungsgemäß abgegebene Stimmen ist jedenfalls unzulässig, denn für die Feststellung des Abstimmungsergebnisses kann nur maßgeblich sein, wie die Stimmen tatsächlich abgegeben wurden. Die weisungswidrig abgegebenen Stimmen könnten dann allenfalls als ungültig gewertet werden. Dagegen spricht jedoch, dass ein Verstoß gegen Weisungen im Innenverhältnis des Bundesratsmitgliedes zu seiner Regierung, der er angehört, die Wirksamkeit seiner Stimmabgabe im Außenverhältnis als Mitglied des Bundesrates nicht berühren kann. Im Außenverhältnis muss die tatsächliche Stimmabgabe wirksam sein. Die Stimmen des Landes C müssen also mitgezählt werden. Damit ergibt sich eine Mehrheit von 47 Stimmen für den Beharrungsbeschluss. Dies ist mehr als zwei Drittel der Stimmen des Bundesrates. **494**

e) Damit sind die Voraussetzungen des § 5 II 5 EuZBLG erfüllt. Sieht man hierin eine verfassungsrechtlich zulässige Konkretisierung des Art. 23 V 2 GG, so hat die Bundesregierung gegen ihre sich hieraus ergebende Verpflichtung im Verhältnis zum Bundesrat verstoßen. Etwas anderes könnte dann gelten, wenn die Bundesregierung hier in Wahrung ihrer gesamtstaatlichen Verantwortung der Richtlinie zustimmen musste. Dafür ergeben sich jedoch angesichts der Regelungsmaterie keine Anhaltspunkte; wie in 5 II 2 EuZBLG zum Ausdruck kommt, geht es hierbei vor allem um außen-, verteidigungs- und grundsätzliche integrationspolitische Fragen. **495**

Der Antrag des Bundesrates ist also begründet.

C. Entscheidung des Bundesverfassungsgerichts

Das Bundesverfassungsgericht wird feststellen, dass die Bundesregierung durch das Verhalten ihres Vertreters im Rat gegen die Bestimmung des Art. 23 V 2 GG verstoßen und hierdurch Rechte des Bundesrates verletzt hat. **496**

2. Teil: Antrag der Landesregierung A

A. Zulässigkeit

Für Streitigkeiten um wechselseitige Rechte und Pflichten im Bundesstaatsverhältnis könnte ein Antrag im Verfahren des Bund-Länder-Streits nach Art. 93 I Nr. 3 GG, §§ 13 Nr. 7, 68 ff. BVerfGG zulässig sein. **497**

I. Beteiligtenfähigkeit

498 Beteiligtenfähig ist für das Land A dessen Landesregierung, für die Bundesrepublik die Bundesregierung, Art. 93 I Nr. 3 GG, § 68 BVerfGG.

II. Verfahrensgegenstand

499 Für den Verfahrensgegenstand wird auf die Ausführungen zum Antrag des Bundesrats verwiesen. Auch im Bund-Länder-Streit ist eine rechtserhebliche Maßnahme erforderlich; sie liegt in der Zustimmung des Vertreters der Bundesregierung im Rat.[15]

III. Antragsbefugnis

500 Die Landesregierung A müsste geltend machen können, durch die Bundesrepublik in ihren Rechten aus dem Grundgesetz verletzt worden zu sein. Solche Rechte könnten sich hier aus Art. 23 GG ergeben. Dagegen spricht, dass die Beteiligungsrechte des Art. 23 GG dem Bundesrat als einem Organ des Bundes eingeräumt worden sind. Dafür könnte andererseits sprechen, dass nach der Formulierung in Art. 23 II GG durch den Bundesrat „die Länder" an Angelegenheiten der Europäischen Union mitwirken, entsprechend der Zielsetzung des Art. 23 GG, Verluste von Länderkompetenzen zu kompensieren. Die Aussagekraft der Formulierung in Art. 23 II GG wird jedoch dadurch abgeschwächt, dass auch in der allgemeinen Aufgabenbeschreibung des Art. 50 GG davon die Rede ist, dass durch den Bundesrat die Länder an europäischen Angelegenheiten mitwirken. Auch wenn also die Mitwirkungsrechte des Bundesrates im Interesse der Länder bestehen, handelt es sich doch um organschaftliche Rechte des Bundesrats. Sie sind von diesem als Bundesorgan im Organstreitverfahren geltend zu machen, nicht jedoch im Bund-Länder-Streit.[16] Etwas anderes folgt auch nicht aus der Entstehungsgeschichte.[17] Zwar sollten mit den Beteiligungsrechten nach Art. 23 GG die Länder gestärkt werden; auch musste schon vor Einfügung des Art. 23 GG die Bundesregierung auf Grund ihrer Verpflichtung zu länderfreundlichem Verhalten die Länder beteiligen. Die konkrete Regelung des Art. 23 GG besagt jedoch, dass die Beteiligung der Länder über den Bundesrat erfolgen soll – wie dies auch sonst in der bundesstaatlichen Ordnung des Grundgesetzes der Fall ist, so etwa bei der Beteiligung der Länder an der Gesetzgebung des Bundes. Es geht also um Rechte des Bundesrats, über den die Länder an den Angelegenheiten der Europäischen Union mitwirken, wie dies Art. 50 GG besagt.[18]

---

15 Ebenso *Dederer*, Jura 1998, 98 (100), dort auch zur Möglichkeit vorläufigen Rechtsschutzes durch das BVerfG: Erlass einer einstweiligen Anordnung.

16 A.A. gut vertretb.; so auch bei *Dederer*, Jura 1998, 98 (100).

17 Grundsätzlich ist in einer Klausurbearbeitung die Argumentation aus der Entstehungsgeschichte nicht angezeigt: die Materialien stehen dann nicht zur Verfügung. Anders kann dies bei Verfassungsänderungen aus neuerer Zeit sein; iFd Art. 23 GG dürften dem Bearbeiter die Entwicklungen, die zur Einfügung des Art. 23 GG führten, vertraut sein.

18 A.A. *Sauer*, BayVBl 2005, 285 in Fn 1: es mute „absurd" an, wenn die Länder die ihnen vor der Neufassung des Art. 23 GG nach BVerfGE 92, 203 zustehenden Rechte nach der Neufassung nicht mehr haben sollten. Dem ist zu entgegnen, dass die Länder ja im Rahmen des Art. 23 GG mitwirken sollen – aber eben über den Bundesrat. I.Ü. sollten Kraftausdrücke wie „absurd" oder „widersin-

Schließlich könnte das Land A sich auf den Grundsatz der Bundestreue, also des bundesfreundlichen – bzw., bezogen auf die Länder, des länderfreundlichen Verhaltens berufen. Er besagt, dass der Bund bei Wahrnehmung seiner Kompetenzen dann, wenn hierdurch Belange der Länder in besonderer Weise berührt sind, hierauf Rücksicht zu nehmen hat. Allerdings ist auf den Grundsatz der Bundestreue dann nicht zurückzugreifen, wenn der konkrete Sachverhalt positiv im Grundgesetz geregelt ist. Eben dies ist aber für die Mitwirkung der Länder an Angelegenheiten der Europäischen Union in Art. 23 GG der Fall. Ein Rückgriff auf den ungeschriebenen Verfassungsgrundsatz der Bundestreue ist angesichts dieser positiven Regelung unzulässig. **501**

Das Land A ist also nicht antragsbefugt. Sein Antrag ist schon deshalb unzulässig.

IV. Rechtsschutzbedürfnis

Er könnte i.Ü. auch wegen fehlenden Rechtsschutzbedürfnisses unzulässig sein. **502** Denn die Landesregierung von A, die sich nunmehr gegen die Richtlinie bzw. die Zustimmung der Bundesregierung zu dieser Richtlinie wendet, hat im Bundesrat noch gegen den Beharrungsbeschluss gestimmt. Das Rechtsschutzbedürfnis kann zu verneinen sein, wenn der Antragsteller die dargelegte Rechtsverletzung durch eigenes Handeln hätte vermeiden können.[19] Wenn andererseits die Landesregierung A zunächst der Bundesregierung durch ihr Abstimmungsverhalten im Bundesrat freie Hand geben wollte, kann sie doch nunmehr ein berechtigtes Interesse daran haben, dass diese sich nicht über die Entscheidung des Bundesrates hinwegsetzt. Am fehlenden Rechtsschutzinteresse scheitert also der Antrag nicht. Er ist jedoch unzulässig, weil das Land keine Verletzung eigener, ihm als Bundesland durch das Grundgesetz zugewiesener Rechte geltend machen kann.[20]

B. Hilfsgutachten: Begründetheit des Antrags[21]

Geht man jedoch davon aus, dass Art. 23 GG auch den Ländern eigene Rechte **503** verleihen will, so führt ein Verstoß gegen Art. 23 V 2 GG zur Begründetheit auch des Antrags im Bund-Länder-Streit.

nig“ in der Fallbearbeitung möglichst vermieden werden: ihre Verwendung will meistens über Schwächen in der Argumentation hinwegtragen.

19 Vgl. BVerfGE 68, 1 (77 f.); *Degenhart* Rn 753.

20 A.A. vertretb.

21 Das Hilfsgutachten ist hier nicht zwingend notwendig; Bearb., die die Zulässigkeit des Antrags bejahen, müssten diese Ausf. als Hauptgutachten bringen.

3. Teil: Ist der Bundespräsident zur Ausfertigung der Gesetze verpflichtet?

A. Problemstellung

504 Gem. Art. 82 I 1 GG werden die nach den Vorschriften des Grundgesetzes zustandegekommenen Gesetze vom Bundespräsidenten ausgefertigt. Dies bedeutet, dass er verpflichtet ist, die Gesetze auszufertigen. Wenn er wie im vorliegenden Fall Zweifel an der Verfassungsmäßigkeit eines Gesetzes hat, darf er die Ausfertigung also nur dann verweigern, wenn er davon ausgehen muss, dass das Gesetz nicht nach den Vorschriften des Grundgesetzes zustandegekommen ist. Er müsste dann auch eine Prüfungskompetenz hinsichtlich des Gesetzes haben.

B. Formelle Bedenken

I. Prüfungskompetenz

505 Soweit es um die formelle Verfassungsmäßigkeit des Gesetzes geht, folgt eine Prüfungskompetenz des Bundespräsidenten bereits aus dem Wortlaut des Art. 82 I 1 GG. Danach werden „die nach den Vorschriften des Grundgesetzes zustande gekommenen" Gesetze ausgefertigt. Diese Formulierung ist wortgleich mit der in Art. 78 GG, der einen Abschnitt im Gesetzgebungsverfahren abschließt. Die Bestimmungen des Grundgesetzes, die sich mit dem Zustandekommen der Bundesgesetze befassen, sind also jedenfalls uneingeschränkter Prüfungsmaßstab für den Bundespräsidenten. Es sind dies die Bestimmungen über die Gesetzgebungskompetenzen in Art. 70 ff. GG und die Bestimmungen über das Verfahren der Gesetzgebung in Art. 76 ff. GG.

II. Gesetzgebungskompetenz

1. Grundsatz: Länderzuständigkeit

506 Nach der Grundregel des Art. 70 GG ist die Gesetzgebung Sache der Länder, soweit das Grundgesetz nicht dem Bund in den Art. 70 ff. die Befugnis zur Gesetzgebung verleiht. Dies gilt auch dann, wenn Richtlinien der Europäischen Gemeinschaft umzusetzen sind. Die bundesstaatliche Kompetenzverteilung der Art. 70 ff. GG bleibt hiervon unberührt.

2. Kompetenztitel für den Bund?

507 Wie schon im Zusammenhang mit Art. 23 GG ausgeführt wurde, ist für das Gesetz der Kompetenztitel des Art. 75 I 1 Nr. 3 GG für das Recht des Naturschutzes einschlägig. Es besteht also eine Rahmenkompetenz des Bundes. Der Bund kann hier nur unter den Voraussetzungen des Art. 72 II GG tätig werden. Er muss sich auf Rahmenregelungen beschränken und insbesondere die Schranken des Art. 75 II GG beachten.

3. Voraussetzungen für Rahmengesetzgebung

a) Eine bundesgesetzliche Regelung müsste entsprechend den Voraussetzungen des Art. 72 II GG, auf den Art. 75 I 2 GG verweist, erforderlich sein. Wie schon zu Art. 23 GG ausgeführt wurde, ist dies jedoch zu verneinen: keine der Zielvorgaben des Art. 72 II GG greift ein. Etwas anderes kann sich auch nicht daraus ergeben, dass es hier um die Umsetzung einer Richtlinie geht. Denn auch durch landesgesetzliche Regelungen kann eine Richtlinie umgesetzt werden. Ob Erforderlichkeit im gesamtstaatlichen Interesse ausnahmsweise dann angenommen werden kann, wenn die Bundesländer sich weigern, die erforderlichen Gesetze zu erlassen und so den Bund in die Situation bringen, gegen den EG-Vertrag zu verstoßen, kann hier dahinstehen, da hierfür keine tatsächlichen Anhaltspunkte gegeben sind. Die Voraussetzungen für die Erforderlichkeit einer bundesgesetzlichen Regelung liegen also nicht vor. **508**

b) Ein Kompetenzverstoß könnte sich auch daraus ergeben, dass der Bund bei Umsetzung der Richtlinie entgegen Art. 75 II GG in die Einzelheiten gehende und unmittelbar geltende Vorschriften erlassen hat. Eine Vorschrift geht in Einzelheiten, wenn für ihren Anwendungsbereich keine prägende Ausfüllung durch den Landesgesetzgeber mehr offen steht.[22] Das ist dann der Fall, wenn der Landesgesetzgeber keine relevante eigene Entscheidung mehr zu treffen hat. Dem Wesen der Rahmengesetzgebung entspricht es, dass der Bundesgesetzgeber eben nur einen „Rahmen" setzt, der dann von den Ländern auszufüllen ist. Ihnen muss Spielraum für substanzielle eigene Regelungen verbleiben. Dies könnte im Fall des WFSG deshalb nicht mehr gewährleistet sein, weil hier dem Land lediglich ein Spielraum dahingehend verbleibt, einzelne weitere Arten in den Anwendungsbereich des Gesetzes einzubeziehen und durch Rechtsverordnung Schutzgebiete festzulegen. Die Ermächtigung zum Erlass von Rechtsverordnungen genügt den Anforderungen an eine Rahmengesetzgebung, die den Ländern hinreichend Spielraum belässt, jedoch nicht. Denn hier trifft der Gesetzgeber – und zwar der Bundesgesetzgeber – schon wegen des Bestimmtheitsgebots des Art. 80 I 2 GG die wesentlichen Entscheidungen, die dann von der Exekutive des Landes, nicht aber von Landesgesetzgeber ausgeführt werden. Wenn im Übrigen der Landesgesetzgeber weitere geschützte Arten festlegen kann, so betrifft dies nur einen untergeordneten Teil des Anwendungsbereichs des Gesetzes, das damit ganz überwiegend in die Einzelheiten gehende und auch unmittelbar geltende Vorschriften enthält. Derartige Vorschriften sind zwar ausnahmsweise zulässig. Sie dürfen aber nicht in einem Maße im Gesetz enthalten sein, dass dem Landesgesetzgeber keine substanziellen Regelungsbefugnisse mehr verbleiben. Eben so liegt der Fall hier. Von einer bloßen Rahmengesetzgebung kann also keine Rede mehr sein. Die Grenzen des Art. 75 II GG sind daher überschritten. **509**

Dass es sich um ein Gesetz zur Umsetzung einer Richtlinie handelt, führt auch insoweit zu keiner anderen Beurteilung. Es gibt keinen eigenen Kompetenztypus der Umsetzungsgesetzgebung; der Bundesgesetzgeber bleibt also an die Schranken der Kompetenzordnung gebunden. Allerdings könnte der Bundesgesetzgeber im Rah- **510**

22 *v. Münch/Kunig* III, Art. 75 Rn 41 f.

men des Art. 75 II GG größeren Spielraum genießen; die Notwendigkeit einer effizienten Umsetzung von Gemeinschaftsrecht könnte einen Ausnahmefall im Sinn dieser Vorschrift darstellen. Aber auch dann muss jedenfalls den Ländern substanzieller Regelungsspielraum verbleiben. Dieser aber ist hier, wie dargelegt, nicht gewahrt.

Das Gesetz ist also nicht kompetenzgerecht zustandegekommen. Schon deshalb hat der Bundespräsident die Ausfertigung zu verweigern.

III. Gesetzgebungsverfahren

511 Das Gesetzgebungsverfahren könnte deshalb nicht ordnungsgemäß sein, weil die Rechte des Bundesrats nicht gewahrt sind. Dieser hat gemäß Art. 77 III 1 GG gegen das Gesetz Einspruch eingelegt. Der Bundestag hat den Einspruch zurückgewiesen. Er hat dies auch mit der Mehrheit seiner Mitglieder getan, denn von den 606 Mitgliedern des Bundestages stimmten 305 für die Zurückweisung des Einspruchs, also mehr als die Hälfte, Art. 77 IV 1 GG. Doch könnte Art. 77 IV 2 GG zur Anwendung kommen. Hiernach ist dann, wenn der Einspruch mit Zwei-Drittel-Mehrheit beschlossen wurde, für seine Zurückweisung über die Mitgliedermehrheit hinaus auch eine Zwei-Drittel-Mehrheit der Abstimmenden erforderlich. Diese wurde jedoch nicht erreicht. Bei 465 abgegebenen Stimmen wären mindestens 310 Stimmen erforderlich gewesen.

512 Der Einspruch wurde also dann nicht wirksam zurückgewiesen, wenn er im Bundesrat mit einer Mehrheit von zwei Dritteln der Stimmen beschlossen wurde. Es wären also 46 Stimmen erforderlich gewesen. Da aber die Stimmen des Landes C wegen uneinheitlicher Stimmabgabe ungültig waren und nicht gezählt werden durften (s.o.), war das Abstimmungsergebnis nicht 48 : 21, sondern 44 : 21. Dies entspricht zwar einer Zwei-Drittel-Mehrheit. Art. 77 IV 2 GG fordert jedoch die Zwei-Drittel-Mehrheit der Stimmen, also bei 69 Stimmen mindestens 46.[23] Diese Mehrheit wurde im Bundesrat nicht erreicht. Der Einspruch wurde also mit ausreichender Mehrheit zurückgewiesen. Das Gesetzgebungsverfahren war insoweit nicht fehlerhaft.[24]

C. Materielle Bedenken

I. Prüfungskompetenz?

513 Wenn der Bundespräsident darüber hinaus grundrechtlich begründete Zweifel am Gesetz hat, so ist zunächst zu klären, ob er auch insoweit eine Prüfungskompetenz hat.[25] Der Wortlaut des Art. 82 I 1 GG spricht eher dagegen, ist allerdings nicht

23 Anders, wenn man die Stimmabgabe des Ministerpräsidenten entscheidend sein lässt: dann wäre das Stimmverhältnis 48 : 21.

24 A.A. vertretb. – der Bearbeiter sollte jedoch darauf achten, konsequent zu bleiben: wer im ersten Teil die Stimmen des Ministerpräsidenten als des „Stimmführers" entscheidend sein lässt, darf nicht im zweiten Teil die Stimmabgabe als ungültig behandeln – und umgekehrt.

25 Zur Darstellung: auch hier nicht mit der Wiedergabe der Zweifel des Bundespräsidenten beginnen, sondern sofort die Problemstellung formulieren!

eindeutig: mit den Vorschriften des Grundgesetzes, nach denen das Gesetz zustandegekommen sein muss, könnten auch materielle Vorschriften wie vor allem die Grundrechte gemeint sein, wenn auch die systematische Stellung des Art. 82 GG als Abschluss der Vorschriften über das Gesetzgebungsverfahren dagegen spricht. Als Verfassungsorgan ist der Bundespräsident auf die Wahrung der grundgesetzlichen Ordnung verpflichtet. Dies spricht dagegen, ihn zur Mitwirkung an einem verfassungswidrigen Akt der Gesetzgebung zu verpflichten, spricht also dafür, ihm auch ein materielles Prüfungsrecht zuzugestehen. Dies freilich kann dazu führen, dass der Bundespräsident eine Entscheidung des demokratisch legitimierten und in der Sache ja ebenfalls auf die Verfassung verpflichteten parlamentarischen Gesetzgebers suspendieren könnte. Wenn der Bundestag durch Verabschiedung des Gesetzes zum Ausdruck bringt, er halte es für verfassungsgemäß, der Bundespräsident es aber für verfassungswidrig hält, sollte die Entscheidung des Gesetzgebers nur dann negiert werden, wenn sie offensichtlich fehlsam ist. Dies spricht im Ergebnis dafür, im Wege praktischer Konkordanz dem Bundespräsidenten die Befugnis zu einer Evidenzkontrolle einzuräumen. Denn an offensichtlich verfassungswidrigen Akten mitzuwirken, würde sich in der Tat nicht mit seiner Stellung als Verfassungsorgan vertragen.

II. Evidente Verfassungswidrigkeit?

1. Art. 12 I GG?

Soweit gegen das Gesetz eingewandt wird, es beeinträchtige die Erwerbsmöglichkeiten verarbeitender Betriebe, wird ein Verstoß gegen die Berufsfreiheit des Art. 12 I GG geltend gemacht. Der Schutzbereich des Grundrechts könnte zwar insoweit berührt sein, als für die pilzverarbeitenden Betriebe sich die Bedingungen ihrer gewerblichen Betätigung verändern können. Es liegt jedoch kein Eingriff in die Freiheit beruflicher Betätigung vor. Denn das Gesetz richtet sich in erster Linie an die privaten Sammler und betrifft nicht im Schwerpunkt solche Tätigkeiten, die üblicherweise beruflich ausgeübt werden. Es fehlt auch an einer zumindest objektiv berufsregelnden Tendenz.[26] **514**

2. Art. 2 I GG

Das Gesetz könnte gegen das Grundrecht der freien Entfaltung der Persönlichkeit unter dem Aspekt der allgemeinen Handlungsfreiheit aus Art. 2 I GG verstoßen. **515**

Der Schutzbereich des Grundrechts ist eröffnet. Art. 2 I GG schützt jegliches individuelle Verhalten, sofern nicht der Schutzbereich eines spezielleren Grundrechts eröffnet ist, unabhängig davon, ob es eine besondere Relevanz für die Persönlichkeitsentfaltung hat,[27] insbesondere auch Freizeitbeschäftigungen. Die im Gesetz vor-

---

26 Zu diesem Erfordernis s. bei **Fall 4** Rn 288.

27 BVerfGE 80, 137 – „Reiten im Walde"; ob das BVerfG den Schutzbereich zu weit fasst, wie die abw. Meinung BVerfGE 80, 164 ihm vorhält, sollte als Problem hier nicht behandelt werden: es geht nur um evidente Verfassungsverstöße, dh, es ist eine nur summarische Prüfung des Art. 2 I GG gefordert, die auf der Basis der gesicherten Rspr. erfolgen sollte.

gesehenen Beschränkungen bedeuten einen Eingriff in das Grundrecht. Dieser Eingriff ist dann verfassungswidrig, wenn das Gesetz nicht Bestandteil der verfassungsmäßigen Ordnung iSd Schrankenvorbehalts in Art. 2 I GG ist. Es ist dies hier schon deshalb nicht, weil es nicht kompetenzgerecht erlassen worden ist. Ein materieller Verfassungsverstoß würde dann vorliegen, wenn das Gesetz eine unverhältnismäßige Beschränkung der allgemeinen Handlungsfreiheit bewirken würde.[28] Dies kann aber jedenfalls mit der im Rahmen der Prüfungskompetenz des Bundespräsidenten erforderlichen Evidenz nicht festgestellt werden. Dem Gesetz liegen vernünftige Erwägungen des Gemeinwohls zugrunde. Angesichts der erheblichen Schäden für die Natur sind Beschränkungen, wie das Gesetz sie vorsieht, auch erforderlich. Sie stehen ersichtlich auch nicht außer Verhältnis zum Schutzzweck, zumal hier das Recht auf freie Entfaltung der Persönlichkeit nicht in seinem Kernbereich betroffen ist. Ob die verfassungsrechtliche Kontrolle solcher Gesetze, die der Umsetzung von Richtlinien der EG dienen, zurückzunehmen ist,[29] kann daher dahingestellt bleiben. Wegen materiell-grundrechtlicher Bedenken ist der Bundespräsident daher nicht berechtigt, die Ausfertigung des Gesetzes zu verweigern. Es fehlt insoweit jedenfalls an evidenter Verfassungswidrigkeit.[30]

516 **Ergebnis:** Der Bundespräsident hat wegen fehlender Gesetzgebungskompetenz von der Ausfertigung des Gesetzes Abstand zu nehmen.

Alternativlösung:
Sollte der Bearb. den – gut vertretb. – Standpunkt einnehmen, es komme auf die Stimmabgabe des Ministerpräsidenten an, so wäre das Gesetz auch verfahrensfehlerhaft zustandegekommen. Geht man von einem uneingeschränkten formellen Prüfungsrecht des Bundespräsidenten aus, so müsste er auch aus diesem Grund die Ausfertigung des Gesetzes verweigern.

Repetitorium

I. Bundesrat

Zur Beteiligung des Bundesrats im Gesetzgebungsverfahren s. Fall 6.

517 Abgesehen von seinem Initiativrecht im Gesetzgebungsverfahren, ist der Bundesrat i.W. darauf beschränkt, bei Entscheidungen anderer Verfassungsorgane mitzuwirken. Diese Mitwirkungsrechte kann er ggf. im Wege des Organstreitverfahrens geltend machen. Es sind dies an erster Stelle seine Rechte im Gesetzgebungsverfahren – dazu **Fall 6**. Seine Befugnisse in Angelegenheiten der EU bestimmen sich akzessorisch zu den Gesetzgebungsbefugnissen der Länder, s. den vorstehenden Fall.

28 *Pieroth/Schlink* Rn 384.
29 S. für das verfassungsgerichtliche Verfahren *Degenhart* Rn 766.
30 Wer – was vertretb. ist – dem Bundespräsidenten ein uneingeschränktes materielles Prüfungsrecht zugestehen will, muss das Gesetz materiell „durchprüfen" – was hier jedoch zu keinen anderen Ergebnissen führen wird.

Schließlich bestehen im Zusammenhang mit den Verwaltungszuständigkeiten des Bundes Mitwirkungsrechte des Bundesrats. **Art. 50 GG** begründet selbst keine Befugnisse des Bundesrats, sondern beschreibt nur dessen grundsätzliche Stellung im Verfassungsgefüge. Allein auf Art. 50 GG kann also der Antrag im Organstreitverfahren nicht gestützt werden.

Die Konsequenzen **uneinheitlicher Stimmabgabe** sind mit der Entscheidung des Bundesverfassungsgerichts zum Zuwanderungsgesetz (BVerfGE 106, 310) geklärt. Die uneinheitlich abgegebenen Stimmen sind ungültig. Wenn die Stimmen nur einheitlich abgegeben werden können, so bedeutet dies eben, dass eine uneinheitliche Stimmabgabe unwirksam ist. Ob allerdings die Stimmen des Landes Brandenburg einheitlich abgegeben worden waren, dazu bestanden auch im Gericht unterschiedliche Auffassungen; die Senatsmehrheit sprach dem Bundesratspräsidenten das Recht zur nochmaligen Nachfrage ab, anders das Sondervotum – näher *Degenhart* Rn 654 ff.

Ebenso ist mit BVerfGE 106, 310 geklärt, welches eigentlich die Mitglieder des **518**
Bundesrats sind: nicht die Länder, vertreten durch die Mitglieder der Landesregierungen, sondern Letztere selbst. Zur Frage, inwieweit die Mitwirkungsrechte des Bundesrates durch Art. 79 III GG einer Verfassungsänderung entzogen sind, s. *Degenhart* Fall 79 (zu einer aktuellen Initiative auf Einführung des Volksentscheids in das Grundgesetz und der Frage, inwieweit auch hierbei die Rechte des Bundesrats gewahrt werden müssen).

Zur Wiederholung: *Degenhart* Rn 653–656, 664–665.

Aus der Ausbildungsliteratur: *Palme*, Jura 2003, 272 (Anm. zu BVerfGE 106, 310).

Aktuelle Rechtsprechung: BVerfGE 106, 310 (Zuwanderungsgesetz).

Weitere Fälle im thematischen Zusammenhang: *Dederer*, Der deutsche Vertreter im Rat der Europäischen Gemeinschaften, Jura 1998, 98; *Palme*, Theater im Bundesrat, Jura 2003, 272; *Rossi*, Zustimmungsrechte des Bundesrats, JA 2003, 672; *Sauer*, Der übergangene Bundesrat, BayVBl 2005, 285.

II. Prüfungsrecht des Bundespräsidenten

Die Frage nach der Prüfungskompetenz des Bundespräsidenten stellt sich typischer- **519**
weise bei der Ausfertigung von Gesetzen. Der Problemstand sollte in groben Zügen bekannt sein.

Ein **formelles Prüfungsrecht** (Gesetzgebungsverfahren, Kompetenz) wird durchweg bejaht, schon wegen des Wortlauts des Art. 82 I 1 GG: Die nach den Vorschriften des GG zustandegekommenen Gesetze werden ausgefertigt. Dieses formelle Prüfungsrecht kann deshalb auch nicht auf evidente Verfahrensfehler beschränkt werden – obschon die Praxis dahin tendiert; so auch der damalige Bundespräsident Rau beim Zuwanderungsgesetz.[31]

31 S. auch den Beitrag von *Rau* in DVBl 2004, 1 und die dortige zT wörtliche, allerdings nicht als solche gekennzeichnete Übernahme der Ausführungen des *Verf.* (Rn 565 der 19. Aufl.) in S. 2, re. Sp. o.

520 *Umstritten* ist die Frage eines **materiellen Prüfungsrechts**. – Die wichtigsten Gesichtspunkte:

(1) Der Wortlaut des Art. 82 I 1 GG ist insoweit nicht eindeutig: „Vorschriften des Grundgesetzes" können auch materielle Bestimmungen sein.

(2) Amtseid des Bundespräsidenten, Art. 56 GG: Zirkelschluss (denn welche sind die dort genannten Pflichten?).

(3) Vergleich zur WRV: nicht aussagekräftig, maßgeblich sind die Befugnisse nach dem Grundgesetz (*Degenhart* Rn 554).

(4) Gewaltenteilung, Art. 20 II GG – Verpflichtung aller Verfassungsorgane zur Wahrung der verfassungsmäßigen Ordnung, Art. 20 III GG; auch unabhängig von der Kompetenz des Bundesverfassungsgerichts (auch deshalb ist es problematisch, wenn der Bundespräsident das Gesetz ausfertigt und auf die Möglichkeit der Kontrolle durch das BVerfG verweist).

(5) Es bleibt die Kompetenzfrage: wessen Auffassung soll für das Gesetzgebungsverfahren den Ausschlag geben? Primär verantwortlich ist der demokratisch legitimierte Gesetzgeber; deshalb Einschätzungsprärogative – die aber nicht gilt bei offensichtlicher Fehlsamkeit.

Also: in materieller Hinsicht Evidenzkontrolle – kein Zwang zum offenen Verfassungsbruch!

Ein **politisches Prüfungsrecht** besteht unstr. nicht.

III. Die allgemeine Handlungsfreiheit des Art. 2 I GG

1. Schutzbereich und Schranken

521 Das Grundrecht auf freie Entfaltung der Persönlichkeit wirkt in zwei Richtungen: zum einen „passiv" als Abwehrrecht gegen ein Eindringen in die Persönlichkeitssphäre: dies ist das allgemeine Persönlichkeitsrecht (APR), zu dessen Ableitung regelmäßig noch Art. 1 I GG herangezogen wird[32] (s. Rep. nach **Fall 11**, Rn 683 ff.). Zum anderen enthält Art. 2 I GG eine „aktive" Entfaltungsfreiheit – sie wird ganz überwiegend im Sinn einer allgemeinen Handlungsfreiheit gedeutet. Jedwedes menschliche Verhalten – unter Einbeziehung des Taubenfütterns im Park und des Reitens im Walde – fällt in den Grundrechtstatbestand. Entsprechend weit wird die Schranke der verfassungsmäßigen Ordnung definiert als die Gesamtheit der der Verfassung gemäßen Rechtsnormen.

In der Grundrechtsprüfung ist Art. 2 I GG meist nur am Rande zu erwähnen, da die allgemeine Handlungsfreiheit subsidiär ist gegenüber den benannten, spezielleren Freiheitsrechten. Sind Letztere im Tatbestand einschlägig, also in ihrem Schutzbereich berührt, so wird die Verfassungsmäßigkeit des Eingriffs umfassend auf der Rechtfertigungsebene geprüft (also zB die Kompetenz für das grundrechtsbeschrän-

32 Neuere Rspr. ist hierzu nicht ganz einheitlich – s. zB BVerfG NJW 2005, 1917 zur Beschlagnahme von Datenträgern in einer Anwaltskanzlei.

kende Gesetz) – die Grundsätze des „Elfes-Urteils" BVerfGE 6, 32 gelten insoweit auch für die benannten Grundrechte. Wo keine benannten Grundrechte zur Anwendung kommen, hat Art. 2 I GG schließlich die Funktion, Verstöße gegen sonstiges Verfassungsrecht als Grundrechtsverstoß rügefähig zu machen.

Wird im Gerichtsverfahren gegen das Gebot eines „fairen Verfahrens" verstoßen, dann kann eine Verfassungsbeschwerde hiergegen auf Art. 2 I GG i.V.m. dem Rechtsstaatsprinzip gestützt werden (sofern nicht Art. 103 I GG einschlägig ist).

2. Anwendungsfälle

Typische **Anwendungsfälle** des Art. 2 I GG sind: Pflichtmitgliedschaft in öffentlich-rechtlichen Verbänden wie einer Industrie- und Handwerkskammer[33] oder der „verfassten Studentenschaft";[34] Versicherungspflicht in der Sozialversicherung, Abgabenbelastung; Freizeitaktivitäten. Auch gefährliche Betätigungen fallen unter Art. 2 I GG; dies wirft die Grundsatzfrage auf, inwieweit der Staat den Bürger „vor sich selbst" schützen darf.[35] Dabei geht es einerseits um das „Menschenbild des Grundgesetzes", das im Spannungsfeld von Privatautonomie und Gemeinschaftsbezogenheit gesehen wird – deshalb dürfte auch eine Rolle spielen, inwieweit die Folgen gefährlichen Verhaltens von der Allgemeinheit zu tragen sind. **522**

Str., aber mittlerweile wohl durch BVerfGE 104, 337 positiv geklärt ist die Heranziehung des Art. 2 I GG als Auffanggrundrecht in personaler Hinsicht: wenn ein Nichtdeutscher sich im Schutzbereich eines Deutschengrundrechts – zB Art. 12 I GG – betätigt, kann er sich nach überwiegender Auffassung auf Art. 2 I GG berufen – so auch der nichtdeutsche muslimische Metzger gegenüber der berufsbeschränkenden Regelung des Schächtverbots, wobei das Grundrecht aus Art. 4 I, II GG hier das Gewicht der allgemeinen Handlungsfreiheit verstärkte. Dies wirft die Frage auf, warum dann nicht unmittelbar Art. 4 geprüft wurde. Da es aber dem Metzger nicht darum ging, für den Eigenbedarf geschächtetes Fleisch zu erzeugen, um so in seiner Person die religiösen Speisevorschriften erfüllen zu können, wurde ihm die unmittelbare Berufung auf Art. 4 GG versagt; da andererseits die Kunden ihrerseits die religiösen Vorschriften erfüllen wollten, wurden deren Grundrechte in die Prüfung einbezogen.

Auf der **Rechtfertigungsebene** gilt für die Einbeziehung in Zwangsverbände u.Ä.: wenn der Verband insgesamt einen verfassungsrechtlich legitimen öffentlichen Zweck verfolgt, so ist es gerechtfertigt, alle in Betracht kommenden Personen einzubeziehen, wenn dies zur effektiven Aufgabenwahrnehmung beiträgt. Der Eingriff in die allgemeine Handlungsfreiheit ist freilich nur im Rahmen der legitimen Aufgaben der Körperschaft gerechtfertigt. Deshalb begründet Art. 2 I GG für das Verbandsmitglied ein Abwehrrecht dagegen, dass der Verband seinen Aufgabenbereich überschreitet (also zB gegen allgemeinpolitische Tätigkeit des AStA[36]). Die Verfassungsmäßigkeit des sog. „Semestertickets" ist jedoch positiv geklärt.[37] **523**

33 BVerfG DÖV 2002, 429.
34 In neueren Gesetzen politisch korrekt – geschlechtsneutral: „Studierendenschaft".
35 Vgl. den Fall bei *Schmidt*, NdsVBl 2003, 195 (197).
36 Vgl. dazu den Fall bei *Dietlein/Heinemann*, NWVBl 2003, 114.
37 BVerwGE 109, 97; s. den Fall bei *Rozek*, SächsVBl 2003, 177, 200.

In der EMRK wird die allgemeine Handlungsfreiheit nicht ausdrücklich genannt. Sie dürfte aber jedenfalls einen allgemeinen Grundsatz des Gemeinschaftsrechts darstellen.[38]

Zur Wiederholung: *Pieroth/Schlink* Rn 367–389.

Aus der Ausbildungsliteratur: *Degenhart*, Die allgemeine Handlungsfreiheit des Art. 2 I GG, JuS 1990, 161; *Lege*, Die allgemeine Handlungsfreiheit des Art. 2 I GG, Jura 2002, 753.

Aktuelle Rechtsprechung: BVerfGE 104, 337 (Schächten).

Weitere Fälle im thematischen Zusammenhang: *Masing/Wissmann*, Personalspitzen, JuS 1999, 1204; *Rozek*, „Semesterticketzwangsbeglückung", SächsVBl 2003, 177, 200; *Dietlein/Heinemann*, Examensklausur im öffentlichen Recht: „Ärger mit dem AStA", NWVBl 2003, 114; *Schmidt*, Helmpflicht für Fahrradfahrer, NdsVBl 2003, 195.

38 Vgl. dazu *Szczekalla*, DVBl 2005, 286.

Fall 9

Europäische Verfassung

Schwierigkeitsgrad: Examensklausur, 5 Std., einzelne Aufgabenteile möglicherweise als Zwischenprüfungsklausur

Die Mitgliedstaaten der Europäischen Union schließen durch ihre Regierungschefs bzw. Staatspräsidenten einen Vertrag über eine Europäische Verfassung, die der EU noch wesentlich mehr an Kompetenzen einräumt, als der vom Verfassungskonvent ausgearbeitete Entwurf. **524**

Sie enthält einen Grundrechtsteil mit der Maßgabe, dass die Grundrechte der Europäischen Verfassung als unmittelbar geltendes Recht die Organe der Gemeinschaft wie der Mitgliedstaaten binden. Sie enthält weiterhin einen detaillierten Kompetenzkatalog für die Rechtsetzung und die Verwaltung der Europäischen Gemeinschaft nach dem Vorbild der Art. 70 ff., 83 ff. GG sowie Zuständigkeitsabgrenzungen im Verhältnis der Gemeinschaftsorgane untereinander. Die Rechte des Europaparlaments werden gestärkt. Seine Mitglieder werden künftig von den Bürgern nach dem Prinzip der Mehrheitswahl als Wahlkreisabgeordnete in freier, gleicher, geheimer und unmittelbarer Wahl gewählt. Hierzu sind in allen Mitgliedstaaten Wahlkreise mit einer Bevölkerungszahl von jeweils 750 000 Einwohnern zu bilden, wobei nur geringe Abweichungen erlaubt sind.

Änderungen der Europäischen Verfassung müssen vom Europaparlament mit einer Mehrheit von zwei Dritteln seiner Mitglieder beschlossen und vom Ministerrat mit Zwei-Drittel-Mehrheit gebilligt werden, bedürfen jedoch nicht der Zustimmung der Mitgliedstaaten.

Der Vertrag über die Europäische Verfassung soll in Kraft treten, wenn alle Mitgliedstaaten ihn ratifiziert haben. Die meisten der Mitgliedstaaten erklären einen Ratifizierungsvorbehalt dahingehend, dass die Zustimmung zum Vertrag im Wege des Plebiszits eingeholt werden muss.

Der Bundestag beschließt das Zustimmungsgesetz zum Vertrag über die Europäische Verfassung mit einer Mehrheit von 2/3 seiner Mitglieder; auch im Bundesrat wird eine Mehrheit von 2/3 der Stimmen erreicht.

Noch vor Ausfertigung und Verkündung des Zustimmungsgesetzes geht beim Bundesverfassungsgericht ein Antrag der Regierung des Bundeslandes A auf dessen Nichtigerklärung ein. Bei Inkrafttreten der Europäischen Verfassung würden die EU bzw. die EG und deren Organe weitreichende Kompetenzen erlangen, durch die die Staatlichkeit der Bundesrepublik und ihrer Länder ausgehöhlt würde. Hinreichende demokratische Legitimation sei nach wie vor nicht gegeben. Eine Blanko-Ermächtigung, wie sie bei Zustimmung zum Vertrag über die Europäische Verfassung erteilt werde, sei vom Grundgesetz nicht getragen. Der EU dürfe keine Kompetenz-Kompetenz verliehen werden. Mit ihrem Antrag auf Nichtigerklärung des Zustimmungsgesetzes verbindet die Landesregierung A einen Antrag dahingehend, das

Bundesverfassungsgericht möge einstweilen bis zu seiner endgültigen Entscheidung der Bundesregierung untersagen, die Ratifikationsurkunde zu hinterlegen.

Im zuständigen Senat des Bundesverfassungsgerichts beauftragt der Berichterstatter seinen wissenschaftlichen Hilfsarbeiter A, zu diesem letzteren Antrag, und seine wissenschaftliche Hilfsarbeiterin B, zu den Erfolgsaussichten des Antrags der Landesregierung von A auf Nichtigerklärung des Zustimmungsgesetzes rechtsgutachtlich Stellung zu nehmen.

(1) Die Gutachten von A und B sind zu entwerfen.

Bundestag und Bundesregierung wollen nun die Entscheidung des Bundesverfassungsgerichts nicht abwarten. Nachdem bereits in der französischen Republik, der irischen Republik und im Großherzogtum Luxemburg Volksabstimmungen wenn auch keine überwältigenden, so doch hinreichende Mehrheiten zwischen 55 und 65 % für eine Europäische Verfassung ergeben haben, erwägt man die Abhaltung einer Volksabstimmung auch für die Bundesrepublik Deutschland. Die Bundesregierung beschließt den Entwurf für ein „Gesetz über die Zustimmung zum Vertrag über die Europäische Verfassung".

Es lautet, soweit hier von Belang:

Art. 1: Referendum

Das nachstehende Gesetz über die Zustimmung zum Vertrag über eine Europäische Verfassung vom .... tritt in Kraft, wenn es im Wege der Volksabstimmung mit der Mehrheit der Abstimmenden bestätigt wurde.

(Es folgt der Text des Zustimmungsgesetzes und des Vertrags).

Art. 2: Durchführung des Referendums

(Es folgen Einzelregelungen ähnlich wie im BWahlG über die Durchführung der Abstimmung).

Ehe sie den Gesetzentwurf einbringt, möchte die Bundesregierung sich seiner Verfassungskonformität vergewissern. Sie bittet den Justizminister, in seinem Hause rechtsgutachtlich prüfen zu lassen, ob das in Aussicht genommene Verfahren überhaupt möglich ist, ob hierfür ein einfaches Gesetz ausreiche oder ob nicht zunächst das Grundgesetz geändert werden müsse, und ob denn die einfache Mehrheit der Abstimmenden ausreiche oder aber etwa eine Zwei-Drittel-Mehrheit gefordert werden müsse. Möglicherweise müsse man auch fordern, dass ein bestimmter Anteil der Stimmberechtigten dem Vertrag zustimme (Quorum).

(2) Das Gutachten des Bundesministers der Justiz ist zu entwerfen.

Vorüberlegungen

Der Fall erfordert weniger Detailwissen, als vielmehr Verständnis im Grundsätzlichen: Verständnis für das, was eine „Verfassung" bedeutet, Verständnis für den Charakter der EU als „Staatenverbund" und für die Voraussetzungen der Entwicklung zu einem „Staat", für die Staatlichkeit der Bundesrepublik, für Verfassungsänderung und Verfassungsgebung, für Volkssouveränität, demokratische Legitimation und verfassungsgebende Gewalt. Zentrales Problem des Falles ist die Frage, ob Art. 23 I GG bereits in der geltenden Fassung den Schritt zu einem europäischen Bundesstaat trägt.[1] **525**

Prozessuale Besonderheit ist hier der Antrag auf Erlass einer einstweiligen Anordnung (e.A.). Hier ist zu beachten, dass grundsätzlich nur eine Folgenabwägung stattfindet, die *Erfolgsaussichten im Hauptsacheverfahren* bei der e.A. grundsätzlich *nicht* geprüft werden. Durch die Formulierung der Aufgabenstellung soll dem Bearbeiter dadurch Hilfestellung gegeben werden, dass es unterschiedliche Mitarbeiter des Berichterstatters (wissenschaftliche „Hilfsarbeiter") sind, die die entsprechende Begutachtung vornehmen sollen. Dies signalisiert,[2] dass die Anträge unabhängig voneinander zu beurteilen sind. **526**

Da das Verfahren des einstweiligen Rechtsschutzes vor dem Bundesverfassungsgericht eine Ausnahme darstellt, sollte, ehe i.E. in die Zulässigkeitsprüfung eingestiegen wird, kurz auf die generelle Möglichkeit dieses Verfahrens eingegangen werden. **527**

Im ersten Teil ist die Bearbeitung aufbaumäßig strukturiert durch die verschiedenen gestellten Anträge, die übliche Prüfungsreihenfolge bei Zulässigkeit und Begründetheit. Beim Antrag auf Erlass der e.A. ist in der Begründetheit eine Verhältnismäßigkeitsabwägung vorzunehmen, in der Hauptsache eine Normprüfung, die allerdings nicht ganz dem üblichen Schema folgt. Denn die Voraussetzungen für ein Gesetz, durch das Hoheitsrechte übertragen werden, ergeben sich formell wie materiell unmittelbar aus Art. 23 I GG. Im zweiten Teil sollte den im Gutachtenauftrag formulierten Fragen gefolgt werden. Der Bearbeiter ist hier nicht gezwungen, einem bestimmten Prüfungsschema zu folgen, sondern kann sich relativ frei mit den im Gutachtenauftrag umrissenen verfassungsrechtlichen Problemen auseinandersetzen. **528**

Gliederung **529**

1. Teil: Zustimmungsgesetz

Frage 1: Antrag auf Erlass einer einstweiligen Anordnung

A. Zulässigkeit des Antrags

I. Statthaftigkeit (+): abstrakte NK im Hauptsacheverfahren

II. Antragsberechtigung

1 S. hierzu *Streinz*, in: Sachs, Art. 23 Rn 84.

2 Jus vigilantibus scriptum!

III. Zulässigkeit des Hauptsacheverfahrens? ausreichend, dass nicht offensichtlich unzulässig
IV. Vorwegnahme der Hauptsache? (–)

B. Begründetheit des Antrags: Folgenabwägung

Frage 2: Abstrakte Normenkontrolle

A. Zulässigkeit des Antrags
I. Antragsberechtigung (+): Landesregierung A
II. Antragsgegenstand: Zustimmungsgesetz, auch wenn noch nicht ausgefertigt und verkündet
III. „Meinungsverschiedenheiten und Zweifel"
IV. Form und Frist (nicht fristgebunden)

B. Begründetheit des Antrags
I. Ermächtigung des Art. 23 I GG
II. Formelle Voraussetzungen: Art. 79 II GG – wenn erforderlich (+)
III. Materielle Grenzen der Übertragung von Hoheitsbefugnissen
1. Strukturvorgaben des Art. 23 I 1 GG
a) demokratische Grundsätze (+)
b) föderative Grundsätze? bundesstaatliche Strukturen der Europäischen Verfassung
2. Schranken nach Art. 79 III GG
a) Fall des Art. 23 I 3 GG (+): erweiterte vertragliche Grundlage der EU, „Kompetenz-Kompetenz"
b) Art. 79 III GG: Demokratiegebot – demokratische Ordnung auf europäischer Ebene – aber: keine Generalermächtigung; Mitwirkung der Länder (–): Aushöhlung; gegenständlich nicht mehr bestimmte Aufgabe von Souveränität

C. Entscheidung des BVerfG: Nichtigerklärung

2. Teil: Gesetzentwurf über Volksabstimmung

A. Zulässigkeit einer Volksabstimmung: Art. 20 II 2 GG; Gebotensein: verfassungsgebende Gewalt des Volkes

B. Notwendigkeit einer Verfassungsänderung: Verfassungsvorbehalt

C. Mehrheiten, Quoren
I. Verfassungsrechtliche Maßstäbe
1. Maßgeblichkeit des Art. 79 III GG
2. Bestandskraft der Verfassung
3. Demokratische Legitimation
II. Folgerungen

Musterlösung

1. Teil: Zustimmungsgesetz

Frage 1: Antrag auf Erlass einer einstweiligen Anordnung

Der Antrag der Landesregierung A ist als Antrag auf Erlass einer einstweiligen **530** Anordnung durch das Bundesverfassungsgericht zu deuten. § 32 BVerfGG eröffnet die Möglichkeit einstweiliger Anordnungen auch für das verfassungsgerichtliche Verfahren zur Abwehr schwerer Nachteile oder auch aus wichtigen Gründen des gemeinen Wohls. Eben darum könnte es hier gehen: Die Landesregierung A will verhindern, dass mit Hinterlegung der Ratifikationsurkunden die Wirksamkeit des Vertrags herbeigeführt wird. Denn dann wäre die Bundesrepublik aus dem Vertrag verpflichtet.

A. Zulässigkeit des Antrags

I. Statthaftigkeit

Das Verfahren auf Erlass einer e.A. ist in allen Verfahrensarten vor dem Bundesver- **531** fassungsgericht statthaft. Voraussetzung ist nur, dass in der gleichen Sache auch ein Hauptsacheverfahren überhaupt statthaft wäre. Denn in Angelegenheiten, in denen das Bundesverfassungsgericht von vornherein nicht tätig werden kann, kann es auch keine e.A. erlassen. Das Zustimmungsgesetz zum Vertrag kann im Wege der abstrakten Normenkontrolle auf Antrag einer Landesregierung überprüft werden, Art. 93 I Nr. 2 GG. Damit ist auch ein Verfahren des einstweiligen Rechtsschutzes statthaft.

II. Antragsberechtigung

Antragsberechtigt im Verfahren auf Erlass einer e.A. ist jeder, der auch im Haupt- **532** sacheverfahren beteiligt ist oder beteiligt sein kann. Da die Landesregierung A im Verfahren der abstrakten Normenkontrolle nach Art. 93 I Nr. 2 GG antragsberechtigt ist, kann sie auch den Erlass einer e.A. beantragen.

III. Zulässigkeit des Hauptsacheverfahrens?

Bei offensichtlicher Unzulässigkeit des Antrags im Hauptsacheverfahren ist auch der **533** Antrag auf Erlass einer e.A. unzulässig. Dafür ergeben sich aber keine Anhaltspunkte. Der Antrag nach Art. 93 I Nr. 2 GG ist nicht fristgebunden und er ist bei Zustimmungsgesetzen zu völkerrechtlichen Verträgen bereits dann zulässig, wenn das Gesetz zustandegekommen ist.

IV. Vorwegnahme der Hauptsache?

Auch im Verfahren des einstweiligen Rechtsschutzes vor dem Bundesverfassungs- **534** gericht gilt das Verbot der Vorwegnahme der Hauptsache. Wenn lediglich die Hinterlegung der Ratifikationsurkunden hinausgeschoben wird, wird damit jedoch die Hauptsache nicht vorweggenommen.

Der Antrag auf Erlass einer e.A. ist also zulässig.

B. Begründetheit des Antrags

535 Der Antrag auf Erlass einer e.A. ist begründet, wenn die Folgen, die einträten beim Unterlassen einer einstweiligen Anordnung im Fall eines erfolgreichen Hauptsacheantrags die nachteiligen Folgen aus einer einstweiligen Anordnung bei Erfolglosigkeit des Antrags im Hauptsacheverfahren überwiegen. Es ist also eine Abwägung vorzunehmen. Ob dann, wenn der Antrag in der Hauptsache offensichtlich unbegründet ist, dies auch für den Antrag auf Erlass einer e.A. gilt, braucht hier nicht entschieden zu werden, da jedenfalls kein Fall einer offensichtlichen Unbegründetheit vorliegt. Denn dass mit einer so weitreichenden Übertragung von Hoheitsrechten, wie sie durch die Zustimmung zu einer „europäischen Verfassung" erfolgt, die Integrationsermächtigung des Art. 23 I GG überschritten wird, ist nicht von vornherein ausgeschlossen.

536 Wäre dies nun tatsächlich der Fall, wäre also der Antrag im Normenkontrollverfahren begründet, wäre bis dahin aber bereits der Vertrag ratifiziert, so würde die nachträgliche Nichtigerklärung des Zustimmungsgesetzes die Verbindlichkeit des Vertrags im Verhältnis zu den Vertragspartnern nicht aufheben. Die Bundesrepublik wäre also verfassungsrechtlich verpflichtet, ihren völkerrechtlichen bzw. europarechtlichen Bindungen nicht nachzukommen. Sie wäre andererseits durch den Vertrag verpflichtet, gegen ihre Verfassung zu handeln und könnte hierdurch sogar durch Organe der EU gezwungen werden. Würde demgegenüber die begehrte e.A. erlassen, erwiese sich der Normenkontrollantrag dann aber als unbegründet, so wäre lediglich das Inkrafttreten des Vertrags um die Zeitspanne bis zum Erlass der Hauptsacheentscheidung hinausgeschoben. Damit aber würden die Nachteile aus einem Nichterlass der e.A. bei Verfassungswidrigkeit des Zustimmungsgesetzes die Nachteile aus dem Erlass einer e.A. im Fall der Verfassungsmäßigkeit des Gesetzes deutlich überwiegen.

Die e.A. ist also zu erlassen.

Frage 2: Abstrakte Normenkontrolle

537 Beim Antrag der Landesregierung von A handelt es sich um einen Antrag auf Normenkontrolle nach Art. 93 I Nr. 2 GG; §§ 13 Nr. 6; 76 ff. BVerfGG.

A. Zulässigkeit des Antrags

I. Antragsberechtigung

Die Landesregierung A ist im Verfahren der abstrakten Normenkontrolle nach Art. 93 I Nr. 2 GG antragsberechtigt. Das Verfahren hat keinen Antragsgegner.

II. Antragsgegenstand

Das Zustimmungsgesetz zum Vertrag über eine Europäische Verfassung ist auch dann geeigneter Antragsgegenstand, wenn es zwar schon nach Art. 78 GG zustandegekommen, aber noch nicht ausgefertigt und verkündet ist. Da die Nichtigerklärung des Zustimmungsgesetzes zu einem völkerrechtlichen Vertrag dessen Verbindlichkeit im Verhältnis zu den Vertragspartnern nicht aufheben kann, ist hier der Antrag auf Normenkontrolle bereits dann zulässig, wenn das Gesetz beschlossen und ggf. vom Bundesrat gebilligt wurde, auch wenn es noch nicht ausgefertigt und verkündet wurde. **538**

III. „Meinungsverschiedenheiten und Zweifel"

Da die Antragstellung von der Verfassungswidrigkeit dieser Regelung überzeugt ist und damit auch die gegenüber Art. 93 I Nr. 2 GG engeren Voraussetzungen des § 76 BVerfGG erfüllt sind, stellt sich hier nicht die Frage, ob § 76 BVerfGG eine verfassungskonforme Einschränkung des Art. 93 I Nr. 2 GG bewirken kann. **539**

IV. Form und Frist

Die Schriftform des § 23 BVerfGG ist zu wahren. Der Antrag ist nicht fristgebunden. **540**

Der Antrag im Verfahren der abstrakten Normenkontrolle ist also zulässig.

B. Begründetheit des Antrags

I. Ermächtigung des Art. 23 I GG

Mit dem Zustimmungsgesetz zum Vertrag werden weitere Hoheitsrechte auf die EG übertragen, da die Europäischen Organe weitere Befugnisse erhalten. Vor allem aber erlangt die EU bzw. die für sie handelnde EG durch die Europäische Verfassung die Rechtsmacht, künftig auch ohne Zustimmung der Bundesrepublik Rechtsvorschriften zu erlassen, die für die Bundesrepublik verbindlich sind, insbesondere aber die Europäische Verfassung selbst zu ändern. Sie kann damit auch ihre eigenen Befugnisse erweitern. Hierin liegt eine weitreichende Übertragung von Hoheitsrechten. Grundlage hierfür könnte Art. 23 I GG sein. Nach Satz 2 darf die Bundesrepublik Deutschland im Zuge der Mitwirkung an der Entwicklung der Europäischen Union Hoheitsrechte zur Verwirklichung eines vereinten Europa iSv Satz 1 übertragen. Dann müsste auch die Schaffung einer europäischen Verfassung der Entwicklung der Europäischen Union und dadurch wiederum der Verwirklichung eines vereinten Europa dienen. Dies ist zu bejahen. Denn eine „Verfassung", wie sie hier vereinbart wurde, verstärkt die europäische Integration und führt zu einer Weiterentwicklung der Europäischen Union. Damit kann das Zustimmungsgesetz sich im Grundsatz zunächst auf die Ermächtigung des Art. 23 I 2 GG stützen. Ob eine so weitreichende Übertragung von Hoheitsrechten möglich ist, wie sie in der Befugnis der europäischen Organe liegt, die Europäische Verfassung einseitig, also ohne Mit- **541** wirkung der Mitgliedstaaten zu ändern, ist eine Frage der materiellen Schranken der Übertragung (s. u. III.).[3]

II. Formelle Voraussetzungen

542 Nach Art. 23 I 2 GG ist die Übertragung von Hoheitsrechten durch ein Bundesgesetz mit Zustimmung des Bundesrates vorzunehmen. Diese Voraussetzungen sind erfüllt. Darüber hinaus könnten hier die Anforderungen des Art. 23 I 3 GG i.V.m. Art. 79 II GG zu beachten sein, also die qualifizierten Mehrheiten des Art. 79 II GG. Da diese lt. Sachverhalt gewahrt sind, kann im Rahmen der formellen Voraussetzungen für die Übertragung von Hoheitsrechten dahinstehen, ob ein Fall des Art. 23 I 3 GG vorliegt; dies ist im Rahmen der materiellen Grenzen der Übertragung zu prüfen.

III. Materielle Grenzen der Übertragung von Hoheitsbefugnissen

543 In materieller Hinsicht ist zunächst zu fordern, dass die Strukturvorgaben des Art. 23 I 1 GG für die Europäische Union gewahrt sind.[4] Des Weiteren müssen, wenn ein Fall des Art. 23 I 3 GG vorliegt, auch die Anforderungen des Art. 79 III GG beachtet werden.

1. Strukturvorgaben des Art. 23 I 1 GG

544 Die Bundesrepublik darf nur zur Entwicklung einer Europäischen Union beitragen, die den in Art. 23 I 1 GG genannten strukturellen Vorgaben verpflichtet ist.

a) Für den aktuellen Stand der Entwicklung hat dies das Bundesverfassungsgericht[5] im Grundsatz bejaht; es hat insbesondere auch Gleichwertigkeit des Grundrechtsschutzes und rechtsstaatlicher Standards gesehen.[6] Dass mit der Europäischen Verfassung diese Entwicklung zurückgenommen würde, ist nicht ersichtlich. Insbesondere werden **demokratische Grundsätze** mit den Bestimmungen über die Wahl und über die Befugnisse des Parlaments gestärkt, auch wenn mangels gemeinsamer Sprache die Demokratie auf europäischer Ebene an Defiziten leidet, was die Kommunikation zwischen europäischen Organen und Gemeinschaftsbürgern betrifft.[7] Durch die Formulierung eines Grundrechtskatalogs wird Grundrechtsschutz in der Tendenz eher verstärkt. Damit werden auch rechtsstaatliche Standards abgesichert.

---

3 Vertretb. wäre auch, etwa die Übertragung einer Kompetenz-Kompetenz von vornherein außerhalb des Tatbestandes des Art. 23 I 1 GG zu sehen; da aber die Bestimmung uneingeschränkt von der Übertragung von Hoheitsrechten spricht und materielle Einschränkungen erst in Satz 3 angesprochen sind, sollte m.E. die Frage materieller Grenzen im Rahmen des Art. 23 I 3 GG behandelt werden.

4 Vgl. zu den formellen und materiellen Voraussetzungen *Jarass/Pieroth*, Art. 23 Rn 24 ff., 27 ff.

5 Angesichts der zentralen Bedeutung der BVerfG-Rechtsprechung für das Verhältnis von Gemeinschaftsrecht und Verfassungsrecht und der generell vorauszusetzenden Bekanntheit seiner einschlägigen Rechtsprechung wird hier eine Ausnahme von dem Grundsatz vorgeschlagen, in der Klausurbearbeitung nicht zu zitieren.

6 BVerfGE 102, 147 – zur Bananenmarktordnung.

7 So jedenfalls die Sicht des BVerfG, vgl. *Degenhart* Rn 116.

b) Die Formulierung eines Zuständigkeitskatalogs bedeutet eine prinzipielle Anerkennung **föderativer Grundsätze**, die auch deshalb gestärkt werden, weil ein exakt definierter Kompetenzkatalog bisher fehlte.[8] Allerdings wird andererseits auch die zentrale Ebene dadurch gestärkt, dass mit der Ermächtigung, den Kompetenzkatalog ohne Mitwirkung der Mitgliedstaaten zu ändern, eine Kompetenz-Kompetenz begründet wird. Hierin könnte bereits ein wesentliches Element einer bundesstaatlichen Ordnung gesehen werden. Aber auch eine föderativen Grundsätzen verpflichtete Europäische Union könnte in zulässiger Weise bundesstaatliche Strukturen aufweisen. Die Union muss nicht notwendig ein Staatenverbund bleiben. Auch in diesem Punkt bleiben also die strukturellen Vorgaben des Art. 23 I 1 GG gewahrt. **545**

2. Schranken nach Art. 79 III GG

Es könnten jedoch die Schranken des Art. 79 III GG nicht mehr gewahrt sein. **546**

a) Dies setzt voraus, dass ein **Fall des Art. 23 I 3 GG** vorliegt. Es müsste dann eine Änderung der vertraglichen Grundlagen oder eine vergleichbare Regelung vereinbart worden sein. Dies ist hier schon deshalb zu bejahen, weil mit der Vereinbarung einer europäischen Verfassung die Europäische Union auf eine erweiterte vertragliche Grundlage gestellt wird. Sie erlangt zumindest Elemente eines europäischen Bundesstaates mit erweiterten Kompetenzen der Europäischen Gemeinschaft als einer der Grundlagen der Europäischen Union. Auch die weitere Voraussetzung des Art. 23 I 3 GG, die Änderung des Grundgesetzes seinem Inhalt nach, ist gegeben. Es werden Kompetenzen, die bisher den Verfassungsorganen der Bundesrepublik zustanden, vertraglich auf die Europäische Union übertragen. Dies gilt insbesondere für die Befugnis, die Zuständigkeiten zwischen den europäischen Organen und den Verfassungsorganen der Bundesrepublik abzugrenzen; diese Befugnis wird mit einer „Kompetenz-Kompetenz" der EU teilweise abgegeben. Es sind also die materiellen Schranken des Art. 79 III GG zu beachten.

b) Eine Schranke der Integration bildet nach **Art. 79 III GG** das Demokratiegebot des Grundgesetzes. Fordert man hierfür mit dem Maastricht-Urteil des Bundesverfassungsgerichts den Erhalt substanzieller Befugnisse für den Bundestag, so könnte diese Grenze der Integrationsermächtigung dann nicht mehr gewahrt sein, wenn die EU durch Änderung der Europäischen Verfassung ohne Mitwirkung des Bundestags diesem Zuständigkeiten entziehen kann. Dagegen könnte eingewandt werden, dass auch an der Forderung nach dem Erhalt substanzieller Befugnisse für die mitgliedstaatlichen Parlamente im Zuge fortschreitender Integration und einer stabilen demokratischen Ordnung auf europäischer Ebene nicht mehr zwingend festgehalten werden müsste. Andererseits aber bleiben die verfassungsmäßigen und demokratisch legitimierten Organe der Bundesrepublik gegenüber dem Staatsvolk der Bundesrepublik als dem Souverän in der Verantwortung. Dies spricht dafür, ihnen nur eine gegenständlich begrenzte und im Vorhinein bestimmbare Übertragung von Hoheits- **547**

8 Es ist dies eine häufige Quelle von Missverständnissen: die Kompetenzen der EG sind final bestimmt und nicht gegenständlich beschrieben, wie dies für die Kompetenzabgrenzung zwischen Bund und Ländern nach dem GG der Fall ist.

rechten zu gestatten. Dies muss also in einer Weise erfolgen, die ihren Umfang, ihre Tragweite und die das „Integrationsprogramm" hinreichend bestimmt festlegt; es darf **keine Generalermächtigung** erfolgen. Eine solche Generalermächtigung liegt jedoch vor, wenn den europäischen Organen nicht nur durch eine europäische Verfassung weitreichende Zuständigkeiten verliehen werden, sondern wenn ihnen darüber hinaus die Befugnis verliehen wird, diese Zuständigkeiten auch selbst zu erweitern.

548 Damit wird auch die in Art. 23 II–V GG niedergelegte Mitwirkung des Bundesrates an der Übertragung von Hoheitsrechten ausgehöhlt. Denn die Länder sind hierdurch und auch auf andere Weise nicht dagegen geschützt, dass ihnen ohne ihr Zutun Zuständigkeiten entzogen werden. Die nach Art. 79 III GG zu wahrenden Grundsätze der Bundesstaatlichkeit aus Art. 20 GG werden damit berührt.

549 Art. 79 III GG könnte schließlich auch deshalb verletzt sein, weil hier die Bundesrepublik ihre Staatlichkeit teilweise aufgibt. Diese muss schon deshalb gewahrt bleiben, weil die Gewährleistung der unveränderlichen Verfassungsgrundsätze des Art. 79 III GG einen Gewährleistungsträger voraussetzt, also einen Staat, der diese Grundsätze tatsächlich garantiert und an sie gebunden ist. Zu einer „Entstaatlichung" ermächtigt Art. 23 GG die staatlichen Organe der Bundesrepublik nicht. Die Staatlichkeit der Bundesrepublik steht im Rahmen des Art. 23 GG nicht zur Disposition. Staatlichkeit bedeutet, dass die strukturprägenden Verfassungsmerkmale erhalten bleiben und bedingt auch, dass der Bundesrepublik als Staat relevante Aufgaben von substanziellem Gewicht verbleiben, die demokratisch verfasste Staatsgewalt als Wesenselement der Staatlichkeit also nicht inhaltsleer wird.[9] Deshalb kann hier auch nicht eingewandt werden, dass an die Stelle des Staates Bundesrepublik als Garanten gleichwertig ein europäischer Bundesstaat treten könnte. Denn die demokratisch legitimierten Organe der Bundesrepublik müssen auch insoweit gegenüber dem Staatsvolk in der Verantwortung bleiben. Nur der Souverän selbst kann sie aus dieser Verantwortung entlassen.

550 Die mit der Zustimmung zu einer europäischen Verfassung, wie sie hier vorliegt, verbundene, gegenständlich nicht mehr bestimmte Aufgabe von Souveränität durchbricht also die Grenzen, die dem verfassungsändernden Gesetzgeber (dem „pouvoir constitué") gesetzt sind. Sie ist nicht mehr von Art. 23 I GG getragen. Der Normenkontrollantrag ist begründet.[10]

C. Entscheidung des BVerfG

Das Bundesverfassungsgericht wird also das Zustimmungsgesetz für nichtig erklären.

9 Vgl. hierzu insbesondere BVerfG, U. v. 18.07.2005, www.bverfg.de, Absatz-Nrn. 74 f.
10 A.A. aus den unter bb) aufgeführten Gegenargumenten vertretb.

2. Teil: Gesetzentwurf über Volksabstimmung

Der Gesetzentwurf der Bundesregierung ist verfassungswidrig, wenn Volksentscheide der hier in Frage stehenden Art vom Grundgesetz generell ausgeschlossen werden, oder auch dann, wenn sie zwar prinzipiell zulässig sind, aber eine vorherige Verfassungsänderung notwendig machen. Schließlich könnte auch die konkrete Ausgestaltung verfassungswidrig sein, wenn zB qualifizierte Mehrheiten erforderlich wären. **551**

A. Zulässigkeit einer Volksabstimmung

Dass die Einfügung plebiszitärer Möglichkeiten in das Grundgesetz nicht von vornherein ausgeschlossen ist, geht jedenfalls aus dem Wortlaut des Art. 20 II 2 GG hervor, wo von „Wahlen und Abstimmungen" die Rede ist. Direktdemokratische Ergänzungen zum parlamentarischen System sind hierin angelegt.[11] Denn unter „Abstimmungen" sind Entscheidungen des Volkes unmittelbar über Sachfragen gemeint. Ebenso wie in den Verfassungen aller Bundesländer Volksbegehren und Volksentscheid als Instrumente direkter Demokratie vorgesehen sind, kann dies also für das Grundgesetz vorgesehen werden. Volksabstimmungen über Gesetze verstoßen auch nicht gegen die in Art. 79 III GG festgeschriebenen Grundsätze der Demokratie des Grundgesetzes. Denn auch diese sind nur als Grundsätze garantiert. Eine Ergänzung parlamentarischer durch plebiszitäre Gesetzgebung ist hierdurch noch nicht ausgeschlossen. **552**

Im vorliegenden Fall könnte nach dem zu Art. 23 GG Gesagten eine Volksabstimmung zudem nicht nur zulässig, sondern sogar geboten sein. Insbesondere dann, wenn die Ordnung des Grundgesetzes in einer wie immer konzipierten europäischen Verfassungsordnung aufgehen soll, kann dies nicht ohne den Souverän, das Volk also, erfolgen. Nur die **verfassungsgebende Gewalt des Volkes** selbst[12] könnte dieser Überleitung in eine europäische Verfassungsordnung, wie sie sich hier abzeichnet, durch Plebiszit zustimmen. Dies wäre dann kein Fall des Art. 23 GG mehr, der sich an die verfasste Staatsgewalt (pouvoir constitué) richtet. **553**

B. Notwendigkeit einer Verfassungsänderung

Für die hier in Aussicht genommene Volksabstimmung über das Zustimmungsgesetz zum Vertrag über die Europäische Verfassung könnte jedoch eine Verfassungsänderung erforderlich sein. Gegen die Notwendigkeit einer Verfassungsänderung könnte eingewandt werden, dass Abstimmungen in Art. 20 II 2 bereits ausdrücklich genannt sind, also keiner besonderen grundgesetzlichen Zulassung mehr bedürfen. Auch für Wahlen sind freilich die Grundsätze im Grundgesetz selbst geregelt. Vor allem aber ist zu berücksichtigen, dass Volksentscheide über Gesetze neben das bereits im Grundgesetz geregelte Verfahren der Gesetzgebung durch Bundestag und Bundesrat **554**

11 So zutr. zur Bedeutung des Art. 20 II GG *Maurer*, Staatsrecht, 4. Aufl. 2005, § 7 Rn 35.
12 *Degenhart* Rn 15, 119.

treten. Dieses Verfahren wird jedoch im Grundgesetz in den Art. 76–82 eingehend geregelt. Das Volk unmittelbar ist dort nicht beteiligt. Mit der Einführung einer Volksabstimmung über Gesetze, sei es punktuell, sei es generell, wird also das Gesetzgebungsverfahren selbst geändert. Dies kann nur im Wege einer Grundgesetzänderung geschehen. Es besteht also ein Verfassungsvorbehalt: wer Gesetze erlassen darf und in welchem Verfahren, dies muss unmittelbar in der Verfassung geregelt sein.

555 Dies gilt auch im vorliegenden Fall einer Bestätigung des Zustimmungsgesetzes zum Vertrag über die Europäische Verfassung. Der Eingriff in die grundgesetzlichen Regelungen über das Gesetzgebungsverfahren liegt hier insbesondere darin, dass das Inkrafttreten eines Gesetzes an den Ausgang der Volksabstimmung geknüpft wird, also eine Art aufschiebender Bedingung eingefügt wird. Ob Gesetze generell in ihrem Inkrafttreten an derartige Bedingungen geknüpft werden dürfen,[13] ist fraglich, da der parlamentarische Gesetzgeber sich nicht aus seiner Verantwortung für seine Entscheidung begeben darf. Doch handelt es sich hier um einen Sonderfall. Es geht um die Übertragung von Hoheitsrechten, für die der Bundesgesetzgeber und auch der verfassungsändernde Gesetzgeber nicht legitimiert ist, die vielmehr vom Träger der verfassungsgebenden Gewalt, also vom Volk selbst gebilligt werden muss.[14] Dies rechtfertigt die hier in Aussicht genommene Verfahrensgestaltung, das Volk im Wege eines bestätigenden Plebiszits in den Übertragungsakt einzubeziehen.

556 Gegen die Notwendigkeit einer Verfassungsänderung könnte allenfalls noch die Bestimmung des Art. 146 GG sprechen. Nach dieser Bestimmung muss die verfassungsgebende Gewalt des Volkes selbst über eine Ablösung des Grundgesetzes durch eine neue Verfassung entscheiden. Dies könnte auch dann der Fall sein, wenn durch den Eintritt in eine europäische Verfassungsordnung sich die des Grundgesetzes grundlegend ändert. Aber auch dann sind die notwendigen Verfahren durch Verfassungsänderung einzuleiten.

C. Mehrheiten, Quoren

I. Verfassungsrechtliche Maßstäbe

1. Maßgeblichkeit des Art. 79 III GG

557 Wenn im Gesetzentwurf eine einfache Mehrheit der Abstimmenden als Voraussetzung für eine wirksame Zustimmung vorgesehen und auch kein besonderes Quorum – also die Beteiligung einer bestimmten Mindestanzahl von Stimmberechtigten bzw. deren Zustimmung – gefordert wird, so könnte dies unter dem Gesichtspunkt demokratischer Legitimation der Entscheidung im Volksentscheid verfassungsrechtlichen Bedenken begegnen. Auch könnte der Grundsatz berührt sein, dass eine Verfassung gegenüber sonstigen Gesetzen erhöhte Bestandskraft genießen muss, dass also für

13 Dagegen: *Kisker/Höfling* Fall 15.
14 Ebenso *Huber*, in: Sachs, Art. 146 Rn 19.

ihre Änderung besondere verfahrensmäßige und materielle Kautelen vorzusehen sind. Dies gilt auch dann, wenn eine Volksabstimmung durch Verfassungsänderung eingeführt wird. Denn auch dann sind jedenfalls die Grenzen des Art. 79 III GG zu beachten. Die im Wege einer Verfassungsänderung vorgesehene Volksabstimmung über das Zustimmungsgesetz wäre also dann verfassungswidrig, wenn sie gegen Art. 79 III GG („Ewigkeitsgarantie“) verstoßen würde. Die Bestimmung ist als Ausnahmevorschrift eher restriktiv auszulegen: die Grundsätze sind unantastbar, nicht deren positive Ausprägungen in einzelnen Verfassungsnormen.[15]

2. Bestandskraft der Verfassung

Dass aber Grundgesetzänderungen besondere Sicherungen erforderlich machen, gilt **558**
auch dann. Zu den unverzichtbaren und unabänderbaren Essentialia der demokratischen und rechtsstaatlichen Ordnung des Grundgesetzes wird in neueren Entscheidungen von Landesverfassungsgerichten deren erhöhte Bestandskraft bzw. erschwerte Abänderbarkeit – im Verhältnis jeweils zu einfachen Gesetzen – gezählt.[16] Hierdurch insbesondere sollen der – auf grundgesetzlicher Ebene aus den Grundsätzen des Art. 20, aber auch des Art. 1 I GG hergeleitete – Vorrang der Verfassung[17] und ihre normative Stabilität gesichert werden.

3. Demokratische Legitimation

Auch die demokratische Legitimation einer voraussetzungslosen, weder an qualifi- **559**
zierte Mehrheiten, noch an Quoren gebundenen Volksabstimmung könnte in Frage stehen. So ist die Gefahr nicht von der Hand zu weisen, dass bei einem Verzicht auf ein Quorum beim Volksentscheid Gesetze von Minderheiten geschaffen würden, die volksinitiierte Gesetzgebung also nicht auf hinreichend breiter Basis stünde, zumal wenn auch die Hürden beim Volksbegehren abgesenkt werden. Auch aus der Kombination von niedrigerem Unterstützungsquorum beim Volksbegehren und Verzicht auf ein Beteiligungs- oder Zustimmungsquorum beim Volksentscheid könnten Bedenken gegen die hier initiierte Verfassungsänderung unter Gesichtspunkten demokratischer Legitimation geltend gemacht werden. Dies lässt es durchaus vertretbar erscheinen, eine Mindestbeteiligung als unabdingbares demokratisches Erfordernis zu sehen, um demokratische Legitimation zu sichern. Auf ein Zustimmungsquorum für Volksentscheide zu verzichten, entspricht andererseits dem urdemokratischen Grundsatz[18] „Mehrheit entscheidet“. Doch ist zu berücksichtigen, dass es hier nicht

---

15 Vgl. insbesondere zur Abänderbarkeit der die Grundsätze konkretisierenden positiven Normen *Evers*, BonnK, Art. 79 III, Zweitb. 1982 Rn 155 f.

16 Vgl. *Dreier*, in: Dreier II, Art. 79 II Rn 19; BayVerfGHE n.F. 52, 104 (129 ff.) = BayVBl 1999, 719 (724 ff.); BayVerfGH BayVBl 2000, 397 (398, 399 f.); BremStGH BayVBl 2000, 342 (344 f.); zurückhaltend demgegenüber *Sachs*, in: Neumann/v. Raumer, Die verfassungsrechtliche Ausgestaltung der Volksgesetzgebung, 1999, S. 135 ff.

17 Vgl. *Dreier* aaO.

18 Vgl. *Meder*, Die Verfassung des Freistaates Bayern, 4. Aufl. 1992, Art. 2 Rn 5; *Schweiger*, in: Nawiasky, Die Verfassung des Freistaates Bayern, Art. 2 (1999) Rn 12; s. auch BVerfGE 29, 154 (165): Mehrheitsentscheidung als allgemeines fundamentales Grundprinzip der Demokratie.

nur um die Zustimmung zu einem Gesetz und auch nicht nur um die Zustimmung zu einer Verfassungsänderung geht. Vielmehr stehen Grundlagen der Verfassungsordnung selbst in Frage, es geht um die Ausübung der verfassungsgebenden Gewalt des Volkes selbst. Diese muss auf hinreichend breiter demokratischer Basis erfolgen. Dass eine Minderheit mit einfacher Mehrheit so weitreichende Souveränitätsverzichte beschließt, wie sie mit der Zustimmung zum Vertrag über die Europäische Verfassung verbunden sind, würde sich mit der Notwendigkeit einer demokratischen Legitimation nicht vertragen. Es sind also besondere Anforderungen vorzusehen, die diese Legitimation sichern.

II. Folgerungen

560 Wie das Verfahren i.E. auszugestalten ist, muss im Ermessen des Gesetzgebers liegen, der eine Volksabstimmung in der Frage der Zustimmung zu einer europäischen Verfassung einführen will. Er darf die Anforderungen dabei nicht so hoch ansetzen, dass ein Scheitern des Vorhabens schon vorprogrammiert ist, muss sie aber andererseits der Bedeutung der Angelegenheit entsprechend ausgestalten.

Eine Zwei-Drittel-Mehrheit – wie für Verfassungsänderungen nach Art. 79 II GG – muss jedoch nicht zwingend gefordert werden. Denn beim Plebiszit über das Zustimmungsgesetz ist es der Souverän selbst, der entscheidet. Es macht unter Gesichtspunkten demokratischer Legitimation einen Unterschied, ob die Repräsentanten des Volkes im Rahmen der für sie als rechtliche Grundordnung ihres Handels verbindlichen Verfassung tätig werden, oder das Volk als Träger der verfassungsgebenden Gewalt selbst handelt.[19] Insoweit erscheint der urdemokratische Grundsatz „Mehrheit entscheidet“ berechtigt.

561 Eine Mindestbeteiligung oder aber ein Zustimmungsquorum sind jedoch zu fordern. Sie kann nicht in Gestalt einer arithmetisch exakt bestimmten Größe angegeben werden. Auch könnte zB ein niedrigeres Beteiligungsquorum durch das Erfordernis einer qualifizierten Mehrheit ausgeglichen werden. So wäre es denkbar, bei einer Mindestbeteiligung von 50 v.H. der Stimmberechtigten eine 2/3-Mehrheit der Abstimmenden zu verlangen; dann wäre jedenfalls manifest, dass die Europäische Verfassung von einer breiten Mehrheit getragen wird. Denkbar wäre aber auch, unter Verzicht auf eine 2/3-Mehrheit, die ja nicht zwingend ist, ein Zustimmungsquorum von 50 v.H. vorzusehen. Lediglich ein Zustimmungsquorum von etwa 25 v.H. zu fordern, wie es für verfassungsändernde Gesetze als ausreichend gelten kann,[20] dürfte für eine Entscheidung der verfassungsgebenden Gewalt des Volkes selbst keine hinreichende Legitimation mehr begründen. Andere Kombinationen von Mindestbeteiligung und qualifizierten Mehrheiten mögen denkbar sein. Mit einer der hier vorgeschlagenen Alternativen, also entweder einem Zustimmungsquorum von 50 v.H.

---

19 So galt in mehr als fünfzigjähriger Verfassungstradition im Freistaat Bayern der Grundsatz „Mehrheit entscheidet“ auch für Volksentscheide über Verfassungsänderungen, ehe der Bayerische Verfassungsgerichtshof hierin in seiner Entscheidung vom 17. September 1999 zur Abschaffung des Bayerischen Senats eine planwidrige Lücke in der Verfassung erkannte.

20 BayVerfGH BayVBl 2000, 397 (398, 399 f.).

oder einem Beteiligungsquorum von 50 v.H., verbunden mit einer qualifizierten 2/3-Mehrheit der Abstimmenden, bewegt sich das Verfahren jedenfalls mit hinreichender Sicherheit im verfassungsrechtlich zulässigen Rahmen.

Der Bundesregierung ist also zusammenfassend zu antworten, dass die Durchführung eines Volksentscheids zulässig, ja sogar geboten, hierfür aber eine Änderung bzw. Ergänzung des Grundgesetzes notwendig, die einfache Abstimmendenmehrheit aber nicht ausreichend ist. **562**

Repetitorium

I. Direkte Demokratie

Das Grundgesetz kennt nach wie vor keine direktdemokratischen Institutionen. In **563** Fallgestaltungen aus der bundesverfassungsrechtlichen Ebene wird es daher meist um Gesetzentwürfe gehen, die Volksbegehren und Volksentscheid einführen wollen. Hierfür besteht ein Verfassungsvorbehalt (s. vorstehend Rn 554). Unter verfassungsrechtlichen Gesichtspunkten (die gerade für diese Thematik nicht mit verfassungspolitischen Erwägungen gleichgesetzt werden sollten) geht es bei Verfassungsänderungen nur darum, ob die Schranken des Art. 79 III GG gewahrt sind.

Von der „Ewigkeitsgarantie" umfasste Grundsätze, die hier berührt sein könnten, **564** sind:
Demokratiegebot des Grundgesetzes, das über Art. 20 I, II GG änderungsfest ist; hieraus ist abzuleiten: Erfordernis demokratischer Legitimation und Funktionsfähigkeit; hieraus wiederum: Notwendigkeit einer hinreichenden Basis für Volksbegehren und Volksentscheid, deshalb muss für Ersteres ein gewisses Maß an Ernsthaftigkeit gefordert werden, das sich in hinreichend breiter Unterstützung zu äußern hat; wie weit für den Volksentscheid Quoren gefordert werden müssen, ist str. Hier muss abgewogen werden: Erfordernis demokratischer Legitimation einerseits – Effektivität direkter Demokratie andererseits; die Hürden dürfen nicht so hoch angesetzt werden, dass die verfassungsrechtlichen Möglichkeiten faktisch nicht realisierbar sind (Effektivität als Kriterium der Verfassungsinterpretation).

Zur Wiederholung: *Degenhart* Rn 103–111, 224–240.

Aktuelle Rechtsprechung: HambVerfG DVBl 2005, 439 (keine Sperrwirkung des Volksentscheids gegenüber parlamentarischer Gesetzgebung); SächsVerfGH SächsVBl 2002, 236 (Budgetrecht des Parlaments und Volksentscheid).

Weitere Fälle im thematischen Zusammenhang: *Vitzthum/Hahn,* Mehr Abstimmungsdemokratie wagen, VBlBW 2003, 38, 79; *Tappe/Escher*, Examenshausarbeit Öffentliches Recht: Volksgesetzgebung und Abgeordnetenbezüge, NWVBl 2005, 117; *Frotscher/Faber*, Volksgesetzgebung und Verfassung, JuS 1998, 820.

II. Gemeinschaftsrecht und Grundgesetz

565 Es liegt nahe, dass mit der zunehmenden Verflechtung von Gemeinschaftsrecht und mitgliedstaatlicher Rechtsordnung auch die europarechtlichen Bezüge in staatsrechtlichen Fällen zunehmen. Mit unterschiedlichen Fallgestaltungen ist hierbei zu rechnen; dabei ist stets zu vergegenwärtigen, dass hier zwei unterschiedliche Rechtssphären in Frage stehen und sowohl der Prüfungsgegenstand (also die hoheitliche Maßnahme), ggf. auch dessen Rechtsgrundlage, der Prüfungsmaßstab und die Kontrollinstanz diesen unterschiedlichen Sphären zugeordnet sein können. Aus der Sicht des Bürgers kann es darum gehen, dass er sich gegenüber einem ihm ungünstigen Akt des Gemeinschaftsrechts auf das Grundgesetz berufen will (dies kann er in aller Regel nicht); es kann aber auch darum gehen, dass er sich gegenüber einem ihm ungünstigen Akt des deutschen Rechts auf Gemeinschaftsrecht berufen will.

1. Verfassungsmäßigkeit des Übertragungsaktes

566 Im vorliegenden Fall ging es um die Zulässigkeit einer Übertragung von Hoheitsbefugnissen durch ein Bundesgesetz – hier ist der Prüfungsgegenstand ein Akt der deutschen hoheitlichen Gewalt, der Prüfungsmaßstab ergibt sich aus dem Grundgesetz, hiergegen wird das Bundesverfassungsgericht angerufen: dass es das Gesetz am Maßstab des Grundgesetzes überprüft, ist unproblematisch.

Die Prüfungsreihenfolge für das Übertragungsgesetz ergibt sich ohne weiteres aus dem Grundgesetz:

1. Grundsätzliche Ermächtigung: Art. 23 I 1 GG
2. Formelle Voraussetzungen
   a) Bundesgesetz mit Zustimmung BRat
   b) iFd Art. 23 I 3: Art. 79 II GG
3. Materielle Bindungen
   a) Wahrung der Strukturvorgaben
   b) iFd Art. 23 I 3 GG: Art. 79 III GG

567 **Grenzen der Integrationsermächtigung** wären bei einer Aufgabe der Staatlichkeit der Bundesrepublik erreicht, s. den vorstehenden Fall Teil 1. Hierüber könnte nur die verfassungsgebende Gewalt unmittelbar im Wege des Plebiszits entscheiden. Erweiterungen der EU sind grundsätzlich von der Ermächtigung des Art. 23 GG getragen; etwas anderes könnte möglicherweise dann gelten, wenn über die Grenzen Europas hinausgegriffen wird.[21]

2. Sekundäres Gemeinschaftsrecht und Grundgesetz

568 Die Frage, ob sekundäres Gemeinschaftsrecht am Maßstab des Grundgesetzes gemessen werden kann, ist durch BVerfGE 102, 147 als geklärt anzusehen: nur dann, wenn der geforderte Grundrechtsstandard auf europ. Ebene nicht gewährleistet wird

21 Vgl. dazu *Murswiek*, Der Europa-Begriff des Grundgesetzes, in: Festschrift Ress, 2005, S. 657.

– was derzeit aber nicht angenommen werden kann. Es gilt eine generalisierende Betrachtungsweise. Es muss also nicht für jedes einzelne Grundrecht ein identischer Standard gewährleistet sein (*Degenhart* Rn 245 ff.). Angesichts einer Rechtsprechung des EuGH, die den Schutz der Grundrechte kontinuierlich ausbaut, keineswegs nur im wirtschaftlichen Bereich, wie das Urteil zur Bedeutung der Meinungs- und Versammlungsfreiheit in der Rs. Schmidberger (**Fall 17**) oder auch die Anerkennung der Menschenwürde als eines eigenständigen Grundrechts (dazu nachstehend **Fall 10**) beispielhaft belegen, dürfte auf absehbare Zeit der gleichwertige Grundrechtsstandard gesichert sein.

Die Konsequenz: Verfassungsbeschwerden unmittelb. gegen sekundäres Gemeinschaftsrecht – zB eine Marktordnung etwa für Bananen – sind unzulässig; dies gilt auch für Vorlagen nach Art. 100 I GG.[22] Aber auch der innerstaatliche Rechtsakt, der in Anwendung des Gemeinschaftsrechts ergeht und hierin „gemeinschaftsrechtlich determiniert" ist, kann nicht am Maßstab des Grundgesetzes gemessen werden. Dies gilt jedoch nur, soweit kein Umsetzungsspielraum besteht – andernfalls ist der Gesetzgeber gehalten, Umsetzungsspielräume grundrechtsschonend wahrzunehmen. Eben dies hatte er beim Europäischen Haftbefehl unterlassen. Hier war es um die Umsetzung eines Rahmenbeschlusses nach Art. 34 EU gegangen,[23] also nicht um Umsetzung einer Richtlinie. Derartige Rahmenbeschlüsse belassen noch weitergehende Umsetzungsspielräume. **569**

Damit ergeben sich für die in Betracht kommenden Rechtsakte diese Prüfungsmaßstäbe und Zuständigkeiten: **570**

Rechtsakt	**Prüfungsmaßstab**	**entscheidendes Gericht**
Innerstaatliches Recht: Übertragungsakt	GG (+): Art. 23	BVerfG: VB/NK gegen Übertragung
primäres Gemeinschaftsrecht	GG (–); aber: Übertragungsakt: Art. 23 GG	BVerfG (s.o.)
sekundäres Gemeinschaftsrecht	GG: nur soweit „unverzichtb. Mindeststandard" nicht gewahrt	BVerfG: VB/Vorlage analog[24] Art. 100 I GG – str. – aM: Vorlage des deutschen Zustimmungsgesetzes (derzeit aber unzul.; *Degenhart* Rn 247)
	primäres Gemeinschaftsrecht, Gemeinschaftsgrundrechte (+)	innerstaatl. Gericht im Wege der Inzidentprüfung, nach Vorlage Vorabentscheidung des EuGH – ggf. Nichtigkeitsklage, Art. 230 IV EG[25]

22 Beispielhaft: Fall 1 bei *Ehlers*, Jura 2000, 468 (471).
23 S. dazu BVerfG, U. v. 18.07.2005, www.bverfg.de, Absatz-Nrn. 77 ff.
24 Ob analog oder unmittelbar nach Art. 100 I GG, ist ebenfalls str. – vgl. *Lecheler*, JuS 2001, 120.
25 Dazu näher *Röhl*, Jura 2003, 830.

Rechtsakt	**Prüfungsmaßstab**	**entscheidendes Gericht**
innerstaatl. Maßnahme, gemeinschaftsrechtl. determiniert (ohne Einflussmöglichkeit des innerstaatlichen Gesetzgebers)	Bindung an GG: grundsätzl. nein, Ausnahme: „unverzichtb. Mindeststandard“	innerstaatl. Gericht; soweit unverzichtb. Grundrechtsstandard gemeinschaftsrechtl. nicht gewahrt: ggf. Vorlage zum BVerfG
	Bindung an Gemeinschaftsrecht: (+), insbesondere auch sekundäres Gemeinschaftsrecht	ggf. Vorabentscheidung EuGH, bei Gesetz keine Vorlage nach Art. 100 I GG
sonstige Maßnahme innerstaatl. Rechts (Gesetz, untergesetzl. Recht, Verwaltungsakt)	Bindung an GG (und sonstiges höherrangiges Recht)	innerstaatl. Gericht, bei form. Gesetz ggf. Vorlage nach Art. 100 I GG
	Bindung an Gemeinschaftsrecht: Anwendungsvorrang; gemeinschaftsrechtsfreundl. Auslegung	Beachtung des Anwendungsvorrangs des Gemeinschaftsrechts, ggf. Vorabentscheidung EuGH, keine Vorlage nach Art. 100 I GG

Aus der Ausbildungsliteratur: *Röhl,* Rechtsschutz gegen EG-Verordnungen, Jura 2003, 830.

Aktuelle Rechtsprechung: BVerfG, B. v. 28.04.2005 (Anträge gegen Beratung der EU-Verfassung im BT); BVerfG, U. v. 18.07.2005 (europäischer Haftbefehl).

Weitere Fälle im thematischen Zusammenhang: *Franzke,* Finis Germaniae?, NWVBl 2000, 158.

Fall 10

Laserdrome

Schwierigkeitsgrad: Examensklausur, 5 Std.

I.

Die Fun-GmbH mit Sitz in der Stadt S im Land L betreibt in S als Franchisenehmer der „Fun Ltd." mit Sitz im Vereinigten Königreich das „Wettkampfstudio Laserdrome". Die Fun Ltd. hält ihrerseits 100 % des Gesellschaftskapitals der Fun-GmbH. Im Laserdrome werden mit Laserzielgeräten sportliche Wettkämpfe ausgetragen. Seit einiger Zeit wird dort ein Spiel mit dem Namen „Lazer-Gotcha" veranstaltet, das trotz oder gerade wegen seiner Umstrittenheit sich als besonders attraktiv erweist. Bei diesem Spiel werden die Spieler mit „Laser-Guns" im Erscheinungsbild von handlichen Schnellfeuergewehren ausgestattet und werden mit Einsatzwesten – im Erscheinungsbild ähnlich denen militärischer Nahkampfeinheiten – ausgerüstet, die mittels einer sensiblen Elektronik jeden auf der Weste auftreffenden gegnerischen Laserstrahl registrieren. Die Treffer werden per Funk an einen Zentralrechner weitergeleitet und auf einem Wanddisplay in großen, roten Ziffern angezeigt. Für jeden Treffer erhält der Spieler Punkte je nach Treffgenauigkeit; der getroffene Spieler erhält Punktabzüge. Ziel des Wettkampfes ist es, innerhalb vorgegebener Zeit möglichst viele Gegner auszuschalten. **571**

Konzept und technische Ausrüstung bezieht die Fun-GmbH vom Franchisegeber, der Fun-Ltd.

Die zuständige Ordnungsbehörde entschließt sich auf Grund massiver Proteste gegen die Veranstaltung zum Einschreiten. Sie erlässt eine auf die ordnungsbehördliche Generalklausel in § 14 des Ordnungsbehördengesetzes des Landes L gestützte Verbotsverfügung, mit der der Fun-GmbH untersagt wird, „in ihrer Betriebsstätte Spielabläufe zu ermöglichen bzw. zu dulden, die ein gezieltes Beschießen von Menschen mittels Laserstrahl oder sonstiger technischer Vorkehrungen (zB Infrarot), insbesondere auf Grund einer Registrierung der Treffer ein spielerisches Töten von Menschen zum Gegenstand haben".

Zur Begründung wird ausgeführt, derartige Gewaltsimulationen könnten insbesondere bei labilen Personen in erheblichem Maße und wesentlich stärker noch als die insgesamt doch abstrakt bleibenden Video-Spiele zu aggressivem Verhalten beitragen und Hemmschwellen beseitigen, deshalb gefährdeten sie die öffentliche Sicherheit. Auch wenn im kriminologischen Schrifttum die Wirkungen i.E. umstritten seien, müssten die Risiken doch minimiert werden. Das Verbot sei aber vor allem auch deshalb erforderlich, weil derartige Tötungsspiele im Widerspruch zu fundamentalen Wertvorstellungen des Grundgesetzes stünden und deshalb gegen die öffentliche Ordnung verstießen. Demgegenüber wendet die Fun-GmbH ein, es handle sich hier um nicht-öffentliche Veranstaltungen, sodass die öffentliche Ordnung gar nicht bedroht sein könne. Niemand sei zum Mitmachen gezwungen. Im Übrigen werde gegen vergleichbare Videospiele, wie sie etwa in einem Automatenspielsalon in S angeboten würden, nicht eingeschritten.

Die Anfechtungsklage der Fun-GmbH bleibt in allen Instanzen erfolglos.

Sie erhebt form- und fristgerecht Verfassungsbeschwerde zum BVerfG. Zur Begründung beruft sie sich auf ihr Grundrecht aus Art. 12 I GG. Sie werde auf Grund unbewiesener Spekulationen und überkommener Wertvorstellungen in diesem Grundrecht beschränkt; angesichts der allgemeinen Reizüberflutung könne nur noch mit derartigen spektakulären Veranstaltungen überhaupt Geld verdient werden. Dadurch würden Arbeitsplätze geschaffen. Die Vorschrift des § 14 OBG sei auch zu unbestimmt. Sie sei in dieser Form bereits im Jahr 1953 in das Gesetz aufgenommen worden und könne schon deshalb neuartige Formen der gewerblichen Betätigung nicht erfassen. Solange nicht der Gesetzgeber Laserspiele der fraglichen Art verbiete, müsse die Freiheitsvermutung des Grundgesetzes gelten. Zu dem Spiel würden nur volljährige Personen zugelassen; es sei aber nicht Aufgabe des Staates, Erwachsenen irgendwelche Wertvorstellungen zu oktroyieren. Im Übrigen habe sie schon im verwaltungsgerichtlichen Verfahren darauf hingewiesen, dass exakt das gleiche Spiel in vielen Städten des Vereinigten Königreichs sowie in den Niederlanden unbeanstandet mit großem Erfolg laufe. Durch das Verbot werde es ihr unmöglich gemacht, ihren Franchise- und Liefervertrag mit der Fun Ltd. zu erfüllen und von dort die Geräte zu beziehen. Dies verstoße gegen europäisches Recht, was aber vom Bundesverwaltungsgericht in letzter Instanz nicht berücksichtigt worden sei.

§ 14 OBG lautet:

„Die Ordnungsbehörden können die notwendigen Anordnungen im Einzelfall treffen, um Gefahren für die öffentliche Sicherheit oder Ordnung abzuwehren."

Die Erfolgsaussichten der Verfassungsbeschwerde der Fun-GmbH sind zu prüfen.

Bundesgesetzliche Bestimmungen, die sich mit dieser Art von Gewerbe beschäftigen, existieren nicht.

II.

Es sei unterstellt, dass das BVerfG die Entscheidung des BVerwG aufgehoben und die Sache zurückverwiesen, das BVerwG daraufhin dem EuGH die Frage vorgelegt hat, ob es mit den Vorschriften des EGV vereinbar sei, wenn nach nationalem Recht die in Frage stehende gewerbliche Betätigung verboten werden muss, weil sie gegen grundgesetzliche Wertungen verstößt.

Zur Vorlagefrage ist in der Sache Stellung zu nehmen.

Vorüberlegungen

Ein Grundrechtsfall mit deutlich europarechtlichen Bezügen in verwaltungsrechtlicher Einkleidung: Ausgangspunkt ist ein Verwaltungsakt – hier eine ordnungsbehördliche Verfügung, es könnte auch eine Entscheidung in Anwendung der baurechtlichen Generalklausel sein –, durch die der Adressat sich in Grundrechten verletzt sieht, die andererseits aber von der Behörde grundrechtlich begründet wird. Denn die Ordnungsbehörde sieht sich gehalten, dem Menschenwürdesatz des Art. 1 I GG und der Grundrechtsnorm des Art. 2 II 1 GG Geltung zu verschaffen, in Wahrnehmung also einer grundrechtlichen Schutzpflicht. Damit kommt es zu einer Grundrechtskollision. Das Grundrecht der Berufsfreiheit als Abwehrrecht wird eingeschränkt durch die Grundrechte aus Art. 1 und 2 GG, für die positive Schutzpflichten der Behörden bestehen. Positiver Ansatz für diese Kollision ist die Generalklausel des § 14 OBG, also die ordnungsbehördliche Generalklausel, wie wir sie etwa in Nordrhein-Westfalen mit § 14 OBG oder in Bayern mit Art. 7 LStVG haben. Für diejenigen Länder, die vom materiellen Polizeibegriff ausgehen, wäre dann die polizeiliche Generalklausel, zB § 3 SächsPolG zugrundezulegen. In der Sache ergeben sich keine Unterschiede. **572**

Da die Verfahrenskonstellation aber nicht die der verwaltungsgerichtlichen Anfechtungsklage ist (wie zB im versammlungsrechtlichen **Fall 15**), sondern die der Verfassungsbeschwerde, ist auch der grundrechtliche Aufbau zu wählen, nach dem vertrauten Schema Schutzbereich – Eingriff – Rechtfertigung, wobei die ersten beiden Punkte keine besonderen Schwierigkeiten aufwerfen. Dass hier der sachliche Schutzbereich der Berufsfreiheit berührt ist, ist ebenso unproblematisch, wie die unmittelbare Berufsbezogenheit des Verbots. Fraglich könnte allenfalls der subjektive Schutzbereich sein. Denn der Sachverhalt weist Auslandsbezug auf, Art. 12 I GG aber ist Deutschengrundrecht, eine im Sachverhalt angelegte Spannungslage, auf die der Bearbeiter unschwer stoßen wird. Die Thematik wird schon bei der Zulässigkeit der Verfassungsbeschwerde bedeutsam. Denn bei der Grundrechtsfähigkeit ist ja darauf einzugehen, dass die Beschwerdeführerin hier eine juristische Person des Privatrechts ist, über Art. 19 III GG gelangt man dann auch zur Einschränkung, dass es sich um eine inländische juristische Person handeln muss. Dafür ist zwar an sich der Gesellschaftssitz maßgeblich, wobei es auf den tatsächlichen Sitz ankommt, also das Zentrum der geschäftlichen Aktivitäten. Wenn aber im Sachverhalt darauf hingewiesen wird, dass die Anteile der Gesellschaft zu 100 % in ausländischer Hand sind, muss eben auch insoweit der Sachverhalt ausgeschöpft werden. Dies erfordert ein gewisses Verständnis für den Sinn des Art. 19 III GG. Juristische Personen genießen Grundrechtsschutz, weil auch die natürlichen Personen, die durch sie handeln, sich auf Grundrechte berufen können. Hier könnte dann durchaus fraglich sein, ob über die Konstruktion der juristischen Person der Geltungsbereich des Art. 12 I GG als eines Deutschengrundrechts in personeller Hinsicht erweitert werden darf. Wer dies verneint, kommt dann allerdings an der Feststellung nicht vorbei, dass es sich hier nicht um „gewöhnliche" Ausländer handelt, sondern um EG-Ausländer. Diese dürfen nicht diskriminiert werden. Dies gehört zu der Frage, ob das Diskriminierungsverbot auch bedeutet, dass im Anwendungsbereich des EG- **573**

Vertrags keine Beschränkung der Grundrechte auf Deutsche stattfinden darf. Dies wird überwiegend bejaht.[1]

574 Gelangt der Bearbeiter so zur Anwendbarkeit des Art. 12 I GG auch in personeller Hinsicht, so hat er in der Begründetheit, nachdem Schutzbereich und Eingriff bejaht wurden, auf der Rechtfertigungsebene zunächst nach einer gesetzlichen Grundlage für den Eingriff zu fragen. An dieser Stelle ist dann kurz auf die Einschränkbarkeit des Art. 12 I GG einzugehen, wobei sich anbietet, bereits jetzt die hier unproblematische Zuordnung zur Stufe der Berufsausübungsregelungen vorzunehmen. Dass gesetzliche Grundlage für den Eingriff nur § 14 OBG sein kann, ist klar, weniger klar ist dann jedoch die im Sachverhalt freilich angesprochene Frage, ob die polizeiliche Generalklausel tatsächlich den Eingriff zu tragen vermag. Dem Gesetzesvorbehalt mag zwar genügt sein, da das Verbot ja auf eine gesetzliche Grundlage gestützt ist. Dass überhaupt ein Gesetz vorliegt, genügt jedoch bekanntlich nicht (s. *Degenhart* Rn 340). Das Gesetz muss auch den Anforderungen des Parlamentsvorbehalts entsprechen. Der Gesetzgeber muss also die wesentlichen Fragen selbst entscheiden. Das entscheidende Problem ist hier, ob für berufsbezogene Eingriffe der Gesetzgeber nicht spezielle Regelungen erlassen muss, die die wesentlichen Fragen der Berufsfreiheit erfassen. Hier ist einerseits der Parlamentsvorbehalt für grundrechtswesentliche Fragen zu berücksichtigen, andererseits aber auch zu bedenken, dass neuartige Erscheinungsformen gewerblicher Betätigungen nicht schon von vornherein umfassend geregelt werden können. Um auch hierbei Gefahren für die Allgemeinheit zu vermeiden, ist also die Generalklausel unverzichtbar.

575 Die entscheidende grundrechtliche Abwägung findet aber nicht auf der Ebene der Gesetzesprüfung statt, sondern bei der Anwendung des Gesetzes, das ja umfassende Ermessensspielräume eröffnet. Ob Grundrechte verletzt wurden, ist eine Frage der Abwägung zwischen Berufsfreiheit auf der einen Seite, den von der Behörde zu schützenden Grundrechten aus Art. 1 und 2 GG auf der anderen Seite. Dabei stellt sich etwa für Art. 1 GG die aus den Peepshow-Fällen vertraute Fragestellung, ob die Menschenwürde disponibel ist, die Beteiligten also auf ihren Schutz verzichten können, was die Rechtsprechung überwiegend verneint.

576 Dass das Unterlassen einer Vorlage zum EuGH einen Verstoß gegen das Recht auf den gesetzlichen Richter nach Art. 101 I 2 GG bedeuten kann, gehört zum Grundwissen über die Bezüge von Staatsrecht und Europarecht und sollte als bekannt vorausgesetzt werden. Die Vorlagefrage selbst orientiert sich an der Laserdrome-Entscheidung des EuGH vom 14.10.2004.[2] Sie sollte in ihren Grundzügen in die Examensvorbereitung einbezogen werden, da sie wesentliche Aussagen vor allem zu den europäischen Grundrechten als Grundsätzen des Gemeinschaftsrechts und zu Beschränkungen der Grundfreiheiten enthält.

---

1 Vgl. dazu *Kotzur*, DÖV 2001, 102.
2 NVwZ 2004, 1471; didaktisch aufbereitet von *Streinz*, JuS 2005, 63.

Gliederung 577

1. Teil: Verfassungsbeschwerde

A. Zulässigkeit der Verfassungsbeschwerde

- I. Beschwerdeführer
  - 1. Beschwerdefähigkeit – Grundrechtsfähigkeit
    - a) „inländische juristische Person" (+): entscheidend nur Sitz
    - b) Anwendbarkeit der Grundrechte
      - aa) Art. 12 I GG (+) – aber: Deutschengrundrecht; insofern auf Träger der jP abzustellen – aber: Diskriminierungsverbot, Art. 12 EGV
      - bb) Art. 3 I GG (+); ist auf juristische Personen anwendbar und nicht auf Deutsche beschränkt
      - cc) Art. 101 I 2 GG (+) – unterlassene Vorlage
  - 2. Prozessfähigkeit (+), § 35 I GmbHG
- II. Beschwerdegegenstand: Verfügung des Ordnungsamtes – gerichtliche Entscheidungen
- III. Beschwerdebefugnis
  - 1. Plausible Geltendmachung einer Grundrechtsverletzung: Art. 12 I GG, Art. 3 I GG, Art. 101 I 2 GG
  - 2. „selbst, gegenwärtig, unmittelbar" (+)
- IV. Rechtswegerschöpfung/Subsidiarität (+)
- V. Form und Frist

B. Begründetheit der Verfassungsbeschwerde

- I. Berufsfreiheit, Art. 12 I GG
  - 1. Schutzbereich
    - a) Sachlicher Schutzbereich (+)
    - b) subjektiver Schutzbereich (+) – s. Beschwerdefähigkeit
  - 2. Eingriff (+): Verbot
  - 3. Verfassungsrechtliche Rechtfertigung
    - a) Beschränkbarkeit: Berufsausübungsregelung
    - b) Gesetzliche Grundlage – § 14 OBG?
      - aa) Formelle Verfassungsmäßigkeit – Kompetenz: Sicherheitsrecht – „Recht der Wirtschaft", Art. 74 I Nr. 11 GG
      - bb) Verhältnismäßige Einschränkung der Berufsfreiheit? keine berufsregelnde Tendenz
      - cc) Bestimmtheit (+): „öffentliche Sicherheit und Ordnung" im juristischen Sprachgebrauch verfestigt; Parlamentsvorbehalt – spezialgesetzl. Regelung für wesentliche Fragen der Berufsfreiheit?
    - c) Verfassungskonforme Anwendung?
      - aa) Eingriffsziel: Schutzgebot für Menschenwürde und Art. 2 II 1 GG
      - bb) Maßnahme geeignet und erforderlich (+)

cc) Abwägung: Berufsausübung – Menschenwürde: objektive Wertentscheidung der Verfassung, nicht verzichtbar, „Objektformel: der Einzelne als Objekt von Tötungsspielen; Wertung des Art. 2 II 1 GG: Abwägung fehlerfrei

II. Gleichheitssatz des Art. 3 I GG
1. Ungleichbehandlung?
Gleichheit im Unrecht?
2. Sachlicher Differenzierungsgrund
a) Prüfungsmaßstab: Willkürverbot
b) Unterschied zu Videospielen (+)

III. Recht auf den gesetzlichen Richter, Art. 101 I 2 GG
1. Entzug des gesetzlichen Richters
a) EuGH als gesetzlicher Richter
b) Vorlagepflicht: Dienstleistungsfreiheit, Warenverkehrsfreiheit – zwingende Gründe des Allgemeinwohls, Rechtsüberzeugung in den Mitgliedstaaten?
2. Verstoß gegen Verfassungsrecht (+): Vorlage nicht in Erwägung gezogen (SV)

C. Entscheidung des Bundesverfassungsgerichts, § 95 BVerfGG: Verstoß gegen Art. 101 I 2 GG, Aufhebung und Zurückverweisung an das BVerwG

2. Teil: Vorlagefrage

1. Dienstleistungsfreiheit, Art. 49 EG
a) Behinderung
b) Rechtfertigung
aa) Öffentl. Ordnung – Menschenwürde als Grundsatz des Gemeinschaftsrechts
bb) Verhältnismäßigkeit
2. Warenverkehrsfreiheit, Art. 28 EG: tritt hier zurück.

Musterlösung

1. Teil: Verfassungsbeschwerde

A. Zulässigkeit der Verfassungsbeschwerde

I. Beschwerdeführer

1. Beschwerdefähigkeit – Grundrechtsfähigkeit

Die Fun-GmbH als juristische Person müsste, um beschwerdefähig zu sein, auch grundrechtsfähig sein. Dies richtet sich nach Art. 19 III GG. **578**

a) „inländische juristische Person"

Inländische juristische Personen des Privatrechts sind grundrechtsfähig, soweit die Grundrechte ihrem Wesen nach auf sie anwendbar sind. Die Fun-GmbH ist eine inländische juristische Person, da sie ihren Sitz im Inland hat. Die Beteiligungsverhältnisse sind insoweit unerheblich. Für die Frage, ob eine juristische Person „inländisch" ist und deshalb unter Art. 19 III GG fällt, ist allein der Sitz entscheidend. Prinzipielle Grundrechtsfähigkeit darf auch der zu 100 % von der britischen Fun-Ltd. beherrschten Fun-GmbH nicht abgesprochen werden. **579**

b) Anwendbarkeit der Grundrechte

Voraussetzung ist weiterhin, dass die geltend gemachten Grundrechte ihrem Wesen nach auf die juristischen Personen anwendbar sind.[3] Dies ist der Fall, wenn die von dem Grundrecht geschützte Tätigkeit nicht nur individuell, sondern auch im arbeitsteiligen Verbund einer juristischen Person verwirklicht werden kann. **580**

aa) Eine juristische Person kann jedenfalls ein Gewerbe, also einen Beruf ausüben. Die Fun-GmbH wäre hiernach beschwerdefähig. Bedenken könnten sich jedoch daraus ergeben, dass sie sich vor allem auf ihr Grundrecht aus Art. 12 I GG beruft, es sich hierbei aber um ein Deutschengrundrecht handelt. Geht man davon aus, dass Nicht-Deutsche, wenn sie als natürliche Personen auftreten, sich nicht auf Art. 12 I GG berufen können, so wäre es in der Tat widersprüchlich, ihnen dann, wenn sie durch eine juristische Person handeln, die Berufung auf dieses Grundrecht zu gestatten. Denn der Grundrechtsschutz der juristischen Person besteht um der natürlichen Personen willen, die durch sie handeln. **581**

Doch ist hier zu beachten, dass die britische Fun-Ltd. als Gesellschafterin der Fun-GmbH aus einem Mitgliedstaat der EG stammt. Art. 12 EG verbietet jedoch im Anwendungsbereich des Vertrags jede Diskriminierung aus Gründen der Staatsangehörigkeit. Der Anwendungsbereich des Vertrags aber ist hier eröffnet, da Dienst- **582**

3 Möglich ist auch diese Aufbauvariante: zur Beschwerdefähigkeit wird ausschließlich auf die prinzipielle Grundrechtsfähigkeit abgestellt. Hiernach ist die (inländische) juristische Person wie die natürliche Person beschwerdefähig. Ob sie Träger der konkret gerügten Grundrechte sein kann, wird dann im Rahmen der Beschwerdebefugnis geklärt.

leistungen und Warenlieferungen grenzüberschreitend erbracht werden. Aus Gründen der Staatsangehörigkeit bzw. des Gesellschaftssitzes unterschiedlichen Rechtsschutz zu gewähren, würde eine Diskriminierung bedeuten, die nach Art. 12 EG unzulässig ist. Art. 12 EG fordert also eine Gleichstellung im Bereich des Deutschengrundrechts aus Art. 12 I GG. Das Grundrecht ist im Anwendungsbereich des Vertrags in gemeinschaftsrechtskonformer Auslegung auch auf EG-Angehörige zu erstrecken.[4]

583 bb) Art. 3 I GG ist auf juristische Personen anwendbar und nicht auf Deutsche beschränkt, sodass sich keine Bedenken gegen die Grundrechtsfähigkeit der Fun-GmbH insoweit ergeben.

584 cc) Soweit die Fun-GmbH rügt, das BVerwG habe eine Vorlage zum EuGH unterlassen, beruft sie sich auf das Recht auf den gesetzlichen Richter aus Art. 101 I 2 GG. Dieses ist als sog. Justizgrundrecht auf alle Verfahrensbeteiligten anzuwenden, auch auf inländische wie ausländische juristische Personen.

2. Prozessfähigkeit

585 Die GmbH ist, vertreten durch ihren Geschäftsführer (§ 35 I GmbHG), auch prozessfähig.

II. Beschwerdegegenstand

586 Die Verfassungsbeschwerde muss sich gegen einen geeigneten Beschwerdegegenstand richten, also gegen einen Akt öffentlicher Gewalt. Als Akte öffentlicher Gewalt kommen hier die Verfügung des Ordnungsamtes und die sie bestätigenden gerichtlichen Entscheidungen in Betracht. Wegen des Erfordernisses der Rechtswegerschöpfung ist jedenfalls die letztinstanzliche Gerichtsentscheidung Gegenstand der Verfassungsbeschwerde. Darüber hinaus ist dies jedoch auch die Verwaltungsentscheidung, durch die das Verbot ausgesprochen wurde, durch das sich die Beschwerdeführerin in ihren Grundrechten verletzt sieht. Hierdurch wurde unmittelbar in ihre Grundrechte eingegriffen. Die Verfassungsbeschwerde richtet sich also gegen Akte sowohl der Judikative als auch der Exekutive, doch liegt nur eine Verfassungsbeschwerde vor.

III. Beschwerdebefugnis

Die Fun-GmbH als Beschwerdeführerin muss beschwerdebefugt sein.

587 1. Sie muss plausibel geltend machen können, durch die angegriffenen Hoheitsakte in ihren Grundrechten verletzt zu sein. Da sie in ihrer gewerblichen Betätigung beschränkt wird, ist jedenfalls eine Verletzung ihres Grundrechts aus Art. 12 I GG nicht ausgeschlossen. Wenn die Fun-GmbH weiterhin geltend macht, das Bundes-

---

4 A.A. vertretb. – dann muss jedoch Art. 2 I GG als Auffanggrundrecht herangezogen werden, *Jarass/ Pieroth,* Art. 19 Rn 10, Art. 2 Rn 10.

verwaltungsgericht habe europäisches Recht verkannt, und sich hierbei insbesondere auf ihre geschäftlichen Beziehungen zum britischen Franchisegeber und Lieferanten beruft, so macht sie damit in der Sache Grundfreiheiten aus dem EG-Vertrag (Dienstleistungsfreiheit, freier Warenverkehr) geltend. Diese sind nicht Prüfungsmaßstab im Verfahren der Verfassungsbeschwerde. Wenn aber gerügt wird, das Bundesverwaltungsgericht habe europäisches Recht nicht berücksichtigt, so kann dies darüber hinaus auch bedeuten, dass das Gericht generell Bindungen aus dem Gemeinschaftsrecht verkannt habe. Denn es kann dann, wenn ein Widerspruch nationalen Rechts zum Gemeinschaftsrecht in Frage steht, verpflichtet sein, eine Vorabentscheidung des EuGH über die Auslegung des Gemeinschaftsrechts einzuholen. Wenn es dies unterlässt, entzieht sie dem Prozessbeteiligten seinen gesetzlichen Richter iSv Art. 101 I 2 GG. Dahingehend ist die Einlassung der Beschwerdeführerin hier zu werten. Auch eine Verletzung von Art. 3 I GG erscheint nicht ausgeschlossen, soweit eine Ungleichbehandlung im Vergleich mit Videospielen gerügt wird.

2. Die Fun-GmbH müsste weiterhin durch die angegriffenen Hoheitsakte selbst, **588**
gegenwärtig und unmittelbar in ihren Grundrechten betroffen sein. Daran bestehen hier keine Zweifel.

IV. Rechtswegerschöpfung/Subsidiarität

Die Fun-GmbH müsste weiterhin gemäß § 90 II 1 BVerfGG den Rechtsweg gegen **589**
die angegriffenen Hoheitsakte ausgeschöpft haben. Dies ist hier lt. Sachverhalt zu bejahen.

V. Form und Frist

Lt. Sachverhalt ist die Verfassungsbeschwerde form- und fristgerecht eingelegt **590**
worden.
Die Verfassungsbeschwerde der Fun-GmbH ist also zulässig.

B. Begründetheit der Verfassungsbeschwerde

Die Verfassungsbeschwerde der Fun-GmbH ist begründet, wenn sie durch das Ver- **591**
bot der Laserspiele und die es bestätigenden gerichtlichen Entscheidungen in ihren Grundrechten verletzt ist.

I. Berufsfreiheit, Art. 12 I GG

1. Schutzbereich

a) Der sachliche Schutzbereich der Berufsfreiheit des Art. 12 I GG müsste eröffnet **592**
sein. Dies ist dann der Fall, wenn es sich bei der Tätigkeit der Fun-GmbH um einen Beruf iSv Art. 12 I GG handelt. Dies ist zu bejahen. Die Fun-GmbH betätigt sich wirtschaftlich-unternehmerisch, indem sie die hier in Frage stehenden Spiele veranstaltet. Diese Tätigkeit ist auf die Erzielung von Gewinnen und auf Dauer iS einer

gewissen Nachhaltigkeit angelegt. Die Merkmale des verfassungsrechtlichen Berufsbegriffs liegen also vor. Es handelt sich auch um keine schlechthin verbotene Tätigkeit, die aus dem Schutzbereich des Grundrechts herausfallen könnte. Allenfalls könnte daran gedacht werden, dass die Veranstaltung der Laser-Spiele eine sozial unwertige oder sozialschädliche Tätigkeit darstellt, will man auch derartige Tätigkeiten aus dem Schutzbereich des Grundrechts ausscheiden. Doch ist dieses Kriterium zu vage,[5] um eine Begrenzung des Schutzbereichs rechtfertigen zu können, auch fehlt es insoweit an einer allgemeinen Überzeugung von einer derartigen Unwertigkeit.

593 b) Da die Fun-GmbH als inländische juristische Person unter Art. 19 III GG fällt und auch die Tatsache, dass ihre Anteile von der britischen Fun-Ltd. gehalten werden, wegen des gemeinschaftsrechtlichen Diskriminierungsverbots ihrer Grundrechtsfähigkeit nicht entgegensteht (s.o. zur Beschwerdefähigkeit), ist auch der subjektive Schutzbereich des Art. 12 I GG eröffnet.

2. Eingriff

594 In das Grundrecht müsste eingegriffen worden sein. Eingriff ist jede Maßnahme bzw. gesetzliche Regelung, die sich unmittelbar auf die berufliche Betätigung bezieht, diese ganz oder teilweise oder in der Art und Weise der Ausübung behindert. Wird eine bestimmte berufliche oder gewerbliche Tätigkeit verboten, sei es, dass der Beruf oder das Gewerbe insgesamt oder dass nur einzelne Tätigkeiten untersagt werden, so liegt ein unmittelbar berufsbezogener Eingriff und damit ein Eingriff in das Grundrecht aus Art. 12 I GG vor.

3. Verfassungsrechtliche Rechtfertigung

595 a) Nach Art. 12 I 2 GG kann in die Freiheit der Berufsausübung durch Gesetz oder auf Grund eines Gesetzes eingegriffen werden. Eingriffe in die Freiheit der Berufswahl werden in Art. 12 I 2 GG nicht ausdrücklich genannt. Da aber Berufswahl und Berufsausübung gleichermaßen Aspekte der Freiheit beruflicher Betätigung sind, ist von einem einheitlichen Grundrecht der Berufsfreiheit auszugehen, das demgemäß auch einem einheitlichen Gesetzesvorbehalt unterliegt. Doch sind an die Rechtfertigung von Eingriffen strengere Anforderungen zu stellen, wenn in die Freiheit der Berufswahl eingegriffen wird. Der Fun-GmbH wird allerdings nicht schlechthin ihr Gewerbe verboten. Sie darf nur im Rahmen ihres Gewerbes bestimmte Angebote nicht mehr erbringen. Daher ist von einem Eingriff auf der Stufe einer Berufsausübungsregelung auszugehen.[6]

596 b) Auch ein solcher Eingriff bedarf jedoch, wie jeder Grundrechtseingriff, einer gesetzlichen Grundlage. Als solche kommt hier die Bestimmung des § 14 OBG in Betracht. Diese müsste ihrerseits verfassungsmäßig sein.

---

5 *Pieroth/Schlink* Rn 810.

6 In diesem Punkt ist der Fall hier unproblematisch; daher wird die Prüfung der Eingriffsstufe vorgezogen, um sie „vom Tisch zu haben".

aa) An der formellen Verfassungsmäßigkeit des Gesetzes zu zweifeln, besteht hier kein Anlass. Das Land war insbesondere auch zuständig zum Erlass des Gesetzes. Denn das Recht der öffentlichen Sicherheit und Ordnung ist i.W. in der Zuständigkeit der Länder verblieben. **597**

Fraglich ist jedoch, ob § 14 OBG als Vorschrift des Sicherheitsrechts wirtschaftliche Betätigungen wie hier erfassen kann. Dies könnte als „Recht der Wirtschaft" iSv Art. 74 I Nr. 11 GG in die konkurrierende Zuständigkeit des Bundes fallen; dann könnte § 14 OBG hier nicht herangezogen werden. Denn Vorschriften des Landesrechts können bei verfassungskonformer Anwendung nur solche Sachverhalte erfassen, für die der Landesgesetzgeber zuständig ist. Sicherheitsrechtliche Vorschriften fallen unter Art. 74 I Nr. 11 GG, wenn sie sich mit spezifischen Gefahren bestimmter Wirtschaftszweige beschäftigen.[7] Der Bund könnte also ein Gesetz erlassen, das sich mit Laserspielen und ähnlichen Erscheinungsformen der Freizeitindustrie befasst. Ein derartiges Gesetz liegt jedoch nicht vor. Wird demgegenüber eine Vorschrift des allgemeinen Sicherheitsrechts zur Geltung gebracht, um Gefahren aus einer wirtschaftlichen Betätigung zu begegnen, so handelt es sich hierbei unverändert um Sicherheitsrecht. **598**

bb) § 14 OBG müsste eine verhältnismäßige Einschränkung der Berufsfreiheit bewirken. Die Norm selbst weist jedoch keine berufsregelnde Tendenz auf und wirkt als solche noch nicht als Eingriff in die Berufsfreiheit. Soweit sie in ihrer Anwendung Einschränkungen der Freiheit der Berufsausübung ermöglicht, müssen jedenfalls vernünftige Erwägungen des Gemeinwohls zugrundeliegen. Das Anliegen, Gefahren für die öffentliche Sicherheit und Ordnung zu begegnen, stellt eine solche vernünftige Erwägung des Gemeinwohls dar. Ob dann Einschränkungen der Berufsausübungsfreiheit verhältnismäßig sind, ist eine Frage der Anwendung des Gesetzes im Einzelfall. **599**

cc) § 14 OBG könnte allerdings zu unbestimmt sein, da die Begriffe der öffentlichen Sicherheit und Ordnung als Voraussetzung für Grundrechtseingriffe auslegungsbedürftig sind. Doch ist die Verwendung unbestimmter Rechtsbegriffe grundsätzlich nicht zu beanstanden, wenn sich ihre Bedeutung aus dem Gesamtzusammenhang der gesetzlichen Regelung ergibt, oder wenn dieser in der Rechtsprechung hinreichende Konkretisierung erfahren hat. Dies kann für den Begriff der *„öffentlichen Sicherheit oder Ordnung"* in den Eingriffsermächtigungen des Sicherheitsrechts als dessen Zentralbegriff schlechthin prinzipiell bejaht werden. Er ist in jahrzehntelanger Entwicklung in Rechtsprechung und Rechtswissenschaft hinreichend präzisiert, in seiner Bedeutung geklärt und im juristischen Sprachgebrauch verfestigt. **600**

Gleichwohl könnten bei Eingriffen in die Berufsfreiheit des Art. 12 I GG Bedenken deshalb bestehen, weil es sich hier um Grundrechtseingriffe handelt, für die die wesentlichen Voraussetzungen vom Gesetzgeber selbst geregelt werden müssen. In grundrechtsrelevanten Bereichen muss der parlamentarische Gesetzgeber die wesentlichen Fragen selbst entscheiden, darf sich also nicht mit einer bloßen Ermächti- **601**

7 *Degenhart*, in: Sachs, Art. 74 Rn 43.

gung an die Exekutive begnügen und dieser i.Ü. die Entscheidung überlassen.[8] Gegen diesen Parlamentsvorbehalt könnte es verstoßen, die allgemeine Eingriffsermächtigung des OBG als Grundlage für Beschränkungen der Berufsausübungsfreiheit heranzuziehen. Denn dann könnten die wesentlichen Fragen der Berufsfreiheit von der Exekutive nach eigenem Ermessen geregelt werden, an Stelle des parlamentarischen Gesetzgebers.

602 Wollte man freilich stets in diesem Sinn eine spezielle gesetzliche Regelung fordern, so könnte angesichts der unvorhersehbaren Vielgestaltigkeit der Erscheinungen des wirtschaftlichen Lebens die Exekutive ihrer Aufgabe, die Allgemeinheit vor Gefahren zu schützen, vor allem dann nicht nachkommen, wenn neuartige Formen gewerblicher Betätigung auch neuartige Gefährdungslagen begründen. In diesem Fall müssen jedenfalls die Generalklauseln des Sicherheitsrechts solange als gesetzliche Grundlage taugen, wie eine spezialgesetzliche Regelung noch nicht möglich oder erforderlich ist. Dies betrifft auch Gewerbe, die, wie im vorliegenden Fall, sich erst entwickeln und für die auch noch keine fest gefügten Berufsbilder vorhanden sind, für die daher auch noch keine Berufsordnungen oder sonstige wirtschaftsrechtliche Sonderordnungen normiert werden können. Hier bedeutet es keinen Verstoß gegen einen grundgesetzlichen Parlamentsvorbehalt, wenn der Gesetzgeber es zunächst bei der Maßgeblichkeit der sicherheitsrechtlichen Generalklausel belässt. § 14 OBG ist daher hinreichende gesetzliche Grundlage für ein Verbot.

603 c) Das Gesetz müsste jedoch auch in verfassungskonformer Weise angewandt worden sein. Das Bundesverfassungsgericht überprüft jedoch nur, ob Behörde und Gericht gegen spezifisches Verfassungsrecht verstoßen haben, nicht, ob sie einfaches Recht richtig angewandt haben. Es prüft insbesondere, ob Grundrechte in ihrer Bedeutung verkannt wurden, ob also die Berufsfreiheit der Fun-GmbH nicht oder nicht hinreichend gegenüber den Zielen berücksichtigt wurde, die die Behörde im Rahmen ihrer Eingriffsmaßnahme verfolgte, und ob die Entscheidung aus anderen Gründen verfassungswidrig ist.

604 aa) Die Behörde muss insbesondere ein legitimes Eingriffsziel verfolgt haben. Erforderlich sind vernünftige Gründe des Gemeinwohls. Es ging ihr um die Abwehr von Störungen der öffentlichen Sicherheit und Ordnung. Soweit es um Störungen der öffentlichen Sicherheit auf Grund von Nachahmereffekten und allgemeiner Herabsetzung von Hemmschwellen ging, könnte allerdings fraglich sein, ob hier bereits die für ein ordnungsbehördliches Einschreiten erforderliche Schwelle zur konkreten Gefahr überschritten war. Dies ist jedoch eine Frage der korrekten Auslegung des § 14 OBG durch Behörden und Gerichte und damit der Anwendung einfachen Rechts. Ob die von der Behörde angenommene Gefahr dann jedoch die Einschränkung des Grundrechts der Berufsfreiheit auf Seiten der Beschwerdeführerin rechtfertigen konnte, ist eine Frage verfassungskonformer Abwägung zwischen den Eingriffszielen der Behörde und dem Grundrecht der Beschwerdeführerin. Es handelt sich jedenfalls um vernünftige Erwägungen des Gemeinwohls, auf die in legitimer

8 Parlamentsvorbehalt, s. *Degenhart* Rn 30 ff., 309.

Weise Beschränkungen der Berufsausübungsfreiheit gestützt werden können. Dies gilt gleichermaßen für die Erwägung, bei den Laserspielen handle es sich um Veranstaltungen, die die Menschenwürde beeinträchtigen, und die deshalb zu verbieten seien. Denn wenn der Schutz der Würde des Menschen nach Art. 1 I 2 GG unmittelbare Verpflichtung der staatlichen Gewalt ist, so handelt es sich schon deshalb um ein verfassungsrechtlich legitimes Handlungsziel.[9] Das Grundgesetz garantiert den Schutz der Menschenwürde auch dann, wenn der Eingriff von privater Hand ausgeht. Gleiches gilt für die Achtung des menschlichen Lebens, wie sie durch Art. 2 II 1 GG gefordert wird. Aus den gleichen Erwägungen ist es auch unter grundrechtlichen Aspekten unerheblich, ob die Gefährdung der Menschenwürde sich in der Öffentlichkeit abspielt, oder innerhalb eines geschlossenen Teilnehmerkreises, wie von Seiten der Fun-GmbH geltend gemacht wurde. Die Behörde hat deshalb in verfassungsrechtlich nicht zu beanstandender Weise einen Verstoß gegen die öffentliche Ordnung bejaht. Denn zu den allgemein anerkannten Voraussetzungen für ein gedeihliches Zusammenleben gehören jedenfalls die Wertungen des Grundgesetzes. Wird zudem die Menschenwürde unmittelbar beeinträchtigt, wie im Fall der Tötungsspiele im Laserdrome, so bedeutet diese Gefährdung grundlegender Verfassungsgüter auch eine unmittelbare Gefährdung der öffentlichen Sicherheit.[10]

bb) Die Maßnahme war geeignet, den von der Behörde angenommenen Störungen **605**
der öffentlichen Sicherheit und Ordnung entgegenzuwirken. Sie war auch erforderlich. Die behördliche Verbotsverfügung wahrt das Gebot des geringst möglichen Eingriffs, da sie die Laserspiele nur insoweit verbietet, als sie auf das missbilligte „spielerische Töten" gerichtet sind. Insoweit ist die Erforderlichkeit der Maßnahme jedoch zu bejahen. Ob die Befürchtung einer allgemeinen Herabsetzung von Hemmschwellen in dieser Form angesichts noch nicht hinreichend gesicherter Erkenntnisse sich letztlich als zutreffend herausstellen wird, spricht nicht entscheidend dagegen. Denn angesichts der Bedrohung höchstwertiger Rechtsgüter bedeutet es keine Verkennung grundrechtlicher Maßstäbe, wenn die Behörde hier bereits gegen eine nur mögliche Beeinträchtigung einschreiten wollte.

cc) Auch ein Eingriff, der an sich geeignet und auch erforderlich ist, das angestrebte **606**
Eingriffsziel zu realisieren, muss jedoch in seiner Schwere in einem angemessenen Verhältnis zu eben diesem Eingriffsziel stehen. Beurteilt man hier zunächst die Intensität des Eingriffs, so ist in die Erwägung einzubeziehen, dass nach der Einlassung der Fun-GmbH Spiele der hier in Frage stehenden Art erforderlich sind, um auf dem „Freizeitmarkt" zu bestehen und den Betrieb ertragbringend führen zu können.

Auf der anderen Seite steht das Gebot, die Menschenwürde zu schützen, das im **607**
Rahmen des Schutzes der öffentlichen Ordnung behördlicherseits herangezogen wurde. Dann müssten zunächst Laserspiele, wie sie hier von der Beschwerdeführerin

---

9 Vgl. zur Bedeutung eines rechtlichen Schutzauftrags bei der Bewertung des Eingriffsziels *Degenhart* Rn 293, 315; *Michael*, JuS 2001, 654 (659); anders in diesem Zusammenhang *Schoch*, Jura 2003, 177 (180).

10 Dies ist dann von Bedeutung, wenn die ordnungsbehördliche Generalklausel des Landesrechts auf den Begriff der öffentlichen Ordnung verzichten sollte, s. *Frenz*, NVwZ 2005, 48.

veranstaltet werden, die Menschenwürde beeinträchtigen. Es handelt sich hier um ein tragendes Prinzip im System der Grundrechte. Es bezeichnet den sozialen Wert- und Achtungsanspruch des Einzelnen, der es verbietet, ihn zum bloßen Objekt zu machen. Eben dies aber geschieht, wenn die realitätsnahe, simulierte Tötung von realen Menschen zum spezifischen Reiz eines Unterhaltungsspiels gemacht wird. Denn hierdurch wird die Vorstellung von der Verfügbarkeit des Menschen als bloßes Objekt vermittelt, in dessen Leben und körperliche Integrität nach Belieben eingegriffen werden kann. Das simulierte Töten von Menschen widerspricht der gebotenen Achtung vor der Individualität, Integrität und Identität der menschlichen Persönlichkeit und steht damit im Widerspruch zum Menschenwürdesatz des Art. 1 I GG. Dagegen könnte eingewandt werden, die Spielhandlungen der Teilnehmer hätten deshalb keinen die Menschenwürde missachtenden Charakter, weil sie sich in die Situation freiwillig mit ihrem Einverständnis begeben.[11] Das Gebot, die Menschenwürde zu schützen, gilt jedoch als objektive Wertentscheidung der Verfassung unabhängig davon, ob der Einzelne seinerseits diesen Schutzanspruch einfordert oder darauf verzichtet. Die aus Art. 1 I GG herzuleitende Wertordnung der Verfassung steht nicht zur Disposition.

608 Es besteht auch ein Widerspruch zu den Wertmaßstäben des GG im Zusammenhang mit dem Recht auf Leben und körperliche Unversehrtheit aus Art. 2 II 1 GG. In der wirklichkeitsnahen Simulation authentischer Kampf- und Tötungsszenarien liegt dann die Gefahr der Abstumpfung des Individuums. Auch insoweit dient das Verbot dem Schutz der höchstrangigen Rechtsgüter des Grundgesetzes, der Menschenwürde und dem Recht des Individuums auf Achtung seiner Person und Integrität.

609 Damit aber stehen der Einschränkung der gewerblichen Betätigung der Beschwerdeführerin die hochrangigen Verfassungsgüter der Art. 1 I, 2 II 1 GG als objektive Prinzipien der Rechtsordnung gegenüber. Da insbesondere der Schutz der Menschenwürde durch das Schutzgebot des Art. 1 I 2 GG zwingend gefordert wird, das Recht auf Leben aber seinerseits Ausdruck des Menschenwürdesatzes ist, haben Behörde und Gerichte hier nicht die Bedeutung der Grundrechte verkannt, wenn sie hier dieses Schutzgebot gegenüber der Beschwerdeführerin durchgesetzt haben.

II. Gleichheitssatz des Art. 3 I GG

1. Ungleichbehandlung?

610 Wenn die Fun-GmbH geltend macht, gegen vergleichbare Videospiele werde nicht eingeschritten, so beruft sie sich damit auf den Gleichheitssatz des Art. 3 I GG. Dem könnte jedoch schon im Grundrechtstatbestand entgegenstehen, dass die Veranstaltung der Fun-GmbH wegen des Verstoßes gegen grundlegende verfassungsrechtliche Wertvorstellungen gegen die öffentliche Ordnung verstößt, die Beschwerdeführerin sich also außerhalb ihrer Grundrechte bewegt. Sie ist damit Störerin iSd Sicherheitsrechts. Daher könnte ihre Berufung auf den Gleichheitssatz schon des-

11 *Störmer*, NWVBl 1997, 313 (315).

halb unzulässig sein, weil keine **Gleichheit im Unrecht** gefordert werden kann. Der Störer als Adressat einer Maßnahme kann sich nicht darauf berufen, dass gegenüber einem anderen Störer noch nicht eingeschritten worden ist.

2. Sachlicher Differenzierungsgrund

Doch selbst dann, wenn man der Beschwerdeführerin hier die Berufung auf den Gleichheitssatz gestatten wollte, könnte hier die Ungleichbehandlung im Verhältnis zu den Betreibern von Videospielen gerechtfertigt sein. **611**

a) Hinsichtlich der Anforderungen an eine Ungleichbehandlung ist hier davon auszugehen, dass eine Ungleichbehandlung nicht von Personen oder Personengruppen, sondern nur von Sachverhalten vorliegt. Denn jeder der Betroffenen hat es in der Hand, durch eine entsprechende Gestaltung seines gewerblichen Angebots ein Verbot zu vermeiden.[12] Da der behördliche Eingriff sich zudem nur auf der Stufe einer Berufsausübungsregelung bewegt, also keinen intensiven Grundrechtseingriff bewirkt, genügt für die Rechtfertigung einer Ungleichbehandlung bereits ein sachlicher Grund, durch den Willkür ausgeschlossen wird.

b) Ein relevanter Unterschied zu Videospielen kann insbesondere darin gesehen werden, dass die dort noch bestehende Distanz zur Gewaltanwendung beim „Lazer-Gotcha“ aufgehoben wird, weil nicht mehr abstrakt-virtuelle Figuren, sondern lebendige Menschen Ziel der Kampfhandlungen sind.[13] Die bei Videospielen noch vorhandene Distanz zur Realität wird aufgehoben. Dahingehende Erwägungen sind jedenfalls nicht sachwidrig. Ein Verstoß gegen den allgemeinen Gleichheitssatz als Willkürverbot scheidet damit aus. **612**

III. Recht auf den gesetzlichen Richter, Art. 101 I 2 GG

1. Entzug des gesetzlichen Richters

Durch seine letztinstanzliche Entscheidung könnte das Bundesverwaltungsgericht die Fun-GmbH in ihrem Recht auf den gesetzlichen Richter dadurch verletzt haben, dass es unterließ, dem Europäischen Gerichtshof nach Art. 234 EG die Frage vorzulegen, ob das Verbot eine unzulässige Beschränkung von Grundfreiheiten nach dem EG bewirkt. **613**

a) Dann müsste der EuGH gesetzlicher Richter iSv Art. 101 I 2 GG sein. Dies ist zu bejahen.[14] Denn er hat die Qualität eines Gerichts, er entscheidet in richterlicher Unabhängigkeit in Fällen verletzten oder bestrittenen Rechts, übt also materiell Rechtsprechungfunktionen aus. Seine Zuständigkeiten sind gesetzlich bestimmt. Seine Entscheidungen haben Rechtskraft und sind innerstaatlich zu beachten. Durch das Recht der EG und das nationale Recht ist also der EuGH zur Entscheidung in konkreten Rechtssachen berufen und ist dann gesetzlicher Richter. **614**

12 Vgl. *Pieroth/Schlink* Rn 438.
13 OVG RhPf GewArch 1994, 374 (376).
14 BVerfGE 73, 339, 366.

615 b) Es müsste ein „Entzug“ des gesetzlichen Richters vorliegen. Es müsste also im Verfahren vor dem BVerwG eine Vorlagepflicht bestanden haben, der das Gericht nicht nachgekommen ist. Dies setzt voraus, dass sich ihm eine Vorlagefrage stellt, über die nach Art. 234 I, II EG der EuGH zu entscheiden hat und dass darüber hinaus die Voraussetzungen für eine Vorlagepflicht nach Art. 234 III EG gegeben sind. Hier könnte eine Vorlagefrage nach Art. 234 I lit. a) gegeben sein. Dies ist zu bejahen, denn das behördliche Verbot, um das es im Verfahren geht, betrifft einen grenzüberschreitenden Sachverhalt. Es hindert die Fun-GmbH in der Umsetzung des mit einem Vertragspartner in einem anderen Mitgliedstaat der EG geschlossenen Franchisevertrags, bedeutet also ein Hindernis für die Dienstleistungsfreiheit nach Art. 49 EG. Derartige Hindernisse aus nationalen Maßnahmen müssen nach der Rechtsprechung des EuGH durch zwingende Gründe des Allgemeinwohls gerechtfertigt sein. Die von der Beschwerdeführerin dargelegte abweichende Praxis in anderen Mitgliedstaaten, wo Laserspiele der fraglichen Art nicht beanstandet werden, lässt fraglich erscheinen, ob eine entsprechende Rechtsüberzeugung in den Mitgliedstaaten besteht. Insoweit besteht Klärungsbedarf durch den EuGH. Die Beantwortung dieser Frage ist auch für die Entscheidung des nationalen Gerichts erforderlich, da bei Unvereinbarkeit mit Gemeinschaftsrecht die Bestimmungen des nationalen Rechts nicht anzuwenden sind. Die Frage ist also entscheidungserheblich. Dies fordert Art. 234 II EG für die Vorlageberechtigung. Ob eine Vorlagepflicht bestand, bestimmt sich nach Art. 234 III EG. Zur Vorlage verpflichtet sind danach letztinstanzliche Gerichte. Das Bundesverwaltungsgericht fällt darunter, da seine Entscheidung nicht mehr mit Rechtsmitteln des nationalen Rechts angefochten werden kann; der außerordentliche Rechtsbehelf der Verfassungsbeschwerde ist kein Rechtsmittel in diesem Sinn. Das BVerwG hatte deshalb dessen Vorabentscheidung zu der Frage einzuholen, ob der EG-Vertrag hier Beschränkungen der Warenverkehrs- und Dienstleistungsfreiheit entgegenstand.[15]

2. Verstoß gegen Verfassungsrecht

616 Ein Verstoß gegen das Recht auf den gesetzlichen Richter liegt jedoch nur dann vor, wenn das Gericht spezifisches Verfassungsrecht verletzt hat, nicht schon bei bloß fehlerhafter Anwendung einfachen Verfahrensrechts, dem „error in procedendo“. Wird allerdings die prinzipielle Zuständigkeitsabgrenzung zwischen EuGH und innerstaatlicher Rechtsprechung nicht gewahrt, so liegt hierin auch ein Verfassungsverstoß, ohne dass notwendig Willkür vorliegen müsste. Einen Verfassungsverstoß bedeutet insbesondere die Nichtvorlage an den EuGH entgegen Art. 234 EG, wenn sie überhaupt nicht in Erwägung gezogen wird, ein Gericht bewusst von der Rspr. des EuGH abweicht oder – bei Fehlen einer EuGH-Rspr. – sich auf Mindermeinungen in strittigen Fragen des Europarechts stützt.[16] Der Sachverhalt lässt hier

15 S. BVerwGE 115, 189.

16 Zusammenfassend zum EuGH als gesetzlichem Richter BVerfGE 82, 159 (195 f.) sowie BVerfG DÖV 2001, 379 = JZ 2001, 923; s. hierzu *Heitsch*, EuGRZ 1997, 461 (462).

darauf schließen, dass eine Vorlage zum EuGH überhaupt nicht in Erwägung gezogen wurde. Damit aber ist Art. 101 I 2 GG verletzt. Insoweit ist die Verfassungsbeschwerde begründet.

C. Entscheidung des Bundesverfassungsgerichts

Das BVerfG wird nach § 95 I BVerfGG feststellen, dass durch die letztinstanzliche Entscheidung des Bundesverwaltungsgerichts die Beschwerdeführerin in ihrem Recht aus Art. 101 I 2 GG verletzt wurde, die Entscheidung aufheben und an das BVerwG nach § 95 II BVerfGG zurückverweisen. Eine Aufhebung der vorgehenden Gerichtsentscheidungen und der Verwaltungsentscheidung kommt demgegenüber nicht in Betracht, da sich der Verfassungsverstoß ausschließlich auf die Entscheidung des Bundesverwaltungsgerichts, das als letztinstanzliches Gericht allein eine Vorlagepflicht hatte, beschränkt. **617**

2. Teil: Vorlagefrage

1. Dienstleistungsfreiheit, Art. 49 EG

a) Um die vorgelegte Frage beantworten zu können, ist zunächst zu ermitteln, inwieweit das Verbot geeignet ist, die Ausübung der Grundfreiheiten des EGV zu behindern. Hier könnte die Dienstleistungsfreiheit nach Art. 49 EG beeinträchtigt sein. Der Franchisegeber erbringt dem Franchisenehmer gegenüber eine wirtschaftliche Dienstleistung, wenn er ihm das Recht einräumt, seine Geschäftsidee zu nutzen. Diese Dienstleistung wird zwischen Mitgliedstaaten der Gemeinschaft erbracht. Der Schutzbereich der Dienstleistungsfreiheit ist also eröffnet. Das Verbot auf der Grundlage des nationalen Rechts bedeutet damit eine Beschränkung der Dienstleistungsfreiheit.[17] **618**

b) Diese könnte jedoch gerechtfertigt sein. **619**

aa) Die Behörde handelte zum Schutz der öffentlichen Ordnung. Daher könnten die ausdrücklich genannten Rechtfertigungsgründe nach Art. 46 EG, die nach Art. 55 EG für die Dienstleistungsfreiheit sinngemäß gelten, zur Anwendung kommen. Der Schutz der öffentlichen Ordnung ist dort ausdrücklich genannt. Ist die Beschränkung bereits hiernach zu rechtfertigen, so kommt es nicht mehr darauf an, ob sie unterschiedslos für alle Dienstleister im Inland und in anderen Mitgliedstaaten gilt und deshalb auch aus anderen Gründen als den ausdrücklich im Vertrag genannten Rechtfertigungsgründen gerechtfertigt werden kann, insbesondere aus zwingenden Erfordernissen des Allgemeininteresses.[18]

---

17 Da es sich beim Verbot um einen eindeutigen hoheitlichen Eingriff handelt, braucht hier weder das Vorliegen einer Behinderung in entsprechender Anwendung der Dassonville-Formel, noch die Staatlichkeit der Maßnahme näher erörter zu werden.

18 Sog. erweiterte Cassis-Formel, vgl. *Streinz* JuS 2005, 63, 65. – Näher im Repetitoriumsteil zu Fall 17.

620 Hier könnte sich die Bundesrepublik auf Gründe der öffentlichen Ordnung berufen, wenn darunter auch der Schutz der Menschenwürde fällt. Dies wäre dann jedenfalls zu bejahen, wenn es sich hierbei um ein auch gemeinschaftsrechtlich legitimes Regelungsziel handelt. Der Schutz der Menschenwürde könnte insbesondere als ein Gemeinschaftsgrundrecht gelten. Der Schutz der Grundrechte gehört, wie der EuGH in gefestigter Rechtsprechung dies anerkennt,[19] zu den allgemeinen Rechtsgrundsätzen, die der Gerichtshof zu sichern hat. Auch der Schutz der Menschenwürde zählt hierzu. Er verpflichtet die Gemeinschaft und die Mitgliedstaaten und kann daher Beschränkungen der Dienstleistungsfreiheit rechtfertigen.

621 bb) Eine solche Beschränkung muss den Anforderungen der Verhältnismäßigkeit entsprechen. Es dürfen keine geringer belastenden Maßnahmen in Betracht kommen. Gegen die Erforderlichkeit des Verbots könnte hier nun sprechen, dass, wie auch die Klägerin im Ausgangsverfahren eingewandt hat, andere Mitgliedstaaten vergleichbare Beschränkungen nicht für erforderlich halten. Den Mitgliedstaaten muss jedoch ein eigener Beurteilungsspielraum in der Frage eingeräumt werden, welche Intensität im Schutz der Menschenwürde sie als erforderlich erachten. Da das Verbot sich mit dem simulierten Tötungshandeln auf bestimmte Varianten des Laserspiels beschränkt, schränkt es die Dienstleistungsfreiheit nach Art. 49 EG nicht weiter ein, als erforderlich. Das Verbot ist daher gerechtfertigt.

2. Warenverkehrsfreiheit

622 Soweit die Fun-GmbH auch Spielgeräte vom Franchisegeber bezieht, könnte auch die Warenverkehrsfreiheit nach Art. 28 EG beeinträchtigt sein. Wenn aber, wie hier, sowohl die Dienstleistungs- als auch die Warenverkehrsfreiheit betroffen sind, aber eine der beiden Freiheiten eindeutig im Vordergrund steht, prüft der Gerichtshof nur diese. Beim Franchise-System liegt nun der Schwerpunkt bei der Nutzung der Geschäftsidee und des technischen Konzepts, während der Bezug von Geräten dahinter klar zurücktritt. Der EuGH wird daher die Warenverkehrsfreiheit nicht eigens prüfen. Deren Beschränkung wäre freilich aus den gleichen Erwägungen gerechtfertigt.

Repetitorium

I. Parlamentsvorbehalt

623 In „wesentlichen" Fragen, Fragen, die für das Gemeinwesen von maßgeblicher Bedeutung sind, darf nicht am Parlament vorbei entschieden werden, besteht also ein Parlamentsvorbehalt.

19 Der Hinweis auf die Rspr des EuGH ist hier sinnvoll, da es für die Gemeinschaftsgrundrechte keine unmittelbaren positiven Rechtsquellen gibt, ihr eigentlicher Geltungsgrund also die Rechtsprechung des EuGH hierzu ist.

Regelmäßig ist dies gleichbedeutend mit dem Vorbehalt des Gesetzes – also der Notwendigkeit einer ausdrücklichen gesetzlichen Ermächtigung für das Handeln der Exekutive, wie sie vor allem, aber nicht nur, für Eingriffsmaßnahmen (*Degenhart* Rn 288) gilt. Dessen Wurzel liegt einerseits im Rechtsstaatsgebot des Art. 20 III GG (s. dazu *Degenhart* Rn 287 ff.) und den Grundrechten (s. dazu *Pieroth/Schlink* Rn 273), aber eben auch im Demokratiegebot. Das parlamentarische Verfahren und die parlamentarische Öffentlichkeit sollen rechtsstaatliche und demokratische Legitimation gewährleisten. Besonders deutlich wird dies für kontrovers diskutierte Entscheidungen in grundrechtsrelevanten Bereichen.[20] Das Parlament muss dabei die wesentlichen Fragen selbst entscheiden, darf sich also nicht mit einer bloßen Ermächtigung an die Exekutive begnügen und dieser i.Ü. die Entscheidung überlassen. Dies ist gemeint, spricht man vom Parlamentsvorbehalt für wesentliche Entscheidungen. Insoweit geht der Parlamentsvorbehalt über den bloßen Gesetzesvorbehalt hinaus: für Letzteren genügt es, dass überhaupt eine gesetzliche Ermächtigungsgrundlage vorhanden ist. Ersterer verlangt, dass diese Ermächtigungsgrundlage auch hinreichend bestimmt ist.

Für den Erlass von RVOen hat der Parlamentsvorbehalt in Art. 80 I 2 GG seinen **624**
Ausdruck gefunden. Insoweit braucht nicht mehr auf einen allgemeinen Parlamentsvorbehalt zurückgegriffen werden.

> Die Unterscheidung zwischen Vorbehalt des Gesetzes und Parlamentsvorbehalt wird aus dem vorstehenden Fall deutlich. Für die Anordnung der Behörde ist zunächst eine Ermächtigung in einem formellen Gesetz erforderlich, da es sich hier um einen Eingriffsakt handelt. Eine solche Ermächtigungsgrundlage ist in der ordnungsbehördlichen Generalklausel zu sehen. Insoweit ist also dem Gesetzesvorbehalt genügt.

Wenn aber, wie im vorstehenden Fall, die Ausübung eines bestimmten Gewerbes verboten wird, so könnte fraglich sein, ob die ordnungsbehördliche Generalklausel dies noch trägt. Denn das Verbot bedeutet einen intensiven Eingriff in das Grundrecht aus Art. 12 I GG. Deshalb könnte es erforderlich sein, dass der parlamentarische Gesetzgeber selbst die Befugnis der Behörden, ein derartiges Verbot auszusprechen und die näheren Voraussetzungen hierfür regelt. Es könnte also ein gegenüber dem Vorbehalt des Gesetzes weitergehender Parlamentsvorbehalt eingreifen.

Andererseits könnte dann die Verwaltung ihrer Aufgabe zur Gefahrenabwehr nur **625**
unzureichend nachkommen: der Gesetzgeber kann nicht jede denkbare Gefährdungslage im Voraus erfassen, Generalklauseln sind deshalb unverzichtbar, um auch neu sich ergebende Gefahrenlagen zu bewältigen. Daher müssen die Generalklauseln des Sicherheitsrechts solange als Ermächtigungsgrundlage taugen, wie eine spezialgesetzliche Ermächtigungsgrundlage mangels hinreichender gesicherter Erkenntnisse noch nicht geschaffen werden kann.

20 Vgl. zB BVerfGE 34, 165 (192 f.); 41, 251 (269); 45, 400 (417); 49, 89 (126).

Die Reichweite des grundgesetzlichen Parlamentsvorbehalts betrifft auch die Frage, ob die polizeiliche Generalklausel Eingriffe in die Berufsfreiheit zu rechtfertigen vermag, wenn damit ein bestimmtes Gewerbe generellen Beschränkungen wie im vorstehenden Fall unterworfen wird. Sie kann bedeutsam werden, wenn Einschränkungen der Berufsfreiheit in berufständischen Satzungen enthalten sind (Rn 291), wie generell bei der Regelung grundrechtsrelevanter Fragen durch untergesetzliches Recht.

Zur Wiederholung: *Degenhart* Rn 30–35.

Aktuelle Rechtsprechung: BVerfGE 108, 282 (Kopftuchstreit).

Weitere Fälle im thematischen Zusammenhang: *Schmidt-Radefeld,* Einsatz und Rückruf von Streitkräften im Ausland, Jura 2003, 201; *Kremer*, Prüfungen ohne Ende: Qualitätskontrollen bei der Anwaltschaft?, Jura 2002, 775.

II. Art. 1 GG in der Fallbearbeitung

1. Schutz der Menschenwürde – Abwehr von Eingriffen

626 **Anwendungsfälle** der Menschenwürdegarantie des Art. 1 I GG liegen seltener in unmittelbaren Eingriffen gerade in dieses Grundrecht, als vielmehr in der Verstärkung anderweitiger Grundrechtsgarantien: Eingriffe in Grundrechte dürfen nicht deren Menschenwürdekern verletzen. Dieser bildet über Art. 79 III GG auch eine Sperre für Verfassungsänderungen.

627 Als unmittelbarer Anwendungsfall des Art. 1 I GG kann das allgemeine Persönlichkeitsrecht gelten, das aus Art. 2 I GG in Verbindung mit Art. 1 I GG hergeleitet wird. Daraus folgt für die Fallbearbeitung: soweit Einzelgrundrechte thematisch einschlägig sind, sollten diese herangezogen werden. Auf der Rechtfertigungsebene kann dann als Element der Verhältnismäßigkeitsprüfung auch darauf abgestellt werden, dass ein Eingriff den unantastbaren Menschenwürdekern des Grundrechts berührt, vor allem bei höchstpersönlichen Rechtsgütern. Dies kann zB Begleitumstände einer körperlichen Untersuchung oder einer Freiheitsentziehung betreffen. In derartigen Fällen geht es um den Schutz der Persönlichkeit des Menschen in seiner Individualität, Freiheit und seinem Geltungsanspruch als Person, es darf keine Herabwürdigung zum „Objekt" stattfinden. Damit ist die sog. *„Dürig'sche Objektformel"* angesprochen, die nach wie vor die Auslegung des Art. 1 GG maßgeblich bestimmt: *„Mit der Menschenwürde ist der soziale Wert- und Achtungsanspruch des Menschen geschützt, der es verbietet, den Menschen zum bloßen Objekt des Staates zu machen oder ihn einer Behandlung auszusetzen, die seine Subjektqualität prinzipiell in Frage stellt.*"[21] Die – u.U. auch unbefristete – präventive Unterbringung von gefährlichen Straftätern sieht BVerfGE 109, 133 nicht als menschenwürdewidrig, wenn die Sicherungsverwahrung jedenfalls die Option auf ein selbstbestimmtes Leben offenhält und deshalb die „Eigenständigkeit" des Untergebrachten (als Person) noch wahrt.

21 BVerfGE 109, 133 (149 f.).

Unantastbarkeit der Menschenwürde bedeutet, dass sie keiner Abwägung zugänglich ist. Deshalb hat das Persönlichkeitsrecht aus Art. 2 I i.V.m. Art. 1 I GG stets Vorrang gegenüber der Meinungsfreiheit, wenn die Menschenwürde des Angegriffenen verletzt ist.[22] Deshalb gilt auch das Verbot der **Folter** – als Eingriff in das Recht auf körperliche Unversehrtheit (Art. 2 II 1 GG) – absolut. Diese Absolutheit der Menschenwürde wird neuerdings allerdings in Teilen des Schrifttums in Frage gestellt, so insbesondere in der Neukommentierung des Art. 1 GG bei *Maunz/Dürig*, was u.a. das Folterverbot betrifft. Das BVerfG äußert sich hierzu jedoch recht klar: *„Zwar wird es stets Formen von besonders gravierender Kriminalität und entsprechende Verdachtssituationen geben, die die Effektivität der Strafrechtspflege als Gemeinwohlinteresse manchem gewichtiger erscheinen lässt als die Wahrung der menschlichen Würde des Beschuldigten. Eine solche Wertung ist dem Staat jedoch durch Art. 1 Abs. 1, Art. 79 Abs.3 GG verwehrt"*.[23] 628

In Anwendung der Objektformel kann Art. 1 I GG neben etwa betroffenen Spezialgrundrechten auch als selbstständige Grundrechtsgewährleistung herangezogen werden. Als Abwehrrecht gegen unmittelbare staatliche Eingriffe wird Art. 1 GG gleichwohl nur selten heranzuziehen sein (vgl. die Beispiele bei *Pieroth/Schlink* Rn 362).

Nicht uneingeschränkte Zustimmung fand die Entscheidung des BerlVerfGH, der in der Durchführung eines Strafverfahrens gegen einen angeblich todkranken ehemaligen DDR-Machthaber keinen Sinn mehr und deshalb auch dessen Menschenwürde als verletzt sah.

Die Menschenwürdegarantie des Art. 1 I GG wirkt über Art. 79 III GG als Schranke gegenüber **Verfassungsänderungen**, die den Grundrechtsteil des Grundgesetzes betreffen. Die Einzelgrundrechte des Grundgesetzes selbst fallen nicht unter die Unabänderlichkeitssperre, wohl aber die Grundsätze des Art. 1 und damit die Einzelgrundrechte in ihrem Menschenwürdekern. Deshalb muss die akustische Wohnraumüberwachung einen unantastbaren Kernbereich privater Lebensgestaltung respektieren; – s. Repetitorium zu **Fall 14**. 629

2. Positive Schutzpflichten und Eingriffsrechtfertigung

Auf die Menschenwürde wird häufig auch zurückgegriffen, um **Eingriffe** in andere Grundrechte zu rechtfertigen, besonders bei solchen Grundrechten, die, weil an sich schrankenlos gewährleistet, nur auf Grund anderweitiger Verfassungsgüter beschränkt werden können (verfassungsimmanente Schranken, Rn 731 für Art. 4 GG). So können Beschränkungen der Freiheit der Kunst oder der Wissenschaft dann gerechtfertigt sein, wenn die fragliche Betätigung die Menschenwürde anderer verletzt. Der Staat ist dann sogar verpflichtet, einzuschreiten. Denn für die Menschen- 630

22 Beispiel aus der Rspr.: BVerfGE 75, 369.
23 BVerfGE 109, 275 (314).

würdegarantie des Art. 1 I GG braucht eine Schutzpflicht nicht erst im Wege der Auslegung begründet zu werden (Rn 756 ff.); sie folgt unmittelbar aus Art. 1 I 2 GG.

So auch im vorliegenden Fall. Auch die bekannten Peepshow-Fälle sind in diesen Zusammenhang einzureihen. Auch hier geht es darum, dass der Staat Eingriffe in die Menschenwürde durch Dritte zu verhindern hat. Ob er die Betroffenen auch gegen ihren eigenen Willen in ihrer Menschenwürde schützen muss, ist allerdings strittig, wurde insbesondere in den Peepshow-Fällen kontrovers beurteilt, wo der Verstoß gegen die Menschenwürde in der „entpersonifizierenden Schaustellung als Objekt" gesehen wurde – auch hier also der Rückgriff auf die Objektformel. Allerdings sollte hier zurückhaltend argumentiert werden: nicht alles, was geschmacklos ist, verstößt deshalb schon gegen die Menschenwürde. Es handelt sich hier um einen fundamentalen Verfassungsgrundsatz, der nicht inflatorisch gebraucht werden sollte. Dies betrifft etwa gewisse Formate einiger privater Rundfunkveranstalter.

Die aktuell intensiv diskutierten Fragen der **Fortpflanzungsmedizin** und der Embryonenforschung berühren Art. 1 I GG ebenfalls unter dem Gesichtspunkt grundrechtlicher Schutzpflichten.[24]

631 Zu beachten ist jedoch: Allein die Existenz einer Schutzpflicht ermächtigt noch nicht zum Eingriff, hierfür bedarf es einer **Eingriffsgrundlage** (wie im vorstehenden Fall der ordnungsbehördlichen bzw. polizeilichen Generalklausel). Bei deren Anwendung kann dann allerdings auf Art. 1 I GG abgestellt werden. So kann insbesondere der Menschenwürdesatz den Begriff der *öffentlichen Ordnung* ausfüllen: menschenunwürdige Veranstaltungen können unter Berücksichtigung des Art. 1 I GG als eines objektiven Prinzips der Rechtsordnung eben auch Verstöße gegen die öffentliche Ordnung sein. Das behördliche Ermessen in der Frage des Einschreitens kann durch das Bestehen einer Schutzpflicht bis auf Null reduziert sein.

Im Konflikt mit Äußerungsfreiheiten, insbesondere auch innerhalb der Privatrechtsordnung, setzt die Menschenwürde eine **absolute Grenze** – sie ist nicht abwägungsfähig. Deshalb hat das Persönlichkeitsrecht aus Art. 2 I i.V.m. Art. 1 I GG stets Vorrang gegenüber der Meinungsfreiheit, wenn die Menschenwürde des Angegriffenen verletzt ist.[25]

Dies wurde auch in den *Benetton-Fällen* relevant: Der BGH sah in der Darstellung menschlichen Elends (Aidskranke) zum Zweck der Imageförderung eine zynische Herabsetzung der Menschenwürde der Betroffenen und bewertete sie als sittenwidrig im Rahmen der **Generalklausel** des § 1 UWG a.F. – auch hier also spielten grundrechtliche Wertungen eine zentrale Rolle im Rahmen von Generalklauseln des Privatrechts. BVerfGE 102, 347 sah hierbei die Meinungsfreiheit unterbelichtet. BGHZ 149, 247 beharrte auf seiner Position und wurde durch BVerfGE 107, 275 erneut aufgehoben. Es verneint eine Verletzung der Menschenwürde, da die Darstellung dem Betrachter die Interpretation überlässt und die Betroffenen nicht etwa verhöhnt oder erniedrigt werden.

24 S. zB *Starck*, JZ 2002, 1065.
25 Beispiel aus der Rspr.: BVerfGE 75, 369.

Die Fallgestaltung zeigt allerdings auch, dass der Schutz der Menschenwürde so „absolut" wiederum nicht ist: der maßgebliche Wertungsvorgang wird letztlich nur von der Rechtfertigungs- auf die Schutzbereichsebene vorverlegt: durch welche Art von Äußerungen wird die Menschenwürde berührt? **632**

Einen entsprechenden Abwägungsvorgang nimmt auch BayVGH NJW 2003, 1618 im Fall *„Körperwelten"* vor. Hier ging es um Einschränkungen der **Freiheit der Wissenschaft und der Kunst**, Art. 5 III GG, für die wiederum nur verfassungsimmanente Schranken in Betracht kommen (Rn 750). Hier waren gegenüber der Anwendung von Bestimmungen des Bestattungsrechts die Freiheiten des Art. 5 III GG geltend gemacht worden. Um deren Einschränkung zu rechtfertigen, war zurückzugreifen auf Art. 1 I GG, dessen Schutz die fraglichen Bestimmungen dienten. Wenn die Ausstellung die Menschenwürde verletzte, durfte dagegen eingeschritten werden. Dies wurde im Wege einer wertenden Abwägung festgestellt. Diese fiel unterschiedlich aus für Teile der Ausstellung, die wissenschaftlich-didaktischen Zwecken dienten, und für Teile, bei denen es allein um die formal-künstlerische Präsentation ging.

3. Menschenwürde als europäisches Grundrecht

Auch die Gemeinschaftsrechtsordnung zielt auf die Achtung der Menschenwürde als eines allgemeinen Rechtsgrundsatzes des Gemeinschaftsrechts ab. Dies bedeutet: das Ziel, die Menschenwürde zu schützen, ist ein auch nach Gemeinschaftsrecht legitimes Ziel, das auch die Einschränkung von Grundfreiheiten rechtfertigen kann. Dies gilt für Maßnahmen der Gemeinschaft wie der Mitgliedstaaten, die ja gleichermaßen zum Schutz der Gemeinschaftsgrundrechte verpflichtet sind. Voraussetzung ist, dass die Beschränkung verhältnismäßig ist. In der Frage, wie die Menschenwürde zu schützen ist, steht den Mitgliedstaaten ein Einschätzungsspielraum zu. **633**

4. Exkurs: Menschenwürde und Grundrechte des Art. 2 II GG in Extremsituationen

Die Menschenwürdegarantie des Art. 1 I GG steht im Mittelpunkt kontrovers diskutierter Versuche, Extremsituationen wie terroristische Bedrohung und Entführungen mit den Mitteln des Verfassungsrechts zu bewältigen. Dies betrifft das Verbot der Folter – die ja das Folteropfer zum Objekt staatlichen Handelns herabstuft und zudem auch gegen das Misshandlungsverbot des Art. 104 I 2 GG als Ausdruck der Menschenwürdegarantie verstößt; die Absolutheit des Folterverbots wegen der Unantastbarkeit der Menschenwürde wird nicht mehr uneingeschränkt vertreten: es könne Situationen geben, in denen der Würdeschutz eines Täters gegenüber der Schutzpflicht für das Leben des Opfers und dessen Menschenwürde zurücktreten müsse.[26] Die Thematik wird fallmäßig behandelt bei *Burgi/Teuber*, NWVBl 2004, 401. Kontrovers diskutiert wird auch das neue Luftsicherheitsgesetz, das bei Terroraktionen nach dem Vorbild des 11. September den Abschuss auch einer vollbesetzten **634**

26 Vgl. *Starck*, in: von Mangoldt/Klein/Starck, GG I, 5. Aufl. 2005, Art. 1 Rn 79.

Passagiermaschine erlaubt, und damit die Tötung der Insassen. Es ist dies ein Problem des Art. 2 II 1 GG: der Abschuss greift in das Leben der unbeteiligten Insassen ein; dieser Eingriff erfolgt andererseits in Erfüllung einer staatlichen Schutzpflicht wiederum für das Leben Unbeteiligter – darf hier rein quantitativ Leben (100 Insassen des Flugzeugs) gegen Leben (1000 und mehr Opfer am Boden) abgewogen werden? Und kann etwa das Leben der Ersteren geringer gewichtet werden, weil sie ohnehin schon todgeweiht sind? Und wird mit dieser Betrachtungsweise nicht der Einzelne zum Objekt staatlichen Handelns, zum bloßen Rechnungsposten? Die Thematik wird fallmäßig behandelt bei *Sittard/Ulbrich*, JuS 2005, 432[27] – dort auch zu den mit dem Einsatz der Bundeswehr im Innern zusammenhängenden Fragen.

Zur Wiederholung: *Pieroth/Schlink* Rn 349–366.

Aus der Ausbildungsliteratur: *Streinz*, JuS 2005, 63 – zu EuGH vom 14.10.2004; *Szczekella*, „Laserdrome“ goes „Luxemburg“, JA 2002, 992; *Reich*, Europarecht – zu EuGH vom 14.10.2004; *Ehlers*, Die Grundrechte des europäischen Gemeinschaftsrechts, Jura 2002, 468; *Aubel*, Das menschenunwürdige Laserdrome, Jura 2004, 255; *Enders*, Würde- und Lebensschutz im Konfliktfeld von Biotechnologie und Fortpflanzungsmedizin, Jura 2003, 666.

Aktuelle Rechtsprechung: EuGH NVwZ 2004, 1471 (Laserdrome); BVerfGE 109, 279 – Großer Lauschangriff und Menschenwürde.

Weitere Fälle im thematischen Zusammenhang: *Calliess/Kallmeyer,* Abwehrrechte und Schutzpflichten aus Grundrechten, JuS 1999, 785; *Stock,* „Zwergenwerfen“ und Menschenwürde, NWVBl 1994, 195; *Burgi/Teuber*, Die Folter im Polizeirecht, NWVBl 2004, 401; *Sittard/Ulbrich*, Fortgeschrittenenklausur – Öffentliches Recht: Das Luftsicherheitsgesetz, JuS 2005, 432.

27 Dort für Zulässigkeit; anders *Hartleb*, NJW 2005, 1397.

Fall 11

Korruptionsbericht

Schwierigkeitsgrad: Examensklausur, 5 Std.,
evtl. einer der beiden Teile auch Fortgeschrittenenübung

Nachdem sich im Verlauf des Jahres 2005 die Meldungen über Korruptionsfälle in der Wirtschaft häufen und auch große deutsche „Vorzeigeunternehmen" wie zB der Autoindustrie sowie die Rundfunkanstalten der ARD betreffen, beschließt die Bundesregierung ein entschiedeneres Vorgehen dagegen. Zum einen werden die einschlägigen Tatbestände des Strafgesetzbuchs ausgeweitet und verschärft. Zum anderen will die Bundesregierung aufklärend wirken. Zu diesem Zweck will sie künftig jährlich einen „Korruptionsbericht" veröffentlichen. **635**

Der erste Bericht dieser Art soll im April 2006 auf einer Pressekonferenz des Bundeswirtschaftsministers der Öffentlichkeit vorgestellt werden. Neben statistischen Angaben über die Zahl der aufgedeckten Fälle, der eingeleiteten Ermittlungsverfahren und die Verteilung über die einzelnen Branchen sollen auch exemplarische Einzelfälle geschildert werden.

Bereits Ende 2005 gelangen Einzelheiten aus dem Korruptionsbericht nach außen. Der Bericht soll sich offenbar einerseits auf die Automobilindustrie als „Schlüsselindustrie" und andererseits auf die Medienwirtschaft konzentrieren. Exemplarisch genannt wird zum einen der Fall des traditionsreichen deutschen Kfz-Herstellers „German Car Group AG" (GCG AG) und seines ehemaligen Topmanagers Rambo Raffke (R). So wird berichtet, R habe hohe Schmiergeldzahlungen erhalten, um die Standortentscheidung der German Car Group für eine neue Produktionsstätte zu beeinflussen. Er sei zudem an einer Werbeagentur beteiligt gewesen, über die der gesamte Werbeetat der German Car Group abgewickelt worden sei. Die Marktverhältnisse seien hierdurch erheblich beeinträchtigt worden. Auch sonst seien Angehörige des Managements an Firmen beteiligt, die mit der German Car Group in Geschäftsbeziehungen stünden. Hierfür liegen der Bundesregierung tatsächlich tragfähige Beweise wie glaubwürdige Zeugenaussagen, Überweisungsbelege, Registerauszüge u.a.m. vor. R und der jetzige Vorstand der German Car Group waren zu der Angelegenheit befragt worden, hatten aber die Aussage verweigert.

Ferner wird im Korruptionsbericht der Fall des bis Ende 2005 bei einer Rundfunkanstalt der ARD angestellten, inzwischen im Vorruhestand befindlichen Fernsehmoderators Gustav Greif geschildert. Dieser stehe in Verdacht, von Musikverlagen und Agenten hohe Zuwendungen erhalten zu haben, um die bei ihnen unter Vertrag stehenden Künstler günstig in den einschlägigen Sendungen zu platzieren bzw. deren Titel zu lancieren. Gegen ihn sei Haftbefehl wegen des Verdachts der Bestechlichkeit bzw. Vorteilsannahme und der Steuerhinterziehung erlassen worden. Auch in diesem Fall liegen tragfähige Beweise vor, die den Verdacht erhärten.

Sowohl der Vorstand der German Car Group als auch Greif sind alarmiert. Sie fordern den Bundeswirtschaftsminister dringend auf, nicht in identifizierbarer Weise über sie zu berichten. Dieser lehnt es jedoch ab, sich vorher festzulegen.

Daraufhin reicht die German Car Group, vertreten durch ihren jetzigen Vorstand Norbert Nimm am 01. Februar 2006 beim Verwaltungsgericht Berlin Klage gegen die Bundesrepublik Deutschland ein, mit dem Antrag, die Beklagte zu verurteilen, jegliche Berichterstattung über etwaige behauptete Schmiergeldzahlungen an R im Zusammenhang mit der Standortentscheidung sowie über angebliche Firmenbeteiligungen von Angehörigen ihres Managements zu unterlassen. Hierdurch würden Ruf und Ehre des Unternehmens nachhaltig geschädigt, das Vertrauen in dessen Produkte erschüttert und seine Position im Wettbewerb mit ausländischer Konkurrenz geschwächt. Der Ruf eines Unternehmens gehöre auch zum Recht am Unternehmen. Der angekündigte Bericht stelle einen ungesetzlichen Eingriff in die freie Wirtschaft dar.

Auch Greif wendet sich an das Verwaltungsgericht Berlin mit dem Antrag, die Bundesrepublik dazu zu verurteilen, nicht über ihn zu berichten. Er beruft sich auf sein Persönlichkeitsrecht. Auch habe er bis zum Beweis des Gegenteils als unschuldig zu gelten. Da er seine Klage erst Anfang März einreichen kann, stellt er beim Verwaltungsgericht den Antrag, der Bundesrepublik einstweilen bis zur endgültigen Klärung aufzugeben, die ihn betreffenden Teile des „Korruptionsberichts" nicht zu veröffentlichen.

Die Erfolgsaussichten der Klage der German Car Group und des Antrags des Greif sind in einem Gutachten zu prüfen.

Vorüberlegungen

Die vorstehende Aufgabe hat als „Aufhänger" eine verwaltungsrechtliche Klage bzw. einen Eilantrag, ist aber im Schwerpunkt verfassungsrechtlicher Natur. Denn es geht um Standardprobleme im Schnittfeld von Staats- und Verwaltungsrecht: um die mittlerweile „klassische" Problematik behördlicher Äußerungen, um Fragen des Grundrechtseingriffs und des Gesetzesvorbehalts, um den grundrechtlichen Folgenbeseitigungsanspruch – der eben im Verwaltungsrechtsweg geltend zu machen ist. Diese Fragestellungen müssen im Grundsatz vertraut sein. Die Entscheidungen des BVerfG zum Informationshandeln der Bundesregierung (BVerfGE 105, 252 und 279) sollten in den Grundzügen bekannt sein. Im Aufbau sollte an der Unterscheidung von Eingriff und Eingriffsrechtfertigung festgehalten werden – die insbesondere bei BVerfGE 105, 252 vorgenommene Integration der einzelnen Prüfungsschritte ist dem Gericht erlaubt, das nicht an Aufbauschemata gebunden ist (was die Kritik an der Rechtsprechung mitunter übersieht), überfordert aber den Bearbeiter einer Klausur. – S. zum Aufbau in derartigen Fällen das Repetitorium nach **Fall 4**, Rn 289. Insbesondere im hier zu bearbeitenden Fall einer Unterlassungsklage ist der Aufbau ohnehin durch deren tatbestandliche Voraussetzungen vorgegeben. **636**

Dass die Betroffenen ihr Begehren im Wege der allgemeinen Leistungsklage zu verfolgen haben, dies zu erkennen dürfte ebensowenig Probleme bereiten, wie im 2. Teil die Statthaftigkeit eines Antrags nach § 123 VwGO.

Der Folgenbeseitigungs- bzw. Unterlassungsanspruch wird aus Grundrechten hergeleitet.

Der *Aufbau* ist i.Ü. durch die Fragestellung vorgegeben: Da bereits Klage eingereicht ist, ist deren Zulässigkeit und Begründetheit – in dieser Reihenfolge – zu erörtern. In prozessualer Hinsicht ist dabei die richtige Klageart bedeutsam. **637**

Man könnte sich die Klausur gut auch als Drittwirkungsfall vorstellen: in der Presse wird ein vergleichbarer „Korruptionsreport" publiziert. Dann wäre zwar wegen der abwertenden Formulierung der Schutzbereich des Art. 12 I GG bzw. des APR berührt, doch wären auf der Rechtfertigungsebene die Meinungsfreiheit des Verf. sowie die Pressefreiheit des Verlags zu berücksichtigen; ihnen wäre bei sachlich zutreffender Berichterstattung Vorrang einzuräumen. **638**

639 Gliederung

1. Teil: Klage der German Car Group

A. Zulässigkeit der Klage zum Verwaltungsgericht

I. Verwaltungsrechtsweg, § 40 VwGO – öffentlich-rechtliche Streitigkeit (+), da hoheitl. Handeln des Bundesregierung; Streitigkeit nichtverfassungsrechtlicher Art (+): keine doppelte Verfassungsunmittelbarkeit, Abwehranspruch
II. Beteiligten- und Prozessfähigkeit
III. Klageart: vorbeugende Unterlassungsklage gegen schlicht-hoheitliches Verwaltungshandeln
IV. Zuständigkeit
V. Klagebefugnis, § 42 II VwGO analog: Art. 12 I GG
VI. Widerspruchsverfahren, Klagefrist?
VII. Allgemeines Rechtsschutzbedürfnis: bei vorbeugender Unterlassungsklage – nur ausnahmsweise, hier (+): Art. 19 IV GG
VIII. Richtiger Beklagter: Bundesrepublik

B. Begründetheit der Klage

I. Zur Rechtsgrundlage des Unterlassungsanspruchs[1]
   1. Dogmatische Herleitung: allgemeiner grundrechtlicher Schutzanspruch
   2. Tatbestandliche Voraussetzungen
II. Drohende Grundrechtsbeeinträchtigung: Art. 12 I GG
   1. Schutzbereich des Grundrechts
   2. Hinreichende Wahrscheinlichkeit
   3. Hoheitliches Handeln
   4. Rechtswidrigkeit?
      a) Ermächtigungsgrundlage
      b) Rechtmäßigkeitsvoraussetzungen
         aa) Zuständigkeit
         bb) Gehör?
         cc) Äußerung materiell rechtmäßig? Verdachtstatsachen, Abwägung (+)
III. Weitere Grundrechte
   1. Art. 14 I GG (–)
   2. Art. 2 I GG (–)

---

1 Da der Unterlassungsanspruch nicht ausdrücklich im Gesetz geregelt, sondern gewohnheitsrechtlich anerkannt ist, sollte an dieser Stelle im Klausuraufbau auf die dogmatische Herleitung eingegangen werden.

2. Teil: Antrag des Greif

A. Zulässigkeit

I. Verwaltungsrechtsweg s.o.
II. Statthaftigkeit des Antrags (+) § 123 V VwGO
III. Zulässigkeitsvoraussetzungen des Hauptsacheverfahrens
  1. Klagebefugnis, 42 II VwGO analog
  2. Weitere Zulässigkeitsvoraussetzungen
IV. Zuständigkeit
V. Glaubhaftmachung
VI. Rechtsschutzbedürfnis

B. Begründetheit

I. Anordnungsanspruch
  1. Drohende Grundrechtsbeeinträchtigung: Art. 2 I i.V.m. Art. 1 I GG
    a) Schutzbereich des Grundrechts
    b) Hinreichende Wahrscheinlichkeit
    c) Hoheitliches Handeln
    d) Rechtswidrigkeit
      aa) Formelle Voraussetzungen, Verbandskompetenz: (+): Informationsaufgabe der Bundesregierung
      bb) Materielle Voraussetzungen für Informationshandeln: zutreffende Information, Abwägung
  2. Unschuldsvermutung, Art. 2 I GG i.V.m. dem Rechtsstaatsprinzip, Art. 6 II EMRK
II. Anordnungsgrund

Musterlösung

1. Teil: Klage der German Car Group

Die Klage hat Aussicht auf Erfolg, wenn sie zulässig und begründet ist.

A. Zulässigkeit der Klage zum Verwaltungsgericht

I. Verwaltungsrechtsweg, § 40 VwGO

640 Voraussetzung für die Zulässigkeit der Klage ist zunächst, dass der Verwaltungsrechtsweg eröffnet ist. Dies ist der Fall, wenn es sich bei der Klage der GCG AG um eine öffentlich-rechtliche Streitigkeit nicht-verfassungsrechtlicher Art handelt, für die auch keine abdrängende Sonderzuweisung eingreift.

Um eine öffentlich-rechtliche Streitigkeit handelt es sich jedenfalls dann, wenn die Bundesregierung in Anwendung öffentlich-rechtlicher Normen tätig geworden ist, die sie als staatliches Organ in spezifischer Weise berechtigen und verpflichten. Vorschriften, die sich explizit mit der Veröffentlichung von Berichten der hier streitigen Art befassen, existieren nicht. Bei staatlichen Äußerungen über Dritte handelt es sich um Realakte. Sie sind dann als öffentlich-rechtlich einzustufen, wenn sie im Zusammenhang mit der Wahrnehmung staatlicher Aufgaben erfolgen und nicht die private Meinungsäußerung des Amtsträgers darstellen.[2] Der Bundeswirtschaftsminister veröffentlicht einen Bericht über die Wirtschaft, wie ihn der Korruptionsbericht darstellt, in Wahrnehmung seiner spezifischen Aufgaben als Wirtschaftsminister, zu denen auch die Information der Öffentlichkeit über das wirtschaftliche Geschehen zählt. Eine öffentlich-rechtliche Streitigkeit liegt also vor.

641 Fraglich könnte jedoch sein, ob hier eine Streitigkeit nicht-verfassungsrechtlicher Art vorliegt, da für die Beklagte ein Mitglied der Bundesregierung, also eines Verfassungsorgans in Wahrnehmung ihrer verfassungsrechtlichen Funktionen gehandelt hat. Der Entscheidungssachverhalt wird also maßgeblich auch vom Verfassungsrecht geprägt. Erforderlich ist jedoch doppelte Verfassungsunmittelbarkeit[3]: in Bezug auf die streitentscheidenden Normen und in Bezug auf die Streitbeteiligten. Diese ist hier nicht gegeben. Aber auch unabhängig davon ist der geltend gemachte Unterlassungsanspruch seiner Rechtsnatur nach als Ausprägung des gewohnheitsrechtlichen allgemeinen grundrechtlichen Abwehranspruchs nicht originär verfassungsrechtlich.[4] Sieht man schließlich schlicht jene Streitigkeiten als verfassungsrechtlich, die den Verfassungsgerichten vorbehalten sind,[5] so scheidet auch unter diesem Aspekt die Annahme einer verfassungsrechtlichen Streitigkeit aus. Denn Unterlassungsansprüche des Bürgers sind zunächst von den Verwaltungsgerichten

---

2 *Schenke* Rn 121.

3 So die h.M.; dazu s. kritisch m.w.Nw. *Schenke*, Rn 127 ff.

4 Für die Fallbearbeitung genügt es jedoch vollständig, dass Verf. sich auf Standpunkt der h.M. – doppelte Verfassungsunmittelbarkeit – beruft.

5 *Schenke* Rn 129 ff.

zu entscheiden. Mag auch nach Rechtswegerschöpfung Verfassungsbeschwerde eröffnet sein, so sind sie doch nicht den Verfassungsgerichten „vorbehalten".

II. Beteiligten- und Prozessfähigkeit

Die klagende Aktiengesellschaft ist hier beteiligtenfähig nach § 61 Nr. 1 2. Alt. **642**
VwGO, ebenso auf der Beklagtenseite die Bundesrepublik Deutschland. Für die Beteiligten handeln ihre Vertreter, § 62 III VwGO.

III. Klageart

Die statthafte Klageart richtet sich nach dem Rechtsschutzbegehren des Klägers. **643**
Hier könnte die – gewohnheitsrechtlich anerkannte – allgemeine Leistungsklage einschlägig sein. Der Kläger begehrt das Unterlassen eines Verwaltungshandelns. Wenn ein Handeln, Dulden oder Unterlassen Gegenstand der Klage ist, dann ist die Leistungsklage einschlägig; wenn es dabei um ein Verwaltungshandeln geht, das nicht im Erlass eines Verwaltungsaktes besteht, in Form der allgemeinen Leistungsklage, die gewohnheitsrechtlich anerkannt ist. Hier könnte insbesondere ein Fall der vorbeugenden Unterlassungsklage als Unterfall der allgemeinen Leistungsklage vorliegen[6]. Diese kann sich gegen schlicht-hoheitliches Handeln richten und ist die statthafte Klageart gegen sog. staatliche Informationseingriffe.[7] Eben darum geht es hier: um die Berichterstattung durch den Bundeswirtschaftsminister, die in Wahrnehmung seiner öffentlich-rechtlichen Informationsaufgaben gegenüber der Öffentlichkeit erfolgt, die aber als solche keinen Regelungscharakter hat und damit keinen Verwaltungsakt i.S.v. § 35 VwVfG darstellt, sondern schlicht-hoheitliches Verwaltungshandeln.

IV. Zuständigkeit

Die sachliche Zuständigkeit des Verwaltungsgerichts folgt aus § 45 VwGO. Die **644**
örtliche Zuständigkeit des VG Berlin könnte sich hier aus § 52 Nr. 2 S. 2 i.V.m. S. 1 VwGO ergeben. Danach ist für Verpflichtungsklagen gegen eine Bundesbehörde das Verwaltungsgericht zuständig, in dessen Bezirk diese ihren Sitz hat. Auf den nicht in der VwGO geregelten Fall der allgemeinen Leistungsklage kann diese Bestimmung entsprechend angewandt werden. Die Klage auf Erlass eines Verwaltungsaktes und auf eine sonstige Leistung einer Behörde sind vergleichbar gelagert. Sitz der Bundesregierung, die hier als Behörde verklagt wird, ist Berlin. Doch auch dann, wenn man von einer analogen Anwendung Abstand nehmen wollte, führt die subsidiäre Zuständigkeitsnorm des § 52 Nr. 5 VwGO zum gleichen Ergebnis.

---

6 *Hufen*, § 16, Rn 1.
7 *Hufen*, § 16, Rn 5.

V. Klagebefugnis, § 42 II VwGO analog

645 Auch für die Zulässigkeit der allgemeinen Leistungsklage ist Voraussetzung, dass der Kläger plausibel geltend machen kann, in seinen Rechten verletzt zu sein. § 42 II VwGO gilt hier analog; auch bei der allgemeinen Leistungsklage sind Popularklagen auszuscheiden. Hier könnte die klagende German Car Group AG plausibel geltend machen, dass der befürchtete „Informationseingriff", also das Verwaltungshandeln, das sie mit ihrer Klage abwehren will, sie, sollte es rechtswidrig sein, in ihren Grundrechten verletzen würde. Dies erscheint jedenfalls möglich. Die Gesellschaft ist als inländische juristische Person nach Art. 19 III GG grundrechtsfähig, soweit die Grundrechte ihrem Wesen nach auf sie anwendbar sind. Soweit die Äußerungen des Ministers sie in ihrer gewerblichen Tätigkeit berühren, könnte hier insbesondere die Berufsfreiheit des Art. 12 I GG verletzt sein. Denn wenn auch herabsetzende Äußerungen grundsätzlich als Eingriff in das allgemeine Persönlichkeitsrecht aus Art. 2 I i.V.m. Art. 1 I GG zu bewerten sind, so ist das gegenüber Art. 2 I GG speziellere Grundrecht aus Art. 12 I GG dann anwendbar, wenn Äußerungen sich gerade auf das Verhalten von Wirtschaftssubjekten in ihrer beruflichen oder sonst wirtschaftlichen Tätigkeit beziehen und sich hierin zu ihrem Nachteil auswirken.[8] Das Grundrecht aus Art. 12 I GG kann auch juristischen Personen zustehen, ob diese sich auch auf ein „Persönlichkeitsrecht" berufen können, kann daher im Rahmen der Zulässigkeit dahinstehen. Klagebefugnis analog § 42 II VwGO ist zu bejahen.

VI. Widerspruchsverfahren, Klagefrist?

646 Die Durchführung eines Widerspruchsverfahrens ist nicht Sachurteilsvoraussetzung für die allgemeine Leistungsklage, eine Klagefrist ist hierfür in der VwGO nicht vorgesehen.

VII. Allgemeines Rechtsschutzbedürfnis[9]

647 Voraussetzung muss hiernach sein, dass Verletzungshandlung mit hinreichender Wahrscheinlichkeit droht; – dies ist lt. SV zu bejahen. Ferner muss die vorbeugende Unterlassungsklage zur Gewährleistung effektiven Rechtsschutzes i.S.v. Art. 19 IV GG erforderlich sein. Dafür spricht im vorliegenden Fall, dass die befürchtete Rechtsbeeinträchtigung durch Äußerungen in der Öffentlichkeit, ist sie einmal erfolgt, nicht mehr gänzlich rückgängig zu machen sein wird. Es besteht also die Gefahr einer irreparablen Beeinträchtigung der Klägerin in ihren Grundrechten; gerade für diesen Fall ist effektiver Rechtsschutz geboten. Ferner muss bei der vorbeugenden Unterlassungsklage der Kläger idR erfolglos versucht haben, beim Beklagten die begehrte Unterlassung zu erreichen.[10] Auch dies ist hier der Fall, da lt. SV die

8 Vgl. BVerfGE 105, 252 (265 f.).

9 Bei Unterlassungsklage idR besonders zu prüfen, da insbesondere vorbeugende Klagen gegen hoheitliches Handeln schon wegen des Gewaltenteilungsgrundsatzes die Ausnahme darstellen.

10 *Hufen*, § 16 Rn 21.

GCG AG die Bundesregierung aufgefordert hat, die für sie nachteiligen Äußerungen zu unterlassen, diese hierauf aber nicht eingegangen ist. Das allgemeine Rechtsschutzbedürfnis ist also für G zu bejahen.

VIII. Richtiger Beklagter

Richtige Beklagte ist hier die Bundesrepublik als Rechtsträger des handelnden Or- **648**
gans. Es besteht keine Sonderregelung nach § 78 VwGO; – § 78 I Nr. 1 VwGO gilt sinngemäß auch für die allgemeine Leistungsklage.

Ergebnis: Die Klage ist zulässig.

B. Begründetheit der Klage

Die Klage ist begründet, wenn dem Kläger der geltend gemachte Unterlassungsan- **649**
spruch zusteht. Dies setzt voraus, dass zunächst eine Rechtsgrundlage für einen derartigen Unterlassungsanspruch besteht. Dies setzt weiter voraus, dass dessen tatbestandliche Voraussetzungen gegeben sind.

I. Zur Rechtsgrundlage des Unterlassungsanspruchs[11]

1. Dogmatische Herleitung

Wie der in seiner dogmatischen Einordnung und Struktur vergleichbare FBA ist auch **650**
der allgemeine Unterlassungsanspruch unmittelbar aus den Grundrechten herzuleiten, als allgemeiner grundrechtlicher Schutzanspruch[12]. Aber auch in Analogie zu §§ 1004, 906 BGB kann der Anspruch begründet werden. Er hat jedenfalls seine Grundlage im Verfassungsrecht. Gegen einen derartigen Anspruch könnte allerdings sprechen, dass hierdurch in den Verantwortungsbereich der Exekutive eingegriffen wird, mithin der Grundsatz der Gewaltenteilung berührt ist[13]. Die Rechtsschutzgarantie des Art. 19 IV GG kann jedoch derartige Funktionsübergriffe erforderlich machen. Sie sind jedoch auf unabweisbare Rechtsschutzerfordernisse zu beschränken.

2. Tatbestandliche Voraussetzungen

Es müssen die tatbestandlichen Voraussetzungen für den Unterlassungsanspruch **651**
vorliegen. Diese ergeben sich aus seiner Rechtsgrundlage in den Grundrechten und der Analogie zu §§ 1004, 906 BGB. Erforderlich ist insbesondere eine drohende Grundrechtsbeeinträchtigung; diese muss auf hoheitliches Handeln zurückzuführen sein. Diese drohende Grundrechtsbeeinträchtigung muss weiterhin rechtswidrig

---

11 Da der Unterlassungsanspruch nicht ausdrücklich im Gesetz geregelt, sondern gewohnheitsrechtlich anerkannt ist, sollte an dieser Stelle im Klausuraufbau auf die dogmatische Herleitung eingegangen werden.

12 *Ossenbühl*, Staatshaftungsrecht, 5. Aufl. 1998, § 34.3., § 35.4.

13 *Degenhart* Rn 272.

sein. Dabei sind an die Wahrscheinlichkeit der Grundrechtsbeeinträchtigung bei der vorbeugenden Unterlassungsklage strenge Anforderungen zu stellen.

II. Drohende Grundrechtsbeeinträchtigung: Art. 12 I GG

Es muss insbesondere eine drohende Grundrechtsbeeinträchtigung gegeben sein.

1. Schutzbereich des Grundrechts

652 Die Klägerin kann als inländische juristische Person sich gemäß Art. 19 III GG auf das Grundrecht der Berufsfreiheit berufen, wie schon zur Klagebefugnis ausgeführt wurde. Ihre Tätigkeit als Automobilhersteller ist auch zweifelsfrei ein Beruf i.S.v. Art. 12 I GG. In diesem Grundrecht müsste ihr eine Beeinträchtigung drohen. Sie könnte darin liegen, dass auf Grund der in dem Bericht des Bundeswirtschaftsministers enthaltenen Informationen sich ihre Position im Wettbewerb verschlechtert, ihr Markterfolg beeinträchtigt wird. Davor jedoch schützt das Grundrecht der Berufsfreiheit grundsätzlich nicht. Das Grundrecht schützt insbesondere nicht vor der Verbreitung sachlicher Informationen am Markt, die für das wettbewerbliche Verhalten der Marktteilnehmer von Bedeutung sein können, selbst wenn die Inhalte sich auf einzelne Wettbewerbspositionen nachteilig auswirken.[14] Art. 12 I GG kann jedoch auf Seiten der Klägerin dann beeinträchtigt sein, wenn die im angekündigten „Korruptionsbericht" der Bundesregierung enthaltenen Informationen über das Unternehmen die rechtlichen Anforderungen an staatliche Informationstätigkeit nicht beachten. Wenn zudem die fraglichen Informationen in einem „Korruptionsbericht" erscheinen, so enthält schon dieser Zusammenhang ein Element der Herabsetzung, das den Schutzbereich des Art. 12 I GG berührt.

2. Hinreichende Wahrscheinlichkeit

653 Dass es dann zu einer entsprechenden Beeinträchtigung kommen kann, erscheint hier naheliegend. Denn die Bundesregierung hat entsprechende Vorgänge festgestellt und misst ihnen offensichtlich erhebliches Gewicht bei. Ihre Äußerungen gegenüber der Klägerin sind dahingehend zu verstehen, dass man möglicherweise und mit wohl überwiegender Wahrscheinlichkeit über den Fall der German Car Group berichten werde. Damit ist insgesamt hinreichende Verletzungsgefahr zu bejahen, zumal Grundrechtsverletzungen durch rufschädigende Äußerungen nur bedingt reparabel sind.

3. Hoheitliches Handeln

654 Diese Beeinträchtigungen der Berufsfreiheit der Klägerin müssten dann ihre Ursache in hoheitlichem Handeln der Beklagten haben. Dies ist zu bejahen, wie schon zur Zulässigkeit der Klage festgestellt wurde. Die Bundesregierung nimmt im Rahmen ihrer Informationstätigkeit hoheitliche Funktionen wahr.

---

14 Grundlegend BVerfGE 105, 252 (265).

4. Rechtswidrigkeit?

a) Ermächtigungsgrundlage

Für die Äußerungen der Bundesregierung in der Öffentlichkeit könnte eine Ermächtigungsgrundlage erforderlich sein. Sie wäre jedenfalls dann erforderlich, wenn diese Äußerungen einen Grundrechtseingriff bewirken. Um einen Eingriff im „klassischen“ Sinn handelt es sich bei ihnen freilich nicht. Denn mit ihnen wird kein unmittelbar wirksames Gebot oder Verbot ausgesprochen. Andererseits können durch hoheitliche Äußerungen, Warnungen oder Informationen Grundrechte ebenso intensiv beeinträchtigt werden, wie durch verbindliche Eingriffe. Dies gilt insbesondere auch für den Ruf des Betroffenen, mag es sich hier nun um die persönliche Ehre, oder, wie im vorliegenden Fall, um den geschäftlichen Ruf eines Unternehmens handeln. Sind also staatliche Informationen gegen Grundrechte bestimmter Grundrechtsträger gerichtet, so sind sie als mittelbarer Grundrechtseingriff oder doch als Eingriffsäquivalent[15] zu qualifizieren. Sie bedürfen dann einer besonderen gesetzlichen Ermächtigung nach dem Grundsatz vom Vorbehalt des Gesetzes. Die hier in Frage stehenden Äußerungen wären, würden sie erfolgen, auch gegen die GCG AG als Unternehmen gerichtet. Daher ist eine Ermächtigungsgrundlage erforderlich.[16] Allerdings bedeutet dies nicht, dass eine spezielle Befugnisnorm für ein Informationshandeln gefordert werden müsste. Wenn die Regierung oder die Verwaltung ihre Aufgaben mittels öffentlicher Informationen wahrnehmen können, liegt in der Zuweisung bestimmter Aufgaben auch die immanente Befugnis, darüber zu informieren. **655**

Die Befugnis der Bundesregierung zur Information der Öffentlichkeit, zur Öffentlichkeitsarbeit ist nicht unmittelbar im Grundgesetz normiert, kann aber aus ihrer verfassungsrechtlichen Aufgabenstellung abgeleitet werden.[17] Ihr ist die Aufgabe der politischen Staatsleitung übertragen. Dies wird durch die Art. 62 ff. GG vorausgesetzt. Hieraus folgt auch die Aufgabe, die Öffentlichkeit hierüber zu informieren.[18] Dann muss sie grundsätzlich auch befugt sein, über ihre Aufgabenwahrnehmung der Öffentlichkeit Rechenschaft abzulegen, zumal Öffentlichkeit in der demokratischen Ordnung des Grundgesetzes der Regelfall zu sein hat. Zur verfassungsmäßigen Öffentlichkeitsarbeit gehört auch die Information der Presse im Rahmen von Pressekonferenzen auf Grund ihrer Berichterstattungsfunktion und ihrer herausgehobenen Bedeutung für die öffentliche Meinungsbildung. **656**

b) Rechtmäßigkeitsvoraussetzungen

aa) Voraussetzung für die Rechtmäßigkeit der Informationstätigkeit ist zunächst, dass sich die Bundesregierung innerhalb der ihr zugewiesenen Aufgaben und Befugnisse bewegt[19] und insbesondere auch die Verbandskompetenz wahrt. Die German **657**

15 Vgl. BVerfGE 105, 252 (273): „funktionales Eingriffsäquivalent“.
16 S. hierzu *Degenhart* Rn 293 ff.
17 Vgl. BVerwGE 82, 76 für Bundesregierung.
18 BVerfGE 105, 279 (306).
19 BVerfGE 105, 252 (268 ff.).

Car Group operiert nicht nur im gesamten Bundesgebiet, sondern weltweit. Marktinformationen sind insoweit jedenfalls von bundesweitem Interesse, so dass das Bundeswirtschaftsministerium tätig werden kann.

658 bb) Die German Car Group wurde zu der fraglichen Angelegenheit gehört, sodass es auf die Frage eines Gehörrechts nicht mehr ankommt[20].

cc) Eine öffentliche Äußerung des Bundeswirtschaftsministers müsste auch materiell rechtmäßig sein. Unzulässig wären die fraglichen Äußerungen allerdings dann, wenn sie nicht den Tatsachen entsprächen, da dann kein relevantes Informationsinteresse anzuerkennen wäre. Lt. SV aber belegen die der Bundesregierung vorliegenden Informationen die in Frage stehenden Vorgänge. Dann aber hat das Unternehmen kein schutzwürdiges Interesse daran, dass diese Vorgänge nicht bekannt werden. Denn wer in der Öffentlichkeit agiert, wer am Wettbewerb, an einem freien Markt teilnimmt, muss auch hinnehmen, dass sein Verhalten auf dem Markt publik wird und dass sich die Öffentlichkeit damit beschäftigt. Gerade dann, wenn ein Unternehmen öffentlichkeitsrelevante Vorgänge nicht publik machen will, kann es Aufgabe des Staates sein, auf Grund seiner Verantwortung für das Funktionieren des Marktes, für die Gewährleistungen der Bedingungen des Wettbewerbs, seinerseits die Öffentlichkeit zu informieren. Die Bundesregierung würde sich mit ihrem Korruptionsbericht in diesem Rahmen bewegen. Denn die dort enthaltenen Informationen sind hinreichend sorgfältig recherchiert und sachlich gehalten. Das hohe Informationsinteresse der Allgemeinheit steht hier außer Frage. Damit aber steht eine rechtswidrige Beeinträchtigung der Klägerin in ihrem Grundrecht aus Art. 12 I GG nicht zu befürchten.

659 Eine rechtswidrige Grundrechtsbeeinträchtigung könnte allerdings darin liegen, dass die Informationen über das Unternehmen unter dem Titel „Korruptionsbericht" erscheinen. Doch werden mit dieser Formulierung die tatsächlichen Vorgänge im Kern zutreffend bezeichnet, ohne dass damit schon eine konkrete strafrechtliche Bewertung verbunden wäre. Die Verwendung öffentlichkeitswirksamer Formulierungen muss auch der Bundesregierung im Rahmen ihrer legitimen Informationstätigkeit erlaubt sein, zumal an der Bekämpfung der zunehmenden Korruption im Wirtschaftsleben ein überragendes öffentliches Interesse besteht.

III. Weitere Grundrechte

1. Art. 14 I GG

660 Fraglich erscheint, ob ein Eingriff in den Schutzbereich der Eigentumsgarantie aus Art. 14 I GG vorliegt. Die Eigentumsgarantie schützt den konkreten Bestand an vermögenswerten Gütern und gewährleistet dem Eigentümer die grundsätzliche Verfügungsbefugnis über seine Eigentumsgegenstände.[21] Art. 14 Abs. 1 GG erfasst nur

---

20 Hierin läge in der Tat ein Problem: § 28 VwVfG ist nicht anwendbar, da kein Erlass eines VA, möglicherweise aber als Ausdruck eines allgemeinen Rechtsgedankens, VGH Kassel NVwZ-RR 1993, 515; – dieser Gesichtspunkt kann nur von sehr guten Bearbeitern erwartet werden.

21 BVerfGE 100, 226 (241); 102, 1 (15); 105, 252 (277).

Rechtspositionen, die einem Rechtssubjekt bereits zustehen, nicht aber in der Zukunft liegende Chancen und Verdienstmöglichkeiten. Auch selbst wenn man das Recht am eingerichteten und ausgeübten Gewerbebetrieb als Schutzgegenstand des Art. 14 I GG grundsätzlich anerkennt,[22] so erfasst dieses Recht jedenfalls nicht zukünftige Gewinnerwartungen, auch dann nicht, wenn sie für das Unternehmen von erheblicher Bedeutung sind.[23] Art. 14 I GG schützt lediglich das Erworbene, das Ergebnis einer Betätigung, nicht dagegen den Erwerb als solchen; insoweit greift allein Art. 12 I GG.[24] T kann somit seine Umsatzerwartungen nicht als eigentumsfähige Rechtspositionen geltend machen. Der Schutzbereich von Art. 14 I GG ist nicht betroffen. Schließlich kann sich die GCG AG nicht auf einen eigentumsrechtlichen Schutz des Unternehmensrufs berufen. Der Unternehmensruf ist jedenfalls insoweit nicht von Art. 14 Abs. 1 GG geschützt, als es sich um Chancen oder günstige Gelegenheiten handelt, einerlei ob diese das Resultat vorangegangener Leistungen darstellen.

2. Art. 2 I GG

Art. 2 I GG scheidet als Prüfungsmaßstab aus, weil die mit der Verfassungsbe- **661**
schwerde aufgeworfenen Fragen des Schutzes von Marktteilnehmern im Wettbewerb thematisch von der sachlich speziellen Grundrechtsnorm des Art. 12 Abs. 1 GG erfasst werden.

Ergebnis: Die zulässige Klage ist unbegründet.

2. Teil: Antrag des Greif

A. Zulässigkeit

Der Antrag des G könnte als Antrag im Verfahren des einstweiligen Rechtsschutzes nach § 123 VwGO zulässig sein.

I. Verwaltungsrechtsweg

Dann muss zunächst der Verwaltungsrechtsweg nach § 40 VwGO eröffnet sein. **662**
Hierfür ist auf die Ausführungen zur Klage der GCG AG zu verweisen.

II. Statthaftigkeit des Antrags

Nach § 123 V VwGO kommt die einstweilige Anordnung immer dann in Betracht, **663**
wenn nicht das Verfahren nach §§ 80 V, 80a III VwGO einschlägig ist. Letzteres ist dann der Fall, wenn in der Hauptsache die Anfechtungsklage richtige Klageart ist.

---

22 So BGH, BVerwG und hL, offen lassend BVerfGE 87, 363 (394).
23 Vgl. BVerfGE 77, 84 (118).
24 Vgl. BVerfGE 88, 366 (377).

Für das Unterlassungsbegehren des G ist aber, ebenso wie für das der GCG AG, die allgemeine Leistungsklage statthafte Klageart. Eine Anfechtungslage ist also nicht gegeben. Statthafte Antragsart im Eilverfahren ist der Antrag auf Erlass einer einstweiligen Anordnung nach § 123 VwGO. Da G begehrt, dass vor Entscheidung in der Hauptsache der bestehende Zustand, was die Information der Öffentlichkeit betrifft, nicht verändert wird, ist hier die einstweilige Anordnung in der Form der Sicherungsanordnung nach § 123 I 1 VwGO zu beantragen.

III. Zulässigkeitsvoraussetzungen des Hauptsacheverfahrens

Für das Verfahren nach § 123 VwGO müssen die Zulässigkeitsvoraussetzungen des statthaften Hauptsacheverfahrens erfüllt sein.

1. Klagebefugnis, 42 II VwGO analog

664 Wie die allgemeine Leistungsklage setzt auch der Antrag auf Erlass einer einstweiligen Anordnung im Rahmen dieses Verfahrens die Klagebefugnis voraus. Der Antragsteller muss also geltend machen können, möglicherweise in seinen Rechten verletzt zu sein. Im Fall des G kommt eine Verletzung in seinem allgemeinen Persönlichkeitsrecht aus Art. 2 I i.V.m. Art. 1 I GG in Betracht. Wird über ihn in der von ihm befürchteten Weise berichtet, so werden gegen seinen Willen nachteilige Informationen über ihn in der Öffentlichkeit verbreitet, wird also seine Selbstbestimmung hierüber und werden sein Ansehen in der Öffentlichkeit erheblich beeinträchtigt. Eine Verletzung des G in seinem allgemeinen Persönlichkeitsrecht erscheint also jedenfalls als möglich. Klagebefugnis analog § 42 II VwGO ist zu bejahen.

2. Weitere Zulässigkeitsvoraussetzungen

665 G ist beteiligtenfähig nach § 61 Nr. 1 1. Alt. VwGO, ebenso auf der Beklagtenseite die Bundesrepublik Deutschland nach § 62 Nr. 1 2. Alt. Die Prozessfähigkeit ist nach § 62 VwGO zu bejahen. Richtiger Beklagter im Hauptsacheverfahren und damit auch richtiger Antragsgegner im Verfahren nach § 123 VwGO ist die Bundesrepublik Deutschland. Hierfür kann auf die Klage der German Car Group verwiesen werden. Wie bei dieser, ist auch bei G das allgemeine Rechtsschutzbedürfnis für die Klage gegeben.

IV. Zuständigkeit

666 Zuständig ist nach § 123 II VwGO das Gericht der Hauptsache. Dies ist wie auch bei der Klage der GCG AG das VG Berlin, § 52 Nr. 2 analog bzw. Nr. 5 VwGO.

V. Glaubhaftmachung

667 Der Erlass einer einstweiligen Anordnung setzt voraus, dass der Antragsteller die Gründe für den Erlass glaubhaft machen kann. Da eine Veröffentlichung des Korruptionsberichts unmittelbar bevorsteht und der Bundeswirtschaftsminister of-

fensichtlich nicht bereit ist, von einer Benennung des Falls des G Abstand zu nehmen, kann G glaubhaft machen, dass ihm eine Verletzung seiner Rechte droht, die eine einstweilige Anordnung erforderlich macht.

VI. Rechtsschutzbedürfnis

Wie für die Klage selbst, muss auch für den Antrag auf Erlass einer einstweiligen Anordnung das allgemeine Rechtsschutzbedürfnis gegeben sein. G hat angesichts der Weigerung des Bundeswirtschaftsministers keine anderweitige Möglichkeit, sein Rechtsschutzziel zu erreichen. Schon deshalb hat er für seinen Antrag ein Rechtsschutzinteresse. **668**

Der Antrag des G ist zulässig.

B. Begründetheit

Der Antrag ist begründet, wenn im Rahmen der im Eilverfahren summarischen Prüfung eine überwiegende Wahrscheinlichkeit für das Bestehen eines Anordnungsanspruchs und eines Anordnungsgrundes besteht.[25] **669**

I. Anordnungsanspruch

Ein Anordnungsanspruch besteht dann, wenn G gegenüber der Beklagten einen Unterlassungsanspruch hat. Dieser richtet sich nach den gleichen Voraussetzungen, wie sie bereits im ersten Teil für die Klage des Automobilunternehmens ausgeführt wurden. **670**

1. Drohende Grundrechtsbeeinträchtigung: Art. 2 I i.V.m. Art. 1 I GG

Es muss insbesondere eine drohende Grundrechtsbeeinträchtigung gegeben sein. Da G nicht in erster Linie in einer aktuellen beruflichen Betätigung betroffen ist, sondern sich in Ehre und Ruf beeinträchtigt sieht, ist hier auf das allgemeine Persönlichkeitsrecht nach Art. 2 I i.V.m. Art. 1 I GG abzustellen. **671**

a) Schutzbereich des Grundrechts

Durch Verbreitung von Tatsachen, die den Kläger in seinem Ansehen herabzusetzen geeignet sind, würde dieser in seinem aus Art. 1 I i.V.m. 2 I GG abzuleitenden APR beeinträchtigt; dieses umfasst unter dem Gesichtspunkt „informationeller Selbstbestimmung" den Schutz vor Indiskretion und vor Verbreitung von Informationen aus dem persönlichen Bereich gegen den Willen des Berechtigten, als Recht auf sozialen Geltungsanspruch insbesondere ein Abwehrrecht gegen Verbreitung ehrenrühriger **672**

25 *Schenke* Rn 1032.

Tatsachen[26]. Unter beiden Gesichtspunkten ist das allgemeine Persönlichkeitsrecht des G hier tatbestandlich betroffen. Denn wenn die fragliche Angelegenheit in der Öffentlichkeit verbreitet wird, so ist dies geeignet, ihn in seinem sozialen Geltungsanspruch nachhaltig zu beeinträchtigen.

b) Hinreichende Wahrscheinlichkeit

673 Wie im Fall der German Car Group, ist auch für G hinreichende Verletzungswahrscheinlichkeit als Voraussetzung für einen Unterlassungsanspruch zu bejahen.

c) Hoheitliches Handeln

674 Hoheitliches Handeln der Beklagten ist gleichfalls zu bejahen, s.o.

d) Rechtswidrigkeit

675 aa) Die Informationsaufgabe der Bundesregierung ist auch im Fall des G hinreichende rechtliche Grundlage für ihre Informationstätigkeit, soweit diese als Eingriff wirkt. Fraglich könnte allerdings die Verbandskompetenz sein. Denn der Bund ist für den Rundfunk nicht zuständig. Andererseits ist der Bund für wirtschaftliche Angelegenheiten zuständig. Bei den Beziehungen zwischen Rundfunkveranstaltern und der Musikindustrie geht es maßgeblich um wirtschaftliche Angelegenheiten, es geht um Urheberrechte, Tantiemen und Honorare. Für diesen Ausschnitt des wirtschaftlichen Lebens ist eine Verantwortung auch des Bundes zu bejahen. Damit besteht auch eine Verbandskompetenz der Bundesrepublik, wenn es um möglicherweise kriminelle Machenschaften in diesem Bereich geht. Da die Tätigkeit der ARD und der Musikindustrie sich auf die gesamte Bundesrepublik erstrecken, darf der Bundeswirtschaftminister hierzu Stellung nehmen. Soweit es also um das Erfordernis einer Befugnisnorm und um die Voraussetzungen der formellen Rechtmäßigkeit der Äußerung geht, kann im Rahmen der summarischen Prüfung im Eilverfahren ein Anordnungsanspruch noch nicht vorausgesetzt werden.

676 bb) Ein Anordnungsanspruch wäre jedoch dann zu bejahen, wenn die materiellen Voraussetzungen für das Informationshandeln der Bundesregierung nicht gegeben wären. Eine öffentliche Äußerung, wie sie der Bundeswirtschaftsminister in seinem „Korruptionsbericht“ vorsieht, müsste auch materiell rechtmäßig sein. Hier ist der Persönlichkeitsschutz des G einerseits mit Informationsaufgaben der Bundesregierung und Informationsinteressen der Öffentlichkeit andererseits auszugleichen. Unzulässig wären die fraglichen Äußerungen allerdings dann, wenn sie nicht den Tatsachen entsprächen, da dann kein relevantes Informationsinteresse anzuerkennen wäre. Im Fall des G wird aber nicht über erwiesene Tatsachen berichtet, sondern über einen Verdacht. Auch eine solche Verdachtsberichterstattung bedeutet einen intensiven Eingriff in Persönlichkeitsrechte, zumal die Öffentlichkeit zwischen Verdachtstatsachen und erwiesenen Tatsachen nicht zu unterscheiden pflegt und dann, wenn sich der Verdacht nicht erhärtet, gleichwohl ein Makel zurückbleiben kann.

---

26 Näher *Degenhart*, JuS 1992, 361 (363 ff.).

Wenn also die Regierung im Rahmen ihrer Informationsfunktionen über einen Verdacht wie im vorliegenden Fall berichten will, sind entsprechend gewichtige öffentliche Interessen zu fordern. Vor allem aber muss zunächst klargestellt werden, dass es sich nur um einen Verdacht handelt. Die Information muss sich, ähnlich wie bei der Berichterstattung durch die Presse, auf hinreichende Verdachtstatsachen stützen.[27] Diese Voraussetzung ist im Fall des G jedoch erfüllt. Die lt. SV im „Korruptionsbericht" enthaltenen Informationen sind sachlich zutreffend. Dass ein Haftbefehl erlassen wurde, entspricht den Tatsachen. Auch i.Ü. können sich die Aussagen zum Verdacht gegen G auf hinreichende Verdachtstatsachen stützen. **677**

Dann aber ist eine Abwägung vorzunehmen zwischen dem Persönlichkeitsrecht des G und den genannten Belangen. Dabei ist auf Seiten des G zu berücksichtigen, dass eine nachhaltige Rufschädigung zu befürchten ist, wenn der Vorgang in der Öffentlichkeit bekannt wird und diese auch dann nicht gänzlich beseitigt werden kann, wenn sich der Verdacht als unbegründet erweisen sollte. Auf der anderen Seite steht ein erhebliches Informationsinteresse, dies umso mehr, als hier auch das Vertrauen in die Glaubwürdigkeit des öffentlich-rechtlichen Rundfunks nachhaltig erschüttert sein kann. Auch war G als Fernsehmoderator in herausgehobener Stellung tätig, er handelte im Licht der Öffentlichkeit. Wer in derartig verantwortlicher Stellung tätig ist, muss grundsätzlich hinnehmen, dass die Öffentlichkeit sich mit seinem Verhalten befasst, jedenfalls soweit es in unmittelbarem Zusammenhang mit seiner Tätigkeit steht – dies ist hier ersichtlich der Fall. Anzuerkennen ist ferner ein relevantes Interesse der Öffentlichkeit an Aufklärung über das finanzielle Gebaren einer durch Gebühren finanzierten öffentlich-rechtlichen Rundfunkanstalt und an der Unabhängigkeit ihrer Programmgestaltung. Dem steht ein zwar nachhaltiger Eingriff in Persönlichkeitsrechte des G gegenüber, der jedoch dessen Sozialsphäre und nicht dessen Kernbereich betrifft. Angesichts der vorliegenden tragfähigen Beweise ist daher ein vorrangiges Informationsinteresse anzuerkennen (*a.A. vertretb.*). **678**

Unter dem Gesichtspunkt einer Verletzung des Persönlichkeitsrechts des G kann also nicht mit überwiegender Wahrscheinlichkeit vom Bestehen eines Anordnungsanspruchs ausgegangen werden.

2. Unschuldsvermutung, Art. 2 I GG i.V.m. dem Rechtsstaatsprinzip, Art. 6 II EMRK

Die beabsichtigte Information der Bundesregierung über das Verfahren gegen G könnte gegen die rechtsstaatliche Unschuldsvermutung[28] verstoßen. Sie folgt einerseits aus dem Rechtsstaatsprinzip des Grundgesetzes, ist andererseits in Art. 6 II EMRK positiv normiert. Es handelt sich hierbei um ein subjektives Recht des Beschuldigten, das dieser nach Art. 2 I GG i.V.m. dem Rechtsstaatsprinzip wie auch unmittelbar nach Art. 6 II EMRK geltend machen kann. **679**

27 S. hierzu auch *OLG Köln* NJW 1987, 2682 (2683).

28 Zur Unschuldsvermutung BVerfGE 74, 358 (370); 82, 106 (114) – dort auch zur positiven Unschuldsvermutung in Art. 6 II EMRK, hierzu näher *Frowein/Peukert*, Europäische Menschenrechtskonvention, EMRK-Kommentar, ^{2}1996, Art. 6 Rn 111 ff.; BVerfG DVBl 2002, 1110.

680 Durch den Bericht des Bundeswirtschaftsministers müsste eine Beeinträchtigung dieser Rechtsposition des G drohen. Dies ist nicht schon deshalb zu verneinen, weil die Unschuldsvermutung, auch nach Art. 6 II EMRK,[29] unmittelbar nur Gerichte und Strafverfolgungsbehörden bindet. Auch andere staatliche Stellen haben sie im Rahmen ihrer hoheitlichen Tätigkeit zu wahren. Doch will hier die Bundesregierung lediglich über einen Verdacht berichten. Dies allein bedeutet ebensowenig einen Verstoß gegen die Unschuldsvermutung, wie auch sonst die behördliche Mitteilung über die Einleitung eines Strafverfahrens.

Auch unter dem Gesichtspunkt der rechtsstaatlichen Unschuldsvermutung kann also von der überwiegenden Wahrscheinlichkeit eines Anordnungsanspruchs nicht ausgegangen werden.

II. Anordnungsgrund

681 Die Klage erwies sich bei summarischer Prüfung in der Hauptsache nicht als offensichtlich begründet. Sie ist aber auch nicht offensichtlich unzulässig oder unbegründet. Denn es war in der Frage der materiellen Rechtmäßigkeit der beabsichtigten Äußerungen der Bundesregierung eine komplexe Interessenabwägung vorzunehmen.

682 Sind die Erfolgsaussichten der Klage in der Hauptsache aber nicht offensichtlich, so ist im Rahmen des Anordnungsgrundes eine Abwägung zwischen den Belangen des Antragstellers und den mit der behördlichen Maßnahme verfolgten Interessen vorzunehmen.[30] Auf Seiten des G sind dies die gleichen Interessen, die auch für die Frage der Zulässigkeit einer Verdachtsberichterstattung berührt waren. Auf Seiten des Antragsgegners könnte zunächst erwogen werden, den Bericht vorerst nur in anonymisierter Form oder unter Weglassung des Falles des G vorzulegen. Doch geht es bei dem Bericht gerade auch um exemplarische Fälle, die auch verifiziert werden müssen. Da sich aber in der Interessenabwägung im Rahmen einer vorbeugenden Unterlassungsklage doch ein deutliches Übergewicht der Informationsinteressen der Allgemeinheit gegenüber den Belangen des Antragstellers ergab, ist ein Anordnungsgrund im Ergebnis zu verneinen.[31]

Ergebnis: der Antrag des G ist unbegründet.

---

29 S. hierzu etwa *OLG Köln* NJW 1987, 2682.
30 *Schenke* Rn 1032 f.
31 Wer einen Anordnungsanspruch bejaht, dürfte auch zu einem Anordnungsgrund gelangen.

Repetitorium

I. Das allgemeine Persönlichkeitsrecht in der Fallbearbeitung

Das allgemeine Persönlichkeitsrecht (APR) aus Art. 2 I i.V.m. Art. 1 I GG kann in der Fallbearbeitung bedeutsam werden sowohl als Abwehrrecht gegen staatliche Eingriffe als auch innerhalb von Rechtsbeziehungen des Privatrechts – hier dürfte sogar sein wichtigstes Anwendungsfeld liegen: als Schranke der Äußerungsfreiheiten des Art. 5 I GG; dazu näher im **Fall 13** – Caroline. **683**

1. Im **Grundrechtstatbestand** können diese Fallgruppen unterschieden werden:

(1) Schutz der Persönlichkeitssphäre gegen Einwirkungen von außen – s. auch *Pieroth/Schlink* Rn 375: **Selbstbewahrung**. Gemeint ist damit der Schutz der Privatsphäre gegen Indiskretion, das Recht auf informationelle Selbstbestimmung (BVerfGE 65, 1). Herkömmlich wird hier unterschieden zwischen einer Intimsphäre, die vor Eingriffen generell geschützt ist, einer Privatsphäre, in die unter Beachtung des Verhältnismäßigkeitsprinzips eingegriffen werden darf, und einer Sozialsphäre, die noch weitergehenden Beschränkungen unterliegen soll. In der Sache geht es hier um nichts anderes als die Verhältnismäßigkeit von Eingriffen, weshalb die sphärenmäßige Abstufung wohl nur im Rahmen der Abwägung zur Geltung gebracht werden kann. Als Argumentationsmuster in der Abwägung ist also die Sphärengliederung des APR durchaus tragfähig. **684**

Dass die Abgrenzung der Sphären nicht eindeutig vorgenommen werden kann, zeigt BVerfGE 80, 367, wo zwar von einem der öffentlichen Gewalt schlechthin entzogenen Kernbereich die Rede ist, aber auch intime Tagebuchaufzeichnungen dem strafprozessualen Zugriff unterworfen werden. Die DNA-Identitätsfeststellung berührt intensiv die informationelle Selbstbestimmung und erfordert deshalb einen entsprechend gewichtigen Anlass, BVerfG NJW 2001, 2320.

Das Recht am eigenen Bild und auch das Recht am eigenen Wort sind in diesen Zusammenhang einzuordnen. **685**

Zum Recht am eigenen Wort s. jetzt die problematische E. des BGH vom 18.02.2003, JZ 2003, 1109: Der Kläger in einem Zivilprozess über Darlehensrückzahlung hatte in Beweisnot einen Rechtsanwalt ein Telefonat mithören lassen, in dem der Beklagte den Erhalt des Darlehens bestätigte, den er im Prozess verneinte. Der BGH sah die Aussage des Rechtsanwalts als Zeugen über das Telefonat als nicht verwertbar, weil unter Verletzung des Rechts am eigenen Wort zustandegekommen: dieses verleihe das Recht, darüber zu bestimmen, wer ein Gespräch mithören dürfe.

(2) Darstellung der Person in der Öffentlichkeit; Schutz von Ehre und Ruf – vgl. *Pieroth/Schlink* Rn 377: Recht der **Selbstdarstellung**. **686**

(3) Eine etwas diffuse weitere Fallgruppe erfasst gewisse Grundbedingungen individueller Existenz, zB sexuelle Identität und Selbstbestimmung, die Kenntnis der eigenen Abstammung (*Pieroth/Schlink* Rn 374 sprechen vom Recht der **Selbstbestimmung**).

Zu Letzterem – Kenntnis der Abstammung – ist auf das U. des EGMR vom 13.02.2003 (NJW 2003, 2145) zu verweisen, das dieses Recht unter Art. 8 EMRK fasst und eine Regelung des französischen Rechts, das die anonyme Geburt erlaubt, unter dem Gesichtspunkt einer verletzten staatlichen Schutzpflicht prüft, jedoch im Ziel des Gesetzes – Verminderung der Zahl der Abtreibungen, Vermeidung des Aussetzens von Kindern u.Ä. – eine hinreichende Rechtfertigung sieht.

687 Das BVerfG sieht in neueren Entscheidungen die Grundrechte aus Art. 13 GG und Art. 10 GG als besondere Fälle des allgemeinen Persönlichkeitsrechts, so im Urteil zum Lauschangriff, BVerfGE 109, 275 und im Urteil vom 27.07.2005 zum Schutz aus Art. 10 GG gegen Abhörmaßnahmen, dazu **Fall 13** mit Repetitorium; bei rufschädigenden Äußerungen gegenüber einem Unternehmen kann Art. 12 I die speziellere Norm sein; s. den vorstehenden Fall.

2. Grundrechtseingriffe, Grundrechtsschranken

(1) Staatliche Eingriffe

688 (a) Bei staatlichen Eingriffen in das APR kann es sich um Eingriffe iSd klassischen Eingriffsbegriffs handeln: beim Informationseingriff (Tagebuchfall, Rn 684), bei der hoheitlich angeordneten Datenerhebung, der Beschlagnahme von Datenträgern.[32] Typisch für Eingriffe in das APR ist aber auch der Eingriff durch informelles Verwaltungshandeln: Hinweise, Warnungen, rufschädigende Äußerungen (was dann die Frage nach der gesetzlichen Grundlage aufwirft). Eine interessante Variante behandelt SaarlVerfGH NVwZ-RR 2003, 393: Benennung eines Untersuchungsausschusses mit dem Namen einer Person.

(b) Grundrechtsschranken folgen aus Art. 2 I GG, doch ist zu beachten, dass angesichts der verstärkenden Ableitung des APR auch aus Art. 1 I GG an das Eingriffsziel entsprechend höhere Anforderungen zu stellen sind.

689 Besondere Aktualität erlangte das APR neuerdings unter dem Gesichtspunkt der informationellen Selbstbestimmung im Recht der **inneren Sicherheit**, in Zusammenhang insbesondere mit neuen polizeilichen Präventions- und Fahndungsmethoden (*„Schleierfahndung"*, *„genetischer Fingerabdruck"*, *GPS-Fahndung*) und mit der *Video-Überwachung* öffentlicher Räume.

Verfassungsrechtlich relevant sind dabei Entwicklungen im **Polizeirecht** der Länder, die die klassische Unterscheidung zwischen „Störer" und „Nichtstörer" aufheben, insbesondere durch Ausweitung verdachtsunabhängiger Personenkontrollen und flä-

32 BVerfG NJW 2005, 1917.

chendeckende Überwachung öffentlicher Räume. In all diesen Fällen wird in das APR unter dem Gesichtspunkt der informationellen Selbstbestimmung eingegriffen. Der Schutzbereich ist berührt, wenn Informationen über das persönliche Verhalten des Einzelnen, seine Anwesenheit zu einem bestimmten Zeitpunkt an einem bestimmten Ort u.a. in Frage stehen. Der Eingriff liegt in der Erhebung solcher Informationen ohne Zustimmung. – Daneben ist beim Anhalten zur Kontrolle auch die allgemeine Handlungsfreiheit berührt (nicht aber das Grundrecht auf Freiheit der Person – dieses erst beim Festhalten oder Verbringen auf die Polizeiwache zur Identitätsfeststellung).

Besondere grundrechtliche Relevanz derartiger Eingriffe ist vor allem dann gegeben, **690**
wenn der Staat im Recht der Sicherheit jeden Staatsbürger gleichsam von vornherein als „verdächtig" behandeln darf – deshalb ist besonders auf die Verhältnismäßigkeit der Mittel zu achten. D.h.: Videoüberwachung ist auf Gefahren- und Kriminalitätsschwerpunkte (s. dazu: *Anderheiden*, JuS 2003, 438), verdachts- und ereignisunabhängige Personenkontrollen sind auf bestimmte Bereiche (etwa in Grenznähe oder auf Transitrouten) zu beschränken (dazu – eher großzügig – BayVerfGH DVBl 2003, 861).

(2) Schutzwirkung gegen Private

(a) Verletzungen des APR können erfolgen durch persönlichkeitsverletzende Äuße- **691**
rungen – typische Fallkonstellation ist dann die der Verfassungsbeschwerde gegen das letztinstanzliche Urteil, die wiederum in unterschiedlicher Konstellation denkbar ist: haben die Fachgerichte zugunsten der Äußerungsfreiheit entschieden, wird der Unterlegene Verfassungsbeschwerde wegen Verletzung seines APR einlegen, das dann nach den Grundsätzen der Drittwirkung zur Äußerungsfreiheit in Abwägung zu bringen ist; haben die Fachgerichte zugunsten des APR entschieden, wird der Unterlegene Verfassungsbeschwerde wegen Verletzung der Meinungs- und Pressefreiheit einlegen (dazu **Fall 13**). Der Eingriff in das APR liegt hier darin, dass gerichtlicherseits kein Schutz gegen entsprechende Äußerungen gewährt wird oder aber die Gesetze unzureichend sind; es geht also um staatliche Schutzpflichten. Auf das APR stützt sich auch die Rechtsprechung des BVerfG zu Korrekturen der Vertragsfreiheit (BVerfGE 72, 155 – *Pieroth/Schlink* Rn 374).

(b) Auf der Rechtfertigungsebene ist zu vergegenwärtigen, dass es hier nicht um die Abwehr eines hoheitlichen Eingriffs nach Verhältnismäßigkeitsgrundsätzen geht, sondern um den Ausgleich kollidierender Grundrechtspositionen privater Rechtsträger, um Grundrechte als Prinzipien der Gesamtrechtsordnung.

Insbesondere Abwehrrechte gegen persönlichkeitsverletzende Äußerungen ergeben sich aus §§ 823 I, 1004 BGB.

692 Prüfungsschema für staatliche Eingriffe in das APR

1. Schutzbereich berührt?
   a) Subjektiv: jedermann
   b) Obj. Grundrechtstatbestand: APR berührt? Fallgruppe?
2. Eingriff?
3. Rechtfertigung: verfassungsmäßige Ordnung iSv Art. 2 I GG
   a) Gesetz als Bestandteil der verfassungsmäßigen Ordnung?
      aa) Gesetzl. Grundlage (zB iFd Tagebuchaufzeichnungen aus StPO)
      bb) Gesetz formell verfassungsmäßig?
      cc) Materielle Verfassungsmäßigkeit, insbesondere Verhältnismäßigkeit? Schutzgut des Gesetzes entsprechend Intensität des Eingriffs (Sphäre?)
   b) Bei Einzelakt: Anwendung des Gesetzes, insbesondere: Verhältnismäßigkeit

693 Prüfungsschema für Drittbeziehungen

Die nachstehende Prüfungsreihenfolge wird relevant, wenn aus dem APR gegen eine fachgerichtl. Entscheidung vorgegangen wird; für die umgekehrte Fallkonstellation s. **Fall 13**.

1. Schutzbereich berührt?
   a) Subjektiv: jedermann
   b) Obj. Grundrechtstatbestand: APR berührt? Fallgruppe?
2. Eingriff und Schranken:
   a) Geltung des APR im Rahmen der verfassungsmäßigen Ordnung iSv Art. 2 I GG, insbesondere auch: Bestimmungen des BGB
   b) Verfassungsmäßige Anwendung des Gesetzes?
      aa) Prüfungsmaßstab: spezifisches Verfassungsrecht
      bb) Abwägung

Zur Wiederholung: *Pieroth/Schlink* Rn 373–378.

Aus der Ausbildungsliteratur: *Degenhart*, Das allgemeine Persönlichkeitsrecht, Art. 2 I i.V.m. Art. 1 I GG, JuS 1992, 361.

Aktuelle Rechtsprechung: BVerfG, U. v. 12.04.2005 (GPS-Fahndnung), www.bverfg.de = NJW 2005, 1338; BVerfG, B. v. 12.04.2005 = NJW 2005, 1917 (Beschlagnahme von Datenträgern in Anwaltskanzlei; BVerfG, 1 BvR 2566/95 – vom 28.07.2004, *www.bverfg.de* = NJW-RR 2004, 1710 (Bezeichnung als Kapitalvernichter); EGMR NJW 2003, 2145 (anonyme Geburt/Frankreich); BayVerfGH DVBl 2003, 861 (verdachtsunabhängige Personenkontrollen).

Weitere Fälle im thematischen Zusammenhang: *Unkroth*, Terroristische Studenten? – Zur Problematik der präventiven Rasterfahndung, Jura 2004, 703; *Reimer*, Die Unfalldatenschreiber-Pflicht, JuS 2004, 44.

II. Allgemeines zur grundrechtlichen Drittwirkung

694 Die Geltung der Grundrechte zwischen Privaten bestimmt sich nach dem Grundsatz der mittelbaren Drittwirkung der Grundrechte.

Klassischer Anwendungsfall für die Drittwirkung der Grundrechte ist seit dem Lüth-Urteil (BVerfGE 7, 198) die Meinungsfreiheit des Art. 5 I 1 GG in ihrer Bedeutung für die Privatrechtsordnung, hier vor allem der Konflikt zwischen Meinungsfreiheit und Persönlichkeitsrechten (dazu **Fall 13**). Die Freiheiten des Art. 4 I, II GG entfalten relevante Drittwirkung im Arbeitsverhältnis.[33] Ein Problem der Drittwirkung von Grundrechten sind an sich auch die Fälle gestörter Vertragsparität (s. BVerfGE 103, 89 für Eheverträge) – hier neigt die Rspr. zur Lösung aus der dogmatischen Figur der grundrechtlichen Schutzpflichten. Um die Drittwirkung der Informationsfreiheit des Art. 5 Abs. 1 Satz 2 GG geht es demgegenüber, wenn in einem Mietvertrag ein Antennenverbot enthalten ist.[34] Drittwirkung entfaltet das Verbot der Benachteiligung Behinderter in Art. 3 III 2 GG im Vertragsrecht.[35] Unter beiden Gesichtspunkten – Schutzpflichten wie Drittwirkung – geht es also um das Dreiecksverhältnis Grundrechtsträger – Staat – Dritter als grundrechtlicher „Störer".

Das Problem der Drittwirkung der **Grundfreiheiten und Grundrechte** des Ge- 695
meinschaftsrechts ist derzeit „im Fluss", wobei stets berücksichtigt werden sollte, dass die ausgefeilte hiesige Grundrechtsdogmatik nicht 1 : 1 auf das Gemeinschaftsrecht übertragen werden kann; dies gilt auch für die Konstruktion der mittelbaren Drittwirkung im Lüth-Urteil des BVerfG (BVerfGE 7, 198) und die Unterscheidung zwischen mittelbarer und unmittelbarer Drittwirkung. Unmittelbare Drittwirkung bejaht der EuGH im Fall *Angonese*[36] für das **Diskriminierungsverbot** im Bereich der Arbeitnehmerfreizügigkeit nach Art. 39 EG. Andererseits wird dies für die Warenverkehrsfreiheit im Fall *Schmidberger*[37] verneint. Doch sind die Mitgliedstaaten hier verpflichtet, Behinderungen von privater Seite entgegenzutreten, bestehen also staatliche Schutzpflichten – diese aber können als ein Aspekt mittelbarer Grundrechtsgeltung aufgefasst werden (Rn 987). Auch für die Grundrechte der **EMRK** gilt diese staatliche Schutzpflicht – weshalb der EGMR im Fall Caroline v. Monaco/Hannover einen Verstoß gegen Art. 8 EMRK prüfen konnte, ohne hierbei eine Drittwirkung näher zu problematisieren.

Der Thematik der grundrechtlichen Drittwirkung sind auch Fragen einer **Antidiskri-** 696
minierungsgesetzgebung, wie sie durch Richtlinien der EG veranlasst wird, zuzuordnen. Denn auch hier sollen bestimmte grundrechtliche Wertungen Eingang in die Rechtsbeziehungen zwischen Privaten finden. Aus der Sicht des nationalen Rechts bedeutet ein Antidiskriminierungsgesetz einen Eingriff in die Vertragsfreiheit, die ihrerseits grundrechtlich aus Art. 12 I bzw. Art. 14 I GG oder, wenn diese spezielleren Grundrechte nicht eingreifen, aus Art. 2 I GG als Auffangrundrecht abzuleiten ist. Diese Grundrechte sind als Prüfungsmaßstab heranzuziehen, soweit die Richtlinie dem Gesetzgeber noch Umsetzungsspielraum belässt. Hinsichtlich der Richtlinie selbst ist auf Art. 13 EG abzustellen – hiernach hat die Gemeinschaft die Zuständig-

---

33 Vgl. LAG Hamm NJW 2002, 1970: Gebetspausen des muslim. Arbeitnehmers während der Arbeitszeit – Art. 4 I, II GG im Konflikt mit Grundrechten des Arbeitgebers aus Art. 2 I, 12 I und 14 I GG.
34 Vgl. den Examensfall in SächsVBl 1997, 171.
35 Vgl. BVerfG NJW 2000, 2658 (Mietvertrag); *Beaucamp*, DVBl 2002, 997 (1000).
36 EuGH EuZW 2000, 68 mit Anm. *Michaelis*, NJW 2001, 1841, bearb. von *Leible*, JA 2000, 830.
37 Dazu Fall 17.

keit, Diskriminierungen auch durch Private im Rahmen ihrer vertraglichen Zuständigkeiten zu bekämpfen; eine entsprechende Richtlinie muss ihrerseits mit Gemeinschaftsgrundrechten vereinbar sein.[38] Das Verbot der Diskriminierung aus Gründen der Staatsangehörigkeit nach Art. 12 EG bindet demgegenüber Private unmittelbar.

Aus der Ausbildungsliteratur: *Guckelberger*, Die Drittwirkung der Grundrechte, JuS 2003, 1151.

III. Behördliche Warnungen, Hinweise, Empfehlungen

697 Drei Fragen sind bei diesem Standardproblem zu unterscheiden: liegt (1) ein Eingriff oder doch eine Grundrechtsbeeinträchtigung vor (mit der Folge, dass der Vorbehalt des Gesetzes gilt), ist (2) die Behörde hierzu ermächtigt und (3) welche Anforderungen ergeben sich für die konkrete Äußerung? – BVerfGE 105, 252 (Glykol) zieht die einzelnen Prüfungsschritte in systematisch schwer nachvollziehbarer Weise ineinander: es verneint eine Grundrechtsbeeinträchtigung dann, wenn ein konkretes Äußerungsrecht besteht und die Äußerung in der Sache korrekt, insbesondere angemessen war.

Zu (1): Der Staat handelt, wenn er warnt, berät, empfiehlt, nicht mit „Befehl und Zwang". Es liegt also kein Eingriff iSd „klassischen" Eingriffsbegriffs vor, der durch Rechtsförmigkeit, Verbindlichkeit, Finalität gekennzeichnet ist. Der „moderne" Eingriffsbegriff, wie er jedenfalls bis zu den Entscheidungen des BVerfG zum „Glykol-Fall" und zur „Osho-Bewegung"[39] der h.L. entsprach, umfasst jedoch auch derartige faktisch-mittelbare Grundrechtsbeeinträchtigungen, wenn die Wirkungen faktisch die gleichen sind, weil ein grundrechtlich geschütztes Verhalten ganz oder teilweise unmöglich gemacht wird (*Pieroth/Schlink* Rn 240). Schwere und Individualisierbarkeit der Wirkungen sind wichtiges Indiz.

Beispiele: Die Produktwarnung oder die Empfehlung konkurrierender Produkte macht es dem Gewerbetreibenden unmöglich, seine Produkte zu vertreiben; die Offenlegung betrieblicher Interna behindert ihn in der Ausübung seines Gewerbes: Eingriff; kein Eingriff demgegenüber, wenn generell vor den Gefahren des Rauchens gewarnt wird.

698 Das Bundesverfassungsgericht will nun möglicherweise zum „klassischen" **Eingriffsbegriff** zurückkehren. Es wertet Äußerungen nicht als Eingriff – sieht andererseits aber auch, dass sie an Stelle von Grundrechtseingriffen (also zB von Verboten bestimmter Produkte) ergehen können und spricht dann von einem „funktionalen Eingriffsäquivalent" (BVerfGE 105, 252, 273; 105, 279, 303).

Der Eingriff kann den Schutzbereich unterschiedlicher Grundrechte betreffen: Art. 12 GG bei Produktwarnungen, Art. 4 GG, wenn vor religiösen Bestrebungen gewarnt wird (s. *Degenhart* Fall 39 Rn 322 ff.) oder aber das APR aus Art. 2 I i.V.m.

38 S. zur Bindung Privater an Diskriminierungsverbote durch Gemeinschaftsrecht *Wernsmann*, JZ 2005, 224.
39 BVerfG 105, 252 und 279.

Art. 1 I GG. Für **Art. 12 I GG** nimmt BVerfGE 105, 252 jedoch eine abweichende Begrenzung des Schutzbereichs vor. „Marktbezogene Informationen" des Staates sind von vornherein keine Grundrechtsbeeinträchtigung, wenn sie auf eine entsprechende Befugnis gestützt sind, die Kompetenzordnung wahren und in der Sache angemessen sind.

Zu (2): Eine **Ermächtigungsgrundlage** ist an sich zu fordern; abweichend von dem allgemeinen Grundsatz, dass aus der Aufgabe nicht auf die Befugnis geschlossen werden darf, ist aber aus einer Informationsaufgabe, sei es der Regierung, sei es der dieser nachgeordneten Verwaltung, grundsätzlich ein Äußerungsrecht abzuleiten, da insoweit für faktisch-mittelbare Grundrechtseingriffe eine weitergehende Normierung nicht sinnvoll ist. Eine generelle Informationsaufgabe hat die Regierung auf Grund ihrer verfassungsrechtlichen Stellung (Art. 64 II i.V.m. Art. 65 S. 1 GG), ihrer Aufgaben der Staatsleitung. Hieraus folgen entsprechende Äußerungsrechte (s. *Degenhart* Rn 324). Für Produktwarnungen gilt das Produktsicherheitsgesetz. **699**

Achtung: Art. 5 GG ist nicht einschlägig, wenn staatliche Stellen sich äußern: sie können sich hierfür nicht auf Grundrechte berufen.

Zu (3): Es gelten formelle und materielle **Rechtmäßigkeitsvoraussetzungen**: **700**
- in formeller Hinsicht müssen Verbandskompetenz und Organkompetenz gewahrt sein;
- die Äußerungen müssen inhaltlich **richtig** sein; bei Verdachtsfällen: sorgfältige Tatsachenermittlung; die Äußerungen müssen schließlich in der Sache nach Form und Inhalt **angemessen** sein. Es darf keine Diffamierung erfolgen.

Aus der Ausbildungsliteratur: *Bethge,* Die verfassungsrechtliche Legitimation informalen Staatshandelns, Jura 2003, 327.

Weitere Fälle im thematischen Zusammenhang – Beachte: Wegen BVerfGE 105, 252 und 279 sind die Lösungen der folgenden Fälle nicht mehr uneingeschränkt maßgeblich – *Jeand'Heur/Cremer*, Warnungen vor Sekten, JuS 2000, 991; *Dietlein/Heyers,* Die Warnungen des Bürgermeisters, NWVBl 2000, 77.

Fall 12

Gebetsruf

Schwierigkeitsgrad: Examensklausur, 5 Std.

701 Im Jahr 1995 gründete in der kreisfreien Stadt S im Bundesland L eine kleinere Gruppe teils aus arabischen Ländern stammender, teils deutscher, konvertierter Muslime einen Moscheeverein e.V., der sich vor allem die Pflege der islamischen Religion und Weltanschauung zum Ziel setzte. Dies wurde satzungsgemäß festgelegt:

„Der islamische Verein in S hat die Aufgabe, allen in S lebenden Muslimen, die den Koran und die Sunna des Propheten Mohammed als gemeinsame Grundlage des Islam anerkennen, ihr religiöses Leben in der deutschen Gesellschaft zu ermöglichen und die Beziehungen zu den Andersdenkenden herzustellen und zu verbessern, um ein friedliches Zusammenleben aller Menschen in unserer Zeit zu fördern. Zu den Aufgaben des Vereins in S gehören insbesondere: (...) Das Wissen über den Islam zu vertiefen; (...) Errichtung von Gebetsräumen und Moscheen für die Betreuung der Muslime in S und im Land L und auch als Stätten der Begegnung mit den Andersdenkenden (...).“

Als die Zahl der Mitglieder 2004 auf etwa 500 anstieg, entschied sich der Verein, ein Haus in einem dicht bebauten Wohngebiet der Stadt S zu kaufen, um dort eine Gebetsstätte für die Vereinsmitglieder und andere Muslime einzurichten. Das Haus wurde Ende des Jahres gekauft und zur Gebetsstätte umgebaut, in der sich fünfmal täglich, erstmals bereits in der Morgendämmerung, die Moslems der Stadt S zum gemeinsamen Gebet sammelten. Entsprechend islamischem Brauch, ruft vom Dach des Gebäudes aus der Gebetsrufer („Muezzin“) jeweils vor dem Gebet durch einen in arabischer Sprache gesungenen Gebetsruf die Gläubigen zusammen. Diesen Gebetsruf verstärkte er, um ihn nicht im allgemeinen Großstadtlärm untergehen zu lassen, durch ein Megafon.

Hierdurch fühlt sich der einen Häuserblock weiter wohnende pensionierte Studienrat Zorn erheblich beeinträchtigt. Nachdem Gespräche mit dem Vorstand des Vereins erfolglos geblieben sind und dieser auf das Glockenläuten der benachbarten Marienkirche verweist, wendet Zorn sich an das Ordnungsamt von S mit der Aufforderung, den Gebetsruf, zumindest aber die Nutzung des Megafons zu verbieten. Er werde allmorgendlich durch den ersten Gebetsruf geweckt und leide allmählich an nervösen Störungen. Er empfinde den Gebetsruf auch deshalb so störend, weil er in einer ihm unverständlichen fremden Sprache erfolge; er frage sich, in welchem Land er eigentlich lebe. Der Wohnwert seiner Eigentumswohnung sei gemindert. Vor allem aber empfinde er den Gebetsruf als aufdringlichen Akt der Missionierung. Er brauche es zumal als Atheist nicht hinzunehmen, ständig mit derart offensiv vorgebrachten Glaubensäußerungen konfrontiert zu werden. Das Glockenläuten sei als Erscheinungsform unseres abendländischen Kulturkreises bei weitem nicht so störend. In der gesamten, überwiegend einer der christlichen Konfessionen angehörenden Nachbarschaft würden die Gebetsrufe Unmut hervorrufen.

Die Stadt lehnt ein Einschreiten ab. Der Gebetsruf sei als Akt der Religionsausübung grundrechtlich geschützt; ein Recht, mit Akten der Religionsausübung nicht konfrontiert zu werden, gebe es nicht. Zorn erhebt nach erfolglosem Widerspruchsverfahren form- und fristgerecht Klage zum zuständigen Verwaltungsgericht. Er beantragt, der Stadt S aufzugeben, die Gebetsrufe zu untersagen, zumindest aber zu beschränken. Der beigeladene Moscheeverein beruft sich auf das Grundrecht der Religionsfreiheit. Zwar werde das Gebet nicht ungültig, wenn zuvor der Muezzin nicht gerufen habe, doch sei der Ruf ein Teil des Gebetes und besitze einen hohen Stellenwert für die Gemeinschaft. Man wolle niemanden belästigen, wünsche sich aber mehr Respekt vor der islamischen Religion und größere Toleranz. Schließlich würden auch die Kirchenglocken zum Gottesdienst rufen.

Die Erfolgsaussichten der verwaltungsgerichtlichen Klage sind zu prüfen.

Abwandlung:

Angenommen, Zorn unterliegt im Verwaltungsrechtstreit, da die Verwaltungsgerichte sich der Auffassung der Stadt S anschließen.

Könnte Zorn, der an seiner Rechtsauffassung festhält, dann in zulässiger Weise Verfassungsbeschwerde erheben?

Anlage:

Das Landespolizeigesetz des Landes L – LPolG – enthält u.a. folgende Bestimmungen:

§ 1 (1) Die Polizei hat die Aufgabe, von dem Einzelnen und dem Gemeinwesen Gefahren abzuwehren, durch die die öffentliche Sicherheit oder Ordnung bedroht wird und Störungen der öffentlichen Sicherheit oder Ordnung zu beseitigen. (2) Der Schutz privater Rechte obliegt der Polizei nur dann, wenn gerichtlicher Schutz nicht rechtzeitig zu erlangen ist.

§ 3 (1) Die Polizei kann innerhalb der Schranken des Rechts die erforderlichen Maßnahmen treffen, um eine im einzelnen Falle bestehende Gefahr für die öffentliche Sicherheit oder Ordnung abzuwehren, soweit ihre Befugnisse nicht spezialgesetzlich geregelt sind.[1]

Unter „Polizei" versteht das LPolG auch die allgemeinen Ordnungsbehörden.[2] Das Gesetz enthält i.Ü. die üblichen Bestimmungen über den Adressaten polizeilicher Maßnahmen, über die Verhältnismäßigkeit, Bestimmtheit u.Ä. Ein Landesimmissionsschutzgesetz existiert nicht. – Das Megafon ist nicht als Anlage iSd BImSchG zu betrachten.

1 „Polizeiliche Generalklausel" – so oder so ähnlich in den Polizeigesetzen der Länder enthalten.
2 Anders etwa in Bayern, wo die Befugnisse der Ordnungsbehörden im BayLStVG eigens geregelt sind; ähnlich für NRW: § 14 OBG – s. auch Fall 10 – Laserdrome.

Vorüberlegungen

702 Der vorstehende Fall wurde in letzter Zeit in verschiedener Abwandlung im Examen gebracht, sowohl in verwaltungsprozessualer wie in verfassungsgerichtlicher Einkleidung. Hier ist der Hauptfall zunächst im Verwaltungsrecht angesiedelt, der Schwerpunkt der Thematik liegt jedoch auf den Grundrechten. Die verwaltungsrechtliche Thematik müsste vertraut sein: es geht um das Standardproblem eines Anspruchs auf polizeiliches bzw. ordnungsbehördliches Einschreiten. Denn der Kläger will erreichen, dass die Stadt als Ordnungsbehörde (Polizeibehörde) gegen den Moschee-Verein einschreitet. Dass ein solcher Anspruch in erster Linie aus Grundrechten abzuleiten ist, macht der Fall deutlich.

703 Der Aufbau des Hauptfalls ist vorgegeben: Zulässigkeit und Begründetheit einer verwaltungsgerichtlichen Klage. Dass es sich hierbei nur um eine Verpflichtungsklage handeln kann, sollte klar sein; von den Sachurteilsvoraussetzungen ist es die der Klagebefugnis, die hier sehr sorgfältig geprüft werden muss. Denn dass überhaupt ein Recht auf polizeiliches Einschreiten gegeben sein kann, ist nicht selbstverständlich und muss hier ebenso ausgeführt werden wie die mögliche Beeinträchtigung des Klägers in seinen Grundrechten. Hier liegt ein erster grundrechtlicher Schwerpunkt der Arbeit.

704 In der Begründetheit ist der verwaltungsrechtliche Ansatz konsequent fortzuführen. Die Ablehnung des Verwaltungsakts gegenüber dem Verein muss rechtswidrig und der Kläger hierdurch in seinen Rechten verletzt sein. Das setzt zunächst einmal voraus, dass die Behörde überhaupt einschreiten durfte – durfte sie dies nicht, war ihre Ablehnung schon deshalb nicht rechtswidrig. Denn die Behörde kann nicht zum Erlass eines rechtswidrigen Verwaltungsaktes verpflichtet sein. Also ist zunächst nach dem herkömmlichen verwaltungsrechtlichen Ansatz – Ermächtigungsgrundlage, formelle und materielle Rechtmäßigkeit – die Befugnis der S zu prüfen. Hier liegt der nächste grundrechtliche Schwerpunkt: es muss eine Gefahr vorliegen. Das Schutzgut der öffentlichen Sicherheit könnte hier unter dem Aspekt der Grundrechte des Zorn berührt sein. Es muss dann also dargelegt werden, dass Grundrechte des Einzelnen hierunter fallen können und hier auch beeinträchtigt sind.

705 Auf der anderen Seite ist nicht zu verkennen, dass auch Grundrechte des Vereins in Frage stehen. Denn dass die Gebetsrufe unter Art. 4 I, II GG fallen, liegt nahe. Wie sind nun diese Grundrechte in die Fallbearbeitung einzubringen (denn dass sie schwerpunktmäßig behandelt werden müssen, wird jeder Bearbeiter auch nur mit einem Minimum an Problemgespür erkennen)? Naheliegend erscheint zunächst der Weg, zuerst zu prüfen, ob Grundrechte des Zorn beeinträchtigt sind, hieraus die Befugnis zum Einschreiten abzuleiten und dann in der Verhältnismäßigkeitsprüfung eine Abwägung mit kollidierenden Rechten des Vereins vorzunehmen.[3] Bei näherem Hinsehen erweist sich dies aber als nicht exakt: beide, Verein und Zorn, können sich auf Grundrechte berufen. Entweder wiegen die Grundrechte des Vereins nun schwe-

3 Diese Lösung wurde in der Korrektur auch akzeptiert.

rer: dann verhält er sich rechtmäßig und es liegt keine Gefahr auf Grund seines Verhaltens vor. Oder aber der Verein überschreitet den Rahmen seiner grundrechtlichen Befugnisse: dann liegt eine Gefahr vor, diese ist dem Verein zuzurechnen und gegen ihn darf auch eingeschritten werden. Es liegt also nahe, den grundrechtlichen Ausgleich im Tatbestand des § 3 LPolG vorzunehmen, im Wege praktischer Konkordanz. Deshalb erfolgt zuerst die Prüfung der Eingriffsvoraussetzungen einer Gefahr der öffentlichen Sicherheit durch Beeinträchtigung der Grundrechte des Zorn – wobei ergänzend auf die Subsidiarität des Polizeirechts einzugehen ist, die hier wegen des Öffentlichkeitsbezugs nicht eingreift. Hieran schließt sich die Prüfung der Grundrechte des Vereins an, wobei sich für die Glaubens- und Gewissensfreiheit die Frage stellt, ob diese überhaupt eingeschränkt werden darf. Hier ist auf das Standardproblem der verfassungsimmanenten Schranken einzugehen. Demgemäß darf die polizeiliche Generalklausel hier nur zum Schutz gleichrangiger Verfassungsgüter eingesetzt werden – auch dies ein Beispiel für die verfassungsrechtliche Überlagerung der verwaltungsrechtlichen Fragen dieses Falles.

Die Abwandlung – hier war nur die Zulässigkeit der Verfassungsbeschwerde zu prüfen – verlangt vom Bearb., sich über die Bedeutung grundrechtlicher Schutzpflichten klar zu sein. Der Beschwerdeführer sieht sich hier durch das Unterlassen einer Maßnahme in seinen Grundrechten beeinträchtigt. Deshalb müssen Beschwerdegegenstand und Beschwerdebefugnis besonders sorgfältig geprüft werden.

Gliederung 706

A. Zulässigkeit der Klage

- I. Verwaltungsrechtsweg
- II. Statthaftigkeit – richtige Klageart: Verpflichtungsklage
- III. Zuständiges Gericht
- IV. Beteiligten- und Prozessfähigkeit
- V. Klagebefugnis, § 42 II VwGO
  - 1. Anspruch auf ordnungsbehördliches Einschreiten
  - 2. Rechte des Zorn – grundrechtliche Schutzpflichten
    - a) Grundrechte: Art. 2 II 1, 4 und 14 GG
    - b) Unterlassen – Schutzpflichten
- VI. Vorverfahren, Klagefrist
- VII. Klagegegner (passive Prozessführungsbefugnis)

B. Begründetheit der Klage

- I. Befugnis zum Einschreiten
  - 1. Ermächtigungsgrundlage: § 3 I LPolG
  - 2. Formelle Rechtmäßigkeit (SV)
  - 3. Materielle Rechtmäßigkeit
    - a) Gefahr für die öffentliche Sicherheit oder Ordnung: Grundrechte (+)
      - aa) Art. 14 I GG (+)

bb) Art. 2 II 1 GG (+): Verpflichtung des Staates zum Schutz vor Gefährdungen – Schlafstörungen (+)
cc) ungewollte Konfrontation: negative Glaubensfreiheit, Art. 4 I und II GG
dd) Art. 13 GG (–)
b) Subsidiarität, § 1 II LPolG (–): nur, wenn ausschließlich Schutz privater Rechte
c) Störung – Grundrechte des Vereins: Art. 4 GG
aa) Schutzbereich
(1) weiter Schutzbereich
(2) Verein (+): Freiheit der kollektiven Religionsausübung
(3) Gebetsrufe (+)
bb) Eingriff
cc) Rechtfertigung – Befugnis zum Einschreiten
(1) Immanente Schranken/Art. 136 I WRV: Überlagerung
(2) Gesetzesvorbehalt – § 3 LPolG
(3) Gleichwertige Rechtsgüter: Grundrechte – Abwägung; keine Benutzung des Megafons, nicht am frühen Morgen
d) Gleichbehandlung mit kirchlichem Glockenläuten? – Verpflichtung zur Gleichbehandlung, „Gleichheit im Unrecht"?

II. Anspruch auf behördliches Einschreiten
1. Ermessensreduzierung auf Null
2. Anspruch des Zorn

C. Ergebnis

Abwandlung: Zulässigkeit einer Verfassungsbeschwerde

I. Beschwerdeführer
II. Beschwerdegegenstand
III. Beschwerdebefugnis
1. Grundrechte des Zorn – staatliche Schutzpflicht
2. Betroffensein
IV. Rechtswegerschöpfung/Subsidiarität
V. Form und Frist

Musterlösung

A. Zulässigkeit der Klage

I. Verwaltungsrechtsweg

Voraussetzung für die Zulässigkeit der Klage ist zunächst, dass der Verwaltungsrechtsweg eröffnet ist. Dies richtet sich im vorliegenden Falle nach § 40 I 1 VwGO. Maßgeblich ist, ob die streitentscheidenden Normen solche des öffentlichen Rechts sind. Ob hier die zuständige Behörde einschreiten kann oder einschreiten muss, richtet sich nach den Normen des allgemeinen Polizei- und Ordnungsrechts, also nach Sondernormen des öffentlichen Rechts, die den Polizei- und Ordnungsbehörden besondere Befugnisse verleihen. Es liegt also eine öffentlich-rechtliche Streitigkeit vor; die Behörde ist auch im Subordinationsverhältnis tätig geworden. **707**

Es müsste sich weiterhin um eine Streitigkeit nichtverfassungsrechtlicher Art handeln. Dies ist der Fall, weil nicht unmittelbar über Normen des Verfassungsrechts gestritten wird, und auch keine Verfassungsorgane am Verfahren beteiligt sind.[4] Eine abdrängende Sonderzuweisung an ein anderes Gericht ist ebenfalls nicht ersichtlich, sodass der Verwaltungsrechtsweg nach § 40 I l VwGO eröffnet ist.

II. Statthaftigkeit – richtige Klageart

Für das Begehren des Zorn, die Lärmbelästigungen durch Maßnahmen gegen den Moscheeverein zu unterbinden, könnte die Verpflichtungsklage nach § 42 I Var. 2 VwGO zulässig sein. Voraussetzung ist, dass das von der Verwaltung begehrte Verhalten ein Verwaltungsakt iSv § 35 S. 1 LVwVfG[5] ist. Das von Zorn begehrte Verhalten der Stadt S würde sich als Anordnung gegenüber dem Moscheeverein darstellen, die Gebetsrufe ganz oder teilweise zu unterlassen. Eine derartige Anordnung wäre als Verwaltungsakt zu beurteilen. Die Verpflichtungsklage ist mithin richtige Klageart. **708**

III. Zuständiges Gericht

Die Klage ist lt. Sachverhalt vor dem zuständigen Verwaltungsgericht erhoben worden. **709**

IV. Beteiligten- und Prozessfähigkeit

Zorn ist gemäß § 61 I Nr. 1 VwGO beteiligtenfähig, ebenso die Stadt S. Die Prozessfähigkeit ergibt sich für Zorn aus § 62 I VwGO, für die Stadt, vertreten durch den Oberbürgermeister, aus § 62 III VwGO. **710**

---

4 Da die nichtverfassungsrechtliche Natur der Streitigkeit auf der Grundlage der Theorie der doppelten Verfassungsunmittelbarkeit hier unproblematisch ist, braucht auf die unterschiedlichen Abgrenzungstheorien nicht eingegangen zu werden; vgl. dazu *Schenke* Rn 124 ff., dessen Definition der verfassungsrechtlichen als einer den Verfassungsgerichten vorbehaltenen Streitigkeit viel für sich hat.

5 Hier ist das jeweilige LandesVwVfG zu zitieren, also zB Art. 35 BayVwVfG oder – für Sachsen – § 35 BVwVfG i.V.m. § 1 SächsVwVfG.

V. Klagebefugnis, § 42 II VwGO

711 Zorn müsste gem. § 42 II VwGO geltend machen können, durch die Entscheidung der S, nicht gegen den Moscheeverein einzuschreiten, in seinen subjektiven Rechten verletzt zu sein. Er müsste dann aber einen Anspruch auf behördliches Einschreiten geltend machen können.[6]

1. Anspruch auf ordnungsbehördliches Einschreiten

712 Ein Anspruch des Zorn auf ein Einschreiten der Behörde könnte zunächst jedoch deshalb ausgeschlossen sein, weil den Ordnungsbehörden, wie sich aus der Generalklausel des Polizeigesetzes von L ergibt, Ermessen in ihrer Entscheidung für ein Einschreiten eingeräumt ist. Doch kann Zorn jedenfalls einen Anspruch auf fehlerfreien Ermessensgebrauch haben, der sich im Fall einer Ermessensreduzierung auf Null zu einer Rechtspflicht verdichten kann. Voraussetzung ist jedoch, dass die fragliche Norm zumindest auch seinen Rechten zu dienen bestimmt ist. Dagegen könnte sprechen, dass die Ordnungsbehörden zur Wahrung der öffentlichen Sicherheit und Ordnung tätig werden. Andererseits gehören zu den Schutzgütern der öffentlichen Sicherheit neben der Unversehrtheit der Rechtsordnung und den Einrichtungen des Staates auch Rechtsgüter des Einzelnen, insbesondere die Grundrechte. Einem Staatsverständnis, in dem der Staat die Aufgabe hat, die Grundrechte des Einzelnen zu schützen und in dem der Einzelne nicht bloßes Objekt staatlichen Handelns sein darf, entspricht es, dem Einzelnen auch subjektive Rechte im Verhältnis zum Staat einzuräumen. Demgemäß müssen in der grundrechtsgeprägten Ordnung des Verhältnisses von Staat und Bürger nach dem Grundgesetz die staatlichen Behörden grundsätzlich auch zum Schutz und im Interesse der Rechte des Einzelnen tätig werden. Eine Sicht der polizei- und ordnungsrechtlichen Handlungsbefugnisse, die diese allein im öffentlichen Interesse sieht, würde dem nicht gerecht.

2. Rechte des Zorn – grundrechtliche Schutzpflichten

713 a) Vorliegend beruft sich Zorn darauf, in seinen Grundrechten aus Art. 2 II 1, 4 und 14 I GG verletzt zu sein. Dass der Schutzbereich dieser Grundrechte berührt sein könnte, erscheint nicht von vornherein ausgeschlossen. Denn[7] Zorn könnte durch die Ruhestörung auf Dauer in seiner Gesundheit beeinträchtigt werden; ebenso ist eine Minderung in der Nutzbarkeit seines Eigentums nicht ausgeschlossen. Schließlich kann eine ungewollte Konfrontation mit aufgedrängten Glaubensäußerungen auch das Grundrecht des Zorn aus Art. 4 I und II GG unter dem Gesichtspunkt der negativen Religionsfreiheit berühren.

714 b) Die Möglichkeit einer Grundrechtsverletzung könnte dann allerdings ausgeschlossen sein, wenn man im bloßen Unterlassen eines Einschreitens noch keinen möglichen Eingriff in die Grundrechte des Zorn sehen wollte. Tatsächlich liegt hier

6 S. *Tettinger* Rn 370 ff.

7 Zur Darstellungsweise: da es sich hier um unproblematische und zügig abzuarbeitende Punkte handelt, wird der Urteilsstil und nicht der Gutachtensstil gewählt.

kein unmittelbarer Eingriff der hoheitlichen Gewalt des Staates in Grundrechte des Zorn vor, vielmehr geht die Grundrechtsbeeinträchtigung von dritter – privater – Seite aus, und Zorn verlangt von der Behörde, dagegen einzuschreiten, ihn also gleichsam in Schutz zu nehmen. Damit macht Zorn, wenn er ein ordnungsbehördliches Einschreiten verlangt, eine staatliche Schutzpflicht ihm gegenüber geltend. Dass aus seinen Grundrechten angesichts der Beeinträchtigung von dritter Seite derartige Schutzpflichten abzuleiten sind und einen Anspruch auf ordnungsbehördliches Einschreiten begründen, erscheint zumindest nicht ausgeschlossen. Die Möglichkeit einer Grundrechtsverletzung des Zorn ist im Rahmen seiner Klagebefugnis also zu bejahen. Zorn ist klagebefugt.

VI. Vorverfahren, Klagefrist

Das notwendige Vorverfahren ist lt. Sachverhalt durchgeführt, die Klagefrist gewahrt. **715**

VII. Klagegegner (passive Prozessführungsbefugnis)[8]

Die Klage ist nach § 78 I Nr. 1 VwGO gegen die Körperschaft zu richten, deren Behörde den beantragten Verwaltungsakt unterlassen hat; dies ist hier die Stadt S. **716**

Die Klage des Zorn ist zulässig.

B. Begründetheit der Klage

Die Klage ist begründet, wenn die Ablehnung des behördlichen Einschreitens rechtsfehlerhaft war und Zorn hierdurch in seinen Rechten verletzt wurde, wenn er also tatsächlich einen Anspruch auf ordnungsbehördliches Einschreiten hatte. Dies wiederum setzt zunächst voraus, dass die Stadt S überhaupt einschreiten durfte (I.); nur wenn dies der Fall ist, konnte sie hierzu dem Zorn gegenüber auch verpflichtet sein (II.).[9] **717**

I. Befugnis zum Einschreiten

1. Ermächtigungsgrundlage

Als Ermächtigungsgrundlage kommt hier die polizeiliche Generalklausel des § 3 I LPolG in Betracht.[10] Sie ermächtigt zum Einschreiten bei Gefahren der hier vorliegenden Art. Speziellere Ermächtigungsnormen sind nicht ersichtlich.[11] **718**

---

8 Zu der wohl nie befriedigend gelösten Frage einer Zuordnung zur Zulässigkeit oder zur Begründetheit s. *Schenke* Rn 543 ff.

9 Dieser Aufbau sollte beim Anspruch auf pol. Einschreiten gewählt werden; denkbar wäre freilich auch, die Prüfung des Anspruchs auf Einschreiten in die Ermessensprüfung zu integrieren.

10 Für NRW: § 14 OBG, für Bayern: Art. 7 LStVG.

11 Einige Bearbeiter griffen auf die Generalklausel der LBO zurück – es geht hier aber nicht um die Nutzung einer baulichen Anlage, sondern um ausschließlich verhaltensbezogene Störungen.

2. Formelle Rechtmäßigkeit

719 Die Zuständigkeit der Stadt S für den Erlass der begehrten Maßnahme ist lt. Sachverhalt zu bejahen.

3. Materielle Rechtmäßigkeit

a) Gefahr für die öffentliche Sicherheit oder Ordnung

720 Als tatbestandliche Voraussetzung müsste nach § 3 I LPolG eine Gefahr für die öffentliche Sicherheit oder Ordnung vorliegen.

Die öffentliche Sicherheit als Schutzgut der polizeilichen Generalklausel des § 3 LPolG könnte hier unter dem Gesichtspunkt der Grundrechte des Zorn beeinträchtigt sein. Denn zur öffentlichen Sicherheit werden neben der Unversehrtheit der Rechtsordnung und der Einrichtungen des Staates auch Rechtsgüter des Einzelnen, insbesondere Grundrechte, gezählt.

721 aa) Der Schutzbereich des Art. 14 I GG ist jedenfalls insoweit berührt, als die Nutzung der im Eigentum des Zorn stehenden Wohnung beeinträchtigt wird. Denn aus dem Eigentumsrecht fließt auch die eigentümerische Nutzungsbefugnis;[12] diese ist hier beeinträchtigt. Dabei ist zu berücksichtigen, dass der Gebetsruf in einem dicht besiedelten Wohngebiet und zwar fünfmal täglich (auch in der Morgendämmerung) stattfindet. Dies bedeutet eine erhebliche Beeinträchtigung der ungestörten Nutzung insbesondere des Eigentums am Wohnraum. Diese ist hier besonders intensiv, da das Eigentumsgrundrecht in seiner zentralen Funktion betroffen ist, seinem Träger einen Freiraum für individuelle Daseinsgestaltung zu sichern.[13]

722 bb) Bezüglich des Grundrechts des Nachbarn auf körperliche Unversehrtheit aus Art. 2 II 1 GG ist von einer grundsätzlichen Verpflichtung des Staates zum Schutz vor Gefährdungen auch durch Dritte auszugehen. Die hochrangigen Rechtsgüter des Art. 2 II GG sind in besonderem Maße darauf angelegt, auch derartige positive staatliche Schutzpflichten zu begründen.[14] Es kommt dann entscheidend darauf an, ob der Gebetsruf eine solche Qualität erreicht, dass er eine Gefahr für die Gesundheit anderer darstellt, insbesondere nach Lautstärke, Häufigkeit und Dauer eine solche Gefahr auslösen kann. Dies könnte hier unter dem Aspekt erwogen werden, dass der Zeitpunkt des frühen Rufs (zur Morgendämmerung) zu nachhaltigen Schlafstörungen in der Nachbarschaft führt.

723 cc) Wenn Zorn sich gegen eine ungewollte Konfrontation mit aufgedrängten Glaubensäußerungen des Vereins wendet, so beruft er sich damit auf sein Grundrecht der negativen Religionsfreiheit, also sein Grundrecht, keine Religion auszuüben und auch nicht Akten der Religionsausübung ausgesetzt zu sein. Auch diese negative Glaubensfreiheit wird durch Art. 4 I und II GG geschützt. Sie wird hier durch die

---

12 Näher zu Art. 14 GG: **Fall 5, Fall 16**.

13 Dies ist eine typische Argumentationsfigur bei Art. 14 GG, s. BVerfGE 101, 54 (75); *Pieroth/Schlink* Rn 933.

14 *Pieroth/Schlink* Rn 88.

lauten und unentrinnbaren Gebetsrufe in nicht unerheblichem Maße berührt. Ob das Grundrecht aus Art. 4 I, II GG in seiner „negativen" Komponente hiergegen schützen kann, erscheint deshalb fraglich, weil es sich hierbei nicht um staatlich aufgedrängte Glaubensäußerungen handelt,[15] sondern um die Ausübung der positiven Glaubensfreiheit privater Dritter. Doch muss zumindest dort, wo die Konfrontation vom öffentlichen Raum ausgeht und der Einzelne sich ihr auch durch Rückzug in die Privatsphäre nicht entziehen kann, der Staat, dem die Verantwortung für die konfliktfreie Nutzung öffentlicher Räume obliegt, auch das schutzwürdige Interesse der Umgebungsbewohner, nicht mit offensiv vorgetragenen Glaubensäußerungen gegen ihren Willen in intensiver Weise konfrontiert zu werden, zu berücksichtigen haben. Auch deren negative Glaubensfreiheit ist insoweit zu berücksichtigen. Da Zorn kein Muslim ist und regelmäßig und nachhaltig mit dem Gebetsruf beschallt wird, wird sein Recht, nicht einer aufoktroyierten Konfrontation mit religiösen Äußerungen Dritter ausgesetzt zu werden, hier betroffen.

dd) Nicht ist demgegenüber der Schutzbereich des Grundrechts auf Unverletzlichkeit der Wohnung, Art. 13 GG, berührt. Geräusche (sowie Luftverunreinigungen, Licht und Erschütterungen), die auf die Wohnung wirken, berühren nicht die durch Art. 13 GG geschützte Privatsphäre. **724**

b) Subsidiarität

Einem behördlichen Einschreiten könnte entgegenstehen, dass die Durchsetzung privater Rechte den Polizei- und Ordnungsbehörden nur subsidiär zugewiesen ist, § 1 II LPolG: dann nämlich, wenn auf zivilrechtlichem Wege der Betroffene keinen wirksamen Schutz erlangen kann. Doch greift dieser Grundsatz der Subsidiarität dann nur ein, wenn es ausschließlich um den Schutz privater Rechte geht. Sind aber gleichzeitig Belange der Allgemeinheit betroffen, so gilt der Subsidiaritätsgrundsatz insoweit nicht. Eben dies ist hier der Fall. Angesichts des Umstandes, dass die Nachbarschaft generell von den Gebetsrufen betroffen ist, ist auch der notwendige Öffentlichkeitsbezug hergestellt.[16] **725**

c) Störung – Grundrechte des Vereins: Art. 4 GG

Einem Einschreiten der Behörde gegen den Moscheeverein könnte jedoch entgegenstehen, dass die Gebetsrufe ihrerseits den Schutz des Art. 4 I, II GG genießen. Ist dies der Fall, so könnten die Grundrechte des Vereins hier vorrangig sein gegenüber denen des Zorn. Dann wäre das Handeln des Moscheevereins nicht rechtswidrig, es läge also keine rechtswidrige Beeinträchtigung der Grundrechte des Zorn vor. Dann aber läge auch keine Störung der öffentlichen Sicherheit vor, sodass auch nicht gegen den Verein als Störer eingeschritten werden könnte. **726**

---

15 Wie bei BVerfGE 93, 1 – Kruzifix-Fall –; hierauf wollen *Braun/Kettner*, Jura 2003, 344 (346) die negative Glaubensfreiheit beschränken.

16 Vgl. *Schoch*, Übungen im Öffentlichen Recht II, 2000, S. 153 ff.

aa) Dann müsste zunächst auf Seiten des Vereins der **Schutzbereich** des Grundrechts eröffnet sein.

727 (1) Art. 4 I GG schützt die Freiheit des Glaubens und Gewissens, Art. 4 II GG die ungestörte Religionsausübung. Beide Grundrechtsgewährleistungen bezeichnen einen einheitlichen Schutzbereich der Religions- und Weltanschauungsfreiheit.[17] Unter den Schutz des Art. 4 I, II GG fallen nicht nur die abendländisch-christlich geprägten, sondern alle Glaubensrichtungen, also auch der Islam. Den Schutz der Religionsfreiheit auf einen eurozentrischen christlich geprägten Religionsbegriff bzw. auf typisch christliche Kultushandlungen zu verengen, würde gegen die religiös-weltanschauliche Neutralität des Staates (Verbot der Staatskirche in Art. 140 GG i.V.m. Art. 137 I WRV) verstoßen. Ob der Schutz des Art. 4 I, II GG etwa zu beschränken ist auf Glaubenshaltungen und Glaubensbetätigungen, die sich bei den heutigen Kulturvölkern im Lauf der Zeit auf dem Boden gewisser gemeinsamer sittlicher Grundanschauungen herausgebildet haben,[18] braucht hier nicht entschieden zu werden, da der Islam als eine der großen Weltreligionen auch dann in den Schutzbereich des Grundrechts fällt.

728 (2) Auf das Grundrecht aus Art. 4 I, II GG müsste sich auch der Moscheeverein berufen können. Art. 4 GG schützt auch die kollektive Religionsfreiheit. Träger des Grundrechts sind demgemäß neben den Einzelnen alle Religionsgemeinschaften. Religionsgemeinschaft ist ein dauerhafter Zusammenschluss von Personen auf Grund übereinstimmender Auffassung in religiöser Hinsicht, auf der Grundlage eines religiösen Konsenses, wobei diese religiöse Auffassung durch eine Bezeugung, ein Bekenntnis nach außen kundgegeben wird.[19] Der Moscheeverein hat sich auf Grund des islamischen Glaubens zusammengeschlossen. Er beruht also auf einem religiösen Konsens seiner Mitglieder. Der auf Koran und Sunna beruhende Glaube begründet diesen Konsens. Dies und das Bekenntnis dieses Konsenses ergibt sich aus der zitierten Satzungsbestimmung. Es handelt sich bei dem Moscheeverein um eine Vereinigung, deren Zweck auf die Pflege des religiösen oder weltanschaulichen Lebens ihrer Mitglieder abzielt.[20] Der Verein ist also Träger des Grundrechts aus Art. 4 I, II GG. Er kann sich auf die Freiheit der kollektiven Religionsausübung berufen.

729 (3) Zu klären ist nun, inwieweit auch die Gebetsrufe, gegen die sich Zorn wendet, in den Schutzbereich der Glaubensfreiheit des Art. 4 I, II GG fallen. Das Grundrecht der Religions- und Weltanschauungsfreiheit umfasst im Grundrechtstatbestand nicht nur die innere Freiheit einer religiösen Weltanschauung, sondern auch die Freiheit, den Glauben nach außen hin zu manifestieren, zu bekennen und zu verbreiten. Geschützt wird das Recht der Religionsgemeinschaft und des Einzelnen, ihr gesamtes Verhalten an den Lehren ihres Glaubens auszurichten und ihrer Überzeugung gemäß zu handeln[21] sowie Raum für die aktive Betätigung der Glaubensüberzeugung zu behalten. Der Ruf des Muezzins hat bekenntnishaften Charakter. Er wird schon

17 Vgl. *Pieroth/Schlink* Rn 506 ff.
18 S. dazu *Pieroth/Schlink* Rn 511.
19 OVG Berlin DVBl 1999, 554 ff.
20 Vgl. *Kokott*, in: Sachs, Art. 4 Rn 9.
21 BVerfGE 32, 98 (106); 93, 1 (15).

deshalb vom Schutzbereich der Bekenntnisfreiheit erfasst. Er ist ein Teil der muslimischen rituellen Gebete und unterfällt der Religionsausübungsfreiheit insbesondere aus Art. 4 II GG. Dass dieser Ruf nach Einlassung des Moscheevereins nicht zwingende Voraussetzung für die Gültigkeit des Gebets ist, führt zu keiner anderen Betrachtungsweise. Denn er ist jedenfalls wesentlicher Teil des religiösen Bekenntnisses und hat hierin nach dem Selbstverständnis der Glaubensgemeinschaft für diese einen hohen Stellenwert. Für den Schutz des Art. 4 I, II GG ist aber auf das Selbstverständnis der Religionsgemeinschaft abzustellen. Wenn hiernach die Art und Weise des Glaubensbekenntnisses für sie Teil dieses Bekenntnisses ist, muss dies von der Rechtsordnung respektiert werden. Also ist auch der Gebetsruf durch den Muezzin durch Art. 4 I, II GG geschützt. Aber auch die Art und Weise, wie dieser Gebetsruf verbreitet wird, fällt in die Freiheit religiöser Betätigung. Daher steht dem Grundrechtsschutz auch nicht entgegen, dass der Gebetsruf hier lautsprecherverstärkt übertragen wird.

bb) Da der Gebetsruf dem Schutzbereich der Glaubensfreiheit zuzuordnen ist, **730**
würde dessen Untersagung einen **Eingriff** in die Religionsausübungsfreiheit des Moscheevereins bedeuten.

cc) Dieser Eingriff in die Religionsfreiheit des Vereins müsste aus den Schranken des Grundrechts zu rechtfertigen sein. Denn nur dann hat die Behörde eine **Befugnis zum Einschreiten**.

(1) Das Grundrecht aus Art. 4 I, II GG ist an sich schrankenlos gewährleistet, es ist **731**
ein vorbehaltloses Grundrecht. Ein Gesetzesvorbehalt könnte sich allerdings aus den Bestimmungen der WRV ergeben, die durch Art. 140 GG in das Grundgesetz inkorporiert wurden und die auch vollgültiges Verfassungsrecht sind. Wenn nach Art. 136 I WRV die für alle geltenden, staatsbürgerlichen Rechte und Pflichten durch die Ausübung der Religionsfreiheit unberührt bleiben, so könnte dies im Sinn eines Gesetzesvorbehalts aufgefasst werden. Dies würde allerdings der vorbehaltlosen Gewährleistung des Art. 4 I, II GG widersprechen. Aus ihr wird, gerade auch angesichts der systematischen Stellung des Art. 4 GG im Grundrechtsteil des Grundgesetzes, deutlich, dass dieses Grundrecht keinem einfachen Gesetzesvorbehalt unterliegen soll. Vielmehr können für das Grundrecht aus Art. 4 I, II GG nur **verfassungsimmanente Schranken** gelten. Denn kein Grundrecht kann schrankenlos ausgeübt werden, die grundrechtliche Freiheit muss dort jedenfalls enden, wo ihre Ausübung andere gleichrangige Rechtsgüter verletzt. Deshalb können Eingriffe in das vorbehaltlose Grundrecht aus Art. 4 I, II GG durch kollidierende Grundrechte und anderweitige Verfassungsgüter gerechtfertigt werden. Es sind dies die so genannten „immanenten Schranken“ des Grundrechts.[22]

(2) Voraussetzung für einen Eingriff ist wegen des **Gesetzesvorbehalts** für alle **732**
Eingriffsakte auch dann eine gesetzliche Grundlage.[23] Sie könnte hier in der poli-

22 BVerfGE 28, 243 (260); 52, 223 (246).

23 Achtung: die verfassungsimmanenten Schranken allein sind noch keine Grundlage für ein Einschreiten; erforderlich ist ein Gesetz (Gesetzesvorbehalt!), das seinerseits die verfassungsimmanenten Schranken verwirklicht, also dem Schutz entsprechend hochrangiger Rechtsgüter dient.

zeilichen Generalklausel des § 3 LPolG zu sehen sein. Es handelt sich hierbei um ein formelles Gesetz, an dessen verfassungsmäßigem Zustandekommen keine Zweifel bestehen. In materieller Hinsicht könnte das Gesetz jedoch deshalb Bedenken ausgesetzt sein, weil mit dem Begriff der öffentlichen Sicherheit oder Ordnung ein weitergehender Eingriffsvorbehalt verbunden ist als mit dem der verfassungsimmanenten Schranken. Die Eingriffsermächtigung der polizeilichen Generalklausel des § 3 LPolG muss daher verfassungskonform in der Weise angewandt werden, dass nur solche Rechtsgüter, die den verfassungsimmanenten Schranken des Grundrechts zugrundeliegen, zu einem Einschreiten ermächtigen.

733 (3) Dies könnten hier die Grundrechte des Zorn wie auch generell der Nachbarn der Moschee sein, die durch die Gebetsrufe betroffen sind. Denn die Behörde, die ja zum Schutz der öffentlichen Sicherheit und Ordnung tätig wird, kann über die individuellen Rechte des Nachbarn Zorn hinaus die der Nachbarschaft insgesamt in ihre Entscheidung einbeziehen. Grundrechte Dritter sind grundsätzlich geeignet, als verfassungsimmanente Schranken auch die Religionsausübungsfreiheit des Vereins zu beschränken. Dabei sind nach dem Prinzip der praktischen Konkordanz die hier kollidierenden Grundrechtspositionen des Vereins einerseits und der betroffenen Dritten andererseits in Ausgleich zu bringen. Dabei darf allerdings auf Grund des Gebots staatlicher Neutralität weder die christliche Prägung Deutschlands noch die nationale Identität in der Abwägung als Grundlage einer Beschränkung der Religionsfreiheit herangezogen werden. Entscheidend sind Lautstärke, Dauer, Häufigkeit und die Wichtigkeit des Rufes für die islamische Gemeinschaft sowie Gültigkeit des Gebetes ohne lautstarke Übertragung des Rufes.

734 In der Abwägung spricht dann für den Verein die maßgebliche Bedeutung des Muezzinrufs. Gegenüber Eigentumsgrundrechten der Nachbarn ist zu erwägen, ob in einer Wohngegend Lebensäußerungen, die mit dem Wohnen verbunden sind, hingenommen werden müssen. Andererseits handelt es sich angesichts der megafonverstärkten Übertragung um eine erhebliche Beeinträchtigung der Nachbarschaft, die zudem nicht unabdingbar für den Verein ist. Zwar ist aus seiner Sicht insbesondere der Einsatz des Megafons erforderlich, um wahrgenommen zu werden. Doch lassen sich dem Sachverhalt hier keine Anhaltspunkte entnehmen, die die Gültigkeit des Gebetes von der öffentlichen, lautsprecherverstärkten Übertragung des Gebetsrufes abhängig und demgemäß gerade den lautsprecherverstärkten Ruf unverzichtbar machen. Daher wird hier in der Abwägung der Eigentumsschutz der Nachbarschaft Vorrang genießen, vor allem unter dem Gesichtspunkt, dass das muslimische Gebet auch ohne lautsprecherverstärkten Ruf seine Gültigkeit erhält.

735 Da andererseits auch der Religionsfreiheit des Moscheevereins Rechnung zu tragen ist, könnte ein gänzliches Verbot unverhältnismäßig sein. Wenn der Einsatz des Megafons unterbleibt und der besonders störende Gebetsruf in den ja sonst noch ruhigen frühen Morgenstunden unterlassen wird, ist auch dem hier betroffenen Interesse des Zorn an der ungeschmälerten Nutzung seiner Wohnung Rechnung getragen. Mit dieser Maßgabe muss jedoch das Eigentumsrecht des Zorn und müssen die Eigentumsrechte der Nachbarn Vorrang haben, dies umso mehr, als diese den Geräuschimmissionen nicht auszuweichen vermögen, während der Moscheeverein diese sehr wohl auf ein verträgliches Maß absenken kann.

Dies gilt auch im Hinblick auf mögliche Beeinträchtigungen des körperlichen Wohlbefindens und hieraus resultierende Gesundheitsgefährdungen durch die Gebetsrufe in den frühen Morgenstunden. Auch insoweit ist jedenfalls ein Unterlassen der Gebetsrufe zu dieser Stunde des Tages erforderlich und auch angemessen. **736**

Soweit die negative Glaubensfreiheit des Zorn in Abwägung mit dem Grundrecht des Moscheevereins auf freie Religionsausübung zu bringen ist, ist wiederum entscheidend darauf abzustellen, dass dieser den offensiv vorgebrachten Glaubensäußerungen des Vereins nicht auszuweichen vermag, er aber keinen Glauben bilden und demzufolge auch nicht religiöser Einwirkung ausgesetzt sein muss. Da zudem das muslimische Gebet auch ohne lautsprecherverstärkten Ruf Gültigkeit behält, kann der Moscheeverein nicht für sich beanspruchen, den Gebetsruf ohne Rücksichtnahme auf die negative Glaubensfreiheit der Nachbarschaft zu verbreiten. Auch hier ist ein Verzicht auf das Megafon und ein gänzlicher Verzicht auf die Gebetsrufe zur frühen Morgenstunde erforderlich, damit jedenfalls jene Erscheinungsformen des Gebetsrufs unterbleiben, die in besonderer Weise als oktroyierte Glaubensäußerungen empfunden werden. **737**

Im Ergebnis ist die S also befugt, dem Moscheeverein die Benutzung des Megafons und darüber hinaus generell den ersten Gebetsruf am frühen Morgen zu untersagen.

d) Gleichbehandlung mit kirchlichem Glockenläuten?

Zu prüfen bleibt, ob der Moscheeverein gegenüber einem behördlichen Einschreiten ein Recht auf Gleichbehandlung im Verhältnis zur benachbarten Marienkirche geltend machen kann. **738**

Für eine Verpflichtung zur Gleichbehandlung[24] könnte sprechen, dass die kirchlichen Glocken und der Lautsprecher akustische Mittel sind, mit denen die Gläubigen zum Gebet veranlasst bzw. zum Gottesdienst gerufen werden sollen. Dies erfordert in der Tat, beide „Geräusche“ in ihrer spezifisch religiösen Funktion zu betrachten und den Ruf des Muezzins durch den Lautsprecher analog dem liturgischen Glockengeläute zu behandeln. Denn der Staat ist zur Neutralität gegenüber den Weltanschauungen und zur Gleichbehandlung in religiösen Angelegenheiten verpflichtet.[25] Andererseits könnte für die Rechtfertigung eines behördlichen Einschreitens nur gegenüber dem Moscheeverein auch darauf abgestellt werden, dass die von ihm ausgehenden Geräuschimmissionen als besonders störend empfunden werden. Dies dürfte angesichts des Neutralitätsgebots freilich nicht darauf gestützt werden, dass die Fremdartigkeit der Rufe besondere Irritationen hervorruft, wohl aber darauf, dass die lautsprecherverstärkten Rufe als deutlich störender empfunden werden als das Glockengeläute, wie ja generell technisch erzeugter Lärm besonders störend wirkt. Auch ist im Hinblick auf die negative Glaubensfreiheit der Nachbarn zu berücksichtigen, dass das Läuten nicht in gleicher Weise missionierend wirkt, wie dies bei den Gebetsrufen der Fall ist.

24 *Da es hier um behördliche Ermessenbindungen geht und eine Ungleichbehandlung ja vorliegt, wird hier nicht das übliche Schema „Ungleichbehandlung – verfassungsrechtl. Rechtfertigung“ abgewickelt.*

25 BVerfGE 93, 1 (16 f.).

739 Dafür, dass das kirchliche Glockenläuten hier in ähnlicher Weise Rechte der Nachbarn beeinträchtigt, ist im Übrigen nichts dargetan. Sollte dies aber der Fall sein, so steht auch dieses unter dem Vorbehalt der entgegenstehenden Grundrechte Betroffener, sodass die Stadt hiergegen einschreiten könnte. Auch dann würde sie nicht gleichheitswidrig handeln, wenn sie gegen das Glockengeläute so lange nicht einschreiten würde, als hiergegen keine Beschwerden erfolgen. Schließlich kann sich ein Störer gegenüber seiner Inanspruchnahme nicht darauf berufen, dass möglicherweise auch auf dritter Seite störendes Verhalten vorliegt.[26]

Die Tatbestandsvoraussetzungen der Generalklausel des § 3 LPolG liegen also vor, ein Einschreiten der Behörde wäre ermessensfehlerfrei und damit rechtmäßig.

II. Anspruch auf behördliches Einschreiten

1. Ermessensreduzierung auf Null

740 Die Stadt müsste weiterhin zum Einschreiten verpflichtet sein. Grundsätzlich gilt im Sicherheitsrecht das Opportunitätsprinzip: es liegt im Ermessen der Behörde, ob und wie sie gegen Störungen einschreiten will. Das behördliche Ermessen kann sich jedoch zu einer Verpflichtung zum Einschreiten verdichten. Ob eine derartige Ermessensreduzierung auf Null vorliegt, ist auf der Grundlage der Bedeutung des gefährdeten Rechtsguts und der Intensität der Störung zu ermitteln.

741 Gefährdete Schutzgüter der öffentlichen Sicherheit sind hier, wie dargelegt, die Grundrechte der Nachbarn und insbesondere des Zorn aus Art. 2 II GG, aus Art. 14 I GG und aus Art. 4 I und II GG unter dem Gesichtspunkt der negativen Religionsfreiheit. Eine besondere Störungsintensität ergibt sich zum einen daraus, dass die Gebetsrufe durch Einsatz eines Megafons verstärkt wurden, zum anderen daraus, dass sie auch am frühen Morgen erfolgten. Insoweit ist von erheblichen Störungen auszugehen, die zu einem Einschreiten verpflichten. Denn jedenfalls bei erheblichen Störungen ist die Behörde gehalten, rechtmäßige Zustände herzustellen und Störer in die Schranken der Rechtsordnung zu verweisen.

2. Anspruch des Zorn

742 Angesichts der Nachhaltigkeit der Störung und des Umstandes, dass der Kläger hier in seinen Grundrechten verletzt ist, muss der Verpflichtung der S zum Einschreiten auch ein Anspruch des Zorn hierauf entsprechen. Denn die Verpflichtung der S ist hier Folge auch ihrer grundrechtlichen Schutzpflichten. Diese aber berechtigen den Zorn als Grundrechtsträger. Er kann daher verlangen, dass die S gegenüber dem Moscheeverein einschreitet. Der Anspruch richtet sich jedoch nicht auf den Erlass eines vollständigen Verbots, wohl aber darauf, dass die S die Verwendung des Megafons untersagt und zeitliche Grenzen festsetzt.

C. Ergebnis

Die Klage des Zorn ist insoweit begründet.

---

26 „Keine Gleichheit im Unrecht".

Abwandlung: Zulässigkeit einer Verfassungsbeschwerde

I. Beschwerdeführer

Zorn ist als natürliche Person grundrechtsfähig und damit beschwerdefähig im Verfahren der Verfassungsbeschwerde; an seiner Prozessfähigkeit bestehen keine Zweifel. **743**

II. Beschwerdegegenstand

Die Verfassungsbeschwerde des Zorn ist gem. Art. 93 I Nr. 4a GG, § 90 I BVerfGG statthaft, wenn sie sich gegen einen Akt der öffentlichen Gewalt richtet. Gegenstand der Verfassungsbeschwerde[27] ist hier die Entscheidung der Stadt S, nicht gegen den Moscheeverein einzuschreiten,[28] und die diese Entscheidung bestätigenden gerichtlichen Entscheidungen. In jedem Fall liegt aber nur eine Verfassungsbeschwerde vor. Seine Verfassungsbeschwerde richtet sich damit allerdings nicht gegen ein hoheitliches Handeln, sondern gegen ein hoheitliches Unterlassen. Auch dieses kann aber Gegenstand einer Verfassungsbeschwerde sein, wenn eine Rechtspflicht zum Handeln geltend gemacht wird. Dies tut Zorn, wenn er einen Anspruch auf ordnungsbehördliches Einschreiten geltend macht. Eine andere Frage ist, ob hierin eine Grundrechtsverletzung liegen kann. Dies setzt eine entsprechende Handlungspflicht voraus und ist eine Frage der Beschwerdebefugnis. **744**

III. Beschwerdebefugnis

Zorn muss weiterhin beschwerdebefugt sein.

1. Das setzt zunächst voraus, dass er plausibel geltend machen kann, durch die Entscheidung der S, nicht gegen den Moscheeverein einzuschreiten, in seinen Grundrechten verletzt zu sein; d.h. nach seinem Vortrag muss eine Grundrechtsverletzung möglich erscheinen. Das ist dann der Fall, wenn die behauptete Grundrechtsverletzung nicht offensichtlich ausgeschlossen ist[29]. Vorliegend beruft sich der Zorn darauf, in seinen Grundrechten aus Art. 2 II 1, 4 und 14 GG verletzt zu sein. Dass der Schutzbereich dieser Grundrechte berührt sein könnte, erscheint nicht von vornherein ausgeschlossen. Denn[30] Zorn könnte durch die Ruhestörung auf Dauer in seiner Gesundheit beeinträchtigt werden; ebenso ist eine Minderung in der Nutzbarkeit seines Eigentums nicht ausgeschlossen. Schließlich kann eine ungewollte Konfrontation mit aufgedrängten Glaubensäußerungen auch das Grundrecht des Zorn aus Art. 4 I und II GG unter dem Gesichtspunkt der negativen Religionsfreiheit berühren. **745**

---

27 Vgl. *Pieroth/Schlink* Rn 1127; zur Verfassungsbeschwerde gegen Akte der Exekutive s.o. Rn 41 ff.

28 Wenn in einer ähnlich gelagerten Examensklausur das Verhalten des Moscheevereins als Akt öffentlicher Gewalt eingestuft wurde, war dies natürlich ein sehr schwerer Fehler.

29 *Pieroth/Schlink* Rn 1129.

30 Zur Darstellungsweise: da es sich hier um unproblematische und zügig abzuarbeitende Punkte handelt, wird der Urteilsstil und nicht der Gutachtensstil gewählt.

746 Die Möglichkeit einer Grundrechtsverletzung könnte dann allerdings ausgeschlossen sein, wenn man im bloßen Unterlassen eines Einschreitens noch keinen möglichen Eingriff in die Grundrechte des Zorn sehen wollte. Tatsächlich liegt hier kein unmittelbarer Eingriff der hoheitlichen Gewalt des Staates in Grundrechte des Zorn vor, vielmehr geht die Grundrechtsbeeinträchtigung von dritter – privater – Seite aus, und Zorn verlangt von der Behörde, dagegen einzuschreiten, ihn also gleichsam in Schutz zu nehmen. Damit macht Zorn, wenn er ein ordnungsbehördliches Einschreiten verlangt, eine staatliche Schutzpflicht ihm gegenüber geltend. Dass aus seinen Grundrechten angesichts der Beeinträchtigung von dritter Seite derartige Schutzpflichten abzuleiten sind und einen Anspruch auf ordnungsbehördliches Einschreiten begründen, erscheint zumindest nicht ausgeschlossen. Die Möglichkeit einer Grundrechtsverletzung des Zorn ist im Rahmen der Beschwerdebefugnis also zu bejahen.

2. Da Zorn auch selbst, gegenwärtig und unmittelbar in seinen Grundrechten betroffen ist, ist er auch beschwerdebefugt.

IV. Rechtswegerschöpfung/Subsidiarität

747 Gem. § 90 II BVerfGG muss vor Erhebung der Verfassungsbeschwerde der Rechtsweg erschöpft sein. Zorn muss dabei alle ihm zu Gebote stehenden Rechtsmittel ergreifen.

V. Form und Frist

748 Die Verfassungsbeschwerde des Zorn muss form- und fristgerecht eingelegt werden. Sie muss insbesondere 1 Monat nach Zustellung der letztinstanzlichen Entscheidung beim Bundesverfassungsgericht eingehen und begründet werden, § 93 I BVerfGG.

Ergebnis: Eine Verfassungsbeschwerde des Zorn wäre zulässig.

Repetitorium

I. Religionsfreiheit, Art. 4 GG

749 Mit der Abnahme konfessioneller Gebundenheit und religiöser Homogenität der Gesellschaft scheinen die Verfassungskonflikte um Art. 4 GG zuzunehmen. Der Muezzin-Fall etwa existiert auch in der umgekehrten Fallkonstellation – Klage bzw. Verfassungsbeschwerde gegen beschränkende Anordnungen –; Konflikte zwischen elterlichem Erziehungsrecht in religiösen Angelegenheiten und Schulpflicht bzw. schulischem Erziehungsauftrag treten vermehrt auf.

1. Schutzbereich – verfassungsimmanente Schranken

750 Derartige Verfassungskonflikte sind nicht zuletzt auf die extensive Bestimmung des **Schutzbereichs** zurückzuführen, die das Grundrecht in der Rechtsprechung erfahren hat, vgl. *Pieroth/Schlink* Rn 508 ff.

Hier ist insbesondere von Bedeutung, dass auch außerhalb der eigentlichen religiösen Betätigung das „glaubensgeleitete" Verhalten unter Art. 4 I und II GG fällt: Einhaltung von Bekleidungs- und Ernährungsvorschriften, aber auch die Ablehnung lebensrettender Bluttransfusionen (dazu aktuell: BVerfG NJW 2002, 206).

Gleichzeitig erfolgt eine restriktive Schrankenziehung, *Pieroth/Schlink* Rn 536 ff., 544 ff. Die Rechtsprechung sieht Art. 4 I, II GG im Rahmen der sog. verfassungsimmanenten Schranken des Grundrechts einschränkbar, während die Kommentarliteratur überwiegend den Vorbehalt der allgemeinen Gesetze nach Art. 140 GG i.V.m. Art. 136 I WRV als einfachen Gesetzesvorbehalt deutet.

Zum Begriff und zur Bedeutung der **verfassungsimmanenten Schranken** *ist eine Klarstellung angebracht: Eingriffe in das Grundrecht aus Art. 4 I und II GG bedürfen, wie jeder Grundrechtseingriff, einer Grundlage in einem formellen Gesetz (im vorstehenden Fall war dies das Polizeigesetz des Landes L). – Als verfassungsunmittelbare Schranke kann allerdings die staatliche Schulhoheit zum Einsatz kommen.*

2. Negative Freiheit

Im **Schulverhältnis** haben auch zahlreiche verfassungsrechtlich determinierte Strei- **751**
tigkeiten ihre Grundlage. Hier kann die staatlicherseits bewirkte Konfrontation mit religiösen Inhalten einen Eingriff in die negative Religionsfreiheit bedeuten.

Dies war der Fall bei der viel diskutierten Kruzifix-Entscheidung des BVerfG.[31] Hier wurde von einem staatlichen Eingriff ausgegangen: das Kruzifix als Symbol des christlichen Glaubens wurde staatlicherseits angebracht, der Schüler hiermit konfrontiert. Verfassungsrechtliche Grundlage war hier die staatliche Schulhoheit und der staatliche Bildungsauftrag des Art. 7 I GG, der den Schulgesetzen zugrunde liegt; diese und die hierin angeordnete Schulpflicht bezeichnen damit verfassungsimmanente Schranken des Art. 4 I GG. In der Anwendung des Gesetzes war dann abzuwägen zwischen der negativen Glaubensfreiheit des a-christlichen Schülers einerseits, dem staatlichen Bildungsauftrag auf der anderen Seite, der durchaus, ohne gegen das Neutralitätsgebot zu verstoßen, die christlichen Grundlagen unserer Kultur vermitteln darf, sowie der positiven Glaubensfreiheit vermutlich der Mehrheit der Schüler (was aber von regionalen Gegebenheiten abhängen mag). Die Kritiker der Entscheidung hielten dem BVerfG vor, hier zu einseitig den Konflikt zugunsten der Minderheit entschieden zu haben. Eine ähnliche Kollisionslage ergibt sich, wenn Schüler sich durch das bewusste Kopftuch der muslimischen Lehrerin beeinträchtigt fühlen, die dieses eben nicht nur als private Grundrechtsberechtigte trägt, sondern als Vertreterin der Schule als staatlicher Einrichtung.

Maßgebliche Argumentationsfigur ist auch hier der Gesichtspunkt, wie intensiv die **752**
Konfrontation ist und ob ihr ausgewichen werden kann. Dies spielt insbesondere dann eine Rolle, wenn die unerwünschte Äußerung von privaten Dritten ausgeht, s. dazu auch für den vorstehenden Fall o. Rn 733. Die negative Glaubensfreiheit

31 BVerfGE 93, 1.

richtet sich in erster Linie gegen den Staat; ihr entspricht die staatliche Neutralitätspflicht – so auch das BVerfG im Kruzifix-Urteil, BVerfGE 93, 1 (16). Andererseits ist die Religionsfreiheit auch in ihrer negativen Komponente als objektives Prinzip der Gesamtrechtsordnung anzusehen und deshalb in Fallgestaltungen wie die vorstehende einzubeziehen, insbesondere dort, wo in erheblichem Umfang öffentliche Interessen berührt sind, wie dies der Fall ist bei Konflikten um die Nutzung des öffentlichen Raums. Dann insbesondere, wenn, wie im vorstehenden Fall, keine Ausweichmöglichkeit besteht, ist die negative Religionsfreiheit betroffen.

753 In diesen Fällen geht es materiell-rechtlich um einen **öffentlich-rechtlichen Unterlassungsanspruch** gegen das die negative Glaubensfreiheit beeinträchtigende staatliche Verhalten, dessen Voraussetzungen etwa wie folgt zu prüfen sind:

- Grundrechtsbeeinträchtigung (Schutzbereich und Eingriff bzw. eingriffsgleiche tatsächliche Beeinträchtigung)
- Verfassungswidrigkeit der Grundrechtsbeeinträchtigung:
  - Grundrechtsschranke (bei Art. 4 GG: verfassungsimmanente Schranke)
  - verfassungsmäßige Anwendung der Schrankennorm

Der Anspruch ist im Wege der Leistungsklage geltend zu machen. Keine Besonderheiten ergeben sich dann im Verfahren der Verfassungsbeschwerde, wenn der Rechtsweg erfolglos beschritten wurde.

3. Eingriffe in die positive Glaubensfreiheit

754 Um einen Eingriff in die positive Glaubens- und Gewissensfreiheit geht es demgegenüber in jenen schulischen Fällen, in denen Befreiung vom Schulunterricht begehrt wird.

Es sind dies die Fälle des koedukativen Sportunterrichts: Schülerinnen bzw. deren Eltern beantragen hiervon Befreiung, weil das Tragen von Sportdress und Badebekleidung[32] in der Öffentlichkeit ihren Glaubensvorstellungen widerspricht und sie in unentrinnbare Gewissenskonflikte stürzt. Im Zwang zur Teilnahme an diesen Veranstaltungen wird ein Eingriff in das Grundrecht gesehen, im jeweiligen Schulgesetz eine Ermächtigungsnorm und damit Grundrechtsschranke, die, da hierdurch der staatliche Bildungsauftrag verwirklicht wird, auch eine verfassungsimmanente Schranke darstellt. Deren Anwendung muss dann wiederum in verfassungskonformer Weise erfolgen. Die jeweiligen Schulgesetze enthalten im Regelfall Befreiungsvorschriften; in deren Anwendung ist dann zwischen dem Grundrecht der Schülerin einerseits, dem staatlichen Bildungsauftrag andererseits abzuwägen.

32 BVerwGE 94, 82 ff. – s. dazu den Fall bei *v. Münch* II, S. 370 ff.

Also ergibt sich diese Prüfungsreihenfolge:

Schutzbereich: auch Bekleidungsvorschriften Eingriff: Zwang zur Unterrichtsteilnahme Rechtfertigung: – verfassungsimmanente Schranken (Art. 7 GG) – Schrankengesetz (wegen Vorbehalt des Gesetzes erforderl.): SchulG – Abwägung in der Anwendung des Gesetze

Da im Verzicht auf den Sportunterricht meist keine gravierende Störung des schulischen Bildungsauftrags gesehen wird, gesteht die Rechtsprechung in aller Regel einen Anspruch auf Befreiung zu.[33] Auch der alte Streit um den Sexualkundeunterricht (s. *Degenhart* Rn 334 ff., 343) könnte unter islamischen Vorzeichen neu aufleben – das VG Berlin hat einen Anspruch auf Befreiung hiervon insoweit bejaht, als dort Lehrmaterialien mit Abbildungen nackter Menschen verwendet wurden. Dies scheint mir übertrieben. Keine Beeinträchtigung des Grundrechts aus Art. 4 I, II GG liegt jedoch in der Schulpflicht.

Erhebt die Schülerin, die zur Teilnahme am Sportunterricht gezwungen wird, Verfassungsbeschwerde, so wird regelmäßig die Frage der **Grundrechtsmündigkeit** anzusprechen sein (dazu *Pieroth/Schlink* Rn 123 ff.). Sie ist richtigerweise allein auf die Prozessfähigkeit zu beziehen – die grundrechtsmündige Beschwerdeführerin ist prozessfähig; hinsichtlich der Glaubensfreiheit ist an § 5 des Gesetzes über die religiöse Kindererziehung anzuknüpfen, wonach mit Vollendung des 14. Lebensjahres das Recht zur Selbstbestimmung in religiösen Angelegenheiten verliehen wird. **755**

Wenn die kopftuchtragende Lehrerin sich gegen eine Anordnung wendet, auf das Kopftuch zu verzichten, wird die Abwägung komplexer. Ihrem Grundrecht steht auch die negative Religionsfreiheit der Schüler und steht die staatliche Neutralität gegenüber. BVerwGE 116, 359 hat Letztere als vorrangig gewertet (im Anschluss an die Kruzifix-Entscheidung BVerfGE 93, 1). BVerfGE 108, 282 überlässt die Vorrangentscheidung dem Gesetzgeber. Im dort entschiedenen Fall war der Beschwerdeführerin der Zugang zum öffentlichen Dienst verweigert worden, auf den sie nach Art. 33 II GG nach Eignungskriterien Anspruch hatte; ob im Rahmen der Eignung das Tragen des Kopftuchs berücksichtigt werden durfte, war dann eine Frage des Art. 4 I, II GG (s. *Degenhart* Fall 1). Bei der kopftuchtragenden Verkäuferin im Warenhaus (BAG NJW 2003, 1685 mit Anm. *Boemke*, JuS 2003, 721) geht es um die Drittwirkung des Art. 4 GG. – Zur Berufung des muslimischen Metzgers auf Art. 4 I, II GG im Rahmen des Art. 2 I GG s. Repetitorium nach Fall 8 zu Art. 2 I GG.

Zur Wiederholung: *Pieroth/Schlink* Rn 508 ff.

Aus der Ausbildungsliteratur: *Tillmanns*, Die Religionsfreiheit (Art. 4 I, II GG), Jura 2004, 619; *Sachs*, Verbot einer Religionsgemeinschaft („Kalifatsstaat") – BVerwG, NVwZ 2003, 986, JuS 2004, 12; *Tangermann*, „Glauben ist alles", Jura 2005, 119.

33 BVerwGE 94, 82.

Aktuelle Rechtsprechung: BVerfGE 108, 282 (Kopftuchstreit); BVerfGE 105, 279 (Osho); BVerfGE 104, 337 (Schächten); LAG Hamm, NJW 2002, 1970 (Gebetspausen während der Arbeitszeit).

Weitere Fälle im thematischen Zusammenhang: *Demel/Lochen*, Das religiöse Passbild, JA 2002, 878; *Höfler*, Staatliche Äußerungen zur Osho-(Bhagwan)Bewegung, VBlBW 2004, 196, 234; *Jochum*, Der praktische Fall – Öffentliches Recht: Die Verleihung des Status einer Körperschaft des öffentlichen Rechts an Religionsgemeinschaften, JuS 2003, 370; *Braun/ Kettner*, „G ist Glück" als unzulässige Werbung an Taxen?, Jura 2003, 344; *Rademacher/ Janz*, Der Muezzin ruft, JuS 2001, 58 (in Anlehnung an EJS Bbg 1998 – Antrag auf e.A.); *Laskowski/Dietrich*, Eine Richterin mit Kopftuch, Jura 2002, 271; *Lyra*, Kleider machen Leute – und Probleme, JA 2002, 678; *Dederer*, Das religiöse Gewerbe der Eglise de la Santé Spirituelle, NWVBl 2000, 31; *Jeand'Heur/Cremer*, Warnungen vor Sekten, JuS 2000, 981; *Kahl*, Koran und Schulsport, JuS 1995, 904.

II. Grundrechtliche Schutzpflichten – grundrechtlicher Anspruch auf Einschreiten

756 Im vorstehenden Fall wurden aus Art. 4 I, II GG staatliche **Schutzpflichten** abgeleitet. Nicht der Staat hat hier in Grundrechte des Bürgers eingegriffen. Die Grundrechtsbeeinträchtigung ging vielmehr von privater Seite (dem Verein) aus. Der Betroffene verlangt nunmehr vom Staat, ihn davor zu schützen und deshalb gegen den „Störer" einzuschreiten. Wir haben also ein grundrechtliches Dreiecksverhältnis vorliegen, ganz ähnlich wie in den Drittwirkungsfällen,[34] – wie ja auch das Bundesverfassungsgericht bei der Prüfung, ob zivilrechtliche Verträge wegen Verstoßes gegen grundrechtliche Wertungen sittenwidrig sind, auf grundrechtliche Schutzpflichten zurückgreift. Dies kann unterschiedliche Grundrechte betreffen, auch zB die des Art. 6 II und IV GG,[35] oder auch die Eigentumsgarantie des Art. 14 I GG.[36] Der Staat soll nicht nur selbst Eingriffe unterlassen, er soll auch Dritte daran hindern, Grundrechte zu verletzen.[37] Derartige Schutzpflichten können es insbesondere rechtfertigen oder auch erfordern, die verfassungsrechtliche Privatautonomie in Rechtsbeziehungen des Zivilrechts einzuschränken, um etwa strukturelle Ungleichgewichte in Vertragsbeziehungen auszugleichen. Dieser Schutzpflicht – bezogen vor allem auf Art. 14 I GG – war der Gesetzgeber im Verhältnis der Lebensversicherer zu den Versicherungsnehmern nicht nachgekommen, so das BVerfG im U. v. 26.07.2005.

757 Zu diesem Zweck sind positive Handlungen erforderlich, sodass verfassungsrechtliche Einwände dann bestehen, wenn der Staat nichts oder zu wenig tut (weshalb man auch von einem „Untermaßverbot" spricht). Diese Forderung richtet sich primär an den Gesetzgeber, der zB ein Schutzkonzept für das ungeborene Leben (Art. 2 II GG) entwickeln oder hinreichende Sicherheitsstandards für gefährliche

34 S. etwa BVerfGE 81, 242 (255) zur Drittwirkung des Art. 12 I GG; dazu *Pieroth/Schlink* Rn 88 f., dort auch zu weiteren Fallgruppen.

35 Vgl. BVerfGE 103, 89 (100 ff.) für Fälle gestörter Vertragsparität bei Eheverträgen; dazu *Berkemann*, JR 2002, 142 (144 f.).

36 Vgl. BVerfG, U.v. 26.07.1995 zur Schutzpflicht des Gesetzgebers gegenüber den Versicherungsnehmern bei Kapitallebensversicherungen.

37 Ähnlich *Pieroth/Schlink* Rn 92.

Technologien (Atomkraft) vorschreiben muss. Wie im vorstehenden Fall deutlich wird, können Schutzpflichten aber auch gegenüber der Verwaltung Bedeutung erlangen: wenn sich Handlungsbefugnisse im öffentlichen Interesse zu Handlungspflichten verdichten und ihnen subjektive Rechte korrespondieren. Geht es um Schutzpflichten, deren Erfüllung von der Verwaltung begehrt wird, so sind zunächst die Rechtsbehelfe nach der VwGO (Verpflichtungsklage, wenn es um den Erlass eines Verwaltungsaktes geht, sonst allgemeine **Leistungsklage**) eröffnet.

Es kann aber auch die Situation der **Anfechtungsklage** gegeben sein: dann, wenn die **758**
Behörde die Genehmigung für eine möglicherweise gefährliche Anlage (Atomkraftwerk, Mobilfunkanlage) erteilt und der Nachbar geltend macht, durch diese Genehmigung habe der Staat grundrechtliche Schutzpflichten verletzt (weil er es dem Betreiber erlaubt hat, den Nachbarn in seinen Grundrechten zu gefährden oder zu schädigen).[38]

Nach Ausschöpfung des Rechtswegs kommt **Verfassungsbeschwerde** in Betracht. Zur Zulässigkeit s. die Abwandlung: hier ist insbesondere beim Beschwerdegegenstand und bei der Beschwerdebefugnis darauf einzugehen, dass Beschwerde gegen ein Unterlassen erhoben wird. Dies wirkt sich auch auf die Begründetheitsprüfung aus: Eingriff und Eingriffsrechtfertigung sind hier in der Prüfung zusammenzuziehen. Denn ein Unterlassen kann nur dann mit einem Eingriff gleichgesetzt werden, wenn eine positive Pflicht zum Handeln, also eine konkrete Schutzpflicht bestand.

Die **Begründetheitsprüfung** wäre also etwa wie folgt aufzubauen:

I. Art. 2 II GG: **759**
   1. Schutzbereich: Schutz insbesondere auch gegen Gesundheitsgefährdung durch Lärmimmissionen
   2. Eingriff und Rechtfertigung: Handlungspflicht
      a) Grundrechtsbeeinträchtigung und prinzipielle Schutzpflicht
      b) Entgegenstehende Rechte des Maßnahmeadressaten (Störer – hier: Verein) und Einschränkbarkeit dieser Rechte;
      c) Abwägung – Untermaß?

II. Art. 14 I GG

III. Art. 4 I und II GG

Denkbar wäre auch diese Vorgehensweise: Prüfung zunächst der betroffenen Grundrechte des Beschwerdeführers in ihrem Schutzbereich, dann Prüfung entgegenstehender Rechte und Gesamtabwägung.

Vergleichbare Schutzpflichten bestehen auch im Gemeinschaftsrecht, bezogen auf die Grundfreiheiten des Vertrags; dazu s. **Fall 17**.

Aus der Ausbildungsliteratur: *Beaucamp*, Schutzpflicht aus Art. 2 II 1 GG, JA 2002, 641.

Aktuelle Rechtsprechung: BVerfG, U. v. 26.07.2005, www.bverfg.de (Lebensversicherungen); EGMR NJW 2005, 727 (Schwangerschaftsabbruch).

38 Instruktiv BVerfG NJW 2002, 1638: Anfechtungsklage gegen Baugenehmigung für Mobilfunkanlage.

Fall 13

Caroline

Schwierigkeitsgrad: Examensklausur, 5 Std. – Teil 1 oder Teil 2 auch isoliert als Zwischenprüfungsklausur

760 Prinzessin Thusnelda von Thüringen (T) arbeitet – neben ihren Verpflichtungen als Mitglied des internationalen „Jetset" – ehrenamtlich als prominente Schirmherrin für eine Stiftung, die die Wissenschaft im Kampf gegen die Alzheimersche Krankheit (Gehirnkrankheit mit fast völligem Gedächtnisverlust) fördert, für die Teilnahme an Vorsorgemaßnahmen wirbt und versucht, vor allem sozial schwachen Patienten ihr Leiden zu erleichtern. T selbst ist nicht an Alzheimer erkrankt.

Die Presseabteilung der Stiftung macht T auf eine Ausgabe des bundesweit vertriebenen Wochenblatts „*Das schrille Blatt*" aufmerksam. Auf dem Titelblatt wird unter der Überschrift „*Thusnelda von Thüringen – ihr tapferer Kampf gegen Alzheimer*" ein zweiseitiger Bericht angekündigt, der zwar theatralisch, aber wahrheitsgemäß vom Engagement der Prinzessin berichtet. Die in großen Buchstaben gehaltene Titelzeile begleitet eine Fotografie, die T mit nahezu geschlossenen Augen auf einer Wohltätigkeitsveranstaltung zeigt. Der Gesichtsausdruck von T vermittelt den Eindruck, dass sie völlig abwesend das Festgeschehen um sich herum kaum wahrnimmt. Tatsächlich hielt der Fotograf aber den Augenblick fest, in dem T wegen des Blitzlichts die Augen reflexartig niederschlug.

In der gleichen Ausgabe von „ Das schrille Blatt" äußert sich der Redakteur Rob S. Pierre (R) in einer Glosse sehr negativ über Arroganz, Verschwendung und Müßiggang sowie schlechte Umgangsformen gewisser Kreise des Hochadels, ohne freilich die T oder ihren Ehemann namentlich zu erwähnen. Der Artikel schließt mit dem Satz: „*Wie sagte doch ein bedeutender deutscher Staatsmann einst sinngemäß: fast müsse man es bedauern, dass in Deutschland nie eine Revolution stattgefunden hat, die dieser Gesellschaftsschicht die Grundlage entzogen hat.*"[1]

T verklagt den Verlag des Wochenblatts *„Das schrille Blatt"*, die Turm-Verlags-AG (V), zivilgerichtlich zum Abdruck eines Widerrufs bezüglich des Artikels über Alzheimer und verlangt für die *„verzerrende und inadäquate Darstellung"* ihrer Person in der Öffentlichkeit eine angemessene Geldentschädigung. Zur Begründung führt ihr Prozessvertreter, Rechtsanwalt Dr. Fürst, aus, dass das Recht auf Geldentschädigung dem Schutzauftrag für das Persönlichkeitsrecht aus Art. 1, 2 I GG und aus Art. 8 EMRK entspreche. In Fällen schwerer Verletzungen sei die Geldentschädigung geboten, wenn der Betroffene Genugtuung auf andere Weise nicht erreichen könne. V beugt sich der Verpflichtung zum Abdruck des Widerrufs, macht aber geltend, dass das Zivilrecht bei Verletzungen des allgemeinen Persönlichkeitsrechts (APR) Geld-

1 Das Zitat spielt an auf Helmut Schmidt, Bundeskanzler von 1974–1982, der seinem politischen Widersacher Frhr. von Guttenberg in einer Bundestagsdebatte entgegenhielt, fast müsse man es bedauern, dass in Deutschland nie eine Revolution stattgefunden habe, durch die seinem Stand die Grundlage entzogen worden sei.

entschädigungen oder ein „Schmerzensgeld“ nicht vorsehe. Durch das zuständige Landgericht wird V zu einer Geldentschädigung i.H.v. € 60 000,– verurteilt. Der Anspruch wird gestützt auf § 823 I BGB i.V.m. Art. 1 und 2 I GG. Der Betrag entspricht annähernd den Mehreinnahmen, die V mit dem Beitrag über T durch die gesteigerte Auflage erwirtschaften konnte. Mit letztinstanzlicher Entscheidung des BGH vom 13. August wird dieses Urteil bestätigt. Zur Begründung wird u.a. ausgeführt, das Persönlichkeitsrecht der T müsse nach dem Grundgesetz wie auch der hier gleichermaßen zu beachtenden Europäischen Menschenrechtskonvention Vorrang gegenüber der Berichterstattungsfreiheit der Presse haben.

Ferner stellt Dr. Fürst im Auftrag der T und ihres Ehemanns Strafantrag gegen den Redakteur R wegen Beleidigung. R wird zu einer Geldstrafe von 30 Tagessätzen verurteilt. Das Gericht geht von einer Kollektivbeleidigung aus, durch die auch die T und ihr Ehemann getroffen werden sollten. R macht vergebens geltend, es sei ihm in erster Linie darum gegangen, eine Thematik von allgemeinem gesellschaftlichen Interesse zur Diskussion zu stellen; dass er hierfür in dem Artikel über die T einen günstigen „Aufhänger“ gesehen habe, räume er ein, doch sei es ihm nur darum gegangen, einen aufnahmebereiten Leserkreis zu finden. Seine Rechtsmittel bleiben erfolglos.

V legt beim BVerfG Verfassungsbeschwerde gegen das dem Verlag am 16. August zugestellte Urteil des BGH und die Urteile der Vorinstanzen ein. Die Verurteilung zur Zahlung einer Geldentschädigung an Prominente führe dazu, dass V *„als Presseunternehmen ihre öffentliche Aufgabe zur Förderung der Meinungsbildung nur noch bei Inkaufnahme inakzeptabler Risiken“* wahrnehmen könne. Eine derartige richterliche Rechtsfortbildung sei verfassungswidrig. Zudem bedeute es einen Gleichheitsverstoß, wenn die Rechtsprechung bei Verletzungen des APR derartig hohe Summen, bei Körperverletzungen aber wesentlich geringere Beträge zuspreche. So seien bei sexuellen Gewaltdelikten mit bleibenden physischen und psychischen Verletzungen allenfalls Beträge von € 15 000,– bis 30 000,– die Regel. Die Bestimmungen der EMRK könnten den Grundrechten des Grundgesetzes nicht vorgehen. Am 8. September wird die Verfassungsbeschwerde der V zur Post aufgegeben, geht aber wegen eines unvorhersehbaren Streiks bei der Deutschen Post AG erst am 18. September zu.

R legt form- und fristgerecht Verfassungsbeschwerde gegen seine Verurteilung ein. Er beruft sich auf das Grundrecht der Meinungsfreiheit, das im Strafurteil verkannt worden sei. Man habe ihm zu Unrecht beleidigende Absicht unterstellt und nicht in Betracht gezogen, dass er sich zu einem Thema von allgemein gesellschaftlichem Interesse äußern wollte. Im Übrigen sei der Beleidigungstatbestand viel zu unbestimmt.

Rechtsanwalt Dr. Fürst erwidert zur Verfassungsbeschwerde der V, dass es dieser ausschließlich um die Auflagensteigerung gegangen sei, nicht um eine adäquate Berichterstattung. Deswegen genieße die Sensations- und Boulevardpresse, wie dies in Strasbourg treffend festgestellt worden sei, *„zu Recht allenfalls abgeschwächten grundrechtlichen Schutz“*. Die Verurteilung stelle einen verfassungsrechtlich gebotenen Schutz gegen die *„Zwangsvermarktung“* einer Person dar.

Wie wird das BVerfG entscheiden?

Vorüberlegungen

761 Zu bearbeiten sind hier zwei Verfassungsbeschwerden. Da Beschwerdeführer und Beschwerdegegenstand nicht identisch sind, empfiehlt sich eine getrennte Behandlung beider Verfassungsbeschwerden. Die materiell-rechtlichen Probleme des Falles sollten dem Bearb. aus der einschlägigen Rspr. vertraut sein. Die Verfassungsbeschwerde des Verlags beruht auf der umfangreichen Judikatur der Zivilgerichte, des BVerfG und neuerdings auch des EGMR[2] zum Schutz der Persönlichkeitsrechte Prominenter gegenüber der Presseberichterstattung. Dabei ist auch auf die Bedeutung der Garantien der EMRK für die Rechtsanwendung einzugehen; die E. des EGMR i.S. Caroline sollte bekannt sein – sie wurde hinreichend in den Ausbildungszeitschriften analysiert. Die zweite Verfassungsbeschwerde, also die des R, beruht auf BVerfGE 93, 266 (Tucholsky-Zitat) zur Bedeutung der Meinungsfreiheit bei der Anwendung des Beleidigungstatbestandes, insbesondere bei der sog. Kollektivbeleidigung.

762 Es handelt sich bei der Verfassungsbeschwerde der V um einen klassischen „Drittwirkungsfall“: In einem Rechtsstreit zwischen Privaten – V und T – ergeht ein Urteil, durch das eine der Parteien sich in ihren Grundrechten verletzt sieht. Dieses Urteil ist dann Gegenstand der Verfassungsbeschwerde; es sind also die Besonderheiten einer sog. „Urteilsverfassungsbeschwerde“ (o. Rn 47 ff.) zu berücksichtigen. Dies bedeutet in der Zulässigkeit, klar herauszuarbeiten, worin hier die Grundrechtsverletzung liegen kann, nämlich darin, dass das Gericht bei seiner Urteilsfindung Grundrechte verkannt hat. Dies wirkt sich dann auch auf die Begründetheitsprüfung aus: hier geht es darum, ob das Gericht einen grundrechtskonformen Ausgleich der Rechte der Parteien vorgenommen hat. Der Schwerpunkt der Begründetheitsprüfung liegt dann also bei der verfassungskonformen Anwendung der einschlägigen Normen des Zivilrechts, wobei diese ihrerseits verfassungskonform sein müssen, was aber bei den hier in Frage stehenden Normen des BGB nicht das zentrale Problem der Arbeit sein dürfte.

Wichtig ist es, sich stets zu vergegenwärtigen, dass hier kein verwaltungsaktmäßiger Eingriff in das Grundrecht der Meinungs- oder Pressefreiheit vorliegt. Es wäre also verfehlt, das Gerichtsurteil wie einen Verwaltungsakt auf Geeignetheit, Erforderlichkeit und Verhältnismäßigkeit im engeren Sinn zu prüfen (ein in derartigen Fällen häufiges Missverständnis).

763 Der Aufbau ist durch die prozessuale Konstellation vorgegeben: Zulässigkeit und Begründetheit einer Verfassungsbeschwerde. Bei der Prüfung des Schutzbereichs der einschlägigen Grundrechte wird eine sorgfältige Abgrenzung von Meinungs- und Pressefreiheit vorzunehmen sein; der Bearbeiter muss sehen, dass Art. 5 I GG verschiedene Grundrechtsgewährleistungen enthält. Im weiteren Aufbau der Begründetheitsprüfung kann sich der Bearbeiter an den bewährten Grundsätzen des Lüth-Urteils (BVerfGE 7, 198) orientieren. Gewisse Schwierigkeiten könnte der

2 EGMR, U. v. 24.06.2004, NJW 2004, 2647.

Einwand bereiten, dass das Gericht hier seine Befugnis zur Rechtsfortbildung überzogen und seine Bindung an das Gesetz missachtet hat; er könnte bei der Frage erörtert werden, ob hier ein geeignetes Schrankengesetz iSv Art. 5 II GG vorliegt. Denn es geht in der Sache darum, ob auch „Richterrecht" die Grundrechte aus Art. 5 I GG einschränken kann. Jedenfalls muss der Bearbeiter sehen, dass es sich hier um einen relevanten Einwand des Beschwerdeführers handelt, der konstruktiv sinnvoll „untergebracht" werden muss.

Der Sachverhalt geht auf BGH, NJW 1996, 984 – Caroline von Monaco II: – Kampf **764**
gegen Brustkrebs – zurück. Die Caroline von Monaco-Fälle sind sowohl in der Fachpresse als auch in der Tagespresse ausführlich dargestellt worden – was erneut deutlich macht, dass eine sinnvolle Examensvorbereitung die regelmäßige Lektüre der Fachzeitschriften ebenso wie einer ordentlichen Tageszeitung erfordert. Aktuelle Verfassungskonflikte werden als bekannt vorausgesetzt (ganz besonders auch für die mündliche Prüfung!).

Dies gilt auch für die Bezugnahme auf Grundrechte der EMRK in den Gründen des **765**
mit der Verfassungsbeschwerde angegriffenen Urteils. Der EGMR hat in seinem vielbeachteten Urteil vom 24.06.2004 i.S. *Caroline von Hannover/Deutschland* den Schutz der Persönlichkeitsrechte Prominenter durch die Rechtsordnung der Bundesrepublik als teilweise unzureichend bewertet und eine Verletzung der Konventionsrechte festgestellt. Die damit aufgeworfene Frage nach der Bedeutung der Grundrechte der EMRK für die Rechtsanwendung durch die deutschen Gerichte und ihrem Verhältnis zu den Grundrechten des Grundgesetzes wird vom Bundesverfassungsgericht in seiner Entscheidung zum Sorgerecht[3] dahingehend beantwortet, dass auf Grund der Gesetzesbindung des Gerichts nach Art. 20 Abs. 3 GG die Parteien eines Rechtsstreits die Berücksichtigung der Grundfreiheiten der EMRK beanspruchen können, jedoch nur im Rahmen „methodisch vertretbarer Gesetzesauslegung". Die Garantien der EMRK sind also in die Grundrechtsprüfung einzubeziehen. Der Konventionstext und die Rechtsprechung des Europäischen Gerichtshofs für Menschenrechte dienen auf der Ebene des Verfassungsrechts als Auslegungshilfen für die Bestimmung von Inhalt und Reichweite von Grundrechten und rechtsstaatlichen Grundsätzen des Grundgesetzes.

Die zentrale Fragestellung der Kollektivbeleidigung im zweiten Teil dürfte aus den **766**
viel diskutierten Verfahren um eine Beleidigung der Bundeswehr durch ein bestimmtes Tucholsky-Zitat bekannt sein. Hier ist die Konstellation die der Verfassungsbeschwerde gegen ein Strafurteil. Auch hier liegt aber in der Sache eine Grundrechtskollision zwischen Privaten zugrunde: dem Opfer der Straftat – so denn eine solche vorliegen sollte –, das sich in seiner Ehre verletzt sieht, und dem Urheber der fraglichen Äußerung, dessen Meinungsäußerungsfreiheit in Frage steht. Hier sollte erkannt werden, dass eine strafgerichtliche Verurteilung einen besonders intensiven Eingriff darstellt, dies hat Bedeutung für die verfassungsgerichtliche Kontrolle. Mit dem Hinweis auf mangelnde Bestimmtheit des Beleidigungstatbestandes wird auf Art. 103 II GG angespielt.

3 BVerfGE 111, 307.

767 Gliederung

1. Teil: Verfassungsbeschwerde der V

A. Zulässigkeit der Verfassungsbeschwerde

I. Beschwerdeführer: Verlags-AG (+), Art. 19 III GG
II. Beschwerdegegenstand: Urteil des Gerichts als Akt öffentlicher Gewalt
III. Beschwerdebefugnis
1. Mögliche Grundrechtsverletzung: jedenfalls Pressefreiheit, Art. 5 I 2 GG, Geltung im Verhältnis T – V: mittelbare Drittwirkung
2. V ist selbst, gegenwärtig und unmittelbar betroffen
IV. Rechtswegerschöpfung
V. Form und Frist (+)

B. Begründetheit der Verfassungsbeschwerde

I. Vorbemerkung: Prüfungsmaßstab
II. Verletzung von Art. 5 I 2 GG – Pressefreiheit
1. Schutzbereich: Pressefreiheit des Art. 5 I 2 GG
a) sachlich: Abgrenzung zu Art. 5 I 1 GG
b) personal: Art. 19 III GG
2. Eingriff: Urteil als Sanktion für grundrechtlich geschütztes Verhalten
3. Verfassungsrechtliche Rechtfertigung
a) Gesetzliche Grundlage
aa) BGB als allgemeines Gesetz (+)
bb) Richterrecht?
b) Anwendung der Schrankengesetze
aa) unrichtige Auffassung von der Bedeutung und Tragweite des Grundrechts?
bb) APR – Pressefreiheit: Abwägung (+)
cc) Geldentschädigung (+), Höhe (+): Präventionsgedanke
III. Insbesondere: Art. 5 I 2 GG i.V.m. Art. 3 I GG
1. Gleichheitsbindung der Rechtsprechung
2. Rechtfertigung?

C. Entscheidung des BVerfG

2. Teil: Verfassungsbeschwerde des R

A. Zulässigkeit

B. Begründetheit

I. Vorbemerkung: Prüfungsmaßstab bei Strafurteil
II. Verletzung von Art. 5 I 1 GG – Meinungsfreiheit
1. Schutzbereich
2. Eingriff
3. Verfassungsrechtliche Rechtfertigung
a) Schranken
aa) § 185 StGB – Schutz der Ehre

bb) § 185 StGB als verfassungsmäßige Schranke – Bestimmtheit (+)

b) § 185 StGB verfassungskonform ausgelegt und angewandt?

aa) Stufe der Auslegung der Tatbestandsmerkmale – Kollektivbeleidigung?

bb) Anderweitige Deutungsmöglichkeiten für Äußerung?

cc) Stufe der Anwendung: Abwägung

C. Entscheidung des BVerfG

Musterlösung

1. Teil: Verfassungsbeschwerde der V

A. Zulässigkeit der Verfassungsbeschwerde

768 Da hier ein privater Grundrechtsträger gegen eine behauptete Grundrechtsverletzung durch die öffentliche Gewalt vorgehen will, ist hier die Verfassungsbeschwerde zum Bundesverfassungsgericht statthafter Rechtsbehelf, Art. 93 I Nr. 4 a GG i.V.m. §§ 13 Nr. 8 a, 23 und 90 ff. BVerfGG.

I. Beschwerdeführer

769 V müsste beschwerdefähig, also grundrechtsfähig sein. Als inländische juristische Person des Privatrechts ist sie gem. Art. 19 III GG insoweit grundrechtsfähig, als die Grundrechte dem Wesen nach auf sie anwendbar sind. Hinsichtlich der vorrangig in Betracht zu ziehenden Pressefreiheit des Art. 5 I 2 GG ist die V dem staatlichen Zugriff durch die richterliche Rechtsanwendung genauso ausgesetzt wie eine natürliche Person. Juristische Personen kommen als Herausgeber von Presseerzeugnissen in Betracht; die Pressefreiheit wird regelmäßig im arbeitsteiligen Verbund einer juristischen Person oder Personengesellschaft verwirklicht. Aber auch die Meinungsfreiheit ist ihrem Wesen nach auf juristische Personen anwendbar, da auch diese sich am Prozess der öffentlichen Auseinandersetzung, wie er durch die Meinungsfreiheit geschützt wird, beteiligen können. V ist also grundrechts- und damit im Verfahren der Verfassungsbeschwerde beteiligten- oder beschwerdefähig. Prozessfähigkeit besteht durch die Organe der juristischen Person, den Vorstand, § 78 AktG.

II. Beschwerdegegenstand

770 Die Verfassungsbeschwerde muss sich gem. Art 93 I Nr. 4 a GG, § 90 I BVerfGG gegen einen geeigneten Beschwerdegegenstand richten. Verfassungsbeschwerden sind statthaft gegen Akte öffentlicher Gewalt. Hierunter fallen Akte der Legislative, der Exekutive und der Judikative. Die Entscheidung des Landgerichts, durch die die V zur Zahlung an die T verpflichtet wurde, ist als Akt öffentlicher Gewalt geeigneter Beschwerdegegenstand; dies sind auch die bestätigenden Entscheidungen der folgenden Instanzen (OLG/BGH). Es liegt jedoch nur eine Verfassungsbeschwerde vor.

III. Beschwerdebefugnis

V müsste beschwerdebefugt sein.

771 1. Die V muss zunächst plausibel geltend machen, durch das zivilrechtliche Urteil in einem ihrer Grundrechte verletzt zu sein, Art. 93 I Nr. 4 a GG, d.h. sie muss die **Möglichkeit einer Grundrechtsverletzung** darlegen. Es kommen Art. 5 I 2 GG (Pressefreiheit), Art. 5 I 1 GG (Meinungsfreiheit), Art. 3 I GG (Gleichheitssatz) in Betracht. Die Möglichkeit einer Grundrechtsverletzung könnte allerdings deshalb

fraglich sein, weil es sich hier um eine Streitigkeit unter Privaten handelt. Grundsätzlich und in erster Linie sind die Grundrechte Abwehrrechte des Bürgers gegenüber dem Staat. Die Grundrechte enthalten darüber hinaus aber auch objektive Wertentscheidungen für die gesamte Rechtsordnung und wirken als solche mittelbar auch auf die Zivilrechtsordnung ein. Sie sind insbesondere dort zu beachten, wo das Zivilrecht wertungsoffene Begriffe, ausfüllungsbedürftige Generalklauseln enthält.[4] Dass im Rahmen dieser mittelbaren Drittwirkung die Gerichte hier in Anwendung des § 823 I BGB und hier insbesondere bei der Bestimmung der Reichweite des allgemeinen Persönlichkeitsrechts als eines Rahmenrechts Grundrechte der V nicht hinreichend berücksichtigt haben, erscheint jedenfalls nicht von vornherein als ausgeschlossen.

2. V ist darüber hinaus **selbst**, **gegenwärtig** und **unmittelbar** betroffen.

Die Beschwerdebefugnis der V ist also zu bejahen.

IV. Rechtswegerschöpfung

V hat den Rechtsweg iS von § 90 II BVerfGG erschöpft. **772**

V. Form und Frist

Die Verfassungsbeschwerde müsste form- und fristgerecht eingelegt sein. Die Form **773**
des § 23 I BVerfGG kann mangels entgegenstehender Angaben als eingehalten unterstellt werden. Die Verfassungsbeschwerde könnte jedoch verfristet sein, weil sie erst nach Ablauf der einmonatigen Beschwerdefrist des § 93 I BVerfGG beim Gericht eingegangen ist. Doch könnte gemäß § 93 II 1 BVerfGG der V Wiedereinsetzung in den vorigen Stand zu gewähren sein. Die Verzögerung durch den Poststreik ist ihr als nicht beherrschbarer Umstand aber nicht zuzurechnen. Gem. § 93 II 4 2. HS BVerfGG *kann* das BVerfG auch ohne Antrag Wiedereinsetzung in den vorigen Stand gewähren, wenn die versäumte Rechtshandlung innerhalb der zweiwöchigen Antragsfrist gem. § 93 II 2 BVerfGG vorgenommen wird.[5] Das ist geschehen, sodass auch das Ermessen des BVerfG hier auf Null reduziert erscheint. Die Zulässigkeit scheitert nicht an der versäumten Frist.

Ergebnis: Die Verfassungsbeschwerde ist zulässig.

B. Begründetheit der Verfassungsbeschwerde

Die Verfassungsbeschwerde ist begründet, wenn das letztinstanzliche Gerichtsurteil **774**
in den Schutzbereich eines Grundrechts eingreift, dieser Eingriff nicht gerechtfertigt und die Beschwerdeführerin dadurch in einem ihrer Grundrechte oder grundrechtsgleichen Rechte verletzt ist.

---

4 BVerfGE 7, 198 (204 ff., 208) – st. Rspr. zB BVerfGE 85, 1 (13) – kritische Bayer-Aktionäre; BVerfGE 34, 269 (280) – Soraya.

5 Eine Zurückweisung des Antrags auf Wiedereinsetzung kann seit Einführung dieser Vorschrift nicht mehr wie in den vergleichbaren Fällen BVerfGE 50, 381 (384) – m.w.N.; BVerfGE 28, 243 (256) – Kriegsdienstverweigerung; BVerfGE 4, 309 (313) ohne weiteres erfolgen.

I. Vorbemerkung: Prüfungsmaßstab[6]

775 Bei der Auslegung und Anwendung des einfachen Rechts müssen die Gerichte den in den Grundrechten zum Ausdruck gebrachten Wertmaßstäben Rechnung tragen. Gerade in der Nichtbeachtung aber muss die Verletzung liegen, objektive Rechtsfehlerhaftigkeit bedeutet nicht immer auch eine Verletzung *spezifischen Verfassungsrechts*.[7] Für die Begründetheit der Verfassungsbeschwerde kommt es also entscheidend darauf an, ob die Gerichte in den angegriffenen Entscheidungen bei Anwendung des § 823 I BGB und bei der Bestimmung der Sanktionen entgegen § 253 BGB die Grundrechte der Beschwerdeführerin hinreichend beachtet haben. Denn wenn die Gerichte einer Äußerung eine Bedeutung beigelegt haben, in der sie unzulässig ist, aber eine andere Deutungsmöglichkeit übersehen haben, ist spezifisches Verfassungsrecht verletzt. Die Verfassungsbeschwerde ist also dann begründet, wenn das Gericht Grundrechte des Bf. generell verkannt hat, wenn es falsche Bewertungsmaßstäbe zugrundegelegt hat, von unzutreffenden Voraussetzungen ausgegangen ist, wie auch dann, wenn es die Bedeutung der Grundrechte des Bf. im Verhältnis zu den Belangen der Gegenseite falsch gewichtet hat.[8] Die Garantien der EMRK, auf die sich hier die Kläger des Ausgangsverfahrens berufen, sind selbst nicht unmittelbar Prüfungsmaßstab für das BVerfG. Die betroffenen Grundrechtsträger haben jedoch einen Anspruch darauf, dass die Gerichte, die ja an Gesetz und Recht gebunden sind, auch diese Garantien mit berücksichtigen. Haben sie dies in grundsätzlicher Weise verkannt, so kann auch hierin ein Grundrechtsverstoß liegen.[9]

II. Verletzung von Art. 5 I 2 GG – Pressefreiheit

1. Schutzbereich

776 **a) Sachlicher Schutzbereich**: Durch das Urteil, in dem der Verlag wegen der Veröffentlichung im „Schrillen Blatt“ zu Schadensersatz verurteilt wird, könnte der Schutzbereich der Pressefreiheit des Art. 5 I 2 GG berührt sein. Voraussetzung dafür ist zunächst, dass es sich bei der Zeitschrift „Das schrille Blatt“ um Presse iSd Art. 5 I 2 GG handelt. Hierunter fallen alle zur Verbreitung geeigneten und bestimmten Druckerzeugnisse, somit prinzipiell auch Wochenzeitungen wie das „Schrille Blatt“. Dass es sich hierbei um ein Erzeugnis der sog. Sensationspresse handelt, ist unschädlich.[10] Das Grundrecht der Pressefreiheit gilt unabhängig vom Inhalt der

6 Bei Urteilsverfassungsbeschwerden empfiehlt es sich, vor Einstieg in die Begründetheitsprüfung eine kurze Vorbemerkung zum Prüfungsumfang durch das BVerfG zu bringen, wie dies auch das BVerfG selbst häufig tut; die entsprechenden Ausführungen können aber auch im Rahmen der verfassungsrechtlichen Rechtfertigung der Prüfung des Einzelaktes – also des Urteils – vorangestellt werden.

7 Dazu eingehend *Pieroth/Schlink* Rn 1172 ff.

8 BVerfGE 7, 198 (204 ff.) – Lüth; BVerfGE 61, 1 (6) – Wahlkampf; BVerfGE 54, 208 (217) – Heinrich Böll.

9 Dies ist die entscheidende Aussage von BVerfGE 111, 307 – dort zum Schutz der Familie, den die EMRK ebenfalls in Art. 8 enthält.

10 BVerfGE 101, 361 (389).

fraglichen Druckerzeugnisse. Allerdings könnte neben dem Grundrecht der Pressefreiheit auch das Grundrecht der Meinungsfreiheit aus Art. 5 I 1 GG einschlägig sein. Dort, wo es um die Zulässigkeit einer bestimmten Äußerung und die Frage geht, ob ein Dritter sie hinzunehmen hat, ist unabhängig vom Verbreitungsmedium Art. 5 I 1 GG einschlägig. Auf die Pressefreiheit des Art. 5 I 2 GG ist demgegenüber abzustellen, wenn es um die Institution einer freien Presse, um die spezifischen Wirkungsmöglichkeiten der Presse geht. Insbesondere die Gestaltungsfreiheit der Presse, also die Freiheit der inhaltlichen und der formalen Gestaltung in der äußeren Aufmachung und der Platzierung der einzelnen Beiträge, fällt unter den Schutz der Pressefreiheit. Darum geht es auch im vorliegenden Fall. Es geht um die Berichterstattungsfunktion der Presse. Es geht darum, ob das „Schrille Blatt" die Bilder der T in suggestiver Aufmachung und in dem fraglichen textlichen Zusammenhang auf dem Titel bringen durfte. Es stehen also die Wirkungsmöglichkeiten der Presse im Vordergrund und nicht der Inhalt von Meinungsäußerungen. Daher ist hier die Pressefreiheit des Art. 5 I 2 GG tatbestandlich betroffen.[11]

b) Personaler Schutzbereich: Der personale Schutzbereich erfasst alle im Presse- **777**
wesen tätigen Personen in Ausübung ihrer Funktion, zu denen dann auch die (juristische Person) V gehört. Sie ist hier in ihrer Funktion als Presseverlag betroffen. Die Pressefreiheit ist gemäß Art. 19 III GG ihrem Wesen nach auf juristische Personen anwendbar, da gerade die Herausgabe von Presseerzeugnissen im „arbeitsteiligen Verbund" der juristischen Person erfolgt.

2. Eingriff

Ein Eingriff ist jedes staatliche Verhalten, das dem Einzelnen ein grundrechtlich **778**
garantiertes Verhalten ganz oder teilweise unmöglich macht, unabhängig davon, ob diese Wirkung final oder unbeabsichtigt, unmittelbar oder mittelbar, rechtlich oder tatsächlich, mit oder ohne Befehl und Zwang erfolgt. Ein Eingriff kann auch darin liegen, dass die Ausübung eines Grundrechts mit einer staatlichen Sanktion belegt wird, dies schon deshalb, weil damit der Betroffene auch von der künftigen Ausübung des Grundrechts abgehalten werden kann. Er wird gleichsam abgeschreckt. In der Verurteilung zur Zahlung einer Geldentschädigung liegt eine besonders intensive nachteilige Sanktion. Hierin liegt also ein Eingriff in den Schutzbereich des Grundrechts. Dies gilt umso mehr, als die Verurteilung für die Tätigkeit der Presse hier ein schwer zu kalkulierendes wirtschaftliches Risiko schafft und sie dazu veranlassen kann, in der Folge von einer ähnlichen Berichterstattung in Zukunft Abstand zu nehmen. Hierin liegt eine Erschwerung bei der Ausübung der Pressefreiheit. Ein Eingriff durch das Urteil liegt somit vor.

---

11 Die Abgrenzung von Meinungs- und Pressefreiheit ist auch in der Rechtsprechung des BVerfG nicht ganz eindeutig – im Benetton-Urteil prüft BVerfGE 102, 347 primär am Maßstab der Pressefreiheit, zieht hierbei „die in die Pressefreiheit eingebettete Meinungsfreiheit" mit heran.

3. Verfassungsrechtliche Rechtfertigung

779 Der Eingriff könnte aber durch ein verfassungskonformes Schrankengesetz iSv Art. 5 II GG gedeckt sein. Als Anspruchsgrundlage haben die Zivilgerichte § 823 I BGB i.V.m. Art. 1 und 2 I GG als eigenständige Anspruchsgrundlage herangezogen.[12] Diese Vorschriften, insbes. § 823 BGB, müssen die Voraussetzungen erfüllen, die die Verfassung an Schrankengesetze stellt. Sie müssten aber auch in verfassungskonformer Weise angewandt worden sein.

a) Gesetzliche Grundlage

780 aa) Die Pressefreiheit findet ihre Schranken gem. Art 5 II GG in den Vorschriften der allgemeinen Gesetze, den gesetzlichen Bestimmungen zum Schutz der Jugend und im Recht der persönlichen Ehre. Da es hier in erster Linie um den Schutz der Persönlichkeitsrechte der T geht, kommen die Schranken der allgemeinen Gesetze in Betracht. Darunter sind Vorschriften zu verstehen, die sich nicht gegen die Äußerung einer Meinung als solche richten, also nicht an einen bestimmten Meinungsinhalt anknüpfen, sondern die vielmehr dem Schutz eines schlechthin, ohne Rücksicht auf eine bestimmte Meinung zu schützenden Rechtsguts dienen.[13] § 823 I BGB beschränkt eine an sich erlaubte Handlung nicht wegen ihrer geistigen Zielrichtung, dient zudem dem Rechtsgüterschutz gegen rechtswidrige Verletzungen des allgemeinen Persönlichkeitsrechts, also eines generell schutzwürdigen Rechtsguts, ist also in diesem Sinn allgemeines Gesetz. An der Verfassungsmäßigkeit der Bestimmung i.Ü. zu zweifeln, besteht kein Anlass.[14]

781 bb) Soweit der Klägerin des Ausgangsverfahrens eine Geldentschädigung zugesprochen wurde, könnte jedoch das Vorliegen eines allgemeinen Gesetzes deshalb fraglich sein, weil diese Rechtsfolge im Wege richterlicher Rechtsfortbildung entgegen dem Wortlaut des § 253 BGB gefunden wurde. Eine derartige Rechtsfortbildung könnte gegen die Gesetzesbindung der rechtsprechenden Gewalt nach Art. 20 III GG verstoßen. Sie kann jedoch dadurch gerechtfertigt sein, dass andernfalls, wenn man also in Fällen einer „Zwangskommerzialisierung" von Persönlichkeitsrechten den Verletzer neben der Verpflichtung zur Unterlassung oder zum Widerruf (bzw. Richtigstellung) nicht auch als *Ultima Ratio* und letztlich einzig wirksamer, weil fühlbarer Sanktion zur Zahlung einer Geldentschädigung verurteilen könnte, das grundrechtlich geschützte Persönlichkeitsrecht der Betroffenen ohne

12 So BGH NJW 1996, 984 (985) – Caroline v. M. II: *„Die Herleitung dieses Anspruchs aus § 823 I BGB i.V.m. Art. 1 und 2 GG ..."*; BGHZ 128, 1 (14 ff.) – Caroline v. M. I, der auf einen *„Rechtsbehelf, der auf den Schutzauftrag aus Art. 1 und 2 I GG zurückgeht"*, abstellt; s.a. *Degenhart*, BonnK, Art. 5 I u. II (1999) Rn 606; zum Streit um die einschlägige Anspruchsgrundlage vgl. *Hager*, Jura 1995, 566 (572 ff.).

13 BVerfGE 7, 198 (209 f.) – Lüth: *„... die sich nicht gegen die Äußerung einer Meinung als solche richten, die vielmehr dem Schutz eines schlechthin, ohne Rücksicht auf eine bestimmte Meinung zu schützenden Rechtsguts dienen ..."*; s. zB BVerfGE 71, 162 (175) – Autobiographie eines Chef-Arztes/ Werbeverbot; zusf. *Degenhart*, BonnK, Art. 5 I u. II (1999) Rn 66 ff.

14 Es wäre verfehlt, hier Gesetzgebungskompetenz etc. zu erörtern.

wirksamen Schutz bliebe. Mit der Zubilligung einer Geldentschädigung haben die Zivilgerichte daher den Schutzauftrag der Art. 1 und 2 I GG konkretisiert. Sie durften dies auch *contra legem* entscheiden, da es sich bei § 253 BGB um vorkonstitutionelles Recht handelte. Einer Rechtsfortbildung stand hier keine eindeutige Entscheidung des Gesetzgebers entgegen.

b) Anwendung der Schrankengesetze

Die hier den Eingriff tragenden Schrankengesetze müssten im angegriffenen Urteil ohne Grundrechtsverstoß angewandt worden sein. **782**

aa) Das Urteil könnte deshalb auf einer *„grundsätzlich unrichtigen Auffassung von der Bedeutung und Tragweite"* des Grundrechts der Beschwerdeführerin aus Art. 5 I 2 GG beruhen, weil das Zivilgericht im Rahmen der Abwägung der widerstreitenden, rechtlich geschützten Interessen dieses Grundrecht in grundsätzlicher Weise verkannt hat. Denn allgemeine Gesetze können die Freiheiten des Art. 5 I GG nicht beliebig einschränken. Sie sind ihrerseits aus der Erkenntnis der wertsetzenden Bedeutung dieser Grundrechte im freiheitlich demokratischen Staat auszulegen und so in ihrer diese Grundrechte begrenzenden Wirkung selbst wieder einzuschränken. Das Gericht muss bei Anwendung der Normen des Zivilrechts deshalb die Pressefreiheit von V einerseits und die Persönlichkeitsrechte von T andererseits in grundrechtskonformer Weise gegeneinander abwägen. Es hat hierbei auch die Wertungen der EMRK zu berücksichtigen.

bb) Auf der Seite von T steht deren allgemeines Persönlichkeitsrecht. Es schützt **783** auch die Integrität des Persönlichkeitsbildes vor Verfälschung durch das Verbreiten falscher Tatsachen. Angaben über den Gesundheitszustand betreffen die durch Art. 1 I GG und Art. 2 I GG geschützte Privatsphäre. Auf der Seite von V steht als essenzielle Voraussetzung einer freiheitlichen Demokratie das Grundrecht der Pressefreiheit. Dessen Schutz ist auch für die sog. Klatschpresse nicht von vornherein zu verneinen. Diese Grundrechtspositionen sind abzuwägen. Hierbei kommt es vor allem auf die Intensität des Eingriffs in das Persönlichkeitsrecht einerseits, die Berichterstattungs- und Meinungsbildungsfunktion der Presse und das Informationsinteresse der Öffentlichkeit andererseits an.

Die bewusst und kalkuliert missverständnisträchtige Formulierung der Überschrift auf Titelblättern bedeutet im Kontext der Fotografie eine schwere Verletzung des Persönlichkeitsrechts der T. Die Verletzung erhält zusätzlich besonderes Gewicht durch die bundesweite Verbreitung der Wochenschrift. V trägt zudem mit der verzerrenden Darstellung über den gesundheitlichen Zustand der Adels-Prominenz auf dem Titelblatt wenn überhaupt, dann nur unwesentlich zu einer demokratisch relevanten Meinungsbildung bei.

Die T könnte jedoch verpflichtet sein, weitergehende Einschränkungen ihres Per- **784** sönlichkeitsrechts hinzunehmen, weil es sich bei ihr um eine Persönlichkeit von öffentlichem Interesse handelt, sie ihrerseits in der Öffentlichkeit wirkt. Doch auch „Prominente" haben ein Recht auf Schutz ihrer Privatsphäre. Diesen Schutz fordert insbesondere auch Art. 8 EMRK, insbesondere in seiner Auslegung durch den

EGMR.[15] Hiernach könnte es sogar fraglich sein, ob die T überhaupt als Person des öffentlichen Interesses in diesem Sinn gelten kann, zumal sie kein öffentliches Amt bekleidet. Jedenfalls aber hat sie keinen Anlass dafür gegeben, dass die Presse sich mit ihrer Privatsphäre in einem derart sensiblen Bereich beschäftigt und hierbei zudem ein verzerrendes Bild ihrer Persönlichkeit verbreitet. Es besteht hier auch kein besonders schützenswertes Informationsinteresse der Allgemeinheit. Dann aber ist in der Abwägung dem Persönlichkeitsrecht der T höheres Gewicht beizumessen. Das Zivilgericht hat also die wertsetzende Bedeutung der Grundrechte nicht grundsätzlich verkannt, indem es annahm, dass das Schutzbedürfnis der T das Öffentlichkeitsinteresse an der öffentlichen Darstellung ihres vermeintlichen Gesundheitszustandes überwiegt. Es trägt damit auch dem Schutz der Persönlichkeitsrechte nach Art. 8 EMRK in einer Weise Rechnung, die der Rechtsprechung des EGMR entspricht, der ja ebenfalls der Klatsch- und Sensationspresse allenfalls geminderte Schutzwürdigkeit zuerkennen will. Ob diese Einschränkung generell für das Äußerungsrecht nach dem Grundgesetz übernommen werden kann, braucht hier nicht entschieden zu werden. Denn hier ergibt sich kein Widerspruch zwischen den Forderungen des Grundgesetzes und denen der EMRK.

785 cc) Die Pressefreiheit der V könnte jedoch dadurch verletzt sein, dass das Gericht hier der T eine Geldentschädigung zugesprochen hat; es könnte auch durch die Höhe des der T zugesprochenen Betrags verletzt sein. Die Verurteilung zur Leistung immateriellen Schadensersatzes kann jedoch grundsätzlich gerechtfertigt sein, wenn sie als Sanktion für schwerwiegende Persönlichkeitsverletzungen erforderlich ist. Im Fall der T ist insbesondere zu berücksichtigen, dass hier eine Zwangskommerzialisierung ihrer Persönlichkeit durch V stattgefunden hat und in derartigen Fällen einer zum Zweck der Auflagensteigerung eingesetzten verfälschenden Darstellung der Persönlichkeit nur eine fühlbare Sanktion, wie sie hier ausgesprochen wurde, einen effektiven Persönlichkeitsschutz gewährleistet. Allein die Rechtsfolge einer Schadensersatzpflicht verletzt also noch nicht die Pressefreiheit der V.

Fraglich könnte allerdings sein, ob auch die Höhe des zugesprochenen Betrags noch gerechtfertigt ist. Angesichts der Tatsache, dass das Zivilgericht sich hier an dem durch den rechtswidrigen Eingriff in das Persönlichkeitsrecht erzielten zusätzlichen Erlös der V orientiert hat, kann noch nicht davon gesprochen werden, dass seine Entscheidung einen prinzipiell einschüchternden Effekt auf die Träger der Pressefreiheit hat. Auch insoweit liegt noch keine Verletzung der Pressefreiheit vor.

---

15 Grundsätzlich ist in der Klausurbearbeitung keine Rechtsprechung zu zitieren, insbesondere ist nicht pauschal etwa in der Weise zu argumentieren, dass „das Bundesverfassungsgericht" eine bestimmte Auffassung vertritt. Hier möchte ich jedoch eine Ausnahme vorschlagen: nach BVerfGE 111, 307 sind Konventionstext und Rechtsprechung des EGMR gleichermaßen heranzuziehen; d.h. die Gerichte ziehen den Normtext nicht heran, um ihn dann selbst auszulegen, sondern von vornherein in seiner Auslegung durch den EGMR. Da die Europäische Menschenrechtskonvention – in der Auslegung durch den Europäischen Gerichtshof für Menschenrechte – im Range eines förmlichen Bundesgesetzes gilt, ist sie in den Vorrang des Gesetzes einbezogen und muss insoweit von der rechtsprechenden Gewalt beachtet werden.

III. Insbesondere: Art. 5 I 2 GG i.V.m. Art. 3 I GG

1. Gleichheitsbindung der Rechtsprechung

Bedenken gegen die Höhe des Schadensersatzbetrags könnten jedoch darin begründet sein, dass in Fällen gravierender Eingriffe in die physische Integrität und sexuelle Selbstbestimmung regelmäßig dem Opfer deutlich niedrigere Beträge zugesprochen werden. Hierin könnte ein Verstoß gegen das Grundrecht der Pressefreiheit i.V.m. dem allgemeinen Gleichheitssatz liegen. Denn auch im Wege richterlicher Rechtsfortbildung dürfen keine Differenzierungen erfolgen, die dem Gesetzgeber nicht erlaubt wären.[16] **786**

2. Rechtfertigung?

In beiden Fallgruppen geht es um schwerwiegende Eingriffe in höchstpersönliche Rechtsgüter, wobei Persönlichkeitsrechtsverletzungen der hier in Frage stehenden Art sicher geringer zu gewichten sind, als etwa bleibende physische und psychische Folgen einer Vergewaltigung, zumal moderne Massenmedienkommunikation gerade im Bereich der Berichterstattung über „Prominente" schnelllebig ist und die Rezipienten vergesslich sind. Doch könnte andererseits der Präventionsgedanke, der in den Fällen der Persönlichkeitsverletzung durch Massenmedien zum Tragen kommt, die unterschiedliche Behandlung der Fälle rechtfertigen. Dies gilt umso mehr, als es sich hier um ein eigenständiges, presserechtliches Rechtsinstitut handelt, das nicht ohne weiteres mit dem „Schmerzensgeld" verglichen werden kann. Vor allem aber ist zu berücksichtigen, dass nur auf diese Weise der Notwendigkeit eines wirksamen Schutzes auch des Art. 8 EMRK, wie sie der EGMR betont, Rechnung getragen werden kann. Der der T zugesprochene Betrag ist daher auch der Höhe nach gerechtfertigt. Das Gericht hat daher die V nicht in ihrem Grundrecht aus Art. 5 I 2 GG i.V.m. Art. 3 I GG verletzt.[17] **787**

C. Entscheidung des BVerfG

Das BVerfG wird die Verfassungsbeschwerde zurückweisen (*a.A. gut vertretbar – dann nach § 95 II BVerfGG Aufhebung und Zurückverweisung).* **788**

---

16 BVerfGE 84, 197 (199); 70, 230 (240); da die Höhe der Beträge ein Problem auch der Presseefreiheit ist, sollte hier auf Art. 5 I 2 i.V.m. Art. 3 I GG abgestellt werden.

17 Der *Verf.* räumt ein, dass ihn dieses Ergebnis nicht überzeugt; es entspricht mittlerweile jedoch gefestigter Rechtsprechung, deren grundsätzliche Änderung im Hinblick auf die Aussagen des EGMR nicht zu erwarten ist – allerdings fordert die Rspr. nach wie vor zu Recht eine gravierende Verletzung des Persönlichkeitsrechts.

2. Teil: Verfassungsbeschwerde des R

A. Zulässigkeit

789 I. R ist als natürliche Person ohne weiteres beteiligtenfähig im Verfahren der Verfassungsbeschwerde, also beschwerdefähig.

II. Die strafrechtliche Verurteilung ist als Akt der Judikative geeigneter Beschwerdegegenstand.

III. Eine Verletzung des R in seinen Grundrechten der Meinungs- oder Pressefreiheit erscheint nicht ausgeschlossen. R ist auf Grund seiner Äußerungen in der Presse mit einer strafrechtlichen Sanktion belegt worden. Dass das Gericht hierbei seine Grundrechte aus Art. 5 I GG nicht hinreichend berücksichtigt hat, ist jedenfalls möglich; damit aber kann R die Möglichkeit einer Grundrechtsverletzung hinreichend plausibel geltend machen; ob hier auf die Meinungs- oder die Pressefreiheit abzustellen ist, braucht im Rahmen der Zulässigkeit nicht entschieden zu werden. R ist auch selbst, gegenwärtig und unmittelbar betroffen.

IV. Der Rechtsweg ist lt. Sachverhalt erschöpft.

V. Die Verfassungsbeschwerde wurde lt. Sachverhalt form- und fristgerecht eingelegt.

Die Verfassungsbeschwerde des R ist also zulässig.

B. Begründetheit

I. Vorbemerkung: Prüfungsmaßstab

790 Die Verfassungsbeschwerde ist begründet, wenn die Verurteilung des R zu Unrecht erfolgte und er hierdurch in seinen Grundrechten verletzt ist. Das Bundesverfassungsgericht ist in seiner Prüfung auf spezifisches Verfassungsrecht beschränkt. Da hier der Beschwerdeführer jedoch strafrechtlich verurteilt wurde und in der Verurteilung zu einer Kriminalstrafe der denkbar intensivste Grundrechtseingriff der hoheitlichen Gewalt des Staates liegt, prüft auch das Bundesverfassungsgericht entsprechend intensiv, ob eine Grundrechtsverletzung vorliegt. Die Intensität des Eingriffs wirkt sich also auf die Prüfungsmaßstäbe des Verfassungsgerichts aus. Es prüft insbesondere auch nach, wie das Fachgericht die Äußerung des Beschwerdeführers interpretiert hat und ob ihr auch eine Bedeutung beigelegt werden konnte, die nicht zur Strafbarkeit geführt hätte. Das Bundesverfassungsgericht prüft also auch die Tatsachenfeststellung durch das Fachgericht. Es prüft weiterhin, wie das Fachgericht den der Verurteilung zugrundeliegenden Tatbestand, im vorliegenden Fall also den Beleidigungstatbestand des § 185 StGB ausgelegt hat und ob es bei seiner Auslegung auch darauf Rücksicht genommen hat, welche Auswirkungen sich auf die Freiheit der Meinungsäußerung ergeben.[18]

---

18 Grundlegend BVerfGE 93, 266, 290 ff.; näher *Degenhart*, BonnK, Art. 5 I u. II (1999) Rn 189; – so könnte zB gefragt werden, ob die Annahme einer Kollektivbeleidigung („die Juristen ..., die Professoren ...") das Risiko, aus Meinungsäußerungen strafrechtlich belangt zu werden, unverhältnismäßig erhöhen würde.

II. Verletzung von Art. 5 I 1 GG – Meinungsfreiheit

1. Schutzbereich

R könnte in seinem Grundrecht auf freie Meinungsäußerung nach Art. 5 I 1 GG oder aber, da er als Redakteur tätig geworden ist, in seinem Grundrecht der Pressefreiheit berührt sein. Da es aber im vorliegenden Fall entscheidend um den Inhalt seiner Äußerungen geht, um deren Zulässigkeit bzw. Strafbarkeit, da also die inhaltliche Tragweite der Freiheit in Frage steht, bestimmte Aussagen zu treffen, ist hier die Meinungsfreiheit des Art. 5 I 1 GG einschlägig. Dass die in Frage stehenden Äußerungen durch die Presse erfolgten, ändert daran nichts. Denn die Meinungsfreiheit des Art. 5 I 1 GG schützt die Freiheit, Meinungen über jedes beliebige Medium zu äußern.[19] Bei der Kolumne des R handelt es sich auch um eine Meinungsäußerung iSd Grundrechts, eine wertende Stellungnahme. **791**

2. Eingriff

In das Grundrecht des R auf freie Meinungsäußerung müsste eingegriffen worden sein. R ist wegen seiner Äußerung strafrechtlich verurteilt worden. Er wurde also wegen der Wahrnehmung seines Grundrechts mit staatlichen Sanktionen belegt. Hierin liegt ein Eingriff in das Grundrecht der Meinungsfreiheit. Bei einer strafrechtlichen Verurteilung handelt es sich um den denkbar intensivsten Eingriff der staatlichen Gewalt in die Grundrechtssphäre des Bürgers. **792**

3. Verfassungsrechtliche Rechtfertigung

Die Verurteilung des R könnte jedoch verfassungsrechtlich gerechtfertigt sein. **793**

a) Das Grundrecht der Meinungsfreiheit findet seine **Schranken** in den allgemeinen Gesetzen und den Bestimmungen zum Schutz der Ehre und des Jugendschutzes nach Art. 5 II GG. Voraussetzung für die verfassungsrechtliche Rechtfertigung der strafrechtlichen Verurteilung des R als Grundrechtseingriff ist also zunächst, dass diese auf einem wirksamen Schrankengesetz iSv Art. 5 II GG beruht.

aa) Die **Verurteilung** erfolgte auf der Grundlage des Beleidigungstatbestandes des § 185 StGB. Schutzgut des § 185 StGB ist die Ehre der Person; es handelt sich also um eine gesetzliche Bestimmung zum Schutz der Ehre. § 185 StGB ist auch ein allgemeines Gesetz iSv Art. 5 II GG. Denn die Ehre der Person, die aus dem allgemeinen Persönlichkeitsrecht des Art. 2 I i.V.m. Art. 1 I GG folgt, ist ein schlechthin zu schützendes Rechtsgut. **794**

---

19 Die im älteren Schrifttum teilweise anzutreffende Auffassung von der Spezialität der Presse- gegenüber der Meinungsfreiheit ist damit überholt. – Dass im vorliegenden Fall die in Frage stehenden Äußerungen über die Presse erfolgten, kann an anderer Stelle der Grundrechtsprüfung gleichwohl noch bedeutsam werden: die besondere Breitenwirkung, die mit Äußerungen in der Presse verbunden ist, verleiht Persönlichkeitsrechten in der Abwägung besonderes Gewicht, andererseits dürfte hierbei auch die besondere Funktion der Presse zu berücksichtigen sein.

795 bb) **§ 185 StGB** bildet auch eine verfassungsmäßige Schranke der Meinungsfreiheit des Art. 5 I 1 GG. Fraglich könnte hier nur sein, ob der Tatbestand hinreichend bestimmt ist. Für Strafrechtsnormen gelten nach Art. 103 II GG besondere Anforderungen an die Bestimmtheit.[20] Der Gesetzgeber kann jedoch unbestimmte Rechtsbegriffe und Generalklauseln verwenden, solange die Norm im Wege der Auslegung hinreichend bestimmt werden kann.[21] Der im Straftatbestand des § 185 StGB verwandte Begriff der Beleidigung hat in der Rechtsprechung einen derart hinreichend klaren Inhalt erlangt, dass jedermann erkennen kann, welches Verhalten strafbar ist. Soweit die Frage zur Strafbarkeit von Kollektivbeleidigungen nicht einheitlich in der Rechtsprechung geklärt ist, so führt dies nicht zur Unbestimmtheit des Straftatbestandes.

796 b) **§ 185 StGB** müsste vom Fachgericht im Fall des R in verfassungskonformer Weise **ausgelegt und angewandt** worden sein. Auch die dem Ehrenschutz dienenden Gesetze können die Meinungsfreiheit nicht beliebig einschränken. Sie sind vielmehr ihrerseits im Lichte des Grundrechts auszulegen und anzuwenden. Dabei ist der „wertsetzenden Bedeutung“ des Grundrechts im freiheitlichen demokratischen Staat Rechnung zu tragen. Die Schrankengesetze sind also – in Anwendung der „Wechselwirkungstheorie“ – selbst wieder einzuschränken. Das bedeutet, dass der besonderen Bedeutung des Grundrechts der Meinungsfreiheit zum einen bei der Gesetzesauslegung und zum anderen bei der Gesetzesanwendung Rechnung zu tragen ist.

797 aa) Zunächst ist auf der **Stufe der Auslegung** der Tatbestandsmerkmale des § 185 StGB einerseits die Bedeutung der Meinungsfreiheit und andererseits die des Rechts der persönlichen Ehre zu berücksichtigen. Danach darf der Tatbestand der Beleidigung nach § 185 StGB nur soweit ausgelegt werden, wie der Persönlichkeitsschutz dies erfordert oder für die Berücksichtigung der Meinungsfreiheit Raum lässt. Im Falle einer herabsetzenden Äußerung über Kollektive würde dem nur dann entsprochen, wenn durch die Äußerung überhaupt die „persönliche Ehre“ der einzelnen Gruppenangehörigen beeinträchtigt werden kann, was bei unüberschaubaren Gruppen nicht der Fall ist. Daraus folgt, dass eine Auslegung, die sämtliche herabsetzende Äußerungen über Kollektive als strafbare Beleidigung ansieht, eine unzulässige Beschränkung der Meinungsfreiheit darstellen würde. Somit hat das Gericht bei einer herabsetzenden Äußerung unter einer Kollektivbezeichnung Umstände festzustellen, die gerade die Beziehung auf einzelne Angehörige der Gruppe darlegt. Das Strafgericht hat vorliegend festgestellt, dass sich die Äußerung allein infolge des Artikels in der gleichen Ausgabe des Wochenblattes gerade auf die T und ihren Ehemann als Angehörige des Hochadels bezog.

798 bb) Das Fachgericht hat jedoch auch andere nicht zur Strafbarkeit führende Deutungsmöglichkeiten in Betracht zu ziehen. Ein Strafurteil, das andere nicht ehrenrührige Deutungen übergeht, verstößt gegen die Meinungsfreiheit. Im Falle des R hat es

20 S. BVerfGE 103, 135 zur Nichtigkeit des § 43a StGB (Vermögensstrafe).
21 Vgl. für den Begriff der Verwerflichkeit in § 240 StGB BVerfGE 73, 206 (238 f.).

jedoch nicht erwogen, ob die Äußerung nicht vielmehr auf die nach den o.g. Kriterien nicht beleidigungsfähige Gruppe des Adels zu beziehen ist, was durchaus auch angenommen werden kann, da die T und ihr Ehemann nicht im Artikel genannt werden und der Artikel über die T nur als Aufhänger diente. Das Gericht hat der Äußerung damit eine Deutung zugrundegelegt, ohne hinreichend geklärt zu haben, ob sie auch einen anderen nicht beleidigenden Inhalt hat und somit gegen die Meinungsfreiheit verstoßen.

cc) Im Übrigen hat das Gericht auf der **Stufe der Anwendung** von § 185 StGB das **799** Recht der persönlichen Ehre der T auf der einen Seite und die Meinungsfreiheit des R auf der anderen Seite unter Berücksichtigung der Schwere der Beeinträchtigung abzuwägen. Allerdings ist zu berücksichtigen, dass die Meinungsfreiheit in der Abwägung von vornherein zurücktritt, wenn die Äußerungen die Menschenwürde eines anderen antastet und desgleichen, wenn sich die Äußerungen lediglich als Formalbeleidigung oder Schmähkritik darstellen. Die Äußerungen des R in der Glosse über das Verhalten gewisser Kreise des Hochadels lassen sich aber weder als Angriff auf die Menschenwürde und insbesondere auch nicht als Formalbeleidigung oder Schmähkritik einstufen. Selbst wenn die Möglichkeit der Diffamierung einer einem Kollektiv angehörenden Person nicht von vornherein ausgeschlossen werden kann, liegt eine solche nicht vor. Allein aus der Tatsache, dass im gleichen Heft der Artikel über die T erschien und die bloße Übertreibung in einer Glosse, kann noch nicht geschlussfolgert werden, dass die Diffamierung der dem Adel angehörenden T und ihres Ehemanns, im Vordergrund stünde. Es geht hier um die Sachfrage – das Verhalten des Adels und dessen gesellschaftlicher Berechtigung.

Eine konkrete Abwägung mit dem Grundrecht der Meinungsfreiheit war somit erfor- **800** derlich. Das Strafgericht hat jedoch nicht berücksichtigt, dass R vorliegend eine Thematik von allgemeinem gesellschaftlichen Interesse zur Diskussion gestellt hat und somit in Wahrnehmung berechtigter Interessen gem. § 193 StGB gehandelt hat, der als besondere Ausprägung des Grundrechts der Meinungsfreiheit verstanden wird. Damit hat sich das Strafgericht der erforderlichen konkreten Abwägung zwischen Meinungsfreiheit und Ehrenschutz entzogen und den R in seinem Grundrecht aus Art. 5 I 1 GG verletzt.

C. Entscheidung des BVerfG

Das BVerfG wird gem. § 95 I BVerfGG feststellen, das der R durch das Strafurteil in **801** seinem Grundrecht aus Art. 5 I GG verletzt ist sowie gem. § 95 II BVerfGG die Entscheidung aufheben und die Sache an das zuständige Gericht zurückverweisen.

Repetitorium

I. Die Meinungsfreiheit des Art. 5 I 1 GG in der Fallbearbeitung, insbesondere: Drittwirkungsfälle

802 Auch bei Fällen um Art. 5 GG sind bestimmte spezifische Argumentationsmuster zu beachten und methodische Ansätze zugrundezulegen. Es ist dies vor allem die sog. Wechselwirkungstheorie, wonach allgemeine Gesetze einerseits das Grundrecht beschränken können, andererseits durch das Grundrecht selbst wieder eingeschränkt werden. BVerfGE 7, 198 (Lüth) zählt zur Pflichtlektüre im Staatsrecht.[22]

> Es ging bei diesem Urteil um einen Boykottaufruf des Beschwerdeführers (Lüth) gegen die Filme des Regisseurs Veith Harlan, der sich in der NS-Zeit durch Machwerke wie „Jud Süß" einen zweifelhaften Namen gemacht hatte und sich nun anschickte, auch in der Kulturszene der Nachkriegszeit aktiv mitzumischen. Die Fachgerichte hatten – im Einklang mit der seinerzeitigen Rechtsprechung – den Boykottaufruf als sittenwidrige Schädigung iSv § 826 BGB gewertet. Bei der Beurteilung der Sittenwidrigkeit mussten sie jedoch auch die „wertsetzende Bedeutung" der Grundrechte berücksichtigen – damit hat die Rechtsprechung auch den entscheidenden Ansatz für die mittelbare Drittwirkung der Grundrechte entwickelt. Sie mussten im Hinblick auf Art. 5 I 1 GG insbesondere berücksichtigen, dass Lüth mit seinem Boykottaufruf auch einen Meinungsbeitrag zu einer Frage von hohem gesellschaftlichem und politischem Interesse leisten wollte.

Dies ist ein typisches **Argumentationsmuster**: Die Freiheiten des Art. 5 I GG sind für die freiheitliche Demokratie, für die Freiheit der Meinungsäußerung „schlechthin konstituierend".

1. Schutzbereich und Eingriff

803 Schwierigkeiten bereitet hier nach wie vor die **Abgrenzung** der Meinungsfreiheit einerseits, zu den Medienfreiheiten (Presse- und Rundfunkfreiheit) andererseits (dazu *Pieroth/Schlink* Rn 571). Als Grundregel gilt: geht es um den Inhalt einer Äußerung, so ist die Meinungsfreiheit einschlägig. Deshalb war für die Glosse des R im zweiten Teil des Falles die Meinungsfreiheit heranzuziehen. Allerdings: Nach Art. 5 I 1 GG hat jeder das Recht, *seine* Meinung frei zu äußern. Wenn also die Presse Äußerungen Dritter verbreitet, ist dies ein Fall der Pressefreiheit; Entsprechendes gilt für die Rundfunkfreiheit. Zum sachlichen und personellen Schutzbereich der Pressefreiheit s. i.Ü. **Fall 14**. Zu der seit jeher strittigen Frage, ob auch Werbung eine Meinungsäußerung iSv Art. 5 I 1 GG darstellen kann, s. jetzt grundsätzlich bejahend BVerfGE 102, 347: soweit Werbung meinungsbildenden Inhalt hat.

Die Bestimmung des Eingriffs ist idR unproblematisch.

22 Weitere Leitentscheidungen: BVerfGE 93, 266 – „Soldaten sind Mörder" – und BVerfGE 102, 397 – Benetton –.

2. Grundrechtsschranken – Verfassungsrechtliche Rechtfertigung:

Wie stets bei der verfassungsrechtlichen Rechtfertigung von Grundrechtseingriffen, müssen sowohl das Schrankengesetz als auch dessen Anwendung bestimmten Anforderungen genügen. Der Schwerpunkt liegt – jedenfalls bei Eingriffen in die Meinungs- und in die Pressefreiheit – regelmäßig bei der Gesetzesanwendung.[23] **804**

Schrankengesetz: Da ein qualifizierter Gesetzesvorbehalt besteht, müssen die entsprechenden Qualifikationsmerkmale geprüft werden. Für die „allgemeinen" Gesetze hat der Streit zwischen Sonderrechtslehre und Abwägungslehre (dazu *Pieroth/Schlink* Rn 586 ff.) in der Praxis keine sonderliche Bedeutung erlangt (wie überhaupt so gut wie keine Fälle bekannt sind, in denen ein Gesetz schon an fehlender Allgemeinheit scheiterte).

In der Fallbearbeitung wird es regelmäßig genügen, zunächst die „Allgemeinheit" des Gesetzes unter dem Aspekt festzustellen, dass das Gesetz nicht gegen bestimmte Meinungen „als solche" gerichtet ist bzw. kein Sonderrecht gegen die Presse (bei Art. 5 I 2 GG) darstellt. Hieran wird sich dann iSd Wechselwirkungslehre die Prüfung nach materiellen Kriterien anschließen: das Gesetz darf keine unverhältnismäßige Beschränkung der Kommunikationsfreiheiten bewirken (vgl. BVerfGE 90, 266 für § 185 StGB) und muss auch sonst verfassungsmäßig sein.

Die **Anwendung des Gesetzes** hat wiederum unter Berücksichtigung der Ausstrahlungswirkung des Grundrechts iSd Wechselwirkungstheorie zu erfolgen. Grundrechtsbindung besteht in der Auslegung der Norm und der Äußerung. Die „wertsetzende Funktion" des Grundrechts wirkt sich insbesondere aus auf: **805**

– die Auslegung des Gesetzes, etwa dann, wenn durch die Ausdehnung des Beleidigungstatbestandes auf Kollektivbeleidigungen freie Meinungsbildung insoweit erheblich erschwert wird; wenn an die Anwendung des Rechtfertigungsgrundes des § 193 StGB überzogene Anforderungen gestellt werden; dies ist von Bedeutung insbesondere bei Kritik an staatlichen Einrichtungen;
– die Auslegung, das Verständnis der jeweiligen Äußerung, so wenn eine (dem Gegenbeweis zugängliche) Tatsachenbehauptung angenommen wurde, wo es sich in der Sache um ein Werturteil handelte, wenn der Äußerung ein Sinngehalt untergeschoben wurde, der zur Strafbarkeit führte, wenn auch andere Deutungen möglich waren.

Ein Grundrechtsverstoß kann also in einer in diesem Sinn fehlerhaften Auslegung des Gesetzes wie der verfahrensgegenständlichen Äußerung liegen.

3. Grundrechtsbindung in der Abwägung

Im Übrigen kommt es auf die Abwägung zwischen Meinungsfreiheit (bzw. Pressefreiheit) und dem konkret betroffenen Schutzgut des allgemeinen Gesetzes an. Typischerweise ist dies das allgemeine Persönlichkeitsrecht, das über Art. 2 I i.V.m. **806**

23 Instruktiv der Fall bei *Schulz,* Jura 2000, 528.

Art. 1 I GG Verfassungsrang hat und dessen Schutz auch durch Art. 8 EMRK gefordert wird. Doch können auch andere Grundrechte einschlägig sein. – So hat das BVerfG den gegen einen Finanzdienstleister erhobenen Vorwurf der Kapitalvernichtung unter dem Aspekt des Art. 12 I GG bewertet.[24] Für bestimmte Fallkonstellationen/Sachverhalte hat die Rechtsprechung die Abwägung allerdings schon typisierend vorweggenommen:

Stets zurücktreten muss die Meinungsfreiheit (und auch die Kunstfreiheit des Art. 5 III GG) dort, wo die Menschenwürde verletzt ist – darin sind sich BGH und BVerfG in der Frage der Benetton-Werbung im Grundsatz einig (zuletzt BVerfGE 107, 275) – nicht aber in der Frage, wo die Verletzung der Menschenwürde beginnt. Der BGH unterstellt Benetton, die dargestellten Personen zu instrumentalisieren, während das BVerfG dies unter Hinweis auf die ernsthaften Motive von Benetton verneint und damit, anders als der BGH, in eine offene Abwägung eintreten kann – was wiederum belegt, dass die Menschenwürde eben doch nicht in der Weise abwägungsresistent ist, wie gemeinhin vorausgesetzt: die fraglichen Wertungen werden eben von der Rechtfertigungsebene auf die Tatbestandsebene vorgezogen.

Bei Werturteilen: Vorrang des Ehrenschutzes ist dann gegeben, wenn es sich um eine reine Schmähung handelt; – andererseits gilt die „Vermutung für die freie Rede", wenn der Beitrag in einer Angelegenheit von öffentlichem Interesse erfolgt.[25]

Bei Tatsachenbehauptungen: sind sie wahr, besteht ein prinzipieller Vorrang des APR nur, soweit die Intimsphäre betroffen ist, i.Ü. ist eine Abwägung APR – Meinungsfreiheit vorzunehmen.

807 Für diese Abwägung hat die Rechtsprechung bestimmte **Argumentationsmuster** entwickelt, auf die zurückgegriffen werden kann.

So kommt es für die Gewichtung einer Äußerung u.a. darauf an, ob ein Meinungsbeitrag zu einer die Öffentlichkeit besonders interessierenden Frage geleistet wird (bei Lüth war dies der Fall), bzw. – im Fall der Pressefreiheit –, ob die Presse in Wahrnehmung ihrer „Wächterfunktion" gehandelt hat. Allerdings: auch an Unterhaltung, an „Klatsch" kann ein relevantes Interesse bestehen. Dies jedenfalls ist die Auffassung des BVerfG – der EGMR differenziert in der Schutzwürdigkeit. Auf der anderen Seite sind im typischen Konfliktfall die wesentlichen Dimensionen des APR aus Art. 2 I GG i.V.m. Art. 1 I GG heranzuziehen, s. dazu nach Fall 11. Was insbesondere die Achtung der Intim- und Privatsphäre betrifft, so gilt: wer sich selbst in die Öffentlichkeit begibt, muss weitergehende Einschränkungen hinnehmen.

24 BVerfG, U. v. 28.07.2004, www.bverfg.de = NJW-RR 2004, 1710.

25 Vgl. grundsätzlich BVerfGE 7, 198 (212); zu dieser Vermutungsregel s. *Grimm*, NJW 1995, 1699 (1703).

Prüfungsschema Meinungsfreiheit – äußerungsrechtliche Streitigkeit zwischen Privaten, Verurteilung wegen Äußerungsdelikt

1. Schutzbereich berührt? Meinungsäußerung iSv Art. 5 I 1 GG; ggf. Abgrenzung zur Pressefreiheit bzw. zur Rundfunkfreiheit **808**
2. Eingriff in die Freiheit der Meinungsäußerung – Verbot oder nachteilige Sanktion, zB Schadensersatz; strafrechtliche Sanktion
3. Verfassungsrechtliche Rechtfertigung
   a) Schranke des Grundrechts
      aa) Bestimmungen des BGB sind allg. Gesetze iSv Art. 5 II GG, da nicht gegen bestimmte Meinungen „als solche" gerichtet; ebenso zB § 1 UWG (sittenwidrige Werbung – Benetton); § 185 StGB als Bestimmung zum Schutz der Ehre und allg. Gesetz
      bb) Verfassungskonformität des allgemeinen Gesetzes i.Ü.
      nur zu prüfen, wenn konkrete Anhaltspunkte für Verfassungswidrigkeit gegeben
   b) Verfassungskonforme Anwendung des Schrankengesetzes
      aa) Prüfungsmaßstab
      bei Urteilsverfassungsbeschwerde sind Ausf. hierzu angebracht: nur spezifisches Verfassungsrecht, aber intensivere Prüfung, wenn nachhaltiger Eingriff
      bb) Unzulässige Deutung der fraglichen Äußerung durch das Fachgericht?
      cc) Maßgeblichkeit der Meinungsfreiheit generell verkannt?
      dd) Fehlgewichtung im Rahmen der Abwägung?
      (1) vorweggenommene Abwägung:
      Verletzung der Menschenwürde, reine Schmähung? – Art. 5 GG tritt zurück;
      Meinungsäußerung in einer die Öffentlichkeit
      wesentlich berührenden Frage? – „Vermutung für die freie Rede"
      (2) i.Ü.: konkrete Abwägung

Bei sonstigen **hoheitlichen Eingriffen** ergeben sich im Aufbau keine Besonderheiten: ist ein Eingriff durch Hoheitsakt festgestellt, so ist auf der Rechtfertigungsebene wie vorstehend unter 3.a nach dem allgemeinen Gesetz (oder einer Jugendschutzbestimmung) als Grundrechtsschranke zu fragen; in der Anwendung des Gesetzes ist auf die übliche Verhältnismäßigkeitsprüfung zurückzugreifen; zu beachten ist, dass mit dem Zensurverbot des Art. 5 I 3 GG eine Schranken-Schranke besteht: Eingriffe, die eine Zensur darstellen, sind nie gerechtfertigt.

Exkurs: Kunstfreiheit und Persönlichkeitsrechte

Vergleichbare Konflikte mit Persönlichkeitsrechten können sich auch im Verhältnis **809** zur Kunstfreiheit des Art. 5 III GG ergeben, zB bei biographischen Romanen. Die Freiheit der Kunst unterliegt nur den sog. verfassungsimmanenten Schranken (Rn 35); das APR ist auf Grund seines Verfassungsrangs geeignete Schranke im Rahmen der einschlägigen Bestimmungen des BGB (oder auch der Ehrenschutzdelikte des StGB). Es sind also die gleichen Prüfungsschritte vorzunehmen wie für die Meinungsfreiheit. In der Abwägung sind spezifische Gesichtspunkte des Art. 5 III

GG einzustellen – so etwa der einer Verselbstständigung des Kunstwerks gegenüber der dargestellten Wirklichkeit. Absoluter Vorrang kommt der Kunstfreiheit aber nicht zu, und sie endet ebenfalls dort, wo der Menschenwürdekern des Persönlichkeitsrechts verletzt ist (s. BVerfGE 67, 213).

Zur Wiederholung: *Pieroth/Schlink* Rn 547–566, 581–607.

Aus der Ausbildungsliteratur: *Nolte/Tams*, Grundfälle zu Art. 5 I 1 GG, JuS 2004, 111; *dies.*, Der Schutzbereich der Meinungsfreiheit, JA 2002, 258; *Bölke/Gostomzyk*, Die Auswirkungen der Caroline-Entscheidung des EGMR auf die Bildberichterstattung nach deutschem Recht, Jura 2005, 336; *Henne*, „Gedruckt gelogen ist teurer als tatsächlich getan", Jura 2002, 351.

Aktuelle Rechtsprechung: BVerfGE 101, 361 (Caroline v. Monaco); BVerfGE 102, 347 und 107, 275 (Benetton I und II); EGMR NJW 2004, 2647 (Caroline von Hannover).

Weitere Fälle im thematischen Zusammenhang: *Dietlein/Lindemann*, Examensklausur im Öffentlichen Recht – Streit um Taxiwerbung –, NWVBl 2000, 319; *Hilwig*, Öffentlichrechtliche Klausur: Flugblätter gegen den „Kriegsminister", NdsVBl 2003, 27; *Schulz*, Ehrenschutz und Meinungsfreiheit, Jura 2000, 528; *Jeand'Heur/Jorczyk*, Das Maulkorbgesetz, Jura 1999, 538; *Fehling*, Plakataktion, JuS 1996, 431; *Heselhaus*, Schockwerbung, JA 1995, 863; *Schenkewitz*, Wie frei ist die Presse, JA 1995, 674; insbesondere zur **Informationsfreiheit** *Szczekalla*, Hausarbeit: „Die informationshungrige Fremdsprachenlektorin", NdsVBl 2004, 138; insbesondere zur **Kunstfreiheit** s. *Schäfer/Merten*, Der Skandalroman, JA 2004, 548; *Will*, Referendarexamensklausur – Öffentliches Recht: Die städtische Kunstfreiheit, JuS 2004, 701.

Zur **Pressefreiheit** nachstehend **Fall 14**.

II. Zur Geltung der EMRK

810 Die Entscheidungen des EGMR in Sachen Caroline und des BVerfG in Sachen Görgülü werfen die Frage nach dem Verhältnis der Grundrechte der EMRK zu denen des Grundgesetzes und nach ihrer Bedeutung für die Rechtsanwendung auf.

1. Beachtlichkeit der EMRK

Die EMRK als völkerrechtlicher Vertrag gilt innerhalb der Rechtsordnung der Bundesrepublik an sich nur mit dem Rang eines einfachen Gesetzes. Ihre tatsächliche Bedeutung geht allerdings darüber hinaus. Die Gewährleistungen der EMRK werden unmittelbar zur Auslegung der Grundrechte des Grundgesetzes herangezogen. Die Entscheidungen des EGMR über die Auslegung der Grundrechte der EMRK sind von den Gerichten in Anwendung des innerstaatlichen Rechts zu berücksichtigen. Den konstruktiven Ansatz hierfür entwickelt BVerfGE 111, 307 (Sorgerechtsfall Görgülü).

2. Der methodische Ansatz: schonende Einpassung in methodisch vertretbarer Gesetzesauslegung

811 a) Die Grundrechte der EMRK haben den Rang eines einfachen Bundesgesetzes und sind von den Gerichten entsprechend ihrer Bindung an Recht und Gesetz

(Art. 20 III GG) heranzuziehen; dies im Rahmen „methodisch vertretbarer Gesetzesauslegung". Dabei haben die staatlichen Organe auch die Auswirkungen auf die nationale Rechtsordnung in ihre Rechtsanwendung einzubeziehen. Dies gilt insbesondere dann, wenn es sich bei dem einschlägigen nationalen Recht um ein ausbalanciertes Teilsystem des innerstaatlichen Rechts handelt, das verschiedene Grundrechtspositionen miteinander zum Ausgleich bringen will. Diese letztere Formulierung ist in besonderer Weise zugeschnitten nicht nur auf die familienrechtlichen Bestimmungen über Sorge- und Umgangsrechte, wo es um den Ausgleich unterschiedlicher Grundrechtspositionen der Beteiligten aus Art. 6 GG geht, sondern auch für das Äußerungsrecht des BGB und den dort vorzunehmenden Ausgleich zwischen Meinungsfreiheit und Persönlichkeitsrecht.

b) In der Grundrechtsprüfung bezeichnen die Garantien der EMRK keinen eigenständigen Prüfungspunkt. Sie sind innerhalb der Prüfung der thematisch einschlägigen Grundrechte des GG einzubeziehen, dies in der Weise, dass bei der Bewertung bzw. verfassungsrechtlichen Rechtfertigung eines Grundrechtseingriffs auch die Wertungen der EMRK zu berücksichtigen sind. In den Fällen der Kollision zwischen Persönlichkeitsrecht und Privatsphäre auf der einen, Meinungs- und Medienfreiheit auf der anderen Seite würde schonende Einpassung bedeuten, im Rahmen der Abwägung nach Art. 5 Abs. 2 GG auch die EMRK bzw. die Position des EGMR hierzu in die Wechselwirkungen zwischen Grundrecht und grundrechtsbeschränkendem Gesetz einzubeziehen,[26] nicht aber etwa bestimmte Teile der Presse von vornherein aus dem Schutzbereich des Art. 5 I 2 GG auszuklammern. **812**

3. Rügefähigkeit in der Verfassungsbeschwerde

Haben die staatlichen Organe dies unterlassen, oder haben sie die Bedeutung der Gewährleistungen der EMRK grundlegend verkannt, so kann dies einen Grundrechtsverstoß bedeuten. Dieser ist im Wege der Verfassungsbeschwerde auf das thematisch einschlägige Grundrecht des Grundgesetzes i.V.m. Art. 20 III GG zu stützen. **813**

---

26 So auch *Bölke/Gostomzyk* Jura 2005, 336, 338.

Fall 14

Pressedurchsuchung

Schwierigkeitsgrad: Examensklausur, 5 Std.

814 Die der militanten Tierschützerszene zugehörige „Liga für die Würde des Tieres", die bereits wiederholt durch spektakuläre, sich teils diesseits, teils jenseits der Grenzen der Legalität bewegende Protestaktionen gegen das Tragen von Pelzen, den Verzehr bestimmter Nahrungsmittel tierischen Ursprungs, gegen Tierversuche u.a.m. von sich reden gemacht hatte, veranstaltete im vorweihnachtlichen Trubel der ersten Dezemberwoche 2002 in der Fußgängerzone der Großstadt G im Land A eine Demonstration gegen das Tragen von Pelzen. Dabei erregten die insgesamt 15 Teilnehmer und Teilnehmerinnen der Demonstration Aufmerksamkeit vor allem dadurch, dass sie völlig nackt auftraten. Einige der Teilnehmer führten Sprühdosen mit sich, mit denen sie pelztragende Passanten und die Schaufenster von Pelzgeschäften besprühten.

Die Polizei löste die Versammlung auf, da sie nicht ordnungsgemäß angemeldet gewesen sei und zudem einen unfriedlichen Verlauf genommen habe. Auf die Feststellung der Personalien wurde angesichts der besonderen Umstände verzichtet. Daraufhin leitete die Staatsanwaltschaft ein Ermittlungsverfahren wegen Verstoßes gegen das Versammlungsgesetz, wegen Sachbeschädigung und wegen Verdachts des Landfriedensbruchs (§ 125 StGB) ein. Da die Polizei sich nicht in der Lage gesehen hatte, die Personalien der Versammlungsteilnehmer festzustellen, in der Montagsausgabe des in G erscheinenden „Abendblattes" aber Bilder von der Demonstration erschienen, forderte die Staatsanwaltschaft die beim Verlag des „Abendblattes" als Lokalreporterin angestellte Carla Columna (C) zur Herausgabe des Bildmaterials über die Demonstration auf.

Diese weigerte sich unter Berufung auf das „Berufsgeheimnis der Journalisten". Daraufhin ordnete auf Antrag der Staatsanwaltschaft G der Ermittlungsrichter beim Amtsgericht G die Beschlagnahme des Bildmaterials und die Durchsuchung der Redaktionsräume des Abendblattes sowie der Privatwohnung der Carla C an. Sowohl die Vertreter des Verlags als auch Carla C protestierten heftig und beriefen sich auf ihr journalistisches Zeugnisverweigerungsrecht nach § 53 I 1 Nr. 5 StPO, das sich nach § 53 I 2 StPO auch auf selbst erarbeitete Materialien und den Gegenstand berufsbezogener Wahrnehmungen erstrecke und auch einer Durchsuchung und Beschlagnahme entgegenstehe. Dies sei durch Gesetz vom 15.02.2002 ausdrücklich klargestellt worden. Hohnlächelnd präsentiert der Vertreter der Staatsanwaltschaft daraufhin das Bundesgesetzblatt vom 30.11.2002 und zeigt dort auf das „Gesetz zur Bekämpfung des Terrorismus und der organisierten Kriminalität", dessen Art. 3 – „Änderungen der Strafprozessordnung" folgende Nr. 3 enthält:

In § 53 Absatz 1 Satz 2 der Strafprozessordnung wird die Formulierung „sowie über den Inhalt selbst erarbeiteter Materialien und den Gegenstand berufsbezogener

Wahrnehmungen" ersetzt durch die Formulierung „nicht aber über den Inhalt selbst erarbeiteter Materialien und den Gegenstand berufsbezogener Wahrnehmungen".

Von den Protesten unbeeindruckt, durchsuchte die Polizei in Anwesenheit von Vertretern der Staatsanwaltschaft sowohl die Redaktionsräume des Verlags als auch die Privatwohnung der Carla C und beschlagnahmte umfangreiches Bildmaterial über die Demonstration.

Die von Carla C und dem Verlag eingelegten Beschwerden wurden vom Landgericht G zurückgewiesen. Nach dem eindeutigen Wortlaut der maßgeblichen Bestimmungen der StPO erstrecke sich ein Zeugnisverweigerungsrecht für Journalisten und damit auch ein Beschlagnahmeverbot nur auf das, was diesen von dritter Seite zugänglich gemacht worden sei, nicht aber auf deren eigenes Bildmaterial. Dies verstoße auch nicht gegen die Pressefreiheit, da das Interesse des Staates an wirksamer Strafverfolgung entgegenstehe. Dies sei die Rechtslage bis zum Änderungsgesetz vom 15.02.2002 gewesen. Die Erweiterung des Zeugnisverweigerungsrechts habe sich nicht bewährt und sei deshalb im Interesse wirksamer Strafverfolgung wieder rückgängig gemacht worden. Die Anordnung der Durchsuchung und Beschlagnahme sei im Übrigen gesetzeskonform und entspreche allen verfassungsrechtlichen Anforderungen.

Dies bestreiten die Betroffenen. Carla C erhebt form- und fristgerecht Verfassungsbeschwerde zum Bundesverfassungsgericht. Sie rügt Verletzung ihrer Grundrechte aus Art. 5 I und 13 GG. Der Verlag des Abendblattes, die Abendblatt Verlags GmbH, erhebt ebenfalls form- und fristgerecht Verfassungsbeschwerde zum Verfassungsgericht des Landes und beruft sich auf die Gewährleistungen der Pressefreiheit und der Unverletzlichkeit der Wohnung nach der Landesverfassung (Art. 5 I und Art. 13 LVerf).

Bearbeitervermerk: Die Erfolgsaussichten der Verfassungsbeschwerden sind gutachtlich zu erörtern. Es ist davon auszugehen, dass die Landesverfassung einen dem Grundgesetz in jeder Hinsicht identischen Grundrechtsteil enthält, dass ein Landesverfassungsgericht existiert, das für Verfassungsbeschwerden zuständig ist und dass die Bestimmungen des Bundesverfassungsgerichtsgesetzes entsprechende Anwendung finden.[1]

1 Im Examensfall handelte es sich um die SächsVerf und den SächsVerfGH.

Vorüberlegungen

815 Es handelt sich bei der vorstehenden – verhältnismäßig anspruchsvollen – Aufgabe um einen klassischen Grundrechtsfall, einen hoheitlichen Eingriff durch Einzelakt – die Durchsuchungsanordnung des Ermittlungsrichters gegen die Journalistin und den Verlag –, gegen den im Wege der Verfassungsbeschwerde vorgegangen wird. Die prozessuale Konstellation ist also die der Verfassungsbeschwerde gegen einen Einzelakt – bei dem es sich allerdings nicht um einen Verwaltungsakt, sondern um eine Gerichtsentscheidung handelt. Es sind jedoch von jeweils unterschiedlichen Beschwerdeführern zwei unterschiedliche Verfassungsbeschwerden eingelegt worden – zum einen zum Bundesverfassungsgericht, zum anderen zum Landesverfassungsgericht (der Fall kann insoweit in gleicher Weise in all denjenigen Bundesländern spielen, die die Individualverfassungsbeschwerde zum Landesverfassungsgericht kennen, also etwa in Bayern, in Hessen, in Thüringen, bedingt in Berlin und Brandenburg[2]). Mit der Verfassungsbeschwerde zum Landesverfassungsgericht wird die Problematik des Verhältnisses von Grundrechten des Grundgesetzes und der Landesverfassungen – Art. 142 GG – angesprochen, sowie die damit im Zusammenhang stehende Frage, ob bei der Anwendung von Bundesrecht – die Entscheidungen des Ermittlungsrichters wurden in Anwendung der StPO getroffen – die Grundrechte der Landesverfassung zu beachten sind. Die Problematik hat bekanntlich im Gefolge der umstrittenen Honnecker-Entscheidung des BerlVerfGH (NJW 1993, 515) kontroverse Diskussionen hervorgerufen und wurde nach einem Vorlagebeschluss des SächsVerfGH inzwischen von BVerfGE 96, 345 entschieden; näher: *Degenhart* Rn 860 ff.

816 Im prozessualen Teil der Arbeit sind die Bearbeiter auf strafprozessuale Grundkenntnisse angewiesen, um die Zulässigkeitsvoraussetzung der Rechtswegerschöpfung prüfen zu können.

Die materiellen Problemschwerpunkte der Aufgabe liegen ersichtlich in den Grundrechten, und zwar bei der Pressefreiheit des Art. 5 I 2 GG und dem Grundrecht auf Unverletzlichkeit der Wohnung, Art. 13 GG. Was das Grundrecht der Pressefreiheit betrifft, so muss den Bearbeitern bekannt sein, dass hierdurch die gesamte Tätigkeit der Presse geschützt ist, auch die Informationsbeschaffung und die Vertraulichkeit der Redaktionssphäre. Das den Bearbeitern wohl nicht geläufige Problem der Unterscheidung zwischen Mitteilungen Dritter und selbst recherchiertem Material wird jedoch im SV genannt. Dass bei Durchsuchungsaktionen das Grundrecht des Art. 13 GG eine entscheidende Rolle spielt, liegt auf der Hand. Die Frage, ob Geschäftsräume unter den Schutz des Art. 13 GG fallen, drängt sich hier auf.

817 Die vorstehende Aufgabe verlangt jedoch besondere Sorgfalt in Aufbau und Argumentation. Die Probleme sind im Sachverhalt nur knapp angedeutet. Immerhin werden die Bearbeiter darauf hingewiesen, dass hier Normen der StPO zur Anwendung kommen, dass einerseits diese Normen selbst, andererseits ihre Anwendung im Ein-

---

2 Hier kann VB zum LVerfG erhoben werden, soweit nicht VB zum BVerfG erhoben wird, Art. 6 II, 113 Nr. 4 BbgVerf, Art. 84 II Nr. 5 BerlVerf.

zelfall zur Erörterung stehen; ebenso werden die maßgeblichen Probleme des Art. 5 GG angesprochen. Auf dieser Grundlage müsste die Aufgabe bei normalen staatsrechtlichen Kenntnissen sowie gewissem strafprozessualem Grundwissen lösbar sein. Wichtig ist jedoch, zu beachten, dass es bei der Verfassungsbeschwerde um die Verletzung spezifischen Verfassungsrechts geht und nicht etwa darum, ob die einschlägigen Bestimmungen der StPO als einfaches Recht korrekt angewandt worden sind.

Zum Aufbau: Da bereits Verfassungsbeschwerden eingelegt sind, ist zunächst deren Zulässigkeit, dann deren Begründetheit zu prüfen. Dabei empfiehlt es sich, zuerst die Verfassungsbeschwerde zum BVerfG zu erörtern: deren Voraussetzungen sind ohne weiteres geläufig, für die Verfassungsbeschwerde zum Landesverfassungsgericht kann dann hierauf zurückgegriffen werden.

Gliederung 818

1. Teil: Verfassungsbeschwerde der C

A. Zulässigkeit der Verfassungsbeschwerde
- I. Beschwerdeführerin
- II. Beschwerdegegenstand: Beschluss Amtsgericht, Beschwerdeentscheidung, Vollzug
- III. Beschwerdebefugnis
  1. Grundrechtsverletzung: Art. 5 I 2 GG, Art. 13 GG möglich (+)
  2. Betroffensein: gegenwärtig – Vollzug? (+)
- IV. Rechtswegerschöpfung/Subsidiarität: § 310 II StPO
- V. Form und Frist

B. Begründetheit der Verfassungsbeschwerde
- I. Art. 5 I 2 GG
  1. Schutzbereich: „Presse“ iSv Art. 5 I 2 GG, Journalist (+)
  2. Eingriff: Redaktionsgeheimnis
  3. Verfassungsrechtliche Rechtfertigung
     - a) §§ 98, 102 ff. StPO, § 53 I 1 Nr. 5 StPO „allgemeine“ Gesetze iSv Art. 5 II GG, verhältnismäßig? Funktion der Presse – Strafrechtspflege
     - b) Anwendung der Schrankengesetze: „funktionstüchtige Strafrechtspflege“ – Tätigkeit der Presse, intensiver Eingriff
- II. Unverletzlichkeit der Wohnung, Art. 13 GG
  1. Schutzbereich
  2. Eingriff: Durchsuchung
  3. Verfassungsrechtliche Rechtfertigung
     - a) auf gesetzlicher Grundlage: StPO
     - b) Art. 13 II GG – Richtervorbehalt
  - c) Verhältnismäßigkeit – wie zu Art. 5 I 2 GG

C. Entscheidung des Bundesverfassungsgerichts

2. Teil: Verfassungsbeschwerde der Verlags GmbH

A. Zulässigkeit der Verfassungsbeschwerde

I. Beschwerdeführerin: Die Verlags-GmbH – Art. 19 III GG/LVerf
II. Beschwerdegegenstand
  1. Rechtsprechungsakt des Landes
  2. Anwendung von Bundesrecht?
III. Beschwerdebefugnis
IV. Rechtswegerschöpfung/Subsidiarität
V. Form und Frist

B. Begründetheit der Verfassungsbeschwerde

I. Pressefreiheit, Art. 5 I 2 LVerf
  1. Schutzbereich und Eingriff
  2. Verfassungsrechtliche Rechtfertigung
II. Unverletzlichkeit der Wohnung, Art. 13 LVerf
  1. Schutzbereich: Geschäftsräume? (+)
  2. Eingriff

C. Entscheidung des LVerfG

Musterlösung

1. Teil: Verfassungsbeschwerde der C

Da die C sich hier durch einen Hoheitsakt – die Durchsuchungs- und Beschlagnahmeaktion – in ihren Grundrechten verletzt sieht, ist die Verfassungsbeschwerde nach Art. 93 I Nr. 4 a GG geeigneter Rechtsbehelf. **819**

A. Zulässigkeit der Verfassungsbeschwerde

I. Beschwerdeführerin

C ist als natürliche Person grundrechtsfähig und deshalb beteiligtenfähig. Sie ist auch prozessfähig.[3] **820**

II. Beschwerdegegenstand

Die Verfassungsbeschwerde muss sich gegen einen geeigneten Beschwerdegegenstand richten, also gegen einen Akt öffentlicher Gewalt. Akte öffentlicher Gewalt sind hier der Beschluss des Amtsgerichts und die Beschwerdeentscheidung des Landgerichts als Rechtsprechungsakte, wie auch die tatsächliche Durchführung der Durchsuchung in Vollzug des gerichtlichen Beschlusses. Die Verfassungsbeschwerde richtet sich also gegen einen Akt sowohl der Judikative als auch der Exekutive. **821**

III. Beschwerdebefugnis

C als Beschwerdeführerin muss beschwerdebefugt sein. **822**

1. Sie muss plausibel geltend machen können, durch die angegriffenen Hoheitsakte in ihren Grundrechten verletzt zu sein. Da sie als Journalistin in ihrer Tätigkeit für die Presse betroffen ist, kommt jedenfalls eine Verletzung ihres Grundrechts der Pressefreiheit aus Art. 5 I 2 GG in Betracht. Da ihre Wohnung durchsucht wurde, ist auch eine Verletzung ihres Grundrechts aus Art. 13 GG jedenfalls nicht ausgeschlossen.

2. C müsste weiterhin durch die angegriffenen Hoheitsakte selbst, gegenwärtig und unmittelbar betroffen sein. Da die Beschlagnahmeanordnung durch das AG bzw. die Anordnung der Durchsuchung eine unmittelbare Grundrechtsbeeinträchtigung bewirkt, ist sie unmittelbar und als Adressatin der Maßnahmen auch selbst betroffen. Ob sie auch gegenwärtig betroffen ist, könnte fraglich sei, da die Maßnahmen bereits vollzogen sind. Sie wirken jedoch in der Beschlagnahmeanordnung noch fort. Auch gegenwärtiges Betroffensein der C ist deshalb zu bejahen.

3 *Wie stets brauchen derartige völlig unproblematische Feststellungen nicht im expliziten Gutachtenstil zu erfolgen.*

IV. Rechtswegerschöpfung/Subsidiarität

823 C müsste weiterhin gemäß § 90 II 1 BVerfGG den Rechtsweg gegen die angegriffenen Hoheitsakte ausgeschöpft haben[4]. Dies ist hier zu bejahen, da die C gegen den Beschluss des Ermittlungsrichters Beschwerde erhoben hat und wegen § 310 II StPO keine weitere Beschwerde statthaft ist. Eine etwa mögliche Verfassungsbeschwerde zum Landesverfassungsgericht ist kein anderweitiger Rechtsweg iSv § 90 II BVerfGG, da die Verfassungsgerichtsbarkeiten von Bund und Ländern selbstständig nebeneinander stehen.

V. Form und Frist

824 Laut Sachverhalt ist die Verfassungsbeschwerde form- und fristgerecht eingelegt worden.

Die Verfassungsbeschwerde der C ist also zulässig.

B. Begründetheit der Verfassungsbeschwerde

825 Die Verfassungsbeschwerde ist begründet, wenn die Beschwerdeführerin durch den angegriffenen Hoheitsakt in ihren Grundrechten verletzt ist.[5]

I. Art. 5 I 2 GG

C könnte in ihrem Grundrecht aus Art. 5 I 2 GG verletzt sein.

1. Schutzbereich

826 Voraussetzung hierfür ist zunächst, dass der Schutzbereich des Grundrechts berührt ist. Bei der Abendpost handelt es sich zweifelsfrei um „Presse" iSv Art. 5 I 2 GG,[6] damit ist also der sachliche Schutzbereich des Grundrechts betroffen. K ist als Bildreporterin auch Trägerin des Grundrechts der Pressefreiheit. Denn der Journalist ist im Außenverhältnis zum Staat[7] Träger des Grundrechts der Pressefreiheit: Grundrechtsberechtigt sind alle im Pressewesen tätigen Personen.[8]

---

4 Die Prüfung der Rechtswegerschöpfung nach § 90 II 1 BVerfGG darf keinesfalls unterbleiben, weil die Voraussetzungen des S. 2 – sofortige Entscheidung wegen schweren und unabwendbaren Nachteils – bejaht werden!

5 Von den im Einzelnen geltend gemachten Grundrechten ist hier an erster Stelle Pressefreiheit zu prüfen, da vorrangig betroffen. Hier muss Verf. insbesondere sorgfältig differenzieren zwischen Gesetz und Einzelakt und beide jeweils in ihrer Grundrechtskonformität erörtern. Zur Thematik s. insbes. BVerfGE 77, 65.

6 Presse: alle zur Verbreitung geeigneten und bestimmten Druckwerke, vgl. *Pieroth/Schlink* Rn 567.

7 Ob es im Innenverhältnis zum Verleger eine „innere Pressefreiheit" gibt, vgl. *Pieroth/Schlink* Rn 570, braucht hier nicht erörtert zu werden.

8 BVerfGE 20, 162 (175) – ob auch die Hilfsberufe der Presse – zB der Pressegrossist – in den Schutzbereich fallen, kann hier offen bleiben.

2. Eingriff

Ein Eingriff in das Grundrecht der C könnte hier darin liegen, dass die hoheitliche Gewalt des Staates Zugriff auf das Bildmaterial genommen hat, das sie im Rahmen ihrer Tätigkeit für die Presse angefertigt hat. Dies ist zu bejahen: Unter Art. 5 I 2 GG fällt die gesamte Tätigkeit der Presse von der Informationsbeschaffung bis zur Verbreitung, insbesondere auch der Schutz des Informationsmaterials der Presse gegenüber staatlichem Zugriff und der Schutz des Redaktionsgeheimnisses.[9] Nur hierdurch wird die Presse in die Lage versetzt, ihre Informationsaufgaben im Rahmen der freiheitlich-demokratischen Ordnung wahrzunehmen. Durchsuchung und Beschlagnahme sind also als Eingriff in das Grundrecht der C aus Art. 5 I 2 GG zu werten. **827**

3. Verfassungsrechtliche Rechtfertigung

Der Eingriff könnte jedoch nach Art. 5 II GG verfassungsrechtlich gerechtfertigt sein. Dies ist dann der Fall, wenn die hoheitliche Maßnahme auf eine verfassungsrechtliche Ermächtigungsgrundlage, also ein Gesetz zurückzuführen ist und wenn diese Ermächtigungsgrundlage auch in verfassungskonformer Weise angewandt worden ist. **828**

a) Die Grundrechte aus Art. 5 I GG finden ihre Schranken insbesondere in den allgemeinen Gesetzen nach Abs. 2. Derartige allgemeine Gesetze könnten hier die einschlägigen strafprozessualen Normen über die Beschlagnahme bzw. Durchsuchung sein, auf die der Ermittlungsrichter sich stützte, also §§ 98, 102 ff. StPO.[10] Diese Bestimmungen bewirken hier, dass die Presse der Beschlagnahme bzw. Durchsuchung unterliegt, soweit nicht das Zeugnisverweigerungsrecht nach § 53 I 1 Nr. 5 StPO greift. Dieses gilt aber nach der Neufassung des Gesetzes vom November 2002, wie aus dem Wortlaut des geänderten Satzes 2 deutlich wird, nur für Mitteilungen von Dritten, nicht also für eigenes Material des Journalisten. Die fraglichen Bestimmungen der StPO kommen also als Ermächtigungsgrundlage für den Eingriff in das Grundrecht der Pressefreiheit in Betracht. Sie müssten dann ihrerseits verfassungsmäßig sein. **829**

An ihrer formellen Verfassungsmäßigkeit bestehen hier keine Zweifel. Fraglich ist, ob, wie die C meint, die gesetzliche Regelung gegen das Grundrecht der Pressefreiheit verstößt, soweit sie kein Zeugnisverweigerungsrecht mehr begründet und demgemäß Durchsuchung und Beschlagnahme auch nicht ausgeschlossen sind. Die genannten Bestimmungen der StPO sind nur dann wirksame Grundrechtsschranken, wenn es sich bei ihnen um „allgemeine" Gesetze iSv Art. 5 II GG handelt. Allgemeinheit des Gesetzes setzt voraus[11], dass dieses sich weder gegen eine bestimmte Meinung als solche oder einen bestimmten Meinungsträger richtet und auch kein Sonderrecht gegen Presse enthält.[12] Die Verpflichtung, im Strafprozess als Zeuge **830**

---

9 BVerfGE 20, 162; 77, 65.

10 Lt. Sachverhalt ist hier von einer strafprozessualen, nicht von einer präventiv-polizeilichen Beschlagnahme auszugehen, die nach den Polizeigesetzen der Länder zu beurteilen wäre.

11 *Degenhart*, BonnK, Art. 5 I und II (1999) Rn 103; *Pieroth/Schlink* Rn 586 ff.

12 So die „Sonderrechtslehre", vgl. hierzu *Pieroth/Schlink* Rn 592.

auszusagen, ist aber eine allgemeine staatsbürgerliche Pflicht; strafprozessuale Zwangsmittel aber gelten gegenüber jedermann, enthalten also kein Sonderrecht gegen Presse – das Problem ist hier umgekehrt, ob die Presse hier Sonderrecht zu ihren Gunsten fordern kann.
Das Gesetz muss i.Ü. verhältnismäßig sein. Die Zielsetzung des Gesetzes muss im Rahmen einer Güterabwägung grundsätzlich geeignet sein, die mit den Gesetzen verbundene Grundrechtsbeeinträchtigung zu legitimieren.[13]

831 Zugunsten der Presse ist hier vor allem deren Funktion im Rahmen der freiheitlich-demokratischen Ordnung zu berücksichtigen, ihre Aufgabe, umfassend zu informieren und hierdurch zur freien Meinungsbildung beizutragen. Diese Tätigkeit der Presse wird deutlich erschwert, wenn staatliche Behörden, insbesondere die Staatsanwaltschaft auf redaktionelle Unterlagen, auf Informationsmaterial, insbesondere auch auf Bildmaterial zugreifen. Denn die Presse ist, um Informationen gewinnen zu können, darauf angewiesen, dass derartige Unterlagen vertraulich bleiben. Ihre Berichterstattung von Ereignissen wie dem vorliegenden wird erschwert, wenn eine Beschlagnahme zu befürchten ist, die Presse könnte dann zB nicht ungehindert fotografieren.

832 Andererseits können derartige Unterlagen von erheblicher Bedeutung für die Wahrheitsfindung im Strafprozess sein, für eine „funktionstüchtige Strafrechtspflege" als rechtsstaatliches Erfordernis[14]. Auch wird die Arbeit der Presse nicht übermäßig erschwert, wenn sie den allg. staatsbürgerlichen Zeugnispflichten unterliegt. Dass der Gesetzgeber grundsätzlich unterscheidet zwischen Mitteilungen, die die Presse von Dritten erhält, und eigenem Material, ist deshalb gerechtfertigt, weil in ersterem Fall der Informantenschutz eine besondere Rolle spielt.

Bei Abwägung dieser Gesichtspunkte sind die einschlägigen Bestimmungen der StPO als noch verfassungsgemäß zu werten. Sie beschränken die Pressefreiheit jedenfalls deshalb nicht unverhältnismäßig, weil im Einzelfall eine verfassungskonforme Anwendung unter Berücksichtigung auch der Pressefreiheit nicht ausgeschlossen ist.[15] Dies ist hier der Fall: strafprozessuale Zwangsmaßnahmen stehen unter dem Gebot der Verhältnismäßigkeit; hierbei sind auch die Wertungen der Grundrechte zu berücksichtigen.

---

13 ZT werden im Rahmen der Allgemeinheit des Gesetzes das formale Kriterium des Sonderrechts und das materielle Kriterium der Verhältnismäßigkeit zusammengezogen und auch Letzteres als Voraussetzung für die Allgemeinheit des Gesetzes eingeordnet. Dies ist durchaus zulässig – in der Sache werden Sonderrechtslehre und Verhältnismäßigkeitslehre kombiniert, das Schrankengesetz darf kein Sonderrecht enthalten und muss verhältnismäßig sein – ob Verhältnismäßigkeit als zusätzliche Voraussetzung für die Allgemeinheit des Gesetzes gesehen wird, oder aber als weitere, selbständige Voraussetzung für die Verfassungsmäßigkeit des allgemeinen Gesetzes, ist im Ergebnis unerheblich. Der Verf. muss jedoch sehen, dass es zunächst um die Verfassungsmäßigkeit des Gesetzes als Grundrechtsschranke geht und hierbei noch nicht auf den konkreten Einzelfall abzustellen ist.

14 So BVerfGE 77, 65 – das BVerfG greift in derartigen Zusammenhängen meist auf das Argumentationstopos der „funktionstüchtigen Strafrechtspflege" zurück.

15 Insbesondere dann, wenn ein Gesetz die Möglichkeit offen lässt, bei seiner Anwendung im Einzelfall den Grundrechten Rechnung zu tragen.

b) Nicht nur das Schrankengesetz muss verfassungsmäßig sein. Auch die mit der Anwendung der Schrankengesetze befassten Stellen – hier also die Strafverfolgungsbehörden und die Gerichte – müssen hierbei der Bedeutung des Grundrechts Rechnung getragen haben.[16] Da Zeugniszwang, Beschlagnahme und Durchsuchung – wie generell die Anordnung strafprozessualer Zwangsmittel – unter dem Vorbehalt der Verhältnismäßigkeit stehen, ist hierbei der Bedeutung der Pressefreiheit auch in den Fällen Rechnung zu tragen, die von § 53 I 1 Nr. 5 StPO nicht erfasst sind. Dies bedeutet das Erfordernis einer Abwägung zwischen Strafverfolgungsinteressen einerseits und Bedeutung der Pressefreiheit im konkreten Einzelfall andererseits.[17] Denn einerseits unterliegt die Pressefreiheit der Schranke der allgemeinen Gesetze, andererseits muss hierbei wiederum der Bedeutung der Pressefreiheit Rechnung getragen werden. **833**

Es ging hier den Strafverfolgungsbehörden und dem Gericht darum, die Strafverfolgung wegen eines Verstoßes gegen das VersG zu ermöglichen. Straftatbestand ist § 26 Nr. 2 VersG: strafbar ist, wer als Veranstalter oder Leiter eine öffentliche Versammlung ohne Anmeldung durchführt. Der Tatbestand war hier jedenfalls für den Veranstalter der Demonstration erfüllt, da lt. Sachverhalt die Anmeldepflicht verletzt worden war; diese ist auch grundsätzlich als verfassungsmäßig im Hinblick auf Art. 8 GG zu betrachten. Möglicherweise wurde auch gegen § 27 II Nr. 2 VersG verstoßen. Die Bestimmung enthält zwar das sog. „Vermummungsverbot" und hier handelte es sich an sich um das Gegenteil von Vermummung, aber doch ebenfalls um eine wohl tatbestandliche Erschwerung der Identitätsfeststellung. Auch lag Sachbeschädigung vor, § 303 StGB,[18] während der Tatbestand des § 125 StGB wohl zu verneinen ist. Es muss mit der Verfolgung dieser Straftaten ein legitimes Eingriffsziel verfolgt worden sein. Das rechtsstaatliche Interesse an „funktionstüchtiger Strafrechtspflege" kommt hier zur Geltung, wenngleich die Straftaten, um die es hier ging, in ihrem Gewicht eher gering einzustufen sind. **834**

Dem ist das Grundrecht der Pressefreiheit gegenüberzustellen. Die Tätigkeit der Presse wird erheblich erschwert, wenn ein Zugriff auch auf eigenes Bildmaterial der Journalisten durch die Strafverfolgungsbehörden erfolgt. Angesichts des Umfangs der Maßnahmen lag hier auch ein intensiver Eingriff vor. **835**

In der Abwägung erscheint zunächst zweifelhaft, ob die fraglichen Maßnahmen überhaupt erforderlich waren. Die Polizei hätte auch angesichts der besonderen Umstände die Personalien feststellen können. Zweifelhaft könnte ferner sein, ob angesichts des Umfangs der Durchsuchung und Beschlagnahme die Maßnahmen in der Durchführung auf das Maß des Erforderlichen begrenzt blieben. Schließlich handelt es sich um Straftaten von eher geringerer Schwere. In Abwägung all dieser Umstän-

---

16 Entspr. BVerfGE 7, 198 – st. Rspr.

17 Hier ist eine plausible Abwägung im Einzelfall vorzunehmen; erforderlich ist eine substantiierte Argumentation, die etwa das Gewicht staatl. Strafverfolgungsinteressen verfassungsrechtlich bewertet und der Bedeutung der Pressefreiheit im Einzelfall gegenüberstellt.

18 Dies kann hier nur kurz angedeutet werden.

de wurde hier die Bedeutung des Grundrechts der Pressefreiheit nicht hinreichend berücksichtigt.[19]

Die C ist also in ihrem Grundrecht aus Art. 5 I 2 GG verletzt.

II. Unverletzlichkeit der Wohnung, Art. 13 GG

836 Sie könnte weiterhin in ihrem Grundrecht auf Unverletzlichkeit der Wohnung, Art. 13 GG, verletzt sein.

1. Schutzbereich

837 Der Schutzbereich des Grundrechts ist hier berührt, da in die Privatwohnung der C eingedrungen wurde. Art. 13 GG ist hier neben Art. 5 GG anwendbar, da es in einem Fall um Schutz der Privatsphäre geht, im anderen um pressemäßige Betätigung.

2. Eingriff

838 Ein Eingriff in das Grundrecht der C aus Art. 13 GG liegt hier darin, dass staatliche Organe gegen ihren Willen in ihre Wohnung eingedrungen sind. Dabei könnte es sich um eine **Durchsuchung** iSv Art. 13 II GG handeln[20] – lt. Sachverhalt wurde die Wohnung „durchsucht". Um eine Durchsuchung iSd Art. 13 II GG handelte es sich hierbei dann, wenn ziel- und zweckgerichtet etwas gesucht wurde.[21] Dies war bei der Beschwerdeführerin der Fall. Ihre Wohnung wurde nach Bildmaterial durchsucht, mit dem Ziel einer Beschlagnahme. Damit aber liegt ein Fall des Art. 13 II GG vor.

3. Verfassungsrechtliche Rechtfertigung

Hierfür bestehen qualifizierte Eingriffsvoraussetzungen.

839 a) Die Durchsuchung muss **auf gesetzlicher Grundlage** beruhen; eine solche Grundlage ist hier in den bereits genannten Bestimmungen der StPO vorhanden. Von der Verfassungsmäßigkeit dieser Vorschriften ist auch im Hinblick auf Art. 13 GG auszugehen. Das Interesse an funktionstüchtiger Strafrechtspflege rechtfertigt grundsätzlich auch Wohnungsdurchsuchungen; dem Grundsatz der Verhältnismäßigkeit ist bei der Anwendung des Gesetzes Rechnung zu tragen.

840 b) Es besteht nach Art. 13 II ein **Richtervorbehalt**. Dieser ist hier lt. Sachverhalt gewahrt.

841 c) Die Durchsuchung als intensiver Grundrechtseingriff muss **verhältnismäßig** sein. Sie muss einen legitimen Zweck verfolgen. Dies ist der Fall. Das Strafverfol-

---

19 A.A. vertretb.

20 Die verfassungsrechtlichen Voraussetzungen für die Rechtfertigung des Eingriffs richten sich danach, ob hier eine Durchsuchung iSv Art. 13 II GG, eine technische Überwachung iSv Abs. 3–6 oder eine sonstige Maßnahme nach Abs. 7 erfolgte – daher ist an dieser Stelle die Qualifikation des Eingriffs vorzunehmen.

21 *Pieroth/Schlink* Rn 878.

gungsinteresse der Behörden war hier im Grundsatz legitim. Die Durchsuchung war auch geeignet, d.h. hier erfolgversprechend im Hinblick auf geeignete Beweismittel. Sie muss weiterhin zur Ermittlung und Verfolgung erforderlich gewesen sein. Dies könnte hier fraglich sein, da die Polizei eigene Feststellungen unterlassen hat; anderseits waren diese im Zeitpunkt ihres Handelns nicht gleichermaßen erfolgversprechend. Schließlich muss der Eingriff angemessen, also verhältnismäßig im engeren Sinn gewesen sein. Dies bedeutet hier, dass die Durchsuchung in einem angemessenen Verhältnis zur Schwere der Straftat und der Intensität des Tatverdachts stehen muss. Hier gilt im Rahmen des Art. 13 GG nichts anderes als für Art. 5 GG.

Die C ist also in ihrem Grundrecht aus Art. 13 GG verletzt.

C. Entscheidung des Bundesverfassungsgerichts

Die Verfassungsbeschwerde der C ist begründet. Das Bundesverfassungsgericht **842**
wird gemäß § 95 II BVerfGG die angegriffene Entscheidung aufheben und die Sache zurückverweisen.

2. Teil: Verfassungsbeschwerde der Verlags GmbH

A. Zulässigkeit der Verfassungsbeschwerde

I. Beschwerdeführerin

Die Verlags-GmbH ist dann beschwerdefähig (beteiligtenfähig), wenn sie grund- **843**
rechtsfähig ist. Dies könnte fraglich sein im Hinblick darauf, dass es sich bei ihr um eine juristische Person handelt. Juristische Personen des Privatrechts sind jedoch nach Art. 19 III GG und damit auch nach der entsprechenden Bestimmung der Landesverfassung[22] grundrechtsfähig, soweit die Grundrechte ihrem Wesen nach auf sie anwendbar sind. Für die Pressefreiheit des Art. 5 I 2 GG wie der entsprechenden Bestimmung der LVerf ist dies zu bejahen: eine juristische Person kann Herausgeber von Presse sein – gerade die Herausgabe von Presseerzeugnissen ist auf arbeitsteiligen Verbund im organisatorischen Gefüge einer juristischen Person angelegt. Die GmbH ist jedoch nicht selbst prozessfähig, sondern muss durch ihren gesetzl. Vertreter vertreten sein.

II. Beschwerdegegenstand

1. Rechtsprechungsakt des Landes

Beschwerdegegenstand der Landesverfassungsbeschwerde kann nur ein Akt der öf- **844**
fentlichen Gewalt des Landes sein. Derartige Hoheitsakte liegen hier vor. Es geht um Maßnahmen der Strafverfolgungsbehörden des Landes und um gerichtliche Entscheidungen des AG und des LG. Dies sind Gerichte des Landes, – Gerichte des

22 In der sächsischen Originalfassung der Klausur: Art. 37 III SächsVerf.

Bundes sind nur die in Art. 95, 96 GG genannten Gerichte. Die Landesverfassungsbeschwerde wäre nur dann unzulässig, wenn die Entscheidungen der Landesgerichte durch ein Gericht des Bundes im Rahmen eines Rechtsmittelverfahrens bestätigt worden wären. Hier aber war das LG gemäß § 310 II StPO letztinstanzlich zuständig. Es liegt also ein geeigneter Beschwerdegegenstand vor.

2. Anwendung von Bundesrecht?

845 Die Landesverfassungsbeschwerde könnte aber möglicherweise deshalb unzulässig sein, weil die angegriffenen Entscheidungen auf der Anwendung von Bundesrecht – der einschlägigen Bestimmungen der StPO – beruhen. Die staatlichen Organe eines Landes müssten auch dann zur Beachtung der Grundrechte der Landesverfassung verpflichtet sein, wenn sie Bundesrecht anwenden. Dies wird nicht schon durch Art. 31 GG ausgeschlossen. Denn es geht hier nicht um einen Widerspruch zwischen Bundes- und Landesrecht, bei dem die Kollisionsregel des Art. 31 GG eingreifen könnte. Es geht vielmehr um die Frage, ob staatliche Organe neben den Grundrechten des Grundgesetzes auch gleich lautende Grundrechte der Landesverfassung zu beachten haben, wenn sie Bundesrecht anwenden und die anzuwendenden Normen Entscheidungsspielräume belassen für die Verwirklichung der Grundrechte. Aus Art. 142 GG folgt zunächst, dass Grundrechte der Landesverfassung neben den Grundrechten des Grundgesetzes jedenfalls dann anwendbar sind, wenn sie mit diesen übereinstimmen. Dann aber müssen staatliche Organe eines Landes, wenn das Bundesrecht, das sie anwenden, ihnen hierfür Spielräume eröffnet, auch die Grundrechte der Landesverfassung beachten. Denn sie sind auch an die Landesverfassung gebunden. Bei der Gestaltung des gerichtlichen Verfahrens hat das Gericht im Rahmen seines verfahrensleitenden Ermessens jedenfalls die Prozessgrundrechte zu beachten; bei der Anordnung einer Durchsuchungsaktion ist der Ermittlungsrichter an die hierdurch berührten Grundrechte gebunden. Voraussetzung ist, dass Bundes- und Landesgrundrechte insoweit inhaltsgleich sind, ihre Anwendung also nicht zu unterschiedlichen Ergebnissen führt.[23] Die Grundrechte der Unverletzlichkeit der Wohnung und der Pressefreiheit sind im Grundgesetz und in der LVerf lt. Sachverhalt inhaltsgleich gewährleistet. Deshalb kann hier die Anwendung der StPO durch die Gerichte des Landes vom Landesverfassungsgericht daraufhin überprüft werden, ob die mit den Grundrechten des Grundgesetzes inhaltsgleichen Grundrechte der Landesverfassung gewahrt sind. Die Verfassungsbeschwerde ist insoweit zulässig.[24]

23 BVerfGE 96, 345.

24 Nach BVerfG aaO handelt es sich hier um eine Frage der Zulässigkeit – systematisch vertretb. wäre es jedoch auch, die Problematik zu Beginn der Begründetheitsprüfung als Frage der dem Landesverfassungsgericht zur Verfügung stehenden Prüfungsmaßstäbe zu erörtern.

III. Beschwerdebefugnis

Der Verlag müsste beschwerdebefugt sein.

Der Verlag muss plausibel geltend machen können, in seinen Grundrechten verletzt zu sein. Hier ist jedenfalls das Grundrecht der Pressefreiheit nach der Art. 5 I 2 GG entsprechenden Bestimmung der LVerf[25] in Betracht zu ziehen, da auch ein Verlag, der ein Presseerzeugnis herausgibt, sich hierfür auf das Grundrecht der Pressefreiheit berufen kann. Auch eine Verletzung des Grundrechts der Unverletzlichkeit der Wohnung wird hier hinreichend plausibel geltend gemacht. Denn es erscheint nicht ausgeschlossen, die Verlagsräume als grundrechtlich geschützte Wohnung zu werten. Der Verlag ist auch selbst, unmittelbar und gegenwärtig betroffen; hierfür gilt nichts anderes, als für die Verfassungsbeschwerde der C. **846**

IV. Rechtswegerschöpfung/Subsidiarität

Wie für die C, ist auch für den Verlag die Rechtswegerschöpfung zu bejahen, da wg. § 310 II StPO keine weitere Beschwerde statthaft ist. Die Möglichkeit einer Verfassungsbeschwerde zum Bundesverfassungsgericht ist kein anderweitiger Rechtsweg. **847**

V. Form und Frist

Formerfordernisse und die Beschwerdefrist sind lt. Sachverhalt gewahrt. **848**

Die Verfassungsbeschwerde ist zulässig.

B. Begründetheit der Verfassungsbeschwerde

I. Pressefreiheit, Art. 5 I 2 LVerf

1. Schutzbereich und Eingriff

Der Verlag ist, wie schon zur Zulässigkeit ausgeführt wurde, Träger des Grundrechts der Pressefreiheit. Er fällt also subjektiv in den Schutzbereich des Grundrechts der Pressefreiheit. Auch sachlich müsste der Schutzbereich des Grundrechts durch die Durchsuchungs- und Beschlagnahmeaktion berührt sein. Das Grundrecht der Pressefreiheit schützt die gesamte Tätigkeit der Presse. Es schützt insbesondere auch deren redaktionelle Arbeit. Geschützt sind auch die redaktionelle Sphäre und die Vertraulichkeit der redaktionellen Arbeit.[26] Damit ist der Schutzbereich des Grundrechts berührt; die Durchsuchungsaktion bedeutet einen Eingriff in den Schutzbereich. **849**

2. Verfassungsrechtliche Rechtfertigung

Dieser Eingriff beruht auf Bestimmungen der StPO als Schranke iSd Art. 5 II GG entsprechenden Bestimmung der LVerf. Als Bundesrecht können diese vom Landes- **850**

---

25 Art. 20 I 2 SächsVerf.
26 BVerfGE 66, 116 (134 f.).

verfassungsgericht nicht auf ihre Verfassungsmäßigkeit überprüft werden, da der Bundesgesetzgeber nicht an die Grundrechte der Landesverfassung gebunden ist. Das Landesverfassungsgericht kann jedoch, wie bei der Zulässigkeitsprüfung ausgeführt wurde, überprüfen, ob bei Anwendung dieser Bestimmungen das mit Art. 5 I 2 GG gleich lautende Grundrecht der Landesverfassung im Rahmen der von den Strafverfolgungsbehörden und vom Gericht vorzunehmenden Einzelfallabwägung beachtet wurde. Hierfür gilt das, was schon für die C ausgeführt wurde: da es sich hier um Straftaten von geringerem Gewicht handelte, der Eingriff in die Vertraulichkeit der Pressearbeit aber von erheblicher Intensität war, wurde hier gegen das Grundrecht der Pressefreiheit verstoßen.

Die Verlags-GmbH ist also in ihrem Grundrecht der Pressefreiheit verletzt.

II. Unverletzlichkeit der Wohnung, Art. 13 LVerf

1. Schutzbereich

851 In der Durchsuchung der Redaktionsräume könnte ein Eingriff in das Grundrecht auf Unverletzlichkeit der Wohnung liegen. Dann müsste es sich hierbei um eine „Wohnung" iSd Art. 13 GG und der entsprechenden landesverfassungsrechtlichen Bestimmung handeln. Dagegen könnte sprechen, dass es sich hier um Geschäftsräume handelt. Doch geht es bei Art. 13 GG darum, dem Einzelnen einen ungestörten Raum der Privatheit zu gewährleisten, als räumlicher Schutzbereich für seine persönliche Entfaltung. Hierfür ist die berufliche Betätigung nicht weniger bedeutsam, als das Dasein in der Privatwohnung. Daher sind auch Betriebs- und Geschäftsräume in den Schutzbereich des Grundrechts einzubeziehen[27]; dies jedenfalls dann, wenn sie, wie hier, der Öffentlichkeit nicht ohne weiteres zugänglich sind.[28]

Gegenüber dem Grundrecht auf Unverletzlichkeit der Wohnung könnte allerdings das Grundrecht der Pressefreiheit als die speziellere Norm vorgehen, stellt man hier auf den Schutz der redaktionellen Sphäre ab. Doch geht es im einen Fall um die pressespezifische Tätigkeit, im anderen Fall um das Eindringen in private Räume – insoweit sind beide Grundrechte selbstständig nebeneinander anwendbar; auch normiert Art. 13 GG durch seinen Richtervorbehalt spezielle Eingriffsvoraussetzungen.

2. Eingriff

852 In der Durchsuchungsaktion liegt ein Eingriff in der qualifizierten Form der Durchsuchung. Für die verfassungsrechtliche Rechtfertigung des Eingriffs sind wiederum qualifizierte Voraussetzungen zu beachten, insbesondere ein Richtervorbehalt. Hierfür, wie auch für die Bestimmungen der StPO als gesetzliche Grundlage und die Verhältnismäßigkeit der Maßnahme ist auf die entsprechenden Ausführungen zur Verfassungsbeschwerde der C zu verweisen.

---

27 BVerfGE 76, 83 (88); *Pieroth/Schlink* Rn 876 – dieser Zusammenhang mit der personalen Schutzfunktion der Grundrechte ist kennzeichnend für die Grundrechtsinterpretation durch das BVerfG; s. jetzt BVerfGE 109, 279 (309 ff.).

28 A.A. vertretb.

Die Verlags-GmbH ist also in ihren Grundrechten verletzt. Die Verfassungsbeschwerde der Verlags-GmbH ist begründet.

C. Entscheidung des LVerfG

Das Landesverfassungsgericht wird analog § 95 II BVerfGG die angegriffene Entscheidung aufheben und die Sache zurückverweisen. **853**

Repetitorium

I. Pressefreiheit

1. Schutzbereich und Eingriff

Das Grundrecht der Pressefreiheit schützt die gesamte Tätigkeit der Presse, von der Informationsbeschaffung über die redaktionelle Arbeit bis zur Verbreitung. Geschützt ist daher auch die redaktionelle Sphäre (Musterlösung Rn 849), geschützt sind die Vertrauensbeziehungen zwischen Journalist und Informant (Rn 827). Entsprechend weit ist auch der personelle Schutzbereich zu ziehen: grundsätzlich kann sich jeder, der an der Entstehung des Produkts „Presse" beteiligt ist, auf das Grundrecht der Pressefreiheit berufen. **854**

Die Abgrenzung zur Meinungsfreiheit des Art. 5 I 1 GG bereitete im vorstehenden Fall keine Schwierigkeiten. Informationsbeschaffung, Redaktionsgeheimnis und Informantenschutz zählen zu den notwendigen Rahmenbedingungen einer freien Presse; einschlägig ist also die Pressefreiheit des Art. 5 I 2 GG (bzw. die Rundfunkfreiheit).

Deshalb bedeutet zB ein Gesetz, das die unbemerkte Herstellung von Bildaufnahmen unter Eindringen in die Privatsphäre pönalisiert (§ 201a StGB), eine Beschränkung der Pressefreiheit. Die Pressefreiheit ist auch einschlägig, wenn der Presseverlag verurteilt wird, eine Gegendarstellung aufzunehmen: betroffen ist hier die Gestaltungsfreiheit des Verlegers (die der Programmfreiheit des Rundfunks entspricht). Schließlich kann die Meinungsfreiheit im Rahmen der Pressefreiheit zum Tragen kommen: Soweit Meinungsäußerungen Dritter in einem Presseorgan veröffentlicht werden, schließt die Pressefreiheit den Schutz dieser Äußerungen mit ein. Ist also die Äußerung in der Person dieses Dritten als Meinungsäußerung geschützt, so greift für die Presse in gleicher Weise der Schutz der Pressefreiheit. *„Einem Presseorgan darf die Veröffentlichung einer fremden Meinungsäußerung nicht verboten werden, wenn dem Meinungsträger selbst ihre Äußerung und Verbreitung zu gestatten ist".*[29] In ähnlicher Weise ist die in einer Ver-

29 BVerfGE 102, 347 (359).

sammlung vorgebrachte Meinungsäußerung im Rahmen des Art. 8 GG geschützt (nachstehend Fall 15). Zur Abgrenzung von Presse- und **Informationsfreiheit** s. jetzt BVerfGE 103, 44: soweit sich die Presse aus allgemein zugänglichen Quellen unterrichtet, kommt die Informationsfreiheit des Art. 5 I 1 zur Anwendung.

2. Rechtfertigungsebene

855 **Allgemeine Gesetze:** Für die Pressefreiheit des Art. 5 I 2 GG ist der Begriff dahingehend zu konkretisieren, dass es sich nicht um „Sonderrecht gegen Presse" handeln darf. Vielmehr muss das Gesetz dem Schutz eines „schlechthin schutzwürdigen" Rechtsguts dienen (Lüth-Urteil, BVerfGE 7, 198, näher Pieroth/Schlink Rn 586 ff.). Die Frage der Verhältnismäßigkeit sollte, ausgehend von der Sonderrechtslehre, nicht als Frage der Allgemeinheit des Gesetzes aufgefasst werden, sondern in einem gesonderten Prüfungspunkt als Voraussetzung für die materielle Verfassungskonformität des Gesetzes behandelt werden.

Auf den Theorienstreit: Abwägungslehre – Sonderrechtslehre ist in der Klausur jedoch in aller Regel nicht einzugehen.

Wechselwirkung: Im Rahmen der Abwägung kann auf bestimmte spezifische, typische und regelmäßig wiederkehrende Argumentationsmuster zurückgegriffen werden: Zugunsten der Presse ist hier vor allem deren Funktion im Rahmen der freiheitlich-demokratischen Ordnung zu berücksichtigen, ihre Aufgabe, umfassend zu informieren und hierdurch zur freien Meinungsbildung beizutragen. – Dies gilt für jede Art von Presse, vgl. dazu den vorhergehenden **Fall 13** und BVerfGE 101, 361 – die Rspr. des EGMR zwingt keineswegs dazu, den Schutzbereich hier enger zu bestimmen, ist jedoch in die Abwägung mit einzubeziehen.

856 Für die **Rundfunkfreiheit** des Art. 5 I 2 GG gelten die gleichen Grundsätze. Die Besonderheiten in der Grundrechtsinterpretation, die das BVerfG für die Rundfunkfreiheit zugrundelegt, betreffen die Organisation des Rundfunks, die Ausgestaltung der Rundfunkordnung (Rn 130 ff.). Dem einzelnen Rundfunkveranstalter gibt die Rundfunkfreiheit des Art. 5 I 2 GG ebenso ein Abwehrrecht gegen Eingriffe, wie dies im Schutzbereich der Pressefreiheit der Fall ist. Dies gilt für das Redaktionsgeheimnis, den Informantenschutz. Der vorstehende Fall wäre nicht anders zu entscheiden gewesen, wenn die Durchsuchung sich gegen einen Rundfunkjournalisten und einen Rundfunkveranstalter gerichtet hätte – sei es die private KrachTV aus **Fall 1**, sei es eine öffentlich-rechtliche Anstalt.

Zur Wiederholung: *Pieroth/Schlink* Rn 567–572, 585–606.

Aus der Ausbildungsliteratur: *Kunig,* Die Pressefreiheit, Jura 1995, 589; *Gornig*, Zur Polizeifestigkeit der Pressefreiheit, JuS 1999, 1167.

Aktuelle Rechtsprechung: BVerfGE 103, 44 (Gerichtsöffentlichkeit); BVerfGE 102, 347 und 107, 275 (Benetton I und II); BVerfGE 107, 299 (Telefonverbindungsdaten).

Weitere Fälle im thematischen Zusammenhang: *Helbig,* Lauschangriff auf die Presse, Jura 2000, 255.

II. Unverletzlichkeit der Wohnung, Art. 13 GG

Bedeutung und Tragweite des Grundrechts aus Art. 13 GG wurden durch das U. des BVerfG vom 03.03.2004 zum „großen Lauschangriff" grundsätzlich geklärt. **857**

Art. 13 I GG erscheint hiernach als besondere Ausprägung des Persönlichkeitsrechts und „verbürgt dem Einzelnen einen elementaren Lebensraum und gewährleistet das Recht, in ihm in Ruhe gelassen zu werden. Art.13 Abs.1 GG schützt die räumliche Privatsphäre ..." – dies auch vor einer Überwachung der Wohnung durch technische Hilfsmittel von außerhalb. Entsprechend dieser grundrechtssystematischen Zuordnung bedeutet die Überwachung gegenüber zufällig in einer Wohnung Anwesenden einen Eingriff in deren allgemeines Persönlichkeitsrecht aus Art.2 I i.V.m. Art.1 I GG. Der persönlichkeitsrechtlichen Ableitung entspricht auch die Anerkennung eines unmittelbar durch die Menschenwürde des Art. 1 I GG unantastbaren Kernbereichs.[30] Dieser aber ist wiederum nicht absolut: nur jene Verhaltensweisen, die ihrerseits dem Kernbereich privater Lebensgestaltung zuzurechnen sind, sind auch gegenüber Maßnahmen nach Art. 13 II, III GG absolut eingriffsgeschützt und demgemäß „abwägungsresistent".

Dazu gehören auch „Gefühlsäußerungen, Äußerungen des unbewussten Erlebens sowie Ausdrucksformen der Sexualität". Konkret bedeutet dies: die Wohnung darf „belauscht" werden, wenn Anhaltspunkte gegeben sind, dass dort erhebliche Straftaten verabredet werden – wendet sich das Gespräch aber höchstpersönlichen Dingen zu, werden die Belauschten gar intim, ist die Überwachung abzubrechen. Entsprechend restriktiv ist die Ermächtigung des Art. 13 III GG zu deuten; das Ausführungsgesetz hatte diesen Rahmen nicht gewahrt. Ein Sondervotum zu BVerfGE 109, 279 sah allerdings die Grenzen des Art. 79 III GG überschritten.

Häufigste und typische Fallkonstellation zu Art. 13 GG ist allerdings die der Durchsuchungsaktion, wie sie auch hier zugrundeliegt. Bei der Grundrechtsprüfung ist insbesondere zu beachten, dass je nach Art des Eingriffs unterschiedliche Anforderungen an die verfassungsrechtliche Rechtfertigung gelten. **858**

Zu den Standardproblemen im Grundrechtstatbestand zählt der Schutz der Geschäftsräume, dazu s. den vorstehenden Fall. Damit im Zusammenhang steht die Behandlung der sog. behördlichen „**Nachschau**" – darunter versteht man das Betreten (meist) von Geschäfts- und Betriebsräumen zur Kontrolle der Einhaltung gesetzlicher Vorschriften (zB das Betreten der Küchen- und Vorratsräume nach § 22 II GastG, um „nachzuschauen", ob die einschlägigen lebensmittelrechtlichen Vorschriften eingehalten sind). Die Voraussetzungen des Art. 13 VII GG sind in diesen Fällen meist nicht gegeben. BVerfGE 32, 54 nahm an, der Grundgesetzgeber – historische Interpretation! – habe diese traditionellen Nachschaurechte nicht beseitigen wollen; sie werden deshalb nicht als Eingriff in den Schutzbereich gewertet (ausführlich dazu: *Ennuschat*, AöR 127 [2002], 252).

30 BVerfGE 109, 279 (309 ff.).

Die zunehmend in die Polizeigesetze der Länder Eingang findende Befugnis zur **Wohnungswegweisung bei häuslicher Gewalt** dürfte als Eingriff in den Schutzbereich des Art. 13 GG zu bewerten sein, vgl. dazu *Storr*, ThürVBl 2005, 97, 99; *Wuttke*, JuS 2005, 779 behandelt sie unter dem Aspekt des Art. 11 GG.

Auf der **Rechtfertigungsebene** wird in der neuesten Rspr. der Richtervorbehalt ernster genommen, als dies in der Vergangenheit in der Praxis der Fall war – dass „Gefahr im Verzug" vorliegt, muss mit konkreten Tatsachen begründet werden (BVerfGE 103, 142).

Durchsuchungen zählen schließlich zu jenen Grundrechtseingriffen, die sich typischerweise erledigen können, ehe es zu gerichtlicher Überprüfung kommt; deshalb ist gegenwärtiges Betroffensein bzw. **Rechtsschutzbedürfnis** für die Verfassungsbeschwerde zu bejahen, s. Rn 42.

Prüfungsschema:

859

1. Schutzbereich des Grundrechts
   a) Subjektiv: jeder Wohnungsinhaber
   b) Integrität der räuml. Privatsphäre
2. Eingriff:
   a) Voraussetzung: Eindringen in räuml. Bereich auch durch techn. Mittel
   b) Qualifikation des Eingriffs – Durchsuchung, sonstige Beschränkung, Lauschangriff?
3. Wenn Durchsuchung: Ermächtigungsgrundlage (zB im PolG, Gewerberecht oder StPO)
   a) formell verf.m?
   b) mat. verf.mäßig, insbesondere Verhältnismäßigkeit

3.1 Anwendung der Ermächtigungsgrundlage
   a) Richtervorbehalt gewahrt bzw. entbehrl. wg. Gefahr im Verzug?
   b) Beachtung der vorgeschriebenen Formalien?
   c) Verhältnismäßigkeit?

3.2 Wenn akustische Überwachung:
   a) Gesetzl. Grundlage – verfassungskonform? (s. BVerfGE 109, 279).
   b) Richtervorbehalt
   c) Verfassungskonforme Anwendung des Gesetzes, insbesondere: Beachtung des „unantastbaren Kernbereichs", ggf. rechtzeitige Beendigung?

3.3 Wenn sonstige Beschränkung:
   a) Zur Abwehr gemeiner Gefahr oder Lebensgefahr
      aa) Voraussetzungen des Art. 13 VII? *Beachte: Art. 13 VII GG als unmittelbare Ermächtigungsgrundlage!*
      bb) Verhältnismäßigkeit?
   b) Sonstige Fälle
      aa) Gesetzl. Grundlage?
      bb) Verfassungsmäßigkeit des Gesetzes?
      cc) Anwendung des Gesetzes

Hinweis zu Art. 10 GG: In seinem Urteil vom 27.07.2005 zu der im Niedersächsischen Gesetz über die öffentliche Sicherheit und Ordnung (Nds SOG) enthaltenen Ermächtigung der Polizei, personenbezogene Daten durch Überwachung und Aufzeichnung der Telekommunikation zu erheben, überträgt das BVerfG die Aussagen zum Schutzzweck des Art. 13 GG auf das Fernmeldegeheimnis des Art. 10 GG und fordert auch hier hinreichende Vorkehrungen dafür, dass Eingriffe in den absolut geschützten Kernbereich privater Lebensgestaltung unterbleiben.[31] In dieser Entscheidung erinnert das BVerfG auch an die Bedeutung des Zitiergebots des Art. 19 I 2 GG, für das es nicht genügt, dass das einzuschränkende Grundrecht in dem zu ändernden Gesetz bereits genannt ist. **860**

Zur Wiederholung: *Pieroth/Schlink* Rn 871–892.

Aus der Ausbildungsliteratur: *Lepsius,* Der große Lauschangriff vor dem Bundesverfassungsgericht, Jura 2005, 433.

Aktuelle Rechtsprechung: BVerfGE 109, 275 (akkustische Wohnraumüberwachung – Lauschangriff); BVerfG NJW 2005, 965 – Verfassungswidriger Durchsuchungsbeschluss für Redaktionsräume; zu Art. 10 GG: BVerfGE 107, 299 (Verbindungsdaten); BVerfG, U. v. 27.07.2005, www.bverfg.de (Nds SOG).

Weitere Fälle im thematischen Zusammenhang: *Lang*, „Und bist du nicht willig", NWVBl 2005, 154; *Lecheler/Germelmann,* Der Staatsanwalt im Zeitungsverlag, Jura 2001, 781.

III. Bundes- und Landesgrundrechte

Hierfür kann auf die Ausf. zum 2. Teil, A.II.2., Rn 845 verwiesen werden, s. näher **861**
Degenhart Rn 885 ff.

31 BVerfG, U. v. 27. Juli 2005, www.bverfg.de, Absatz-Nrn 160 ff.

Fall 15

Versammlungsverbot

Schwierigkeitsgrad: Examensklausur, 5 Std., evtl. 1. Teil isoliert in der Fortgeschrittenenübung

862 Nachdem in der letzten Septemberwoche 2005 in der Stadt S im Bundesland X unter erheblichen Sicherheitsvorkehrungen Vorbereitungen zu einer größeren Konferenz getroffen werden, wird auf Nachfragen des örtlichen Rundfunksenders bekannt, dass dort am Donnerstag, den 06. Oktober eine Konferenz der Außenminister der Mitgliedstaaten der EU und mehrerer osteuropäischer Beitrittskandidaten für die EU stattfinden soll, bei der weitreichende Vereinbarungen hinsichtlich der Arbeitnehmerfreizügigkeit und der Niederlassungsfreiheit für die Staatsangehörigen der Beitrittsländer getroffen werden sollen. Diese Nachricht wird am Abend des 30. September (einem Freitag) erstmalig verbreitet.

Zufällig hat die in den Landtagen einiger Bundesländer vertretene Partei der Entrechteten (PDE) für Mittwoch, den 05. Oktober einen Wahlparteitag geplant, der in der Stadthalle von S – die regelmäßig für Parteiveranstaltungen genutzt wird – stattfinden und auf dem das Wahlprogramm für die bevorstehenden Landtagswahlen verabschiedet werden soll. Dort soll auch der bekannte Historiker Irrgang sprechen, der sich regelmäßig über eine „zionistische Weltverschwörung" auszulassen pflegt. Die PDE vertritt in ihrem Parteiprogramm eine entschieden anti-europäische Position; sie wendet sich gegen jede weitere europäische Integration und insbesondere gegen jede Erweiterung der EU; darüber hinaus fordert sie ein deutlich verschärftes Ausländerrecht und die Reduzierung des Ausländeranteils in der Bundesrepublik und wendet sich gegen die Beschäftigung von „Fremdarbeitern". Verschiedene ihrer Mitglieder fallen regelmäßig durch antisemitische Äußerungen auf. Da sie darüber hinaus im Verdacht steht, als Tarnorganisation verbotener radikaler Organisationen zu dienen, hat der Bundesinnenminister ein Verbotsverfahren nach dem Parteiengesetz eingeleitet, das vor dem Bundesverfassungsgericht anhängig ist.

Die PDE, die im Bundesland X besonders stark vertreten ist und bei Wahlen regelmäßig Stimmanteile von bis zu 18 % erzielt, will die Gunst der Stunde nutzen und anschließend an ihren Parteitag um 17.00 Uhr eine Großkundgebung auf dem Marktplatz der Stadt S abhalten. Sie steht unter dem Motto: „Arbeit für Deutsche – gegen Globalisierung und Großkapital". Die Teilnehmer sollen schwarze Fahnen als Protest gegen den Ausverkauf deutscher Interessen mit sich führen. Auf der Kundgebung soll auch der Vorsitzende einer mit der PDE eng verbundenen Partei eines Nachbarstaates sprechen, der u.a. dadurch Aufsehen erregt hat, dass er die Arbeitsmarktpolitik des Dritten Reichs als vorbildhaft bezeichnet hat. Da die PDE wegen des Wochenendes und des Nationalfeiertags die zuständigen Behörden nicht erreichen kann, meldet sie die geplante Großkundgebung erst am Dienstag, den 04. Oktober vormittags bei der zuständigen Behörde an. Noch am Abend des gleichen Tages wird ihr durch Boten ein Bescheid der zuständigen Behörde zugestellt, in dem die Kundgebung verboten und die sofortige Vollziehung des Verbots angeordnet wird.

Zur Begründung wird ausgeführt: Die PDE habe die 48-stündige Anmeldefrist für Versammlungen nicht eingehalten. Die Kundgebung widerspreche dem vom Grundgesetz vorgegebenen Ziel der europäischen Einigung und sei deshalb verfassungsfeindlich. Das Motto der Veranstaltung sei außerdem geeignet, die öffentliche Sicherheit und Ordnung zu stören. Es bedeute eine Aufstachelung zum Fremdenhass und erfülle damit den Straftatbestand des § 130 StGB. Das Mitführen schwarzer Fahnen wirke bedrohlich. Auch vom angekündigten Redner der Kundgebung seien dahingehende Äußerungen zu erwarten. Außerdem sei bei Veranstaltungen der PDE regelmäßig mit gewalttätigen Ausschreitungen auf Grund von Gegendemonstrationen sog. autonomer Gruppen zu rechnen. Zudem sei bereits ein Verbotsverfahren gegen die PDE anhängig.

Zur Überraschung der PDE enthält der Bescheid auch ein Verbot des Parteitags selbst. Hierfür wird zur Begründung wiederum auf die Gefahr von Gegendemonstrationen und das anhängige Verbotsverfahren verwiesen, ferner auf das Auftreten von Irrgang, von dem man volksverhetzende Parolen, insbesondere auch das Verbreiten der sog. „Auschwitz-Lüge“ zu vergegenwärtigen habe.

Ein Eilantrag beim zuständigen Verwaltungsgericht bleibt erfolglos. Die PDE verzichtet daraufhin auf die geplanten Veranstaltungen.

Sie möchte jedoch Rechtssicherheit für künftige Veranstaltungen erlangen und deshalb eine gerichtliche Überprüfung des Bescheids erreichen. Sie erhebt – ohne ein Widerspruchsverfahren durchzuführen – am 14.10. Klage beim zuständigen VG.

Mit Aussicht auf Erfolg?

Vorüberlegungen

863 Bei der Klausur, die in ähnlicher Form in mehreren Bundesländern als Examensaufgabe um das Jahr 2002 (in Sachsen im Termin 2002/1) gestellt wurde, geht es im Schwerpunkt um das Grundrecht der Versammlungsfreiheit aus Art. 8 GG. Die verwaltungsrechtliche bzw. verwaltungsprozessuale Einkleidung der Thematik ist kennzeichnend für versammlungsrechtliche Fälle, bei denen es meist um Versammlungsverbote oder polizeiliche Maßnahmen gegen Versammlungen geht. Deren Rechtmäßigkeit ist zu prüfen, wobei die prozessuale Einkleidung häufig die der Fortsetzungsfeststellungsklage ist: wenn der Termin für die geplante Versammlung verstrichen ist, tritt prozessuale Überholung ein; in diesen Fällen gleichwohl zu einer verwaltungsgerichtlichen Kontrolle zu gelangen, ist dann eine Frage auch der Rechtsschutzgarantie des Art. 19 IV GG. Aber auch das Eilverfahren nach § 80 V VwGO ist typisch für Fälle aus dem Versammlungsrecht (wie überhaupt in der Examenspraxis das Eilverfahren mitunter das Hauptsacheverfahren zu verdrängen scheint – der Examenskandidat ist also gut beraten, sich mit den Voraussetzungen des Eilverfahrens vertraut zu machen – dazu etwa *Schenke* Rn 927). Im vorliegenden Fall war eine Fortsetzungsfeststellungsklage zugrundezulegen.

864 Die materielle Prüfung hat im Aufbau der verwaltungsrechtlichen Einkleidung des Falles zu folgen: sie beginnt für jede der beiden Maßnahmen (Verbote) mit der Frage nach einer (verfassungsmäßigen) Ermächtigungsgrundlage, hat dann deren formelle und materielle Rechtmäßigkeit zu behandeln. Der Schwerpunkt der Problematik liegt hinsichtlich der Kundgebung in der bekannten Frage der Eilversammlungen (*Pieroth/Schlink* Rn 711) sowie in der jüngst intensiv und in der Rechtsprechung der Oberverwaltungsgerichte einerseits, des Bundesverfassungsgerichts andererseits teilweise kontrovers beurteilten Frage der Störung der öffentlichen Sicherheit und Ordnung durch (rechts-)extremistische Kundgebungen; dies betrifft insbesondere den Zusammenhang zwischen Meinungs- und Versammlungsfreiheit: Maßnahmen gegen Versammlungen müssen meinungsneutral sein (*Pieroth/Schlink* Rn 708). Maßnahmen dürfen also nur dann wegen einer im Rahmen einer Versammlung erfolgenden Meinungsäußerung – beispielsweise wegen des Mottos einer Versammlung – ergriffen werden, wenn diese Maßnahmen auch vor Art. 5 II GG gerechtfertigt werden können. Insbesondere dürfen Meinungsäußerungen nach BVerfGE 111, 147 nicht aus Gründen der öffentlichen Ordnung beschränkt werden. Die Frage, ob gewalttätige Gegendemonstrationen ein Versammlungsverbot rechtfertigen können, sollte den Bearbeitern vertraut sein.

865 Beim Verbot des Parteitags in der Stadthalle geht es diesmal nicht um den vertrauten Stadthallenfall (*Degenhart* Fall 7, Rn 75, 80, 83, 86 und 98): der Partei wurde nicht etwa die Zulassung zur Nutzung der Stadthalle verweigert, ihr wurde vielmehr verboten, die schon angekündigte Veranstaltung in der Stadthalle durchzuführen. Wenn sie diese Veranstaltung ankündigen konnte, so dürfte sie sich vorher um die Nutzung der Halle gekümmert haben, ein Zulassungsanspruch steht also nicht in Frage. Es geht um Rechtsschutz gegen ein aus sicherheitsrechtlichen Gründen ausgesprochenes Verbot. Materiell steht hier die Frage nach der Ermächtigungsgrundlage im Vordergrund, wobei sich für die Anwendung des Versammlungsgesetzes das Problem ergibt, dass

es sich hier zum einen um eine Versammlung in einem geschlossenen Raum und zum anderen möglicherweise um eine nichtöffentliche Veranstaltung handelt.

Zum Aufbau: Der Kläger wendet sich hier gegen zwei Verwaltungsakte – das Verbot der Kundgebung und des Parteitags. Zulässigkeit und Begründetheit der Klage können getrennt für beide Verwaltungsakte geprüft werden. Es ist aber ebenso gut möglich, vorab die Zulässigkeit zu prüfen und dann die Begründetheit getrennt für beide Maßnahmen. Dieser Aufbau wird hier gewählt; dies vermeidet Wiederholungen in der Zulässigkeitsprüfung und erleichtert die Konzentration auf die zentralen materiellen Probleme des Falles. Im Begründetheitsteil liegen die Schwerpunkte des Falles und die wesentlichen Probleme, während im Zulässigkeitsteil i.W. einige dem Bearbeiter bekannte Standardprobleme (Erledigung, Vorverfahren bei Fortsetzungsfeststellungsklage, Feststellungsinteresse) abzuarbeiten sind. Dies sollte – bei fünfstündiger Arbeitszeit – nicht mehr als eine Stunde der Arbeitszeit in Anspruch nehmen. **866**

Gliederung **867**

A. Zulässigkeit der Klage

- I. Verwaltungsrechtsweg
- II. Statthaftigkeit – richtige Klageart: Fortsetzungsfeststellungsklage analog § 113 I 4 VwGO: Verwaltungsakte (+) – Erledigung (+)
- III. Zuständiges Gericht
- IV. Beteiligten- und Prozessfähigkeit
- V. Klagebefugnis
- VI. Rechtsschutzbedürfnis/Feststellungsinteresse: Wiederholungsgefahr – Art. 19 IV GG
- VII. Vorverfahren: entbehrlich, Erledigung vor Klageerhebung
- VIII. Klagefrist

B. Begründetheit der Klage

- I. Kundgebung auf dem Marktplatz
  - 1. Ermächtigungsgrundlage
    - a) § 15 I VersG
    - b) § 15 I VersG verfassungsmäßig? (+), öffentliche Sicherheit und Ordnung in verfassungskonformer Auslegung, Anmeldepflicht (+): Art. 8 II GG
  - 2. Formelle Rechtmäßigkeit (+)
  - 3. Materielle Rechtmäßigkeit
    - a) Anmeldefrist: verfassungskonforme Anwendung des § 14 I VersG
    - b) Gefahr für die öffentliche Sicherheit
      - aa) Veranstaltungsmotto (–): Art. 5 I GG

bb) Staatsziel der europäischen Einigung (–): Art. 5 I 1 GG
cc) gewaltbereite Gegendemonstranten (–)
dd) Verbotsverfahren (–): Entscheidungsmonopol des Bundesverfassungsgerichts
c) Gefahr für die öffentliche Ordnung
aa) Inhalt der Äußerung (–)
bb) Begleitumstände (–)

II. Verbot der Parteiversammlung
1. Ermächtigungsgrundlage: § 5 VersG analog (–); polizeiliche Generalklausel (+)
2. Formelle Rechtmäßigkeit
3. Materielle Rechtmäßigkeit
a) Gefahr: „Auschwitz-Lüge“
b) richtiger Adressat – Erforderlichkeit (–)

Musterlösung

A. Zulässigkeit der Klage

I. Verwaltungsrechtsweg

Voraussetzung für die Zulässigkeit der Klage ist zunächst, dass der Verwaltungs- **868** rechtsweg eröffnet ist. Dies richtet sich im vorliegenden Falle nach § 40 I 1 VwGO. Da hier die zuständige Behörde in Anwendung des Versammlungsgesetzes (VersG) bzw. des allgemeinen Polizei- und Ordnungsrechts tätig wurde, also auf Grund von Sondernormen des öffentlichen Rechts, die ihr als Behörde besondere Befugnisse verleihen, liegt eine öffentlich-rechtliche Streitigkeit vor; die Behörde ist auch im Subordinationsverhältnis tätig geworden. Es müsste sich weiterhin um eine Streitigkeit nichtverfassungsrechtlicher Art handeln. Dies ist der Fall, weil nicht unmittelbar über Normen des Verfassungsrechts gestritten wird und auch keine Verfassungsorgane am Verfahren beteiligt sind.[1] Eine abdrängende Sonderzuweisung an ein anderes Gericht ist ebenfalls nicht ersichtlich, sodass der Verwaltungsrechtsweg nach § 40 I l VwGO eröffnet ist.

II. Statthaftigkeit – richtige Klageart

Die Klage könnte sowohl hinsichtlich des Verbots der Kundgebung als auch hin- **869** sichtlich des Verbots des Parteitags als Fortsetzungsfeststellungsklage analog § 113 I 4 VwGO (vgl. *Schenke* Rn 323 ff.) statthaft sein.

Dies setzt voraus, dass es sich bei diesen Verboten um Verwaltungsakte handelte und diese sich durch Zeitablauf oder auf andere Weise erledigt haben. Ersteres ist zu bejahen, da im Verbot sowohl der Kundgebung als auch des Parteitags jedenfalls eine behördliche Maßnahme auf dem Gebiet des öffentlichen Rechts zur Regelung jeweils ganz konkreter Sachverhalte und mit unmittelbarer Rechtswirkung nach außen lag.[2] In beiden Fällen hat sich jedoch die behördliche Maßnahme erledigt, und zwar zum einen durch Zeitablauf, § 43 II VwVfG,[3] weil der Termin für die Veranstaltungen verstrichen ist, zum anderen aber auch dadurch, dass die Partei auf die Durchführung der Veranstaltungen verzichtet hat und damit dem Verbot nachgekommen ist. Zwar liegt in der freiwilligen Befolgung eines Verwaltungsaktes nicht notwendig Erledigung, wohl aber hier, da angesichts der Kürze der Zeit weitere Rechtsmittel nicht erfolgversprechend waren. Daher kommt nur eine Klage auf Feststellung der Rechtswidrigkeit des Bescheids in Betracht. § 113 I 4 VwGO ist hier nicht unmittelbar anzuwenden, da Erledigung bereits vor Klageerhebung eingetreten ist. Die Bestimmung ist in einem derartigen Fall jedoch analog anwendbar. Auch bei Erledigung vor Klageerhebung kann der Kläger ein berechtigtes Interesse an der

---

1 Zur nichtverfassungsrechtlichen Streitigkeit: s. **Fall 11**.
2 Dies ist hier ganz unproblematisch und sollte nicht zu breit ausgeführt werden.
3 Für Sachsen: § 43 VwVfG i.V.m. § 1 SächsVwVfG; für Bayern: Art. 43 VwVfG.

Feststellung der Rechtswidrigkeit haben; es bestünde andernfalls eine Rechtsschutzlücke. Die Voraussetzungen für eine analoge Anwendung der Vorschrift sind also gegeben.[4]

III. Zuständiges Gericht

870 Die Klage ist lt. Sachverhalt vor dem zuständigen Verwaltungsgericht erhoben worden.

IV. Beteiligten- und Prozessfähigkeit

871 Die Beteiligtenfähigkeit der PDE-Partei folgt aus § 61 Nr. 2 VwGO i.V.m. Art. 21 GG sowie aus § 3 PartG; für die Prozessfähigkeit gilt § 62 III VwGO. Zu richten ist die Klage nach § 78 I Nr. 1 VwGO gegen den Rechtsträger der handelnden Behörde, der über § 61 I Nr. 1 VwGO beteiligtenfähig ist; für die Prozessfähigkeit gilt ebenfalls § 62 III VwGO.

V. Klagebefugnis

872 Da die Fortsetzungsfeststellungsklage einen Unterfall der Anfechtungsklage darstellt, ist nach § 42 II VwGO analog Klagebefugnis zu fordern. Die PDE muss also geltend machen können, durch die den Gegenstand der Klage bildenden Verwaltungsakte in ihren Rechten verletzt worden zu sein. Dies ist hier schon deshalb zu bejahen, weil es sich bei den Verboten sowohl der Kundgebung als auch des Parteitags um belastende Verwaltungsakte handelt, durch die der Partei ein Unterlassen – nämlich der entsprechenden Veranstaltungen – aufgegeben wurde, sie also Adressatin belastender Verwaltungsakte war.

VI. Rechtsschutzbedürfnis/Feststellungsinteresse

873 Für die Fortsetzungsfeststellungsklage ist ein besonderes Interesse des Klägers an der Feststellung der Rechtswidrigkeit des erledigten VA zu fordern. Dieses qualifizierte Feststellungsinteresse folgt hier insbesondere daraus, dass der PDE bei Fortsetzung ihrer parteipolitischen Betätigung erneut entsprechende Verbote drohen, also Wiederholungsgefahr besteht. Die PDE wird durch den Bescheid und insbesondere durch dessen Begründung auch als politische Partei in besonderer Weise betroffen. Wenn ihr gleichsam bescheinigt wird, volksverhetzend zu wirken, so begründet dies auch ein relevantes Rehabilitationsinteresse wegen diskriminierender Wirkung der Maßnahmen. Schließlich darf auch nicht außer Betracht bleiben, dass Maßnahmen der hier vorliegenden Art, also Verbote termingebundener Veranstaltungen, sich regelmäßig erledigen, ehe eine gerichtliche Entscheidung ergeht. Dies hätte zur Folge, dass dann die Rechtsschutzgarantie des Art. 19 IV GG leer laufen, die

---

4 Da die analoge Anwendung des § 113 I 4 VwGO in diesem Fall ganz h.M. ist, vgl. *Schenke* Rn 323, kann darauf verzichtet werden, die Voraussetzungen der Analogie zu prüfen.

Behörde regelmäßig klaglos gestellt und das betroffene materielle Grundrecht, also vor allem Art. 8 GG leer laufen würden.[5] Deshalb ist hier auch wegen der Rechtsschutzgarantie des Art. 19 IV GG unter dem Gesichtspunkt der prozessualen Überholung ein qualifiziertes Rechtsschutzinteresse bzw. Feststellungsinteresse zu bejahen.[6]

VII. Vorverfahren

Da hier Erledigung vor Klageerhebung eingetreten ist, stellt sich die Frage, ob es **874**
auch in diesem Fall der Durchführung eines Vorverfahrens analog § 68 VwGO bedarf. Dafür spricht vor allem, dass es Funktion des Widerspruchsverfahrens ist, die Verwaltung zu einer Selbstkontrolle ihres Verhaltens zu veranlassen und diese Selbstkontrolle auch nach Erledigung eines Verwaltungsaktes noch sinnvoll erscheint. Dagegen spricht jedoch, dass die primäre Zielsetzung des Widerspruchsverfahrens, dem Kläger die Möglichkeit der Abhilfe durch die Behörde zu eröffnen, jedenfalls nicht mehr erreichbar ist. Deshalb würde es einen überflüssigen Formalismus bedeuten, vom Kläger gleichwohl die Durchführung des Widerspruchsverfahrens zu verlangen.[7] Die Klägerin braucht also kein Vorverfahren durchzuführen.

VIII. Klagefrist

Gundsätzlich ist auch bei Erledigung vor Klageerhebung die Monatsfrist des § 74 I 2 **875**
VwGO zu wahren.[8] Dem wurde hier genügt. Die Klage wurde lt. SV am 11.10. und damit innerhalb dieser Frist eingereicht. Die Klagefrist ist also gewahrt.

Ergebnis: Die Klage ist als Fortsetzungsfeststellungsklage analog § 113 I 4 VwGO zulässig.

B. Begründetheit der Klage

Die Klage ist begründet, wenn die Bescheide rechtswidrig waren und die Klägerin hierdurch in ihren Rechten verletzt wurde.

I. Kundgebung auf dem Marktplatz

Das Verbot der Kundgebung auf dem Marktplatz von S war rechtmäßig, wenn es auf **876**
einer tauglichen Ermächtigungsgrundlage beruhte sowie die formellen und materiellen Voraussetzungen für den Erlass des Verbotes erfüllt waren.

---

5 Vgl. BVerfGE 96, 27; *Schenke* Rn 583 f.
6 S. dazu BVerfGE 110, 77 (89).
7 Auch die Gegenauffassung ist hier gut vertretb., vgl. nur *Schenke* Rn 666; schließt man sich ihr an, so ist die Klage derzeit unzulässig. In der Bearbeitung wäre dann dahingehend zu formulieren, dass zunächst das Ergehen eines Widerspruchsbescheids abzuwarten ist.
8 *Schenke* Rn 703.

1. Ermächtigungsgrundlage

Als belastender Verwaltungsakt bedurfte das Verbot der Kundgebung nach dem Grundsatz des Vorbehalts des Gesetzes zunächst einer Ermächtigungsgrundlage.

877 a) Dies könnte § 15 I VersG sein. Hiernach kann die Behörde eine Versammlung oder einen Aufzug aus Gründen der öffentlichen Sicherheit und Ordnung verbieten. Dies hat sie im vorliegenden Fall getan. Die Bestimmung kommt dann zur Anwendung, wenn eine öffentliche Versammlung im Sinne des Versammlungsgesetzes vorliegt. Eine Versammlung im Sinne des VersG setzt – ebenso wie Art. 8 GG – voraus, dass eine Mehrzahl von Personen zu einem bestimmten gemeinsamen Zweck zusammenkommt.[9] Die Teilnehmer der Kundgebung wollten sich hier zu einer gemeinsamen Meinungskundgabe im Sinn einer politischen Demonstration treffen. Damit ist der für die Annahme einer Versammlung erforderliche gemeinsame Zweck selbst dann zu bejahen, wenn hierfür die gemeinsame Erörterung öffentlicher bzw. politischer Angelegenheiten gefordert wird.[10] Dies ist umstritten, kann hier aber noch auf sich beruhen, da eine politische Demonstration, wie sie hier geplant war, nach jeder der vertretenen Auffassungen die Merkmale einer Versammlung erfüllt. Die Versammlung sollte auch öffentlich sein, weil sie für jedermann zugänglich sein sollte. Soweit die Behörde sich darauf beruft, dass die Versammlung nicht rechtzeitig angemeldet worden sei, ist Grundlage für die Anmeldepflicht § 14 I VersG; auch insoweit kann als Ermächtigungsgrundlage für das Verbot nur § 15 I VersG i.V.m. § 14 I VersG herangezogen werden.

878 b) § 15 I VersG kam damit im vorliegenden Fall als Ermächtigungsgrundlage in Betracht. Die Bestimmung müsste insoweit jedoch verfassungsmäßig sein. Wenn § 15 I VersG der Behörde die Befugnis verleiht, eine Versammlung zu verbieten, so liegt hierin ein Eingriff in das Grundrecht der Versammlungsfreiheit aus Art. 8 I GG. Nach Art. 8 II GG kann dieses Grundrecht jedoch für Versammlungen unter freiem Himmel eingeschränkt werden. § 15 I VersG enthält eine derartige Einschränkung, ebenso die Anmeldepflicht nach § 14 I VersG.

Diese Bestimmungen müssten ihrerseits eine verfassungsmäßige Einschränkung der Versammlungsfreiheit bewirken. An der formellen Verfassungsmäßigkeit des Gesetzes bestehen keine Zweifel; der Bund hatte insbesondere nach Art. 74 I Nr. 3 GG die Gesetzgebungskompetenz.[11]

---

9 BVerfG DVBl 2001, 1351.

10 Da hier eine gemeinsame Meinungskundgabe in „öffentlichen" (insbesondere politischen) Angelegenheiten beabsichtigt ist, braucht die Streitfrage, wie der gemeinsame Zweck bei der Versammlung beschaffen sein muss, nicht entschieden zu werden. Das BVerfG neigt derzeit der engsten Auffassung zu. Der Bearbeiter muss jedoch deutlich machen, dass er sich des Problems bewusst ist; deshalb die hier vorgeschlagene Formulierung, mit der die Problematik relativ knapp abgehandelt wird. Mit dem Hinweis auf die engste Auffassung, die also die strengsten Anforderungen stellt, werden gleichzeitig die weiteren Auffassungen mit abgedeckt, ohne dass diese i.E. dargestellt werden.

11 Da ersichtlich nicht hier die Problematik des Falles liegt, kann dieser Punkt sehr kurz abgehandelt werden; allgemein kann in der Fallbearbeitung davon ausgegangen werden, dass ein Gesetz, das seit langem in der Praxis unbestritten zur Anwendung kommt, kompetenzmäßig geklärt ist – während zB die Anmeldepflicht des § 14 I VersG unter verfassungsrechtlichen Gesichtspunkten immer wieder diskutiert wird und auch im vorliegenden Fall zu erörtern ist.

Für die materielle Verfassungsmäßigkeit einer gesetzlichen Beschränkung der Versammlungsfreiheit nennt Art. 8 II GG keine näheren Voraussetzungen; das Grundrecht steht unter einfachem Gesetzesvorbehalt. Für ein grundrechtsbeschränkendes Gesetz muss jedoch gefordert werden, dass der Gesetzgeber einen legitimen Zweck verfolgt und dass die Grundrechtsbeschränkung verhältnismäßig ist. Soweit Beschränkungen der Versammlungsfreiheit aus Gründen der öffentlichen Sicherheit vorgesehen sind, ist dies zu bejahen. Denn der Staat ist gehalten, die öffentliche Sicherheit, also insbesondere die Unversehrtheit von Rechtsgütern der Bürger zu gewährleisten. Für den Beschränkungsgrund der öffentlichen Ordnung könnte fraglich sein, ob hier ein legitimer Zweck zugrundeliegt. Denn mit diesem Begriff verbindet man die von der Allgemeinheit anerkannten Vorstellungen über die Regeln für ein geordnetes menschliches Zusammenleben. Das demokratische Grundrecht der Versammlungsfreiheit soll aber auch ein Forum für solche Äußerungen ermöglichen, die diesen herrschenden Auffassungen widersprechen, also ein Forum auch für Minderheiten und Außenseiter. Deshalb muss der Beschränkungsgrund der öffentlichen Ordnung einschränkend ausgelegt werden. Er kann nicht als Grund dafür herangezogen werden, Versammlungen zu verbieten oder zu beschränken, weil dort Meinungen vertreten werden, die sich gegen die öffentliche Ordnung richten. Allenfalls die Begleitumstände einer Versammlung können also unter diesem Aspekt eine Beschränkung der Versammlungsfreiheit rechtfertigen.[12] § 15 I VersG muss insoweit verfassungskonform ausgelegt werden, um eine verhältnismäßige Grundrechtsbeschränkung darzustellen und ist dann auch hinreichend bestimmt. Ob dann die konkret erfolgenden Grundrechtseinschränkungen verhältnismäßig sind, kann jedoch nur für den Einzelfall festgestellt werden. § 15 I VersG stellt das Versammlungsverbot in das Ermessen der Behörde und ermöglicht es damit, die im Einzelfall verhältnismäßige und damit auch verfassungskonforme Maßnahme zu ergreifen.[13] **879**

Auch die Anmeldepflicht des § 14 I VersG dient legitimen öffentlichen Zwecken. **880** Zum einen wird durch die rechtzeitige Anmeldung gewährleistet, dass Beeinträchtigungen Dritter und Störungen der öffentlichen Sicherheit von vornherein begrenzt werden, die Behörde also etwaigen Störungen entgegenwirken kann. Dies liegt andererseits auch im Interesse der Versammlungsteilnehmer selbst, da damit ein möglichst störungsfreier Ablauf der Versammlung gewährleistet werden kann. Eine Anmeldepflicht ist also verfassungsrechtlich grundsätzlich gerechtfertigt und belastet die Veranstalter einer Versammlung oder Kundgebung auch nicht unverhältnismäßig. Andererseits darf nicht verkannt werden, dass im Einzelfall die Anmeldepflicht dazu führen könnte, dass das Grundrecht der Versammlungsfreiheit nicht wahrgenommen werden kann. Dies ist insbesondere dann der Fall, wenn es den Versammlungsteilnehmern darum geht, zu einem aktuellen Anlass Stellung zu beziehen und bei Abwarten der Anmeldefrist dieser Anlass bereits vorbei wäre. Dann würde das Grundrecht der Versammlungsfreiheit leer laufen. Die Anwendung des Schrankengesetzes darf jedoch nicht zur Aushöhlung des Grundrechts führen. Des-

12 BVerfGE 111, 147 (155 ff.).
13 Vgl. dazu Einführung Rn 43 f.: wenn die gesetzliche Regelung Ermessen einräumt, liegt der Schwerpunkt der Grundrechtsprüfung auf der Anwendung des Gesetzes.

halb kann § 14 I VersG verfassungsrechtlich nur dann Bestand haben, wenn für derartige Fälle von Eildemonstrationen auf die Anmeldefrist verzichtet wird und die Behörde im Rahmen ihres Ermessens nach § 15 I VersG keine Maßnahmen gegen die Versammlung trifft. § 14 I VersG ist also grundsätzlich verfassungskonform, muss aber im Einzelfall auch verfassungskonform ausgelegt und angewendet werden.

2. Formelle Rechtmäßigkeit

881 Das Verbot der Versammlung war formell rechtmäßig, wenn die handelnde Behörde für die Maßnahmen zuständig war und Form- und Verfahrensvorschriften eingehalten wurden. Von der Zuständigkeit ist lt. SV auszugehen, ebenso von der Einhaltung sonstiger Formerfordernisse. Eine Anhörung war hier nach § 28 II Nr. 1 VwVfG wegen der Knappheit der noch zur Verfügung stehenden Zeit entbehrlich.

3. Materielle Rechtmäßigkeit

882 Materiell rechtmäßig war die Verbotsverfügung, wenn die Eingriffsvoraussetzungen des § 15 I VersG vorlagen und die Behörde das ihr nach dieser Vorschrift zustehende Ermessen fehlerfrei ausgeübt hat.

883 **a) Anmeldefrist:** Die Behörde hat das Versammlungsverbot zunächst darauf gestützt, dass die Anmeldefrist nach § 14 I VersG nicht eingehalten wurde. Ob dies überhaupt zu einem Versammlungsverbot ermächtigen kann, ist fraglich, da die nicht rechtzeitige oder fehlende Anmeldung in § 15 I VersG nicht als Verbotsgrund genannt ist und nach § 15 III VersG nur zur Auflösung der Versammlung ermächtigt. Wenn aber die Versammlung sofort nach ihrem Beginn aufgelöst werden könnte, muss die Befugnis, sie aus diesem Grund von vornherein zu verbieten, von § 15 I VersG als umfasst gelten.

884 Nach dem Wortlaut des § 14 I VersG wäre die Anmeldefrist in der Tat nicht eingehalten. Der Anlass der Kundgebung ist jedoch so kurzfristig bekannt geworden, dass, auch wegen der Nichterreichbarkeit der Behörden am Wochenende, die Anmeldefrist nicht mehr eingehalten werden konnte. In einem derartigen Fall würde nun das Grundrecht der Versammlungsfreiheit tatsächlich leer laufen, wollte die Behörde uneingeschränkt auf der Einhaltung der Frist bestehen. Hier kann von den Veranstaltern nur verlangt werden, die Kundgebung so rechtzeitig wie möglich anzumelden. Dies haben sie auch getan. Deshalb muss in verfassungskonformer Anwendung des § 14 I VersG davon ausgegangen werden, dass die Versammlung noch rechtzeitig angemeldet war. Die Voraussetzungen für ein Versammlungsverbot wegen nicht rechtzeitiger Anmeldung waren also nicht gegeben. Hierauf durfte das Verbot nicht gestützt werden.

885 **b) Gefahr für die öffentliche Sicherheit:** Nach § 15 I VersG kann eine Versammlung verboten werden, wenn ihre Durchführung nach den im Verbotszeitpunkt erkennbaren Umständen die öffentliche Sicherheit unmittelbar gefährdet. Im vorliegenden Fall könnte bereits eine Beeinträchtigung der öffentlichen Sicherheit durch die von der PDE geplante Kundgebung vorgelegen haben. Unter diesen Begriff fallen nach der klassischen Definition ebenso wie im allgemeinen Polizeirecht der Bestand und die Funktionsfähigkeit des Staates und seiner Einrichtungen, Individualrechtsgüter Dritter und die Gesamtheit der objektiven Rechtsordnung.[14] Eine solche Beeinträchtigung könnte hier unter mehreren Gesichtspunkten gegeben sein.

aa) Die Veranstaltung würde die objektive Rechtsordnung dann verletzen, wenn das **886** **Veranstaltungsmotto** „Arbeit für Deutsche – gegen Globalisierung und Großkapital" den Tatbestand der Volksverhetzung (§ 130 StGB) erfüllen würde. Danach macht sich u.a. strafbar, wer zum Hass gegen Teile der Bevölkerung in einer Weise aufstachelt, die geeignet ist, den öffentlichen Frieden zu stören (§ 130 I Nr. 1 StGB). Darunter kann an sich auch die Verbreitung von Parolen fallen, mit denen bestimmte Bevölkerungsgruppen verunglimpft werden, um vorhandene Vorbehalte und Ängste gegenüber Fremden in Fremdenfeindlichkeit und Fremdenhass zu verwandeln.

Allein die Forderung, Arbeitsplätze für deutsche Staatsbürger und nicht für Auslän- **887** der zu schaffen, kann jedoch noch nicht als Aufstachelung zum Fremdenhass gewertet werden. Eine solche Auslegung würde auch der Bedeutung des Grundrechts der Meinungsfreiheit nicht gerecht, auf das sich die PDE als Partei gem. Art. 19 III GG berufen kann und das immer dann zu beachten ist, wenn Eingriffe gegenüber Versammlungen auf dort stattfindende oder erwartete Meinungsäußerungen abstellen.[15] Um eine solche Meinungsäußerung handelt es sich auch bei dem Motto der Kundgebung. Es fällt somit in den Schutzbereich der Meinungsfreiheit. Denn hiernach sind nicht nur politisch wertvolle oder politisch korrekte Äußerungen geschützt, sondern auch solche, die sich mit den Auffassungen einer Mehrheit oder moralischen Postulaten nicht vertragen. Ausländerfeindliche Äußerungen sind damit nicht schon für sich unter Strafe gestellt.[16]

Die Bedeutung der Meinungsfreiheit wird nun insbesondere dann verkannt, wenn **888** eine Äußerung einseitig interpretiert und ihr eine Bedeutung beigelegt wird, mit der sie unzulässig werden kann, während auch andere Deutungen möglich sind.[17] Hier hat die Behörde das Veranstaltungsmotto einseitig im Sinne einer angestrebten Volksverhetzung interpretiert, ohne sich mit anderen Deutungen – Kritik an einer Globalisierung der Wirtschaft – auseinanderzusetzen. Dies wird der Bedeutung des Art. 5 I GG nicht gerecht. Soweit das Verbot darüber hinaus auch auf die im Rahmen der Kundgebung erwarteten Redebeiträge gestützt wurde, hat die Behörde bereits eine entsprechende Prognose kaum hinreichend belegt.

bb) Die Bedeutung der Meinungsfreiheit des Grundgesetzes wird auch verkannt, **889** wenn die Kundgebung wegen Verfassungsfeindlichkeit der von der Veranstalterin vertretenen politischen Richtung im Hinblick auf das **Staatsziel der europäischen Einigung** verboten wird. Auch Meinungsäußerungen, die sich kritisch gegen die europäische Integration wenden, sind nach Art. 5 I 1 GG geschützt und sind dann geschützter Gegenstand auch kollektiver Meinungsäußerungen im Rahmen des

14 Vgl. nur *Tettinger/Erbguth*, Rn 442 ff.
15 Vgl. *Pieroth/Schlink* Rn 708.
16 BVerfG NJW 2001, 2072; DVBl 2001, 1054.
17 BVerfGE 93, 266 (295 f.); s. auch **Fall 13** – 2. Teil.

Art. 8 I GG. Wegen der erwarteten europakritischen Äußerungen auf der Veranstaltung durfte also keine Gefahr für die öffentliche Sicherheit angenommen werden. Ebensowenig tragfähig ist die Erwägung, die Teilnehmer des Außenministertreffens dürften nicht mit gegen sie gerichteten Meinungsäußerungen konfrontiert werden.

890 cc) Darüber hinaus hat die Behörde das Verbot mit der Möglichkeit von Ausschreitungen und Krawallen durch **gewaltbereite Gegendemonstranten** begründet. Derartige Ausschreitungen würden in der Tat die öffentliche Sicherheit beeinträchtigen, weil mit ihnen regelmäßig Rechtsverstöße wie Körperverletzungen oder Sachbeschädigungen einhergehen und hierdurch auch Rechtsgüter Dritter, etwa der Gesundheit oder des Eigentums, beeinträchtigt werden. Wenn nach den Erfahrungen in der Vergangenheit bei Kundgebungen der PDE regelmäßig derartige Ausschreitungen stattfanden, so durfte die Behörde auch vom Vorliegen einer Gefahr auf Grund der hinreichenden Wahrscheinlichkeit eines Schadens ausgehen.[18]

891 Würde man jedoch allein auf Grund befürchteter Gegendemonstrationen Versammlungen nach § 15 I VersG verbieten können, so würde auch dies die Gefahr begründen, dass das Grundrecht leer liefe. Denn dann könnten Gegendemonstranten letztlich nach Belieben Kundgebungen verhindern und dadurch die Veranstalter an der Wahrnehmung ihres Grundrechts hindern. Deshalb muss hier den Veranstaltern Priorität eingeräumt werden. Wenn diese eine Kundgebung durchführen wollen, so machen sie von ihrem Grundrecht aus Art. 8 I GG Gebrauch. Die Gegendemonstranten hindern sie daran. Daher ist gegen Letztere einzuschreiten, denn sie bewegen sich außerhalb ihrer Grundrechte. Die Behörde hat also die Kundgebung vor Gegendemonstranten zu schützen. Eine Ausnahme kann allenfalls im Fall des polizeilichen Notstands gelten, wenn also die Behörde im Rahmen zumutbarer Anstrengungen gewalttätige Ausschreitungen nicht verhindern kann. Dafür ist hier jedoch nichts dargetan.

892 dd) Auch der Umstand, dass gegen die PDE wegen ihrer möglicherweise verfassungsfeindlichen Zielsetzungen ein **Verbotsverfahren vor dem BVerfG** nach Art. 21 II GG anhängig ist, rechtfertigt kein Verbot nach § 15 I VersG. Dies folgt schon daraus, dass wegen des Parteienprivilegs nach Art. 21 II GG und des Entscheidungsmonopols des Bundesverfassungsgerichts solange nicht von der Verfassungswidrigkeit der Zielsetzungen einer Partei ausgegangen werden darf, wie die Verfassungswidrigkeit vom BVerfG nicht positiv festgestellt ist.[19] Das gilt ungeachtet des Umstandes, dass die im Verbotsverfahren antragsberechtigten Stellen – Bundesregierung, Bundestag und Bundesrat – eine Partei für verfassungswidrig gehalten und einen entsprechenden Verbotsantrag gestellt haben.[20] Auf die verfassungsfeindliche Zielsetzung einer Partei kann ein Versammlungsverbot daher nicht gestützt werden.

---

18 Im Hinblick auf die von BVerfGE 69, 315 (353 f.) geforderte strenge Gefahrenprognose wäre es auch vertretbar, eine Gefahr im sicherheitsrechtlichen Sinn zu verneinen.

19 *Degenhart* Rn 85 f.

20 Teilweise a.A. OVG Münster NJW 2001, 2113 und 2114.

c) Gefahr für die öffentliche Ordnung: Die geplante Kundgebung könnte jedoch das in § 15 I VersG gleichermaßen genannte Schutzgut der öffentlichen Ordnung beeinträchtigen. Darunter ist entsprechend der tradierten Bedeutung des Begriffs im Polizei- und Ordnungsrecht die Gesamtheit der ungeschriebenen Regeln zu verstehen, deren Befolgung nach den jeweils herrschenden und mit dem Wertgehalt des Grundgesetzes zu vereinbarenden sozialethischen Anschauungen als unerlässliche Voraussetzung eines geordneten menschlichen Zusammenlebens angesehen wird.[21] **893**

aa) Wie schon zur Verfassungsmäßigkeit des § 15 I VersG ausgeführt wurde, kann eine Versammlung nicht mit der Begründung verboten oder beschränkenden Auflagen unterworfen werden, dass die Meinungsäußerungen, deren Kundgabe den Gegenstand der Versammlung bilden soll, gegen die öffentliche Ordnung verstoßen könnten.[22] Dies gilt auch für die Äußerung politisch radikaler oder auch neonazistischer Auffassungen, soweit hierbei nicht gegen Strafgesetze verstoßen wird und deshalb schon die öffentliche Sicherheit betroffen ist.[23] Dies ist hier, wie dargelegt, nicht der Fall. Das Motto der Versammlung und das Auftreten des Parteivorsitzenden der Schwesterpartei der PDE rechtfertigen es also auch unter dem Gesichtspunkt einer Gefährdung der öffentlichen Ordnung nicht, die Versammlung zu verbieten. **894**

bb) Eine Beeinträchtigung der öffentlichen Ordnung könnte sich hier aber aus den **Begleitumständen** der Demonstration, insbesondere dem Mitführen der schwarzen Fahnen ergeben, von denen eine einschüchternde Wirkung ausgehen kann. Freilich bleibt auch insoweit der Begriff der öffentlichen Ordnung als Voraussetzung für versammlungsbeendende Maßnahmen verfassungskonform auszulegen und zu begrenzen. Da es hier primär um die äußeren Begleitumstände der Kundgebung und nicht die dort erwarteten Äußerungen geht, sind Beschränkungen unter dem Gesichtspunkt der öffentlichen Ordnung grundsätzlich möglich. Für eine Beeinträchtigung der öffentlichen Ordnung könnte hier die einschüchternde Wirkung sprechen, die sich aus der Verwendung der schwarzen Fahnen ergeben könnte. Andererseits werden derartige Fahnen etwa bei Kundgebungen gegen Werksschließungen u.Ä. häufig mitgeführt und als besonderer Ausdruck des Protests akzeptiert. Ihre Verwendung kann daher noch nicht als Verletzung der allgemeinen, als Grundlage für ein geordnetes Zusammenleben unverzichtbaren gesellschaftlichen Wertvorstellungen angesehen werden. Die beabsichtigte Mitführung der schwarzen Fahnen kann also noch nicht als Verstoß gegen die öffentliche Ordnung gewertet werden, der ein Versammlungsverbot rechtfertigen könnte. **895**

Doch selbst dann, wenn eine Beeinträchtigung der öffentlichen Ordnung anzunehmen wäre, müsste dieser aus Gründen der Verhältnismäßigkeit zunächst durch An- **896**

21 BVerfGE 69, 315 (352).
22 BVerfGE 111, 147 (155 ff.).
23 Ob neonazistische Versammlungen unter diesem Aspekt verboten werden können, war zunächst str: vgl. einerseits *Battis/Grigoleit*, NJW 2001, 121 (bej.), andererseits zB *Rühl,* NVwZ 2003, 531; in der Rspr. hat sich hierzu die auch in der Form der Auseinandersetzung ungewöhnliche Kontroverse zwischen dem OVG Münster (NJW 2001, 2111 und 2114) und dem BVerfG (NJW 2001, 2069, 2072 und 2075) entzündet; mit BVerfGE 111, 147 ist jedoch eine Klärung erfolgt.

ordnung geeigneter Mittel begegnet werden.[24] Eine solche Auflage, die lediglich den Einsatz von Fahnen verbot, wäre auch hier möglich gewesen, sodass selbst dann, wenn man darin einen Verstoß gegen die öffentliche Ordnung sähe, ein milderes Mittel als ein vollständiges Verbot der Versammlung zur Verfügung gestanden hätte. Dieses war daher rechtswidrig.

Ergebnis: Das Verbot der Kundgebung war rechtswidrig. Die PDE wurde hierdurch als Trägerin des Grundrechts der Versammlungs- und der Meinungsfreiheit auch in diesen Grundrechten verletzt. Die Klage ist insoweit begründet.

II. Verbot der Parteiversammlung

1. Ermächtigungsgrundlage

897 Auch das Verbot der Parteiversammlung muss als Eingriffsmaßnahme auf eine taugliche Ermächtigungsgrundlage gestützt werden.

Dies könnte § 5 VersG sein, weil es sich bei der Parteiversammlung im Gegensatz zur angekündigten Kundgebung um eine Versammlung in einem geschlossenen Raum handelte. Es müsste sich aber auch um eine öffentliche Versammlung handeln. Denn § 5 VersG bezieht sich nur auf öffentliche Versammlungen in geschlossenen Räumen. Öffentlich ist eine Versammlung, wenn sie für jedermann zugänglich ist. Dies könnte bei der Parteiveranstaltung aber deshalb fraglich sein, weil der vorgesehene Teilnehmerkreis von vornherein auf Parteimitglieder begrenzt ist. Wenn aber eine Versammlung für einen derartigen geschlossenen Personenkreis stattfindet und nicht jedermann eine Zugangsberechtigung erwerben kann, handelt es sich nicht um eine öffentliche Versammlung. § 5 VersG ist also nicht anwendbar. Die Bestimmung ist auch nicht analog anwendbar. Denn aus den Überschriften der Abschnitte II und III des VersG geht hervor, dass der Gesetzgeber die dort vorgesehenen Maßnahmen ausdrücklich auf „öffentliche Versammlungen" beschränken wollte. Es liegt also keine „planwidrige Regelungslücke" als Voraussetzung für eine Rechtsanalogie vor. Dass der Gesetzgeber die Problematik nicht öffentlicher Versammlungen durchaus erkannt und nicht bloß übersehen hat, zeigen zudem die Regelungen der §§ 3 und 21 VersG, die sich im Gegensatz zu den Regelungen des 2. und 3. Abschnitts auch auf nicht öffentliche Versammlungen beziehen.

898 Das Verbot des Parteitags als einer nicht öffentlichen Versammlung könnte jedoch auf die polizeiliche Generalklausel des *§ 3 LPolG*[25] gestützt werden. Einem Rückgriff auf die polizeiliche Generalklausel könnte allerdings der prinzipielle Vorrang des Versammlungsgesetzes gegenüber dem allgemeinen Polizei- und Ordnungsrecht entgegenstehen. Wenn aber der Gesetzgeber für die nichtöffentlichen Versammlungen im VersG unter sicherheitsrechtlichen Aspekten gerade keine Regelung getroffen, die nicht öffentlichen Versammlungen allenfalls punktuell erfasst hat, so

24 BVerfGE 69, 315 (352 f.); 111, 147 (157 f.).

25 Hier ist die jeweilige landesrechtliche Bestimmung, also zB § 3 SächsPolG, aufzuführen; – **Achtung: einige der neueren Gesetze verzichten auf den Begriff der öffentlichen Ordnung**.

kann insoweit das VersG auch das allgemeine Polizeirecht der Länder nicht verdrängen. Deshalb kommt ein Rückgriff auf die polizeiliche Generalklausel hier in Betracht.

Fraglich ist jedoch, ob die polizeiliche Generalklausel im vorliegenden Fall, in dem es um eine Versammlung in einem geschlossenen Raum geht, eine verfassungsrechtlich zulässige Beschränkung der Versammlungsfreiheit bilden kann. Der Gesetzesvorbehalt des Art. 8 II GG bezieht sich nur auf Versammlungen unter freiem Himmel. Demgegenüber ist das Recht zur Versammlung in geschlossenen Räumen vorbehaltlos gewährleistet. Es kann daher nur den Schranken, die sich aus der Verfassung selbst ergeben, unterliegen, kann also nur zum Schutz gleichwertiger Rechtsgüter aus der Verfassung selbst eingeschränkt werden. Auch diese sog. verfassungsimmanenten Schranken an sich nicht einschränkbarer Grundrechte heben jedoch den grundrechtlichen Gesetzesvorbehalt nicht auf. Um Eingriffe in das Grundrecht zu rechtfertigen, bedarf es also auch dann einer Ermächtigungsgrundlage in einem formellen Gesetz. Damit aber kommt hier die polizeiliche Generalklausel als Ermächtigungsgrundlage in Betracht. Sie darf aber nur zur Realisierung der verfassungsimmanenten Schranken des Grundrechts herangezogen werden, also zum Schutz verfassungsrechtlich gleichwertiger Rechtsgüter. **899**

2. Formelle Rechtmäßigkeit

Der Bescheid müsste auch hinsichtlich des Verbots der Parteiversammlung formell rechtmäßig ergangen sein. Hierfür kann auf die Ausführungen zum Verbot der Kundgebung unter I. verwiesen werden. **900**

3. Materielle Rechtmäßigkeit

a) Die polizeiliche Generalklausel des § 3 LPolG könnte hier wegen einer **Gefahr für die öffentliche Sicherheit** zur Anwendung kommen. Eine Gefährdung der öffentlichen Ordnung kann demgegenüber als Verbotsgrund von vornherein nicht in Erwägung gezogen werden, da das Verbot sich hier allein auf den Inhalt der bei der Versammlung erwarteten Äußerungen stützt.[26] Eine Gefahr für die öffentliche Sicherheit könnte sich jedoch daraus ergeben, dass der Hauptredner der Versammlung, Irrgang, nach den Erkenntnissen der Behörde erneut wie schon bei anderen Anlässen die sog. „Auschwitz-Lüge" verbreiten könnte. Diese ist durch § 130 III StGB unter Strafe gestellt. Die Verwirklichung des Straftatbestandes würde eine Störung der öffentlichen Sicherheit bedeuten, zu der auch die Unversehrtheit der Rechtsordnung zählt. Da Irrgang sich regelmäßig in dieser Weise zu äußern pflegt, kann auch von einer hinreichenden Wahrscheinlichkeit des Eintritts einer solchen Störung und damit von einer Gefahr ausgegangen werden. Für Beschränkungen von Versammlungen in geschlossenen Räumen reicht allerdings eine beliebige Gefahr entsprechend der polizeilichen Generalklausel nicht aus. Denn diese Versammlungen unterliegen **901**

---

26 Vgl. vorstehend I.3.c); – der Hinweis erübrigt sich, soweit in der einschlägigen landesgesetzlichen Norm der Begriff der öffentlichen Ordnung fehlt.

nur verfassungsimmanenten Schranken. Die Behörden dürfen also nur zum Schutz von Rechtsgütern einschreiten, die eine Beschränkung von vorbehaltlos gewährleisteten Grundrechten rechtfertigen, also Grundrechte Dritter oder andere mit Verfassungsrang ausgestattete Rechtsgüter.[27] Wenn hier das Verbot ausgesprochen wurde, weil die Verwirklichung des Straftatbestands des § 130 III StGB verhindert werden sollte, so musste diese Strafrechtsnorm dem Schutz entsprechend hochwertiger Rechtsgüter mit Verfassungsrang dienen. Geht man davon aus, dass hier vor allem die Menschenwürde der Opfer des Nationalsozialismus und ihrer Nachkommen geschützt werden soll, und berücksichtigt man zudem, dass dem Grundgesetz eine dezidierte Absage an den Nationalsozialismus zugrundeliegt, so kann zunächst festgestellt werden, dass dem Verbot der Parteiveranstaltung ein legitimes Ziel zugrundeliegt, das auch einen Eingriff in das Grundrecht der Versammlungsfreiheit für geschlossene Räume rechtfertigen kann.

902 Ob der Eingriff tatsächlich gerechtfertigt ist, könnte sich zunächst wiederum nach den **Maßstäben des Art. 5 GG** beurteilen, da das Verbot sich wiederum gegen bestimmte anlässlich der Versammlung erwartete Äußerungen richtet. Als unrichtige Tatsachenbehauptung fällt die Verbreitung der sog. Auschwitz-Lüge aber von vornherein nicht in den Schutzbereich der Meinungsfreiheit.[28] Auch Art. 5 I GG stand damit einer versammlungsbeschränkenden Maßnahme zur Verhinderung einer Straftat nach § 130 III StGB nicht entgegen.

903 b) Die Maßnahme müsste sich gegen den **richtigen Adressaten** richten. Da die PDE als Veranstalterin der Versammlung auftrat und den betreffenden Redner eingeladen hatte, waren dessen – befürchtete – Äußerungen ihr auch als Verhaltensstörerin gemäß § 4 LPolG zuzurechnen, sodass die Maßnahmen auch gegen sie gerichtet werden konnten. Die Maßnahme müsste jedoch auch im Übrigen **verhältnismäßig** sein. Hier könnte es insbesondere an der **Erforderlichkeit** fehlen. Denn um die erwarteten Äußerungen des Irrgang zu verhindern, hätte es auch ausgereicht, im Wege einer Auflage dessen Auftreten anlässlich der Veranstaltung zu verbieten. Ein gänzliches Verbot war daher nicht erforderlich. Das Verbot der Parteiversammlung war deshalb rechtswidrig.

Ergebnis: Auch das Verbot der Parteiversammlung war rechtswidrig und verletzte die PDE in ihren Rechten. Die Klage ist auch insoweit begründet.

---

27 BVerwG NVwZ 1999, 991 (992).
28 BVerfGE 90, 241 (249); *Degenhart*, BonnK, Art. 5 I u. II (1999) Rn 104, 245.

Repetitorium

I. Art. 8 GG in der Fallbearbeitung

Grundfragen des Art. 8 GG begegnen dem Bearbeiter häufig in verwaltungsrechtlicher Einkleidung. Zu prüfen ist die Rechtmäßigkeit behördlicher Maßnahmen gegen Versammlungen: Versammlungsverbote, die Auflösung von Versammlungen,[29] häufig in prozessualer Einkleidung, dabei wegen regelmäßiger prozessualer Überholung häufig im Rahmen einer Fortsetzungsfeststellungsklage oder im einstweiligen Rechtsschutzverfahren. Schließlich hat für Art. 8 GG auch der verfassungsgerichtliche Rechtsschutz im Eilverfahren besondere Bedeutung erlangt. Unterliegt der Veranstalter der Versammlung im verwaltungsgerichtlichen Eilverfahren, und hat er den Rechtsweg *in diesem Verfahren* erschöpft, so kommt ein Antrag nach § 32 BVerfGG in Betracht (BVerfGE 111, 147; s.u. Rn 909). Zu beachten ist bei versammlungsrechtlichen Fällen die **Novellierung** des VersG: der neu eingefügte Absatz 2 ermöglicht Verbote oder Auflagen bei Kundgebungen an Gedenkstätten für die NS-Opfer und benennt in Satz 2 ausdrücklich die Holocaust-Gedenkstätte in Berlin. 904

Die Prüfung der Rechtmäßigkeit behördlicher Maßnahmen beginnt stets mit der Frage nach der Ermächtigungsgrundlage, die im VersG zu suchen ist: § 15 I VersG für ein Verbot, § 15 III und IV VersG (bisher: § 15 II und III) für die Auflösung der Versammlung. Es ergibt sich also diese Prüfungsreihenfolge:

1. Ermächtigungsgrundlage
   a) § 15 VersG für öffentliche Versammlungen unter freiem Himmel, § 5 VersG für öffentliche Versammlungen in geschlossenen Räumen; Voraussetzung ist das Vorliegen einer Versammlung; für nicht öffentliche Versammlungen ist auf die polizeiliche Generalklausel zurückzugreifen. 905
   b) Verfassungsmäßigkeit der Ermächtigungsgrundlage?
   Wegen Art. 8 II GG grundsätzlich zu bejahen, aber verfassungskonforme Einschränkung des Begriffs der „öffentlichen Ordnung"; für Spontan- und Eilversammlungen Erfordernis verfassungskonformer Handhabung der Anmeldepflicht;
   Für Versammlungen in geschlossenen Räumen: nur verfassungsimmanente Schranken im Rahmen des § 5 VersG maßgeblich.
2. Formelle Rechtmäßigkeit (Anhörung?)
3. Anwendung des Schrankengesetzes
   a) Voraussetzungen für Versammlungsverbot bzw. Versammlungsauflösung:
      aa) Gefahr für die öffentliche Sicherheit;
      bei meinungsbezogenen Eingriffen: zulässige Schranke nach Art. 5 II GG (zB Verstoß gegen Strafgesetze)?

29 Anders die Fallfrage im Fallbeispiel von *Enders*, JuS 2000, 883, wo – im Rahmen einer Hausarbeit aus der Anfängerübung – nach der „Verfassungsmäßigkeit" versammlungsrechtlicher Maßnahmen gefragt war.

bb) Gefahr für die öffentliche Ordnung – nur aus den Umständen der Versammlung abzuleiten, nicht aus dem Inhalt von Äußerungen;
cc) bei Auflösung: Unfriedlichkeit, Abweichung von Auflagen, keine Anmeldung, verspätete Anmeldung;
dd) Versammlungen in geschlossenen Räumen: sind Rechtsgüter von Verfassungsrang betroffen?

b) Verhältnismäßigkeit des Verbots bzw. der Auflösung? Insbesondere bei Unfriedlichkeit: nur Verhalten Einzelner oder von der Versammlung getragen?; Auflagen statt Verbot ausreichend?; bei Verstoß gegen Anmeldepflicht: Spontan- oder Eilversammlung? – Letzterer Gesichtspunkt kann auch bereits unter a) gebracht werden.

c) Insbesondere bei meinungsbezogenen Eingriffen, also Verbot oder Auflösung wegen Äußerungen der Versammlungsteilnehmer: Kein Rückgriff auf die öffentliche Ordnung; der Eingriff muss gegenüber Art. 5 GG gerechtfertigt sein. Dient ein Versammlungsverbot dazu, eine bestimmte Meinungskundgabe zu unterdrücken, so bildet Art. 5 GG nach der Rechtsprechung des BVerfG den Maßstab, an dem die Maßnahme zu messen ist.[30] Eine Äußerung, die nach Art. 5 II GG nicht unterbunden werden darf, kann danach auch nicht Anlass für versammlungsbeschränkende Maßnahmen im Sinne des Art. 8 II GG sein.

Bei Verfassungsbeschwerden gegen Versammlungsverbot oder -auflösung ist das übliche Prüfungsschema – Schutzbereich, Eingriff, Rechtfertigung – zugrundezulegen; im Rahmen der Rechtfertigung ist dann zu prüfen, ob das VersG als Ermächtigungsgrundlage verfassungskonform ist bzw. verfassungskonformer Anwendung bedarf; der Schwerpunkt wird auch hier regelmäßig bei der Anwendung des Schrankengesetzes liegen.

906 **Polizeiliche Maßnahmen gegen einzelne Versammlungsteilnehmer** sind – solange die Versammlung nicht aufgelöst ist – nur unter Berücksichtigung der Sperrwirkung des Versammlungsgesetzes möglich. So dürfen insbesondere einzelne Teilnehmer an Meinungskundgaben im Rahmen der Versammlung nur unter Beachtung der „Polizeifestigkeit“ der Meinungsfreiheit gehindert werden, etwa durch Wegnahme eines Transparents: Enthalten einzelne Transparente strafbare Parolen, so kann hiergegen zwar grundsätzlich im Rahmen der polizeilichen Standardmaßnahmen eingeschritten werden. Da bei der Beurteilung der Strafbarkeit aber auch die Meinungsfreiheit zu berücksichtigen ist und die hier vorzunehmende Interpretation der Äußerung und Abwägung nach Art. 5 II GG prinzipiell nicht Sache der Polizei ist, kommt ein Einschreiten nur bei evidenter Strafbarkeit in Betracht. Ebenso kann die Polizei einschreiten gegen einzelne Teilnehmer, die sich unfriedlich verhalten, wenn dies noch nicht die Auflösung der Versammlung insgesamt trägt (dazu *Pieroth/Schlink* Rn 710: sog. Minus-Maßnahmen). Für die Auflösung einer (öffentlichen) Versammlung ist jedoch allein das VersG maßgeblich, wie auch sonst für Maßnahmen gegen die Versammlung als solche. Erst nach Auflösung oder versammlungsrechtlich begründetem Ausschluss eines Versammlungsteilnehmers ist ein Platzverweis zulässig.[31] Das VersG verdrängt auch das Straßenrecht: die Versammlung benötigt keine straßenrechtliche Sondernutzungserlaubnis.

30 BVerfGE 90, 241 (246); 111, 117 (155 ff.).
31 BVerfG NVwZ 2005, 80.

Folgende **materielle Problemschwerpunkte** sollten geläufig sein:

Versammlungsbegriff (dazu *Pieroth/Schlink* Rn 689 ff.; guter Problemaufriss bei *Tillmanns*, JA 2002, 277): hier scheint sich derzeit in der Rechtsprechung der engere, auf die kollektive Meinungskundgabe in öffentlichen Angelegenheiten beschränkte Versammlungsbegriff durchzusetzen. **907**

Mit dem Versammlungsbegriff des Art. 8 GG befasste das BVerfG sich im Zusammenhang mit der Love Parade in Berlin und einer Konkurrenzveranstaltung, der Fuckparade, deren Einordnung als Versammlung abgelehnt wurde: im Vordergrund stand nicht die kollektive Meinungsäußerung, sondern nach dem Gesamtgepräge der Veranstaltungen deren „Spaß-, Tanz- und Unterhaltungszweck".[32]

Wenn also hiernach Veranstaltungen wie die Love Parade, Rockkonzerte u.Ä. keine Versammlungen sind, so benötigen die Veranstalter eine Sondernutzungserlaubnis nach Straßen- und Wegerecht, bei deren Erteilung die Behörde Ermessen hat – die Versammlung hat demgegenüber ein „Recht auf die Straße".

Eil- und Spontanversammlungen (dazu *Pieroth/Schlink* Rn 711): verfassungskonforme Anwendung der Anmeldepflicht.

Unfriedlichkeit darf nicht angenommen werden, wenn nur einzelne Teilnehmer sich „unfriedlich" verhalten (dazu *Pieroth/Schlink* Rn 701), wohl aber dann, wenn diese Gewalttätigkeiten aus der Versammlung heraus und durch diese gedeckt begehen. Es muss sich um Handlungen von einiger Gefährlichkeit durch aggressive Ausschreitungen gegen Personen oder Sachen handeln.

Für Versammlungen in **geschlossenen Räumen** bedeutet die verfassungskonforme Anwendung des § 5 VersG (bzw. – bei nicht öffentlichen Versammlungen – der polizeilichen Generalklausel): nur verfassungsimmanente Schranken berechtigen zum Eingreifen.

Versammlungs- und Meinungsfreiheit: Meinungsbezogene Eingriffe müssen gegenüber Art. 5 GG Bestand haben; Ermächtigungsgrundlage (zB für ein Versammlungsverbot oder für die Auflage, bestimmte Äußerungen nicht zu verbreiten) ist zwar das VersG, bei dessen Anwendung ist jedoch Art. 5 GG zu berücksichtigen. D.h.: Wenn ein Eingriff gegenüber Art. 5 GG nicht gerechtfertigt werden kann, ist auch keine Maßnahme gegen die Versammlung aus Gründen der öffentlichen Sicherheit zulässig; die Gefährdung der öffentlichen Ordnung scheidet insoweit als Beschränkungsgrund ohnehin aus. **908**

Deshalb rechtfertigt die Erwartung, bei einer Versammlung werde nationalsozialistisches Gedankengut verbreitet, es nicht, die Versammlung zu verbieten, es sei denn, die fraglichen Äußerungen sind auf verfassungskonforme Weise gesetzlich verboten.[33]

---

32 BVerfG NJW 2001, 2072 = DVBl 2001, 1054; dazu *Tillmanns,* JA 2002, 277.
33 BVerfGE 111, 147 (157 f.).

II. Versammlungsfreiheit und Rechtsschutzgarantie

909 **Rechtsschutz** im Versammlungsrecht erhält seine spezifische Problematik daraus, dass Eingriffe (Versammlungsverbote, Auflagen) sich regelmäßig erledigen, ehe eine abschließende gerichtliche Entscheidung vorliegt. Deshalb erlangt hier das **verwaltungsgerichtliche Eilverfahren** besondere Bedeutung. Da bei Versammlungsverboten in der Hauptsache Anfechtungsklage eröffnet ist, ist das Verfahren nach § 80 V VwGO einschlägig – bei dem dann regelmäßig in der Frage des Vollzugsinteresses eine vergleichsweise intensive „Anprüfung" der Hauptsache erfolgt (näher *Schenke* Rn 1002 f.). Wird die Anordnung der sofortigen Vollziehung im verwaltungsgerichtlichen Eilverfahren bestätigt, kann dagegen das BVerfG angerufen werden[34], dies auch im Wege der einstweiligen Anordnung nach § 32 BVerfGG. Für deren Begründetheit ist zu beachten, dass das BVerfG, anders als sonst im Eilverfahren nach § 32 BVerfGG, auch auf die erkennbaren Erfolgsaussichten der Verfassungsbeschwerde selbst abstellt.[35]

910 Die Rechtsschutzgarantie des Art. 19 IV GG kann in versammlungsrechtlichen Fällen auch **nachträglichen Rechtsschutz** erfordern – wenn andernfalls die Behörde bei schwerwiegenden Grundrechtseingriffen klaglos gestellt bliebe. Dies begründet in den Fällen des § 113 I 4 VwGO das Feststellungsinteresse unter drei möglichen Aspekten[36]: Wiederholungsgefahr, Rehabilitierungsinteresse und unabhängig davon auch dann, „wenn die angegriffene Maßnahme die Versammlungsfreiheit schwer beeinträchtigt". – Im Stadium der **Verfassungsbeschwerde** ist dann gegenwärtiges Betroffensein bzw. Rechtsschutzinteresse auch bei bereits erledigten Maßnahmen zu bejahen (Rn 42). Dies gilt in Fällen tiefgreifender Grundrechtseingriffe, in denen die direkte Belastung sich nach dem typischen Verfahrensablauf auf eine Zeitspanne beschränkt, in welcher der Betroffene die gerichtliche Entscheidung in der von der Prozessordnung gegebenen Instanz kaum erlangen kann. *„Effektiver Grundrechtsschutz gebietet es in diesen Fällen, dass der Betroffene Gelegenheit erhält, die Berechtigung des schwerwiegenden – wenn auch tatsächlich nicht mehr fortwirkenden – Grundrechtseingriffs gerichtlich klären zu lassen"*.[37] Dieser Rechtsgedanke kann auch auf sonstige Grundrechtseingriffe übertragen werden, die sich regelmäßig bereits mit ihrem Vollzug erledigen (Durchsuchungen, Überwachungsmaßnahmen).

Zur Wiederholung: *Pieroth/Schlink* Rn 688–716.

Aus der Ausbildungsliteratur: *Tillmanns*, Art. 8 GG: Versammlungseigenschaft der Love Parade und Fuckparade, JA 2002, 277; *Enders*, Der Schutz der Versammlungsfreiheit, Jura 2003, 1 und 103; *Soine*, Rechtsextremistische Musik unter Grundrechtsschutz?, JuS 2004, 382; *Kment*, Bspr. von BVerfG NVwZ 2005, 80, JA 2005, 492.

Aktuelle Rechtsprechung: BVerfG NVwZ 2003, 601 (Volkstrauertag); BVerfGE 110, 77 (Fortsetzungsfeststellungsinteresse); BVerfGE 111, 147 (Eilrechtsschutz – Einschränkungen von Versammlungen wegen Inhalts von Äußerungen).

---

34 BVerfG NJW 2001, 2072.
35 BVerfGE 111, 147 (153).
36 BVerfGE 110, 77 (89).
37 BVerfGE 96, 27 (40).

Weitere Fälle im thematischen Zusammenhang: *von Coelln,* Verbot einer Vereinsversammlung, VBlBW 2002, 405; *Enders*, Frühling für Deutschland, JuS 2000, 883; *Kahl,* Kurz entschlossener Protest, JuS 2000, 1090; *Berg,* Die Sitzblockade, JuS 1998, L 28; *Schmidt de Caluwe/Gerick,* Der verbotene Bittgang, JA 1996, 778; *Schaefer,* Demo gegen Rechtsextremismus, JuS 1993, L 3; *Rozek/Lehr*, Vermummte Weihnachtsmänner, JA 2004, 900; *Steinhorst*, Die aggressiven Versammlungsteilnehmer, JuS 2005, 813.

Fall 16

Investitionsmaßnahmegesetz

Schwierigkeitsgrad: Examensklausur, 5 Std., evtl. in verkürzter Form auch Fortgeschrittenenübung, 3. Teil isoliert auch als Zwischenprüfungsklausur

911 Der Automobilhersteller Sushiyama AG mit Sitz in Düsseldorf, dessen Aktienkapital vollständig vom weltweit operierenden japanischen Sushiyama-Konzern gehalten wird, beabsichtigt, mehrere Produktionsstätten in den Ländern der EU, u.a. auch in der Bundesrepublik zu errichten. Zur Optimierung der Produktion soll ein ausgedehntes Testgelände zur Erprobung der im oberen Marktsegment angesiedelten Fahrzeuge des Herstellers errichtet werden. Als Standort hierfür hat die Sushiyama AG nach umfangreichen Standortanalysen ein Gelände im Osten des Bundeslandes A in Aussicht genommen.

Die Landesregierung von A beschließt, das Projekt mit einem Investitionsvolumen von € 200 Millionen nach allen Kräften zu fördern. Da die Unternehmensleitung der Sushiyama AG in ersten vertraulichen Vorgesprächen Bedenken wegen der langwierigen Genehmigungsverfahren in der Bundesrepublik Deutschland geäußert hat, insbesondere auch das Risiko verwaltungsgerichtlicher Verfahren scheut und beiläufig erwähnt, dass auch im portugiesischen Alentejo, in der süditalienischen Region Basilicata und in Finnisch-Lappland geeignete Standorte zur Verfügung stünden, beschließt die Landesregierung, das Vorhaben dadurch zu beschleunigen, dass die erforderlichen Maßnahmen unmittelbar durch Gesetz beschlossen werden.

Ein entsprechender Gesetzentwurf wird kurzfristig ausgearbeitet.

Der Gesetzentwurf lautet, soweit hier von Bedeutung, wie folgt:

„§ 1: Die Errichtung einer Automobil-Teststrecke mit den zugehörigen Einrichtungen in der Gemarkung der Gemeinden ... mit einer Flächenausdehnung von 202,4 ha wird nach Maßgabe der in der Anlage zu diesem Gesetz enthaltenen Pläne, die Bestandteil dieses Gesetzes sind, genehmigt. Mit In-Kraft-Treten dieses Gesetzes gelten alle nach Landesrecht erforderlichen Genehmigungen als erteilt.

§ 2: Mit In-Kraft-Treten dieses Gesetzes gehen die in der Anlage zu diesem Gesetz näher bezeichneten Grundstücke Fl. Nr. ... in das Eigentum der Firma Sushiyama AG, Düsseldorf, über.

§ 3: Die Eigentümer der in § 2 bezeichneten Grundstücke werden entschädigt. Die Entschädigung soll vorzugsweise durch Übereignung gleichwertiger Ersatzgrundstücke aus Staatseigentum geleistet werden. Wo keine geeigneten Ersatzgrundstücke zur Verfügung stehen, sind die Eigentümer in Geld zu entschädigen.

§ 4: Die Höhe der Entschädigung wird von einem von der Landesregierung einzusetzenden, unabhängigen und weisungsfreien Gutachterausschuss festgesetzt. Sie soll sich am Verkehrswert der Grundstücke orientieren.

§ 5: Für Grundstücke im Eigentum von Gemeinden wird keine Entschädigung geleistet.

§ 6: Die Genehmigungen nach § 1 dieses Gesetzes erlöschen, wenn das in § 1 bezeichnete Vorhaben nicht innerhalb von fünf Jahren nach In-Kraft-Treten dieses Gesetzes ausgeführt worden ist.“

In der Begründung zum Gesetzentwurf wird u.a. ausgeführt, dass mit dem Vorhaben die Schaffung von mehreren hundert Arbeitsplätzen in einer strukturschwachen Region verbunden sei und schon deshalb dringendes öffentliches Interesse an seiner zügigen Durchführung bestehe. Da verhindert werden solle, dass das Unternehmen sich für einen Standort im Ausland entscheide, sei eine Abkürzung der langwierigen Genehmigungsverfahren im Gemeinwohlinteresse dringend geboten.

Auf der Kabinettssitzung vom 10. Februar 2002 beschließt die Landesregierung, den Entwurf als Gesetzesvorlage in den Landtag einzubringen. Bei dieser Sitzung sind neben dem Ministerpräsidenten fünf von insgesamt zehn Ministern anwesend; die Beschlussfassung erfolgt bei zwei Gegenstimmen. Der Landtag stimmt der Gesetzesvorlage mehrheitlich zu. Nach ordnungsgemäßer Ausfertigung und Verkündung tritt das Gesetz am 01. März 2002 in Kraft.

Im Verlauf des März 2002 gehen mehrere Klagen gegen das Gesetz ein.

1. Bauer Dümmel, Eigentümer mehrerer Grundstücke im Bereich des geplanten Testgeländes, erhebt Klage vor dem Verwaltungsgericht X, in dessen Gerichtsbezirk das Vorhaben liegt und beantragt Aufhebung des Gesetzes. Er legt dar, bei dem Gesetz handle es sich in Wahrheit um einen Verwaltungsakt in Gesetzesform; Letztere sei nur gewählt worden, um den verwaltungsgerichtlichen Rechtsschutz zu umgehen. Dies sei missbräuchlich; nach dem Gebot effektiven Rechtsschutzes müsse daher die wahre Rechtsnatur der angegriffenen Maßnahme ausschlaggebend sein.

2. Die Gemeinde G beantragt beim Landesverfassungsgericht die Nichtigerklärung des Gesetzes. Sie legt im Einzelnen dar:

Das Gesetz verletze sie in ihrem Selbstverwaltungsrecht. Etwa 40 % des Gemeindegebiets lägen im Bereich des Testgeländes und würden ihrer Planungshoheit entzogen. Zwar bestünden noch keine konkreten Vorstellungen über die künftige Nutzung dieser Flächen, doch wolle die Gemeinde jedenfalls in ihrer Entscheidung hierüber frei bleiben. Hinzu komme, dass ein 2000 m^2 großes Grundstück im Bereich des Vorhabens, das von dem gesetzlich angeordneten Eigentumsübergang betroffen sei, in ihrem Eigentum gestanden habe; sie werde damit entschädigungslos enteignet, was unzulässig sei. Ferner sei sie nicht angehört worden; schon deshalb sei das Gesetz verfassungswidrig. Im Übrigen sei es verfahrensfehlerhaft zustande gekommen, da nur fünf von zehn Mitgliedern der Landesregierung bei der Verabschiedung der Gesetzesvorlage anwesend gewesen seien und von diesen wiederum nur vier der Vorlage zugestimmt hätten.

3. Der in G wohnhafte Erwin Eigen, Eigentümer eines Grundstücks im Bereich des Vorhabens, beantragt beim Bundesverfassungsgericht die Nichtigerklärung des Gesetzes. Er beruft sich auf sein Eigentum, in dem er in verfassungswidriger Weise beeinträchtigt sei. Enteignungen zugunsten privater Unternehmen seien unzulässig. Auch sei die Anordnung des Eigentumsübergangs unmittelbar durch Gesetz verfassungswidrig. Die Entschädigungsfrage sei nur unzureichend gelöst. Es widerspreche auch in eklatanter Weise dem Staatsziel Umweltschutz, wenn sein Grundstück, eine ökologisch wertvolle Sumpfwiese, im Zuge der Errichtung des Testgeländes überbaut oder zubetoniert werde. Ob das Vorhaben die erhofften Arbeitsplätze mit sich bringen würde, sei höchst fraglich; wahrscheinlicher sei es, dass die benötigten

Arbeitskräfte aus anderen Regionen herbeigeholt würden und für die ansässige Bevölkerung allenfalls wenige und minderwertige Arbeitsplätze entstünden.

Von Seiten des Landes wird im Verfahren des Dümmel die Zulässigkeit der Klage bestritten. Der Gesetzgeber dürfe frei darüber entscheiden, welche Maßnahmen er selbst treffen und welche Maßnahmen er der Verwaltung übertragen wolle. Die Entscheidung durch den Gesetzgeber selbst sei im Gegenteil in einer demokratischen und rechtsstaatlichen Ordnung vorzugswürdig.

Im Verfahren der Gemeinde G wird ausgeführt, die Gemeinde sei weder in ihrer Planungshoheit noch in ihrem Eigentum verletzt – Letzteres schon deshalb, weil sie nach der Verfassung keinen Eigentumsschutz genieße. Eine Anhörung der Gemeinde sei schon deshalb nicht erforderlich gewesen, weil diese in ihrem Bestand unangetastet bleibe. Die Rüge eines fehlerhaften Gesetzgebungsverfahrens sei nicht nachvollziehbar; auf die Beschlussfassung über die Regierungsvorlage komme es nicht an. Im Übrigen sei nach der Geschäftsordnung, die die Staatsregierung sich gegeben haben, bei Anwesenheit von mindestens der Hälfte der Regierungsmitglieder Beschlussfähigkeit gegeben.

Zum Antrag des Eigen wird ausgeführt, dieser sei schon deshalb unzulässig, weil Eigen zunächst abwarten müsse, was ihm an Entschädigung zugesprochen werde. Im Übrigen müsse er gegenüber einem Landesgesetz zunächst den Rechtsschutz vor den Gerichten des Landes suchen. Die Enteignungen erfolgten im öffentlichen Interesse, da angesichts der hohen Arbeitslosigkeit in der betroffenen Region jegliche Investitionstätigkeit gefördert werden müsse.

Sowohl im Verfahren der G als auch in dem des Eigen beruft sich das Land auf seine ihm nach der Landesverfassung obliegende Verpflichtung zur Schaffung von Arbeitsplätzen und zur Strukturförderung; ihr gegenüber müsse die Erhaltung irgendwelcher Sumpfwiesen zurücktreten. Vom Testgelände seien positive Auswirkungen zu erwarten; deren Einschätzung sei im Übrigen wie jede Prognoseentscheidung Sache des Gesetzgebers.

Bearbeitervermerk

Zu den Erfolgsaussichten der Anträge des Dümmel, der Gemeinde und des Eigen ist rechtsgutachtlich Stellung zu nehmen. Dabei sind die Anträge selbstständig zu prüfen, d.h. es ist für jeden Antrag zu unterstellen, dass noch keine Entscheidung eines der anderen angerufenen Gerichte vorliegt. Europarecht ist nicht zu prüfen.

Zusatzfrage

Angenommen, das Landesverfassungsgericht hat bereits entschieden, ehe das Bundesverfassungsgericht sich mit der Sache befassen kann: welche Konsequenzen ergeben sich hieraus für die Entscheidung des Bundesverfassungsgerichts?

Es ist zu unterstellen, dass die Geschäftsordnung der Landesregierung eine § 24 GeschOBReg entsprechende Bestimmung enthält und die Landesregierung nach der Verfassung das Recht hat, Gesetzesvorlagen einzubringen. Es ist ferner zu unterstellen, dass die Verfassung des Landes A eine mit Art. 28 GG inhaltsgleiche Gewährleistung der kommunalen Selbstverwaltungsgarantie und eine mit Art. 14 GG inhaltsgleiche Eigentumsgarantie sowie die Möglichkeit der Kommunalverfassungsbeschwerde zum Landesverfassungsgericht entsprechend Art. 93 I Nr. 4 b GG enthält und auf das Verfahren vor dem Landesverfassungsgericht die Bestimmungen des BVerfGG entsprechende Anwendung finden.

Vorüberlegungen

912 Schon beim ersten Durchlesen des Sachverhalts wird der Bearbeiter auf mehrere Problemschwerpunkte stoßen: dem Fall liegt der Sachverhalt der Boxberg-Entscheidung des BVerfG[1] zugrunde, es geht also um das Problem der privatnützigen Enteignung;[2] es steht im Mittelpunkt der auf Art. 14 GG gestützten Verfassungsbeschwerde des E, bei der eine Reihe weiterer geläufiger Fragen des Art. 14 GG anzusprechen sind: das Verhältnis von Legal- und Administrativenteignung,[3] die Anforderungen der Junktim-Klausel des Art. 14 III GG. Bei dem Enteignungsgesetz handelt es sich zudem um ein sog. Investitionsmaßnahmegesetz – also ein Gesetz, durch das die Zulässigkeit einer Investitionsmaßnahme abschließend festgestellt wird. Ein solches Gesetz war Gegenstand der Entscheidung des Bundesverfassungsgerichts zur Südumfahrung Stendal;[4] der Bearbeiter hat sich in diesem Zusammenhang mit dem Gesetzesbegriff des Grundgesetzes auseinanderzusetzen, insbesondere mit der Frage der Zulässigkeit derartiger Maßnahmegesetze und des adäquaten Rechtsschutzes hiergegen. Insbesondere die Rechtsschutzproblematik wird durch die Art der Fragestellung – Erfolgsaussichten einer verwaltungsgerichtlichen Klage – hinreichend deutlich aufgeworfen. Schließlich geht es um verfassungsrechtliche Positionen der Gemeinde, insbesondere um die Frage, ob die Gemeinde sich für den Schutz ihres Eigentums auf die Eigentumsgarantie des Art. 14 GG bzw. entsprechende landesverfassungsrechtliche Garantien berufen kann.

913 Dass das BVerfG die Grundrechtsträgerschaft von Gemeinden generell verneint, dürfte dem Bearbeiter bekannt sein. Dass der Bayerische Verfassungsgerichtshof Gemeinden den Schutz der Eigentumsgarantie der Bayerischen Verfassung zuerkennt, sollten bayerische Examenskandidaten gehört haben. Eine Reihe weiterer Probleme werden im Sachverhalt angesprochen, so etwa das der Beschlussfassung der Landesregierung über die Gesetzesvorlage; mit einer vergleichbaren Problematik bei der Verabschiedung einer Rechtsverordnung der Bundesregierung hatte sich das BVerfG bereits zu befassen.[5] Die Kenntnis dieser Entscheidung war bei der Lösung des Falles hilfreich, aber keineswegs unabdingbar: erforderlich war eine sachgerechte Auslegung der im Sachverhalt genannten Bestimmung der GeschO, wie auch eine Auseinandersetzung mit der Bedeutung der Gesetzesinitiative im Gesetzgebungsverfahren.

914 Der Aufbau ist durch die prozessuale Konstellation vorgegeben: es sind unterschiedliche Rechtsbehelfe eingelegt, deren Erfolgsaussichten, also deren Zulässigkeit und Begründetheit zu prüfen sind. Zu prüfen sind die konkret eingelegten Rechtsbehelfe

---

1 BVerfGE 76, 107.

2 Zum Problem der privatnützigen Enteignung liegt eine aktuelle E. des BVerwG vor, E 117, 138: Enteignung für den Bau einer Transitpipeline zum Transport von Rohöl in die Tschechische Republik dient dem Wohl der Allgemeinheit in der Bundesrepublik, da der Bau in einem völkerrechtlichen Abkommen vorgesehen ist, der guten Nachbarschaft beider Staaten und der Einbindung der Tschechischen Republik in die EU dient.

3 BVerfGE 24, 267.

4 BVerfGE 95, 1; s. dazu *Degenhart* Rn 125 f.

5 BVerfGE 91, 148; s. dazu *Degenhart* Rn 696 f.

– im Fall des D also die verwaltungsgerichtliche Klage (und nicht etwa eine Verfassungsbeschwerde – mag Verf. sie auch für den hier allein statthaften Rechtsbehelf halten). Bezüglich der Eigentumsproblematik ist das klar definierte Rechtsschutzziel des E zu beachten: E will sich gegen die Enteignung wehren, es geht ihm also nicht um die Höhe der Entschädigung. Er muss auch so vorgehen, wenn er die Enteignung für nicht gerechtfertigt hält. Denn es gilt bekanntlich nicht (mehr) der Grundsatz des „dulde und liquidiere".

Gliederung **915**

1. Teil: Klage des Dümmel

A. Zulässigkeit der verwaltungsgerichtlichen Klage
- I. Verwaltungsrechtsweg, § 40 VwGO
  - 1. Öffentlich-rechtliche Streitigkeit
  - 2. Streitigkeit nicht-verfassungsrechtlicher Art
  - 3. abdrängende Sonderzuweisung – Art. 93 I Nr. 4a GG?
- II. „VA in Gesetzesform?" – Begriff des Maßnahmegesetzes irrelevant

B. Ergebnis: Klage unzulässig

2. Teil: Antrag der G

Ausdeutung des Rechtsschutzbegehrens: Kommunalverfassungsbeschwerde

A. Zulässigkeit des Antrags
- I. Beschwerdefähigkeit: G als Träger kommunaler Selbstverwaltung
- II. Beschwerdegegenstand: Gesetz als zulässiger Antragsgegenstand
- III. Beschwerdebefugnis (Antragsbefugnis)
  - 1. Mögl. Verletzung des Rechts aus Art. 28 II GG; – Eigentumsgarantie des Art. 14 GG?
  - 2. G selbst, gegenwärtig, unmittelbar betroffen
- IV. Form und Frist

B. Begründetheit des Antrags
- I. Gemeindliche Selbstverwaltung: Schutzbereich und Eingriff
  - 1. Planungshoheit
  - 2. Eigentum?
- II. Verfassungsrechtliche Rechtfertigung
  - 1. Selbstverwaltung im Rahmen der Gesetze
    - a) Gesetzgebungszuständigkeit des Landes
    - b) Gesetzgebungsverfahren – Beschlussverfahren der Regierung
    - c) Die fehlende Anhörung der Gemeinde
  - 2. Materielle Verfassungsmäßigkeit
    - a) Kernbereich der Selbstverwaltungsgarantie (–)
    - b) Planungshoheit – überwiegende Gemeinwohlinteressen (+)

C. Ergebnis: Entscheidung des Verfassungsgerichts

3. Teil: Antrag des Eigen

A. Zulässigkeit der Verfassungsbeschwerde

I. Beschwerdeführer
II. Beschwerdegegenstand
III. Beschwerdebefugnis
IV. Rechtswegerschöpfung/Subsidiarität
V. Form und Frist

B. Begründetheit der Verfassungsbeschwerde

I. Schutzbereich und Eingriff – Art. 14 III GG
II. Verfassungsrechtliche Rechtfertigung
  1. Zuständigkeit/formelle Verfassungsmäßigkeit
  2. Unzulässige Legalenteignung?
  3. Wohl der Allgemeinheit – privatnützige Enteignung
  4. Angemessenheit
  5. Junktim-Klausel

C. Ergebnis: Entscheidung des Bundesverfassungsgerichts

Zusatzfrage

Musterlösung

1. Teil: Klage des Dümmel

A. Zulässigkeit der verwaltungsgerichtlichen Klage

I. Verwaltungsrechtsweg, § 40 VwGO

Der Verwaltungsrechtsweg ist eröffnet für öffentlich-rechtliche Streitigkeiten nichtverfassungsrechtlicher Art, für die keine abdrängende Sonderzuweisung zu anderen Gerichten besteht. **916**

1. Die **öffentlich-rechtliche Natur der Streitigkeit** ist hier schon deshalb zu bejahen, weil der Staat dem Einzelnen als Hoheitsträger im Über-Unterordnungsverhältnis gegenübertritt und zudem der Inhalt der fraglichen Maßnahme – also des Gesetzes – öffentlich-rechtlicher Natur ist: das Gesetz ersetzt nach öffentlichem Recht erforderliche Genehmigungen.

2. Es könnte sich hier jedoch um eine **verfassungsrechtliche Streitigkeit** handeln, **917** da Rechtsschutz unmittelbar gegen ein Gesetz begehrt wird und dies eine den Verfassungsgerichten vorbehaltene Streitigkeit ist. Geht man allerdings aus vom Erfordernis doppelter Verfassungsunmittelbarkeit,[6] ist eine verfassungsrechtliche Streitigkeit zu verneinen: D ist nicht unmittelbar am Verfassungsleben beteiligter Rechtsträger. Da es sich aber, wie dargelegt, um eine den Verfassungsgerichten vorbehaltene Streitigkeit handelt, ist trotz des Fehlens der doppelten Verfassungsunmittelbarkeit von einer verfassungsrechtlichen Streitigkeit auszugehen.[7]

3. Selbst wenn man aber von einer verwaltungsrechtlichen Streitigkeit ausgehen wollte, muss doch in Art. 93 I Nr. 4a GG eine **abdrängende Sonderzuweisung** gesehen werden. Für den Rechtsschutz unmittelbar gegen Gesetze ist der Rechtsbehelf der Verfassungsbeschwerde vorgesehen.

Der Verwaltungsrechtsweg ist also nicht eröffnet.

II. Maßnahmegesetz?

Dagegen könnte jedoch sprechen, dass es sich bei dem von D angegriffenen Gesetz **918** um ein Maßnahmegesetz handelt, durch das konkrete Einzelmaßnahmen getroffen, an sich notwendige Genehmigungsentscheidungen in der Form von Verwaltungsakten ersetzt werden. Zu prüfen ist, ob für derartige Gesetze an Stelle der an sich gegen Gesetze vorgesehenen verfassungsgerichtlichen Rechtsbehelfe die sonst gegen Verwaltungsakte vorgesehenen Rechtsbehelfe statthaft sind. In diesem Fall wäre von einer nicht-verfassungsrechtlichen Streitigkeit auszugehen. Dagegen spricht jedoch, dass das Grundgesetz von einem formellen Gesetzesbegriff ausgeht und dass auch Einzelentscheidungen durch Gesetz getroffen werden können, wie auch aus Art. 14 III GG hervorgeht. Hiernach kann auch eine Enteignung unmittelbar „durch

---

6 *Hufen*, § 11/69.
7 Mit *Schenke* Rn 129 ff.

Gesetz" erfolgen. Art. 19 IV GG könnte allerdings die verfassungsrechtliche Zulässigkeit derartiger Investitionsmaßnahmegesetze, wie sie hier in Frage stehen, begrenzen – andererseits wird in der Tat für Standortentscheidungen über Großvorhaben aus Gründen der „Wesentlichkeit" Gesetzesform erwogen.[8] Die Genehmigung von Vorhaben unmittelbar durch Gesetz muss also grundsätzlich möglich sein.[9] Etwas anderes könnte gelten, wenn die Wahl der Gesetzesform missbräuchlich erfolgt, um den Rechtsschutz zu verkürzen. Aber selbst wenn dies im vorliegenden Fall zutreffen würde, handelt es sich doch immer noch um ein – wenn auch missbräuchlich erlassenes – Gesetz. Der Rechtsschutz muss hieran anknüpfen. Denn hierfür ist die Form des Hoheitsaktes entscheidend. Handelt es sich hierbei um ein Gesetz – also eine von der für die Gesetzgebung zuständigen Körperschaft im Gesetzgebungsverfahren und in der für Gesetze vorgesehenen Form getroffene Entscheidung –, so sind diejenigen Rechtsbehelfe eröffnet, die auch sonst gegen Gesetze gegeben sind. Es bleibt also bei der Zuständigkeit der Verfassungsgerichte.[10]

B. Ergebnis

Die Klage des D ist also unzulässig.[11]

2. Teil: Antrag der G

Ausdeutung des Rechtsschutzbegehrens:[12]

919 Bei der „Klage" der G könnte es sich um einen Antrag im Verfahren der Kommunalverfassungsbeschwerde handeln. Diese Verfahrensart ist hier eröffnet, da das Landesverfassungsrecht einen Art. 93 I Nr. 4 b GG entsprechenden Antrag vorsieht. Voraussetzung ist der Antrag eines Trägers kommunaler Selbstverwaltung auf Feststellung der Verletzung seiner Selbstverwaltungsrechte nach der Landesverfassung durch ein Gesetz des Landes.

---

8 Vgl. BbgVerfG LKV 1995, 365; abl. *Degenhart*, DVBl 1996, 773.

9 BVerfGE 95, 1.

10 Die Problematik derartiger Investitionsmaßnahmegesetze ist str. Z.T. wird deren Unzulässigkeit wg. Art. 19 IV GG angenommen; auch dann jedoch bestimmt sich der Rechtsschutz nach der Gesetzesform, ist also Anfechtungsklage unzulässig. Die Lehre vom „Formenmissbrauch" hat sich nicht durchgesetzt. – Wenn ein Bearbeiter jedoch hier auf Grund missbräuchlicher Inanspruchnahme der Gesetzesform auf die mat. VA-Qualität der Maßnahme abstellt und die Konsequenzen hieraus zieht, wäre dies gleichwohl vertretbar. Allerdings wird man dann zu einer Vorlagepflicht des VG gelangen, da die Nichtigerklärung eines – wenn auch formenmissbräuchlichen – formellen Gesetzes den Verfassungsgerichten vorbehalten bleiben muss.

11 Wer den Verwaltungsrechtsweg bejaht, muss sich mit der Frage der Klageart auseinandersetzen und hat hier zunächst Anfechtungsklage zu prüfen. Es liegt jedoch kein Verwaltungsakt vor, dies schon deshalb, weil der Landtag, wenn er im Rahmen seiner Gesetzgebungsfunktionen tätig wird, Art. 39 II SächsVerf., keine Behörde iSv § 35 VwVfG ist, anders, wenn ausnahmsweise funktionelle Verwaltungsaufgaben wahrgenommen werden, vgl. *Schenke* Rn 190.

12 Wenn – wie hier – der in Betracht kommende Rechtsbehelf bzw. die geeignete Verfahrensart näherer Klärung bedarf, kann dies im Rahmen einer Vorbemerkung zur Zulässigkeitsprüfung geschehen, bei der das Rechtsschutzbegehren im Sinn des Antragstellers gedeutet wird.

A. Zulässigkeit des Antrags

I. Beschwerdefähigkeit

1. Die Gemeinde G müsste als Beschwerdeführerin in Betracht kommen; sie müsste also beteiligtenfähig sein. Beteiligtenfähig im Verfahren der kommunalen Verfassungsbeschwerde sind die Träger kommunaler Selbstverwaltung; § 91 BVerfGG nennt ausdrücklich die Gemeinden und Gemeindeverbände. Die G ist also beteiligtenfähig.[13] **920**

II. Beschwerdegegenstand

Des Weiteren müsste ein zulässiger Antragsgegenstand vorliegen. Gegenstand des Verfahrens der Kommunalverfassungsbeschwerde sind „Gesetze". Das Gesetz des Landes A ist als formelles Gesetz jedenfalls geeigneter Verfahrensgegenstand. Dass es sich hierbei um ein Maßnahmegesetz handelt, ist, wie schon zur Klage des D ausgeführt wurde, für die Frage des Rechtsschutzes unerheblich. **921**

III. Beschwerdebefugnis (Antragsbefugnis)

Die G müsste beschwerde- bzw. antragsbefugt sein. Sie muss hierfür geltend machen, in ihren eigenen Rechten durch das angegriffene Gesetz verletzt zu sein. Denn beim Verfahren der Kommunalverfassungsbeschwerde handelt es sich um ein subjektives Rechtsschutzverfahren und nicht um ein objektives Beanstandungsverfahren.[14] Die G muss also plausibel geltend machen können, selbst, gegenwärtig und unmittelbar in eigenen Rechten verletzt zu sein. **922**

1. G könnte in ihrem **Selbstverwaltungsrecht** aus Art. 28 II GG bzw. der entsprechenden Bestimmung der Landesverfassung **verletzt** sein. Eine Verletzung ihres Selbstverwaltungsrechts könnte insbesondere in einem Eingriff in ihre gemeindliche Planungshoheit liegen. Diese ist ein Bestandteil des kommunalen Selbstverwaltungsrechts. Ein Eingriff in die kommunale Planungshoheit kann dann vorliegen, wenn bereits substantiierte gemeindliche Planungen durchkreuzt werden, oder aber dann, wenn ein relevanter Teil des Gemeindegebiets für staatliche Planungen in Anspruch genommen und damit eigener Planung der Gemeinde entzogen wird.[15] Dies ist hier der Fall. Denn ein erheblicher Teil des Gemeindegebiets wird durch das im Gesetz genehmigte Vorhaben und damit durch eine vom staatlichen Gesetzgeber getroffene Planungsentscheidung eigenen Planungen der Gemeinde entzogen. **923**

Die Gemeinde macht ferner die Verletzung ihres Eigentums geltend. Hierin könnte eine Berufung auf die grundrechtliche Gewährleistung des Eigentums nach der Landesverfassung liegen. Insoweit aber könnte die Antragsbefugnis daran scheitern, **924**

---

13 Auf die Prüfung der Prozessfähigkeit wird hier verzichtet: es versteht sich von selbst, dass die Gemeinde vertreten sein muss, durch den Bürgermeister, der sie nach außen vertritt.

14 Dies gilt auch für das Normenkontrollverfahren nach Art. 90 SächsVerf, § 36 SächsVerfGHG, vgl. SächsVerfGH JbSächsOVG 2, 52 und 2, 62; unter Hinweis auf Art. 93 I Nr. 4 b GG.

15 Vgl. BVerfGE 76, 107 (118 ff.).

dass es sich bei der G um eine juristische Person des öffentlichen Rechts handelt. Als solche könnte es an der Grundrechtsberechtigung der G fehlen. Kann sie aber nicht aus dem Eigentumsgrundrecht berechtigt sein, so wäre sie insoweit auch nicht antragsbefugt.

925 Gegen eine Grundrechtsberechtigung der G spricht vor allem, dass sie als Träger mittelbarer Staatsverwaltung ein Bestandteil der hoheitlichen Gewalt des Staates ist. Die Grundrechte sind aber Rechte des Bürgers gegen den Staat, sie berechtigen nicht den Staat und seine Untergliederungen. Die Gemeinden sind nicht Grundrechtsträger, mithin auch nicht aus Art. 14 GG (bzw. der entsprechenden Garantie der Landesverfassung) grundrechtsberechtigt.[16] Die Grundrechtsberechtigung kann auch nicht unter Berufung auf eine „grundrechtsgleiche Gefährdungslage" bejaht werden. Denn die Gemeinden sind nicht in gleicher Weise wie private Grundrechtsträger der hoheitlichen Gewalt des Staates unterworfen, sondern selbst Teil dieser hoheitlichen Gewalt, ihre Rechtsstellung ergibt sich aus der öffentlich-rechtlichen Kompetenzordnung.[17] Ob die Garantie der kommunalen Selbstverwaltung vermögenswerte Positionen der Gemeinden – wie hier ihr Grundeigentum – gegen Entzug schützen kann, ist eine Frage der Begründetheit.

926 2. Die G ist selbst in ihren Rechten betroffen. Sie ist **gegenwärtig** betroffen, da ihr Gebiet mit Inkrafttreten des Gesetzes eigener Planung entzogen wurde; darauf, dass die Gemeinde noch keine konkreten Planungen entwickelt hat, kommt es in diesem Fall nicht an. Das Gesetz betrifft die G auch unmittelbar in ihren Selbstverwaltungsrechten.

IV. Form und Frist

927 Von form- und fristgerechter Einlegung der Kommunalverfassungsbeschwerde kann lt. Sachverhalt ausgegangen werden.

Der Antrag der G ist also zulässig.

B. Begründetheit des Antrags

928 Der Antrag ist begründet, wenn das Gesetz die im Rahmen der Kommunalverfassungsbeschwerde in zulässiger Weise geltend gemachten Selbstverwaltungsrechte der G verletzt.

I. Gemeindliche Selbstverwaltung: Schutzbereich und Eingriff

929 1. Das Gesetz könnte die G in ihrem Selbstverwaltungsrecht unter dem Gesichtspunkt der **kommunalen Planungshoheit** verletzen. Voraussetzung ist zunächst, dass der Schutzbereich der kommunalen Selbstverwaltung berührt ist. Die Planungshoheit ist Bestandteil des kommunalen Selbstverwaltungsrechts. Sie kann, wie zur

---

16 BVerfGE 45, 63 (79); 61 82 (108); s. für Bayern BayVerfGH NVwZ-RR 2001, 489.
17 Vgl. *von Mutius*, Kommunalrecht, Rn 123 ff.

Zulässigkeit ausgeführt wurde, auch dann in ihrem Schutzbereich berührt sein, wenn die Gemeinde noch keine konkreten Planungen entwickelt hat, aber ein relevanter Teil ihres Gebiets eigener Planung entzogen wird.[18] Dies ist hier der Fall. 40 % des Gemeindegebiets sind ein in diesem Sinn relevanter Teil des Gebiets der Gemeinde G. Wenn dieser Bereich der Gemeinde entzogen wird, so liegt hierin ein Eingriff in ihr Recht auf Selbstverwaltung.

2. Soweit die Gemeinde den entschädigungslosen Entzug ihres Eigentums geltend **930** macht, kann sie sich – s.o. – nicht auf die **Eigentumsgarantie** berufen. Zu erwägen ist jedoch, ob die Garantie der kommunalen Selbstverwaltung das Eigentum der Gemeinde gegen entschädigungslosen Entzug schützen kann.[19] Wenn ein Entzug gemeindlichen Eigentums unmittelbar zugunsten privater Dritter erfolgt, könnte dies die Gemeinde in ihrem Selbstverwaltungsrecht berühren. Ob eine Gemeinde zur Förderung der Gewerbeansiedlung Grundstücke Dritten zur Verfügung stellt, sollte grundsätzlich ihrer eigenverantwortlichen Entscheidung überantwortet bleiben. Ein Eingriff in den Schutzbereich der Selbstverwaltungsgarantie liegt also auch darin, dass gemeindliche Grundstücke in erheblichem Umfang der Verfügungsmacht der Gemeinde entzogen werden. Auch unter diesem Aspekt muss das Gesetz also verfassungsrechtlich gerechtfertigt sein.

II. Verfassungsrechtliche Rechtfertigung

1. Das Recht auf **Selbstverwaltung** besteht **im Rahmen der Gesetze**. Das vorlie- **931** gende Investitionsmaßnahmegesetz könnte also die Beschränkung der kommunalen Selbstverwaltung verfassungsrechtlich rechtfertigen. Dabei ist auch zu prüfen, ob das Gesetz kompetenzgerecht und verfahrensfehlerfrei zustandegekommen ist: nur dann kann das Gesetz eine verfassungsrechtlich zulässige Einschränkung des kommunalen Selbstverwaltungsrechts bewirken.

a) Ob im Verfahren vor dem Landesverfassungsgericht die **Gesetzgebungszustän- 932** **digkeit des Landes** geprüft werden kann, erscheint fraglich, da es sich bei den Kompetenznormen der Art. 70 ff. GG um Bundesrecht handelt. Das Gericht könnte jedoch befugt sein, die Gesetzgebungszuständigkeit als Vorfrage zu prüfen. Denn wenn nur ein kompetenzgerecht zustandegekommenes Landesgesetz die kommunale Selbstverwaltungsgarantie wirksam beschränken kann, bedeutet das Fehlen einer Landeskompetenz gleichzeitig einen Verstoß gegen die entsprechende Garantie in der Landesverfassung. Schon deshalb muss das Landesverfassungsgericht befugt sein, die Zuständigkeit des Landesgesetzgebers für den Erlass des mit der Verfassungsbeschwerde angegriffenen Gesetzes zu prüfen. Dies wird durch eine weitere Überlegung bestätigt: der Landesgesetzgeber, der seine Kompetenzen überschreitet, bewegt sich damit von vornherein außerhalb der verfassungsmäßigen Befugnisse,

---

18 BVerfGE 76, 107.

19 BVerfGE 61, 82 lässt es offen, ob für besonders gelagerte Fälle ein Art. 14 GG vergleichbarer Schutz geboten sein kann.

die der Landesstaatsgewalt gesetzt sind. Diese zu beachten, ist er aber auch nach der Landesverfassung gehalten.[20]

Somit ist zu prüfen, ob das Land für den Erlass des Gesetzes zuständig war. Nach der Grundregel des Art. 70 GG ist dies dann der Fall, wenn keine ausdrückliche Bundeszuständigkeit nach den nachfolgenden Bestimmungen begründet war.

933 Eine ausschließliche Bundeszuständigkeit nach Art. 71, 73 GG scheidet aus, da ersichtlich keiner der Kompetenztitel aus dem Katalog des Art. 73 GG einschlägig ist.

934 Für eine konkurrierende Bundeszuständigkeit müsste zunächst einer der Kompetenztitel aus dem Katalog des Art. 74 GG einschlägig sein. In Betracht kommen könnte Art. 74 I Nr. 22 GG. Es geht jedoch bei der Teststrecke weder um Straßenverkehr, noch um das Kraftfahrwesen iS dieser Bestimmung. Es handelt sich auch nicht um Recht der Wirtschaft, Nr. 11, da das Gesetz keinen wirtschaftsregulierenden Inhalt hat. Die Zuständigkeit nach Nr. 14 für das Recht der Enteignung ist nicht einschlägig, da hiernach die Zuständigkeit des Bundes für das Recht der Enteignung nur in denjenigen Materien gegeben ist, für die er eine Sachkompetenz hat. Letztlich kann die Frage jedoch dahingestellt bleiben, da jedenfalls kein Bundesgesetz vorliegt, das eine Sperrwirkung iSv Art. 72 I GG begründen könnte.

Es könnte jedoch die Rahmenkompetenz des Bundes nach Art. 75 I Nr. 4 GG für das Recht der Raumordnung einschlägig sein. Hierdurch werden jedoch Landesgesetze nicht ausgeschlossen, die wie hier raumplanerische Fragen auf Landesebene betreffen.

Es bleibt also bei der Zuständigkeit des Landes entsprechend Art. 70 GG.

935 b) Das Gesetz müsste, um die gemeindliche Selbstverwaltung wirksam beschränken zu können, im ordnungsgemäßen **Gesetzgebungsverfahren** zustandegekommen sein. Das Beschlussverfahren der Regierung könnte jedoch zur Fehlerhaftigkeit der Gesetzesinitiative geführt haben: Gesetzesvorlagen sind, wenn sie von der Regierung des Landes eingebracht werden, von dieser zu beschließen. Dies setzt voraus, dass die Beschlussfassung der Regierung als Kollegialorgan auch tatsächlich zugerechnet werden kann. Daran könnten hier Zweifel bestehen, da – auch wenn die Regierung an sich beschlussfähig war – doch nicht die Mehrheit der Regierungsmitglieder zugestimmt hat. Andererseits gilt für Beschlüsse der Regierung als Kollegialorgan das Mehrheitsprinzip. Wenn also das Anwesenheitsquorum nach der GeschO erfüllt ist und die Mehrheit der anwesenden Mitglieder der Vorlage zugestimmt hat, wird der Beschluss insgesamt in hinreichender Weise vom Willen der

---

20 Der SächsVerfGH entnimmt eine dahingehende Prüfungskompetenz aus Art. 1 SächsVerf, wonach Sachsen ein Land der Bundesrepublik Deutschland ist, sowie Art. 3 II SächsVerf, wonach die Gesetzgebung dem Landtag und dem Volk zusteht: aus diesen Bestimmungen ergibt sich, dass die sächsische Verfassung die bestehende bundesstaatliche Kompetenzordnung als für sich verbindlich anerkennt und deren Missachtung also auch eine Verletzung der Landesverfassung bedeutet; SächsVerfGH, U. v. 10.07.2003, JbSächsOVG 11, 55 (83) sowie U. v. 21.07.2003. Hierauf könnte in Sachsen und auch für weitere Bundesländer, deren Verfassungen vergleichbare Aussagen enthalten, Bezug genommen werden.

Staatsregierung als Kollegialorgan getragen. Das Beschlussverfahren war also nicht fehlerhaft. Doch auch dann, wenn man das Beschlussverfahren als fehlerhaft werten und deshalb einen Verfahrensverstoß im Stadium der Gesetzesinitiative annehmen wollte, führt dies doch nicht notwendig zur Verfahrensfehlerhaftigkeit des Gesetzes. Entscheidend ist die Beschlussfassung im Landtag. Durch sie werden etwaige Fehler im Stadium der Gesetzesinitiative geheilt.

c) Die **fehlende Anhörung der Gemeinde** könnte jedoch zur Verfassungswidrigkeit des Gesetzes führen. Die Verpflichtung zur Anhörung der Gemeinde folgt jedoch unmittelbar aus der Garantie der kommunalen Selbstverwaltung in Art. 28 II GG (bzw. den entsprechenden Garantien der Landesverfassung). Denn bei Eingriffen in die kommunale Planungshoheit ist nur dann eine fehlerfreie Abwägungsentscheidung gewährleistet, wenn die Gemeinde Gelegenheit hatte, ihre Position in das Verfahren einzubringen.[21] Die hiernach erforderliche Anhörung ist hier nicht erfolgt. Daher ist das Gesetz verfahrensfehlerhaft zustandegekommen;[22] hierdurch werden Selbstverwaltungsrechte der Gemeinde verletzt. **936**

2. Das Gesetz müsste auch **materiell** mit der Selbstverwaltungsgarantie des **Art. 28 II GG** vereinbar sein.[23] Ein unzulässiger Eingriff in die kommunale Selbstverwaltung liegt in jedem Fall dann vor, wenn in deren Kernbereich eingegriffen wird. Im Übrigen müsste das Gesetz durch überwiegende öffentliche Interessen gerechtfertigt sein. **937**

a) In einen **Kernbereich der Selbstverwaltungsgarantie** darf auch der Gesetzgeber nicht eingreifen. Dies wäre jedoch nur der Fall, wenn ein Gesetz wesentliche Elemente oder „typusbestimmende Merkmale" der kommunalen Selbstverwaltung beseitigen würde, wenn zB den Gemeinden die Planungshoheit generell entzogen würde. Wenn jedoch Selbstverwaltungsrechte in ihrem generellen Bestand unangetastet bleiben und sie nur einer einzelnen Gemeinde in bestimmtem Umfang entzogen werden, so liegt hierin noch kein Eingriff in den gesetzesfesten Kernbereich der kommunalen Selbstverwaltung. Das hier in Frage stehende Gesetz bedeutet jedoch lediglich einen Eingriff in die Planungshoheit einer einzelnen Gemeinde. Hierin liegt also noch kein Eingriff in den Kernbereich der Selbstverwaltungsgarantie. **938**

b) Der Eingriff in die **Planungshoheit** einer konkreten Gemeinde muss jedoch durch überwiegende Gemeinwohlinteressen gerechtfertigt sein. Als überwiegendes Gemeinwohlinteresse kommen hier Strukturförderung und aktive Arbeitsmarktpolitik des Landes in Betracht. Hierbei handelt es sich um relevante Gemeinwohlbelange. Dem könnte allerdings entgegengehalten werden, dass bei der gegebenen Fallgestaltung die Verwirklichung der genannten Gemeinwohlziele nicht hinreichend **939**

---

21 BVerfGE 76, 107.

22 BVerfG aaO prüft die fehlende Anhörung als Frage der materiellen Verfassungsmäßigkeit der Norm unter dem Gesichtspunkt eines Abwägungsdefizits; dieser Ansatz und die hier vorgeschlagene Lösung sind mE gleichermaßen vertretbar.

23 Die folgende Prüfung der materiellen Verfassungsmäßigkeit des Gesetzes erfolgt nicht etwa hilfsgutachtlich: im Rahmen der Begründetheitsprüfung sind alle möglicherweise zur Begründetheit des Rechtsbehelfs führenden Gesichtspunkte zu erörtern.

gesichert erscheint, dass insbesondere auch bei Einhaltung der an sich vorgesehenen Verfahren die Verwirklichung dieser Ziele möglich ist; grundsätzlich könnte auch[24] gefragt werden, ob ein Vorhaben, das primär im Interesse eines privaten Dritten liegt, hinreichende Gemeinwohlbelange begründen kann. Der Gesetzgeber hat jedoch in der Frage der relevanten Gemeinwohlbelange Ermessen. Die hier getroffene Einschätzung, das Vorhaben könne zur Strukturförderung in einem strukturschwachen Gebiet beitragen, kann nicht als fehlerhaft bezeichnet werden, zumal das Gesetz auch tatsächlich sicherstellen will, dass die angestrebten Gemeinwohlziele erreicht werden. Von rechtfertigenden überörtlichen Gemeinwohlbelangen ist daher auszugehen. Dies betrifft sowohl die Beschränkung der kommunalen Planungshoheit als auch den Entzug des Sacheigentums an gemeindlichen Grundstücken. Auch dann, wenn man hierdurch den Schutzbereich der Selbstverwaltungsgarantie berührt sieht,[25] ist auch dieser Eingriff doch durch öffentliche Interessen gerechtfertigt. Denn es geht um die Stärkung der Wirtschaftskraft in dem betroffenen Gebiet, die ihrerseits wiederum der Gemeinde zugute kommt. In Abwägung der Vor- und Nachteile für die G ist daher von einem verfassungskonformen Eingriff auszugehen.

C. Ergebnis: Entscheidung des Verfassungsgerichts

940 Der Antrag der G ist jedenfalls wegen fehlender Anhörung begründet. Das Verfassungsgericht wird das Gesetz für nichtig erklären. Dies betrifft nicht nur die unmittelbar die G betreffenden Bestimmungen des Gesetzes, also § 1 – Ersetzung der erforderlichen Genehmigungen –, § 2 – Legalenteignung bezüglich der gemeindlichen Grundstücke – und § 5 – entschädigungslose Enteignung –, sondern das Gesetz in seiner Gesamtheit: ohne die für nichtig zu erklärenden Bestimmungen würde das Gesetz keine sinnvolle Regelung mehr darstellen.

3. Teil: Antrag des Eigen

941 Beim Antrag des E handelt es sich um eine Verfassungsbeschwerde, Art. 93 I Nr. 4a GG, §§ 13 Nr. 8a, 90 ff. BVerfGG.

A. Zulässigkeit der Verfassungsbeschwerde

I. Beschwerdeführer

942 E ist als natürliche Person ohne weiteres grundrechtsfähig und damit beteiligtenfähig; an seiner Prozessfähigkeit bestehen hier keine Zweifel.

---

24 Entspr. BVerfGE 74, 264 – privatnützige Enteignung.

25 Vertritt man demgegenüber die Auffassung, Art. 28 II GG umfasse keinen Bestandsschutz für gemeindliches Eigentum, könnte hier etwa formuliert werden: „Auch dann, wenn man – entgegen der hier vertretenen Auffassung – hierdurch den Schutzbereich der Selbstverwaltungsgarantie berührt sehen wollte, ...“

II. Beschwerdegegenstand

Das Gesetz des Landes A ist als Akt öffentlicher Gewalt zulässiger Beschwerdegegenstand. 943

III. Beschwerdebefugnis

E müsste beschwerdebefugt sein. 944

E kann jedenfalls geltend machen, in seinem Grundrecht auf Eigentum betroffen zu sein, Art. 14 GG, da hier ein unmittelbarer Eigentumsentzug durch das Gesetz erfolgt ist. Das Staatsziel Umweltschutz, Art. 20a GG, begründet demgegenüber kein Grundrecht des E. E ist auch selbst und gegenwärtig betroffen; er ist auch unmittelbar betroffen, da die Enteignung unmittelbar durch Gesetz wirksam wird.

IV. Rechtswegerschöpfung/Subsidiarität

Das Erfordernis der Rechtswegerschöpfung greift unmittelbar gegen Gesetze nicht 945
ein; der Rechtsweg zum Landesverfassungsgericht ist kein Rechtsweg iSv § 90 II BVerfGG, dies schon deshalb, weil dieses Grundrechte des GG nicht als Prüfungsmaßstab heranziehen kann. Unabhängig von der Frage der Rechtswegerschöpfung könnte jedoch hier die Subsidiarität der Verfassungsbeschwerde ihrer Zulässigkeit dann entgegenstehen, wenn das Grundrechtsbetroffensein des E zunächst fachgerichtlich zu klären ist. E ist jedoch nicht darauf zu verweisen, zunächst Rechtsschutz gegen die Bestimmung der Entschädigung zu suchen, da es ihm unmittelbar um den Rechtsschutz gegen die Entziehung seines Eigentums geht.

V. Form und Frist

Die Beschwerdefrist des § 93 III BVerfGG ist hier laut SV gewahrt; von der Ein- 946
haltung der Formerfordernisse ist mangels entgegenstehender Angaben auszugehen.

B. Begründetheit der Verfassungsbeschwerde

Die Verfassungsbeschwerde ist begründet, wenn das Gesetz verfassungswidrig und 947
der Beschwerdeführer hierdurch in seinen Grundrechten verletzt ist. Er könnte insbesondere in seinem Grundrecht aus Art. 14 GG verletzt sein.

I. Schutzbereich und Eingriff

Der Schutzbereich des Grundrechts ist hier berührt, da das Grundeigentum des E 948
zweifelsfrei Eigentum iSv Art. 14 I GG ist. Der unmittelbare Entzug des Eigentums am Grundstück bedeutet einen Eingriff in den Schutzbereich des Art. 14 GG. Dieser ist hier als Enteignung iSv Art. 14 III GG und nicht als Inhalts- und Schrankenbestimmung iSv Art. 14 I 2 GG zu qualifizieren. Der Entzug konkreter Eigen-

tumspositionen durch Übertragung auf Dritte ist ein Fall der „klassischen Enteignung“.[26]

II. Verfassungsrechtliche Rechtfertigung

949 Da es sich hier um eine Enteignung nach Art. 14 III GG handelt, bestimmen sich die Voraussetzungen für die verfassungsrechtliche Rechtfertigung des Eigentumseingriffs allein hiernach. In Art. 14 III GG wird unterschieden zwischen der Enteignung unmittelbar durch Gesetz und Enteignung auf Grund eines Gesetzes. G ist durch eine Legalenteignung betroffen, da ihm unmittelbar durch das Gesetz das Eigentum an seinem Grundstück entzogen wird.

950 1. Da nur ein kompetenzgerecht und verfahrensfehlerfrei zustande gekommenes Gesetz Grundrechte wirksam einschränken kann, ist zunächst die **Gesetzgebungszuständigkeit** des Landes zu prüfen. Sie ist, wie o. zu B. ausgeführt wurde, zu bejahen. Ob das Gesetz verfahrensfehlerfrei zustandegekommen ist, richtet sich nach Vorschriften der Landesverfassung. Diese sind kein Prüfungsmaßstab im Verfahren vor dem BVerfG. Etwas anderes könnte möglicherweise dann gelten, wenn mit einem Verfahrensverstoß gleichzeitig auch gegen demokratische oder rechtsstaatliche Grundsätze des Grundgesetzes verstoßen wurde. Dafür bestehen hier jedoch keine Anhaltspunkte.

951 2. Es könnte sich um eine **unzulässige Legalenteignung** handeln. Eine Enteignung unmittelbar durch Gesetz könnte nur ausnahmsweise zulässig sein, wenn der Enteignungszweck durch Administrativenteignung nicht gleichermaßen erreicht werden kann.[27] Dagegen spricht allerdings, dass beide Varianten der Enteignung in Art. 14 III GG gleichwertig genannt sind.[28] Doch auch dann, wenn man die Legalenteignung nur ausnahmsweise zulassen wollte, könnte ein Ausnahmefall hier daraus abgeleitet werden, dass der Zweck des Gesetzes, die rechtlichen Voraussetzungen für die Durchführung des Investitionsvorhabens unmittelbar und umfassend herbeizuführen, bei Durchführung von Enteignungsverfahren im Wege der Administrativenteignung nicht gewährleistet wäre.[29]

952 3. Die Enteignung müsste durch das **Wohl der Allgemeinheit** gerechtfertigt sein. Hier stellt sich das Problem, dass unmittelbar durch die Enteignung Private begünstigt werden, der Gemeinwohlbezug der Enteignung sich aber nicht unmittelbar aus dem Unternehmenszweck des enteignungsbegünstigten Unternehmens ergibt, sondern nur mittelbar – über die Schaffung von Arbeitsplätzen, Stärkung eines strukturschwachen Raums u.Ä. Dies allein schließt jedoch einen legitimen Enteignungs-

---

26 Dies ist hier unproblematisch, daher ist keine nähere Auseinandersetzung mit der Struktur des Art. 14 GG erforderlich, braucht die Unterscheidung zwischen Inhalts- und Schrankenbestimmung und Enteignung nicht näher dargelegt zu werden; dazu *Pieroth/Schlink* Rn 920 ff.

27 So BVerfGE 24, 367.

28 So auch *Jarass/Pieroth,* Art. 14 Rn 58.

29 Wer das Gesetz schon wegen unzulässiger Legalenteignung für verfassungswidrig hält – was sehr gut vertretbar ist –, muss gleichwohl das Vorliegen der weiteren Enteignungsvoraussetzungen des Art. 14 III GG prüfen.

zweck nicht von vornherein aus, doch muss dann die Verwirklichung der Gemeinwohlziele hinreichend gesichert sein, und zwar durch Festlegung im Gesetz selbst.[30]

Hier stellt die Befristung in § 6 des Gesetzes hinreichend sicher, dass die angestrebten Gemeinwohlbelange verwirklicht werden, auch ist der Enteignungszweck im Gesetz hinreichend konkretisiert. Die Prognose des Gesetzgebers hinsichtlich der angestrebten Wirkungen des Investitionsvorhabens erscheint nicht fehlsam, sodass der Einwand des E – nur wenig Arbeitsplätze für die Region selbst – für sich genommen den Enteignungszweck nicht in seiner Legitimation in Frage stellen kann.[31]

4. Die Enteignung muss **verhältnismäßig** sein, insbesondere Eigentümerinteressen **953**
und öffentliches Wohl in angemessenen Ausgleich bringen.[32] Geht man davon aus, dass das Vorhaben, das mit dem Gesetz ermöglicht werden soll, insgesamt im öffentlichen Interesse liegt, so ist auch die gesetzgeberische Abwägung im Verhältnis zu E nicht zu beanstanden.

5. Schließlich muss das Gesetz eine Entschädigungsregelung enthalten, die den Er- **954**
fordernissen der Junktim-Klausel des Art. 14 III 2 GG genügt.[33] Dagegen spricht hier, dass insbesondere für den Fall der Entschädigung in Geld die Höhe der Entschädigung in § 4 des Gesetzes nur im Rahmen einer Sollvorschrift festgelegt wird. Damit aber wird nicht verbindlich vom Gesetzgeber über die Höhe der Entschädigung entschieden. Hinzu kommt, dass im Gesetz davon die Rede ist, dass sich die Höhe der Entschädigung am Verkehrswert „orientieren“ soll. Auch hierin liegt eine erhebliche Unbestimmtheit.

C. Ergebnis: Entscheidung des Bundesverfassungsgerichts

Das Gesetz verletzt den E in seinen Rechten aus Art. 14 GG, da jedenfalls die **955**
Anforderungen der Junktim-Klausel nicht gewahrt sind. Das Bundesverfassungsgericht wird gem. § 95 III 1 BVerfGG das Gesetz für nichtig erklären. Die Nichtigerklärung ist jedoch auf die Enteignungsvorschriften (also §§ 2–5) zu beschränken, da die verbleibenden Normen eine in sich sinnvolle Regelung enthalten.

Zusatzfrage

Bundes- und Landesverfassungsgerichtsbarkeit stehen selbstständig nebeneinander. **956**
Wenn allerdings zum Zeitpunkt der Entscheidung des Bundesverfassungsgerichts das Landesverfassungsgericht das Gesetz bereits für nichtig erklärt hat, so hat sich damit das Verfahren vor dem Bundesverfassungsgericht erledigt. Denn die Nichtigerklärung eines Gesetzes wirkt nicht nur im Verhältnis zum Beschwerdeführer; mit

30 Vgl. BVerfGE 74, 264; *Wendt*, in: Sachs, Art. 14 Rn 162.
31 A.A. gut vertretb.
32 Vgl. *Pieroth/Schlink* Rn 944: gerechte Abwägung.
33 Zum Aufbau: Das formale Erfordernis der Junktim-Klausel kann auch vor der Verhältnismäßigkeit geprüft werden.

der Nichtigerklärung liegt kein Hoheitsakt mehr vor, der im Wege der Verfassungsbeschwerde angegriffen werden könnte. Hat das Landesverfassungsgericht die Verfassungsbeschwerde jedoch zurückgewiesen, so ist das Bundesverfassungsgericht nicht gehindert, das Gesetz auf seine Verfassungsmäßigkeit hin zu überprüfen und es ggf. für nichtig zu erklären. Dies folgt schon daraus, dass der Prüfungsmaßstab des BVerfG ein anderer als der des Landesverfassungsgerichts ist: das BVerfG prüft am Maßstab des Grundgesetzes, das Landesverfassungsgericht am Maßstab der Landesverfassung.

Repetitorium

I. Art. 14 GG in der Fallbearbeitung

957 *Geht es in einem öffentlich-rechtlichen Fall um Eigentum, erzeugt dies beim Bearbeiter mitunter Unbehagen: zu komplex erscheint die Struktur des Art. 14 GG, zu widersprüchlich eine Rechtsprechung, die einerseits – als Bundesverfassungsgericht – den enteignungsgleichen Eingriff verabschiedet haben soll, andererseits – als Bundesgerichtshof – unverbrüchlich daran festhält, während das Bundesverfassungsgericht wiederum strikt zwischen Enteignung und Inhalts- und Schrankenbestimmung unterscheidet, dann aber mit der entschädigungspflichtigen Inhalts- und Schrankenbestimmung eine neue Rechtsfigur einführt.*

Der Bearbeiter sollte sich daher zunächst der Grundstruktur des Art. 14 GG vergewissern; er sollte sich ferner stets vergegenwärtigen, dass entsprechend den Schutzwirkungen des Art. 14 GG diese grundsätzlich verschiedenen Rechtsschutzziele zu unterscheiden sind:
Abwehr von Eingriffen in das Eigentum
Ausgleich von Eingriffen, insbesondere durch Entschädigung.

In der **Argumentation** ist stets der maßgebliche **Schutzzweck** des Eigentumsgrundrechts zu berücksichtigen, wie er vom BVerfG zugrundegelegt wird: das Eigentum soll seinem Träger einen Freiraum im wirtschaftlichen Bereich sichern und ihm hierdurch die Grundlage für eigenverantwortliche Daseinsgestaltung gewährleisten. Das Eigentum soll also die materielle Basis für die freie Persönlichkeitsentfaltung sichern und steht daher in engem Zusammenhang mit den Freiheitsrechten (*Pieroth/Schlink* Rn 893). Dieser personale Bezug des Eigentums spielt eine wichtige Rolle in der Abwägung: je stärker er ausgeprägt ist, desto höhere Schutzwürdigkeit genießt das Eigentum (*Pieroth/Schlink* Rn 933).[34] Dieser Ansatz ist nicht ganz unproblematisch – der Schutz des Eigentums beschränkt sich jedenfalls nicht auf „unsrer Oma ihr klein Häuschen".

34 Vgl. BVerfGE 101, 54 (75).

1. Struktur des Art. 14 GG

958 Die Grundstruktur der Eigentumsgarantie ergibt sich aus den unterschiedlichen Gewährleistungen der Grundrechtsnorm: Art. 14 I 1 GG legt den Grundrechtsschutz des Eigentums fest, Art. 14 I 2 GG ermächtigt den Gesetzgeber, Inhalt und Schranken des Eigentums zu bestimmen, den Inhalt des Grundrechts also auszugestalten. Diese Eigentumsausgestaltung muss ihrerseits in gerechter Abwägung der Interessen des Eigentümers und der Allgemeinheit erfolgen, wofür Art. 14 II GG mit der Sozialpflichtigkeit des Eigentums einen maßgeblichen Anhaltspunkt bezeichnet. Art. 14 III GG regelt schließlich die Zulässigkeit von Enteignungen. Eine Maßnahme, die den Schutzbereich des Eigentums berührt, kann also entweder eine Inhalts- und Schrankenbestimmung iSv Art. 14 I 2 GG oder eine Enteignung iSv Art. 14 III GG sein. Hiernach richten sich die jeweiligen verfassungsrechtlichen Anforderungen. Grundsätzlich gewährt das Grundrecht ein Abwehrrecht gegen rechtswidrige Maßnahmen; iFd Art. 14 III GG besteht für rechtmäßige Enteignungen ein Entschädigungsanspruch. In bestimmten Fällen besteht bei rechtswidrigen Maßnahmen, die nicht abgewehrt werden können, ein Entschädigungsanspruch; der Eigentümer hat aber kein Wahlrecht zwischen Abwehr des Eingriffs und Entschädigung.

2. Schutzbereich des Grundrechts

959 Eigentum iSv Art. 14 I GG ist jedes vermögenswerte private Recht, dingliche wie obligatorische Rechte, nach BVerfGE 89, 1 auch das Besitzrecht des Mieters. Eigentum sind auch subjektive öffentliche Rechte, wenn sie „erdient“ sind (zB Rentenanwartschaft – näher *Pieroth/Schlink* Rn 908 ff.); entscheidend ist also auch hier die personale Schutzfunktion des Eigentums. Str.: Eigentumsschutz des Rechts am **Gewerbebetrieb** (s. *Pieroth/Schlink* Rn 905).

Das BVerfG ist insoweit eher skeptisch: der Gewerbebetrieb genießt keinen weitergehenden Eigentumsschutz als seine wirtschaftlichen Grundlagen[35] – weshalb Absatzchancen u.Ä. nicht geschützt sind und Beschränkungen der unternehmerischen Entfaltungsmöglichkeiten, durch gesetzliche Vorgaben an die Produktbeschaffenheit, durch Verkehrsbeschränkungen, aber auch durch Auskunftspflichten, durch behördliche Warnhinweise u.Ä. idR eine Frage des Art. 12 GG sind.[36] Ob und in welchem Umfang öffentlich-rechtliche Genehmigungen Eigentumsschutz genießen können, spielte eine Rolle im Zusammenhang mit der Diskussion um den „Atomausstieg“.[37]

Aus dem Eigentumsrecht folgt zunächst der Schutz der eigentumsrechtlichen Zuordnung, des Eigentums in seiner sachlichen Substanz gegen Entzug; weiterhin auch die Nutzung des Eigentums, die Verfügung über das Eigentum, die Ausschließungsbefugnis des Eigentümers gegenüber Dritten. Unter bestimmten Voraussetzungen sind auch „Umweltbeziehungen“ wie zB die Zugänglichkeit eines Grundstücks ge-

---

35 BVerfGE 58, 300 (353).
36 S. dazu *Grote/Kraus*, Fall 2, S. 24.
37 S. dazu den Fall von *Gundel/Schubert*, Jura 2001, 847; s. ferner BVerfG NJW 2004, 1710 für marktbezogene Informationen.

schützt, nicht aber bloße Chancen, Erwerbsaussichten, Lagevorteile (*Pieroth/Schlink* Rn 906), der „Wert" als solcher.

3. Eingriffe

960 a) Inhalts- und Schrankenbestimmungen sind generelle Bestimmungen der Rechte und Pflichten des Eigentümers durch den Gesetzgeber, s. **Fall 5**; sowie deren Vollzug durch die Exekutive. **Enteignung** ist der konkret-individuelle Entzug einer Eigentumsposition. Auf die Intensität der Eigentumsbeeinträchtigung kommt es nicht an: so hat das BVerfG auch denkmalschutzrechtliche Eigentumsbeschränkungen, die vom Eigentum nur mehr eine „leere Hülle" übrig ließen, gleichwohl als Inhalts- und Schrankenbestimmung gewertet (Beispiele: *Pieroth/Schlink* Rn 924).

Typische Fälle von Inhalts- und Schrankenbestimmungen sind zB im Naturschutzrecht enthalten: die Festlegung eines Schutzgebietes erfolgt damit in Vollzug einer Inhalts- und Schrankenbestimmung (dazu: BVerwGE 112, 573, bearbeitet von *Hermanns*, JA 2002, 26); typische Inhalts- und Schrankenbestimmungen sind die Bestimmungen über die bauliche Nutzung von Grundstücken im Bauplanungsrecht, die dann wiederum im Bebauungsplan umgesetzt werden. Im **Fall 5** lag die Inhalts- und Schrankenbestimmung in den Veränderungsverboten des Denkmalschutzgesetzes als einer generalisierenden Festlegung von Rechten und Pflichten des Eigentümers sowie in der Verweigerung der beantragen Genehmigung durch die Behörde in Umsetzung des Gesetzes. S. auch den Fall bei *Seiler*, JuS 2002, 679: Notschlachtung der BSE-verdächtigen Tiere als Inhalts- und Schrankenbestimmung; ebenso den BSE-Fall bei *Fischer*, JuS 2005, 52: Ein Gesetz sieht sofortiges Verbot der Verfütterung/Verarbeitung von Tiermehl vor; ein Hersteller muss seine unverkäuflichen Altbestände mit hohem Aufwand entsorgen: Inhalts- und Schrankenbestimmung.

961 b) Die **Enteignung** kann unmittelbar durch den Gesetzgeber oder durch die Exekutive auf Grund eines Gesetzes erfolgen.

962 c) Bestimmte Maßnahmen schließlich, die nicht auf ein Gesetz iSv Art. 14 I 2 GG zurückgeführt werden können, die aber auch keine Enteignung iSv Art. 14 III GG darstellen, können gleichwohl ähnlich intensiv wirken, zB Realakte (U-Bahn-Bau); in diesen Fällen spricht man gewohnheitsrechtlich von **enteignungsgleichem** (rechtswidrigem) oder **enteignendem** (rechtmäßigen) **Eingriff**. Diese beiden letztgenannten Rechtsinstitute waren nach der Nassauskiesungsentscheidung des BVerfG etwas vorschnell totgesagt worden. Das BVerfG hat tatsächlich nur entschieden, dass die verfassungswidrige, weil den Eigentümer unangemessen belastende Inhalts- und Schrankenbestimmung nicht zum enteignungsgleichen Eingriff wird, für den der Eigentümer nach dem Grundsatz „dulde und liquidiere" Entschädigung verlangen kann – er muss sich vielmehr gegen die eigentumsbeschränkende Maßnahme selbst wenden. Die Grundsätze über den enteignungsgleichen bzw. enteignenden Eingriff haben nicht unmittelbar Verfassungsrang; es handelt sich um ein richterrechtlich begründetes Rechtsinstitut, das wohl als Gewohnheitsrecht gelten dürfte. Die richterrechtliche Ableitung hat die Rechtsprechung auch daran gehindert, den Anspruch auf Fälle „legislativen Unrechts" auszuweiten.

4. Prüfungsschemata

Die im Rahmen des Art. 14 GG zu beachtende Prüfungsreihenfolge hängt von Fallkonstellation und Rechtsschutzziel – Eingriffsabwehr oder Entschädigung – ab. **963**

a) Eingriffsabwehr

aa) Verfassungsbeschwerde gegen Gesetz

Begründetheit – Art. 14 GG

Es gilt das allgemeine Prüfungsschema; dabei ergeben sich typische Problemschwerpunkte und Argumentationsmuster, auf die zurückgegriffen werden kann.

1. Schutzbereich – insbesondere: Eigentumsgegenstand (Grundeigentum, Eigentum an Rechten) und Umfang des Eigentumsschutzes **964**
2. Eingriff: Inhalts- und Schrankenbestimmung oder Enteignung (s. vorstehend III.)

3.1 Verfassungsrechtliche Rechtfertigung bei **Inhalts- und Schrankenbestimmung**:
   a) Gesetz (ggf. wie stets zu prüfen: Kompetenz, Verfahren);
   b) mat. Verfassungsmäßigkeit, insbes. angemessener Ausgleich zwischen privaten und öffentlichen Interessen.

Rechtsfolge: liegt keine zulässige Inhalts- und Schrankenbestimmung mehr vor, so ist das Gesetz als verfassungswidrig aufzuheben.

3.2 Verfassungsrechtliche Rechtfertigung bei **Enteignungsgesetz**
   a) Enteignungsgesetz (Kompetenz, Verfahren)
   b) Vorrang der Administrativenteignung?
   c) materielle Gemeinwohlrechtfertigung: Enteignung zum Wohl der Allgemeinheit
   d) Beachtung der Junktim-Klausel

Rechtsfolge: fehlt es an den Voraussetzungen nach a) – d), so ist das Gesetz nichtig und deshalb aufzuheben; andernfalls ist das Enteignungsgesetz verfassungsmäßig, der Eigentümer kann dann Entschädigung fordern.

Inhalts- und Schrankenbestimmungen nach Art. 14 I 2 GG bilden den Schwerpunkt eigentumsgrundrechtlicher Fragestellungen. Im Mittelpunkt der materiellen Prüfung steht hier der angemessene Ausgleich von Eigentümerinteressen und Gemeinwohlbelangen; s. hierfür beispielhaft die Argumentation zu **Fall 5**. Angemessen bedeutet verhältnismäßig; für die Abwägung kann auf typische Argumentationsmuster zurückgegriffen werden. So kommt es auf Seiten des Eigentümers auf den personalen Bezug an (Rn 957), während andererseits auf die Sozialpflichtigkeit des Eigentums abzustellen ist; bei Grundstücken ist das Kriterium der Situationsbedingtheit relevant: die Intensität des Eigentumsschutzes bestimmt sich nach der konkreten Situation, in die das Grundstück eingebunden ist. Ein angemessener Ausgleich kann uU auch dadurch herbeigeführt werden, dass dem Eigentümer ein finanzieller Ausgleich (ausgleichspflichtige Inhalts- und Schrankenbestimmung) gewährt wird. **965**

Vgl. den Fall bei *Fischer,* JuS 2005, 52, die eine Härteregelung in Form eines Ausgleichsanspruchs erfordert.

Aber auch sonstige Härtefallregelungen sind denkbar, wie zB Übergangsregelungen. Kein angemessener Ausgleich wird erzielt, wenn vom Eigentum nur eine „leere Hülse" übrigbleibt, der Eigentumsgegenstand nur noch dem öffentlichen Interesse und nicht dem Eigentümer dient, wie zB ein denkmalgeschütztes Gebäude, das im öffentlichen Interesse erhalten werden muss, das der Eigentümer aber keinerlei sinnvollen Nutzung zuführen kann.[38] (Zur – praktisch nur wenig bedeutsamen – Schranken-Schranke der Institutsgarantie s. *Pieroth/Schlink* Rn 952).

bb) Verfassungsbeschwerde gegen behördliche Maßnahme

966 Begründetheit – Verstoß gegen Art. 14

1. Schutzbereich

2. Eingriff: Enteignung (also Administrativenteignung: Vollzug eines Enteignungsgesetzes durch Verwaltungsakt) oder Inhalts- und Schrankenbestimmung (d.h. Vollzug eines entspr. Gesetzes).

3.1 Verfassungsrechtl. Rechtfertigung bei Inhalts- und Schrankenbestimmung:
- a) Gesetz als zulässige Inhalts- und Schrankenbestimmung
- b) Vollzugsakt: Außerachtlassung des Art. 14 GG (Voraussetzung: Verwaltung hatte Spielräume bei der Anwendung des Gesetzes in Ausfüllung unbestimmter Rechtsbegriffe bzw. Ermessen – andernfalls liegt der Fehler beim Gesetz).

Rechtsfolge: Einzelakt und ggf. zugrundeliegendes Gesetz sind aufzuheben.

3.2 Verfassungsrechtliche Rechtfertigung bei Enteignung
- a) Enteignungsgesetz: Kompetenz, Verfahren – materielle Gemeinwohlrechtfertigung, Junktim-Klausel.
- b) Spezifischer Verfassungsverstoß bei Anwendung des Gesetzes?

Rechtsfolge: wenn Verstoß gegen Art. 14 GG, ist der Enteignungsakt und ggf. das Enteignungsgesetz aufzuheben.

cc) Art. 14 GG in verwaltungsrechtlichen Fragestellungen

967 Einen Schwerpunkt verwaltungsrechtlicher Aufgabenstellungen bildet Art. 14 GG dann, wenn es um die Untersagung eines Verhaltens bzw. die Genehmigung für ein Verhalten geht, das in den Schutzbereich des Grundrechts fällt – so im erwähnten denkmalschutzrechtlichen Zusammenhang die Genehmigung für eine Veränderung oder Beseitigung des Gebäudes.

38 BVerfGE 100, 226.

b) Entschädigungs- und Ausgleichsansprüche

aa) Enteignungsentschädigung

1. Enteignung iSv Art. 14 III GG – Legal- oder Administrativenteignung **968**
2. Rechtmäßigkeit der Enteignung
   a) Bei Legalenteignung: Enteignungsgesetz: s.o. 4. a. aa
   b) Bei Administrativenteignung:
      aa) Enteignungsgesetz
      bb) Anwendung im Einzelfall
3. **Rechtsfolge:**

Wenn Enteignung nach 2. rechtmäßig: Entschädigungsanspruch aus Gesetz, bei späterem Wegfall des Enteignungszwecks ggf. Rückübereignung.
Wenn Voraussetzungen nach 2. nicht erfüllt, Enteignung rechtswidrig, dagegen Abwehrrecht (aber nicht Entschädigung).

bb) Enteignungsgleicher bzw. enteignender Eingriff

1. Enteignungsgleicher Eingriff setzt voraus: **969**
   a) Eigentum berührt
   b) durch rechtswidrige hoheitl. Maßnahme, insbesondere faktisches Handeln oder aber qualifiziertes Unterlassen – keine Haftung für legislatives Unrecht
   c) Unmittelbarkeit
   d) Überschreiten der „Opfergrenze“
   e) Rechtsgedanke des § 254 BGB analog; also keine Möglichkeit des primären Rechtsschutzes
2. Enteignender Eingriff setzt voraus: rechtmäßiges hoheitl. Handeln, dessen Folgen jedoch die Zumutbarkeitsschwelle überschreiten.
3. **Rechtsfolge:** Entschädigung.

cc) Ausgleichspflichtige Inhalts- und Schrankenbestimmung

Zur Klarstellung: hier geht es ausschließlich um die Fälle, in denen ein Gesetz eine **970** Inhalts- und Schrankenbestimmung bewirkt und, um den Eingriff gegen den Eigentümer schonend zu gestalten, ihm einen Ausgleich gewährt. Dieser Ausgleich ist keine Entschädigung iSv Art. 14 III GG. Die sog. „salvatorischen Klauseln“ etwa in Naturschutz- und Denkmalschutzgesetzen werden als Ausgleichsregelungen aufgefasst. Das BVerfG fordert jedoch, dass das Gesetz die Voraussetzungen für den Ausgleichsanspruch hinreichend bestimmt und dass hierüber mit der Entscheidung über die Eigentumsbeschränkung selbst entschieden wird.[39]

39 BVerfGE 100, 226.

1. Eigentumseingriff durch Gesetz oder auf Grund Gesetzes
2. Rechtmäßigkeit der Inhalts- und Schrankenbestimmung
   a) Verfassungsmäßigkeit des Gesetzes
   b) Anwendung des Gesetzes
3. Tatbestandliche Voraussetzungen für Ausgleichsanspruch müssen gegeben sein.

Zur Wiederholung: *Pieroth/Schlink* Rn 893–956; *Peine,* Allgemeines Verwaltungsrecht, 7. Aufl. 2004, Rn 425–468.

Aus der Ausbildungsliteratur: *Jochum/Durner,* Grundfälle zu Art. 14 GG, JuS 2005, 220, 320, 412; *Kemmler*, Ersatzansprüche wegen Beeinträchtigungen des Eigentums, JA 2005, 156; *Nettesheim/Vetter*, Planung durch Gesetz – Rechtsprobleme eines Landesmessegesetzes, VBlBW 1994, 116, 156.

Aktuelle Rechtsprechung: BVerfG NJW 2005, 589 (Eigentumsschutz der Internet-Domaine); BVerfG NVwZ 2005, 203, bespr. von *Selmer* in JuS 2005, 477 (Art. 14 GG und Schwarzbauten).

Weitere Fälle im thematischen Zusammenhang: *Bethge/Detterbeck*, Rembrandt als Pflichtexemplar, JuS 1994, 229; *Schlette*, Das umstrittene Wasserschutzgebiet, Jura 1996, 428; *Remmert,* Die Stellplatzpflicht, Jura 1997, 96; *Hösch,* Campingplatz im Landschaftsschutzgebiet, JA 1998, 571; *Seiler*, Die Sorgen der Landwirte, JuS 2002, 679; *Jahndorf/ Suttmann*, Examensklausur Öffentliches Recht: Sturm auf die Werbefahne, NWVBl 2004, 249; *Fischer*, Referendarexamensklausur – Öffentliches Recht: Entschädigung in den Zeiten von BSE, JuS 2005, 52.

II. Art. 28 GG – kommunale Selbstverwaltung

1. Eingriffsabwehr

971 Abgesehen von schwerpunktmäßig kommunalrechtlichen Klausuren, kann die Garantie der kommunalen Selbstverwaltung vor allem gegenüber gesetzlichen Regelungen bedeutsam werden, die Gemeinden in ihrer Entscheidungsfreiheit beschränken. Die einen Schwerpunkt in der Rechtsprechung bildenden Fälle der kommunalen Neugliederung eignen sich weniger für eine klausurmäßige Erfassung.

Die Selbstverwaltungsgarantie ist kein Grundrecht, aber doch in ähnlicher Weise wie Grundrechte strukturiert, sodass auch insoweit Schutzbereich, Eingriff und Eingriffsrechtfertigung die wesentlichen Prüfungsschritte bezeichnen. Schutzbereich und Eingriff werden in der Prüfung zweckmäßigerweise zusammengezogen, indem festgestellt wird, unter welchem Aspekt die Selbstverwaltungsgarantie berührt ist: durch einen Eingriff in den Bestand einer Gemeinde, also insbesondere durch Beseitigung ihrer rechtlichen Selbstständigkeit oder durch Gebietsänderungen; durch Eingriffe in die gemeindliche Eigenverantwortlichkeit, die sog. „Gemeindehoheiten",[40] also etwa Finanzhoheit, Organisationshoheit, Planungshoheit; durch Aufgabenentzug oder auch Überbürdung zusätzlicher Aufgaben. Dabei kann es sich um Eingriffe handeln, die die Rechtsstellung der Gemeinden generell betreffen, oder aber um Eingriffe in die Rechtsstellung einzelner Gemeinden, wie im vorliegenden Fall.

40 Vgl. *Tettinger/Erbguth* Rn 45 ff.

Für die verfassungsrechtliche Rechtfertigung des Eingriffs ist entscheidend, dass die gemeindliche Selbstverwaltung „im Rahmen der Gesetze" gewährleistet ist, also unter Gesetzesvorbehalt steht. Dies impliziert auf der Rechtfertigungsebene diese Prüfungsschritte:

Bei Eingriffen durch Gesetz: zu prüfen ist hier die Verfassungsmäßigkeit des Gesetzes, also zunächst die Gesetzgebungskompetenz und das formell ordnungsgemäße Zustandekommen, wobei zu beachten ist, dass bei Gesetzen, die unmittelbar in die Rechtsstellung einzelner Gemeinden eingreifen, deren Anhörung aus rechtsstaatlichen Gründen geboten ist, während bei Gesetzen, die die generelle Rechtsstellung der Gemeinden betreffen, ein Anhörungsrecht aus einzelnen verfassungsrechtlichen Garantien, wie zB Art. 84 II SächsVerf, folgen kann. **972**

In der Frage der materiellen Verfassungsmäßigkeit ist zu beachten, dass ein sog. Kernbereich der kommunalen Selbstverwaltungsgarantie als gesetzesfest gilt; er kann also auch nicht im Wege der Abwägung überwunden werden. Hiernach muss den Gemeinden ein Bestand typischer, essentieller Aufgaben verbleiben. Dabei geht es um den Schutz der gemeindlichen Selbstverwaltung als einer institutionellen Garantie: Eingriffe, die lediglich einzelne Gemeinden betreffen, berühren von vornherein diesen Kernbereich nicht. **973**

Wenn also ein Plangesetz wie im vorliegenden Fall die Planungshoheit einer einzelnen Gemeinde aufhebt, ist dies kein Fall des Kernbereichs der kommunalen Selbstverwaltung – anders, wenn etwa ein Fachplanungsgesetz die Gemeinden generell von jeder Beteiligung ausschließen würde.

Ist der Kernbereich der kommunalen Selbstverwaltung im dargelegten Sinn nicht berührt, müssen Eingriffe durch Gründe des öffentlichen Wohls gerechtfertigt sein. Dies ist im Wege einer Abwägung zwischen gemeindlichen Belangen und eben jenen Gemeinwohlzielen zu ermitteln, die dem Eingriff zugrundeliegen.

2. Insbesondere: wirtschaftliche Betätigung

Die verfassungsrechtliche Problematik **wirtschaftlicher Betätigung** von Gemeinden stellt sich meist aus der Perspektive privater Wettbewerber.[41] Gemeinden sind von Verfassungs wegen nicht gehindert, sich wirtschaftlich zu betätigen, also solche Aktivitäten zu entfalten, die auch von Privaten mit Gewinnerzielungsabsicht wahrgenommen werden könnten. Andererseits gehören diese Aktivitäten auch nicht zum geschützten Kernbereich der kommunalen Selbstverwaltung, können also vom Gesetzgeber beschränkt werden. Entsprechende Beschränkungen enthalten die Gemeindeordnungen der Länder. Sie fordern einen öffentlichen Zweck und enthalten eine spezielle Subsidiaritätsklausel, also einen Vorbehalt dahingehend, dass nicht Private die gleiche Aufgabe ebenso gut erfüllen können. **974**

---

41 S. dazu *Faßbender*, DÖV 2005, 89.

975 Ob es sich hierbei um eine Schutznorm zugunsten privater Wettbewerber handelt, ist str, wird aber in der Rspr. überwiegend verneint. Auch eine verfassungskonforme Auslegung soll zu keinem anderen Ergebnis zwingen: Art. 12 I GG, der hier in erster Linie einschlägig ist, gewährt keinen „Schutz vor Wettbewerb". Daher kommen in aller Regel auch keine grundrechtlichen Abwehransprüche in Betracht; anders dann, wenn die Gemeinde sich aus ihrer hoheitlichen Stellung Wettbewerbsvorteile verschafft, eine Monopolstellung innehält oder in einen Verdrängungswettbewerb eintritt. – Diese enge Auffassung wird allerdings zusehends in Frage gestellt (*Tettinger/Erbguth* Rn 224 ff.), unter Hinweis auf den Schutz auch vor mittelbarer Grundrechtsbeeinträchtigung durch Art. 12 I GG, mit der Folge, dass die kommunalrechtlichen Subsidiaritätsklauseln als drittschützend zu werten wären.

Zu beachten ist, dass bestimmte Bereiche den Gemeinden (und sonstigen Hoheitsträgern) von vornherein verschlossen sind: Die Herausgabe von Presseerzeugnissen (darunter fallen nicht die amtlichen Verlautbarungsorgane) und die Betätigung als Rundfunkveranstalter wird durch Art. 5 I GG ausgeschlossen: die Medien müssen sich im staatsfreien Raum entfalten. Hier müssten privaten Medienunternehmen Abwehrrechte zustehen. Problematisch sind auch ausufernde Internet-Auftritte von Gebietskörperschaften.

Aus der Ausbildungsliteratur: *Schlacke*, Konkurrentenklage gegen die Wirtschaftstätigkeiten von Gemeinden, JA 2002, 48.

Aktuelle Rechtsprechung: OVG Münster NVwZ 2005, 1520 (Konkurrentenklage).

Weitere Fälle im thematischen Zusammenhang: *Pieroth/Hartmann,* Verfassungsbeschwerde gegen gemeindliche Konkurrenz bei der Abfallentsorgung, NWVBl 2003, 322; Aufgabe 6 EJS Bay 2002/2, BayVBl 2005, 30, 58.

Fall 17

Verkehrsblockade

Schwierigkeitsgrad: Examensklausur, 4–5 Std., evtl. auch ohne Frage (2) als Klausur in der Fortgeschrittenenübung, 3 Std.

In Umsetzung einer Richtlinie der EG hat die Bundesrepublik Deutschland ein Gesetz erlassen, in dem die Massentierhaltung im Rahmen der landwirtschaftlichen Produktion deutlich eingeschränkt wird. Sie ist dabei aus Gründen des Tierschutzes wie des Verbraucherschutzes erheblich über die in der Richtlinie enthaltenen Mindestanforderungen hinausgegangen, regelt also die Massentierhaltung deutlich restriktiver. Demgegenüber haben unmittelbar angrenzende Staaten wie Dänemark, die Niederlande oder Tschechien nur die Mindestanforderungen der Richtlinie umgesetzt. Dies hat in der Folge zu umfangreichen Betriebsverlagerungen geführt. In den genannten Mitgliedstaaten der EG haben sich in unmittelbarer Grenznähe zur Bundesrepublik industriell strukturierte landwirtschaftliche Großbetriebe angesiedelt, so auch im nur 3 km hinter der deutschen Grenze gelegenen niederländischen Vandekerkhoff. Von dort starten täglich zahlreiche Lebendviehtransporte nach Deutschland sowie nach Italien. Der Weg zur nächstgelegenen Autobahnauffahrt führt sie über eine enge und kurvenreiche Bundesstraße, wobei mehrere Ortsdurchfahrten zu passieren sind. **976**

Dieser Betrieb ist verschiedenen Gruppen ein Dorn im Auge. Da sind zum einen die Landwirte, die unter der billigeren, weil geringeren Auflagen ausgesetzten Konkurrenz leiden. Tierschützer kritisieren die wenig artgerechte Haltung in den „Tierfabriken“ wie auch erhebliche Missstände bei den Tiertransporten. Anwohner der Grenzgebiete leiden zum einen unter Geruchsimmissionen, zum anderen unter der starken Zunahme des LKW-Verkehrs.

An einem Montag im Oktober 2005 versammeln sich Landwirte mit ihren Traktoren, verschiedene Gruppen von Natur- und Umweltschützern, Mitglieder von Tierschutzverbänden, wie auch verschiedene Gruppen von Anliegerinitiativen im Ortsbereich der westfälischen Gemeinde Mühlenkotten auf der von den Transporten benutzten Bundesstraße zu einer Demonstration. Sie hatten diese Demonstration am vorgehenden Freitag unter Hinweis auf ihre vorangegangenen, vergeblichen Proteste angekündigt und auch die Behörden von ihrer Absicht in Kenntnis gesetzt. Zahlreiche Transporte, die die Ankündigung nicht ernst genommen hatten, stecken vom Morgen bis zum Abend fest und müssen dann zurückkehren, andere werden zu erheblichen Umwegen gezwungen. Die Protestaktion verläuft i.Ü. zunächst ruhig. Im Laufe des Tages kommt es allerdings zu beidseitigen Provokationen, wobei auch an einem LKW zwei Reifen zerstochen werden; bei einem anderen Transporter werden die Türen geöffnet, so dass die verschreckten Tiere ins Freie galoppieren und erst nach Stunden wieder eingefangen werden. Den Veranstaltern gelingt es jedoch, die Situation zu beruhigen. Die anwesenden Polizeikräfte des Landes Nordrhein-Westfalen sehen sich daher nicht zum Einschreiten veranlasst. Sie waren von der Landesregierung angewiesen worden, die Veranstaltung zu tolerieren und nur einzuschreiten, wenn es zu Ausschreitungen kommen sollte.

Dem in Bologna ansässigen Importeur Vincenzo Vitellone (V), dessen LKW insgesamt zehn Stunden aufgehalten worden war, ist hierdurch, wie er darlegt, ein Schaden von € 30.000,– entstanden. Wegen Überschreitung der Transport- und Lenkzeiten habe der Transport erst einen Tag später starten können; dadurch habe er einen vereinbarten Liefertermin nicht einhalten können; zudem habe der Transport wegen des erzwungenen Stillstandes einen Tag länger als geplant gedauert, so dass ihm das Fahrzeug einen zusätzlichen Tag ausgefallen sei; er habe ein Ersatzfahrzeug anmieten müssen.

1. Hat V einen begründeten Anspruch auf Ausgleich seines Schadens?

2. **Zusatzfrage:** V möchte unabhängig von den Erfolgsaussichten die Frage jedenfalls gerichtlich klären und auf Schadensersatz klagen. Er fragt an, gegen wen sich die Klage zu richten hat.

Vorüberlegungen

Der vorstehende Fall dürfte (sollte jedenfalls) beim Lesen sogleich zwei grundlegende Entscheidungen des EuGH in Erinnerung rufen: die vielzitierte Entscheidung Schmidberger zur Blockade der Brenner-Autobahn[1] sowie die Bauernprotestentscheidung im Vertragsverletzungsverfahren Kommission/Frankreich vom 09.12.1997.[2] Der EuGH hat in diesen beiden Fällen in **vergleichbaren Fallkonstellationen** – Proteste gegen Einfuhr bzw. Durchfuhr von Waren – **mit entgegengesetztem Ergebnis** entschieden, was vor allem auf die jeweiligen Begleitumstände, aber auch die Motive und das gesamte Verhalten der Protestierenden zurückzuführen war. Im Fall Frankreich hatten gewalttätige Proteste stattgefunden, die sich über einen längeren Zeitraum erstreckten; Transporter waren aufgehalten, ihre Ladung zerstört worden, teilweise waren auch Produkte gewaltsam aus Geschäften entfernt worden – all dies mit Duldung der Behörden. Demgegenüber hatte sich die Blockade der Brenner-Autobahn auf einen einmaligen Termin beschränkt, der Protest war hinreichend früh angekündigt worden, so dass sich die Betroffenen rechtzeitig darauf einstellen konnten; es kam zu keinerlei Ausschreitungen. Auch ging es den Demonstranten um wichtige Allgemeinbelange, insbesondere den Schutz der besonders empfindlichen Alpenregion gegen einen überbordenden Transitverkehr. Demgegenüber richtete sich der Protest in Frankreich unmittelbar gegen den freien Warenverkehr, er war in stärkerem Maße von „egoistischen" Motiven geleitet. All dies führte zu einer unterschiedlichen Bewertung. **977**

Zumindest der Fall Schmidbauer sollte dem Examenskandidaten vertraut sein; er wurde hinreichend diskutiert. Aber auch von den Protestaktionen französischer Bauern dürfte man während des Studiums gehört haben. In beiden Fällen ging es um die Verpflichtung der Behörden eines Mitgliedstaates, gegen Behinderungen des freien Warenverkehrs durch private Dritte einzuschreiten. Eine dahingehende Verpflichtung ist im Grundsatz gegeben. Aus den Grundfreiheiten des EG-Vertrags werden damit also positive Schutzpflichten abgeleitet – ein Interpretationsansatz, der von den Grundrechten des Grundgesetzes her vertraut ist. Und ebenso vertraut dürfte der systematische Ansatz für eine Rechtfertigung der Beeinträchtigung des freien Warenverkehrs sein. Die „Störer", die die unmittelbare Behinderung des freien Warenverkehrs verursachen – die dann dem Staat auf Grund seiner Schutzpflichten zugerechnet wird – berufen sich ihrerseits darauf, dass sie in Ausübung ihrer Grundrechte tätig werden. Mit dem methodischen Rüstzeug aus dem Staatsrecht lassen sich also durchaus europarechtliche Fälle bewältigen. Der Bearbeiter musste allerdings über die Existenz und die Ableitung europäischer Grundrechte Bescheid wissen. Wenn einerseits eine Beeinträchtigung von Grundfreiheiten wie der Warenverkehrsfreiheit, also von Rechten des Primärrechts der Gemeinschaft erfolgt, muss auch die Rechtfertigung dem Gemeinschaftsrecht entnommen werden, also entweder wiederum dem Primärrecht (dies wäre der Fall bei den Rechtfertigungsgründen nach Art. 30 **978**

1 EuGH Rs. C-112/00, Slg. 2003, I-5659.
2 EuGH Rs. C-265/95, Slg. 1997 I-6959 = EuGRZ 1997, 620.

EG) oder allgemeinen Grundsätzen des Gemeinschaftsrechts auf gleicher Normstufe – wozu eben auch die europäischen Grundrechte zählen.

979 Für diese tritt in der Rechtsprechung des EuGH immer stärker die EMRK als Erkenntnisquelle in den Vordergrund (während sich die Euphorie über die Grundrechtecharta etwas gelegt zu haben scheint – sie wird vom EuGH, soweit ersichtlich, nicht als Erkenntnisquelle herangezogen). Dass die europäischen Grundrechte die Beschränkung von Grundfreiheiten rechtfertigen können, dies hat der EuGH ja auch im Fall des Laserdrome anerkannt (Fall 10); diese Bedeutung der europäischen Grundrechte sollte ebenfalls bekannt sein.

980 Die grundrechtliche Thematik ist im Rahmen eines Haftungsfalles zu prüfen – ob die Behörde rechtmäßig gehandelt hat, als sie nicht gegen die Aktion eingeschritten ist, ist von entscheidender Bedeutung für die Begründetheit eines Anspruchs auf Staatshaftung. Da hier nationale Behörden möglicherweise gegen Recht der Gemeinschaft verstoßen haben, kommt vorrangig ein gemeinschaftsrechtlicher Haftungsanspruch in Betracht. Dass ein solcher Anspruch für außervertragliches Handeln mitgliedstaatlicher Organe im Gemeinschaftsrecht nicht ausdrücklich normiert ist, Art. 288 II EG nur die Haftung der Gemeinschaft selbst für ihre Organe regelt, sollte ebenso bekannt sein, wie die Tatsache, dass der EuGH einen solchen Anspruch im Wege der Rechtsfortbildung entwickelt hat. *Str.* ist, ob der gemeinschaftsrechtliche Haftungsanspruch als eigenständiges richterrechtlich geschaffenes Institut und der Amtshaftungsanspruch selbständig nebeneinander stehen (sog. *dualistische Konzeption*[3]) oder aber die Grundsätze des Ersteren in Anwendung des Letzteren zur Geltung zu bringen sind[4] (was erhebl. Modifikationen bedingt). – Die dualistische Konzeption scheint sich durchzusetzen.[5] Sie dürfte allein der Rspr. des EuGH entsprechen, der die Grundlage des gemeinschaftsrechtlichen Haftungsanspruchs unmittelbar im Gemeinschaftsrecht sieht.

3 *Ossenbühl,* Staatshaftungsrecht, S. 526.
4 Dafür *Schoch*, in: Festschrift Maurer, S. 760 (772).
5 BGHZ 134, 30.

Gliederung 981

Frage (1): Schadensersatzanspruch des V

A. Gemeinschaftsrechtlicher Haftungsanspruch

I. Rechtsgrundlagen

II. Verletzung einer gemeinschaftsrechtlichen Rechtsnorm, die subjektive Rechte verleiht

1. Warenverkehrsfreiheit, Art. 28 EG
2. Beeinträchtigung der Warenverkehrsfreiheit
   a) Maßnahmen gleicher Wirkung (+) – Dassonville-Formel
   b) Staatlichkeit (+)
3. Rechtfertigung der Beeinträchtigung
   a) Art. 30 EG (–)
   b) Ungeschriebene Beschränkungen?
      aa) europäische Grundrechte
      bb) Einschlägigkeit der Art. 10, 11 EMRK (+)
      cc) Abwägung

III. Hilfserwägung: qualifizierter Rechtsverstoß (–)

B. Ansprüche aus nationalem Recht

I. Amtshaftungsanspruch, § 839 BGB i.V.m. Art. 34 GG

II. Anspruch aus enteignungsgleichem Eingriff

Frage (2): Maßgeblichkeit des mitgliedstaatlichen Rechts – Land

Musterlösung

Frage (1): Schadensersatzanspruch des V

A. Gemeinschaftsrechtlicher Haftungsanspruch

I. Rechtsgrundlagen

982 Der Anspruch des V auf Ersatz des ihm entstandenen Schadens könnte als gemeinschaftsrechtlicher Haftungsanspruch begründet sein. Dieser Anspruch kommt auch dann in Betracht, wenn ein Mitgliedstaat gegen Gemeinschaftsrecht verstößt und hierdurch ein Schaden verursacht wird. Dieser Schadensersatzanspruch ist im EGV bzw. in sonstigen Vorschriften des Gemeinschaftsrechts nicht ausdrücklich normiert, sondern wurde von der Rechtsprechung entwickelt.[6] Die Notwendigkeit einer Haftung der Mitgliedstaaten für Verstöße gegen Gemeinschaftsrecht folgt zum einen schon daraus, dass das Gemeinschaftsrecht nicht zur vollen Wirksamkeit gelangen würde, wollte man an Verstöße keine Sanktionen knüpfen. Der Grundsatz des *effet utile*, der die Anwendung des Gemeinschaftsrechts beherrscht, ist also als Grundlage eines gemeinschaftsrechtlichen Haftungsanspruchs heranzuziehen. Auch aus dem Grundsatz der Gemeinschaftstreue nach Art. 10 EG kann eine Verpflichtung der Mitgliedstaaten entnommen werden, die Beachtung des Gemeinschaftsrechts auch durch Schadensersatzansprüche zu gewährleisten. Dies erfordert auch der Grundsatz des effektiven Rechtsschutzes der Bürger. Wenn schließlich die Gemeinschaft nach Art. 288 II EG für Schäden aus der Ausübung ihrer Amtstätigkeit nach den allgemeinen Rechtsgrundsätzen haftet, die den Rechtsordnungen der Mitgliedstaaten gemeinsam sind, so kann dieser Rechtsgedanke entsprechend auch auf die Haftung der Mitgliedstaaten übertragen werden. Damit kann der Grundsatz, dass die Mitgliedstaaten für Verstöße gegen Gemeinschaftsrecht Schadensersatz zu leisten haben, als ein allgemeiner Grundsatz des Gemeinschaftsrechts gelten.

II. Verletzung einer gemeinschaftsrechtlichen Rechtsnorm, die subjektive Rechte verleiht

983 V könnte dann einen Anspruch auf Schadensersatz haben, wenn eine Norm des Gemeinschaftsrechts verletzt wurde, die ihm subjektive Rechte verleiht. Denn dass eine solche Rechtsnorm verletzt wurde, ist erste und entscheidende tatbestandliche Voraussetzung für die gemeinschaftsrechtliche Staatshaftung.[7]

1. Warenverkehrsfreiheit, Art. 28 EG

984 Eine solche den Schutz des V bezweckende Rechtsnorm könnte die Warenverkehrsfreiheit des Art. 28 EG als Grundfreiheit des Gemeinschaftsrechts sein. Zu den Rechtsnormen des Gemeinschaftsrechts, die auch den Schutz des einzelnen Ge-

---

6 S. dazu etwa *Baldus/Grzeszick/Wienhues*, Staatshaftungsrecht, Rn 216 ff.
7 Vgl. *Maurer*, Allgemeines Verwaltungsrecht, § 31 Rn 10.

meinschaftsbürgers bezwecken, zählen jedenfalls auch die Grundfreiheiten des EGV. Denn es ist gerade auch der einzelne Gemeinschaftsbürger, der am gemeinsamen Markt soll teilnehmen können, in Wahrnehmung seiner Rechte auf Freizügigkeit und Niederlassungsfreiheit und eben auch im Rahmen des freien Warenverkehrs. Die Warenverkehrsfreiheit des Art. 28 EG ist hier im Tatbestand anwendbar. Denn V importiert hier Waren iSv Art. 23 EG aus einem Mitgliedstaat der Gemeinschaft, den Niederlanden, in einen anderen Mitgliedstaat, Italien. Dies fällt ebenso unter den Schutz der Warenverkehrsfreiheit wie die hierzu erforderliche Durchfuhr durch die Bundesrepublik Deutschland.[8]

2. Beeinträchtigung der Warenverkehrsfreiheit

Es müsste eine Beeinträchtigung des freien Warenverkehrs gegeben sein. Der freie **985** Warenverkehr ist einer der tragenden Grundsätze der Gemeinschaft. Nach Art. 14 II EG ist innerhalb des Binnenmarktes der freie Verkehr u.a. von Waren und Dienstleistungen gewährleistet. Dem Schutz des freien Warenverkehrs dient insbesondere die Bestimmung des Art. 28 EG, wonach mengenmäßige Einfuhrbeschränkungen sowie Maßnahmen gleicher Wirkung zwischen den Mitgliedstaaten verboten sind. Eine Beeinträchtigung der Freiheit des Warenverkehrs zwischen der Bundesrepublik Deutschland und den angrenzenden Mitgliedstaaten setzt also zunächst voraus, dass es sich bei der Protest- und Blockadeaktion um eine Maßnahme gleicher Wirkung iSv Art. 28 EG handelte. Der Anwendung der Bestimmung könnte allerdings entgegenstehen, dass diese Behinderungen von Privaten und nicht unmittelbar vom Staat ausgingen. Das Verbot von Maßnahmen gleicher Wirkung müsste also auch gegenüber Behinderungen gelten, die von Privaten verursacht werden.

a) Zunächst müssten also die hier durchgeführten Protest- und Blockadeaktionen als **986** Maßnahmen gleicher Wirkung zu beurteilen sein. Dieses Kriterium der gleichen Wirkung ist im Blick auf den Schutzzweck der Bestimmungen über den freien Warenverkehr weit auszulegen. Die Verbote nach Art. 28 EG bedeuten, dass alle unmittelbaren oder mittelbaren Beeinträchtigungen der Handelsströme innerhalb der Gemeinschaft unzulässig und zu beseitigen sind. Darunter fallen also nicht nur unmittelbar verbindliche Verbote oder sonstige hoheitliche Anordnungen, sondern gleichermaßen auch rein faktische und in diesem Sinn nur mittelbare Behinderungen. Wird die Beförderung von Waren im innergemeinschaftlichen Handel nachhaltig gestört, wie dies bei länger andauernden oder wiederholten Blockadeaktionen der Fall ist, dann bedeutet dies eine Behinderung des freien Warenverkehrs. Etwas anderes mag bei nur ganz kurzfristigen, symbolischen Behinderungen gelten; darauf beschränkten sich die Blockadeaktionen hier aber nicht.

b) Die Behinderungen gingen hier unmittelbar von privaten Demonstranten aus. Die **987** staatlichen Behörden in der Bundesrepublik hätten jedoch die Möglichkeit gehabt, durch ein Verbot bzw. rechtzeitiges polizeiliches Einschreiten die Behinderungen des freien Warenverkehrs wirksam zu unterbinden. Dies haben sie jedoch unterlas-

8 S. EuGH, U. v. 12.06.2003 – Rs. C-112/00 (Schmidberger), EuGRZ 2003, 492, Tz. 62.

sen. Dann wären ihnen die erfolgten Behinderungen jedenfalls zuzurechnen, wenn sie eine Rechtspflicht zum Handeln hatten. Ähnlich, wie aus den Grundrechten des Grundgesetzes positive Schutzpflichten des Staates abgeleitet werden, könnten sich derartige Schutzpflichten auch gemeinschaftsrechtlich in Bezug auf die Grundfreiheiten des EG-Vertrags ergeben. Denn der innergemeinschaftliche Handel, um den es bei den Bestimmungen über den freien Warenverkehr und insbesondere bei den Verboten nach Art. 28 EG geht, kann durch Störaktionen Privater nicht weniger intensiv beeinträchtigt werden, als bei staatlicherseits errichteten Hürden. Gerade weil der freie Warenverkehr so grundlegende Bedeutung für die Gemeinschaft hat, müssen die Mitgliedstaaten schon wegen des Gebots der Gemeinschaftstreue verpflichtet sein, diese Grundfreiheit in ihrem Hoheitsbereich effektiv zu gewährleisten. Dies kann auch eine Verpflichtung umschließen, gegen Störungen des freien Warenverkehrs durch Dritte in ihrem Hoheitsgebiet einzuschreiten.[9] Diese Verpflichtung bestand auch im Fall der Protest- und Blockadeaktionen gegen V. Denn es handelte sich hier um Aktionen auf dem Hoheitsgebiet der Bundesrepublik Deutschland, durch die der freie Warenverkehr innerhalb der EG beeinträchtigt wurde. Dies gilt sowohl für Einfuhr von Waren aus den unmittelbar angrenzenden wie weiteren Mitgliedstaaten als auch für die Durchfuhr. Auch sie ist Voraussetzung des freien innergemeinschaftlichen Handels. Da die Behörden der Bundesrepublik Deutschland[10] die Möglichkeit hatten, durch ein Einschreiten die Behinderung des freien Warenverkehrs zu unterbinden, ist ihnen diese Behinderung zuzurechnen.

Im Ergebnis ist also von einer Beeinträchtigung des freien Warenverkehrs durch eine der Bundesrepublik zuzurechnende Maßnahme gleicher Wirkung iSv Art. 28 EG auszugehen.

3. Rechtfertigung der Beeinträchtigung

Die Beeinträchtigung der Freiheit des Warenverkehrs könnte jedoch gemeinschaftsrechtlich gerechtfertigt sein.

988 a) Eine Rechtfertigung könnte sich zunächst aus Art. 30 EG ergeben. Es erscheint jedoch fraglich, ob die dort genannten Gründe die Protestaktionen rechtfertigen können. Denn es geht hier nicht um Gefahren für die dort genannten Schutzgüter, die unmittelbar vom Warenverkehr selbst ausgehen, sondern um Beeinträchtigungen, die aus den Begleiterscheinungen der Warentransporte resultieren, um die Begleitumstände der Produktion, maßgeblich aber auch um die Abwehr von Konkurrenz, den Schutz der heimischen Produktion. Diese Zielsetzung aber steht in klarem Widerspruch zum Grundsatz der Warenverkehrsfreiheit. Doch kommt es auf die Motive der Demonstranten und Blockadeteilnehmer im Ergebnis nicht entscheidend an. Denn die Beeinträchtigung des freien Warenverkehrs ist dem Staat zuzurechnen, der die Aktionen geduldet hat. Aus dieser Duldung wird der Verstoß gegen Gemein-

---

9 Grundlegend EuGH, Rs. C-265/95, Slg. 1997, I-6959 = EuGRZ 1997, 620 (Bauernprotest Frankreich).

10 Aus gemeinschaftsrechtlicher Sicht sind auch die Polizeibehörden des Landes Behörden der Bundesrepublik als Mitgliedstaat – zur Frage des Haftungsadressaten s. Frage (2).

schaftsrecht hergeleitet.[11] Die staatlichen Behörden müssen hierbei Zielsetzungen verfolgt haben, die vor der Grundfreiheit des Art. 28 EG Bestand haben.

b) Die Behörden wollten hier vor allem den Demonstranten die Möglichkeit offen- **989** halten, ihren Protest zum Ausdruck zu bringen; sie haben also deren Meinungs- und Versammlungsfreiheit gegenüber den Belangen des ungehinderten Warenverkehrs im konkreten Fall den Vorrang eingeräumt. Damit haben sie maßgeblich auf Grundrechte der Teilnehmer der Kundgebung abgestellt und diesen in der Kollision mit der Warenverkehrsfreiheit höheres Gewicht beigemessen. Diese Vorgehensweise kann dann zulässig sein, wenn Grundrechte ihrerseits geeignet sind, Grundfreiheiten des EG-Vertrags einzuschränken. Grundrechte könnten insoweit als ungeschriebene Schranken der Grundfreiheiten heranzuziehen sein.

aa) Dies ist jedenfalls für die europäischen Grundrechte zu bejahen. Denn diese **990** Grundrechte sind sowohl von der Gemeinschaft selbst als auch von ihren Mitgliedstaaten zu beachten. Sie sind aus den gemeinsamen Verfassungstraditionen der Mitgliedstaaten und insbesondere aus den Gewährleistungen der EMRK als den maßgeblichen Erkenntnisquellen abzuleiten und haben die Bedeutung von allgemeinen Grundsätzen des Gemeinschaftsrechts. Im Fall einer Kollision zwischen Grundfreiheiten des EG-Vertrags und europäischen Grundrechten besteht kein Anwendungsvorrang etwa der Grundfreiheiten, da das positive Primärrecht der Verträge und die allgemeinen Grundsätze des Gemeinschaftsrechts auf gleicher Ebene zu sehen sind. Im hier gegebenen Fall der Proteste gegen die Warenimporte und -transite sind es die Grundrechte der Meinungsfreiheit und der Versammlungsfreiheit, die als Rechtfertigung für eine Beeinträchtigung des freien Warenverkehrs in Betracht kommen könnten. Diese Grundrechte sind auch ausdrücklich durch die EMRK in Art. 10 und Art. 11 als Grundlagen einer demokratischen Gesellschaft anerkannt. Die europäischen Grundrechte binden sowohl die Organe der Gemeinschaft als auch die der Mitgliedstaaten, wenn diese europäisches Recht anwenden. Ein solcher Fall der Anwendung europäischen Rechts müsste hier vorliegen. Dies könnte deshalb in Frage stehen, weil die Behörden untätig geblieben sind, der Warenverkehrsfreiheit nach Art. 28 EG also nicht zur Durchsetzung verholfen, europäisches Recht also nicht zur Geltung gebracht haben. Doch liegt gerade im Untätigbleiben der Behörden der mögliche Verstoß gegen Gemeinschaftsrecht. Deshalb ist auch für eine Rechtfertigung dieses Unterlassens auf Gemeinschaftsrecht abzustellen. Hierfür sind auch die allgemeinen Rechtsgrundsätze des Gemeinschaftsrechts und insbesondere Grundrechte heranzuziehen.

bb) Ob die Protestaktionen im Fall der Viehtransporte unter den Schutz der Grund- **991** rechte der Meinungs- oder Versammlungsfreiheit fallen, könnte deshalb fraglich sein, weil es bei den Aktionen zu einzelnen gewalttätigen Aktionen gekommen ist. Derartige Handlungsweisen werden grundsätzlich nicht vom Grundrechtstatbestand der Meinungsfreiheit umfasst; diese schützt die Freiheit des geistigen Ausdrucks – für Art. 10 EMRK kann insoweit nichts anderes gelten als für Art. 5 GG. Das Grund-

11 Vgl. EuGH, U. v. 12.06.2003 Tz. 66.

recht der Versammlungsfreiheit schützt auch im Rahmen des EMRK nur die friedliche Versammlung. Deshalb könnten hier die Begleitumstände der Protestaktionen schon den tatbestandlichen Schutz der Meinungsfreiheit nach Art. 10 EMRK und der Versammlungsfreiheit nach Art. 11 EMRK entfallen lassen.

Dagegen spricht jedoch, dass es sich hierbei nur um vereinzelte Zwischenfälle am Rande der insgesamt friedlich und gewaltfrei verlaufenen Aktion handelte. Die vereinzelten Störer wurden auch nicht aus der Versammlung heraus gedeckt, die Veranstalter bemühten sich vielmehr erfolgreich um eine Deeskalation. Der Protestversammlung kann also nicht von vornherein der Schutz der europäischen Grundrechte der Meinungs- und Versammlungsfreiheit abgesprochen werden. Daher kann auch den Veranstaltern nicht abgesprochen werden, dass es ihnen um die Wahrnehmung ihrer Meinungs- und Versammlungsfreiheit ging. Auch wurden die vereinzelten gewaltsamen Aktionen nicht etwa von den Behörden geduldet oder gar begünstigt; sie waren bereit, etwaigen Ausschreitungen zu begegnen. Auch den Behörden kann also die legitime Zielsetzung nicht abgesprochen werden, die Ausübung der Meinungs- und Versammlungsfreiheit durch die Teilnehmer der Protestaktion zu gewährleisten.

992 cc) Damit ergab sich hier ein Konflikt zwischen der Grundfreiheit der Warenverkehrsfreiheit einerseits, den Grundrechten der Meinungs- und Versammlungsfreiheit andererseits. Das Verhalten der staatlichen Behörden ist als Eingriff in die Warenverkehrsfreiheit dann gerechtfertigt, wenn sie hier im konkreten Fall den Grundrechten der Teilnehmer der Aktion Vorrang zuerkennen durften; hierin ist ihnen aus gemeinschaftsrechtlicher Sicht ein erheblicher Einschätzungsspielraum zuzuerkennen. Weder die Warenverkehrsfreiheit noch die Grundrechte der Art. 10 und 11 EMRK sind schrankenlos gewährleistet. Die Warenverkehrsfreiheit insbesondere ist nicht nur aus den in Art. 30 EG genannten Gründen einschränkbar, sondern auch durch weitere allgemeine Grundsätze des Gemeinschaftsrechts, insbesondere zum Schutz der europäischen Grundrechte. Andererseits können nach Art. 10 II bzw. Art. 11 II EMRK die Grundrechte der Meinungs- und Versammlungsfreiheit Beschränkungen unterworfen werden, die im Allgemeininteresse geboten und gesetzlich festgelegt sind; diese müssen ihrerseits in einem angemessenen Verhältnis zu den verfolgten Zielen stehen. Die Grundrechte der Teilnehmer der Protestaktion und die Freiheit des Warenverkehrs sind hier also gegeneinander abzuwägen.

993 Für die Gewichtung der Meinungs- und der Versammlungsfreiheit nach Art. 10, 11 EMRK in der Abwägung kommt es vor allem darauf an, ob es hier um Fragen von allgemeinem öffentlichen Interesse ging. Dann besteht regelmäßig Vorrang für die Äußerungsfreiheit. Dies ist hier allerdings nicht uneingeschränkt der Fall. Denn die Teilnehmer der Aktion wurden von unterschiedlichen Motiven geleitet. Einigen von ihnen geht es in der Tat darum, auf Missstände hinzuweisen, die für die Öffentlichkeit von erheblichem Interesse sind, wie etwa Fragen des Tierschutzes, der ja im Grundgesetz ausdrücklich mit Verfassungsrang in Art. 20a erwähnt wird. Auch die durch die Intensivtierhaltung und durch die vermehrten Transporte verursachten Umweltbeeinträchtigungen stellen Fragen von allgemeinem öffentlichen Interesse dar. Soweit andererseits deutsche Landwirte gegen die Einfuhren demonstrieren, verfolgen sie auch eigennützige Ziele. Diese sind in der Abwägung regelmäßig von geringerem Gewicht. Auch insoweit sind freilich öffentliche Interessen angesprochen, da es hierbei ja auch um die grundsätzliche Frage des Wettbewerbs zu gleichen Bedingungen im Gemeinsamen Markt geht.

Wurden damit also bei der Protestaktion öffentliche Belange von erheblichem Gewicht angesprochen, so ist auf der anderen Seite auch die grundlegende Bedeutung der Warenverkehrsfreiheit als eine der Grundfreiheiten des Gemeinschaftsrechts zu gewichten; es handelt sich hier um eine der Grundlagen der Gemeinschaft. Im konkreten Fall waren die Behinderungen jedoch von nicht allzu hoher Intensität. Sie erstreckten sich über einen begrenzten Zeitraum von weniger als 24 Stunden. Die Aktion war rechtzeitig angekündigt. Die Veranstalter waren mit Erfolg bemüht, es zu keinen Ausschreitungen kommen zu lassen. Der Ablauf der Aktion unterschied sich damit deutlich von jenen Fällen gewaltsamer Bauernproteste in Frankreich gegen die Einfuhr von Agrarprodukten, die die Behörden hätten unterbinden müssen. Er erinnert stärker an jene Sperrung der Brenner-Autobahn aus Protest gegen die Zunahme des Alpentransits, die der EuGH unter dem Schutz der europäischen Grundrechte gesehen hat. **994**

Im Ergebnis ist daher in der Abwägung der Warenverkehrsfreiheit mit den europäischen Grundrechten der Meinungs- und der Versammlungsfreiheit, wie sie in den Gewährleistungen der Art. 10, 11 EMRK zum Ausdruck kommen, Letzteren Vorrang einzuräumen. Damit aber haben die bundesdeutschen Behörden nicht gemeinschaftsrechtswidrig gehandelt, als sie die angekündigte Protestaktion nicht untersagten bzw. sie duldeten und auch nicht gegen sie einschritten.

III. Hilfserwägung: qualifizierter Rechtsverstoß

Aber auch dann, wenn man hier einen Vorrang der Warenverkehrsfreiheit nach Art. 28 EG annehmen, mithin eine Verpflichtung der bundesdeutschen Behörden bejahen wollte, die Aktion zu unterbinden, fehlte es doch an Klarheit und Eindeutigkeit des Verstoßes gegen Gemeinschaftsrecht, der die Annahme eines qualifizierten Rechtsverstoßes begründen könnte, wie er zur Begründung des gemeinschaftsrechtlichen Haftungsanspruchs erforderlich ist. Die Behörden hatten in der Frage, ob und wie sie gegen eine Versammlung einschreiten, ob sie diese etwa aus Gründen der öffentlichen Sicherheit und Ordnung verbieten wollten, einen erheblichen Ermessensspielraum. Sie hatten zudem in der Frage einer möglichen Gefährdung der öffentlichen Sicherheit und Ordnung Gefahrenprognosen anzustellen, die notwendig einen behördlichen Prognosespielraum begründen. Berücksichtigt man zudem, dass der EuGH ähnliche Aktionen von Fall zu Fall je nach den konkreten Begleitumständen unterschiedlich bewertet hat, so kann jedenfalls von einem qualifizierten Rechtsverstoß nicht gesprochen werden. **995**

Ein gemeinschaftsrechtlicher Staatshaftungsanspruch ist also im Ergebnis unbegründet.

B. Ansprüche aus nationalem Recht

I. Amtshaftungsanspruch, § 839 BGB i.V.m. Art. 34 GG

996 Ein Amtshaftungsanspruch aus § 839 BGB i.V.m. Art. 34 GG kommt neben einem gemeinschaftsrechtlichen Haftungsanspruch in Betracht.

Der Anspruch setzt zunächst voraus, dass hier „Jemand" in Ausübung eines öffentlichen Amtes gehandelt hat. Dies ist hier zu bejahen. Die Polizeibehörden des Landes Nordrhein-Westfalen sind Träger hoheitlicher Gewalt. Soweit ihre Angehörigen im Zusammenhang mit der Demonstration tätig geworden oder aber davon Abstand genommen haben, Maßnahmen zu ergreifen, handelten sie in Ausübung eines öffentlichen Amtes.

997 Sie müssten durch ihr Handeln oder Unterlassen weiterhin gegen eine ihnen Dritten gegenüber obliegende Amtspflicht verstoßen haben. Primäre Amtspflicht jeder Behörde ist es, die Rechtsordnung zu wahren. Dazu zählen auch die für die Behörden unmittelbar verbindlichen Vorschriften des Gemeinschaftsrechts, insbesondere die Grundfreiheiten des EG-Vertrags. Doch erwies sich hier das Verhalten der Behörden als gemeinschaftsrechtlich gerechtfertigt. Damit entfällt auch eine Amtspflichtverletzung.

II. Anspruch aus enteignungsgleichem Eingriff

998 V könnte einen Entschädigungsanspruch nach den Grundsätzen des enteignungsgleichen Eingriffs geltend machen; dieser Anspruch ist gewohnheitsrechtlich für Fälle von Eigentumsbeeinträchtigungen anerkannt, die dem Eigentümer ein über das Maß der im Rahmen der Sozialpflichtigkeit hinzunehmenden Eigentumsbeschränkungen hinausgehendes „Sonderopfer" abverlangen und die der Eigentümer auch nicht als rechtswidrige Inhalts- und Schrankenbestimmung abwehren konnte.

999 Voraussetzung für den Anspruch ist zunächst, dass „Eigentum" iSv Art. 14 GG beeinträchtigt wurde. Hier könnte sich V auf sein Recht am Gewerbebetrieb berufen. Ob hier ein Eingriff in das Recht am Gewerbebetrieb vorliegt, ist jedoch fraglich. Denn V wurde hier lediglich vorübergehend daran gehindert, seiner gewerblichen Betätigung nachzugehen. Die Erwerbstätigkeit als solche wird jedoch nicht durch Art. 14 GG geschützt; auch das Recht am Gewerbebetrieb vermittelt insoweit keinen weitergehenden Schutz.

1000 Die geltend gemachte Eigentumsbeeinträchtigung – sollte sie denn zu unterstellen sein – müsste weiterhin unmittelbar auf eine hoheitliche Maßnahme zurückzuführen sein. V macht geltend, dass die Behörden es unterlassen hätten, gegen die Behinderung des Transports einzuschreiten. Hierin könnte ein qualifiziertes Unterlassen liegen, das einem positiven Handeln gleichzustellen ist, wenn eine Rechtspflicht zum Handeln bestand. Eine Rechtspflicht zum Handeln bestand hier jedoch, wie im Zusammenhang mit einem gemeinschaftsrechtlichen Haftungsanspruch ausgeführt wurde, nicht. Auch ist die Beeinträchtigung des V, aus der er einen Entschädigungsanspruch herleiten will, nicht unmittelbar auf ein Handeln bzw. Unterlassen der Behörde zurückzuführen, sondern auf ein Handeln privater Dritter. Auch daran scheitert ein Anspruch. Im Übrigen fehlt es auch an der Rechtswidrigkeit des Eingriffs.

Auch ein Anspruch aus enteignungsgleichem Eingriff ist mithin abzulehnen.

Frage (2)

Während ein auf § 839 BGB i.V.m. Art. 34 GG gestützter Amtshaftungsanspruch in **1001** jedem Fall gegen die Anstellungskörperschaft, also gegen das Land Nordrhein-Westfalen geltend zu machen wäre, könnte für den gemeinschaftsrechtlichen Haftungsanspruch fraglich sein, ob er sich gegen das Land oder aber gegen die Bundesrepublik Deutschland richtet.

Mitglied der Gemeinschaft ist die Bundesrepublik. Sie ist Beteiligte der Verträge. **1002** Dies bedeutet, dass zunächst sie verpflichtet ist, die Beachtung des Gemeinschaftsrechts und damit auch der Grundfreiheiten des EG-Vertrags zu gewährleisten. Sie muss dann auch für die Verletzung der vertraglichen Pflichten einstehen. Dies könnte dafür sprechen, den Schadensersatzanspruch in jedem Fall gegen die Bundesrepublik Deutschland zu richten. Andererseits liegt die nähere Ausgestaltung des gemeinschaftsrechtlichen Haftungsanspruchs bei den Mitgliedstaaten. Der einem Gemeinschaftsbürger entstandene Schaden ist innerhalb des nationalen Haftungsrechts zu beheben.[12] Der Mitgliedstaat seinerseits muss sicherstellen, dass dem Einzelnen der Schaden ersetzt wird, der ihm durch Verletzung von Gemeinschaftsrecht entstanden ist, gleichgültig, welche staatliche Stelle den Verstoß begangen hat. Ist dies sichergestellt, so kann der Mitgliedstaat den Geschädigten an die innerstaatlich zuständige Behörde oder Körperschaft verweisen, kann also die Haftung innerstaatlich aufteilen. Im Fall einer bundesstaatlichen Struktur des Mitgliedstaates bedeutet dies, dass die Haftung entsprechend dieser Struktur ausgestaltet werden kann, die Bundesrepublik Deutschland also dann, wenn der Rechtsverstoß durch ein Handeln von Beamten eines Landes begangen wurde, eine Haftung dieses Landes vorsehen kann.

Davon ist in entsprechender Anwendung von Art. 34 GG auszugehen, wenn beim **1003** gemeinschaftsrechtlich begründeten Haftungsanspruch der Schaden innerhalb des nationalen Rechts behoben wird. Anspruchsgegner ist also das Land Nordrhein-Westfalen. Daneben kann eine subsidiäre Haftung der Bundesrepublik in Betracht zu ziehen sein, wenn der zunächst innerstaatlich begründete Haftungsanspruch nicht realisierbar ist. Davon ist aber bei einem Bundesland nicht auszugehen.

V müsste also das Land Nordrhein-Westfalen verklagen.

12 EuGH NVwZ 2000, 303.

Repetitorium

I. Grundfreiheiten des EG-Vertrags, insbesondere: Warenverkehrsfreiheit

1004 Zur Niederlassungsfreiheit s. Fall 4 – Spielbanken –, zur Dienstleistungsfreiheit s. Fall 10 – Laserdrome. Zur Warenverkehrsfreiheit nach Art. 28 EG sollten insbesondere vertraut sein: die Dassonville-Formel zum Vorliegen von Maßnahmen gleicher Wirkung iSv Art. 30 EG; die Cassis-Formel zur Rechtfertigung von Beschränkungen des freien Warenverkehrs aus zwingenden Gemeinwohlgründen sowie die Keck-Formel zur Behandlung von Verkaufsmodalitäten; bekannt sein sollten auch die dem vorstehenden Fall zugrundeliegenden Entscheidungen. Kommission ./. Frankreich und Schmidberger. Typische Fallgestaltung ist die Frage nach der Vereinbarkeit einer bestimmten Maßnahme mit der Grundfreiheit des Art. 28 EG. Hierbei sind regelmäßig diese Punkte zu prüfen:

1005
1. **Tatbestand** des Art. 28 EG: Warenverkehr; umfasst Einfuhr/Ausfuhr sowie Durchfuhr von „Waren“ iSv Art. 23 II EG;
2. Vorliegen einer **Beschränkung**: mengenmäßige Beschränkung oder Maßnahme gleicher Wirkung.
   a) Voraussetzung ist zunächst **Staatlichkeit** der Maßnahme – Maßnahmen Privater müssen dem Staat zuzurechnen sein;
   b) **mengenmäßige Beschränkung** bedeutet (gänzliches oder teilweises) Verbot der Einfuhr/Ausfuhr/Durchfuhr; ob eine **Maßnahme gleicher Wirkung** – Hauptanwendungsfall des Art. 28 EG – vorliegt, bestimmt sich nach der *Dassonville-Formel*:[13] Maßnahme gleicher Wirkung ist jede Maßnahme, die geeignet ist, den innergemeinschaftlichen Handel unmittelbar oder mittelbar, tatsächlich oder potentiell zu behindern.

Beispiele: Beschaffenheitsanforderungen, die formal für inländische wie ausländische Waren gelten, aber tatsächlich die Einfuhr ausländischer Waren erschweren – im Fall Cassis de Dijon galt dies für die Vorschrift eines Mindestalkoholgehalts für Liköre von 25 %, die die Einfuhr des Cassis-Likörs mit 20 % Alkoholgehalt unmöglich machte; Beispiel für mittelbare Behinderungen: nationale Kampagnen wie „Buy Irish“.[14]

   c) Keine Beschränkung ist bei bloßen **Verkaufsmodalitäten** entsprechend der *Keck-Formel* anzunehmen (Bereichsausnahme). Diese dürfen jedoch nicht diskriminierend wirken. Es muss sich dann um Regelungen handeln, die sich lediglich auf den Vertrieb beziehen, wie zB Ladenschlusszeiten, sofern sie für alle Wirtschaftsteilnehmer gelten, die ihre Tätigkeit im Inland ausüben „und sofern sie den Absatz der inländischen Erzeugnisse und der Erzeugnisse aus anderen Mitgliedstaaten rechtlich wie tatsächlich in der gleichen Weise berühren.“[15] Gegenüber Verkaufs-

---

13 EUGH Rs. 8/74, Slg. 1974, 837.
14 EuGH Slg. 1982, 4005 (Kommission ./. Irland), vgl. *Lecheler*, Einführung in das Europarecht, S. 239.
15 EuGH Slg. 1993, 6097.

modalitäten wirkt also die Warenverkehrsfreiheit als Diskriminierungs- und nicht wie sonst als Behinderungsverbot.

Neben Ladenschlussregelungen könnten Werbebeschränkungen hierunter fallen – allerdings nicht, wenn dadurch Hersteller aus anderen Mitgliedstaaten generell am Marktzutritt gehindert werden.

3. **Rechtfertigung** der Beschränkung:
   a) Auf der Rechtfertigungsebene ist in der Frage der möglichen Gründe für eine Beschränkung grundsätzlich zwischen diskriminierenden und nicht diskriminierenden Beschränkungen zu unterscheiden.
      aa) Bei formal unterschiedlich anwendbaren Beschränkungen ist eine Rechtfertigung nur aus den Gründen des Art. 30 EG zulässig.
      bb) Bei formal unterschiedslos anwendbaren Beschränkungen sind Beschränkungen möglich:
         (1) aus den Gründen des Art. 30 EG;
         (2) aus zwingenden Erfordernissen des Gemeinwohls: *Cassis-Formel*;[16] dies können zB Gründe des Verbrauscherschutzes oder auch des Umweltschutzes sein;
         (3) als vertragsimmanente Schranken der Grundfreiheiten wirken schließlich die europäischen Grundrechte – dabei erscheint noch offen, ob es sich hier um einen Unterfall der zwingenden Gemeinwohlerfordernisse iSd Cassis-Formel oder einen weiteren, ungeschriebenen Rechtfertigungsgrund handelt.
   b) Jede Beschränkung der Warenverkehrsfreiheit muss verhältnismäßig sein, also geeignet, den angestrebten Zweck zu erreichen sowie erforderlich, Art. 30 Satz 2 EG; die Verhältnismäßigkeit i.e.S. wird unter dem Gesichtspunkt der Zumutbarkeit geprüft, doch liegt hier in aller Regel nicht der Schwerpunkt der Prüfung.

Nach den gleichen Grundsätzen erfolgt die Prüfung der **Dienstleistungsfreiheit**. 1006

1. Es muss sich um eine grenzüberschreitend erbrachte Dienstleistung iSv Art. 50 EG handeln; dabei muss keiner der Beteiligten selbst die Grenze überschreiten.
2. Beeinträchtigung:
   a) Staatlichkeit der Maßnahme;
   b) beeinträchtigende Wirkung (analog Dassonville-Formel);
   c) eine Bereichsausnahme gilt für Ausübung öffentlicher Gewalt, Art. 55 i.V.m. Art. 45 EG;
   d) im Fall bloßer Vertriebsmodalitäten: nur Diskriminierungsverbot, analog Keck-Formel.
3. Rechtfertigung:
   a) bei formal diskriminierenden Maßnahmen nur ausdrückliche Schranken des Art. 55 i.V.m. Art. 46 EG; bei formal nicht diskriminierenden Beschränkungen auch zwingende Gemeinwohlerfordernisse analog Cassis-Formel; ferner zum Schutz europäischer Grundrechte – Fall 10.
   b) Verhältnismäßigkeit.

16 EuGH Slg. 1979, 649.

1007 Zur **Niederlassungsfreiheit** s. die Lösung der Zusatzfrage zu Fall 4; diese Punkte sind zu prüfen:

1. Tatbestand
   a) Art. 43 I 1 EG – Niederlassung –, Art. 43 I 2 EG – Zweigniederlassungen, Filialen –;
   b) Bereichsausnahme für hoheitl. Funktionen, Art. 45 EG – dann kein Fall des Art. 43;
2. Beeinträchtigung:
   a) Staatlichkeit der Maßnahme;
   b) beeinträchtigende Wirkung: Diskriminierungsverbot, Art. 43 I 1, II EG; für Art. 43 I 2 EG Beschränkungsverbot; dies generell bei gänzlicher Verhinderung des Marktzutritts;
3. Rechtfertigung:
   a) Art. 46 I EG; zwingende Gründe des Gemeinwohls bei formal nicht diskriminierenden Beschränkungen;
   b) Schranken-Schranken, insbes. Verhältnismäßigkeit.

1008 Die Prüfung der **Arbeitnehmerfreizügigkeit** des Art. 39 EG ist ähnlich strukturiert. Im Tatbestand ist – logischerweise – Arbeitnehmereigenschaft vorausgesetzt, mit einer Bereichsausnahme nach Art. 39 IV EG für die öffentliche Verwaltung. Staatlichkeit der Maßnahme ist hier nicht zwingend vorausgesetzt – das in der VO 1612/68 enthaltene Diskriminierungsverbot hat unmittelbare Drittwirkung. Die Arbeitnehmerfreizügigkeit wird grundsätzlich als Diskriminierungsverbot aufgefasst, als Beschränkungsverbot dann, wenn die Aufnahme der Tätigkeit in einem Mitgliedstaat generell verhindert wird.

Zur Wiederholung: *Lecheler,* Einführung in das Europarecht, § 8.

Aus der Ausbildungsliteratur: *Thiele,* Die Grundfreiheiten in der öffentlich-rechtlichen Arbeit, JA 2005, 621; *Schwind,* Grundsatzurteile zur Vereinbarkeit des deutschen Getränkepfandsystems mit der Warenverkehrsfreiheit, JA 2005, 585; *Schäfer,* Europarecht: „Fall Bosmann", JA 2005, 497; *Streinz,* Bspr. von EuGH EuZW 2005, 49, JuS 2005, 829; *Grosskreuz*, Art. 49 EG: zur Beschränkung der Dienstleistungsfreiheit durch das Verbot von Fernsehwerbung für alkoholhaltige Getränke; *Kainer,* Grundfreiheiten und staatliche Schutzpflichten – EuGH, NJW 1998, 1931, JuS 2000, 431; *Ehlers*, Die Grundfreiheiten des europäischen Gemeinschaftsrechts, Jura 2001, 266 und 482; *Leible*, Drittwirkung der Grundfreiheiten, JA 2000, 830; *Hatje*, Die Niederlassungsfreiheit im europäischen Binnenmarkt, Jura 2003, 160.

Aktuelle Rechtsprechung: EuGH EuGRZ 2003, 492 (Schmidberger); EuGH EuGRZ 1997, 620 (Bauernprotest Frankreich; EuGH NVwZ 2004, 147 (Laserdrome); EuGH EuZW 2004, 497 (indirekte Fernsehwerbung/Sportübertragungen); EuGH DVBl 2005, 171 (Dosenpfand); EuGH DVBl 2004, 424 (Versandhandel mit Arzneimitteln).

Weitere Fälle im thematischen Zusammenhang: *Siemen*, Referendarexamensklausur – Öffentliches Recht: Blockade eines Schlachthofs, JuS 2005, 251.

II. Europäische Grundrechte

Europäische Grundrechte binden zum einen unmittelbar die europäischen Organe und sind Maßstab für deren Rechtsakte; sie binden zum anderen die Mitgliedstaaten in Vollzug des Gemeinschaftsrechts, während sie für Sachverhalte ohne gemeinschaftsrechtlichen Bezug nicht gelten. Dies betraf zB die Frage der Gleichbehandlung von Männern und Frauen bei der Wehrpflicht – die Organisation der militärischen Verteidigung unter Einbeziehung der Wehrpflicht fällt nicht unter die Geltung des Gemeinschaftsrechts.[17] Erkenntnisquelle für die Gemeinschaftsgrundrechte sind nach der Rechtsprechung des EuGH die allgemeinen Grundsätze des Gemeinschaftsrechts selbst, gemeinsame Verfassungstraditionen der Mitgliedstaaten, vor allem aber die Grundrechte der EMRK.[18] Dies kommt zum Ausdruck in Art. 6 II EU. Dabei wendet der EuGH, wie im Fall Schmidberger deutlich wird, die Grundrechte der EMRK wie unmittelbar auf europäischer Ebene geltendes Recht an, als allgemeine Rechtsgrundsätze, die er zu sichern hat. Darunter können auch Grundrechte fallen, die nicht ausdrücklich in der EMRK genannt sind. Im Laserdrome-Fall war der Schutz der Menschenwürde als ein solcher allgemeiner Grundsatz des Gemeinschaftsrechts anerkannt worden. **1009**

Aus der Ausbildungsliteratur: *Ehlers,* Die Grundrechte des europäischen Gemeinschaftsrechts, Jura 2002, 469.

Aktuelle Rechtsprechung: EuGH EuGRZ 2003, 492 (Schmidberger); EuGH NVwZ 2004, 147 (Laserdrome).

Weitere Fälle im thematischen Zusammenhang: S. bei II.

17 EuGH U. v. 11.03.2003, Rs. C-186/01; dazu s. *Trautwein,* JA 2004, 25.
18 EuGH U. v. 12.06.2003 Tz. 71.

Sachverzeichnis

Verwiesen ist jeweils auf die Randnummer sowie auf den im Schwerpunkt einschlägigen Klausurfall.

Examens-Repetitorium
BGB-Allgemeiner Teil
Von Prof. Dr. Peter Gottwald, Regensburg. 2002. XIII, 177 Seiten.
€ 17,- ISBN 3-8114-2055-0

Examens-Repetitorium
Allgemeines Schuldrecht
Von Prof. Dr. Jens Petersen, Potsdam. 2., neu bearbeitete Auflage 2005. XX, 210 Seiten. € 18,-
ISBN 3-8114-7318-2

Examens-Repetitorium
Besonderes Schuldrecht/2
Gesetzliche Schuldverhältnisse
Von Prof. Dr. Petra Buck-Heeb, Hannover. 2004. XV, 214 Seiten.
€ 18,- ISBN 3-8114-1838-6

Examens-Repetitorium
Sachenrecht
Von Prof. Dr. Mathias Habersack, Mainz. 4., neu bearbeitete Auflage. 2005. XVII, 216 Seiten. € 18,-
ISBN 3-8114-7315-8

Examens-Repetitorium
Familienrecht
Von Prof. Dr. Martin Lipp, Gießen. 2., neu bearbeitete Auflage. 2005. XXIII, 195 Seiten. € 17,50
ISBN 3-8114-7346-8

Examens-Repetitorium
Allgemeines Verwaltungsrecht mit Verwaltungsprozessrecht
Von Prof. Dr. Robert Uerpmann, Regensburg. 2003. XVI, 145 Seiten.
€ 16,- ISBN 3-8114-1831-9

NEU Examens-Repetitorium
Verwaltungsrecht
Allgemeines Verwaltungsrecht, Polizei-, Bau-, Kommunalrecht, Staatshaftungsrecht.
Von Prof. Dr. Christian Seiler, Erfurt. 2005. IX, 161 Seiten. € 16,-
ISBN 3-8114-7349-2

Examens-Repetitorium
Strafrecht Allgemeiner Teil
Von Prof. Dr. Christian Jäger, Trier. 2003. XX, 265 Seiten. € 18,-
ISBN 3-8114-1974-9

NEU Examens-Repetitorium
Strafrecht Besonderer Teil
Von Prof. Dr. Christian Jäger, Trier. 2005. XXVI, 336 Seiten. € 19,-
ISBN 3-8114-7316-6

Examens-Repetitorium
Strafprozessrecht
Von Dr. Armin Engländer, Mainz. 2004. XIV, 96 Seiten. € 12,50
ISBN 3-8114-9036-2

Examens-Repetitorium
Kriminologie
Von Priv. Doz. Dr. Klaus-Stephan von Danwitz, Bonn. 2004. XXX, 235 Seiten. € 19,50
ISBN 3-8114-9037-0

C. F. Müller, Verlagsgruppe Hüthig Jehle Rehm GmbH, Im Weiher 10, 69121 Heidelberg
Kundenbetreuung München: Bestell-Tel. 089/54852-8178
Fax -8137, E-Mail: kundenbetreuung@hjr-verlag.de
www.cfmueller-campus.de

CFM C.F. Müller
www.cfmueller-verlag.de

60706349